全国高校专业解读

（2024年）

主　编　文　祺　王连喜

副主编　梁全义　杨玉荣

编　者　张凤林　李秀芳　关红娟　张凤梅　屈金华
　　　　赵雅明　韩华玉　赖经洪　刘　杨　陶建文
　　　　涂爱华　陆占吉　刘绍晨　毛智毅　李春亮
　　　　刘颂扬　韩　东　薄鹏举　张　慧　丁　敏

北京理工大学出版社
BEIJING INSTITUTE OF TECHNOLOGY PRESS

版权专有　侵权必究

图书在版编目(CIP)数据

2024年全国高校专业解读 / 文祺,王连喜主编. --北京：北京理工大学出版社,2024.1(2024.1重印)
　　ISBN 978-7-5763-3181-3

Ⅰ.①2… Ⅱ.①文…②王… Ⅲ.①高等学校-专业-介绍-中国-2024 Ⅳ.①G647.32

中国国家版本馆CIP数据核字(2023)第233393号

责任编辑 / 王俊洁　　　　文案编辑 / 王俊洁
责任校对 / 刘亚男　　　　责任印制 / 施胜娟

出版发行 / 北京理工大学出版社有限责任公司
社　　址 / 北京市丰台区四合庄路6号
邮　　编 / 100070
电　　话 / (010)68944451(大众售后服务热线)
　　　　　 (010)68912824(大众售后服务热线)
网　　址 / http://www.bitpress.com.cn

版　印　次 / 2024年1月第1版第2次印刷
印　　刷 / 三河市中晟雅豪印务有限公司
开　　本 / 850 mm×1168 mm　1/16
印　　张 / 22
字　　数 / 761千字
定　　价 / 90.00元

图书出现印装质量问题,请拨打售后服务热线,本社负责调换

前言

Qian Yan

升学与就业是目前学生及家长最为关心的事情,牵动着无数家庭,也是当前社会普遍关注的焦点问题。大学生就业环境的变化和就业压力的增加,社会人才供需结构方向的不断变化,使越来越多的考生及家长从孩子上高中的那一天起,就把目光投向将来的就业问题。近年来严峻的就业形势,使得考生和家长在选择专业时越来越注重专业的就业前景,而高校在招生时对专业的介绍往往不够深入,从而使不少考生对专业了解不够,结果一入校门就后悔,一出校门就苦恼。考生希望找到既符合自己兴趣、爱好,又合乎社会需要的专业,不仅要在大学学得有兴趣,而且要在将来就业工作时学以致用。究竟什么行业前景好,什么专业好就业,这些都成为众多考生和家长迫切需要了解的问题。确定专业是考大学的最终落脚点,它不仅关系到考生的兴趣和爱好,而且涉及考生的前途和职业生涯。因此,详细了解全国高校的专业情况,为填报志愿提供科学的参考和指导,就成为广大考生和家长的迫切需求。

当前,考生选择专业除了考虑自己的兴趣、爱好以外,主要依据的就是专业的热度。当一些专业前两届的毕业生就业状况良好时,或者当时某些专业的毕业生需求量较大的信息反馈到家长和考生中时,就会使这些专业的报考学生骤增,从而形成热门专业过热的现象。这样势必导致这些专业招生的过度膨胀,最终造成其毕业生供过于求的现象,将来就业面临巨大压力。那么,怎样才能有效防止类似情况发生呢?

鉴于此,本系列丛书编委会在总结多年报考类图书编著经验的基础上,针对考生和家长在选择专业上存在的问题,根据影响学生就业的多方面因素,组织有关专家和学者经过长期的研究和探索,在广泛调查、论证的基础上,提出了全方位、多角度的解决方案,编写了《全国高校专业解读》一书,目的是解决考生在填报志愿中面临的实际困难,能够给大家以切实有效的帮助和指导。

本书内容主要从以下几个方面进行了独创性的论述:(1)792个专业渊源及概念;(2)专业修业年限、授予学位;(3)专业培养目标;(4)主干学科;(5)主要课程;(6)开设本专业的顶尖院校及特色;(7)就业方向、领域;(8)未来可从事职业岗位;(9)职业薪酬;(10)就业热门行业;(11)就业热门城市;(12)专家建议等。

以上各方面有机结合,互为补充,把高考专业选择和人生职业生涯规划融为一体,帮助考生选择专业及院校。

该书根据行业特点、学习内容、研究领域及就业方向，对高校本科专业进行了科学划分，着重从专业构成、行业前景等方面进行详细介绍，对专业内涵、学科特点、就业方向、未来可从事职业岗位、职业薪酬等进行逐一分析，使考生对一些不理解的专业有所认识，并且能够明白高校的每一个专业都对应着社会上的一些职业，只有把专业和职业结合起来考虑，才能较好地把握自己的学习方向和职业生涯。

本书紧紧围绕学生个性发展，科学规划考生未来的职业生涯，就考生如何把握时代脉搏，挑选适合自己的具有发展潜力的专业，从专家的视角进行方向性指导和方法的点拨，精辟地道出鲜为人知的专业的细枝末节，为考生和家长揭开高校专业的神秘面纱，帮助考生最大化地实现自己的职业理想和人生目标，是考生和家长的得力助手和知心参谋。

该书信息量大、评价较为准确、权威性强、所选角度全面，是广大考生、家长、教师和社会各界人士必备的一本参考书。

由于编者水平有限，疏漏和不妥之处在所难免，恳请读者指正。

（由于高考内容和信息不断调整与变化，本书中内容、观点和建议仅供参考，敬请考生随时关注本省市招办公布的最新信息，本书不承担招生纠纷连带责任。）

高考报考指南系列丛书编委会
2024 年 1 月于北京

目录

专业代码	专业类及名称	修业年限	授予学位	增设年份	页码
01	**哲学**				
0101	**哲学类**				1
010101	哲学	四年	哲学		1
010102	逻辑学	四年	哲学		2
010103K	宗教学	四年	哲学		2
010104T	伦理学	四年	哲学		3
02	**经济学**				
0201	**经济学类**				4
020101	经济学	四年	经济学		4
020102	经济统计学	四年	经济学		5
020103T	国民经济管理	四年	经济学		5
020104T	资源与环境经济学	四年	经济学		6
020105T	商务经济学	四年	经济学		6
020106T	能源经济	四年	经济学		7
020107T	劳动经济学	四年	经济学	2016	7
020108T	经济工程	四年	经济学	2017	8
020109T	数字经济	四年	经济学	2018	8
0202	**财政学类**				9
020201K	财政学	四年	经济学		9
020202	税收学	四年	经济学		9
020203TK	国际税收	四年	经济学	2021	10
0203	**金融学类**				10
020301K	金融学	四年	经济学		10
020302	金融工程	四年	经济学		11
020303	保险学	四年	经济学		12
020304	投资学	四年	经济学		12
020305T	金融数学	四年	经济学		13
020306T	信用管理	四年	经济学或管理学		14
020307T	经济与金融	四年	经济学		14
020308T	精算学	四年	理学或经济学	2015	15
020309T	互联网金融	四年	经济学	2016	15
020310T	金融科技	四年	经济学	2017	15
020311TK	金融审计	四年	经济学	2022	15
0204	**经济与贸易类**				16
020401	国际经济与贸易	四年	经济学		16
020402	贸易经济	四年	经济学		16
020403T	国际经济发展合作	四年	经济学	2021	17

注:本目录是在《普通高等学校本科专业目录(2012年)》基础上,增补近几年批准增设的目录外新专业而形成。特设专业在专业代码后加T表示;国家控制布点专业在专业代码后加K表示。

专业代码	专业类及名称	修业年限	授予学位	增设年份	页码
03	**法学**				
0301	**法学类**				18
030101K	法学	四年	法学		18
030102T	知识产权	四年	法学		18
030103T	监狱学	四年	法学		19
030104T	信用风险管理与法律防控	四年	法学	2017	19
030105T	国际经贸规则	四年	法学	2017	20
030106TK	司法警察学	四年	法学	2018	20
030107TK	社区矫正	四年	法学	2018	20
030108TK	纪检监察	四年	法学	2021	20
030109TK	国际法	四年	法学	2022	20
030110TK	司法鉴定学	四年	法学	2022	21
0302	**政治学类**				21
030201	政治学与行政学	四年	法学		21
030202	国际政治	四年	法学		21
030203	外交学	四年	法学		22
030204T	国际事务与国际关系	四年	法学		22
030205T	政治学、经济学与哲学	四年	法学		23
030206TK	国际组织与全球治理	四年	法学	2018	23
0303	**社会学类**				23
030301	社会学	四年	法学		23
030302	社会工作	四年	法学		24
030303T	人类学	四年	法学		25
030304T	女性学	四年	法学		25
030305T	家政学	四年	法学		26
030306T	老年学	四年	法学	2019	26
030307T	社会政策	四年	法学	2020	27
0304	**民族学类**				27
030401	民族学	四年	法学		27
0305	**马克思主义理论类**				27
030501	科学社会主义	四年	法学		28
030502	中国共产党历史	四年	法学		28
030503	思想政治教育	四年	法学		28
030504T	马克思主义理论	四年	法学	2017	29
030505TK	工会学	四年	法学	2022	29
0306	**公安学类**				29
030601K	治安学	四年	法学		29
030602K	侦查学	四年	法学		30
030603K	边防管理	四年	法学		30
030604TK	禁毒学	四年	法学		31
030605TK	警犬技术	四年	法学		31
030606TK	经济犯罪侦查	四年	法学		32
030607TK	边防指挥	四年	法学		32
030608TK	消防指挥	四年	法学		32
030609TK	警卫学	四年	法学		33

专业代码	专业类及名称	修业年限	授予学位	增设年份	页码
030610TK	公安情报学	四年	法学		33
030611TK	犯罪学	四年	法学		34
030612TK	公安管理学	四年	法学		34
030613TK	涉外警务	四年	法学		35
030614TK	国内安全保卫	四年	法学		35
030615TK	警务指挥与战术	四年	法学		35
030616TK	技术侦查学	四年	法学	2016	36
030617TK	海警执法	四年	法学	2016	36
030618TK	公安政治工作	四年	法学	2018	36
030619TK	移民管理	四年	法学	2018	36
030620TK	出入境管理	四年	法学	2018	36
030621TK	反恐警务	四年	法学	2020	37
030622TK	消防政治工作	四年	法学	2020	37
030623TK	铁路警务	四年	法学	2021	37

04 教育学

专业代码	专业类及名称	修业年限	授予学位	增设年份	页码
0401	**教育学类**				38
040101	教育学	四年	教育学		38
040102	科学教育	四年	教育学		39
040103	人文教育	四年	教育学		39
040104	教育技术学	四年	教育学或理学或工学		39
040105	艺术教育	四年	教育学或艺术学		40
040106	学前教育	四年	教育学		41
040107	小学教育	四年	教育学		41
040108	特殊教育	四年	教育学		42
040109T	华文教育	四年	教育学		42
040110TK	教育康复学	四年	教育学	2012	42
040111T	卫生教育	四年	教育学	2016	43
040112T	认知科学与技术	四年	教育学	2018	43
040113T	融合教育	四年	教育学	2020	43
040114TK	劳动教育	四年	教育学	2021	43
040115T	家庭教育	四年	教育学	2022	43
040116TK	孤独症儿童教育	四年	教育学	2022	44
0402	**体育学类**				44
040201	体育教育	四年	教育学		44
040202K	运动训练	四年	教育学		44
040203	社会体育指导与管理	四年	教育学		45
040204K	武术与民族传统体育	四年	教育学		45
040205	运动人体科学	四年	教育学		45
040206T	运动康复	四年	教育学或理学		46
040207T	休闲体育	四年	教育学		46
040208T	体能训练	四年	教育学	2017	47
040209T	冰雪运动	四年	教育学	2017	47
040210TK	电子竞技运动与管理	四年	教育学	2018	47
040211TK	智能体育工程	四年	教育学或工学	2018	47
040212TK	体育旅游	四年	教育学	2018	47

专业代码	专业类及名称	修业年限	授予学位	增设年份	页码
040213T	运动能力开发	四年	教育学或理学	2019	48

05 文学

专业代码	专业类及名称	修业年限	授予学位	增设年份	页码
0501	**中国语言文学类**				49
050101	汉语言文学	四年	文学		49
050102	汉语言	四年	文学		50
050103	汉语国际教育	四年	文学		50
050104	中国少数民族语言文学	四年	文学		50
050105	古典文献学	四年	文学		51
050106T	应用语言学	四年	文学		51
050107T	秘书学	四年	文学		51
050108T	中国语言与文化	四年	文学	2016	52
050109T	手语翻译	四年	文学	2016	52
050110T	数字人文	四年	文学	2022	52
0502	**外国语言文学类**				52
050200T	桑戈语	四年	文学	2017	53
050201	英语	四年或五年	文学		53
050202	俄语	四年	文学		53
050203	德语	四年	文学		54
050204	法语	四年	文学		54
050205	西班牙语	四年	文学		55
050206	阿拉伯语	四年	文学		56
050207	日语	四年	文学		56
050208	波斯语	四年	文学		57
050209	朝鲜语	四年	文学		57
050210	菲律宾语	四年	文学		57
050211	梵语巴利语	四年	文学		58
050212	印度尼西亚语	四年	文学		58
050213	印地语	四年	文学		58
050214	柬埔寨语	四年	文学		58
050215	老挝语	四年	文学		59
050216	缅甸语	四年	文学		59
050217	马来语	四年	文学		59
050218	蒙古语	四年	文学		60
050219	僧伽罗语	四年	文学		60
050220	泰语	四年	文学		60
050221	乌尔都语	四年	文学		60
050222	希伯来语	四年	文学		61
050223	越南语	四年	文学		61
050224	豪萨语	四年	文学		61
050225	斯瓦希里语	四年	文学		62
050226	阿尔巴尼亚语	四年	文学		62
050227	保加利亚语	四年	文学		62
050228	波兰语	四年	文学		62
050229	捷克语	四年	文学		63
050230	斯洛伐克语	四年	文学		63

专业代码	专业类及名称	修业年限	授予学位	增设年份	页码
050231	罗马尼亚语	四年	文学		63
050232	葡萄牙语	四年	文学		63
050233	瑞典语	四年	文学		64
050234	塞尔维亚语	四年	文学		64
050235	土耳其语	四年	文学		64
050236	希腊语	四年	文学		65
050237	匈牙利语	四年	文学		65
050238	意大利语	四年	文学		65
050239	泰米尔语	四年	文学		66
050240	普什图语	四年	文学		66
050241	世界语	四年	文学		66
050242	孟加拉语	四年	文学		66
050243	尼泊尔语	四年	文学		67
050244	克罗地亚语	四年	文学		67
050245	荷兰语	四年	文学		67
050246	芬兰语	四年	文学		68
050247	乌克兰语	四年	文学		68
050248	挪威语	四年	文学		68
050249	丹麦语	四年	文学		68
050250	冰岛语	四年	文学		69
050251	爱尔兰语	四年	文学		69
050252	拉脱维亚语	四年	文学		69
050253	立陶宛语	四年	文学		69
050254	斯洛文尼亚语	四年	文学		70
050255	爱沙尼亚语	四年	文学		70
050256	马耳他语	四年	文学		70
050257	哈萨克语	四年	文学		71
050258	乌兹别克语	四年	文学		71
050259	祖鲁语	四年	文学		71
050260	拉丁语	四年	文学		71
050261	翻译	四年	文学		72
050262	商务英语	四年	文学		72
050263T	阿姆哈拉语	四年	文学	2012	72
050264T	吉尔吉斯语	四年	文学	2012	73
050265T	索马里语	四年	文学	2013	73
050266T	土库曼语	四年	文学	2014	73
050267T	加泰罗尼亚语	四年	文学	2014	74
050268T	约鲁巴语	四年	文学	2014	74
050269T	亚美尼亚语	四年	文学	2015	74
050270T	马达加斯加语	四年	文学	2015	74
050271T	格鲁吉亚语	四年	文学	2015	75
050272T	阿塞拜疆语	四年	文学	2015	75
050273T	阿非利卡语	四年	文学	2015	75
050274T	马其顿语	四年	文学	2015	75
050275T	塔吉克语	四年	文学	2015	76
050276T	茨瓦纳语	四年	文学	2016	76

专业代码	专业类及名称	修业年限	授予学位	增设年份	页码
050277T	恩德贝莱语	四年	文学	2016	76
050278T	科摩罗语	四年	文学	2016	76
050279T	克里奥尔语	四年	文学	2016	77
050280T	绍纳语	四年	文学	2016	77
050281T	提格雷尼亚语	四年	文学	2016	77
050282T	白俄罗斯语	四年	文学	2016	77
050283T	毛利语	四年	文学	2016	78
050284T	汤加语	四年	文学	2016	78
050285T	萨摩亚语	四年	文学	2016	78
050286T	库尔德语	四年	文学	2016	78
050287T	比斯拉马语	四年	文学	2017	79
050288T	达里语	四年	文学	2017	79
050289T	德顿语	四年	文学	2017	79
050290T	迪维希语	四年	文学	2017	79
050291T	斐济语	四年	文学	2017	80
050292T	库克群岛毛利语	四年	文学	2017	80
050293T	隆迪语	四年	文学	2017	80
050294T	卢森堡语	四年	文学	2017	80
050295T	卢旺达语	四年	文学	2017	81
050296T	纽埃语	四年	文学	2017	81
050297T	皮金语	四年	文学	2017	81
050298T	切瓦语	四年	文学	2017	81
050299T	塞苏陀语	四年	文学	2017	82
0502100T	语言学	四年	文学	2018	82
0502101T	塔玛齐格特语	四年	文学	2018	82
0502102T	爪哇语	四年	文学	2018	83
0502103T	旁遮普语	四年	文学	2018	83
0503	**新闻传播学类**				83
050301	新闻学	四年	文学		83
050302	广播电视学	四年	文学		84
050303	广告学	四年	文学		84
050304	传播学	四年	文学		84
050305	编辑出版学	四年	文学		85
050306T	网络与新媒体	四年	文学		85
050307T	数字出版	四年	文学		86
050308T	时尚传播	四年	文学	2017	86
050309T	国际新闻与传播	四年	文学	2018	86
050310T	会展	四年	文学或管理学	2019	87

06 历史学

专业代码	专业类及名称	修业年限	授予学位	增设年份	页码
0601	**历史学类**				88
060101	历史学	四年	历史学		88
060102	世界史	四年	历史学		89
060103	考古学	四年	历史学		89
060104	文物与博物馆学	四年	历史学		90
060105T	文物保护技术	四年	历史学		90

专业代码	专业类及名称	修业年限	授予学位	增设年份	页码
060106T	外国语言与外国历史	四年	历史学或文学		91
060107T	文化遗产	四年	历史学	2015	91
060108T	古文字学	四年	历史学或文学	2020	91
060109T	科学史	四年	历史学	2021	91

07 理学

专业代码	专业类及名称	修业年限	授予学位	增设年份	页码
0701	**数学类**				92
070101	数学与应用数学	四年	理学		92
070102	信息与计算科学	四年	理学		93
070103T	数理基础科学	四年	理学		93
070104T	数据计算及应用	四年	理学	2018	94
0702	**物理学类**				94
070201	物理学	四年	理学		94
070202	应用物理学	四年	理学		95
070203	核物理	四年	理学		95
070204T	声学	四年	理学		96
070205T	系统科学与工程	四年	理学	2017	96
070206T	量子信息科学	四年	理学	2020	97
0703	**化学类**				97
070301	化学	四年	理学		97
070302	应用化学	四年	理学或工学		97
070303T	化学生物学	四年	理学		98
070304T	分子科学与工程	四年	理学		99
070305T	能源化学	四年	理学	2015	99
070306T	化学测量学与技术	四年	理学	2020	100
070307T	资源化学	四年	理学	2022	100
0704	**天文学类**				100
070401	天文学	四年	理学		100
0705	**地理科学类**				100
070501	地理科学	四年	理学		100
070502	自然地理与资源环境	四年	理学或管理学		101
070503	人文地理与城乡规划	四年	理学或管理学		101
070504	地理信息科学	四年	理学		102
0706	**大气科学类**				102
070601	大气科学	四年	理学		102
070602	应用气象学	四年	理学		103
070603T	气象技术与工程	四年	理学或工学	2020	103
070604T	地球系统科学	四年	理学	2022	103
0707	**海洋科学类**				104
070701	海洋科学	四年	理学		104
070702	海洋技术	四年	理学或工学		105
070703T	海洋资源与环境	四年	理学		105
070704T	军事海洋学	四年	理学		105
0708	**地球物理学类**				106
070801	地球物理学	四年	理学		106
070802	空间科学与技术	四年	理学或工学		106

专业代码	专业类及名称	修业年限	授予学位	增设年份	页码
070803T	防灾减灾科学与工程	四年	工学	2018	107
070804TK	行星科学	四年	理学	2021	107
0709	**地质学类**				107
070901	地质学	四年	理学		107
070902	地球化学	四年	理学		108
070903T	地球信息科学与技术	四年	理学或工学		108
070904T	古生物学	四年	理学		109
0710	**生物科学类**				110
071001	生物科学	四年	理学		110
071002	生物技术	四年	理学或工学		110
071003	生物信息学	四年	理学或工学		111
071004	生态学	四年	理学		112
071005T	整合科学	四年	理学	2016	112
071006T	神经科学	四年	理学	2016	112
0711	**心理学类**				113
071101	心理学	四年	教育学或理学		113
071102	应用心理学	四年	教育学或理学		113
0712	**统计学类**				114
071201	统计学	四年	理学		114
071202	应用统计学	四年	理学		114
071203T	数据科学	四年	理学	2022	115
071204T	生物统计学	四年	理学	2022	115

08 工学

专业代码	专业类及名称	修业年限	授予学位	增设年份	页码
0801	**力学类**				116
080101	理论与应用力学	四年	理学或工学		116
080102	工程力学	四年	工学		116
0802	**机械类**				117
080201	机械工程	四年	工学		117
080202	机械设计制造及其自动化	四年	工学		118
080203	材料成型及控制工程	四年	工学		118
080204	机械电子工程	四年	工学		119
080205	工业设计	四年	工学		119
080206	过程装备与控制工程	四年	工学		120
080207	车辆工程	四年	工学		121
080208	汽车服务工程	四年	工学		121
080209T	机械工艺技术	四年	工学		122
080210T	微机电系统工程	四年	工学		122
080211T	机电技术教育	四年	工学		123
080212T	汽车维修工程教育	四年	工学		123
080213T	智能制造工程	四年	工学	2017	124
080214T	智能车辆工程	四年	工学	2018	124
080215T	仿生科学与工程	四年	工学	2018	124
080216T	新能源汽车工程	四年	工学	2018	125
080217T	增材制造工程	四年	工学	2020	125
080218T	智能交互设计	四年	工学	2020	125

专业代码	专业类及名称	修业年限	授予学位	增设年份	页码
080219T	应急装备技术与工程	四年	工学	2020	125
0803	**仪器类**				125
080301	测控技术与仪器	四年	工学		126
080302T	精密仪器	四年	工学	2017	126
080303T	智能感知工程	四年	工学	2019	126
0804	**材料类**				127
080401	材料科学与工程	四年	工学		127
080402	材料物理	四年	工学或理学		127
080403	材料化学	四年	工学或理学		128
080404	冶金工程	四年	工学		128
080405	金属材料工程	四年	工学		129
080406	无机非金属材料工程	四年	工学		130
080407	高分子材料与工程	四年	工学		130
080408	复合材料与工程	四年	工学		131
080409T	粉体材料科学与工程	四年	工学		131
080410T	宝石及材料工艺学	四年	工学		132
080411T	焊接技术与工程	四年或五年	工学		132
080412T	功能材料	四年	工学		132
080413T	纳米材料与技术	四年	工学		133
080414T	新能源材料与器件	四年	工学		134
080415T	材料设计科学与工程	四年	工学	2015	134
080416T	复合材料成型工程	四年	工学	2017	135
080417T	智能材料与结构	四年	工学	2019	135
080418T	光电信息材料与器件	四年	工学	2021	135
080419T	生物材料	四年	工学	2022	135
0805	**能源动力类**				136
080501	能源与动力工程	四年	工学		136
080502T	能源与环境系统工程	四年	工学		136
080503T	新能源科学与工程	四年	工学		137
080504T	储能科学与工程	四年	工学	2019	138
080505T	能源服务工程	四年	工学	2020	138
080506TK	氢能科学与工程	四年	工学	2021	138
080507TK	可持续能源	四年	工学	2021	138
0806	**电气类**				138
080601	电气工程及其自动化	四年	工学		138
080602T	智能电网信息工程	四年	工学		139
080603T	光源与照明	四年	工学		140
080604T	电气工程与智能控制	四年	工学		140
080605T	电机电器智能化	四年	工学	2016	140
080606T	电缆工程	四年	工学	2016	141
080607T	能源互联网工程	四年	工学	2020	141
080608TK	智慧能源工程	四年	工学	2021	141
080609T	电动载运工程	四年	工学	2022	141
0807	**电子信息类**				141
080701	电子信息工程	四年	工学或理学		141
080702	电子科学与技术	四年	理学或工学		142

专业代码	专业类及名称	修业年限	授予学位	增设年份	页码
080703	通信工程	四年	工学		143
080704	微电子科学与工程	四年	工学或理学		143
080705	光电信息科学与工程	四年	工学或理学		144
080706	信息工程	四年	工学		144
080707T	广播电视工程	四年	工学		145
080708T	水声工程	四年	工学		145
080709T	电子封装技术	四年	工学		146
080710T	集成电路设计与集成系统	四年	工学		146
080711T	医学信息工程	四年	工学		147
080712T	电磁场与无线技术	四年	工学		147
080713T	电波传播与天线	四年	工学		148
080714T	电子信息科学与技术	四年	理学或工学		148
080715T	电信工程及管理	四年	工学		149
080716T	应用电子技术教育	四年	工学		149
080717T	人工智能	四年	工学	2018	149
080718T	海洋信息工程	四年	工学	2019	150
080719T	柔性电子学	四年	工学	2020	150
080720T	智能测控工程	四年	工学	2020	150
0808	**自动化类**				150
080801	自动化	四年	工学		151
080802T	轨道交通信号与控制	四年	工学		151
080803T	机器人工程	四年	工学	2015	152
080804T	邮政工程	四年	工学	2016	152
080805T	核电技术与控制工程	四年	工学	2017	152
080806T	智能装备与系统	四年	工学	2019	153
080807T	工业智能	四年	工学	2019	153
080808T	智能工程与创意设计	四年	工学	2020	153
0809	**计算机类**				153
080901	计算机科学与技术	四年	工学或理学		153
080902	软件工程	四年	工学		154
080903	网络工程	四年	工学		154
080904K	信息安全	四年	理学或工学或管理学		155
080905	物联网工程	四年	工学		155
080906	数字媒体技术	四年	工学		156
080907T	智能科学与技术	四年	理学或工学		157
080908T	空间信息与数字技术	四年	工学		157
080909T	电子与计算机工程	四年	工学		158
080910T	数据科学与大数据技术	四年	理学或工学	2015	158
080911TK	网络空间安全	四年	工学	2015	159
080912T	新媒体技术	四年	工学	2016	159
080913T	电影制作	四年	工学	2016	159
080914TK	保密技术	四年	工学	2017	160
080915T	服务科学与工程	四年	工学	2019	160
080916T	虚拟现实技术	四年	工学	2019	160
080917T	区块链工程	四年	工学	2019	160
080918TK	密码科学与技术	四年	工学	2020	160

专业代码	专业类及名称	修业年限	授予学位	增设年份	页码
0810	**土木类**				161
081001	土木工程	四年	工学		161
081002	建筑环境与能源应用工程	四年	工学		161
081003	给排水科学与工程	四年	工学		162
081004	建筑电气与智能化	四年	工学		162
081005T	城市地下空间工程	四年	工学		163
081006T	道路桥梁与渡河工程	四年	工学		163
081007T	铁道工程	四年	工学	2014	164
081008T	智能建造	四年	工学	2017	164
081009T	土木、水利与海洋工程	四年	工学	2018	164
081010T	土木、水利与交通工程	四年	工学	2019	165
081011T	城市水系统工程	四年	工学	2020	165
081012T	智能建造与智慧交通	四年	工学	2021	165
0811	**水利类**				165
081101	水利水电工程	四年	工学		165
081102	水文与水资源工程	四年	工学		166
081103	港口航道与海岸工程	四年	工学		166
081104T	水务工程	四年	工学		167
081105T	水利科学与工程	四年	工学	2015	168
081106T	智慧水利	四年	工学	2021	168
0812	**测绘类**				168
081201	测绘工程	四年	工学		168
081202	遥感科学与技术	四年	工学		169
081203T	导航工程	四年	工学		169
081204T	地理国情监测	四年	工学		170
081205T	地理空间信息工程	四年	工学	2015	170
0813	**化工与制药类**				171
081301	化学工程与工艺	四年	工学		171
081302	制药工程	四年	工学		171
081303T	资源循环科学与工程	四年	工学		172
081304T	能源化学工程	四年	工学		172
081305T	化学工程与工业生物工程	四年	工学		173
081306T	化工安全工程	四年	工学	2017	173
081307T	涂料工程	四年	工学	2017	174
081308T	精细化工	四年	工学	2018	174
0814	**地质类**				174
081401	地质工程	四年	工学		174
081402	勘查技术与工程	四年	工学		175
081403	资源勘查工程	四年	工学		176
081404T	地下水科学与工程	四年	工学		176
081405T	旅游地学与规划工程	四年	工学	2019	176
081406T	智能地球探测	四年	工学	2021	177
081407T	资源环境大数据工程	四年	工学	2021	177
0815	**矿业类**				177
081501	采矿工程	四年	工学		177
081502	石油工程	四年	工学		177

专业代码	专业类及名称	修业年限	授予学位	增设年份	页码
081503	矿物加工工程	四年	工学		178
081504	油气储运工程	四年	工学		179
081505T	矿物资源工程	四年	工学		179
081506T	海洋油气工程	四年	工学		180
081507T	智能采矿工程	四年	工学	2020	180
081508TK	碳储科学与工程	四年	工学	2021	180
0816	**纺织类**				181
081601	纺织工程	四年	工学		181
081602	服装设计与工程	四年	工学或艺术学		181
081603T	非织造材料与工程	四年	工学		182
081604T	服装设计与工艺教育	四年	工学		183
081605T	丝绸设计与工程	四年	工学	2016	183
0817	**轻工类**				183
081701	轻化工程	四年	工学		183
081702	包装工程	四年	工学		184
081703	印刷工程	四年	工学		184
081704T	香料香精技术与工程	四年	工学	2016	185
081705T	化妆品技术与工程	四年	工学	2017	185
081706TK	生物质能源与材料	四年	工学	2021	186
0818	**交通运输类**				186
081801	交通运输	四年	工学		186
081802	交通工程	四年	工学		186
081803K	航海技术	四年	工学		187
081804K	轮机工程	四年	工学		187
081805K	飞行技术	四年	工学		188
081806T	交通设备与控制工程	四年	工学		188
081807T	救助与打捞工程	四年	工学		189
081808TK	船舶电子电气工程	四年	工学		189
081809T	轨道交通电气与控制	四年	工学	2017	190
081810T	邮轮工程与管理	四年	工学	2017	190
081811T	智慧交通	四年	工学	2020	190
081812T	智能运输工程	四年	工学	2021	190
0819	**海洋工程类**				191
081901	船舶与海洋工程	四年	工学		191
081902T	海洋工程与技术	四年	工学		191
081903T	海洋资源开发技术	四年	工学		192
081904T	海洋机器人	四年	工学	2018	192
081905T	智慧海洋技术	四年	工学	2021	193
0820	**航空航天类**				193
082001	航空航天工程	四年	工学		193
082002	飞行器设计与工程	四年	工学		193
082003	飞行器制造工程	四年	工学		194
082004	飞行器动力工程	四年	工学		194
082005	飞行器环境与生命保障工程	四年	工学		195
082006T	飞行器质量与可靠性	四年	工学		196
082007T	飞行器适航技术	四年	工学		196

专业代码	专业类及名称	修业年限	授予学位	增设年份	页码
082008T	飞行器控制与信息工程	四年	工学	2015	197
082009T	无人驾驶航空器系统工程	四年	工学	2016	197
082010T	智能飞行器技术	四年	工学	2020	198
082011T	空天智能电推进技术	四年	工学	2021	198
082012T	飞行器运维工程	四年	工学	2022	198
0821	**兵器类**				198
082101	武器系统与工程	四年	工学		198
082102	武器发射工程	四年	工学		199
082103	探测制导与控制技术	四年	工学		199
082104	弹药工程与爆炸技术	四年	工学		200
082105	特种能源技术与工程	四年	工学		200
082106	装甲车辆工程	四年	工学		200
082107	信息对抗技术	四年	工学		201
082108T	智能无人系统技术	四年	工学	2019	202
0822	**核工程类**				202
082201	核工程与核技术	四年	工学		202
082202	辐射防护与核安全	四年	工学		202
082203	工程物理	四年	工学		203
082204	核化工与核燃料工程	四年	工学		203
0823	**农业工程类**				204
082301	农业工程	四年	工学		204
082302	农业机械化及其自动化	四年	工学		204
082303	农业电气化	四年	工学		205
082304	农业建筑环境与能源工程	四年	工学		205
082305	农业水利工程	四年	工学		206
082306T	土地整治工程	四年	工学	2016	206
082307T	农业智能装备工程	四年	工学	2019	206
0824	**林业工程类**				207
082401	森林工程	四年	工学		207
082402	木材科学与工程	四年	工学		207
082403	林产化工	四年	工学		208
082404T	家具设计与工程	四年	工学	2018	208
082405T	木结构建筑与材料	四年	工学	2021	209
0825	**环境科学与工程类**				209
082501	环境科学与工程	四年	工学		209
082502	环境工程	四年	工学		209
082503	环境科学	四年或五年	理学或工学		210
082504	环境生态工程	四年	工学		210
082505T	环保设备工程	四年	工学		211
082506T	资源环境科学	四年	理学或工学		212
082507T	水质科学与技术	四年	工学		212
0826	**生物医学工程类**				213
082601	生物医学工程	四年或五年	工学或理学		213
082602T	假肢矫形工程	四年	工学		213
082603T	临床工程技术	四年	工学	2016	214
082604T	康复工程	四年	工学	2019	214

专业代码	专业类及名称	修业年限	授予学位	增设年份	页码
0827	**食品科学与工程类**				214
082701	食品科学与工程	四年	农学或工学		214
082702	食品质量与安全	四年	工学		215
082703	粮食工程	四年	工学		216
082704	乳品工程	四年	工学		216
082705	酿酒工程	四年	工学		217
082706T	葡萄与葡萄酒工程	四年	工学		217
082707T	食品营养与检验教育	四年	工学		218
082708T	烹饪与营养教育	四年	工学		218
082709T	食品安全与检测	四年	工学	2016	218
082710T	食品营养与健康	四年	工学	2019	219
082711T	食用菌科学与工程	四年	工学	2019	219
082712T	白酒酿造工程	四年	工学	2019	219
0828	**建筑类**				219
082801	建筑学	四年或五年	工学		219
082802	城乡规划	四年或五年	工学		220
082803	风景园林	四年或五年	工学或艺术学		220
082804T	历史建筑保护工程	四年或五年	工学		221
082805T	人居环境科学与技术	四年	工学	2017	222
082806T	城市设计	四年	工学	2019	222
082807T	智慧建筑与建造	四年	工学	2019	222
0829	**安全科学与工程类**				222
082901	安全工程	四年	工学		222
082902T	应急技术与管理	四年	工学	2018	223
082903T	职业卫生工程	四年	工学	2018	223
082904T	安全生产监管	四年	工学	2022	223
0830	**生物工程类**				223
083001	生物工程	四年	工学		223
083002T	生物制药	四年	工学		224
083003T	合成生物学	四年	工学	2019	225
0831	**公安技术类**				225
083101K	刑事科学技术	四年	工学		225
083102K	消防工程	四年	工学		225
083103TK	交通管理工程	四年	工学		226
083104TK	安全防范工程	四年	工学		226
083105TK	公安视听技术	四年	工学		227
083106TK	抢险救援指挥与技术	四年	工学		227
083107TK	火灾勘查	四年	工学		227
083108TK	网络安全与执法	四年	工学		227
083109TK	核生化消防	四年	工学		228
083110TK	海警舰艇指挥与技术	四年	工学	2015	228
083111TK	数据警务技术	四年	工学	2018	229
083112TK	食品药品环境犯罪侦查技术	四年	工学	2020	229
0832	**交叉工程类**				229
083201TK	未来机器人	四年	工学	2022	229

专业代码	专业类及名称	修业年限	授予学位	增设年份	页码
09	**农学**				
0901	**植物生产类**				230
090101	农学	四年	农学		230
090102	园艺	四年	农学		231
090103	植物保护	四年	农学		231
090104	植物科学与技术	四年	农学		232
090105	种子科学与工程	四年	农学		232
090106	设施农业科学与工程	四年	农学或工学		233
090107T	茶学	四年	农学		233
090108T	烟草	四年	农学		234
090109T	应用生物科学	四年	农学或理学		234
090110T	农艺教育	四年	农学		235
090111T	园艺教育	四年	农学		235
090112T	智慧农业	四年	农学	2019	235
090113T	菌物科学与工程	四年	农学	2019	235
090114T	农药化肥	四年	农学	2019	236
090115T	生物农药科学与工程	四年	农学	2020	236
090116TK	生物育种科学	四年	理学	2021	236
0902	**自然保护与环境生态类**				236
090201	农业资源与环境	四年	农学		236
090202	野生动物与自然保护区管理	四年	农学		237
090203	水土保持与荒漠化防治	四年	农学		237
090204T	生物质科学与工程	四年	农学	2019	238
090205T	土地科学与技术	四年	农学	2020	238
090206T	湿地保护与恢复	四年	农学	2021	238
090207TK	国家公园建设与管理	四年	农学或管理学	2022	238
0903	**动物生产类**				238
090301	动物科学	四年	农学		238
090302T	蚕学	四年	农学		239
090303T	蜂学	四年	农学		240
090304T	经济动物学	四年	农学	2018	240
090305T	马业科学	四年	农学	2018	240
090306T	饲料工程	四年	农学或工学	2020	240
090307T	智慧牧业科学与工程	四年	农学	2020	240
0904	**动物医学类**				241
090401	动物医学	四年或五年	农学		241
090402	动物药学	四年或五年	农学		241
090403T	动植物检疫	四年	农学或理学		242
090404T	实验动物学	四年	农学	2017	242
090405T	中兽医学	四年	农学	2018	243
090406TK	兽医公共卫生	五年	农学	2020	243
0905	**林学类**				243
090501	林学	四年	农学		243
090502	园林	四年	农学		244
090503	森林保护	四年	农学		244
090504T	经济林	四年	农学	2018	245

专业代码	专业类及名称	修业年限	授予学位	增设年份	页码
090505T	智慧林业	四年	农学	2021	245
0906	**水产类**				245
090601	水产养殖学	四年	农学		245
090602	海洋渔业科学与技术	四年	农学		246
090603T	水族科学与技术	四年	农学		246
090604TK	水生动物医学	四年	农学	2012	247
0907	**草学类**				247
090701	草业科学	四年	农学		247
090702T	草坪科学与工程	四年	农学	2019	247
10	**医学**				
1001	**基础医学类**				248
100101K	基础医学	五年	医学		248
100102TK	生物医学	四年	理学	2012	249
100103T	生物医学科学	四年	理学	2015	249
1002	**临床医学类**				249
100201K	临床医学	五年	医学		249
100202TK	麻醉学	五年	医学		250
100203TK	医学影像学	五年	医学		250
100204TK	眼视光医学	五年	医学		251
100205TK	精神医学	五年	医学		251
100206TK	放射医学	五年	医学		252
100207TK	儿科学	五年	医学	2015	252
1003	**口腔医学类**				253
100301K	口腔医学	五年	医学		253
1004	**公共卫生与预防医学类**				253
100401K	预防医学	五年	医学		253
100402	食品卫生与营养学	四年	理学		254
100403TK	妇幼保健医学	五年	医学		255
100404TK	卫生监督	五年	医学		255
100405TK	全球健康学	四年	理学		255
100406T	运动与公共健康	四年	理学	2020	256
1005	**中医学类**				256
100501K	中医学	五年	医学		256
100502K	针灸推拿学	五年	医学		257
100503K	藏医学	五年	医学		258
100504K	蒙医学	五年	医学		258
100505K	维医学	五年	医学		259
100506K	壮医学	五年	医学		259
100507K	哈医学	五年	医学		259
100508TK	傣医学	五年	医学	2012	260
100509TK	回医学	五年	医学	2015	260
100510TK	中医康复学	五年	医学	2016	260
100511TK	中医养生学	五年	医学	2016	260
100512TK	中医儿科学	五年	医学	2016	261
100513TK	中医骨伤科学	五年	医学	2018	261

专业代码	专业类及名称	修业年限	授予学位	增设年份	页码
1006	**中西医结合类**				261
100601K	中西医临床医学	五年	医学		261
1007	**药学类**				262
100701	药学	四年	理学		262
100702	药物制剂	四年	理学		263
100703TK	临床药学	四年或五年	理学		263
100704T	药事管理	四年	理学		264
100705T	药物分析	四年	理学		264
100706T	药物化学	四年	理学		265
100707T	海洋药学	四年	理学		265
100708T	化妆品科学与技术	四年	理学	2018	266
1008	**中药学类**				266
100801	中药学	四年	理学		266
100802	中药资源与开发	四年	理学		266
100803T	藏药学	四年或五年	理学		267
100804T	蒙药学	四年	理学		267
100805T	中药制药	四年	工学或理学		268
100806T	中草药栽培与鉴定	四年	理学		268
1009	**法医学类**				269
100901K	法医学	五年	医学		269
1010	**医学技术类**				269
101001	医学检验技术	四年	理学		269
101002	医学实验技术	四年	理学		270
101003	医学影像技术	四年	理学		270
101004	眼视光学	四年	理学		271
101005	康复治疗学	四年	理学		271
101006	口腔医学技术	四年	理学		272
101007	卫生检验与检疫	四年	理学		272
101008T	听力与言语康复学	四年或五年	理学		273
101009T	康复物理治疗	四年	理学	2016	273
101010T	康复作业治疗	四年	理学	2016	273
101011T	智能医学工程	四年	工学	2017	273
101012T	生物医药数据科学	四年	理学	2020	274
101013T	智能影像工程	四年	工学	2020	274
101014TK	医工学	四年	工学	2022	274
1011	**护理学类**				274
101101	护理学	四年	理学		274
101102T	助产学	四年	理学	2016	275

12 管理学

专业代码	专业类及名称	修业年限	授予学位	增设年份	页码
1201	**管理科学与工程类**				276
120101	管理科学	四年或五年	管理学或理学		276
120102	信息管理与信息系统	四年	管理学或工学		277
120103	工程管理	四年	管理学或工学		277
120104	房地产开发与管理	四年	管理学		278
120105	工程造价	四年	管理学或工学		278

专业代码	专业类及名称	修业年限	授予学位	增设年份	页码
120106TK	保密管理	四年	管理学		279
120107T	邮政管理	四年	管理学	2016	279
120108T	大数据管理与应用	四年	管理学	2017	280
120109T	工程审计	四年	管理学	2017	280
120110T	计算金融	四年	管理学	2018	280
120111T	应急管理	四年	管理学	2019	281
1202	**工商管理类**				281
120201K	工商管理	四年	管理学		281
120202	市场营销	四年	管理学		281
120203K	会计学	四年	管理学		282
120204	财务管理	四年	管理学		282
120205	国际商务	四年	管理学		283
120206	人力资源管理	四年	管理学		283
120207	审计学	四年	管理学		284
120208	资产评估	四年	管理学		284
120209	物业管理	四年	管理学		285
120210	文化产业管理	四年	管理学或艺术学		285
120211T	劳动关系	四年	管理学		286
120212T	体育经济与管理	四年	管理学		287
120213T	财务会计教育	四年	管理学		287
120214T	市场营销教育	四年	管理学		287
120215T	零售业管理	四年	管理学	2016	288
120216T	创业管理	四年	管理学	2020	288
120217TK	海关稽查	四年	管理学	2021	288
1203	**农业经济管理类**				288
120301	农林经济管理	四年	管理学		288
120302	农村区域发展	四年	管理学或农学		289
120303TK	乡村治理	四年	管理学	2022	289
1204	**公共管理类**				290
120401	公共事业管理	四年	管理学		290
120402	行政管理	四年	管理学		290
120403	劳动与社会保障	四年	管理学		291
120404	土地资源管理	四年	管理学或工学		291
120405	城市管理	四年	管理学		292
120406TK	海关管理	四年	管理学		293
120407T	交通管理	四年	管理学或工学		293
120408T	海事管理	四年	管理学		293
120409T	公共关系学	四年	管理学		294
120410T	健康服务与管理	四年	管理学	2015	294
120411T	海警后勤管理	四年	管理学	2016	294
120412T	医疗产品管理	四年	管理学	2017	295
120413T	医疗保险	四年	管理学	2019	295
120414T	养老服务管理	四年	管理学	2019	295
120415TK	海关检验检疫安全	四年	管理学	2020	295
120416TK	海外安全管理	四年	管理学	2020	295
120417T	自然资源登记与管理	四年	管理学	2020	296
120418T	慈善管理	四年	管理学	2021	296

专业代码	专业类及名称	修业年限	授予学位	增设年份	页码
120419TK	航空安防管理	四年	管理学	2022	296
120420TK	无障碍管理	四年	管理学	2022	296
1205	**图书情报与档案管理类**				296
120501	图书馆学	四年	管理学		296
120502	档案学	四年	管理学		297
120503	信息资源管理	四年	管理学		297
1206	**物流管理与工程类**				298
120601	物流管理	四年	管理学		298
120602	物流工程	四年	管理学或工学		299
120603T	采购管理	四年	管理学		299
120604T	供应链管理	四年	管理学	2017	300
1207	**工业工程类**				300
120701	工业工程	四年	管理学或工学		300
120702T	标准化工程	四年	管理学		301
120703T	质量管理工程	四年	管理学		301
1208	**电子商务类**				301
120801	电子商务	四年	管理学或经济学或工学		301
120802T	电子商务及法律	四年	管理学		302
120803T	跨境电子商务	四年	管理学	2019	303
1209	**旅游管理类**				303
120901K	旅游管理	四年	管理学		303
120902	酒店管理	四年	管理学		303
120903	会展经济与管理	四年	管理学		304
120904T	旅游管理与服务教育	四年	管理学		305

13 艺术学

专业代码	专业类及名称	修业年限	授予学位	增设年份	页码
1301	**艺术学理论类**				306
130101	艺术史论	四年	艺术学		306
130102T	艺术管理	四年	艺术学	2016	306
130103T	非物质文化遗产保护	四年	艺术学	2020	307
1302	**音乐与舞蹈学类**				307
130201	音乐表演	四年	艺术学		307
130202	音乐学	四年或五年	艺术学		307
130203	作曲与作曲技术理论	四年或五年	艺术学		308
130204	舞蹈表演	四年	艺术学		308
130205	舞蹈学	四年	艺术学		308
130206	舞蹈编导	四年	艺术学		309
130207T	舞蹈教育	四年	艺术学	2017	310
130208TK	航空服务艺术与管理	四年	艺术学	2018	310
130209T	流行音乐	四年	艺术学	2018	310
130210T	音乐治疗	四年	艺术学	2018	310
130211T	流行舞蹈	四年	艺术学	2018	311
130212T	音乐教育	四年	艺术学	2020	311
1303	**戏剧与影视学类**				311
130301	表演	四年	艺术学		311
130302	戏剧学	四年	艺术学		311

专业代码	专业类及名称	修业年限	授予学位	增设年份	页码
130303	电影学	四年	艺术学		312
130304	戏剧影视文学	四年	艺术学		313
130305	广播电视编导	四年	艺术学		313
130306	戏剧影视导演	四年	艺术学		314
130307	戏剧影视美术设计	四年	艺术学		314
130308	录音艺术	四年	艺术学		314
130309	播音与主持艺术	四年	艺术学		315
130310	动画	四年	艺术学		315
130311T	影视摄影与制作	四年	艺术学		316
130312T	影视技术	四年	艺术学	2017	316
130313T	戏剧教育	四年	艺术学	2018	317
130314TK	曲艺	四年	艺术学	2021	317
130315TK	音乐剧	四年	艺术学	2021	317
1304	**美术学类**				317
130401	美术学	四年	艺术学		317
130402	绘画	四年	艺术学		318
130403	雕塑	四年或五年	艺术学		318
130404	摄影	四年	艺术学		319
130405T	书法学	四年	艺术学		319
130406T	中国画	四年	艺术学		320
130407TK	实验艺术	四年	艺术学	2013	320
130408TK	跨媒体艺术	四年	艺术学	2015	321
130409T	文物保护与修复	四年	艺术学	2016	321
130410T	漫画	四年	艺术学	2016	321
130411T	纤维艺术	四年	艺术学	2020	321
130412TK	科技艺术	四年	艺术学	2021	321
130413TK	美术教育	四年	艺术学	2021	322
1305	**设计学类**				322
130501	艺术设计学	四年	艺术学		322
130502	视觉传达设计	四年	艺术学		322
130503	环境设计	四年	艺术学		323
130504	产品设计	四年	艺术学		323
130505	服装与服饰设计	四年	艺术学		324
130506	公共艺术	四年	艺术学		325
130507	工艺美术	四年	艺术学		325
130508	数字媒体艺术	四年	艺术学		326
130509T	艺术与科技	四年或五年	艺术学		326
130510TK	陶瓷艺术设计	四年	艺术学	2012	327
130511T	新媒体艺术	四年	艺术学	2016	327
130512T	包装设计	四年	艺术学	2016	328
130513TK	珠宝首饰设计与工艺	四年	艺术学	2021	328

01 哲学

哲学没有公认的定义,也没有人能够解答哲学是什么。哲学具体是什么？这个问题一直都不能得到统一的解答。可以肯定的是,哲学是解答难题中的难题的学问。哲学所面对的问题并没有正确答案,有的甚至可能永远也找不出答案。虽然哲学不是科学,但是科学是从哲学分离出来的,但并不意味着哲学是种科学。哲学是动词,意为爱智。哲学是什么始终没有正确答案,没有人能够解答,因此,是不能解答的,解答了也是不被人们公认的答案。

0101 哲学类

哲学的分类方法很多,传统上有本体论,指关于存在本身的理论研究。从本体性质上分,可有唯物、唯心、两者合一等论;从本体数量上分,有一元、二元、多元等论。在西方主要有三种分法:一是包括宇宙论在内的关于宇宙的起源、结构、发生史和归宿等研究,即关于本性的问题;二是知识论或目的论,关于人类认识的本源、能力范围、限度、真伪标准的研究;三是价值论,包括伦理道德、美学甚至逻辑学在内的综合性学问。目前国内高校本科专业主要设置哲学、逻辑学、宗教学、伦理学等。

010101 哲学

哲学是对人生、社会和世界进行深入反思的智慧之学。她是探索思维的规范性和多样性的智慧,是批判思想前提和重建价值秩序的智慧,是追寻幸福和成就德性的智慧。在哲学的殿堂里与不同思想家对话交流,我们的观念方法、思想品格与精神境界将变得澄明高远,我们的思维能力、创新能力、表达能力、社会活动能力和学术科研能力也会焕然一新。一系列国际化课程也将使我们具备较高的外语水平、通达的思想视野以及宽广的人文情怀。

从1926年创立中国哲学系始,一代又一代哲学人立足时代诉求、坚守学术使命,在儒学、易学、古希腊哲学、现代西方哲学、犹太哲学以及马克思主义哲学等研究领域形成了鲜明的学科特色,在国内外享有较高的学术声誉。如今,哲学学科坚持传统与创新并举、古典哲学与当代思潮研究共进、中国哲学与外国哲学研究互通之治学理念,在启蒙与济世之路上不断开拓前行。

▶ **新高考选考科目指引**[①]:
本专业没有必须选考科目要求。

▶ **培养目标**:
本专业培养具有一定马克思主义哲学理论素养和系统的专业基础知识,有进一步培养潜质的哲学专门人才,以及能在国家机关、文教事业、新闻出版、企业等部门从事实际工作的应用型、复合型高级专门人才。

▶ **培养要求**:
本专业学生主要学习马克思主义的基本理论与历史,以及社会科学、自然科学和思维科学的基础知识,受到中西方哲学的基本理论和发展线索的系统教育,以及创造性思维的培养和业务能力的训练。

▶ **主干学科**:
哲学。

▶ **主要课程**:
哲学概论、马克思主义哲学原理、马克思主义哲学史、中国哲学史、西方哲学史、现代西方哲学、科学技术哲学、伦理学、宗教学、美学、逻辑学、心理学、中外哲学原著导读、马克思主义哲学原著导读等。

▶ **顶尖院校**:
北京大学、武汉大学、中国人民大学、中山大学、中国社会科学院研究生院。

▶ **就业方向**:
哲学专业的毕业生可以到党政机关、文教事业、新闻媒体、公司企业等部门从事行政、宣传策划、管理、教学和科研等工作。也可以到外贸、金融、保险、证券、旅游、房地产等企业从事营销管理、客户资源管理、营销策划、营销诊断、市场调查和咨询等工作。

[①] 本书新高考选科科目指引栏目内容源自教育部《普通高校本科招生专业选考科目要求指引(通用版)》,仅供读者参考,因少量院校不定期进行学科专业调整,某些专业选考科目要求可能与本书略有差异,请读者以高校官宣的选考科目要求为准。

▶▶ **未来可从事职业岗位：**

图书编辑、文案策划、网站编辑、课程顾问、公共基础科目培训讲师、企业文化专员、公司品牌专员、销售行政文员、场景设计师、企划主任、媒介主管、生产运营管理、培训经理、销售经理、销售业务/市场推广、中层干部助理等。

▶▶ **就业热门行业：**

教育/培训/院校、互联网/电子商务、广告、咨询、人力资源、财会、金融/投资/证券、影视/媒体/艺术/文化传播、公关/市场推广/会展等。

▶▶ **就业热门城市：**

北京、上海、深圳、广州、杭州、武汉、成都、西安、宁波和长沙等。

010102 逻辑学

逻辑学是一门研究思维形式及思维规律的专业。逻辑，最初的含义即规律，现在更多是指思维中的规律。目前，逻辑学已形成一个多层次、多分支的庞大体系。现代的逻辑学与数学有非常密切的关系，数理逻辑就是现代逻辑学的主流。该专业主要学习逻辑学、数学、计算机科学和哲学方面的基本理论和基础知识，受到公理化方法、形式化方法和语义分析方面的基本训练，具有专业研究的基本能力。

▶▶ **新高考选考科目指引：**

本专业没有必须选考科目要求。

▶▶ **培养目标：**

本专业培养具备系统的逻辑学基础知识，一定的数学素养以及计算机理论和操作能力，能在高等院校、科研单位、国家机关及企事业管理部门从事逻辑学的教学、科研和应用方面的工作，并能从事计算机科学和语言学的科研和应用方面相关工作的逻辑学高级专门人才。

▶▶ **培养要求：**

本专业学生主要学习逻辑学、数学、计算机科学和哲学方面的基本理论和基础知识，受到公理化方法、形式化方法和语义分析方面的基本训练，具有专业研究的基本能力。

▶▶ **主干学科：**

哲学、数学。

▶▶ **主要课程：**

数学分析、高等代数、抽象代数、概率统计、逻辑导论、数理逻辑、集合论、模态逻辑、归纳逻辑、四论导引（公理集合论、模型论、递归论、证明论）、应用逻辑、逻辑史、逻辑哲学、程序语言设计、操作系统等。

▶▶ **顶尖院校：**

北京大学、中山大学、南开大学。

▶▶ **就业方向：**

能在高等院校、科研单位、国家机关及企事业管理部门从事管理、教学、科研和应用方面的工作，并能从事计算机科学和语言学的科研和应用等方面的相关工作。

▶▶ **未来可从事职业岗位：**

数据分析师、图书编辑、文案策划、培训专员、大客户销售、业务拓展、采购稽核管理等。

▶▶ **就业热门行业：**

教育/培训/院校、互联网/电子商务、咨询、人力资源、财会、公关/市场推广/会展、批发/零售等。

▶▶ **就业热门城市：**

北京、广州、上海、成都、厦门、昆明、南京、杭州、太原和乌鲁木齐等。

专 家 提 醒

逻辑学专业是研究思维规律的一门学科，虽然学习逻辑学是非常有用的，但是过于冷门，如果用来就业，不如学习别的专业，相对来说非名校的逻辑学专业就业难度较大。

010103K 宗教学

宗教是人类特有的文化现象，宗教学是以宗教为研究对象的社会科学。通过宗教现象研究宗教的起源、演化、性质、规律、作用等的人文社会学科。按其研究方法可分为描述性研究和规范性研究两大类。前者用描述方法进行研究，对宗教采取价值中立态度，侧重于宗教的历史性和结构性；后者用规范方法进行研究，不回避宗教的价值判断，侧重于宗教的体验、命题和信念等的真实性和可接受性。

▶▶ **新高考选考科目指引：**

本专业没有必须选考科目要求。

▶▶ **培养目标：**

本专业培养具有一定的马克思主义理论素养，具备较全面的宗教学知识，了解世界各大宗教的历史与现状，熟悉我国宗教法规和政策，能在高等院校、研究机构或政府部门从事教学、研究、宗教事务管理、理论宣传、政策调研等工作的宗教学高级专门人才。

▶▶ **培养要求：**

本专业学生主要学习宗教学的基本理论，较全面地了解世界各大宗教的历史与现状，以及我国的宗教法规和政策，受到独立思考、分析问题、社会调研等方面的基本训练。

▶▶ **主干学科：**

哲学。

▶▶ **主要课程：**

中国哲学史、外国哲学史、东方哲学、宗教学导论、佛教史、道教史、基督教史、伊斯兰教史、民间宗教研究、宗教社会学、宗教心理学、宗教问题社会调查与方法、宗教学原著选读等。

▶▶ **顶尖院校：**

四川大学、中国人民大学。

▶▶ **就业方向：**

从事政府部门、非营利机构以及企业的行政和人力资源管理工作；高校政治学、德育的教学与研究工作；高校行政管理、学生管理及政治思想工作等。

▶ **未来可从事职业岗位：**

文字编辑、文案策划、文化研究员、销售工程师等。

▶ **就业热门行业：**

咨询、人力资源、互联网/电子商务、财会、贸易/进出口、外包服务、房地产、金融/投资/证券、酒店/旅游等。

▶ **就业热门城市：**

北京、泉州、广州、深圳、西安、上海、厦门、南宁和武汉等。

专家提醒

宗教学专业要求学生学习宗教学的基本理论，较全面地了解世界各大宗教的历史与现状和我国的宗教法规与政策，接受独立思考、社会调研、分析问题等方面的基本训练。目前我国的宗教学研究逐步与世界接轨。在理论体系和理论观点上已经有了重要的突破，而在宗教哲学、宗教社会学、宗教伦理学、宗教政治学、宗教文化学这些分支学科方面的研究却远远落后于西方。同时，宗教的现实问题，即宗教同现代科技社会的矛盾冲突与相互促进，也是亟待解决的重要问题。我国开展宗教学教学和研究的时间还不长，这方面的专门人才还不足。毕业后可在政府部门、高等院校和相关研究机构从事宗教事务管理、理论宣传、政策调研、教学与研究等工作。本专业为国家控制布点的专业。

📖 010104T 伦理学

伦理学以道德现象为研究对象，不仅包括道德意识现象（如个人的道德情感等），而且包括道德活动现象（如道德行为等）以及道德规范现象等。伦理学将道德现象从人类活动中区分开来，探讨道德的本质、起源和发展，道德水平同物质生活水平之间的关系，道德的最高原则和道德评价的标准，道德规范体系，道德的教育和修养，人生的意义、人的价值和生活态度等问题。

▶ **新高考选考科目指引：**

本专业没有必须选考科目要求。

▶ **培养目标：**

本专业培养学生掌握马克思主义哲学和伦理学基本原理和中外伦理学基础理论。学生经过哲学和伦理学方面的专业训练，掌握系统的基础知识和专业知识，具备较强的理论思维和分析问题、解决问题及语言文字表达的能力，成为品学兼优、德才兼备，适应我国现代化建设需要，具有广博的科学文化知识基础和文史哲素养的面向新世纪的伦理学专业人才和普适型人才。

▶ **主干学科：**

西方伦理学、应用伦理学、价值论伦理学。

▶ **主要课程：**

哲学、政治学、经济学、管理学、思想政治教育、教育学、社会学、马克思主义哲学原理、中国哲学史、西方哲学史、伦理学、数理逻辑、美学原理、科学技术哲学等。

▶ **顶尖院校：**

中国人民大学、湖南师范大学、北京大学和复旦大学。

▶ **就业方向：**

从事政府部门、非营利机构以及企业的行政及人力资源管理工作；高校政治学、德育的教学与研究工作；高校行政管理、学生管理及政治思想工作；各种新闻媒体、图书馆等机构的采访、编辑、管理等。

专家提醒

伦理学专业毕业一般方向是做老师和专门研究，局限性很大，因为其涉及的内容思辨性较强，欠缺实用的理论知识。不过，随着社会政治、经济、文化和科学技术的发展，伦理学的理论在分化和综合、对立和融合中逐步完善，其研究的领域也在不断扩大。随着中国改革开放的不断深入，伦理学的社会价值将不断提高。国家要搞社会主义精神文明建设，可能在这方面会重视些。当然，如果对该专业有很大的兴趣，致力于这一领域的研究和传播，也会有很好的发展。

02 经济学

经济学是研究人类社会在各个发展阶段上的经济活动和相应的经济关系及其运行、发展的规律的学科。经济学核心思想是物质稀缺性和有效利用资源,可分为微观经济学和宏观经济学两大主要分支。经济学起源希腊色诺芬、亚里士多德为代表的早期经济学,经过亚当·斯密、马克思、凯恩斯等经济学家的发展,经济学衍生出了演化证券学、行为经济学等交叉边缘学科。伴随着国民经济的高速发展,经济学研究和应用受到国家和民众的关注越来越高,理论体系和应用不断地完善和发展。

0201 经济学类

经济学是研究人类社会在各个发展阶段上的各种经济活动和各种相应的经济关系,及其运行、发展的规律的科学。20世纪80年代以来,经济学已逐渐成为各门类经济学科的总称,具有经济科学的含义。经济学是社会科学中最有实用价值、最成熟、研究的人也最多的一门学问。在学习经济学的过程中,功课量很大。学模型、读文献、做计量、查数据、搞调查、写论文,不一而足。学习经济学尽管很累,但是对树立正确的认识观是大有裨益的。经济学家相信"看不见的手",每个人追求自己的私利,在一定条件下,反而能够促成社会公利的增加。学习经济学,让人相信任何事情都有解决的办法。

020101 经济学

经济学是综合分析研究经济增长和衰退的起因及社会表象,如通货膨胀、失业率、银行利率、进出口额等的一门学问。微观经济学与宏观经济学是其基础。微观经济学具体研究消费者和生产者的购买和生产行为;宏观经济学则研究整个国家的经济现象。通过分析研究,经济学者要找出经济发展的客观规律,从而采取相应措施,如调整银行利率、调整或引导对某些行业的投资,调整税收政策等,来刺激或保持经济增长避免经济衰退。

▶新高考选考科目指引:
本专业没有必须选考科目要求。

▶培养目标:
本专业培养站在时代前列,具有强烈民族精神和高度社会责任感,以马克思主义为指导,经济学基础理论功底深厚,信念执着、品德优良、知识丰富,能够理论联系实际,了解中国国情,具有国际视野,具有强烈的创新意识和应用实践能力,能在高等学校和科研机构、相关政府部门、企事业单位从事经济学教学研究和经济管理等方面工作的高素质专门人才和拔尖创新人才。

▶培养要求:
本专业学生主要学习经济学的基本理论和基本知识,接受经济学基础理论、科学研究方法和社会实践能力等方面的基本训练。

▶主干学科:
理论经济学、应用经济学、工商管理。

▶主要课程:
政治经济学(一般理论、资本主义经济、社会主义经济)、西方经济学(微观经济、宏观经济)、计量经济学、统计学、财政学、货币金融学、会计学、经济史(中国经济史、外国经济史)、经济思想史、当代中国经济。

▶顶尖院校:
中国人民大学、北京大学、复旦大学、武汉大学、厦门大学、中南财经政法大学。

▶就业方向:
多数毕业生能在经济管理部门、政策研究部门、金融机构和企业从事经济分析、预测、规划和经济管理等工作。

▶未来可从事职业岗位:
文案策划、项目经理、法务专员、销售代表、销售经理、客户经理、外贸业务员、会计、财务经理、财务总监、投资经理等。

▶职业薪酬:
经济学专业相关职位薪酬(月薪):按工作经验统计,其中应届生约4000元，1~3年约10000元，3~5年约12000元，5~10年约15000元。

>>> **就业热门行业：**

金融/投资/证券、互联网/电子商务、房地产、新能源、建筑/建材/工程、咨询、人力资源、财会、贸易/进出口等。

>>> **就业热门城市：**

北京、上海、深圳、广州、武汉、杭州、成都、南京、西安和重庆等。

020102 经济统计学

统计学是应用数学的一个分支，主要通过利用概率论建立数学模型，收集所观察系统的数据，进行量化的分析、总结，并进而进行推断和预测，为相关决策提供依据和参考。它被广泛地应用在各门学科之上，从物理和社会科学到人文科学，甚至被用在工商业及政府的情报决策之上。统计学是应用性很强的一门专业，它是研究如何有效地收集、整理和分析受随机因素影响的数据，并对所考虑的问题做出推断、预测和控制，为采取决策和行动提供依据和建议的一门专业。统计学是研究客观事物数量方面的方法论，其方法广泛适用于自然、社会、经济、科学技术等各个领域，因此统计学是经济管理类专业的核心专业基础课。现在，统计学的应用几乎遍及所有科学领域和国民经济各部门，统计学的一些基本概念和知识已成为很多社会生活和经济活动的必备常识。

经济统计学专业是统计学在经济领域中的应用学科，是以经济数据为研究对象，包括经济数据的采集、生成和传输，用统计方法分析经济数据背后的经济现象以及复杂经济系统的规律，从而为经济和管理决策服务。

>>> **新高考选考科目指引：**

本专业必须选择物理学科。

>>> **培养目标：**

本专业培养德才兼备、站在时代前列，具有高度社会责任感，具备扎实的经济统计学理论方法与经济学理论基础和较强的创新与实际工作能力，具有广泛适应性的复合型高素质经济管理统计人才。本专业毕业生既能胜任企业和政府部门的统计业务，又能从事数据采集、数据分析、经济预测、经济信息分析和其他管理工作，还可进一步攻读硕士学位。

>>> **培养要求：**

本专业学生主要学习经济统计学体系的基本理论和基本知识，接受统计学与经济学科学研究方法和社会实践能力等方面的基本训练，掌握复杂经济社会实际问题统计测度、数据处理与分析的能力。

>>> **主干学科：**

理论经济学、应用经济学、统计学。

>>> **主要课程：**

西方经济学(微观经济、宏观经济)、计量经济学、财政学、货币金融学、会计学、经济统计学、国民经济统计学、概率论与数理统计、抽样技术与应用、应用时间序列分析。

>>> **主要专业实验：**

计算机基本技能实验、统计分析应用软件实验、经济计量分析软件实验、数据挖掘技术与应用实验。

>>> **顶尖院校：**

对外经贸大学、中央财经大学、西南财经大学、东北财经大学。

>>> **就业方向：**

毕业生主要覆盖高等院校、市场调研机构、咨询及信息产业部门、金融保险机构、证券投资和社会保障机构、政府各专业管理部门、国家统计局系统，以及各类大型国企、外企，其中半数以上的本科毕业生进入国内和国外相关院校继续深造。

>>> **未来可从事职业岗位：**

市场研究员、数据分析、数值策划、数据运营、市场专员、金融产品经理等。

>>> **职业薪酬：**

经济统计学专业相关职位薪酬(月薪)：按工作经验统计，其中3~5年约8000元。

>>> **就业热门行业：**

金融/投资/证券、互联网/电子商务、新能源、咨询、人力资源、财会、计算机软件、房地产、外包服务、贸易/进出口等。

>>> **就业热门城市：**

北京、上海、深圳、广州、杭州、成都、南京、武汉、厦门和重庆等。

020103T 国民经济管理

国民经济管理是指从社会经济总体的角度进行的全局性的统一管理。它的总任务是根据客观规律的要求，不断调整和完善生产关系，改革上层建筑，科学地组织生产力，高效率地组织经济活动，促进社会主义经济的发展。

>>> **新高考选考科目指引：**

本专业没有必须选考科目要求。

>>> **培养目标：**

本专业培养掌握经济学基础理论和系统的专业知识，熟悉我国经济社会发展战略与规划、经济政策和经济管理实践，了解世界经济动态，能够独立从事经济政策分析和解决实际经济问题，具有较强的写作能力和适应能力的复合型专门人才。

>>> **主要课程：**

经济学、政治经济学、宏观经济学、微观经济学、国际经济学、经济计量学、统计学、会计学、财政学、货币银行学、国民经济管理学、投入产出分析、产业经济学、区域经济学、管理学基础等。

>>> **顶尖院校：**

中国人民大学和江西财经大学。

>>> **就业方向：**

学生毕业后可到各类企业或企业集团中从事经济管理、财务管理、营销管理及人力资源管理工作，各级银行、保险、税务、审计、证券、投资、基建部门和政府部门从事经济管理工作，各科研机构、大专院校从事经济学、管理学教学科研工作。

>>> **未来可从事职业岗位：**

区域经济项目研究、城市及社会治理咨询师、市场运营专员、市场推广专员、办公文秘等。

>>> **就业热门行业：**

金融/投资/证券、贸易/进出口、咨询、人力资源、财会、教育/培训/院校、政府/公共事业、新能源、中介服务、信托/担保/拍卖/典当等。

>>> **就业热门城市：**

北京、杭州、上海、天津、济南和大连等。

020104T 资源与环境经济学

资源与环境经济学是运用经济学原理研究自然资源环境的发展与保护的经济学分支学科，是经济学研究向自然科学世袭领地的扩展和进入，是经济学和资源环境科学两大学科交叉形成的一门新兴学科。2012年经教育部调整本科专业目录，将"环境经济"与"环境资源与发展经济学"合并为资源与环境经济学。本专业是教育部特设专业。

>>> **新高考选考科目指引：**

本专业没有必须选考科目要求。

>>> **培养目标：**

该专业主要学习资源与环境经济学基本理论与基本知识，熟悉资源环境政策法规与交易规则，掌握资源与环境经济分析方法及管理技能。旨在培养适应社会经济发展需要，知识面宽，综合素质高，富有创新精神，实践能力强，德、智、体、美、劳全面发展，能够在各级政府、资源与环境管理部门、农林牧渔各业和各类大中型企业以及相关科研院所等企事业单位，胜任相关专业工作的应用型、复合型、创新性高级专门人才。

>>> **培养要求：**

该专业学生主要学习环境资源与发展经济学方面的基本理论和基本知识，接受相关业务的基本训练，具有在环境资源管理及相关领域实际工作的基本能力。

>>> **主要课程：**

自然资源学、环境学概论、资源与环境经济学、资源开发与管理、产业经济学、发展经济学、生态经济学、资源环境定量分析方法、经济地理学、可持续发展理论与实践、环境认证与审计和环境会计学等。

>>> **顶尖院校：**

北京大学和山东财经大学。

>>> **就业方向：**

扎实的经济学基础理论功底加上深厚的发展经济学背景，使得资源与环境经济学专业的毕业生可以胜任在与发展相关的国际组织、非政府机构工作，以及在综合经济管理部门、政策研究部门、金融机构和企业从事经济分析、预测、规划和经济管理的工作。同时，学生毕业后也可以选择到国外名校继续深造。

>>> **未来可从事职业岗位：**

战略投资经理、战略规划经理、房地产策划经理、商场营运经理、咨询工程师、人力资源总裁、专职管理咨询师、金融产品销售、销售经理、电商特卖平台运营、电子商务总监等。

>>> **就业热门行业：**

金融/投资/证券、互联网/电子商务、咨询、人力资源和财会、房地产、新能源、电子技术/半导体/集成电路、汽车及零配件、教育/培训/院校、外包服务等。

>>> **就业热门城市：**

广州、北京、深圳、上海、武汉、成都、重庆、大连、杭州和南京等。

020105T 商务经济学

商务经济学的本科课程为学生提供结合经济和商务方面的学习和实践课程。学生有机会更好地理解现实社会的商务现象和做出切合实际的商务决定。

>>> **新高考选考科目指引：**

本专业没有必须选考科目要求。

>>> **培养要求：**

本专业涉及本科阶段商科的大部分课程，培养学生具有写作专业评论分析和观点文章的相关技能；让学生拥有介入经济信息的能力，并且在相关商务决策活动中利用经济分析能力做出有效预测；让学生能够充分利用经济学原理，更好地理解组织管理中的方方面面；给学生创造在商务经济学方向更广泛的研究机会，并且让学生在公共或私立机构开展职业生涯。

>>> **顶尖院校：**

兰州财经大学和哈尔滨商业大学。

>>> **就业方向：**

本专业毕业生可在社会上灵活地选择就业机会，拥有可以到国家经济部门或私人贸易公司工作的机会，可以选择以下几个方面职业：①经济预测和计划；②财务分析/财务机构的信贷分析；③市场调查员和分析员；④保险证券分析员；

⑤经理顾问;⑥工业经济学家;⑦效益分析员;⑧在国际机构或组织工作,如世界银行、亚洲开发银行。

>>> **未来可从事职业岗位：**

招商经理、总裁秘书、总裁助理、总经理助理、董事长助理、高级咨询顾问、投资经理、电商运营总监、销售代表、项目经理、数据分析师等。

>>> **就业热门行业：**

金融/投资/证券、互联网/电子商务、咨询、人力资源和财会、新能源、房地产、计算机软件、建筑/建材/工程、电子技术/半导体/集成电路、贸易/进出口等。

>>> **就业热门城市：**

北京、上海、深圳、广州、杭州、武汉、成都、厦门、郑州和西安等。

专 家 提 醒

商务经济方向的本科课程为学生提供了结合经济和商务方面的学习和实践课程。学生有机会更好地理解现实社会的商务现象和做出切合实际的商务决定。

020106T 能源经济

能源经济专业为全国高等学校战略性新兴产业相关本科新专业。本专业以能源经济类课程的全程贯穿来强化能源经济学知识的基础地位,以突出能源经济知识的传授和技能的训练来提升学生在能源领域的经营与管理能力。培育学生掌握能源经济学的基本理论和方法,具有能源市场开发、经营与管理的实际操作技能;熟悉通行的能源交易规则和能源与环境的政策法规以及中国能源产业的发展政策与战略规划;了解全球的能源分布、各国能源开发与发展情况、新能源的发展前景和方向,能运用会计、统计方法进行能源分析和研究。

>>> **新高考选考科目指引：**

本专业没有必须选考科目要求。

>>> **培养目标：**

本专业旨在培养具有良好的社会与自然科学素养,系统地掌握经济学、管理学、能源经济学、能源经营与管理、能源技术与环保等方面的知识,培养能够从事国家能源政策研究、能源产业发展规划、企业节能减排管理、能源市场开发、能源技术经济分析、能源金融实务、能源国际合作与开发等方面工作的高级应用型、复合型专门人才。

>>> **主要课程：**

微观经济学、宏观经济学、产业经济学、能源经济学、消费经济学、能源战略管理、能源企业经营与管理、能源期货市场与交易、环境经济学、能源项目管理、可再生能源利用、能源价格理论及应用、能源金融理论与实践、环境管理体系以及会计学、统计学、国际贸易、货币银行学、计量经济学等。

>>> **顶尖院校：**

中国人民大学和中国石油大学。

>>> **就业方向：**

毕业生适合在各类能源经营与管理部门、事业单位、各级银行和金融机构、能源企业及下设能源规划与管理部门、跨国能源生产与贸易企业、能源物流企业、能源投资与交易机构从事能源生产经营管理、能源期货与期权交易、能源国际合作与开发等工作,从事上述各类能源领域的调研咨询、政策分析、市场策划、业务操作与管理等工作,也能够在科研机构、高等院校从事教学科研工作。

>>> **未来可从事职业岗位：**

低碳战略咨询师、科研助理等。

>>> **职业薪酬：**

能源经济专业相关职位薪酬(月薪):按工作经验统计,其中1~3年约7000~13000元。

>>> **就业热门行业：**

新能源、财会、金融/投资/证券、互联网/电子商务、咨询、人力资源、制药/生物工程、快速消费品、批发/零售、电气/电力/水利等。

>>> **就业热门城市：**

北京、杭州、上海、厦门、广州和成都等。

020107T 劳动经济学

劳动经济学是研究劳动力市场中劳动力供给和劳动力需求各自影响因素及相互作用关系的经济学分支。劳动经济学的研究领域包括劳动力供给、劳动力需求、就业、工资、人力资本投资、失业、收入分配等。

>>> **新高考选考科目指引：**

本专业没有必须选考科目要求。

>>> **培养目标：**

本专业致力培养德、智、体、美、劳全面发展,具有严谨求实的思想作风和较高的精神文明素养,可承担本学科科研工作、高校教学工作和较高层次的劳动经济管理工作,努力为建设具有中国特色社会主义服务的高层次专业人才。

>>> **培养要求：**

该专业要求学生系统掌握管理学、经济学、社会学等专业知识,了解国内外劳动与社会保障理论及实践的历史和现状,具备运用现代技术手段进行调查分析和实际操作的能力。

>>> **主要课程：**

管理数学、微观经济学、宏观经济学、人口资源环境统计学、人口经济学、生态与可持续发展经济学、资源与环境经济学等。

首批开设院校：

中国人民大学、中央财经大学、对外经济贸易大学、北京师范大学、北京交通大学、首都经济贸易大学、南开大学、天津财经大学、复旦大学、上海财经大学、上海大学、浙江大学、厦门大学、武汉大学、东北财经大学、东北师范大学、湖南大学、中南财经政法大学、西南财经大学、暨南大学等。

就业方向：

该专业毕业生就业总体来说前景较好，可在综合经济管理部门、政策研究部门、金融机构从事经济分析、预测、规划和经济管理等工作。

020108T 经济工程

经济工程专业是经济学（企业经济学）和工程学相结合的交叉学科，在学习经济学知识的同时，也要学习工程学，而工程学又分为多种具体的方向，如机械、电气、材料、车辆、土木、能源、化工、生物工程、纺织、生产技术等。

新高考选考科目指引：

本专业必须选择物理学科。

培养目标：

本专业培养具有国际视野、能够面向未来国家建设需要，适应未来科技进步，德、智、体、美、劳全面发展，具备一定实践操作能力、继续学习能力、创新能力和熟练的外语交流能力的复合型管理人才。经过四年学习，该专业毕业生应该具备管理学、经济学和信息技术基础知识，具有良好的工程教育背景，掌握先进的物流管理理念，熟悉相关法规，能够以工程技术为依托，以物流系统或工业工程系统为平台，在物流管理及相关领域从事全过程策划、管理和物流信息化工作。

主要课程：

经济工程专业是一门经济管理+工科基础的学科，一般学习机械制图、材料力学、工程热力学、自动控制、企业经济学、管理学、微观经济学、物流与供应链、管理信息系统、运筹学、仓储、市场营销、投资学、采购管理等课程。

基础阶段：首先学习数学技术—自然科学课程，然后学习国民和企业经济学及法学的基础知识。

专业阶段：除了特殊的技术课程，还要学习会计学、企业组织、劳动学、企业统计、计划成本核算及专门法律知识等经济学课程。

首批开设院校：

南开大学、中央财经大学、武汉大学、同济大学、对外经济贸易大学、华中科技大学、西南财经大学、中南财经政法大学、合肥工业大学、华中师范大学、天津财经大学、西北大学、中南民族大学、长春理工大学、成都信息工程大学等。

就业前景：

作为技术和经济重叠领域的专业人士，该专业毕业生可以在销售和市场、制造和生产、质量管理部门，以及金融和会计领域就业。首先，在所有行业将有工作机会。其次，技术方向的贸易企业、家政企业和咨询企业，以及大型的交通企业也为经济工程专业毕业生提供工作职位。由于该专业毕业生的数量相对较少，需要的行业较多，因此就业情况在今后几年仍然看好。

020109T 数字经济

近年来，数字经济在国民经济中的地位稳步提升，已成为中国经济提质增效、实现高质量发展的新动能。在此背景下，数字经济专业应运而生，成为数字经济快速发展催生的新兴专业。本专业以经济学为根基，数字技术为手段，融合管理科学、数学、计算机科学等交叉学科与技术，研究数字经济的运行规律，测度数字经济的规模，规划数字经济的发展，促进数字产业化与产业数字化发展，实现数字技术与工业、农业、服务业等行业的深度融合。

新高考选考科目指引：

本专业必须选择物理学科。

培养目标：

该专业培养具有良好政治素质与道德修养，掌握经济学、管理学、统计学、计算机科学的基础理论知识，掌握现代经济学的基本方法及数字技能，熟悉中国数字经济运行规律与改革实践，具备数字经济背景下的经济大数据统计分析、金融大数据应用分析技能，以及产业数字化规划与建设能力，适应地方经济建设和社会发展所需要的高素质复合型专业人才。

培养要求：

本专业学生要求掌握经济学、管理学、统计学、计算机科学等领域的基础理论和技术，具备在具体经济活动中对大数据的应用分析技能；以及在各类数字经济活动中，能融合现代管理学理论、经济学理论、数据分析挖掘技术与人工智能技术，促进企事业单位数字化转型的能力。

主要课程：

经济学模块：微观经济学、宏观经济学、计量经济学、财政学、金融学、管理学、统计学、会计学等。

数字技术模块：区块链原理及应用、程序设计、数据库原理及应用、大数据分析、互联网+运营管理等。

数字经济应用模块：数字经济概论、基于大数据的经济分析综合实训、社会经济调查实训、统计综合模拟实训、区块链金融实训、数字营销实验、生产实习、毕业设计等。

首批开设院校：

桂林电子科技大学等。

就业方向：

毕业生可就业于与数字经济相关的国家各级管理部门、工商企业、金融机构、科研单位及数字产业部门。

0202 财政学类

财政是为了满足社会公共需要而对社会剩余产品进行的分配,财政学是研究剩余产品分配中的分配关系的学科。

020201K 财政学

财政学是研究以国家为主体的财政分配关系的形成和发展规律的学科。它主要研究国家如何从社会生产成果中分得一定份额,并用以实现国家职能的需要,包括财政资金的取得、使用、管理及由此而反映的经济关系。

新高考选考科目指引:
本专业没有必须选考科目要求。

培养目标:
本专业培养具有良好的经济学基础知识、专门的财税专业知识、较好的综合能力、应用能力和创新能力,能在财政、税务、公共管理、公共投资、国有资产管理、企业管理、非营利组织等相关领域或者工作岗位上从事研究、应用、管理、咨询方面工作的应用型、复合型或者创新型人才。

培养要求:
本专业学生主要学习经济学学科及财政税收专业方向的基本理论和基本知识,接受知识、能力和素质方面的基本训练,掌握获取知识、应用知识及知识创新方面的基本能力。

主干学科:
应用经济学、公共管理。

主要课程:
微观经济学、宏观经济学、财政学、计量经济学、会计学、国家税收、统计学、金融学、国际经济学、政府预算。

主要专业实验:
财税模拟实验、财经软件应用实验。

顶尖院校:
中国人民大学、中央财经大学和中南财经政法大学。

就业方向:
在财政、税务及其他经济管理部门和企业从事相关工作。

未来可从事职业岗位:
出纳、会计助理、财务会计、会计主管、财务经理、财务主管、财务总监、税务会计、税务主管等。

就业热门行业:
金融/投资/证券、互联网/电子商务、新能源、房地产、建筑/建材/工程、计算机软件、咨询、人力资源、财会、贸易/进出口等。

就业热门城市:
北京、上海、深圳、广州、武汉、杭州、成都、南京和西安等。

专家提醒
财政学属于宽口径就业的专业,毕业生就业选择范围比较广,可以到各级财政、税务及其他经济管理部门、企业、会计师事务所、资产评估、税务代理等中介机构从事宏观经济管理、企业管理、资产评估、税务代理等工作,各种金融机构、基本建设管理部门、房地产开发公司、咨询公司也都是很好的选择。本专业为国家控制布点的专业。

020202 税收学

税收学专业属于应用经济学科,是近年来社会需求增长较快的一个新设专业,税收学专业以企业经营管理中的税收问题为主要研究对象,培养学生理解国家税收政策和税收制度以及分析企业税收发展战略的能力。税收学专业是适应社会主义市场经济建设的迫切需要设立的。

新高考选考科目指引:
本专业没有必须选考科目要求。

培养目标:
本专业培养德、智、体、美、劳全面发展,基础扎实,知识面宽,能力强,富有创新精神,具备财政、税务等方面的理论知识和业务技能,熟悉税收政策、税收实务操作,能够在税务、审计、经济管理部门及企事业单位从事税务代理、税收筹划、企业财务等相关工作的高素质应用型人才。

培养要求:
本专业学生主要学习税收学的基本理论和基本知识,掌握科学研究的方法和具备社会实践能力。

主干学科:
应用经济学、公共管理、经济法学。

主要课程:
初级财务会计、中级财务会计、财务管理、财政学、税收经济学、中国税制、税务会计、国际税收、税务管理实务、税务检查。

顶尖院校:
东北财经大学、中国人民大学、中央财经大学和中南财经政法大学。

就业方向:
企事业单位的财会部门、会计师事务所及税务师事务所等中介机构,政府财税部门等。

未来可从事职业岗位:
税务会计、注册税务师、企业会计、会计主管、财务经理、财务主管、财务总监等。

专家提醒
税收学是一门系统地反映税收理论、政策、制度和管理内容的专业,也是财经类教学课程体系中的一门主要课程;对于任何企事业单位来说都会涉及这些内容,因此要牢固掌握好该专业的基本知识。

020203TK 国际税收

国际税收专业致力于培养能够满足高质量经济和开放经济发展需要，熟悉国家财税政策法规、了解全球经济运行状况，税收基础理论雄厚、国际税收实务操作能力强，胜任财税机关、大型中介服务机构、跨国企业和研究机构国际税收工作，具有国际视野、坚持中国立场、讲好中国故事、维护中国国家利益的新时代国际税收人才。

新高考选考科目指引：
本专业没有必须选考科目要求。

首批开设院校：
吉林财经大学。

0203 金融学类

金融学是研究价值判断和价值规律的学科。主要包括：传统金融学理论和演化金融学理论两大领域。金融学是从经济学分化出来和研究资金融通的学科。主要包括四大学术专业领域：银行学、证券学、保险学及信托学。传统的金融学研究领域大致有两个方向：宏观层面的金融市场运行理论和微观层面的公司投资理论。

020301K 金融学

金融学专业在很多人看来，既深奥又神秘。其实金融学本是一门来自生活的科学。从基金股票到外汇期货，从利率调整到物价上涨，从买房贷款到百姓存款，到处都有金融学的影子。

实际上，金融的内涵非常广泛。涉及银行、保险、证券市场、国家财政、国际贸易等。金融学理论一共包括三部分，即货币理论、银行理论、金融理论。金融是指以银行为中心的各种形式的信用活动，以及在信用基础上组织起来的货币资金的融通。广义的金融，包括与货币有关的一切经济活动。这注定了每个人都离不开金融。

大多数考生和家长在填报志愿时搞不清金融学和经济学有什么区别。可以这样看，经济学比较宏观，它包括金融、国际贸易、财政、税收、保险、会计、统计等相关学科，杂而不精；相对而言金融学比较微观，专指货币资金的融通和运作。例如：货币的发行与回笼，存款的吸收与付出，贷款的发放与回收，金银与外汇的买卖，股票、债券、基金的发行与转让，保险、信托、国内和国际货币结算等。应该说，金融是经济学领域的一个学科分支。经济学研究的主要是经济关系及资源配置，金融学研究的主要是资金流通及货币信用。无论个人投资还是公司理财，金融学要比经济学实用得多。尤其是在短期资本和财富运用、增值方面，它的指导作用更大。

新高考选考科目指引：
本专业没有必须选考科目要求。

培养目标：
本专业培养具有全球视野，系统掌握金融知识和金融理论，具备金融实务专业技能，具有较强的社会适应能力，胜任银行、证券、保险等金融机构及政府部门和企事业单位的专业工作，具有深厚理论功底、精湛专业技能、良好综合素质和优秀人格品质的创新型金融人才。

培养要求：
本专业学生主要学习经济学科和金融学科的基础理论和基础知识，系统掌握金融学的基本理论、专业知识和业务技能，具有较强的金融工作实践能力，掌握金融学科学研究的方法。

主干学科：
理论经济学、应用经济学、工商管理。

主要课程：
政治经济学、西方经济学（含微观经济、宏观经济）、计量经济学、经济法律概论、会计学、国民经济统计学、管理学原理、国际经济学、金融学、金融中介学、金融市场学、投资学、保险学、商业银行经营学、国际金融学、公司金融、金融工程学、中央银行学。

顶尖院校：
中国人民大学、中央财经大学、对外经济贸易大学和南开大学。

就业方向：
金融学专业近年来一直是考生报考的热门专业，金融学专业毕业生职业发展前景好、收入高，是吸引众多考生报考的重要原因。该专业也被人们戏称为最有"钱"途的专业。通过四年的学习，不仅能适应各类金融机构如银行、保险、证券、基金、信托、财务公司、期货公司等的需要，而且能到其他各类公司从事财务管理等工作，亦可在中央银行及政府各类经济、金融管理部门如银监、证监、保监等部门从事管理工作。由于本专业毕业生具有经济学通识教育基础，有志深造的学生，除在本专业领域进一步深造外，也可以进入理论经济学、应用经济学的相关专业深造。

未来可从事职业岗位：
投资顾问、理财顾问、客服专员、客户经理、销售经理、产品经理、理财经理、财务经理等。

职业薪酬：
金融学专业相关职位薪酬（月薪）：按工作经验统计，其中应届生约5000元，1~3年约6000元，3~5年约10000元，10年以上约25000元。

就业热门行业：
金融/投资/证券、互联网/电子商务、新能源、保险、咨询、人力资源、财会、银行、外包服务、房地产等。

>>> **就业热门城市：**

北京、上海、深圳、广州、武汉、杭州、成都、南京、郑州和西安等。

专 家 提 醒

金融学专业对学生数学的要求较高，尤其是证券、保险类，其中保险会涉及一个保险精算师的职业资格考试，数学科目之难让很多数学专业的同学都为之咋舌。此外，毕业生进入证券投资、证券及保险相关工作需要大量的数据分析，因此，良好的英语、数学基础以及计算机应用技能尤为重要。一般来说，对数字比较敏感，同时具备较强的逻辑思维能力和人际沟通能力的学生更适合选择金融学专业。另外，从事金融工作还应具备良好的心理素质，以承担投资风险带来的巨大的心理压力。

020302 金融工程

金融工程专业设立于2002年，是教育部特准在本科专业目录外设立的全国首批五个学科专业点之一。本专业注重经济数学、微观金融教学以及金融实务操作技能的培养，具有鲜明的技术性和应用性特色。本专业培养具备金融工程方面的理论知识和业务技能，可在银行、证券、保险、投资等金融机构、企业及其他机构从事金融产品研发、风险管理、资产定价及其他金融业务与管理的德才兼备的高素质专业人才。

>>> **新高考选考科目指引：**

本专业必须选择物理学科。

>>> **培养目标：**

本专业培养以复合型知识结构为基础、具有国际化视野和创新精神的应用型金融工程人才。本专业毕业生应具有良好的政治素质、合理的知识结构，系统掌握金融学基本理论及金融工程的基本原理与技术，具备经济、管理、法律和金融财务方面的知识；突出金融数量方法的学习，强调对于金融问题的分析、研究、应用能力和金融工程素质的培养，在专业基础理论和实务创新的平台上注重创新意识的培养；掌握现代金融工程学理论、证券分析技术与融资操作技能，具有较强市场意识、竞争意识和创新意识。

>>> **培养要求：**

本专业学生学习金融工程学的基础知识，强调实践内容与理论内容相结合，注重基本技能与综合应用能力两方面实践，突出实践内容的技术性、综合性和探索性。

>>> **主干学科：**

西方经济学(微观经济、宏观经济)、国际金融(双语)、投资学、金融工程学(双语)。

>>> **主要课程：**

金融衍生工具、货币银行学、风险管理、计量经济学、数理金融、统计学、财政学、会计学、投资银行实务、公司金融、财务报表分析。

>>> **顶尖院校：**

南开大学、中国人民大学、中央财经大学和西南财经大学。

>>> **就业方向：**

一是中央银行、政策性银行、商业银行、证券公司、信托公司、财务公司、各类投资公司、基金管理公司等具有投融资实务的金融机构，能利用金融工程知识从事金融运行的调控、金融工具的组合设计与组合调整、风险分析等工作；二是期货经纪公司、投资咨询公司或事务所等具有对外提供投资咨询服务的中介机构，利用金融工程知识从事对客户提供投、融资咨询服务的工作；三是具有投资和融资业务、存在投融资风险管理需求的各类企业，利用金融工程知识从事具体的投融资业务。

>>> **未来可从事职业岗位：**

财务信息化工程师、运营保障工程师、仓库工程师、IT程序员、软件测试工程师、企划主管、中级测试工程师、交通基础设施项目经理、安全工程师、机械工程师、初级测试工程师、Java开发工程师、运维工程师、Android开发工程师、IOS开发工程师、销售工程师、客服主管等。

>>> **职业薪酬：**

金融工程专业相关职位薪酬(月薪)：按工作经验统计，其中应届生约8000元，1~3年约12000元，3~5年约18000元，5~10年约22000元。

>>> **就业热门行业：**

金融/投资/证券、互联网/电子商务、新能源、计算机技术支持(系统、数据维护)、外包服务、咨询、人力资源、财会、房地产等。

>>> **就业热门城市：**

北京、上海、深圳、杭州、广州、武汉、成都、南京、长沙和沈阳等。

专 家 提 醒

该专业与金融学专业同属于金融学类，是从金融学专业独立出来的新专业，在公共基础课程和专业基础课程方面与金融学专业的课程体系是一致的，但是有两点不同：一是工作岗位存在差异，金融工程专业毕业生从事金融产品开发、组合与定价，组合性投资方案的设计，金融市场的结构设计、金融制度、金融资源、金融体系等的设计，开发设计及定价的目的则是降低风险提高收益或效率；二是专业课程体系有差异，金融工程专业开设与金融工程密切相关的课程，例如投资类、金融产品类、金融风险类的课程。该专业对学生的数学基础要求较高。

020303 保险学

自保险学教育在中国兴起，学界对其认识和定位就一直存在较大争议。一种观点认为保险学科属于"大金融"的一部分，隶属金融专业学科。保险与金融确有着密不可分的联系，特别是在金融业混业经营的大背景下，保险业日益注重资金运用，加之精算技术的广泛应用，强调保险学科的"大金融"属性，有利于强化保险教学中的金融和数理基础，合理配置金融方面的教学资源，为国家培养更多的金融保险人才。在这种思想指导下，保险专业纷纷撤并为金融专业，所涉及教程多以金融、保险知识为主。另一种观点认为，保险学科不应简单定位为金融学科，它既涉及了经济、金融、数学、统计学知识，也涉及了法律和多种专业技术知识，因此保险学科是一种复合学科，需要宽口径教学。由于认识和定位方面的差异，保险专业被不同的院校分别归于财金学院、经济学院、审计学院、商学院、保险学院等不同的学科体系中。

新高考选考科目指引：
本专业没有必须选考科目要求。

培养目标：
本专业培养具有全球视野，具有扎实的经济学、金融学基础知识，掌握系统保险知识和保险理论，具备保险实务专业技能，具有较强的社会适应能力，能胜任保险、银行等金融机构、政府部门和大型企事业单位的专业工作，具有深厚理论功底、精湛专业技能、良好综合素质、优秀人格品质的高素质保险人才。

培养要求：
本专业学生主要学习经济学科和金融学科的基础理论和基础知识，系统掌握保险学的基本理论、专业知识和业务技能，具有较强的保险工作实践能力，掌握保险学科学研究的方法。

主干学科：
理论经济学、应用经济学、工商管理。

主要课程：
政治经济学、西方经济学（含微观经济、宏观经济）、计量经济学、经济法、会计学、金融学、统计学、管理学原理、社会保障学、保险学、风险管理学、人寿与健康保险、财产与责任保险、精算学原理、保险法、海上保险学、保险经济学。

顶尖院校：
中央财经大学、南开大学、中国人民大学和对外经济贸易大学。

就业方向：
毕业生可到中外商业性保险公司从事保险业务的营销、经营管理；可到社会保障机构、中央银行、相关监管机构和政府其他经济管理部门从事宏观保险管理工作；也可到外贸公司和其他企事业单位从事相关管理和研究工作。

未来可从事职业岗位：
央企保险顾问、承保信息技术员、融资专员、理赔员、品质经理、区域会计、运营呼叫中心管理、企划管理经理、投资理财顾问等。

职业薪酬：
保险学专业相关职位薪酬（月薪）：按工作经验统计，其中 1~3 年约 6000 元。

就业热门行业：
保险、金融/投资/证券、银行、快速消费品、咨询、人力资源、财会、外包服务、新能源、互联网/电子商务、教育/培训/院校等。

就业热门城市：
郑州、重庆、北京、广州、长沙、深圳、上海、杭州、珠海和成都等。

020304 投资学

投资学研究如何把个人、机构的有限资源分配到诸如股票、国债、不动产等（金融）资产上，以获得合理的现金流量和风险/收益率。其核心就是以效用最大化准则为指导，获得个人财富配置的最优均衡解。

新高考选考科目指引：
本专业没有必须选考科目要求。

培养目标：
本专业培养具有全球视野，掌握系统投资知识和投资理论，具备投资实务专业技能，具有较强的社会适应能力，能胜任银行、证券、保险等金融机构、政府部门和企事业单位的专业工作，具备较强的组织、决策、管理、协作能力的应用型、复合型、国际化的高级投资管理专门人才。

培养要求：
本专业学生主要学习经济学科和金融学科的基础理论和基础知识，系统掌握投资学的基本理论、专业知识和业务技能，具有较强的投资工作实践能力，掌握金融学科学研究的方法。

主干学科：
理论经济学、应用经济学、工商管理。

主要课程：
政治经济学、西方经济学（含微观经济、宏观经济）、计量经济学、管理学原理、民商法通论、会计学、财务管理学、产业经济学、运筹学、公司金融、投资学、投资银行学、国际投资学、投资价值分析与评估、项目评估、金融衍生工具。

顶尖院校：
中央财经大学、对外经济贸易大学、西南财经大学和中南财经政法大学。

中南财经政法大学

中南财经政法大学投资学专业隶属于新华金融保险学

院,在建国初期就开始建设,历史悠久,并在国内同类学科中居于前列,是中国高校投资学科中最早的两个学科之一,在国内享有盛誉。该校还有中南财经政法大学中国投资研究中心,对珠江三角洲,包括香港、深圳和广州等地的投资有着深入的分析,许多优秀学生热衷于前往深圳等地的跨国公司就职,待遇十分优厚。

就业方向:

毕业生适合在证券公司、投资咨询公司、会计师事务所以及资产评估事务所等工作,从事投资决策咨询服务、投资项目策划和操作、投资法律服务等工作。

未来可从事职业岗位:

投资理财顾问、投资经理、理财经理、销售代表、电话销售、网络销售、客户经理、财务总监等。

职业薪酬:

投资学专业相关职位薪酬(月薪):按工作经验统计,其中应届生约5000元,1~3年约11000元,3~5年约13000元,5~10年约16000元。

就业热门行业:

金融/投资/证券、互联网/电子商务、房地产、新能源、咨询、人力资源、财会、建筑/建材/工程、保险、电子技术/半导体/集成电路、贸易/进出口等。

就业热门城市:

北京、上海、深圳、广州、武汉、杭州、成都、南京、重庆和厦门等。

专家提醒

在选择报考本专业时,应结合自己的兴趣爱好、性格特点来选择。投资学专业的毕业生可到投资银行、证券公司等行业工作,从业者必须性格开朗,善于与人沟通。学习本专业要具备较强的逻辑推理能力、敏锐的市场"嗅觉",还要对数字敏感。由于开设投资学专业的高等院校比较少,开设投资学专业的学校往往是一些实力雄厚的名牌大学,因此毕业生有比较强的竞争力。

020305T 金融数学

金融数学也称数理金融学、数学金融学、分析金融学,是利用数学工具研究金融,进行数学建模、理论分析、数值计算等定量分析,以求找到金融学内在规律并用以指导实践。金融数学也可以理解为现代数学与计算技术在金融领域的应用,所以,金融数学是一门新兴的交叉学科,发展很快,是目前比较活跃的前沿学科之一。

新高考选考科目指引:

本专业必须选择物理学科。

培养目标:

本专业培养德、智、体、美、劳全面发展的,掌握数学科学的基本理论与基本方法,具备运用数学知识、使用数据分析方法解决实际问题的能力,受到科学研究的初步训练,能在科技、教育、企事业和经济部门和生产经营及管理部门从事研究、教学,开发和管理工作,能在经济与金融机构从事实际工作的经济数学的复合型高级人才。

培养要求:

本专业系统掌握应用数学、经济学、管理学的基础理论和方法,形成扎实的数学基本功底和严谨的数学思维模式。具备灵敏获取信息能力和分析信息能力,具备不断学习和创新的能力,具有一定的科学研究和教学能力,具有在经济、金融领域从事定量分析,解决实际经济问题及设计经济数学模型等方面的基本能力。

主要课程:

数学分析Ⅰ、数学分析Ⅱ、常微分方程、偏微分方程、复变函数、实变函数与泛函分析;高等代数Ⅰ、高等代数Ⅱ、抽象代数;概率论、数理统计、随机过程;金融数学、时间序列、几何学、拓扑学、运筹学、模糊数学、数学模型、数学史与数学文化;计算机基础、多元统计分析、经济决策与预测、抽样原理;微观经济学、宏观经济学、经济计量学、金融经济学、货币银行学、金融计量、利息理论与应用、金融市场、投资学、保险精算、金融数据挖掘、风险理论、金融工程、公司财务、金融数学进展专题。

顶尖院校:

广东金融学院、济南大学和山东财经大学。

就业方向:

金融数学专业毕业后就业方向比较广泛,可以在商业银行(如中国工商银行、建设银行、农业银行等在内的国有四大银行以及招商银行等股份制商行、城市商业银行、外资银行驻国内分支机构。)、保险公司(如中国人寿保险、平安保险、太平洋保险等)、金融业相关委员会(如中央人民银行、银行业监督管理委员会、证券业监督管理委员会、保险业监督管理委员会等)、政策性银行(国家开发银行、中国农业发展银行等)、证券公司(含基金管理公司、上交所、深交所、期交所等)、基金公司(如社保基金管理中心或社保局等)、投资公司(如信托投资公司、金融投资控股公司、投资咨询顾问公司、大型企业财务公司等)、上市(或欲上市)股份公司证券部及财务部工作。

未来可从事职业岗位:

数据分析专员、数据分析师、数据挖掘工程师、数据分析经理、产品经理、软件工程师、量化交易员、量化研究员、人事管理培训等。

职业薪酬:

金融数学专业相关职位薪酬(月薪):按工作经验统计,其中1~3年约12000元。

就业热门行业:

金融/投资/证券、互联网/电子商务、计算机软件、新能源、外包服务、保险、计算机技术支持(系统、数据维护)、电子技术/半导体/集成电路、银行等。

就业热门城市：

上海、北京、深圳、杭州、广州、成都、南京、武汉、重庆和合肥等。

020306T 信用管理

信用管理，就是授信者对信用交易进行科学管理以控制信用风险的专门技术。信用管理的主要功能包括五个方面：①征信管理(信用档案管理)；②授信管理；③账户控制管理；④商账追收管理；⑤利用征信数据库开拓市场或推销信用支付工具。

新高考选考科目指引：

本专业没有必须选考科目要求。

培养目标：

本专业是教育部2002年批准设立并开始招生的专业。该专业以信用信息为研究对象，以信用风险管理为核心，以提供信用产品与服务为宗旨，是集管理、金融、财务分析为一体的新兴交叉学科。该专业培养具有扎实的经济学和金融学理论基础，掌握数理统计和计量经济基本分析方法，并在信用分析与管理方面具有深厚理论基础和应用能力的高级信用管理专门人才。

主要课程：

公司财务、商业银行业务与经营、投资学、公司财务报表分析、管理会计、审计学、信用经济学、企业信用管理、消费者信用管理、银行信用管理、信用风险分析方法与度量、资信评估学等。

顶尖院校：

中国人民大学。

就业方向：

国内各大银行和金融机构(包括证券公司、信托投资公司、保险公司、财务租赁公司)，外资金融机构，政府金融和经济管理部门，各大新闻媒体以及各大企业的财务和融资部门从事财务管理、财务分析、投资评估等工作。

未来可从事职业岗位：

风控专员、风控经理、征信专员、信用卡专员、催收专员、客服专员、客户经理、销售代表、销售助理、销售经理等。

职业薪酬：

信用管理专业相关职位薪酬(月薪)：按工作经验统计，其中应届生约6000元，1~3年约8000元，3~5年约13000元，5~10年约18000元。

就业热门行业：

金融/投资/证券、互联网/电子商务、银行、保险、贸易/进出口、咨询、人力资源、财会、新能源、外包服务等。

就业热门城市：

深圳、上海、广州、北京、武汉、成都、杭州、合肥、郑州和南京等。

020307T 经济与金融

作为社会科学中科学性较强的一门学科，经济学的发展充满了活力，关于经济学的研究和应用具有广阔的前景，同时也对其他学科特别是管理学、法学、政治学的发展起着重要的推动作用。金融则是经济学应用最为广泛和深入的领域之一。学习经济与金融专业可为众多的职业选择打下坚实的基础。

经济与金融专业为经济、金融、工商、政治、法律、社会等各界及各社会科学学术界培养既掌握系统的经济学与金融学理论和分析方法，又具备解决现代经济特别是金融领域中实际问题的技能，既具有国际视野，同时也了解中国国情的高素质复合型人才。

新高考选考科目指引：

本专业没有必须选考科目要求。

培养目标：

本专业能力包括掌握系统的经济学与金融学理论和分析方法，具备解决现代经济特别是金融领域中实际问题的技能，既具有国际视野，同时也了解中国国情。

主要课程：

经济学、金融学、会计与管理学基础理论课，数学和统计课，以及英语、写作与沟通、信息与网络技术等技能性课程。

在主要课程之外，还开设大量经济学与金融学(包括保险)专业课程供同学们选择，同时也鼓励同学们选修其他院系的课程来开阔视野。

顶尖院校：

清华大学和对外经济贸易大学。

就业方向：

毕业生的去向包括在国内外高校继续深造(包括攻读经济学之外的研究生)，进入国家经济管理部门，服务于证券公司、投资银行、商业银行、保险公司、各类投资基金及管理公司等金融机构，以及在管理与财务咨询公司和大型工商企业就业等。

未来可从事职业岗位：

理财规划师、证券事务代表、投资专员、私募见习交易员、投资经理、投资总监、金融外汇数据分析师、操盘手、售前客服、资本运作经理、加盟经理、销售助理、销售经理、战略规划专员等。

就业热门行业：

金融/投资/证券、互联网/电子商务、咨询、人力资源、财会、新能源、保险、房地产、银行、外包服务等。

就业热门城市：

北京、上海、深圳、广州、杭州、武汉、成都、南京、郑州和西安等。

020308T 精算学

精算，简单地说就是依据经济学的基本原理，运用现代数学、统计学、金融学及法学等各种科学有效的方法，对各种经济活动中未来的风险进行分析、评估和管理，是现代保险、金融、投资实现稳健经营的基础。该专业对数学科目要求较高，适合逻辑思维严密、善于思考的学生就读。

新高考选考科目指引：

本专业必须选择物理学科。

培养目标：

该专业培养具有扎实的经济学、管理学和数学理论基础，掌握风险管理与保险的基本知识，熟悉最新的精算与风险管理理论和方法，具备从事精算及风险管理工作技能的高素质人才。

培养要求：

本专业学生主要学习数学和应用数学的基础理论和基本方法，受到数学模型、计算机和数学软件方面的基本训练，在数学理论和应用方面受到良好教育，具有较好的科学素养和较强的创新意识，初步具备科学研究、教学、解决实际问题及开发软件等方面的基本能力和较强的更新知识的能力。

主干课程：

微观经济学、宏观经济学、货币银行学、会计学、统计学概论、概率论和数理统计、保险原理、金融数学、寿险精算、精算模型、非寿险精算、精算管理、随机过程、回归分析、统计软件、时间序列分析等。

首批开设院校：

对外经济贸易大学、广东金融学院、山东财经大学等。

020309T 互联网金融

互联网金融就是互联网技术和金融功能的有机结合，依托大数据和云计算在开放的互联网平台上形成的功能化金融业态及其服务体系，包括基于网络平台的金融市场体系、金融服务体系、金融组织体系、金融产品体系及互联网金融监管体系等，并具有普惠金融、平台金融、信息金融和碎片金融等相异于传统金融的金融模式。

新高考选考科目指引：

本专业没有必须选考科目要求。

培养目标：

本专业培养适应社会需要，掌握金融、互联网、统计、营销等方面的基本知识和技能，具有良好的专业素养、创新精神和较强的实践能力，能在互联网金融相关企事业单位从事运营管理、数据分析、企划、风险控制等工作的应用型人才。

培养要求：

该专业学生主要学习金融学及互联网相关知识，要求掌握基本的经济学、金融学、互联网法律等知识，能够达到从事金融相关工作的要求。

主要课程：

经济学、会计学、统计学、国际金融学、电子商务、互联网技术、大数据技术、第三方支付、借贷与资产交易、证券投资学、公司金融、金融市场学、互联网金融、互联网金融法律法规、金融风险管理、金融营销与客户经营、市场调查与预测、金融数据分析、互联网金融产品设计等。

首批开设院校：

电子科技大学、安徽财经大学、云南财经大学和广东金融学院等。

020310T 金融科技

金融科技专业注重经济学与金融学、统计学、计算机技术尤其是软件编程、大数据、区块链、人工智能等多学科交叉知识的学习和掌握，突出现代科技在金融领域融合应用的教学与研究，培养适应当今金融科技发展所需的复合型专业人才。

新高考选考科目指引：

本专业必须选择物理学科。

培养目标：

本专业旨在培养具有全球视野，系统掌握经济学、金融学和现代信息科技理论知识，熟悉金融实务操作，熟练掌握信息科技、数据科学、算法和智能技术，具有较强的实践能力和创新精神，能够适应银行科技、智能投股与程序化交易、保险科技、监管科技等领域工作的金融精英人才。

主要课程：

本专业开设的主要课程有：微观经济学、宏观经济学、程序设计、数据结构与算法、计量经济学、金融学、现代密码学、金融科技学、金融工程概论、公司金融、大数据与金融、金融风险管理、软件工程、区块链技术及应用、人工智能原理及应用等。

首批开设院校：

中央财经大学、上海立信会计金融学院等。

020311TK 金融审计

新高考选考科目指引：

本专业没有必须选考科目要求。

培养目标：

金融审计旨在对金融领域执行经济监督与再监督。本专业积极培养具有审计底色、金融本色、信息技术亮色及行业特色的创新复合型专业人才。

首批开设院校：

南京审计大学。

南京审计大学金融审计专业力图依托金融学和审计学等国家级一流本科专业建设点，遵循学校学科专业复合发展的思路，推动建设交叉复合型专业。经过多年持续积累，该校金融审计专业已形成稳定的教学团队与科研方向，产生一批教学科研成果，快速发展并形成特色。

就业方向：
学生毕业后可以到审计机关、金融监管机构及第三方经济鉴证机构等从事相关工作。

0204 经济与贸易类

020401 国际经济与贸易
如何与外国人做生意？怎么谈判？怎么签合同？如何和外国人一起投资建厂？这些都是国际经济与贸易要涉及的问题。此外，还要学习部分国家和地区的经济特征，以及怎样分析和研究国外的经济理论。本专业偏重文科，大多知识属于文科范畴，但也需学习数学和统计学知识，对经济理论和现象进行更系统的分析、研究。

新高考选考科目指引：
本专业没有必须选考科目要求。

培养要求：
本专业学生主要学习国际经济与贸易专业的基本理论和基本知识，接受国际经济与贸易专业的基本理论和实务操作的基本训练，具备优良的素质结构、能力结构和知识结构等。

主干学科：
理论经济学、应用经济学、管理学。

主要课程：
政治经济学、西方经济学、国际经济学、计量经济学、世界经济概论、国际贸易理论与实务、国际金融、国际结算、货币银行学、财政学、会计学、统计学等。

主要专业实验：
国际商务实践模拟、证券交易实务模拟、国际商务谈判模拟、统计分析软件应用。

顶尖院校：
对外经济贸易大学、南开大学和北京邮电大学。

就业方向：
毕业后能在涉外经济贸易部门、外资企业及政府机构从事实际业务、管理、调研和宣传策划工作。

未来可从事职业岗位：
外贸跟单、报关员、外贸业务员、外贸业务助理、外贸贸易专员助理、财务总监等。

职业薪酬：
国际经济与贸易专业相关职位薪酬(月薪)：按工作经验统计，其中1~3年约4000元，3~5年约5000元。

就业热门行业：
贸易/进出口、金融/投资/证券、互联网/电子商务、交通/运输/物流、电子技术/半导体/集成电路、新能源、机械/设备/重工、服装/纺织/皮革、快速消费品等。

就业热门城市：
深圳、广州、上海、北京、厦门、西安、东莞、武汉、杭州和宁波等。

020402 贸易经济
贸易经济专业是教育部保留的特色专业，在全国仅有十所高校设置有该专业。本专业注重内贸与外贸相结合、营销与管理相结合，以内贸、营销为主，重视学生综合能力的培养。本专业主要培养适应社会主义现代化建设需要的德才兼备、高素质复合型的能在工商贸企业从事贸易、营销与管理等实际业务工作和商贸部门管理的高级专门人才。

新高考选考科目指引：
本专业没有必须选考科目要求。

培养目标：
本专业培养德、智、体、美、劳全面发展，知识、能力、素质结构优化，通晓内外贸理论与实务，熟悉现代商业技术，具有社会主义市场经济适应能力和竞争能力，具有创新精神和实践能力，能在各类工贸企业、相关政府部门从事商务经营和商务管理工作的商务复合型人才。

主干学科：
理论经济学、应用经济学、工商管理。

主要课程：
政治经济学(一般理论、资本主义经济、社会主义经济)、西方经济学(微观经济、宏观经济)、计量经济学、统计学、财政学、计量经济学、会计学、流通经济学、产业经济学、零售管理学、批发管理学、商业规划学、区域市场与区际贸易、贸易史、电子商务、物流与供应链管理、商品学、商业伦理学、消费者行为学、市场营销学、国际贸易实务。

顶尖院校：
中国人民大学和山东财经大学。

就业方向：
主要面向企业、事业单位从事各种贸易企业单位业务、经营管理、市场调研与开发、销售管理、现代物流管理等相关工作。

未来可从事职业岗位：
销售代表、销售助理、销售经理、客户经理、外贸贸易专员助理、外贸专员、财务总监等。

就业热门行业：

贸易/进出口、金融/投资/证券、互联网/电子商务、电子技术/半导体/集成电路、新能源、交通/运输/物流、机械/设备/重工、咨询、人力资源、财会、快速消费品等。

就业热门城市：

深圳、上海、北京、广州、厦门、杭州、武汉、天津和西安等。

020403T 国际经济发展合作

国际经济发展合作专业致力于培养具有较高的国际经济和国际政治理论素养，具有国际意识、战略思维和创新能力，有较强的国际谈判与国际沟通能力，能够在国际组织、跨国公司、涉外机构、大众传媒、大型国企和政府相关部门从事国际战略研究、政策咨询、外交外事管理工作的国际化、复合型高素质专门人才。

新高考选考科目指引：

本专业没有必须选考科目要求。

毕业生能力要求：

1. 具有较广阔的知识面，对于世界各国政治、历史、文化有较深的理解；

2. 具有较强的国际经济交流与合作、协调等实践应用能力，能够开展社会调查；

3. 具有较强的外语能力，熟练掌握英语，在听、说、读、写、译五个方面均能达到较高水平，能够熟练利用数学、计算机等工具手段从事涉外经济工作；

4. 具有从事经济外交的分析研究能力和从事涉外工作的能力；

5. 具备自我规划、自我管理、自主学习和自我发展的能力，能够适应个人和社会发展的需要。

首批开设院校：

山东财经大学、上海对外经贸大学。

03 法 学

法学是研究法、法的现象以及与法相关问题的专门学问,是关于法律问题的知识和理论体系,是社会科学的一门重要学科。

法学思想最早源于春秋战国时期的法家哲学思想。法学一词,在中国先秦时被称为"刑名之学",自汉代开始有"律学"的名称。

在西方,古罗马法学家乌尔比安对"法学"一词的定义是:人和神的事务的概念,正义和非正义之学。

现代的法学,是指研究法律的科学。但是关于法学与科学的关系有不同的看法,这主要涉及价值论的研究是不是科学的问题。

0301 法学类

030101K 法学

▶ **新高考选考科目指引:**
本专业没有必须选考科目要求。

▶ **培养目标:**
本专业培养德、智、体、美、劳全面发展,掌握马克思主义基本理论,具有深厚的法学专业知识功底,熟悉我国法律和党的相关政策,达到较高的外语水平,具有创新精神和较强创新能力、实践能力,能在国家机关、企事业单位和社会团体,特别是能在国家立法机关、审判机关、检察机关、司法行政机关、仲裁机构、法律服务机构和涉外活动从事法律工作的应用型、复合型高级专门人才,同时兼顾培养能够在各高等、中等学校从事法学教学的教师。

▶ **培养要求:**
本专业学生主要学习法学的基本理论和基本知识,接受法学思维和法律实务的基本训练,具有运用法学理论和方法分析问题和运用法律管理事务与解决问题的基本能力,具有从事法律工作和法学教学的基本能力。

▶ **主干学科:**
法学理论、宪法行政法、刑法、民商法、国际法(在本科阶段所有学科均在法学一级学科下招生培养)。

▶ **主要课程:**
法学、法理学、中国法制史、宪法、行政法与行政诉讼法、民法、商法、知识产权法、经济法、刑法、民事诉讼法、刑事诉讼法、国际法、国际私法、国际经济法等。

▶ **顶尖院校:**
北京大学、中国政法大学、吉林大学、中国人民大学、武汉大学、中南财经政法大学。

▶ **就业方向:**
毕业后可以担任法官、检察官、律师、公证员、企业法律顾问等工作;或者考入硕士研究生继续深造学习;一部分作为法律专业人员到企事业单位、社会团体、立法机关、党政机关、公、检、法、司等部门和仲裁机构、法律服务机构从事法律工作。

▶ **未来可从事职业岗位:**
法务专员、法务助理、法务经理、法务主管、律师助理、律师、法律顾问、证券事务代表、总裁助理、总经理助理等。

▶ **职业薪酬:**
法学专业相关职位薪酬(月薪):按工作经验统计,其中应届约5000元,1~3年约6000元,3~5年约11000元,5~10年约16000元。

▶ **就业热门行业:**
财会、金融/投资/证券、咨询、互联网/电子商务、人力资源、新能源、房地产、制药/生物工程、建筑/建材/工程等。

▶ **就业热门城市:**
北京、上海、深圳、广州、杭州、武汉、成都、南京、厦门和西安等。

030102T 知识产权

▶ **新高考选考科目指引:**
本专业没有必须选考科目要求。

培养目标：

本专业培养具有普通高校法律专业基础知识，具有较高的知识产权学科知识，能在律师事务所、专利事务所、商标事务所等从事商标代理、专利代理等专门知识产权事务，同时也能在公、检、法等部门从事专门的知识产权司法审判及其他法律事务，或者在版权局、商标局、专利局、科技局等部门从事知识产权管理事务的知识产权专门人才。

培养要求：

本专业培养通晓专利法、商标法、版权法、商业秘密法、国际知识产权法的知识和技术，以教授知识产权专门知识和技术方法为主，以教授普通高校一般法律技术为辅，同时将提高学生的知识产权管理能力作为业务培养要求之一。

主要课程：

法理学、宪法学、民法学、刑法学、刑事诉讼法、行政法与行政诉讼法、国际私法、国际法、著作权法（版权法）、专利法、商标法、知识产权国际公约、专利文献检索、知识产权损害赔偿、合同法、知识产权法原理、网络环境下的知识产权保护、企业知识产权战略、反不正当竞争法、知识产权代理实务等。

顶尖院校：

中国计量学院和西南政法大学。

就业方向：

毕业生能在知识产权管理机构、大型企业、科研院所等单位从事知识产权管理工作；也能在知识产权中介服务机构、律师事务所或人民法院等单位从事知识产权服务工作或审判工作；还能在研究单位从事知识产权或相关的研究工作。

未来可从事职业岗位：

项目申报专员、专利工程师、知识产权专员、知识产权顾问、专利代理人、法务专员、法务经理、法务主管等。

职业薪酬：

知识产权专业相关职位薪酬（月薪）：按工作经验统计，其中应届生约5000元，1~3年约7000元，3~5年约10000元，5~10年约18000元。

就业热门行业：

咨询、人力资源、财会、互联网/电子商务、中介服务、新能源、外包服务、金融/投资/证券等。

就业热门城市：

北京、深圳、上海、广州、武汉、杭州、成都、西安、苏州和南京等。

专家提醒

随着我国企业参与国际市场竞争的进一步深化，涉外知识产权事务的不断增多，知识产权人才已经成为人才市场上的"紧俏商品"，就业行情一路走高，专才尤其短缺。

知识产权专才在知识结构上必须是跨学科、复合型的，需要熟练掌握英语，既有专业技术背景，又懂国际国内知识产权法律和实务，能够熟练撰写专利文献，特别是能够运用英语撰写专利文献、起草相关文件，运用流利的英语与研发部门、海外总部、海外客户沟通。目前，许多跨国公司、律师事务所都在通过各种渠道"猎取"此类人才。

030103T 监狱学

监狱学主要研究监狱刑事执法、劳动教养、司法行政和教学科研工作。我国的监狱学教学与研究从20世纪80年代初开始，已经走过了20多年的历程。到目前为止，监狱学的研究类型大体分为两类：基本理论研究、应用研究和验证研究。此学科更加重视把理论贯彻到实践中去，因此会有比其他专业更多的实习机会。实际应用能力强的同学比较适合学习这个专业，选择此专业要有这方面心理准备。

新高考选考科目指引：

本专业没有必须选考科目要求。

培养目标：

本专业系统掌握法学基础知识，掌握监狱法学、狱政管理学、罪犯教育学、犯罪心理学等专业知识，具有预防和打击刑事犯罪、执行刑罚、管理教育改造罪犯以及教育管理劳动教养人员的业务能力，具有一定的计算机知识、外语水平和较强的文字口头表达能力，成为懂法律、懂外语、懂经济的高级专门人才。

主干学科：

中国司法制度、中国监狱史、狱内侦查学。

主要课程：

经济法、婚姻家庭法、民事诉讼法、矫正教育学、行政法与行政诉讼法、中国司法制度、刑罚学、监所法律文书、中国监狱史、狱内侦查学、罪犯改造心理学、罪犯劳动改造学、西方监狱制度等。

顶尖院校：

上海大学和山东政法学院。

就业方向：

可在公检法司和其他机关从事执法工作；在监狱、劳教所、看守所等机关从事管理、罪犯教育和心理矫正工作；也可以在机关、企事业单位从事法律和安全保卫工作。

030104T 信用风险管理与法律防控

新高考选考科目指引：

本专业没有必须选考科目要求。

培养目标：

本专业旨在培养德、智、体、美、劳全面发展，掌握信用风险管理与法律防控专业知识，能够化解信用管理领域法律风险，善于处置经济矛盾纠纷，保障市场主体合法权益，维护交易安全，理论功底扎实，创新能力及管理能力较强的高层次法律管理人才。

首批开设院校：

湘潭大学。

培养特色：

一是注重学科交叉与学科融合。针对信用风险管理学科的特点,创新培养模式,使学生掌握多门学科融合交叉的知识。二是强调理论和实践的结合。在学生掌握扎实的信用风险管理和法学知识和理论的同时,通过开设实务课程,加强实习环节,为学生提供参与信用风险管理实践的机会。三是强调政府、企业和高校多方主体的合作。聘请信用体系建设主管部门和企业界的有关实务专家开设实务课程和实务论坛,直接参与学生指导和学生培养工作。四是复合型人才培养方案。实行双学位的复合型人才培养方案,即学生在校期间以信用风险管理与法律防控为第一专业,同时辅修金融学专业。

030105T 国际经贸规则

新高考选考科目指引：
本专业没有必须选考科目要求。

培养目标：
国际经贸规则专业旨在培养具备扎实的中国法律知识和执业能力,通晓英美国家法律制度,精研国际贸易规则,拥有国际视野和跨文化沟通能力,能够在世界贸易组织处理国际经贸争端、在国际投资争端解决中心处理国际投资争议、在世界知识产权组织处理跨国知识产权纠纷的大法官、国际仲裁员和国际律师,以及能够解决"一带一路"、自由贸易区、自由贸易港各类涉外法律问题的高端经贸法律人才。

主要课程：
经济法、知识产权法、国际经济法、世界贸易组织法、国际商事仲裁、非诉业务模拟、WTO争端解决案例模拟。

首批开设院校：
上海对外经贸大学。

就业方向：
学生毕业后具备进入国际组织从事相关工作的基础能力,主要就职于政府机构、国际律师事务所、跨国公司等,亦可选择到国内外高等院校、科研机构继续深造。

030106TK 司法警察学

司法警察学专业是针对人民法院司法警察队伍而设置的专业,旨在推动人民法院司法警察便捷招录培养机制,全面加强司法警察队伍革命化、正规化、专业化、职业化建设。

新高考选考科目指引：
本专业没有必须选考科目要求。

培养目标：
司法警察学是法学类专业中的特设专业,其目标为培养德才兼备,具有扎实的专业理论基础、熟练的司法警察职业技能、合理的知识结构,具备为人民法院司法活动提供优质保障和服务的能力,熟悉和坚持中国特色社会主义法治体系的复合型、应用型、创新型专业人才。

首批开设院校：
中央司法警官学院等。

就业方向：
本专业毕业生主要担任人民法院司法警察、人民检察院司法警察、监狱人民警察、公安机关看守所人民警察或者公安机关及企事业单位的治安保卫等职务岗位工作。

030107TK 社区矫正

新高考选考科目指引：
本专业没有必须选考科目要求。

培养目标：
本专业培养具有良好的思想道德品质,扎实的法学、刑事执法、社会学(社会工作)理论素养,以及较强的社会实践能力,具有创新精神,能在国家各类与刑事执法相关的机构如监狱、社区矫正部门、基层司法行政部门、公安部门等从事专业工作的高级应用型专业人才。

主要课程：
法理学、民法、刑法、刑事诉讼法、监狱学基础理论、狱政管理学、犯罪心理学、刑罚学、社区矫正概论、社区矫正教育学、外国社区矫正制度、社区矫正个案实务、社区矫正法律文书、社区矫正管理与实务、罪犯心理与行为矫正技术、警务技能训练。

首批开设院校：
中央司法警官学院等。

就业方向：
社区矫正专业就业相对较窄,毕业生适合的岗位有社区矫正执法人员、社区矫正辅助工作者、社区矫正专职社会工作者,也能适应公安机关看守所、拘留所、拘役所、监狱等管理与矫正相关岗位。

030108TK 纪检监察

纪检监察专业旨在培养既熟悉法学专业基础知识,又具备纪检监察理论知识和实践能力,忠诚于党、忠诚于纪检监察事业,具有法治意识、责任意识,德才兼备、高素质的复合型、职业型、创新型专门人才,为全面推进新时代纪检监察工作提供有力的人才智力保障。

新高考选考科目指引：
本专业没有必须选考科目要求。

首批开设院校：
内蒙古大学。

030109TK 国际法

培养目标：
本专业旨在培养具有家国情怀、信念坚定、理想崇高和全球视野,法学专业基础扎实,通晓国际法和外国法,能够运用外语参与涉外谈判和沟通的综合型和复合型法治人才。

首批开设院校：
武汉大学。

就业方向：
学生毕业后可以到国际组织、公安机关、检察院、法院、国有企业、外企等从事法律事务工作。

030110TK 司法鉴定学

培养目标：
本专业旨在培养具有良好的法律意识和法律职业素养，信念坚定、执法为民、敢于担当，掌握法律基础知识、物证鉴定基本理论和知识，具备痕迹检验、文件检验、物证提取与分析能力，从事物证鉴定工作的高素质应用型人才。

首批开设院校：
广西警察学院。

就业方向：
本专业毕业生可以到公安部门、检察院、司法机关、医院、高等院校及保险公司等从事法医学鉴定、医学科研、教学、保险服务等工作。

0302 政治学类

政治学是指研究社会政治现象的科学。政治在本质上是人们在一定经济基础上，围绕特定利益，借助于社会公共权力来规定和实现特定权利的一种社会关系，因此，政治学就是研究这种特定的社会关系即政治关系及其发展规律的科学。

政治学以政治关系作为研究对象。在实际生活中，政治关系具有多种外延形态，如政治行为、政治体系、政治文化等，这些都是政治学研究的对象。

政治学同时又是以探求政治关系的发展规律作为研究的目标和任务的。它要求对于政治现象的描述和对于政治表征的把握，更要求深入研究政治关系的本质联系及其发展运动。

030201 政治学与行政学

政治学与行政学培养具有扎实的专业知识和理论基础，了解中国历史和现状，了解政治系统的基本构成，了解我国政治体制改革和建设中国特色社会主义民主政治走向，适宜在中央和地方各级党政机关从事党务、政务与行政管理工作以及政策研究工作，到企事业单位和公司从事管理工作，到学校、科研机构、文化新闻单位、军队系统从事教学科研行政工作。中国公务员制度的推行，也为毕业生就业开辟了更广阔的前景。

新高考选考科目指引：
本专业必须选择政治学科。

培养目标：
本专业培养具有一定马克思主义理论素养和政治学、行政学方面的基本理论和专门知识，能在党政机关、新闻出版机构、社会团体、企事业单位从事教学科研、行政管理等方面工作的政治学和行政学高级专门人才。

培养要求：
本专业学生主要学习政治学、行政学方面的基本理论和基本知识，接受政治学理论与方法、行政学理论与方法、中国政治分析、比较政治分析、公共政策分析、社会调查与统计等方面的基本训练，具备调查研究、分析判断和协调组织等方面的基本能力。

主干学科：
政治学。

主要课程：
政治学原理、行政学概论、中国政府与政治、比较政治制度、中国政治制度史、中国政治思想史、西方政治思想史、公共政策概论、行政法、社会调查与统计等。

顶尖院校：
中山大学和天津师范大学。

就业方向：
毕业后主要到各级党委、人大、政协、政府部门以及企事业单位从事组织、人事、纪检、监督、宣传、外事、文秘等工作，亦可到公检法机关从事实际工作，还可从事理论研究及教学工作。

未来可从事职业岗位：
综合解决方案专家、项目经理、人力资源经理等。

就业热门行业：
政府/公共事业、教育/培训/院校、物业管理/商业中心、娱乐/休闲/体育等。

就业热门城市：
北京、上海、成都、西安、广州和深圳等。

030202 国际政治

国际政治是指全球性的政治活动，它与国际关系、国家间的互利与合作、各个国家的政治动态有很大的关系。作为一门学科，它是研究以国家为主体的国际行为体的跨国互动关系，并进而主要从政治的视角研究影响这种互动关系的一切因素的学科。

新高考选考科目指引：
本专业必须选择政治学科。

培养目标：
本专业培养掌握扎实的国际关系及相关学科的基础知识和基本理论，具有一定的研究分析、交流沟通和行政管理能力，在政治和业务方面具有良好的综合素质，能在各级党和政府的涉外事务部门、教育科研机构、新闻媒体、国际组织、社会团体和企事业单位从事行政管理、教学研究、政策分析、国际交流和国际新闻评析等方面工作的高水平复合型的专业人才。

培养要求：
本专业学生主要学习政治学理论和国际关系等方面的基础知识和基本理论，掌握社会科学的一般研究方法和政治学与国际关系的专业研究方法，接受逻辑思维、语言表达、文字写作和国际交流等方面的基本训练，具备调查研究、系统分析和协调组织等方面的基本能力和较好中外语言文字表达能力，培育和养成良好的个人综合素质。

主干学科：
政治学。
主要课程：
国际政治学概论(国际关系学概论)、外交学概论、政治学原理(政治学概论)、国际政治经济学、国际关系史(含近现代与当代部分)、中国外交(含近现代中国外交史和当代中国外交)、国际组织与国际法、西方政治思想史、中国政府与政治、外国政治制度、政治学方法论、地区国别政治经济与外交(美、日、欧、俄及发展中国家政治经济与外交)。
顶尖院校：
北京大学和华中师范大学。
就业方向：
主要到党政机关、企事业单位、高校和科研等部门从事外交、外事、对外宣传、教学和研究等方面的工作。
未来可从事职业岗位：
小学教师、初中政治教师、高中政治教师、高中信息技术教师、政策研究员、德育教师、审核编辑、学术专员、市场专员等。
职业薪酬：
国际政治专业相关职位薪酬(月薪)：按工作经验统计，其中1~3年约6000元。
就业热门行业：
教育/培训/院校、互联网/电子商务、金融/投资/证券、中介服务、新能源、贸易/进出口、咨询、人力资源、财会、公关/市场推广/会展等。
就业热门城市：
北京、上海、广州、武汉、深圳、南京、福州和青岛等。

030203 外交学

外交学专业是研究主权国家外交政策的制定和外交行为的实施及其规律的学科。主要研究对象是国家对外行使主权的外交行为和国家实施对外政策的外交实践经验。本专业与国际政治和国际关系专业有着密切的关系，但也有明显的区别。外交学专业侧重于研究国家对外交往的实践活动，具有强烈的应用性和实践性。

新高考选考科目指引：
本专业必须选择政治学科。
培养目标：
本专业培养具有扎实的外交学及相关学科的基础知识和基本理论，具有一定的研究分析、对外交流和涉外管理能力，在政治和业务方面具有良好的综合素质，能在各级政府的涉外事务部门、教育科研机构、社会团体、国际组织、大众传媒及其相关部门从事对外交流实务、政策分析、教学研究和新闻宣传等方面工作的高水平复合型的专业人才。
培养要求：
本专业学生主要学习外交学及国际关系等方面的基础知识和基本理论，掌握本学科专业的研究方法，接受逻辑思维、语言表达、文字写作、国际谈判和对外交流等方面的基本训练，具备涉外实务、研究分析和组织管理等方面的基本能力和较好的中外语言文字表达能力，培育和养成良好的个人综合素质。
主干学科：
政治学。
主要课程：
外交学概论、当代中国外交、中国外交史、国际政治学概论(国际关系学概论)、国际关系史(含近现代与当代部分)、国际组织概论、国际法、政治学概论、西方政治思想史、中国政府与政治、外国政治制度、对外政策分析、地区国别政治经济与外交(美日欧俄及发展中国家政治经济与外交)。
顶尖院校：
外交学院。
就业方向：
毕业生适宜到国家的外交部门与党的对外联络部门；各级地方政府的外事工作部门与外联部门；中央和地方政府的对外宣传机构与国际公关机构；涉外性企业与事业单位；各类外交与国际问题的研究单位；各种设立涉外专业的高等院校从事工作。由于我国加入世界贸易组织，外交将会取得相当大发展，在人才方面对礼仪及其他方面的要求非常高，因此这种人才在我国比较紧缺。
未来可从事职业岗位：
国际事务专员等。
就业热门行业：
教育/培训/院校、广告、建筑/建材/工程、影视/媒体/艺术/文化传播、房地产、新能源、贸易/进出口、咨询、人力资源、财会等。
就业热门城市：
上海、北京、广州、深圳、南京、成都、武汉、杭州和东莞等。

030204T 国际事务与国际关系

新高考选考科目指引：
本专业必须选择政治学科。
培养目标：
本专业培养学生对当今全球力量的整体认识。本专业涉及的范围极广，包括历史、政治和国际关系、文化研究和现代语言等。它为学生从全球视角观察决定当代国际事务进程的结构、动力和网络提供了独一无二的机会。本专业可以培养学生对世界各国的历史、政治、国际关系的知晓与理解。
主要课程：
国际学：比较政治学导论、资本主义的起源、全球关系认识、全球关系课题、国际政治经济、国际组织、中国与世界、发展政治学、中国和世界、选修课程等。

欧洲学：当代欧洲形成、语言初级1a、资本主义的起源、全球关系课题、欧盟组织、语言初级1b、国际政治经济、欧盟：政策与法规、语言中级2a、中国与世界、发展政治学、语言中级2b、中国和世界、语言高级3a、语言高级3b、选修课程等。

国际学与法语/德语/西班牙语/日语/汉语：比较政治学导论、语言选修1a、全球关系课题、语言选修1b、国际组织、语言中级2a、中国与世界、语言中级2b、中国和世界、语言高级3a、语言高级3b、选修课程等。

▶ **顶尖院校：**
北京语言大学和湘潭大学。

▶ **就业方向：**
毕业生主要定位在三资企业、合资企业、独资企业、政府对外经济文化部门和学术机构(例如金融财会与管理毕业生可就业于专业外贸公司、金融机构等单位从事国际贸易及国际化经营管理活动以及相关政策研究机构)。学生毕业后还可以报考国内外大学的研究生。

▶ **就业热门行业：**
公关/市场推广/会展、互联网/电子商务、教育/培训/院校、快速消费品、新能源、制药/生物工程、学术/科研、广告等。

▶ **就业热门城市：**
北京、上海、广州、佛山、杭州、深圳、南京、成都、苏州和昆明等。

📖 030205T 政治学、经济学与哲学

▶ **新高考选考科目指引：**
本专业必须选择政治学科。

▶ **培养目标：**
本专业要求使学生获得良好的政治思想、道德品质、文化修养和身心素质教育，掌握基本的哲学、政治学和经济学知识，打好认识和研究方法论基础，为今后的进一步学习提供支撑，帮助学生实现自我可持续发展。为政府机关、社会管理部门、财富创造部门和国内外哲学社会科学研究机构输送优秀人才。

▶ **主要课程：**
公共必修课程：大学英语、思想道德修养与法律基础、中国近现代史纲要、马克思主义基本原理、毛泽东思想、邓小平理论和"三个代表"重要思想概论、文科计算机基础、军事理论、体育系列课程。

专业必修课程：逻辑与批判性思维、微积分、线性代数、概率统计、社会调查的理论与方法、学术规范与论文写作、政治学原理、政治哲学、政治经济学导论、比较政治学概论、中国近现代政治发展史、经济学原理、中级微观经济学、中国经济专题、中国哲学史、西方哲学史、宗教学导论、全球化问题研究。

▶ **顶尖院校：**
北京大学。

▶ **就业方向：**
毕业生可以到政府机关、社会管理部门、财富创造部门和国内外哲学社会科学研究机构从事相关学术研究、教学、销售经营、管理、咨询策划服务等工作。

📖 030206TK 国际组织与全球治理

国际组织与全球治理专业是一门交叉学科，该交叉课程以国际学学位课程为基础，旨在培养学生对当今全球力量的整体认识。该课程涉及的范围极广，包括历史、政治和国际关系等。

▶ **新高考选考科目指引：**
本专业必须选择政治学科。

▶ **培养目标：**
本专业培养具有全球视野、理论扎实、业务精通、外语娴熟的高素质全球治理与国际组织人才。他们将成为具有民族自豪感、全球视野、人类命运共同体情怀以及创新务实精神的新一代复合型高级全球治理和国际组织人才。

▶ **主干课程：**
政治学导论、全球关系认识、国际政治经济、国际组织、中国与世界、发展政治学、中国和世界、资本主义的起源等。

▶ **顶尖院校：**
北京大学、清华大学、中国海洋大学。

▶ **就业方向：**
该专业的毕业生主要定位在政府对外政治经济部门和学术机构。学生毕业后还可以报考国内外大学的研究生。该专业适合公务员岗位及升学考研。

0303 社会学类

概括地说，社会学是研究关于社会运行和协调发展的规律性、综合性的学科。它以人类的社会生活及其发展为研究对象，它用科学的态度、实际社会调查的各种方法对社会现象、社会生活、社会关系和各种社会问题进行观察、分析和研究，从而揭示出人类各个历史阶段的各种社会形态、社会结构和社会发展的过程和规律，为人们积累认识社会和安排社会生活的科学知识，为有关社会部门正确处理社会问题提供参考资料和科学依据。

📖 030301 社会学

社会学是一门分析各种社会现象，研究社会中人的行为，探求如何解决社会问题的学科，研究领域涉及我们身边的家庭、学校、企业到国家乃至国际社会。在学习中我们会逐步了解个人的成长会经历哪些阶段、面临哪些问题？女性在现代

社会中的角色？如何分析社会热点问题，比如青少年犯罪问题、失业问题、环保问题、同性恋问题等，社会学都会以它独特的视角给出答案。另外，社会学还有自己一套专门的研究方法，比如通过观察、采访、舆论调查来搜集资料，并运用统计技术和计算机技术进行资料分析。社会学专业需要一定的数学、统计学知识和相应的计算机技能。

新高考选考科目指引：

本专业没有必须选考科目要求。

培养目标：

本专业培养具有扎实的社会学理论基础、熟练掌握社会调查研究方法，具备科学认识、研究社会的基本能力和创新意识，能在党政机关、教育、科研、文化等事业单位、企业单位和社会团体中从事社会调查研究与数据分析、政策研究与政策评估、社会管理与社会规划等方面工作的复合型人才。

培养要求：

本专业学生主要学习社会学的基本理论、研究方法及人文社会科学的相关知识，接受社会调查和分析研究的专业训练，具有认识社会和分析社会的基本能力及社会管理工作的能力。

主干学科：

社会学、法学。

主要课程：

社会学概论、社会学理论、社会研究方法、中国社会思想史、发展社会学、组织社会学、社会分层理论、社会统计学、社会心理学、社会工作概论。

顶尖院校：

中山大学、北京大学、中国人民大学。

就业方向：

毕业后可在党政机关、企事业管理部门、市场调查公司等从事管理、调查研究工作，还可在工青妇等社会团体、民政部门、NGO组织、政策研究部门、发展规划部门、出版社、报社等工作以及做大学生村干部。

未来可从事职业岗位：

文案策划、人事专员、新媒体运营、销售代表、销售助理、销售经理、客户经理、市场专员、销售工程师等。

职业薪酬：

社会学专业相关职位薪酬（月薪）：按工作经验统计，其中1～3年约8000元，3～5年约10000元。

就业热门行业：

互联网/电子商务、金融/投资/证券、教育/培训/院校、房地产、新能源、咨询、人力资源、财会、贸易/进出口、建筑/建材/工程等。

就业热门城市：

北京、上海、深圳、广州、武汉、杭州、成都、厦门、南京和西安等。

专家提醒

社会学是一门紧扣时代脉搏的学科，它已经日益显示出在现代社会发展中的重要性。学习者要对社会现象有较敏锐的洞察力，具备一定的数学基础也很重要。

选择专业的出发点不是根据专业的冷热程度，而是学生的兴趣，真正清楚自己的长处所在、兴趣所在，将来自己究竟适合从事研究型工作还是应用型工作，自己究竟是动手能力强，还是思维分析能力强。看一个专业的冷与热，不如审视自己对某一专业适合与否。

030302 社会工作

社会工作是一种帮助人和解决社会问题的工作。它帮助社会上的贫困者、老弱者、身心残障者和其他不幸者；预防和解决部分经济困难或生活方式不良而造成的社会问题；开展社区服务，完善社会功能，提高社会福利水平和社会生活素质，实现个人和社会的和谐一致，促进社会的稳定与发展。在我国社会工作不仅包括社会福利、社会保险和社会服务，还包括移风易俗等社会改造方面的工作。

新高考选考科目指引：

本专业没有必须选考科目要求。

培养目标：

本专业培养具备"以人为本、助人自助、公平正义"的专业价值观，具有扎实的理论基础、熟练的社会工作方法等方面的知识和能力，能在党政机关、企事业单位及社会组织等部门和领域从事社会工作服务与社会福利管理等方面工作的复合应用型专业人才。

培养要求：

本专业学生主要学习社会工作学等方面的基本理论和主要知识，接受社会服务与社会管理等方面的基本训练，掌握临床社会工作、社区服务管理、社会机构运营以及社会福利行等方面的主要知识和基本技能。

主干学科：

社会学、心理学、公共管理学。

主要课程：

社会学概论、社会工作概论、个案与团体工作、社区工作、社会行政、社会保险与社会福利、社会环境保护、组织社会学、社会心理学、青少年社会工作等。

顶尖院校：

北京师范大学、上海师范大学和复旦大学。

就业方向：

毕业生主要就业方向：一是民政系统；二是共青团、妇联、工会等群体团组织；三是学校、司法部门、卫生组织；四是NGO、NPO等非政府、非营利组织及民间组织；五是儿童、老年等福利机构，心理咨询机构；六是其他各种社会福利机构和社会团体。

▶▶ **未来可从事职业岗位：**

办公室文员、行政文员、人事文员、销售代表、策划助理、区域培训经理等。

▶▶ **职业薪酬：**

社会工作专业相关职位薪酬（月薪）：按工作经验统计，其中1～3年约5000元，3～5年约7000元，5~10年约11000元。

▶▶ **就业热门行业：**

非营利机构、房地产、金融/投资/证券、教育/培训/院校、外包服务、互联网/电子商务、咨询、人力资源、财会、中介服务、新能源、政府/公共事业等。

▶▶ **就业热门城市：**

广州、北京、深圳、上海、重庆、武汉、成都、东莞、厦门和苏州等。

030303T 人类学

"人类学"对于大多数中国人来说，是个若即若离的名词——也许不少人都或多或少地听说过一些，但究竟人类学所指为何，大多数都说不出个所以然，甚至对它没有起码的概念。

人类学是一门交叉学科。哈佛一位教授曾说过这样一段话，大意是在哈佛的诸多专业中，再找不到一个学科像人类学这样，要干那么多的事情，要涉及那么多学科。潘天舒说："人类学的研究中可能会用碳14鉴定文物的年代，可能会跟踪黑猩猩部落，可能会调查华尔街的投资心理，可能会接触到印度妇女和瘾君子。"

▶▶ **新高考选考科目指引：**

本专业没有必须选考科目要求。

▶▶ **培养目标：**

本专业培养较好地掌握马克思主义、毛泽东思想和邓小平理论，拥护党的基本路线，树立正确的世界观、人生观和价值观，遵纪守法，具有较强的事业心和责任感，具有良好的道德品质和学术修养，掌握坚实的人类学基础理论和田野工作方法，较好地掌握一门外国语，能独立从事人类学科学研究、教学工作，身心健康的人类学专门人才。

▶▶ **主要课程：**

人类学概论、文化人类学理论方法、考古学、体质人类学、语言学、世界民族志、中国民族学、中国民族志、宗教学概论、社会学概论、田野调查方法等。

▶▶ **顶尖院校：**

中山大学和厦门大学。

▶▶ **就业方向：**

毕业生适应工作领域分别为各级党、政机关中的民族、宗教、统战、民政、侨务、外事、旅游、文物、博物馆等部门和相关的政策研究机构、事业单位、群众团体和各类公司、企业、外国在华机构及基金会等非营利组织，以及企业中的公关、策划、管理和文秘部门。

▶▶ **未来可从事职业岗位：**

品牌编辑、亲子教师、幼教教师、电话销售、无线交互设计师等。

▶▶ **职业薪酬：**

人类学专业相关职位薪酬（月薪）：按工作经验统计，其中1~3年约8000元。

▶▶ **就业热门行业：**

互联网/电子商务、咨询、人力资源、财会、公关/市场推广/会展、广告、教育/培训/院校、外包服务、新能源、学术/科研、影视/媒体/艺术/文化传播等。

▶▶ **就业热门城市：**

北京、上海、杭州、广州、深圳、佛山、成都、长沙、南宁和厦门等。

030304T 女性学

女性学专业的研究方向有女性学理论、女性与政策、女性与传媒、女性与参政、女性与发展、女性与婚姻家庭。同时，在本专业的选修课中，女性自我保护、女性礼仪、女性时尚等内容也是不可缺少的。女性学是从宏观、综合角度去认识女性，而不是从某一特定角度去探讨女性某一方面的特质和行为特征；女性学的任务是把女性放在人类发展和社会进步的历史进程中发现和揭示她的行为的一般规律，而不是分门别类地去制定某一类行为发展的规则。因此，女性学研究的"女性"是对各学科研究中"女性"概念的综合，对女性本体认识更集中更系统，更具高度的抽象和理论概括。

▶▶ **新高考选考科目指引：**

本专业没有必须选考科目要求。

▶▶ **培养目标：**

本专业培养德、智、体、美、劳全面发展，适应社会发展需要，具有较宽厚的跨学科知识基础，具有较强的性别平等意识和熟悉性别分析方法，并具有较高的外语和计算机应用水平，能够在党政机关和群团组织、企事业单位、民间组织、国际组织、大中专院校及社区，从事妇女发展、性别与政策分析、性别与传媒、女性学教学与管理等相关工作的综合型的专业人才。

▶▶ **培养要求：**

本专业培养德、智、体、美、劳全面发展，能从事妇女发展、性别与政策分析、女性学教学与管理等相关工作的复合型专业人才。为了适应社会发展需要，女性学系要求学生要掌握较宽厚的跨学科知识，拥有较强的性别平等意识和熟悉性别分析方法，掌握较高的外语和计算机应用水平。

▶▶ **主要课程：**

社会学概论、社会政策与制度分析、社会科学研究方法、法学概论、管理学和行政管理学、教育学概论、社会心理学、女性学理论、女性史、女性心理学、女性与健康、女性领导学、性别与发展、妇女与NGO组织等。

顶尖院校：

中华女子学院。

就业方向：

毕业生主要在党政机关、群团组织、企事业单位、民间组织、国际组织、社区和大专院校等部门，从事妇女工作、性别与发展的研究与实际推动、性别与政策分析、性别与文化传播、女性学教学工作。同时，考研和进一步出国深造，将来加入国际妇女学的研究队伍也是毕业生的选择之一。

未来可从事职业岗位：

中学语文教师、品质检查员、会籍顾问、企划专员、办公室文员、公司出纳、淘宝文案策划、理疗师、销售代表、销售助理、销售经理、市场专员、项目经理、区域经理、招聘专员、总经理助理、副总经理、董事长秘书等。

就业热门行业：

互联网/电子商务、房地产、新能源、金融/投资/证券、咨询、人力资源、财会、建筑/建材/工程、教育/培训/院校、中介服务等。

就业热门城市：

北京、上海、深圳、广州、杭州、武汉、厦门、成都、南宁和南京等。

030305T 家政学

家政学是以人类家庭生活为主要研究对象，以提高家庭生活质量、强化家庭成员素质、造福全人类为目的，指导人们家庭生活、社会生活和感情伦理生活的一门综合型应用学科。把家政作为一门科学来研究始于美国，1840年出版了家政学研究专著；1890年美国大专院校和高中广泛开设家政学课程；1899年在纽约柏拉塞特湖召开首次家政学会议；1909年成立美国家政学会。20世纪30年代，美国家政学界搜集了大量资料，以充实家庭生活教育，并研究家庭所需物品与服务的改进。家政课程的重点从操持家务逐步转到家庭消费上，家政学的内容也由如何去做转变为为什么那样做；家政学不仅研究个人与家庭生活的问题，还研究家庭问题所涉及的国家和国际方面的问题。家政学的职业种类也随着增多起来。

家政和家政学的区别：家政只是具体的家政活动，家政所包含的实物和行为是家政学的研究对象，家政学的研究使家政内容更加丰富。

新高考选考科目指引：

本专业没有必须选考科目要求。

培养目标：

本专业培养具备系统家政学基本理论和相关专业知识，掌握家政管理、营养调配、社区服务、家庭教育等专业技能，能够在城乡社区、医院、军队、学校、政府机关等部门从事与提高全民生活质量相关工作的高素质家政学专门人才。

主要课程：

家政学概论、家庭社会学、家政管理学、家庭教育学、社区工作概论、社会保障、服装美学、服饰美学、家庭营养学等。

顶尖院校：

天津师范大学。

就业方向：

既可从事与家庭需求有关的产业策划、开发、营销和推广等工作，又可从事家政培训、管理、教学和研究等工作，还可继续攻读相关专业的硕士、博士学位。

未来可从事职业岗位：

销售代表、销售助理、销售经理、市场专员、项目经理、区域经理、招聘专员、总经理助理、副总经理等。

职业薪酬：

家政学专业相关职位薪酬(月薪)：按工作经验统计，其中5~10年约8000元。

就业热门行业：

人力资源、中介服务、互联网/电子商务、房地产、新能源、金融/投资/证券、计算机软件、咨询、财会、建筑/建材/工程、教育/培训/院校等。

就业热门城市：

北京、上海、深圳、广州、杭州、武汉、厦门、成都、南宁和南京等。

专 家 提 醒

中国自古对家政也相当重视，中国人讲究"修身、齐家、治国、平天下"，家庭和睦社会才能发展。1907年，清光绪皇帝颁布"女子学堂课程"，可算开始了正规化的家政教育。1919年北京女子高等师范学校设家政学起，燕京大学、四川大学、东北大学、金陵女子文理学院、福建协和大学等11所院校相继开办家政学系。在中国历史上持家理事被视为女子的主要事务，但就目前的形势来看，在家政领域不断地有更多的男子参与研究管理和市场运作，并在此专业中起到了不可忽视的作用，这更成为家政学领域的一道亮丽的风景。据专家预测，我国的家政产业具有强大的市场潜力和发展空间，家政学将是21世纪我国的热门学科，而家政方面的专门人才也将是21世纪我国最受市场欢迎的人才。

030306T 老年学

老年学是研究人类个体和群体老龄化的现象、过程、规律及其社会经济影响的一门交叉学科。作为一门新兴学科，老年学由于其独特的研究对象，在国际上日益受到重视，是21世纪的朝阳学科。老年学的学科特点主要包括多学科性、理论性、实践性和应用性。在理论上，老年学是对人类衰老的研究，这包括在学科和实际工作领域对衰老过程从生理、心理和社会方面进行研究。老年学是一门独立的综合性社会学科，按照教育部学科门类划分，老年学归属于社会学一级学科，并置身于法学学科门类。老年学是在老年医学、老年生物学、老年心理学和老年社会学等边缘性学科产生和发展的基础上形成的一门综合性学科。随着人口的不断老化,越来越多的研究和资源正关注着人类衰老的进程。

新高考选考科目指引:
本专业没有必须选考科目要求。

就业方向:
老年学专业毕业生可从事的工作有高级护士、全科医生、医疗卫生服务管理者、医疗和公共健康工作者、心理健康辅导师、职业治疗师、物理治疗师、公共利益律师。

030307T 社会政策

本专业培养具备良好的思想政治素质、道德素养和学术修养,具有社会责任感和事业心,具备扎实的社会政策理论基础与专业知识的中高级人才。其主要面向科研机构、教育机构、党政机关及其他企事业单位和社会团体培养人才,培养的人才能够胜任与本学科相关的高等院校和科研机构的科研、教学工作,以及党政机关及其他企事业单位和社会团体的管理和领导工作。

新高考选考科目指引:
本专业没有必须选考科目要求。

首批开设院校:
中国农业大学。

0304 民族学类

030401 民族学

民族学是以民族为研究对象的学科。它把民族这一族体作为整体进行全面的考察,研究民族的起源、发展以及消亡的过程,研究各族体的生产力和生产关系、经济基础和上层建筑。它是社会科学中一门独立学科。

新高考选考科目指引:
本专业必须选择历史学科。

培养目标:
本专业培养坚持四项基本原则,适应改革开放和社会主义现代化建设与发展要求,德、智、体、美、劳等方面全面发展,具备系统的民族学理论与知识,能够运用民族学方法调查和分析问题的实践能力的人才。本专业学生要有开阔的学术视野,了解相近学科知识和当代学术发展前沿,学生不仅具有在本学科和相近学科领域继续深造、发展的科学素质,而且能够成为从事党政部门和企事业单位的社会、文化等方面工作,特别是民族、宗教、民政等行政机构管理以及基层民族社区工作的应用型、复合型和创新型人才。

培养要求:
本专业学生主要学习民族学的基本理论和知识,接受民族学学科的全面训练,具有良好的学科理论、知识体系和运用民族学田野工作技术探析问题的实践能力,熟练掌握一门外国语并了解国内外民族学发展的前沿,熟知党和国家民族理论与政策,具有在学科领域继续深造、发展的科学研究素质,能够从事党政部门管理工作和基层社区工作的能力。

主干学科:
民族学、历史学、社会学。

主要课程:
民族学导论、考古学导论、社会学概论、语言学概论、中国民族志、世界民族志、民族学与人类学史、中国民族史概论、民族理论和民族政策、体质人类学、民族学调查方法。

顶尖院校:
中央民族大学。

就业方向:
毕业生可在各级党政机关中的民族、宗教、统战、民政、侨务、旅游、文物、博物馆等部门以及相关的政策研究机构、事业单位、群众团体和各类公司、企业、外国在华机构及基金会等非营利组织以及工厂中的公关、策划、管理和文秘部门工作。

未来可从事职业岗位:
舞蹈演员、舞蹈老师、销售助理、销售工程师等。

就业热门行业:
人力资源、咨询、教育/培训/院校、金融/投资/证券、互联网/电子商务、财会、电子技术/半导体/集成电路、房地产、新能源、保险、影视/媒体/艺术/文化传播等。

就业热门城市:
武汉、南宁、北京、深圳、上海、石家庄、广州、厦门、成都和天津等。

专 家 提 醒

大学生就业难早已不再是新闻,而"研究生就业遭遇尴尬""皇帝的女儿也愁嫁"这样的标题近年来也悄然见诸报端。一方面,有关数据表明,研究生平均就业率高于本科生;另一方面,研究生的就业压力也在增加。民族学这一被大家公认的冷门专业近年来就业前景也并不广阔。

0305 马克思主义理论类

马克思主义理论是完整的科学体系,它包含三个主要组成部分:马克思主义哲学、政治经济学和科学社会主义。这三个组成部分不是彼此割裂的,它们构成一个相互联系的有机整体。它的主要特征是科学性和革命性的结合,理论和实践的统一。坚持以科学态度对待马克思主义,关键是认清和坚信马克思主义与时俱进的理论品质,以发展的眼光来对待马克思主义。面对发展了的实践,只有运用马克思主义的立场、观点和方法,把马克思主义不断推向前进,才是真正坚持马克思主义。

马克思主义要实现与时俱进，必须关注我们生活的这个时代正在发生的重大变化，在回应挑战中不断获得新的生命力。经济全球化浪潮的影响越来越大，世界进入了又一个大转折时期。如何认识经济全球化条件下人类社会发展的历史趋势和时代特征，是关系新世纪马克思主义、社会主义历史命运的重大问题。我们必须深入研究科学技术对人类生活的深刻影响，并对一系列科学突破做哲学上的概括，以进一步丰富和发展马克思主义的世界观和方法论。

030501 科学社会主义

新高考选考科目指引：

本专业必须选择政治学科。

培养目标：

本专业培养具备扎实的科学社会主义理论基础、良好的政治素质和人文社会科学素质，能在学校、科研机构、党政机关和企事业单位从事教学研究、理论宣传和管理工作的复合型人才。

培养要求：

本专业学生主要学习科学社会主义的基本理论和基本知识，接受教学技能、科研写作、管理能力等方面的基本训练，掌握运用科学社会主义理论观察和分析现实问题的基本能力。

主干学科：

马克思主义理论、政治学。

主要课程：

科学社会主义原理、社会主义文献选读、社会主义思想史、当代世界社会主义专题研究、中国政治体制研究、当代资本主义专题研究、当代国外社会思潮研究、当代中国社会思潮研究、中国特色社会主义理论研究。

顶尖院校：

北京大学和中国人民大学。

就业方向：

由于该专业研究的对象是抽象的意识形态领域。所以毕业生就业出路相对较窄。但由于学科性质的特殊性，毕业生可以到党政部门、高等院校、科研单位、新闻单位、事业单位从事公务员、讲师、科研或者编辑等工作。

030502 中国共产党历史

中国共产党历史专业是全国高等院校文科重点学科，是全国同类学科中建立最早、知名度最大、培养人才最多的学科专业。中国共产党历史专业属法学学科门类，政治学一级学科。本专业主要研究中国共产党的历史发展、理论、政策与实践，探索中国共产党领导中国革命、建设、改革和党的建设的历史经验教训，认识并反映中国革命、建设、改革的发展规律和党自身的发展规律。

新高考选考科目指引：

本专业必须选择政治学科。

培养目标：

本专业培养具备良好的政治素质和人文社会科学素质，既能在学校和科研机构从事本专业的教学和研究工作，又能在党政机关、企事业单位从事以本专业为基础的宣传、党务政务管理、文秘等工作的复合型人才。

培养要求：

本专业学生主要学习中国共产党党史的基本理论和基本知识，接受教学、科研技能的基本训练，掌握从事宣传、党务政务管理以及文秘等工作的基本能力。

主干学科：

政治学、中国史。

主要课程：

中共党史研究、当代中国史研究、马克思主义中国化研究、政治学理论与方法、政治学说史、政党史、史学理论与方法、执政党建设研究、当代中国政府与政治研究、当代中国经济发展与改革问题研究、当代中国文化问题研究等。

顶尖院校：

中国人民大学和湘潭大学。

就业方向：

该专业就业门路较窄，目前城镇权力机关的行政人员需求稍微大些。可以通过村干部选拔及公务员考试去基层工作。毕业生一般在教育局，政策研究室，党史研究室，党政机关，政府部门等机构从事党务工作，可以到高等院校及科研院所进行教学和研究。另外，还可以到报社及新闻媒体从事与本专业相关的工作。

未来可从事职业岗位：

中学历史教师、中学政治老师、综合督导等。

030503 思想政治教育

思想政治教育专业是我国多数大学开设的专业。本专业培养具备马克思主义基本理论和思想政治教育专业知识，能在党政机关、学校、企事业单位从事思想政治工作的专门人才。本专业学生主要学习马克思主义、毛泽东思想、邓小平理论和思想政治教育专业的基本理论和基本知识，受到思想政治教育专业技能与方法的基本训练，掌握从事思想政治工作的基本能力。

新高考选考科目指引：

本专业必须选择政治学科。

培养目标：

本专业培养具备良好的政治理论素养、思想道德素质和科学文化素质，既能在学校和科研机构从事本专业的教学、研究工作，又能在党政机关和企事业单位从事以本专业为基础的宣传、组织、管理、思想政治工作的复合型人才。

培养要求：

本专业学生主要学习马克思列宁主义、毛泽东思想和中国特色社会主义理论体系、思想政治教育的基本理论和基本知识,接受思想政治教育的专业技能与方法的基本训练,掌握从事思想政治工作的基本能力。

➤ 主干学科:

马克思主义理论、政治学、教育学。

➤ 主要课程:

思想政治教育学原理与方法、科学社会主义、政治经济学、马克思主义哲学、中国哲学史、西方哲学史、心理学、伦理学、教育学、中国共产党思想政治教育史等。

➤ 顶尖院校:

武汉大学、华中师范大学、东北师范大学、南京师范大学。

➤ 就业方向:

学生毕业后能胜任中学教学工作和党政机关、企事业单位、社会团体的思想政治工作、党群工作及人力资源开发与管理工作。毕业生也可根据自己的职业兴趣、特长、职业气质等方面在新闻机构从事政治、时事方面的报道与关注,也可在企业的政工科、工会、宣传部等部门就职。

➤ 未来可以从事职业岗位:

学生辅导员、德育主任、班主任等。

➤ 职业薪酬:

思想政治教育专业相关职位薪酬(月薪):按工作经验统计,其中1~3年约5000元,5~10年约10000元。

➤ 就业热门行业:

政府/公共事业、非营利机构、教育/培训/院校、新能源、金融/投资/证券、互联网/电子商务、建筑/建材/工程、贸易/进出口等。

➤ 就业热门城市:

北京、上海、广州、成都、石家庄、长沙、武汉、深圳、重庆和天津等。

030504T 马克思主义理论

➤ 新高考选考科目指引:

本专业必须选择政治学科。

➤ 培养目标:

一是培养高素质专业理论人才。本专业面向中国特色社会主义现代化建设、面向中华民族伟大复兴的需要,坚持"宽口径、厚基础、重创新、国际性"的培养模式,致力于培养基础扎实、知识面宽、人文素养高、综合创新能力强的马克思主义理论人才。二是培养复合型领导人才。本专业围绕中国社会主义现代化建设的目标,坚持以当代中国实际问题为导向,以培养学生的理论思维、战略思维和卓越的解决实际问题的能力为重点,致力于培养将马克思主义理论与中国实际相结合的复合型人才,致力于培养符合社会主义现代化建设需要的应用型人才,致力于培养政治坚定、品德高尚、信仰坚定的治国理政人才。

➤ 主干课程:

马克思主义理论导论、政治经济学、科学社会主义、中国化马克思主义、中国化马克思主义经典著作导读、习近平新时代中国特色社会主义思想概论、马克思主义发展史、中国近现代史重要问题研究、马克思恩格斯经典著作导读。

➤ 顶尖院校:

武汉大学、中国人民大学、清华大学。

➤ 未来可以从事职业岗位:

一是公务员,参加公务员或者事业单位的考试进行选拔,报考公务员,可以选择法学类专业以及马克思主义理论、政治学和社会学专业。

二是高校老师,在大学中基本都会开设马克思主义课程,负责思想政治教育,所以只要开设了这个专业的高校都会招马克思主义理论专业的老师。

三是高校行政人员或辅导员,高校很多辅导员或者行政人员都是学习马克思主义专业的,想对于其他专业来说,这个专业具有较大优势,可以帮助学生树立正确的思想政治观。

四是报社杂志的编辑,由于自身专业的优势,能够敏锐地把握各种局势的变化,正确判断分析,再加上报社杂志本就需要大量的马克思主义理论专业人才。

030505TK 工会学

➤ 培养目标:

本专业以厚基础、宽口径、高素质、强能力为基本要求,培养政治素质过硬、劳动情怀深厚、理论功底扎实、实践能力突出,有坚定的马克思主义信仰、强烈的社会责任感和使命感,掌握马克思主义理论学科的基本知识,掌握中国特色社会主义工会学的基本理论和工会工作的基本方法,实践能力较强的高素质复合型、应用型、创新型专业人才。

➤ 首批开设院校:

中国劳动关系学院。

➤ 就业方向:

本专业毕业生能够在企事业单位的工会从事党建、组织宣传、群团工作、职工思想政治教育和维护职工权益等工作。

0306 公安学类

公安即社会安全,是指人类社会的安全、稳定和秩序。公安学是关于人类社会安全问题的学问,研究什么是人类社会的安全,为什么人类社会会出现安全问题,怎样才能实现人类社会的安全,其主要范畴有安全、稳定、秩序和与之对应的战争、动乱、恐怖、灾害等。

030601K 治安学

治安学专业在社会生活中应用非常广泛,大到重大突发性事件的预防与处置,小到日常生活中如社区管理、纠纷调处等都离不开治安管理。治安学作为公安学门类中隶属于行政管理学之下的三级学科的定位,已滞后于学术的发展和社会的要求。根据通行的学科衡量标准,治安学已初步具备增列为二级学科的条件:有特定的研究对象与范畴;较完整的理论体系和公认的专门术语;自身的方法论体系;有影响的学术组织和学术带头人;高质量的学术刊物和学术著作;独立完整的人才培养体系;较完整的学科体系。

新高考选考科目指引:
本专业必须选择政治学科。

培养目标:
本专业培养具备从事维护社会治安秩序和公共安全等实际工作所需的职业核心能力和创新精神,能够在各级公安机关治安系统的业务部门工作或者在企事业单位从事安全保卫工作的应用型高级专门人才。

培养要求:
本专业学生主要学习治安学的基础理论和基本知识,接受与从事治安系统各业务部门工作相适应的专业基本训练,掌握维护社会治安秩序和公共安全等实际工作所需的基本能力。

主干学科:
公安学、法学。

主要课程:
治安学原理、治安案件查处、治安秩序管理、危险物品管理、户政与人口管理、公共安全危机管理、保卫学。

顶尖院校:
重庆警察学院、北京警察学院、江苏警官学院和湖南警察学院。

就业方向:
从事公安、边防、国家安全等部门从事治安管理、出入境管理、道路交通管理、安全保卫、预防和控制犯罪以及治安学教学、科研等工作。

未来可从事职业岗位:
特勤队员、物业管理专员/助理、营运助理、营运主管等。

就业热门行业:
政府/公共事业、非营利机构、物业管理/商业中心、房地产、建筑/建材/工程、制药/生物工程、学术/科研、酒店/旅游、互联网/电子商务、交通/运输/物流和外包服务等。

就业热门城市:
北京、上海、广州、大连、南京、成都、沈阳、济南、无锡和深圳等。

030602K 侦查学

新高考选考科目指引:
本专业必须选择政治学科。

培养目标:
本专业培养具有良好的政治素质、法律素质、业务素质、身体素质、心理素质,具有严明的组织纪律观念和良好的职业道德,系统掌握侦查学的基本理论、基本知识和基本技能,具有较强的实战能力和创新精神,胜任公安、检察、国家安全等部门侦查工作的高级应用型专门人才。

培养要求:
本专业学生主要学习侦查学方面的基本理论和基本知识,接受系统的侦查及相关能力的训练培养,掌握侦查实战技能。

主干学科:
法学、公安学。

主要课程:
侦查学总论、犯罪学、侦查程序、犯罪现场勘查学、侦查措施、刑事案件侦查、预审学、国内安全保卫、刑事科学技术等。

顶尖院校:
中国人民公安大学、中国刑事警察学院、西南政法大学和西北政法大学。

就业方向:
在公安、检察、国家安全等部门从事侦查工作、刑事执法工作、预防和控制犯罪以及侦查学教学、科研等方面工作。

未来可从事职业岗位:
调查专员、内控经理/主管等。

就业热门行业:
政府/公共事业、非营利机构、保险、金融/投资/证券、互联网/电子商务、房地产、新能源、环保、中介服务、制药/生物工程等。

就业热门城市:
上海、成都、深圳、南京、保山、北京、天津、广州和武汉等。

030603K 边防管理

边防管理是为维护国家领土的神圣和主权的威严而服务的,它也是一个国家形象的直观体现。我国疆域辽阔,随着改革的深入发展,对外开放的领域将越来越广,进出口口岸也必将随之而增加,加之当今国际局势并不平稳,边防管理将会更加重要。

新高考选考科目指引:
本专业必须选择政治学科。

培养目标:
本专业培养适应公安边防部队建设和业务工作需要,德、智、军、体、美、劳全面发展,边境安全意识牢固,基础理论扎实,专业知识深厚,实践能力强,富有创新精神,能在公安边防部队从事边防管理等方面工作的应用型高级专门人才。

培养要求:
本专业学生主要学习与边防管理工作相关的基本理论和基本知识,接受边境管理、出入境边防检查、情报侦查等方面的基本训练,具有较强的政治鉴别能力、执勤执法能力和公安边防工作岗位需要的相关业务工作能力。

主干学科:
法学、公安学、军事学。

主要课程:
边境管理学、出入境边防检查学、出入境交通运输工具管理、治安管理学、边防勤务学、边防案件侦查、边防情报学、刑事侦查学、出入境证件鉴别。

▶ **顶尖院校：**
中国人民武装警察部队学院和华东政法大学。

▶ **就业方向：**
主要到公安边防部队和出入境管理部门从事国（边）境管理和出入境边防检查等方面的工作。

▶ **未来可从事职业岗位：**
人事主管、安全监理工程师、海运副总经理、人力资源专员、体系工程师、电商运营、工程部经理、现场安全员、高级法务经理等。

▶ **就业热门行业：**
政府/公共事业、非营利机构、互联网/电子商务、娱乐/休闲/体育、汽车及零配件、制药/生物工程、新能源、建筑/建材/工程、服装/纺织/皮革、美容/保健、餐饮业、贸易/进出口等。

▶ **就业热门城市：**
广州、厦门、深圳、北京、上海、沈阳、武汉、南宁和济南等。

030604TK 禁毒学

禁毒学专业是伴随着毒品问题在世界范围内不断发展蔓延而新兴的一门学科。培养具有坚定正确的政治方向、严格的组织纪律观念和良好的职业道德，熟悉公安业务，了解我国和世界毒品问题现状、趋势及应对策略，系统地掌握禁毒学的基础理论、基本知识和基本技能，具有从事毒品犯罪案件侦查及其他禁毒工作实践和理论研究能力的专门人才。

▶ **新高考选考科目指引：**
本专业必须选择政治学科。

▶ **培养目标：**
本专业牢固树立科学发展观和以人为本的理念，围绕禁毒工作和禁毒队伍建设的实际需要坚持"教育要面向现代化、面向世界、面向未来"，为适应我国社会发展和禁毒工作的实际需要，努力探索我国禁毒工作及其客观规律，切实贯彻"大公安、厚基础、精专业、重实战"的原则，培养适合我国国情的，精通禁毒业务的高素质、复合公安应用型人才。

▶ **培养要求：**
本专业把学生培养成为"讲政治、有道德、精法律、持正义、会管理、多技能、健体魄、强心智、善创新"能适应禁毒工作需要的本科及本科以上层次应用型人才。

1. 本专业方向应掌握以下知识：
（1）政治理论、刑事法律基础、基础科学文化等相关基础知识。
（2）公安学基础理论及侦查学、刑事科学技术等相关领域的基础理论和基本知识。
（3）缉毒、戒毒、毒品检验和毒品预防教育等禁毒学领域的基础理论和基本知识。

2. 本专业方向应具备以下素质：

（1）具有坚定的政治方向，牢固的法制、纪律和群众观念；具有良好的思想品德和职业道德素养，热爱公安工作，具有献身精神。

（2）具备扎实的法学理论基础和较高的法律素养，具有较高的执法水平。

（3）具有健康的体魄和良好的心理素质，达到国家规定的体育锻炼标准，掌握射击、擒拿格斗、散打、驾驶、查缉等警体技能，能够适应公安、边防实战的需要。

（4）熟悉公安禁毒工作，具有较高的缉毒办案、戒毒管理、宣传教育以及从事其他公安工作的业务素质。

▶ **主要课程：**
禁毒学导论、毒品学（含检验）、禁毒法学、禁毒情报、戒毒学、毒品公开查缉、毒品犯罪案件侦查（含措施、预审）、毒品预防、国外禁毒概论（双语）、艾滋病与职业防护。

▶ **顶尖院校：**
云南大学、云南警官学院和中国刑事警察学院。

▶ **就业方向：**
在公安、检察、国家安全等部门从事侦查工作、刑事执法工作、预防和控制犯罪以及侦查学教学、科研等方面工作。

▶ **未来可从事职业岗位：**
人力资源经理、创意运营主管/专员、筹建项目专员等。

▶ **就业热门行业：**
政府/公共事业、非营利机构、互联网/电子商务、建筑/建材/工程、新能源等。

▶ **就业热门城市：**
北京、上海、广州、佛山、深圳和肇庆等。

030605TK 警犬技术

警犬技术是一门为侦查破案和安全防范服务的综合性应用学科，是刑事侦查和安全防范科学的组成部分，在公安、司法、海关、国家安全等部门广泛应用。

警犬技术是警察机关根据警务需要，训练、使用、管理、繁育警犬以及对警犬疾病进行防治的一种专门技术。主要从下面四个方面体现出来：①警犬；②警犬嗅认；③警犬作业；④警犬驯导员。

警犬技术与其他方面的刑事科学技术在使用方法上的区别，在于它的主题是警犬的训练和使用。因而警犬技术有其自身特性，主要有三点：①人、犬结合；②气味依据；③多学科综合。

警犬技术的体系包括：①警犬技术概论；②气味的研究和利用；③警犬训练；④警犬使用；⑤警犬繁育；⑥警犬疾病防治；⑦警犬技术工作管理。

▶ **新高考选考科目指引：**
本专业必须选择政治学科。

▶ **培养要求：**
1. 培养熟悉公安工作的方针政策和相关的法律法规；
2. 掌握警犬技术的基本知识和技能；

3. 能从事警犬技术的应用型专门人才；

4. 主要培养掌握警犬训练及使用的理论、方法、技能并具有实践和理论研究能力的高级专门人才。

▶▶ **主要课程：**

政治理论、法律、大学英语、计算机应用、公安文书写作、刑事侦查学、刑事技术学、犯罪现场勘查、预审学、警务技能与实战训练、警犬学概论、养犬学、犬行为原理、警犬训练学、警犬使用学、警察体育、擒拿格斗、射击、驾驶等。

▶▶ **顶尖院校：**

中国刑事警察学院。

▶▶ **就业方向：**

主要是到公安系统、刑事侦查部门工作；到检察院、海关等部门工作。

030606TK 经济犯罪侦查

经济犯罪侦查就是针对经济犯罪而进行的一系列侦查行为，而经济犯罪是指在商品经济的运行领域中，为牟取不法利益，违反国家经济法规，严重破坏社会经济秩序，依照刑法应当受到刑罚处罚的行为。

当前经济犯罪侦查理论与实践中的难点和热点问题主要可归结为以下五个方面：经济犯罪侦查协作机制建设；经济犯罪侦查基础业务建设；经济犯罪侦查工作规范化建设；经济犯罪侦查工作涉及的法律问题；经济犯罪案件初查及侦查对策。总结现有研究成果，借鉴经侦实践成功经验，对上述问题进行剖析，探寻解决对策，是经济犯罪侦查理论研究面临的重要课题。

经济犯罪侦查是为满足新形势下防控经济犯罪工作对专业人才的现实需求，经教育部批准在全国本科院校中率先开设的公安应用学科。

▶▶ **新高考选考科目指引：**

本专业必须选择政治学科。

▶▶ **培养目标：**

本专业培养熟悉我国公安工作的基本路线、方针、政策和相关的法律法规，掌握经济犯罪侦查工作的基本知识和技能，能从事经济犯罪侦查工作的高级技术应用型专门人才。

▶▶ **培养要求：**

本专业要求学生具有坚定的政治立场、严明的组织纪律和忠诚、奉献精神，了解常用经济法律法规和经济领域基本业务规范，精通有关经济犯罪的法律法规，熟悉经济犯罪的规律与特点，系统掌握经济犯罪侦查工作基本原理，全面掌握经济犯罪案件的侦查程序和经济犯罪证据的收集、运用等技能，胜任公安机关经济犯罪侦查工作。

▶▶ **主要课程：**

经济犯罪侦查的措施与策略、金融犯罪案件侦查、涉税案件侦查、走私犯罪案件侦查、公司犯罪案件侦查、知识产权犯罪案件侦查及基层公安机关实习、社会调查等。

▶▶ **顶尖院校：**

江西警察学院。

▶▶ **就业方向：**

从事公安机关的经济犯罪侦查工作。

▶▶ **未来可从事职业岗位：**

信息技术主管、保卫干事、调查专员、监察主管、销售顾问、业务文员、采购助理、采购经理、采购主管、审批助理、内控经理等。

▶▶ **就业热门行业：**

政府/公共事业、非营利机构、法律、咨询、人力资源、财会、外包服务、家具/家电/玩具/礼品、建筑/建材/工程、批发/零售、餐饮业等。

▶▶ **就业热门城市：**

北京、广州、深圳、上海和成都等。

030607TK 边防指挥

▶▶ **新高考选考科目指引：**

本专业必须选择政治学科。

▶▶ **培养要求：**

本专业为公安边防部队培养德、智、体、美、劳全面发展，基础理论扎实、业务素质高、实践能力强、富有创新精神，从事公安边防部队作战指挥、组织训练和日常管理的指挥警官。

▶▶ **主要课程：**

军事地形学、部队管理科学基础、司令部工作、边防战术学、边防勤务学、处置边境突发事件、边防战例分析、边防案件侦查、边境管理学等。

▶▶ **顶尖院校：**

中国人民武装警察部队学院。

▶▶ **未来可从事职业岗位：**

网管、电商运营、海运副总经理等。

▶▶ **就业热门行业：**

政府/公共事业、非营利机构、互联网/电子商务、制药/生物工程、外包服务、新能源、汽车及零配件、石油/化工/矿产/地质、公关/市场推广/会展、建筑/建材/工程、贸易/进出口等。

▶▶ **就业热门城市：**

广州、深圳、厦门、北京、上海、杭州和苏州等。

030608TK 消防指挥

消防指挥学是研究消防部队灭火救援作战组织指挥规律、指导抢险救灾组织指挥实践的科学。该学科现有灭火指挥理论与方法、灭火指挥自动化、灭火指挥模拟训练研究三个研究方向。经过多年的建设，本学科理论体系逐渐完善，形成了一支素质高、能力强、结构合理的学术队伍，取得了一批高水平的学术科研成果，培养了一大批高质量的专门人才，建立了配套齐全、功能完善的教学科研基础设施，促进了学院学科建设的全面发展。

学科研究方向与范围灭火指挥理论与方法:灭火战术和指挥的理论与方法研究;特种火灾灭火应用战术研究;突发火灾事故的抢先救援理论、技术和指挥体系研究;灭火救援指挥计算机辅助决策研究等。灭火指挥自动化:灭火作战指挥自动化系统研究;灭火作战指挥自动化理论与技术研究;灭火指挥通信自动化研究;灭火作战指挥信息咨询系统研究等。灭火作战模拟指挥:灭火指挥计算机仿真模拟研究;灭火作战训练模拟技术研究等。

新高考选考科目指引:
本专业必须选择政治学科。

培养目标:
本专业培养具备消防工程技术和灭火救援等方面的知识和能力,能在公安消防部队和企事业单位从事消防工程技术与管理和灭火救援指挥方面工作的工科学科高级专门人才。

培养要求:
本专业学生主要学习消防工程、土木工程、安全管理和管理学等方面基本理论和基本知识,受到消防技术标准审核、监督管理和组织指挥等方面机能的基本训练,具有消防监督、队伍管理和灭火救援工作的组织指挥的基本能力。

比较系统地掌握本专业的基本理论、基础知识和基本技能,重点掌握灭火战术、消防部队管理、抢险救援、灭火组织指挥、消防技能训练、消防监督管理等方面的知识和技能,熟悉各种消防技术、设施,具有从事部队管理、消防技能训练和灭火救援组织指挥等工作的能力,掌握一门外语,能够比较熟练地阅读本专业的外文书刊和资料,具有一定的外语听、说、读、写能力。

主要课程:
工程力学、化学工程、消防燃烧理论、建筑防火设计原理、灭火对策学、消防技术装备、消防法规、防火工程、消防监督管理、消防队伍管理、灭火救援、火灾调查、消防专业外语、军队指挥学基础理论、部队管理科学基础、火灾科学概论、灭火技术、灭火战术、消防技能训练、现代消防装备、灭火救援指挥、消防司令部工作、消防监督管理。

顶尖院校:
中国人民武装警察部队学院。

未来可从事职业岗位:
安全员、保安队长、安保主管、值班经理、工程经理、消防工程师、工程主管等。

职业薪酬:
消防指挥专业相关职位薪酬(月薪):按工作经验统计,其中1~3年约4000元,3~5年约10000元。

就业热门行业:
政府/公共事业、非营利机构、物业管理/商业中心、房地产、建筑/建材/工程、酒店/旅游、新能源、石油/化工/矿产/地质、餐饮业、外包服务、环保等。

就业热门城市:
上海、广州、深圳、北京、成都、重庆、武汉、东莞、苏州和南宁等。

030609TK 警卫学

新高考选考科目指引:
本专业必须选择政治学科。

培养目标:
本专业培养能在公安部门、国家机关、团体、企事业单位从事安全防范实际工作以及本专业教学和科研工作的德才兼备的高级专门人才。

培养要求:
本专业学生应掌握马克思主义法学和公安学的基础理论;掌握安全防范学的基础理论、基本知识和基本技能;熟悉我国公安保卫工作的方针、政策和有关法律、法规;具有保卫国家机关、团体、企业、事业单位的工作、生产和科研等业务活动安全的知识和能力;具有保卫重点单位和要害部门安全,预防和处理治安灾害事故,预防和打击盗窃、破坏、情报窃密等犯罪活动,指导经济民警建设和群防群治工作的知识和能力,具有从事本专业教学和科研的能力;掌握通讯、驾驶、射击、自卫擒敌等技能;较熟练地掌握一门外国语。

主要课程:
安全防范原理、犯罪预防学、犯罪心理学、犯罪社会学、要害保卫、事故对策、预防技术、警学学、涉外保卫、行政管理学、部队管理科学基础、治安管理学、警卫勤务学、警卫战术学、警卫指挥学、警卫参谋学、散打、汽车驾驶等。

顶尖院校:
中国人民武装警察部队学院。

就业方向:
在公安、检察、国家安全等部门从事侦查工作、刑事执法工作以及侦查学教学、科研等工作。

030610TK 公安情报学

公安情报学是研究情报的产生、传递、利用规律和现代化信息技术与手段,使情报流通过程、情报系统保持最佳效能状态的一门科学。它帮助人们充分利用信息技术和手段,提高情报产生、加工、储存、流通、利用的效率。

新高考选考科目指引:
本专业必须选择政治学科。

培养目标:
本专业培养能在公安部门从事情报搜集、整理、研判、应用工作和在国家安全、边防检查、消防、企事业等部门从事相关工作以及在相关领域从事教学、科研工作的高级复合型人才。

培养要求:
1.要求学生必须掌握马克思主义基本理论,具有高度的思想政治觉悟和组织纪律意识,热爱公安事业,具有为维护国家安全和社会稳定而献身的精神;

2.熟悉我国与公安工作相关的法律法规;

3. 全面系统地掌握公安学和公安情报学专业的基本理论和基本技能；具有良好的科学素质、人文素养和心理素质。

▶ **主要课程：**

公安学概论、情报学概论、公安情报学概论、公安情报技术（含行动技术）、公安情报信息系统、战略情报判断、公安情报组织、公安情报工作实务等。

▶ **顶尖院校：**

中国人民公安大学。

▶ **就业方向：**

毕业后大部分到公安、检察、法院、民航、边防、海关以及企事业单位内部保卫等部门。

▶ **未来可从事职业岗位：**

信息专员、调查专员、风控专员、项目经理、行业大客户经理、高级客户经理、项目开发工程师、Java高级软件工程师、大数据分析师、运维工程师、装饰设计师、高速执勤人员、行政副主任、消防安全主管等。

030611TK 犯罪学

犯罪学是一门以犯罪现象为研究对象的学科。广义上还包括专门寻找犯罪行为出现的实际原因，以提供一个方法减轻犯罪行为对社会的影响。犯罪学属于行为科学，特别着重于社会学和心理学层面上的研究，和法律、法学一样。在1885年，意大利的法学教授加罗法洛创造了犯罪学这个专有名词，约同一时间，法国人类学者托皮纳德首次在法国使用犯罪学。

把犯罪和犯罪者作为整体进行分析综合研究，探索犯罪发生的原因及其规律，称犯罪原因学，也就是狭义的犯罪学。研究犯罪原因及其规律，是为了有效地处理和预防犯罪，从而寻求相应有效的犯罪对策，以此为目的进行研究的称为犯罪对策学。广义的犯罪学包括犯罪原因学和犯罪对策学。英美各国的犯罪学主要从广义上讲，欧洲各国学者多从狭义上讲，日本学者不常用犯罪学，而用刑事学一词，倾向于广义。

▶ **新高考选考科目指引：**

本专业必须选择政治学科。

▶ **培养目标：**

本专业培养适应社会主义和谐社会建设的需要，掌握马克思主义基本原理，具有良好的科学素质与人文素质、警察基本素质和技术技能，既有较高的执法能力和管理水平，又有强烈的公共服务意识，全面系统地掌握犯罪学基础理论、基本知识和基本技能的高级复合型专门人才。

▶ **主要课程：**

犯罪学原理、西方犯罪学、刑事政策学、犯罪心理学、罪犯矫治学、犯罪评估导论、刑事侦查学、治安管理学、刑事科学技术、刑法学、刑事诉讼法学、社会学概论、社会工作概论、普通心理学、社会心理学、人格心理学、变态心理学等。

▶ **顶尖院校：**

中国人民公安大学。

▶ **就业方向：**

毕业生在公安保卫部门从事犯罪预防、犯罪分析与预测及罪犯矫治等工作，在检察、法院、司法行政部门从事相关工作以及在相关领域从事犯罪学教学、科研工作。

030612TK 公安管理学

公安管理是国家公共行政管理的重要组成部分，通过对公安机关的有效组织和管理，促进公安行政行为的实施，以确保公安机关职能充分发挥。也就是说，公安机关未来提高系统功能，有效地保卫国家安全，维护社会治安，根据国家的法制，运用现代管理理论、管理方法和技术手段，有意识、有计划、有组织地进行一切协调活动。其目的就是确保公安机关自身职能的充分发挥，使公安机关充分体现出其固有的宗旨和使命。公安管理的特征包括政治性、法制性、强制性、服务性和层次性。

从管理科学的隶属关系上说，公安管理学是现代管理和行政管理的一个分支；从公安管理解决问题的手段上来说，它属于综合性边缘科学；从公安管理的作用上说，它是一门实践性、政治性很强的应用科学。公安管理学下设公安管理、公安法制两个专业方向。另外，中国人民公安大学还设置了警务保障方向。

▶ **新高考选考科目指引：**

本专业必须选择政治学科。

▶ **培养目标：**

本专业着重培养能在公安机关政治工作、法制工作、后勤保障等部门从事管理、法制工作和在公安业务部门从事警务指挥、组织管理、信息调研工作以及在相关领域从事教学、科研工作的高级复合型专门人才。公安管理学下设公安管理、公安法制两个专业方向。

1. 公安管理方向：

本方向要求学生掌握马克思主义基本原理，有为维护国家安全、社会稳定而献身的精神；系统掌握本专业必需的基础理论、基本知识和基本技能，具备整体作战、相互协作、保障有力的现代警务指挥意识，掌握现代化指挥的手段；具有良好的自律、组织纪律作风，具有较强的语言表达能力和文字表达能力、开拓创新能力、组织管理能力和良好的心理素质。

2. 公安法制方向：

本方向限招文史类考生。主要培养能适应公安工作需要，德才兼备的公安法制高级专门人才。要求学生掌握马克思主义的基本原理，系统掌握法学理论，熟悉我国主要法律和公安法规，具有从事公安法律业务的能力。

▶ **主要课程：**

公安管理方向：政治学、管理学、公安管理学、公安决策学、公安指挥学、公安政工学、警察人力资源管理、警察组织行为学、公安信息系统管理、警察公共关系等。

公安法制方向：法理学、中国法制史、宪法学、刑法学、刑事诉讼法学、民法学、民事诉讼法学、商法学、国际经济法学、警察法学、犯罪学、刑事侦查学、治安管理学等。

顶尖院校：

中国人民公安大学、铁道警察学院和江苏警官学院。

就业方向：

毕业生在公安、检察、法院、司法、铁路、民航、边防、海关以及其他企事业单位从事相关工作。

未来可从事职业岗位：

安全管理部门经理、行政经理/主管等。

就业热门行业：

政府/公共事业、非营利机构、教育/培训/院校、计算机技术支持(系统、数据维护)、互联网/电子商务、建筑/建材/工程、计算机软件、金融/投资/证券、外包服务、广告等。

就业热门城市：

广州、深圳、杭州、南京、昆明、重庆、中山、北京和合肥等。

030613TK 涉外警务

涉外警务是指公安机关和警察人员依法行使警察职权，对具有涉外因素的事务实施行政和刑事管辖活动的总称，或者说是公安涉外管理的总和。涉外因素包括外国人、外国政府、外国组织、外国机构，也包括在中国领域外发生的涉及中国国家或中国公民利益的事务，同外交学、国际关系学、国际法学、涉外行政法学、犯罪学、治安管理学、侦查学等学科有着很强的交叉性和渗透性。涉外警务专业的教学内容既包括涉外行政管理，又涉及涉外刑事侦查，将涉外行政管理和涉外刑事管辖有机整合。这种新的专业设置和教学理念不仅可以满足未来公安教育宽口径的人才培养模式需要，而且学科体系具有一定的理论超前性和科学性，能够指导公安实践，适应不断变化的公安实战的需要。

新高考选考科目指引：

本专业必须选择政治学科。

培养目标：

1. 本专业为公安机关培养适应社会主义和谐社会建设需要，德、智、体、美、劳全面发展的人才；
2. 具备扎实的涉外警务基础理论、基本知识；
3. 具备出入境管理、涉外案件处置、国际警务执法合作等方面专业技能，业务素质高，实战能力强；
4. 具有较高外语水平，能在公安机关从事出入境管理、边防检查、国际社区管理、涉外案件查处、维和警务、涉外警务联络等工作，以及在相关领域从事教学、科研工作的应用型公安高级专门人才。

主要课程：

涉外警务法律基础、涉外警务概论、出入境管理、涉外案件处置、国际警务合作概论、跨国犯罪对策、国际移民概论、国际关系概论、外交学、警务英语口译、警务英语笔译。

顶尖院校：

中国人民公安大学。

就业方向：

当下我国公安机关与世界各国警察机构的交流和合作在进一步加强，涉外治安管理和涉外刑事管辖进一步国际化，迫切需要国际型的高级执法人才。涉外警务专业具有很强的涉外性，它具有国际执法和国内执法的双重性质。较强的外语能力与熟练的公安学、治安学理论知识和实践技能，将成为本专业毕业生的两把利剑。无论是在公安机关出入境管理部门，武警边防检查机构，还是在其他涉外警务工作部门从事出入境管理、国际警务合作、联合国维和警务、边防检查、涉外案件处置、跨国犯罪调查、跨国罪犯追捕与遣返、国际执法联络、国际警务合作、司法协助、中国驻外使领馆警务联络工作，他们都将如鱼得水。

未来可从事职业岗位：

涉外专利代理人、英语翻译兼涉外人员、涉外商务专员、合资合作专员、销售主管、总裁助理、总经理助理等。

030614TK 国内安全保卫

新高考选考科目指引：

本专业必须选择政治学科。

培养目标：

本专业培养具有较高的政治理论水平、较宽的知识面、较扎实的专业基础知识和较强的实践能力，适应公安工作需要和为现代化建设服务的德、智、体、美、劳全面发展的公安应用型人才。

主要课程：

刑法学、刑事诉讼法学、刑事侦查学、治安管理学、现场勘查、刑事照相、侦查讯问、文件检验、痕迹检验、国内安全保卫学、国内安全保卫情报学、宗教保卫学、专案侦查、国内安全保卫侦查措施与手段、涉外警务等课程。

顶尖院校：

中国人民公安大学。

就业方向：

该专业毕业生的就业面比较广，基层公安机关和行政、企事业单位安全保卫部门都是其就业的较好去向。

未来可从事职业岗位：

警卫、保安队长、行政后勤部经理、医院秩序维护部经理、行政经理、主管、中高端品牌服装店店长、航材库房管理员、监控室职员、安全工程师等。

030615TK 警务指挥与战术

新高考选考科目指引：

本专业必须选择政治学科。

▶ **培养目标：**

本专业培养适应社会主义和谐社会建设需要，掌握马克思主义基本原理，具有良好的科学素质、人文素质与警察基本素质，既有较高的执法能力和指挥辅助决策能力，又有较强的警务实战训练组织能力，全面系统地掌握警务指挥学基本知识和基本技能，能在公安一线从事警务指挥辅助以及警务实战训练组织的应用型高级专门人才。

▶ **主要课程：**

警务指挥学、警务战术学、警务实战训练、警务实战心理学、警务战例研究、警务实战技能等。

▶ **顶尖院校：**

中国人民公安大学。

▶ **未来可从事职业岗位：**

管理培训班主任、数据中心运维工程师、人力资源部招聘专家、质检主管、运营副总监、副总建筑师、总建筑师等。

030616TK 技术侦查学

技术侦查学是刑事法学的重要分支，它以技术侦查活动及其规律、技术侦查制度和技术侦查理论、犯罪活动的规律及特点为研究对象，研究侦查主体对刑事犯罪进行侦查活动所采用的各种侦查技术、措施和方法，也可以研究刑事犯罪行为、侦查行为及两者之间关系。

▶ **新高考选考科目指引：**

本专业必须选择政治学科。

▶ **培养目标：**

技术侦查学专业培养熟悉我国公安工作的路线、方针、政策和相关法律、法规，系统掌握侦查学专业的基本理论、基本知识和基本技能，能在公安、检察、国家安全等部门从事侦查工作、刑事执法工作、预防和控制犯罪以及侦查学教学、科研等方面工作的高级专门人才。

▶ **主干课程：**

公安学基础理论、犯罪学、公安管理学、刑法、刑事诉讼法、行政法与行政诉讼法、自卫擒敌、射击、刑事侦查学、物证技术学、法医学、侦查讯问学、现场勘查学等。

030617TK 海警执法

海警执法专业是近年来兴起的一个新专业，具有行政学和管理学的相关属性，是一个交叉的、综合性的学科。海警执法研究的对象——海上治安问题是社会问题。海警执法专业人才是海上执法实践的行为主体，其人才培养质量直接关系到我国海警海上执法的能力和应对水平。

▶ **新高考选考科目指引：**

本专业必须选择政治学科。

▶ **培养目标：**

本专业为公安海警机关培养具备有坚实的法学理论和治安学理论基础，掌握公安海警工作的专业技能，适应公安海警机关实际工作需要的复合型应用型专门人才。

▶ **培养要求：**

该专业学生主要学习治安学、行政法学、行政管理学、安全防范技术等方面的基本理论和基本知识，接受公安行政执法和犯罪预防等方面的基本训练，具有管理社会治安，预防处置治安案件、治安事件与治安灾害事故，指导和监督企事业单位内部治安保卫工作的基本能力。

▶ **首批开设院校：**

武警海警学院。

030618TK 公安政治工作

▶ **新高考选考科目指引：**

本专业必须选择政治学科。

▶ **培养目标：**

公安政治工作专业着重培养能在公安机关综合管理、政治工作、法制工作、后勤保障等部门从事管理、法制工作和在公安业务部门从事警务指挥、组织管理、信息调研工作及在相关领域从事教学、科研工作的高级复合型专门人才。

▶ **主干课程：**

政治学、管理学、公安管理学、公安决策学、公安指挥学、公安政工学、警察人力资源管理、警察组织行为学、公安信息系统管理、警察公共关系等。

▶ **首批开设院校：**

中国人民公安大学、中国人民警察大学。

030619TK 移民管理

▶ **新高考选考科目指引：**

本专业必须选择政治学科。

▶ **培养目标：**

本专业为公安部门培养从事国籍管理、签证管理、外国人停留居留和永久居留管理、难民管理、移民管理执法办案、移民领域国际合作等工作的高素质应用型警务人才。

▶ **主干课程：**

当代世界政治经济、边防公安法规、公安学概论、治安管理学等。

▶ **首批开设院校：**

中国人民警察大学。

030620TK 出入境管理

▶ **新高考选考科目指引：**

本专业必须选择政治学科。

▶ **培养目标：**

本专业培养具备出入境边防检查等方面的知识和能力，能在公安边防部队和出入境管理部门从事国（边）境管理和出入境边防检查等方面工作的高级专门人才。

主干课程：

该专业主要学习国际法、刑法、刑事诉讼法、当代世界政治经济、边防公安法规、公安学概论、治安管理学、刑事侦查学、边境管理学、边防勤务学、边防情报学、边防检查学、护照签证制度、边防专业外语等。

首批开设院校：

中国人民警察大学。

030621TK 反恐警务

反恐警务是法学门类公安学类的第 21 个专业，反恐警务专业的增设是公安高等教育服务国家安全战略、服务公安事业改革发展、服务公安实战急需领域的标志性成果，是法学类学校建设具有鲜明公安学科专业特色的高等学府、犯罪治理领域的国家级智库、犯罪侦查和公安技术专业人才培养高地的重要举措。

新高考选考科目指引：

本专业必须选择政治学科。

首批开设院校：

中国刑事警察学院。

030622TK 消防政治工作

新高考选考科目指引：

本专业必须选择政治学科。

培养目标：

本专业主要培养能够在国家综合性消防救援队伍基层从事思想政治教育、组织建设和队伍管理的初级指挥人才。

主要课程：

消防政治工作基础理论、消防政治机关工作、消防基层政治工作、消防基层管理工作、思想政治工作心理学。

首批开设院校：

中国消防救援学院。

030623TK 铁路警务

铁路警务专业属于法学门类，是铁路方面的警察专业，为铁路系统单独培养执警的专门人才。铁路警务工作包括列车乘警和车站派出所警务。

首批开设院校：

铁道警察学院。

04 教育学

教育学是以教育现象、教育问题作为研究对象，归纳总结人类教育活动的科学理论与实践，探索解决教育活动产生、发展过程中遇到的实际教育问题，从而揭示出一般教育规律的一门社会科学。教育是一种广泛存在于人类社会生活中、有目的培养人才的活动，教育学的研究具有客观性、必然性、稳定性、重复性、现实性、辩证性和科学性。

0401 教育学类

教育是广泛存在于人类生活中的社会现象，是有目的培养社会人的活动。为了有效地进行教育活动，必须对其进行研究，教育活动经过长期积累而成为教育学特定的研究对象。特别是现代社会的发展、现代教育实践的发展，对于教育学研究提出更新、更高的要求。人们深入研究的教育问题很多，例如教育本质问题；教育、社会、人三者关系问题；教育目的、内容、教育实施的途径、方法、形式以及它们的相互关系问题；教育过程问题；教育主体问题；教育制度、教育管理问题；以及反映中国特色的各种教育理论和教育实践问题等。教育学是一门独立的学科。教育学是研究人类教育现象和问题、揭示一般教育规律的科学。

040101 教育学

教育学就是研究培养什么样的人才、采用什么样的方法进行教育的一门学问。具体地说，教育学研究有关教育的理论和目的、教育原则等问题，涉及的领域包括学校教育、家庭教育、社会教育等各个方面的教育。像我们现在经常提到的如何实施素质教育，为什么要进行教育改革，等等，都是研究的课题。教育学主要培养具有较强的教育科研、教学、管理、咨询和辅导能力的专业人才，专业培养目标就好像为人的发展提供了一个宽广的平台，在这个平台的基础上，本专业学习者可以更快、更自由地获得其他方面的持续发展，有更多机会成为其他相关领域和学科的专家。

▶▶ **新高考选考科目指引：**

本专业没有必须选考科目要求。

▶▶ **培养目标：**

本专业培养具有良好思想道德品质、较高教育理论素养和较强教育实际工作能力，能在中等师范学校、中小学、教育科学研究机构和各级教育行政部门等从事教学、研究、管理等方面工作的复合型人才。

▶▶ **培养要求：**

本专业学生主要学习教育科学的基本理论和基本知识，受到教育科学研究的基本训练，掌握从事教育教学工作等方面的基本能力。

▶▶ **主干学科：**

教育学、心理学。

▶▶ **主要课程：**

普通心理学、发展心理学、教育心理学、教育概论、教学论、课程论、德育原理、教育社会学、中国教育史、外国教育史等。

▶▶ **顶尖院校：**

北京师范大学和华东师范大学。

▶▶ **就业方向：**

教育学专业学生可以从事的行业比较广泛，既包括各类院校、社区服务社、咨询组织、文化组织，还包括司法系统、国家级协会、委员会、研究与开发中心、政府教育部，甚至是金融机构和传媒行业也同样适合教育学专业的学生就业。

▶▶ **未来可从事职业岗位：**

中学英语老师、教育咨询师、课程顾问、电话销售、销售代表、客户经理、市场专员、销售经理、店长、产品经理、市场主管等。

▶▶ **职业薪酬：**

教育学专业相关职位薪酬（月薪）：按工作经验统计，其中应届生约6000元，1～3年约7000元，3～5年约9000元，5～10年约12000元。

▶▶ **就业热门行业：**

教育/培训/院校、新能源、互联网/电子商务、咨询、人力资源、财会、计算机软件、金融/投资/证券、公关/市场推广/会展、影视/媒体/艺术/文化传播等。

▶ 就业热门城市：

北京、上海、深圳、广州、武汉、杭州、成都、西安、南京和厦门等。

040102 科学教育

科学教育专业是为了适应当前我国基础教育改革与发展的需要，与国际科学教育接轨而新建的专业，该专业具有十分广阔的前景。

▶ 新高考选考科目指引：

本专业没有必须选考科目要求。

▶ 培养目标：

本专业培养具有良好的思想道德品质、扎实的自然科学知识和较强的科学教育能力，能在中小学从事科学或综合实践活动课程教学与研究工作，以及在教育科研部门和公共事业单位从事基础科学教学研究与科学普及教育与管理的复合型人才。

▶ 培养要求：

本专业学生主要学习自然科学的基本理论、基本知识，接受科学实验等方面的基本训练，掌握科学教育和科学普及等方面的基本能力。

▶ 主干学科：

教育学、理学（物理、化学、生物学等）。

▶ 主要课程：

基础化学、基础物理学、普通生物学、地球概论、环境科学、教育心理学、科学课程与教学论、科学教学设计与技能训练、科技制作等。

▶ 顶尖院校：

上海师范大学、东南大学和浙江师范大学。

▶ 就业方向：

毕业生可到科研院所从事科学研究；到大专院校、高级中学任教或是继续考研深造。

▶ 未来可从事职业岗位：

小学科学教师、小学语文教师、小学数学教师、小学英语教师、初中科学教师、初中语文教师、初中数学教师、初中物理教师、初中英语教师、课程顾问、教育咨询师等。

▶ 职业薪酬：

科学教育专业相关职位薪酬（月薪）：按工作经验统计，其中应届生约7000元，1~3年约8000元，3~5年约12000元，5~10年约14000元。

▶ 就业热门行业：

教育/培训/院校、新能源、咨询、人力资源、财会、互联网/电子商务、金融/投资/证券、公关/市场推广/会展、影视/媒体/艺术/文化传播等。

▶ 就业热门城市：

北京、上海、深圳、广州、武汉、成都、南京、郑州和厦门等。

040103 人文教育

人文教育专业是教育部2005年批准的，为第八次基础教育课程改革服务的新兴师范类本科专业，整合了历史学、社会学、政治学、经济学、法学、人文地理及其他人文社会科学等多学科领域的知识，形成了核心学科覆盖哲学、文学、历史、艺术的综合性人文教育课程体系。重视人文教育也是当今世界高等教育改革的趋势，如美国MIT、日本东京工业大学等都纷纷增设人文社科专业与课程，实行文理渗透，提高学生人文素质。

▶ 新高考选考科目指引：

本专业没有必须选考科目要求。

▶ 培养目标：

本专业培养具有良好的思想道德品质、扎实的文史哲等人文学科专业基础理论和知识，能在基础教育学校和中等职业教育学校从事人文学科综合课程及相关分科课程教学工作的复合型人才。

▶ 培养要求：

本专业学生主要学习人文学科的基本理论和基本知识，接受人文学科主要方法的基本训练，掌握人文学科教育和科研的基本能力。

▶ 主干学科：

教育学、文学、历史学等。

▶ 主要课程：

人文科学概论、中国文学、外国文学、中国通史、世界通史、中国哲学史、西方哲学史、经济学原理、心理学、教育学等。

▶ 顶尖院校：

浙江师范大学。

▶ 就业方向：

毕业生可到中学、职业高中、中等专业学校、政府机关、企事业单位从事教育教学、研究等工作。

▶ 未来可从事职业岗位：

中学英语老师、学习管理师、课程顾问、市场推广、销售代表、市场专员、客户经理、市场主管、项目经理、金融客户经理。

▶ 就业热门行业：

教育/培训/院校、互联网/电子商务、新能源、金融/投资/证券、咨询、人力资源、财会、保险、公关/市场推广/会展、影视/媒体/艺术/文化传播、广告等。

▶ 就业热门城市：

上海、北京、广州、武汉、深圳、天津、成都、杭州、沈阳和厦门等。

040104 教育技术学

从教育产生的第一天起，就有了教育技术。但只有当教育技术发展到一定阶段时,才会逐渐产生一个用于专门研究教育技术现象及其规律的科学——教育技术学。

教育技术学是以教育科学的教学理论、学习理论、传播理论和系统科学理论为基础,依据教学过程的客观性、可再现性、可测量性和可控性,应用现代科学技术成果和系统科学的观点和方法,在既定的目标前提下探求提高教学效果的技术手段和教学过程优化的理论、规律与方法。

▶ 新高考选考科目指引:
本专业必须选择物理学科。

▶ 培养目标:
本专业培养具有良好的思想道德品质、扎实的教育技术学科知识和较强的应用能力,能在各级各类学校、企业事业单位以及各级电教馆等机构从事教学媒体与教学系统设计、开发、应用、管理、评价的教育信息化建设的复合型人才。

▶ 培养要求:
本专业学生主要学习教育技术学方面的基本理论和基本知识,接受学习资源和学习过程的设计、开发、运用、管理和评价等方面的基本训练,掌握新技术教育应用方面的基本能力。

▶ 主干学科:
教育学、心理学、计算机科学与技术。

▶ 核心知识领域:
本专业知识体系包含6个核心知识领域,分属基础领域层面和应用领域层面。基础领域层面主要为本科生奠定专业知识基础,包括教育技术理论基础、计算机与通信技术基础、媒体与艺术基础3个核心知识领域;应用领域层面主要培养本科生分析问题和解决问题的实践能力,包括课程开发与教学设计、教育信息资源开发与管理、信息化教育装备与环境开发及管理3个核心知识领域。

▶ 顶尖院校:
华东师范大学、华南师范大学、南京师范大学、东北师范大学、华中师范大学和陕西师范大学。

▶ 就业方向:
随着教育内容的复杂化和信息技术的迅速发展,现代教育需要将教育理论、学习理论与教学实践紧密地结合在一起,综合利用多媒体进行教学,使受教育者在有限的时间里充分利用视觉和听觉获取更多的知识。在教学过程中追求形声并茂、色彩逼真和表现手法灵活多样,使教育技术学具有广阔的发展前景。毕业生就业有如下几个大方向:

1. 到师范类与非师范类的学校教育技术系从事教育教学工作;
2. 到各省市、区县电教馆(站)从事电教管理、课题研究、教育信息化建设(校校通工程、信息技术教育)的相关工作;
3. 到部委机关、部队、厂矿企业、外资企业的宣传部、教育部门从事相关工作,特别是从事企业职工培训工作是一个新的工作热点;
4. 到中小学校从事电教管理、课件制作工作;
5. 到各级各类电视台、广播电台站从事教育节目制作工作。

▶ 未来可从事职业岗位:
中学信息技术教师、安全工程师、技术支持工程师、销售代表、客户经理、销售经理、销售工程师、项目经理、产品经理等。

▶ 职业薪酬:
教育技术学专业相关职位薪酬(月薪):按工作经验统计,其中1~3年约6000元,3~5年约12000元。

▶ 就业热门行业:
教育/培训/院校、新能源、互联网/电子商务、建筑/建材/工程、房地产、咨询、人力资源、财会、计算机技术支持(系统、数据维护)等。

▶ 就业热门城市:
北京、上海、深圳、广州、武汉、杭州、成都、南京、苏州和西安等。

📖 040105 艺术教育

艺术作为人类文化的沉淀和人类想象力和创造力的结晶,具有极高的人文价值。艺术教育的意义首先在于运用人类长期实践活动中所创造的产品和总结的艺术欣赏和创造的规律,去训练和影响个体的感官和心理,把那些因片面的教育而失去的感受力恢复和发展起来。

艺术教育是一种培养人感知美、鉴赏美、创造美的能力的审美教育,其目的是促进人的身心实现和谐的发展。艺术教育既是感性学科,又是人文学科,它着眼于情,关乎着美,直抵人的五官感觉;它以美启真,以美储善,在生动形象、鲜明直观的艺术呈现中展现善良美好的情感。因而,它是真善美联结的纽带,也是真善美统一的桥梁。艺术教育与着眼于知、关乎着真的科学教育及着眼于意、关乎着善的伦理教育共同构成了以发展人的知情意,实现人类真善美理想的教育的组成部分。

▶ 新高考选考科目指引:
本专业没有必须选考科目要求。

▶ 培养目标:
本专业培养具有良好的思想道德品质、扎实的艺术学科的基本理论与技能,能在基础教育学校和社会教育机构从事艺术教育、管理、交流和科研等方面工作的复合型人才。

▶ 培养要求:
本专业学生主要学习艺术学科的基本理论、基本知识和基本技能,掌握艺术教育的基本理论与方法,具有良好的艺术素养及艺术实践与研究能力。

▶ 主干学科:
教育学、艺术学。

>>> **主要课程：**

美学原理、艺术概论、艺术创作原理、中外艺术史、艺术作品鉴赏、文学作品鉴赏、综合艺术创作原理与实践、艺术技能训练、艺术教育概论、艺术教育心理学等。

>>> **顶尖院校：**

华东师范大学。

>>> **就业方向：**

毕业生适宜从事中、小学的艺术教育工作，亦可在艺术研究单位从事研究工作，或在各级文化单位和业余艺术学校从事艺术训练工作。

>>> **未来可从事职业岗位：**

早教老师、幼儿教师、舞蹈老师、美术老师、课程顾问、平面设计师、行政顾问助理、市场推广、市场专员、高级导购等。

>>> **职业薪酬：**

艺术教育专业相关职位薪酬（月薪）：按工作经验统计，其中应届生约6000元，1~3年约7000元，3~5年约9000元，5~10年约16000元。

>>> **就业热门行业：**

教育/培训/院校、影视/媒体/艺术/文化传播、公关/市场推广/会展、新能源、咨询、人力资源、财会、广告、互联网/电子商务、学术/科研、家居/室内设计/装潢等。

>>> **就业热门城市：**

北京、上海、广州、深圳、武汉、杭州、成都、南京、西安和苏州等。

040106 学前教育

探究儿童的生理、心理发展规律和行为表现，研究怎样运用生动而有效的方法，帮助他们获得最良好的发展，协助家长和教师为儿童创造最有利的外部发展环境，这就是学前教育基本的研究范畴。通过一系列科学的实验和实践学习，人们会形象地了解婴儿出生第一年里日新月异的变化，会深刻地理解为什么孩子会出现认生回避或任性执拗等行为，会深信每一名儿童其实都是天才，会明白不同的教养方式对于儿童的影响，等等，这些思想观念和教育方法的获得会使每一名学前教育专业的学习者都拥有一颗真挚的爱心和永远的朝气。

>>> **新高考选考科目指引：**

本专业没有必须选考科目要求。

>>> **培养目标：**

本专业培养具有良好的思想道德品质、扎实的学前教育专业知识，能在保教机构、教育行政部门以及其他相关机构从事保教、研究和管理等方面工作的复合型人才。

>>> **培养要求：**

本专业学生主要学习学前教育方面的基本理论和基本知识，接受学前教育技能的基本训练，掌握保育、教育和研究的基本能力。

>>> **主干学科：**

教育学、心理学。

>>> **主要课程：**

学前教育学、学前儿童发展科学、学前儿童保育学、学前教育史、学前教育研究方法、学前特殊儿童教育、幼儿园课程、学前儿童语言教育、学前儿童健康教育、学前儿童艺术教育等。

>>> **顶尖院校：**

北京师范大学、华东师范大学、南京师范大学和西南大学。

>>> **未来可从事职业岗位：**

幼儿园教师、幼儿园园长、课程顾问、城市客户经理等。

>>> **职业薪酬：**

学前教育专业相关职位薪酬（月薪）：按工作经验统计，其中应届生约4000元，1~3年约5000元，3~5年约7000元，5~10年约13000元。

>>> **就业热门行业：**

教育/培训/院校、咨询、人力资源、财会、新能源、影视/媒体/艺术/文化传播、公关/市场推广、会展、互联网/电子商务、广告、娱乐/休闲/体育、学术/科研等。

>>> **就业热门城市：**

北京、上海、武汉、深圳、广州、杭州、成都、南京、西安和厦门等。

040107 小学教育

小学教育专业在办学层次上定位于本科层次，使学生达到本科层次的学术素养；在培养方向上定位于学校教育方向，使学生具备专业化的小学教师素养。

>>> **新高考选考科目指引：**

本专业没有必须选考科目要求。

>>> **培养目标：**

本专业培养具有良好的思想道德品质、扎实的学科知识和较强的教育教学能力，能在小学从事教育、教学和管理工作的复合型人才。

>>> **培养要求：**

本专业学生主要学习小学相关学科的基本理论和基本知识，接受小学教育技能的基本训练，掌握教育教学、研究和管理的基本能力。

>>> **主干学科：**

教育学、心理学。

>>> **主要课程：**

教育概论、中文、数学、英语、小学教育学、小学心理学、教学论、小学班队原理与实践、现代教育技术、小学各学科教学与研究等。

>>> 顶尖院校：

东北师范大学、湖南第一师范学院、南京师范大学和浙江师范大学。

>>> 就业方向：

学生毕业后主要到各级学校从事教育教学及研究工作。

>>> 未来可从事职业岗位：

小学数学教师、小学英语教师、小学语文教师、小学体育教师、小学音乐教师、小学美术教师、初中英语教师、初中数学教师、初中语文教师、初中物理教师等。

>>> 职业薪酬：

小学教育专业相关职位薪酬(月薪)：按工作经验统计，其中应届生约6000元，1~3年约7000元，3~5年约8000元，5~10年约12000元。

>>> 就业热门行业：

教育/培训/院校、新能源、咨询、人力资源、财会、互联网/电子商务、公关/市场推广/会展、影视/媒体/艺术/文化传播、学术/科研、广告等。

>>> 就业热门城市：

北京、上海、广州、深圳、武汉、西安、南京、成都、杭州和郑州等。

040108 特殊教育

>>> 新高考选考科目指引：

本专业没有必须选考科目要求。

>>> 培养目标：

本专业培养具有良好的思想道德品质、扎实的普通教育和特殊教育的知识与较强的教学实践能力，能在特殊教育机构及相关机构从事特殊教育实践、理论研究和管理工作的复合型人才。

>>> 培养要求：

本专业学生主要学习特殊教育儿童心理和教育方面的基本理论和基本知识，接受对特殊儿童进行教育和研究的基本训练，掌握教育教学和科学研究的基本能力。

>>> 主干学科：

教育学、心理学、医学。

>>> 主要课程：

解剖生理学、特殊教育导论、盲童心理与教育、聋童心理与教育、弱智儿童心理与教育、特殊儿童病理学、特殊儿童康复、特殊教育技术等。

>>> 顶尖院校：

华东师范大学、北京师范大学和华中师范大学。

>>> 未来可从事职业岗位：

特殊教育老师、助听器验配师等。

>>> 职业薪酬：

特殊教育专业相关职位薪酬(月薪)：按工作经验统计，其中应届生约5000元，1~3年约6000元，3~5年约9000元。

>>> 就业热门行业：

教育/培训/院校、医疗/护理/卫生、非营利机构、咨询、人力资源、财会、新能源、互联网/电子商务、政府/公共事业、医疗设备/器械等。

>>> 就业热门城市：

北京、上海、深圳、广州、厦门、杭州、苏州、南京、武汉和哈尔滨等。

040109T 华文教育

华文教育专业是专为海外尤其是东南亚华人开设的，进行系统的教育学、心理学和第二语言教学理论的传授，进行汉语听、说、读、写、译等专项技能与综合技能的训练，传授汉语言知识和中国人文知识，培养全面掌握汉语交际技能、了解中国文化和中国国情且适合从事华文教育工作的师范类专门人才。

>>> 新高考选考科目指引：

本专业没有必须选考科目要求。

>>> 培养目标：

本专业培养具备系统的教育学、心理学和第二语言教学理论，具有扎实的汉语言语能力与言语交际能力，掌握汉语基础理论与基本知识、熟悉中国国情与社会文化且能够胜任华文教育工作的师范型人才。

>>> 主要课程：

教育学、心理学、第二语言教学论、综合汉语、汉语听力、汉语口语、汉语阅读、汉语写作、现代汉语、中国文学、中华文化等。

>>> 顶尖院校：

暨南大学和云南师范大学。

>>> 就业方向：

适合在海外华文教育机构、海外华文媒体、华人社团等机构从事汉语教师、编辑、记者等工作。

>>> 未来可从事职业岗位：

中文教师、副总编辑、游戏策划、企业策划、产品经理、商务咨询、户外督导等。

>>> 就业热门行业：

教育/培训/院校、新能源、咨询、人力资源、财会、学术/科研、影视/媒体/艺术/文化传播、生活服务、互联网/电子商务、文字媒体/出版、公关/市场推广/会展、房地产等。

>>> 就业热门城市：

北京、郑州、杭州、深圳、广州、厦门、苏州、成都和南昌等。

040110TK 教育康复学

>>> 新高考选考科目指引：

本专业没有必须选考科目要求。

>>> 培养目标：

本专业培养德、智、体、美、劳全面发展的，能够在特殊教育学校、普通学校资源教室、康复中心、民政福利机构、医院相关科室、研究机构等从事言语语言障碍、听觉障碍、认知障碍、心理障碍、运动障碍等患者的评定、康复、教育、咨询及康复辅具研发的专业工作者。

▶ 课程设置：

本专业包括通识教育课程、学科基础课程、专业必修课程。其中学科基础课程包括高等数学、人体解剖生理学、普通心理学、教育康复导论、教育与心理统计等。

专业必修课程有言语科学基础、儿童语言发展、听力学基础、言语障碍评估与矫治、语言障碍评估与训练、听力学基础实验、特殊儿童运动康复实践、康复听力学、临床语音学、情绪行为障碍的评估与训练、教育康复见习、特殊教育学科教学法、特殊儿童认知能力评估与训练等课程。

▶ 首批开设院校：

华东师范大学。

▶ 就业方向：

该专业前景广阔，在我国发展仍属上升期。毕业生主要在特殊教育学校、康复中心、民政福利机构、医院、研究机构等从事听力障碍、言语语言障碍、脑瘫、自闭症等特殊人群的言语、听觉、认知等障碍的评定、康复、教育等工作。

040111T 卫生教育

▶ 新高考选考科目指引：

本专业没有必须选考科目要求。

▶ 培养目标：

本专业通过四年通识课程、专业课程的理论学习与专业实践，培养具有扎实的健康教育教学、卫生保健服务、学校卫生管理相关基础理论知识和基本技能，有一定的健康教育研究能力，有良好的职业素养，能够在各级各类学校开展学校卫生保健服务、学校卫生管理、健康教育教学、疾病预防与控制的复合型、应用型人才。

▶ 主干课程：

心理学基础、教育学基础、发展心理学、人体解剖生理学、疾病学基础、健康教育学、预防医学、儿童健康评估、儿童营养与发育、儿童卫生与保健、心理咨询与辅导、健康教育课程设计与评价、健康教育研究、学校卫生管理与实践等。

▶ 首批开设院校：

上海杉达学院等。

040112T 认知科学与技术

▶ 新高考选考科目指引：

本专业没有必须选考科目要求。

▶ 培养目标：

本专业培养具备良好的政治思想素质、人文素养和科学精神，具有认知科学基础理论、专业知识与技能，符合脑认知科学发展的需求，适应国家经济发展的需求，能在教育、科研、社会管理等机构从事科学研究、人力资源测评、用户体验、脑与认知训练、人工智能与人机交互及其他领域的应用型专业人才。

▶ 主要课程：

认知科学导论、认知神经科学、文化神经科学、社会神经科学、脑与行为、语言的进化、心理学基础、语言心理学、思维心理学、社会心理学、语言学导论、句法学、语义学、语用学、言语与思维、逻辑与认知、推理与认知、计算机科学导论、人工智能、科学哲学、文化人类学、文化与认知、东西方文化对比等。

▶ 首批开设院校：

贵州民族大学等。

▶ 就业方向：

该专业毕业生可就业于教育、科研、社会管理等机构，从事科学研究、人力资源测评、用户体验、脑与认知训练、人工智能与人机交互等工作。

040113T 融合教育

融合教育是以经过特别设计的环境和教学方法来适应不同特质小孩的学习，让大多数残障儿童进入普通班，并增进在普通班学习的一种教育方式。融合教育针对孩子不同的特质设定每个孩子不同的学习目标，以合作学习、合作小组及同辈间的学习、合作以达到完全包含的策略和目的，最终目的是将特殊孩子包含在教育、物理环境及社会生活的主流内。不管普通孩子还是特殊小孩，都因其不同特质有不同的学习目标。

▶ 新高考选考科目指引：

本专业没有必须选考科目要求。

▶ 首批开设院校：

华中师范大学。

040114TK 劳动教育

劳动教育专业培养政治素质过硬、劳动情怀深厚、文化素养良好、专业功底扎实、实践能力突出、师德师风优良，具有较强劳动教育课程开发与劳动教育指导能力和团队合作精神，能够在中小学、科研院所、教育管理部门或其他组织机构中从事与劳动教育相关工作的高素质应用型、复合型、创新型人才。

▶ 首批开设院校：

中国劳动关系学院和天津职业技术师范大学。

040115T 家庭教育

▶ 培养目标：

本专业旨在培养具有公益意识、创新精神，具备以提升儿童和家庭福祉为本的现代家庭教育理念，尊重与关怀不同类型的家庭，掌握扎实的家庭教育基本理论与专业知识，熟悉家庭教育政策法规的高素质应用型人才。

>>> 首批开设院校：

中华女子学院。

>>> 就业方向：

本专业毕业生主要在家庭教育工作管理机构、家庭教育指导机构、与家庭教育相关的媒体机构、家庭教育服务与培训机构等从事家庭教育管理、指导工作。

040116TK 孤独症儿童教育

>>> 培养目标：

本专业旨在培养适应当代孤独症教育事业发展需要，扎实掌握以孤独症为主的特殊儿童发展和教育理论，具备对孤独症及其他发展性障碍儿童开展课程教学及其他相关教育服务的基本技能，以及公共精神、博爱情怀的高素质、复合型、应用型专门管理人才。

>>> 首批开设院校：

南京特殊教育师范学院。

>>> 就业方向：

该专业毕业生主要在孤独症专门学校、特殊教育学校、特殊儿童康复机构、残联从事教育方案设计、专业支持、教育等工作。

0402 体育学类

体育学是研究体育科学体系及其发展方向的一门学科，体育学内容主要是研究体育科学体系的结构、层次及其演变；各学科之间以及与相关学科之间的相互渗透与综合发展的关系。随着时代的不断变迁，人民生活水平不断改善，新时代高科技超速发展，体育已经是培养人的意志品质的重要手段之一，有时它甚至起着不可替代的作用。近年来各种高科技手段不断地应用于国际各大赛事之中，使得体育不仅仅是单纯的身体素质的较量，而且成了技术与运动员体能的综合较量，这使得运动人体科学研究中日益显现了高科技的性质。国内体育产业的蒸蒸日上，使体育方面的人才也有了一定的用武之地。

040201 体育教育

>>> 新高考选考科目指引：

本专业没有必须选考科目要求。

>>> 培养目标：

本专业培养具备现代教育与体育教育学科基础理论知识，能在各级各类学校从事体育教学、课外运动训练与竞赛工作、体育科学研究、学校体育管理等方面工作的复合型人才。

>>> 培养要求：

本专业学生主要学习学校体育教育教学方面的基本理论和基本知识，接受作为体育教师所必备的运动技能的基本训练，掌握体育教学、训练、竞赛、科研的基本能力。

>>> 主干学科：

教育学、体育学、心理学。

>>> 主要课程：

体育学概论、教育学、学校体育学概论、体育教学论、教育心理学、运动项目理论与实践。

>>> 顶尖院校：

北京体育大学、华东师范大学和上海体育学院。

>>> 就业方向：

毕业后能在中等学校等从事体育教学、课外体育活动、课余体育训练和竞赛工作，并能从事学校体育科学研究、社会体育指导等工作。

>>> 未来可从事职业岗位：

小学体育教师、小学语文教师、小学数学教师、小学英语教师、初中体育教师、初中语文教师、初中数学教师、初中英语教师、初中政治教师、高中体育教师、课程顾问等。

>>> 职业薪酬：

体育教育专业相关职位薪酬(月薪)：按工作经验统计，其中1~3年约8000元，3~5年约10000元。

>>> 就业热门行业：

教育/培训/院校、娱乐/休闲/体育、互联网/电子商务、新能源、咨询、人力资源、财会、公关/市场推广/会展、影视/媒体/艺术、文化传播、金融/投资/证券、广告等。

>>> 就业热门城市：

上海、广州、北京、深圳、杭州、武汉、西安、南京、成都和东莞等。

040202K 运动训练

>>> 新高考选考科目指引：

本专业没有必须选考科目要求。

>>> 培养目标：

本专业培养具备竞技体育基本理论、知识及较高的专项技能，能在专业和职业队、体校和学校代表队、体育俱乐部等部门从事训练、教学、竞赛、管理等方面工作的复合型人才。

>>> 培养要求：

本专业学生主要学习竞技体育方面的基本理论和基本知识，接受运动训练、竞赛和教学方面的基本训练，具备从事运动训练与教学、竞赛组织与裁判等方面的基本能力。

>>> 主干学科：

体育学、教育学、心理学。

>>> 主要课程：

运动训练学、运动心理学、运动训练管理学、运动选材学、运动竞赛学、运动按摩、专项理论与实践。

▶ **顶尖院校：**

北京体育大学和河南大学。

▶ **就业方向：**

本专业毕业生面向专业运动队、业余体校、拥有运动队的企事业单位，各类体育俱乐部，各类群众体育组织，从事教练、指导教师和竞赛组织管理等工作；或面向各健身俱乐部（会所）从事专业的健身健美操和健身舞蹈教练工作。

▶ **未来可从事职业岗位：**

篮球教练、足球教练、健身教练、康复治疗师、团队经理、电话销售、销售代表、业务代表、商务代表、客服专员助理、销售经理、理财顾问等。

▶ **职业薪酬：**

运动训练专业相关职位薪酬（月薪）：按工作经验统计，其中1~3年约7000元，3~5年约11000元。

▶ **就业热门行业：**

娱乐/休闲/体育、金融/投资/证券、互联网/电子商务、教育/培训/院校、计算机软件、公关/市场推广/会展、咨询、人力资源、财会、新能源、广告等。

▶ **就业热门城市：**

深圳、北京、广州、上海、长沙、武汉、厦门、郑州、西安和南京等。

040203 社会体育指导与管理

▶ **新高考选考科目指引：**

本专业没有必须选考科目要求。

▶ **培养目标：**

本专业培养具备适应社会发展需要，掌握社会体育指导与管理基础理论、知识与技能，能在社会体育活动中从事健身咨询、技术指导、组织管理等方面工作的应用型人才。

▶ **培养要求：**

本专业学生主要学习社会体育指导与管理方面的基本理论和知识，接受与社会体育活动相关运动技术与技能的基本训练，掌握从事社会体育活动的基本能力。

▶ **主干学科：**

体育学、公共管理。

▶ **核心课程：**

社会体育概论、体育俱乐部管理、体育管理导论、社区体育导论、体育经济学、健康评价与运动处方、运动项目理论与实践。

▶ **顶尖院校：**

北京体育大学、华南师范大学、上海体育学院、南京师范大学和华东师范大学。

▶ **就业方向：**

该专业就业前景比较狭窄，毕业生一般从事健身教练、理疗师等工作，建议学生慎重选择。

▶ **未来可从事职业岗位：**

体育赛事及活动执行/组织/实施主管、教练主管、辅导员、文案策划、责任编辑、记者、人力资源总监、项目申报专员、微信营销专员、销售经理、市场督导、销售主管、采购助理等。

▶ **就业热门行业：**

教育/培训/院校、互联网/电子商务、娱乐/休闲/体育、金融/投资/证券、咨询、人力资源、财会、房地产、贸易/进出口、家居/室内设计/装潢、公关/市场推广/会展、广告等。

▶ **就业热门城市：**

广州、武汉、深圳、上海、北京、东莞、厦门、成都和南京等。

040204K 武术与民族传统体育

▶ **新高考选考科目指引：**

本专业没有必须选考科目要求。

▶ **培养目标：**

本专业培养具备武术与民族传统体育的基本知识、技术与技能，能在学校体育教育、运动训练、社会体育健康指导等领域从事武术、体育养生及民族民间体育教学、训练、科研等方面工作的复合型应用人才。

▶ **培养要求：**

本专业学生主要学习武术与民族传统体育方面的基本理论和基本知识，接受武术、体育养生、民族民间体育的基本训练，掌握组织教学、训练、科研、裁判等方面的基本能力。

▶ **主干学科：**

体育学、历史学、中医学。

▶ **核心课程：**

武术学概论、民族传统体育概论、中国武术史、中国文化概论、中医学基础、专项理论与实践。

▶ **顶尖院校：**

苏州大学。

▶ **就业方向：**

该专业毕业生就业比较集中，一般会做武术教练，或者在一些科研机构进行中国传统体育的研究；也可以在一些教育机构从事教育教学工作。

▶ **未来可从事职业岗位：**

平安城市解决方案交付工程师、安全管理专家、市场部总监助理、客服旅行专员、商务运营、市场调研专员等。

040205 运动人体科学

▶ **新高考选考科目指引：**

本专业没有必须选考科目要求。

培养目标：

本专业培养掌握体育学、生物科学、基础医学和教育学专业知识与技能，能够在各级体育科学研究、运动训练、体育教学、健康教育管理等机构，从事人体机能监控、运动健身指导、运动营养指导、体育教学及科学研究等方面工作的高素质复合型人才。

培养要求：

本专业学生主要学习体育学、生物科学和基础医学的基本理论和基本知识，接受体质健康测量与评价、运动风险评估、运动伤病的预防与处理等运动科学方面的基本训练，掌握人体机能监控、医务监督、运动营养指导的基本能力。

主干学科：

体育学、生物科学、基础医学。

主要课程：

运动解剖学、运动生理学、运动生物化学、运动生物力学、运动营养学、运动医学、运动处方理论与应用等。

顶尖院校：

北京体育大学、上海体育学院、武汉体育学院。

就业方向：

毕业生可在各级运动队、各类学校、体育俱乐部、健身中心等部门从事体育保健与按摩、科学健身指导等工作。

未来可从事职业岗位：

运动顾问、康复/针灸理疗医师、健身教练、助理研究员、销售助理、销售经理等。

职业薪酬：

运动人体科学专业相关职位薪酬(月薪)：按工作经验统计，其中1~3年约6000元。

就业热门行业：

娱乐/休闲/体育、医疗设备/器械、医疗/护理/卫生、公关/市场推广/会展、批发/零售、制药/生物工程、机械/设备/重工、新能源、贸易/进出口等。

就业热门城市：

北京、深圳、上海、广州、福州、杭州、成都、西安、南京和哈尔滨等。

040206T 运动康复

运动康复专业是新兴的体育和医学交叉结合的前沿学科，是为弥补我国健身康复人才紧缺的局面而开设的专业。

新高考选考科目指引：

本专业没有必须选考科目要求。

培养目标：

本专业培养重点掌握从事本专业领域实际工作的基本能力和基本技能；适应康复治疗技术生产、建设、管理和服务第一线需要的德、智、体、美、劳全面发展的高素质康复治疗技术技能型专门人才。

培养要求：

本专业学生主要学习运动康复学的基本知识和理论，受到运动康复学的基本训练，具有处理基本疾病的能力。

主要课程：

人体解剖、运动解剖学、人体生理、运动生理学、生物化学、运动生物力学、康复心理学、医学统计学、组织学、药理学、病理学(含病理物理学)、免疫学、外科学、内科学、中国传统康复治疗学(含针灸、按摩)、运动疗法原理与技术、运动损伤学、运动医务监督、临床运动疗法学和理疗学等。

顶尖院校：

北京体育大学、武汉体育学院和沈阳体育学院。

就业方向：

该专业毕业生主要到专业运动队、各级医院的康复机构、体育运动基地、健康休闲俱乐部、职业运动俱乐部、养老院、社区、健康与康复科研所、体育与卫生行政部门等机构从事康复治疗、健康教育、健康测定与评估、健身指导、卫生保健、医疗监督、科学研究及行政管理等工作。

未来可从事职业岗位：

健康管理师、康复治疗师、健身教练、物理治疗师、全科医生、销售经理等。

职业薪酬：

运动康复专业相关职位薪酬(月薪)：按工作经验统计，其中应届生约7000元，1~3年约9000元，3~5年约12000元，5~10年约19000元。

就业热门行业：

医疗/护理/卫生、娱乐/休闲/体育、医疗设备/器械、新能源、美容/保健、制药/生物工程、互联网/电子商务、教育/培训/院校、咨询、人力资源、财会、公关/市场推广/会展等。

就业热门城市：

北京、广州、上海、深圳、杭州、武汉、成都、苏州、惠州和南京等。

040207T 休闲体育

新高考选考科目指引：

本专业没有必须选考科目要求。

培养目标：

本专业培养具有休闲体育的基本理论、知识与技能，能够从事休闲业、休闲体育服务业和健身指导等工作，能够从事休闲体育研究、体育旅游与开发、休闲体育产品策划与设计等工作的高素质、应用型专门人才。

主干学科：

休闲学概论、休闲体育概论、网球、羽毛球、高尔夫球。

主要课程：
体育人文学概论、休闲社会产业概论、游戏学概论、户外运动、运动营养学、运动生理学、教育心理学、市场营销等。

顶尖院校：
北京体育大学。

就业方向：
旅游部门、商业体育部门、体育策划与活动管理部门等。

职业薪酬：
休闲体育专业相关职位薪酬(月薪)：按工作经验统计，其中1~3年约6000元，3~5年约12000元，5~10年约22000元。

就业热门行业：
互联网/电子商务、新能源、贸易/进出口、娱乐/休闲/体育、教育/培训/院校、咨询、人力资源、财会、电子技术/半导体/集成电路、批发/零售、金融/投资/证券等。

就业热门城市：
广州、上海、深圳、厦门、武汉、成都、北京、南京和西安等。

040208T 体能训练

新高考选考科目指引：
本专业没有必须选考科目要求。

培养目标：
体能训练专业培养德、智、体、美、劳全面发展，具有较高的科学和文化素养，具备相应的现代化、数字化体能训练理念和科学研究能力，系统地掌握体能训练专业的基本理论、基本知识、基本技能和相关运动医学知识，富有创新精神和现代训练理念，能够从事竞技体育行业、大众健康领域、特殊人群(行业)体能训练专业教学、训练，科学研究及管理的"一专多能"应用型人才。

主干课程：
开设的主要专业核心课程有：运动解剖学、运动生理学、运动生物力学、运动营养学、运动心理学、教育学、运动训练学、体能训练理论与实践(体能训练计划设计与实践、力量训练原理与方法、速度与灵敏训练与方法、耐力训练原理与方法、柔韧训练原理与方法、平衡与稳定性训练原理与方法、训练准备与放松原理与方法)、田径、体操、运动损伤机制与预防、运动医学、运动康复训练、运动技术分析与诊断等特色课程。

首批开设院校：
北京体育大学、首都体育学院、河北体育学院、上海体育学院等。

040209T 冰雪运动

新高考选考科目指引：
本专业没有必须选考科目要求。

培养目标：
本专业培养具备冰雪运动基本理论知识及突出的专项运动技能，能在各级专业或职业队、体校和学校代表队、体育俱乐部等相关单位从事冰雪运动训练、教学、竞赛和场地运营管理等方面工作，富有国际视野和创新精神的高素质应用型人才。

主干学科：
体育学、教育学、心理学。

核心课程：
运动训练学、教育学、运动心理学、运动技能学习与控制、运动竞赛学、冬季奥林匹克运动、冰雪赛事组织与管理、冰雪场地、设备使用与维护、专项训练理论与实践。

040210TK 电子竞技运动与管理

新高考选考科目指引：
本专业没有必须选考科目要求。

培养目标：
本专业培养能在游戏品种研发、IP赛事活动打造、专业战队运营、衍生产品开发、关联产业服务发展等方面工作的电子竞技类专业人才。

主干课程：
电子竞技游戏解析、竞技运筹学、电竞心理学、竞技战队战术设计与优化、电子竞技节目管理与运营等。

040211TK 智能体育工程

新高考选考科目指引：
本专业没有必须选考科目要求。

培养目标：
本专业培养符合数字化时代体育产业需要的新型体育科技人才。注重学科交叉和创新实践，培养掌握体育学、计算机科学、信息科学相关基础理论知识，具备信息处理与控制相关应用能力和较强实际动手能力，能在智能体育、体育大数据、互联网、计算机技术及其他电子技术等方面从事教学、科研和管理的高层次复合型人才。

主干课程：
运动人体科学导论、生物力学、生物与运动信息采集、体育测量与评价、运动训练学、生物力学、人机工效学、数字逻辑与数字系统、算法设计与分析、数据结构、人工智能基础、机器学习导论、模式识别基础、智能信息处理、机器视觉、动作捕捉与虚拟现实、数字体育概论等。

首批开设院校：
北京体育大学。

040212TK 体育旅游

新高考选考科目指引：
本专业没有必须选考科目要求。

>>> 培养目标：

本专业培养德、智、体、美、劳全面发展，掌握体育旅游管理和技术指导的基本理论与方法，具备体育旅游工作所需的经营、管理、服务、策划、咨询、培训和休闲运动项目技术指导等综合实践能力，具有良好的职业道德、开拓创新精神、国际化视野的高素质应用复合型人才。

>>> 主干课程：

旅游学概论、旅游接待业、旅游目的地管理、旅游消费者行为、体育旅游概论、体育活动策划与组织、教学方法论、专项教学训练理论与实践。

040213T 运动能力开发

>>> 新高考选考科目指引：

本专业没有必须选考科目要求。

>>> 培养目标：

本专业着力于培养晓理论、懂体育、会监控、善反馈的运动训练监控师和懂数据、能分析、善运动、会转换的运动技战术表现分析师的体育专业人才，以满足当今社会发展对新型体育人才的巨大需要。

>>> 首批开设院校：

上海体育学院。

05 文 学

文学是以语言为手段塑造形象来反映社会生活、表达作者思想感情的一种艺术。起源于人类的生产劳动。最早出现的是口头文学,一般是与音乐联结为可以演唱的抒情诗歌。最早形成书面文学的有中国的《诗经》、印度的《罗摩衍那》和古希腊的《伊利昂纪》等。欧洲传统文学理论分类法将文学分为诗、散文、戏剧三大类。中国先秦时期将以文字写成的作品都统称为文学,魏晋以后才逐渐将文学作品单独列出。文学,是一种将语言文字用于表达社会生活和心理活动的学科。文学是语言文字的艺术(文学是由语言文字组合而成的),是社会文化的一种重要表现形式,以不同的形式(称作体裁)表现和再现一定时期、一定地域的社会生活。

0501 中国语言文学类

中国语言文学主要包括语言和文学两个大的专业,是中国大学史上最早开设的专业之一,最早出现于19世纪末。20世纪80年代以后,汉语言文学专业得到了长足的发展:师范类大学出于培养中学语文教学师资的目的,一般都开设了本专业;综合类大学中文系或文学院也普遍设有这一专业;即使是专业性较强的高校也开设了中文系和汉语言文学专业。一个多世纪以来,汉语言文学专业培养了一大批知名学者、教授、作家、记者和剧作家等,对中国人文科学作出了卓越贡献。

050101 汉语言文学

汉语言文学专业是中国大学史上最早开设的专业之一,出现于19世纪末。20世纪80年代以后,汉语言文学专业得到了很大的发展,一些师范类大学要为中学语文教学培养教师开设本专业,综合类大学在中文系或文学院也普遍设有这一专业,即使是专业性较强的学校,如中国人民公安大学,也设有中文系。一个多世纪以来,汉语言文学专业培养了一大批知名学者、教授、作家、记者、剧作家,对中国人文科学做出了极大的贡献。

就目前我国高校汉语言专业的分布来看,大致可分为师范类和非师范类两大类,它们在培养方式和方向上有所不同,但专业课程上是相近的,主要有马列文论、文学概论、语言学概论、美学、中国古代文学史、中国现代文学史、中国当代文学、中国古代文学论、外国文学、古代汉语、现代汉语、民间文学概论、计算机及应用、写作等。师范类汉语言文学专业在实践教学环节中,更重视教师职业素养的培育和教学能力训练。

>>> **新高考选考科目指引:**
本专业没有必须选考科目要求。

>>> **培养目标:**
本专业培养具备扎实的汉语言文学基础和良好的人文素养,熟悉汉语及中国文学的基础知识,具有较强的审美能力和中文表达能力,具有初步的语言文学研究能力,同时具有一定的跨文化交流能力,能在文化、教育、出版、传媒机构以及政府机关等企事业部门从事与汉语言文字运用相关工作的中国语言文学学科复合型人才。

>>> **培养要求:**
本专业学生主要学习汉语言文学方面的基础理论和基本知识,接受人文社会科学及相关方面的基本训练,掌握审美鉴赏、创造性思维、从事本学科领域科学研究以及综合运用所学知识进行社会实践诸方面的基本能力。

>>> **主干学科:**
中国语言文学。

>>> **主要课程:**
文学概论、中国古代文学(含中国古代文学史、中国古代文学作品选)、中国现代文学(含中国现代文学史、中国现代文学作品选、中国当代文学)、外国文学、语言学概论、古代汉语、现代汉语、写作。

>>> **顶尖院校:**
北京大学、北京师范大学、南开大学、华中师范大学。

>>> **就业方向:**
学生毕业后适于报考中国语言文学及其他相关专业的研

究生,适于到高等院校、语言文学研究部门从事教学与研究工作,及文化宣传、新闻、出版、广播、电视、党政机关、工矿企业等单位的编辑、记者和文秘工作。

未来可从事职业岗位:
行政前台、文员文秘、文案策划、文案编辑、策划经理、市场专员、市场经理、新媒体运营等。

就业热门行业:
互联网/电子商务、新能源、广告、教育/培训/院校、公关/市场推广/会展、贸易/进出口、影视/媒体/艺术/文化传播、金融/投资/证券、房地产等。

就业热门城市:
北京、上海、广州、深圳、杭州、武汉、成都、厦门、南京和西安等。

050102 汉语言

新高考选考科目指引:
本专业没有必须选考科目要求。

培养目标:
本专业培养具备系统、扎实的汉语语言学基础,掌握基本的语言学理论和方法,具有初步的语言研究能力,同时具有一定的跨文化交流能力,能在文化、教育、出版、传媒机构以及政府机关等从事与汉语言文字相关工作的中国语言文学学科复合型人才。

培养要求:
本专业学生主要学习语言学基础理论和汉语基础知识,接受人文社会科学和语言学诸方面的基本训练,掌握语言调查和分析、创造性思维、从事本学科领域科学研究以及综合运用所学知识进行社会实践诸方面的基本能力。

主干学科:
中国语言文学。

主要课程:
语言学概论、古代汉语、现代汉语、汉语史、理论语言学、中国文学、语法学、语义学、语用学、文字学。

顶尖院校:
复旦大学、南京师范大学和北京大学。

未来可从事职业岗位:
文案策划、文案编辑、网站编辑、新媒体运营、人事专员、语文老师等。

050103 汉语国际教育

新高考选考科目指引:
本专业没有必须选考科目要求。

培养目标:
本专业培养掌握扎实的汉语基础知识,具有较高的人文素养,具备中国文学、中国文化、跨文化交际等方面的专业知识与能力,能在国内外各类学校从事汉语教学,在各职能部门、外贸机构、新闻出版单位及企事业单位从事与语言文化传播交流相关工作的中国语言文学学科应用型专门人才。

培养要求:
本专业学生主要学习汉语言及中华历史文化方面的基础知识,接受人文社会科学的基本训练,掌握综合运用所学知识开展语言文字工作、汉语国际教育以及国际文化交流实践的基本能力。

主干学科:
中国语言文学。

主要课程:
现代汉语、古代汉语、语言学概论、应用语言学、对外汉语教学概论、中国古代文学、中国现代文学、中国文化通论、写作、外国语(各语种)。

顶尖院校:
南京大学、北京语言大学、华东师范大学。

未来可从事职业岗位:
小学语文教师、中学语文教师、对外汉语教师、国际中文教师、涉外市场营销专员等。

就业热门行业:
教育/培训/院校、新能源、咨询、人力资源、财会、互联网/电子商务、学术/科研、影视/媒体/艺术/文化传播、公关/市场推广/会展、广告、生活服务等。

就业热门城市:
北京、上海、沈阳、苏州、西安、青岛、郑州、广州、武汉和深圳等。

050104 中国少数民族语言文学

中国是一个统一的多民族国家。除汉族外,还有各兄弟民族。就中国文学发展史而言,汉族文学是其主体,但各少数民族文学也有其不可忽视的地位和作用。从这种意义上讲,中国少数民族文学,是对中国境内除汉族以外的各兄弟民族文学的总称,其中包括:藏、蒙、维、朝、哈等多个民族语言文学的研究。

新高考选考科目指引:
本专业没有必须选考科目要求。

培养目标:
本专业培养具备扎实的少数民族语言文学基础、兼通汉语言文学相关知识,具有初步的语言文学研究能力,同时具有一定的跨文化交流能力,能在文化、教育、出版、传媒机构以及政府机关等部门工作,或在周边相通语言国家从事语言文化交流工作的中国语言文学学科复合型人才。

培养要求:
本专业学生主要学习中国少数民族语言文学的基础理论和基本知识,接受人文社会科学和语言学诸方面的基本训练,掌握汉民族及少数民族跨文化现象的分析方法,掌握创造性思维以及从事本学科领域科学研究，以及综合运用所学知识进行社会实践诸方面的基本能力。

▶ **主干学科**：

中国语言文学。

▶ **主要课程**：

文学概论、语言学概论、少数民族语言文学、现代汉语、中国现代文学、外国文学、古代汉语、写作。

▶ **顶尖院校**：

新疆大学、中央民族大学、内蒙古大学和西北民族大学。

▶ **就业热门行业**：

非营利机构、教育/培训/院校、医疗/护理/卫生、外包服务、学术/科研、家居/室内设计/装潢、广告、建筑/建材/工程、房地产、文字媒体/出版等。

▶ **就业热门城市**：

昆明、重庆、成都和西安等。

050105 古典文献学

古典文献学是一门古老的学科。她以中国古代留存下来的古代典籍为研究对象，通过对古籍的整理和运用，达到为现实生活服务的目的。中国古典文献学专业的学生，主要学习古籍整理和中国古典文献学方面的基本知识，受到有关理论、发展历史、研究现状等方面的系统教育和业务能力的基本训练。

▶ **新高考选考科目指引**：

本专业没有必须选考科目要求。

▶ **培养目标**：

本专业培养具备扎实的中国语言文学基础和良好的文史修养，掌握古籍整理、古典文献学的基本知识、理论，具有较强的古典文献整理与研究能力，能在文化、教育、出版、传媒机构以及政府机关等企事业部门从事与文学、史学、汉语言文献运用相关工作的中国语言文学学科应用型人才。

▶ **培养要求**：

本专业学生主要学习古籍整理和中国古典文献学方面的基本知识，接受有关理论、发展历史、研究现状等方面的系统教育和业务能力的基本训练，掌握古典文献专业的基础理论、科学方法、基本技能以及综合运用所学知识进行社会实践诸方面的基本能力。

▶ **主干学科**：

中国语言文学。

▶ **主要课程**：

文献学概论、古代汉语、中国古代史、中国古代文学、中国古代文化概论、版本目录学、校勘考订学。

▶ **顶尖院校**：

北京大学和浙江大学。

▶ **未来可从事职业岗位**：

古典音乐频道客户端运营、古建工程师、收藏顾问、包装插画师、项目经理等。

▶ **就业热门行业**：

教育/培训/院校、文字媒体/出版、学术/科研、影视/媒体/艺术/文化传播、新能源等。

▶ **就业热门城市**：

北京、苏州、成都和济宁等。

050106T 应用语言学

应用语言学专业研究语言在各个领域中实际应用的语言学分支。它着重解决现实当中的实际问题，一般不接触语言的历史状态，也不大介入一般理论上的争辩。可以说，它是鉴定各种理论的实验场。

▶ **新高考选考科目指引**：

本专业没有必须选考科目要求。

▶ **培养目标**：

本专业以理论与应用相结合为特点，既重视语言和语言教学理论的学习和探讨，又强调教学实践和应用。毕业生多在高等院校、研究、出版等机构从事相关专业的教学及研究，或进入国家机关和公司企业从事语言应用方面的工作。

▶ **主要课程**：

语言理论、语言研究方法、应用语言学、对外汉语教学概论、语法理论、语义理论、词汇理论、实验语音学、汉语语用学、汉语方言与方言调查、语言与文化、跨文化交际等。

▶ **顶尖院校**：

北京大学。

▶ **就业方向**：

本专业的毕业生多在高等院校、研究院所、出版等机构从事相关专业的教学及研究，或进入企事业机构从事语言应用方面的工作。

▶ **未来可从事职业岗位**：

汉语教师、国际中文教师、编辑、文案策划、新媒体专员、英语助理研究员等。

▶ **就业热门行业**：

教育/培训/院校、互联网/电子商务、新能源、计算机软件、计算机技术支持(系统、数据维护)、金融/投资/证券、贸易/进出口、通信/电信/网络设备等。

▶ **就业热门城市**：

北京、上海、深圳、广州、杭州、武汉、成都、南京、厦门和西安等。

050107T 秘书学

▶ **新高考选考科目指引**：

本专业没有必须选考科目要求。

▶ **培养目标**：

本专业培养德、智、体、美、劳全面发展的、系统掌握秘书学科基本理论与基本知识，具备良好的文字基础和口头表达能力、组织协调能力、公关交际能力并具有一定的管理和辅助决策能力，能从事大、中型企事业单位秘书工作的复合型、应用型专门人才。热爱社会主义祖国，坚持四项基本原则，具有高尚的职业道德和良好的修养与气质。

培养要求：

本专业要求系统掌握秘书的基本理论与基本知识，能够有效地处理办公室各种日常事务；具有相当的政策、理论水平与辅助领导决策能力，能够收集、处理必需的信息，并有针对性地提出方案；具有良好的专业技能，有一定的应用写作能力，掌握计算机自动化办公技能；具有较强的协调公关能力，有一定的外语口头交流和文字沟通能力。

主要课程：

中国近现代史纲要、马克思主义基本原理概论、英语（二）、行政法学、中国文化概论、公文选读、中国秘书史、中外秘书比较、文书学、秘书参谋职能概论、办公室管理、管理信息的收集与处理、社会学概论、现代管理学、领导科学、秘书学。

顶尖院校：

陕西师范大学。

就业方向：

到高等、中等职业技术学校和各类教育机构进行文秘类课程教学和研究，以及在国家机关、企事业单位和各类社会组织和机构中从事文秘、公共关系、商务等业务工作。

未来可从事职业岗位：

人事文员、总经理秘书、商会部长、办公室主任、总编助理、销售助理等。

就业热门行业：

金融/投资/证券、快速消费品、互联网/电子商务、家具/家电/玩具/礼品、新能源、批发/零售、教育/培训/院校、环保、银行、公关/市场推广/会展等。

就业热门城市：

深圳、广州、北京、南京、武汉、西安、上海、东莞、南宁和南昌等。

050108T 中国语言与文化

中国语言与文化专业属于新增专业，隶属于中国语言文学类。该专业主要研究中国语言及文化的相关历史与知识，从而为文化传播、历史传承提供底蕴及支持。

新高考选考科目指引：

本专业没有必须选考科目要求。

培养目标：

本专业培养具有汉语言文学基本理论、基础知识和基本技能，能够在高等和中等学校进行汉语言文学教学和研究的教师、研究人员及其他教育工作者。

主要课程：

汉语综合、汉语口语、汉语视听、汉语阅读、汉语写作、汉语语法修辞、中国现当代文学作品选读、中国古代文学、中国历史、中国概况、科技汉语、中文新闻报刊导读、中文文献资料检索等。

首批开设院校：

北京师范大学、新疆大学、四川大学、山东大学等。

就业方向：

该专业毕业生可从事运用汉语进行外交、商贸、新闻、文化交流、中文教学等方面的工作。

050109T 手语翻译

新高考选考科目指引：

本专业没有必须选考科目要求。

培养目标：

本专业培养德、智、体、美、劳全面发展的，适应社会主义现代化建设和残疾人事业发展需要的，具有大学专科学历的，手语基本功扎实，能够胜任手语翻译、沟通、咨询的应用型专门人才。

主干课程：

手语语言学、国家通用手语、行业手语、手语翻译概论、聋人与社会、手语翻译技巧、同声传译、文体翻译。

050110T 数字人文

培养目标：

本专业旨在培养人文知识与数字技术相融合，能推进人文研究和知识生产的交叉复合型人才。在专业定位上，该专业主要面向三大领域：一是面向计算机科学领域培养学生的计算机软件、程序、应用的研发能力和对计算机科学、数字技术、人工智能等的认知和理解能力；二是面向人文科学领域提升学生的人文素养、人文精神和人文情怀，培养学生利用数字技术、人工智能解决人文学科问题；三是面向交叉学科领域培养学生利用数字技术开发数字产品的能力。

首批开设院校：

内蒙古师范大学。

就业方向：

本专业毕业生可在企事业单位的信息管理岗位、数据分析岗位等从事数字人文相关研究等工作。

0502 外国语言文学类

伴随着我国和亚洲、美洲国家的经贸交流往来日益密切，小语种人才紧缺的问题突出，阿拉伯语、韩语、泰语、西班牙语、意大利语等被称为小语种的专业眼下成了热门专业，毕业生就业率较高。外语类专业也常常细化到科技外语、商贸外语、机械外语、外交外语，等等，都是外语与理工类、商贸类热门专业相结合的产物，就业前景广阔。

外语类专业学习不只停留在词汇、语法、听力、写作等基本技能的训练,还特别强调对外国文化背景和历史传统的学习。外语类专业大多开设了外国文学史及文学作品选读,主要国家国情等课程,同时跳出学习单一语言的局限,拓宽口径,学习多国语言。

在学习外国语言的同时,研究世界各国的文学、历史、政治、经济、文化,以促进用这种语言进行国际文化、技术、经济等的交流。可以学习英语、日语、法语,也可以学习某种非通用语,如西班牙语、意大利语等。学习中,掌握和自如运用语言的能力是第一位的,从练习发音开始,到学习词法、语法等知识,最后要达到用外语阅读、演讲、讨论、翻译、写文章。对学习者的汉语语言能力要求也较高,同时对第二外国语的掌握也很必要。

050200T 桑戈语

桑戈语属尼日尔—科尔多瓦语系、尼日尔—刚果语族,尼日尔—刚果语族主要分支:西大西洋语支、曼迪语支、古尔语支、库阿语支。

▶ **新高考选考科目指引:**
本专业没有必须选考科目要求。

050201 英语

英语,作为当今世界事实上的国际社交语言,它取得的成功是史无前例的。从使用它的人口来说,以英语为母语的人数仅次于汉语而居世界第二位,大约有四亿人。然而以英语作为第二语言或者在一定程度上使用英语的人数,要远比这多得多,可以说分布在世界的各个角落、各个民族。

▶ **新高考选考科目指引:**
本专业没有必须选考科目要求。

▶ **培养目标:**
本专业培养具有较高的人文素养、熟练的英语语言技能、厚实的英语语言文学专业知识和其他相关专业知识,能在外事、教育、经贸、文化、科技、军事等部门熟练运用英语和本族语从事外事、翻译、教育、管理、研究等各种工作的英语专业人才。

▶ **培养要求:**
本专业的学生主要学习英语语言和文学方面的基本知识,兼学主要英语国家的文学、历史、哲学、政治、经济、艺术、法律等人文和社会科学知识,接受系统、科学的英语听、说、读、写、译等方面的基本技能训练,掌握英语口头表达和书面表达能力,与海内外人士进行跨文化交际的能力,使用计算机和网络技术不断获取知识的能力,掌握运用专业知识发现、分析、解决问题的综合能力,以及创造性思维能力和科学研究能力。

▶ **主干学科:**
外国语言文学、中国语言文学。

▶ **主要课程:**
1. 英语专业技能课程,包括基础英语、高级英语、语音、听力、口语、阅读、写作、口译、笔译等。
2. 英语专业知识课程,包括语言学导论、英语语音学、英语词汇学、英语文体学、报刊选读、英国文学选读、美国文学选读、学术论文写作、英语国家社会与文化、英语教学法、翻译理论与实践等。

英语专业技能课程的学时应不低于专业教育课程学时总量的40%,英语专业知识课程的学时应占专业教育学时总量的35%左右。

▶ **顶尖院校:**
北京外国语大学、南京大学、上海外国语大学和中山大学。

▶ **就业方向:**
本专业就业率高,毕业生能胜任英美澳等驻华各类外事机构和独资、合资、跨国公司等担任翻译、谈判、文秘、公关等工作,在新闻媒体、出版社、情报所中胜任编译、编辑、记者等工作。在涉外旅游业担任导游和管理工作,在中学、中专、职高、技校和英语语言培训中心与科研部门等从事教学和科研工作等。

▶ **未来可从事职业岗位:**
英语教师、课程顾问、英语翻译、外贸业务员、外贸跟单、外贸专员、销售助理、销售经理、销售工程师等。

▶ **就业热门行业:**
贸易/进出口、教育/培训/院校、互联网/电子商务、电子技术/半导体/集成电路、新能源、咨询、人力资源、财会、机械/设备/重工、计算机软件、汽车及零配件等。

▶ **就业热门城市:**
深圳、上海、北京、广州、东莞、杭州、厦门、武汉、苏州和宁波等。

050202 俄语

▶ **新高考选考科目指引:**
本专业没有必须选考科目要求。

▶ **培养目标:**
本专业培养具有较高人文素养、熟练的俄语语言技能、扎实的俄语语言文学专业知识和其他相关专业知识,能在相关部门和领域熟练运用俄语和母语从事翻译、外事、外贸、教育、管理、研究等各种工作的俄语专业人才。

▶ **培养要求:**
本专业的学生主要学习俄语语言和文学方面的基本知识,兼学有关历史、哲学、政治、艺术、社会学、经济学、管理学等人文和社会科学知识,接受系统的俄语听、说、读、写、译等方面的基本技能训练,具有良好的俄语口头及书面表达能力和跨文化交际能力,具有广阔的国际视野、较强的自主学习能力,具备使用计算机及网络技术和其他信息手段不断获取知识的能力,具有运用专业知识发现、分析、解决问题的综合能力,具有一定的创造性思维能力和科学研究能力。

>>> 主干学科:

外国语言文学、中国语言文学。

>>> 主要课程:

1. 俄语专业技能核心课程,包括基础俄语、高级俄语、语音、听力、口语、阅读、写作、口译、笔译等。专业技能课程学时数占专业教育课程学时数总量不少于40%。

2. 俄语专业知识核心课程,包括语言学导论、俄罗斯文学选读、学术论文写作、俄语词汇学、俄语语法学、俄语修辞学、翻译理论等。俄语专业知识课程学时数占专业教育课程学时数总量不少于35%。

>>> 顶尖院校:

黑龙江大学、上海外国语大学、北京外国语大学、广东外语外贸大学和北京师范大学。

>>> 就业方向:

毕业生适应国家机关、外交、外贸、出版、新闻、旅游等部门的口译、笔译工作及高等院校、科研单位的教学和科研工作。毕业生也可考取研究生,可分别在国家安全、边检、海关、金融、外贸、外企单位工作。

>>> 未来可从事职业岗位:

俄语教师、俄语翻译、俄语外贸业务员、俄语外贸专员、俄语销售等。

>>> 就业热门行业:

贸易/进出口、互联网/电子商务、机械/设备/重工、新能源、电子技术/半导体/集成电路、教育/培训/院校、文字媒体/出版、影视/媒体/艺术、文化传播、石油/化工/矿产/地质等。

>>> 就业热门城市:

深圳、北京、上海、广州、济南、杭州、厦门、青岛、武汉和天津等。

050203 德语

德语是德国、奥地利的官方语言,也是瑞士的四种官方语言之一(官方语还包括其他三种语言:法语、意大利语和罗曼什语)。它属于印欧语系下日耳曼语族下的西日耳曼语。德语共同标准语的形成可以追溯到德意志时代马丁·路德的圣经翻译。德语是1亿多人使用的母语。它最初在德国、奥地利、瑞士北部、列支敦士登、卢森堡、意大利的南提洛尔,比利时的一小部分地区,部分波兰地区和部分法国的阿尔萨斯地区内使用。另外,在这些国家的殖民地内,例如纳米比亚拥有大量的说德语的人口,在东欧的一些国家中,仍有少量说德语的少数民族。此外,中国的上海、北京、天津,苏联和罗马尼亚等国的德国移民区以及美国的宾夕法尼亚州等地也有少数人使用德语。

>>> 新高考选考科目指引:

本专业没有必须选考科目要求。

>>> 培养目标:

本专业培养具有扎实的德语语言基本功,比较系统的德语语言文学专业知识和比较广泛的其他相关专业知识,能在外交、外事、经贸、文化、新闻出版、教育、科研、旅游等部门熟练运用德语从事翻译、教学、研究和管理工作的德语专业人才。

>>> 培养要求:

本专业学生主要学习德语国家语言、文学、历史、政治、经济、外交、社会文化等方面的基本知识,接受德语听、说、读、写、译等方面良好的技能训练,掌握一定的科研方法,具有从事翻译、教学、研究、管理等工作较高的业务水平、较好的综合素质和较强的能力。

>>> 主干学科:

外国语言文学、中国语言文学。

>>> 主要课程:

1. 德语专业技能课程,包括基础德语、高级德语、听力、口语、阅读、写作、口译、笔译、视听等。

2. 德语专业知识课程,包括德语文学、德语语言学、德语国家社会文化、德语国家概况等。

德语专业技能课程的学时应不低于专业教育课程学时总量的60%,德语专业知识课程的学时应占专业教育学时总量的25%左右。

>>> 顶尖院校:

北京外国语大学和南京大学。

>>> 就业方向:

毕业生主要在国家机关、外事外贸单位及高等院校从事翻译、科研、外事、管理及教学等工作。

>>> 未来可从事职业岗位:

德语教师、德语翻译、德语客服、英语/德语客服文员、德语外贸业务员、德语销售、设备工程师等。

>>> 就业热门行业:

互联网/电子商务、贸易/进出口、教育/培训/院校、电子技术/半导体/集成电路、新能源、汽车及零配件、机械/设备/重工、咨询、人力资源、财会、文字媒体/出版等。

>>> 就业热门城市:

深圳、上海、北京、广州、武汉、杭州、厦门、苏州、宁波和南京等。

050204 法语

法语属于印欧语系罗曼语族,罗曼语族包括中部罗曼语(法语、意大利语、萨丁岛方言、加泰罗尼亚语等)、西部罗曼语(西班牙语、葡萄牙语等)与东部罗曼语(罗马尼亚语等)。是继西班牙文之后,使用人数最多的罗曼语言之一。法语是很多地区或组织的官方语言(例如联合国、欧洲联盟)。

法语是一种表音的文字,单词的含义大多是通过词根和词缀的组合来表达的。这一点和我们的中文有着明显的不同。

新高考选考科目指引：
本专业没有必须选考科目要求。

培养目标：
本专业培养具备丰富的法语语言、文学和文化知识，具有扎实的法语应用能力以及较高的综合人文素养，能在翻译、外事、外贸、教育、研究、管理等各个涉外领域从事相关工作的法语专业高级人才。

培养要求：
本专业学生主要学习法语语言、文学和法语国家和地区文化的基本知识，接受听、说、读、写、译等各方面的基本训练，掌握法语口头表达和书面表达能力，应用法语从事跨文化交际的基本能力。

主干学科：
外国语言文学、中国语言文学。

主要课程：
1. 法语专业技能课程，包括基础法语、高级法语、语音、听力、口语、阅读、写作、口译、笔译等，学时数占专业课程总学时数的40%左右。
2. 法语专业知识课程，指法语语言、文学、文化方面的知识性课程，包括法语语音学、词汇学、语法学、法国文学史与文学作品选读、法国和法语区国家概况等，学时数占专业总学时数的35%左右。

顶尖院校：
南京大学、浙江大学、广东外语外贸大学和上海外国语大学。

就业方向：
毕业生主要在国家机关、外事外贸单位、科研院所、涉外企业及高等院校从事教学、翻译、科研、外事、新闻出版、管理等工作。

未来可从事职业岗位：
法语教师、法语翻译、法语业务员、法语销售、法语客服等。

就业热门行业：
贸易/进出口、互联网/电子商务、新能源、教育/培训/院校、电子技术/半导体/集成电路、咨询、人力资源、财会、机械/设备/重工、文字媒体/出版、计算机软件等。

就业热门城市：
深圳、上海、北京、广州、武汉、杭州、厦门、宁波、青岛和成都等。

050205 西班牙语

新高考选考科目指引：
本专业没有必须选考科目要求。

培养目标：
本专业培养具有较高的人文素养、熟练的西班牙语语言技能、厚实的西班牙语语言文学专业知识和其他相关专业知识，能在外事、教育、经贸、文化、科技、军事等部门熟练运用西班牙语和本族语从事外事、翻译、教育、管理、研究等各种工作的德才兼备的西班牙语专业人才。

培养要求：
本专业的学生主要学习西班牙语语言学和文学方面的基本知识，兼学西班牙语国家的文化、历史、哲学、政治、经济、艺术、法律等人文和社会科学知识，接受系统、科学的西班牙语听、说、读、写、译等方面的基本技能训练，掌握西班牙语口头表达和书面表达能力，具有与海内外人士进行跨文化交际的能力，使用计算机及网络技术不断获取知识的能力，运用专业知识发现、分析、解决问题的综合能力，以及创造性思维能力和科学研究能力。

不同学校可根据社会需求和自身特点，设立不同的专业方向，如西班牙语+英语、西班牙语+国际贸易、西班牙语+国际关系、西班牙语+国际旅游等。

主干学科：
外国语言文学、中国语言文学。

主要课程：
1. 西班牙语专业技能课程，包括基础西班牙语、高级西班牙语、语音、听力、口语、阅读、写作、口译、笔译等。
2. 西班牙语专业知识课程，包括西班牙语语言学导论（语音、词汇、修辞等）、西班牙语语法、西班牙文学史及作品选读、拉美文学史及作品选读、西班牙文化导论、拉美文化导论、学术论文写作等。

西班牙语专业技能课程的学时应不低于专业教育课程学时总量的70%，西班牙语专业知识课程的学时应占专业教育课程学时总量的15%左右。

顶尖院校：
北京大学和北京外国语大学。

就业方向：
主要在外贸公司、旅游、外事、会展、文化、新闻、出版等部门从事管理、外销员、翻译、导游等工作。据数据显示，留学西班牙的学生中，毕业后就业主要以国际贸易、旅游和各类助理为主，60%~70%的留学生从事国际贸易岗位。有工作经验、专业知识丰富的西班牙语人才特别受西班牙企业的青睐，如有从事贸易的经验，对中国市场和西班牙市场比较熟悉，掌握商业运作模式的人才则更加抢手。

未来可从事职业岗位：
西班牙语翻译、西班牙语销售、西班牙语外贸业务员、外贸贸易专员助理、外贸专员、海外销售经理等。

就业热门行业：
贸易/进出口、互联网/电子商务、新能源、教育/培训/院校、机械/设备/重工、文字媒体/出版、影视/媒体/艺术/文化传播、汽车及零配件等。

▶ 就业热门城市：

深圳、广州、上海、北京、武汉、厦门、杭州、济南、宁波和青岛等。

050206 阿拉伯语

▶ 新高考选考科目指引：

本专业没有必须选考科目要求。

▶ 培养目标：

本专业培养具有较高的人文素养，比较熟练的阿拉伯语语言技能，基本的阿拉伯语语言文学、历史、文化专业知识和其他相关专业知识，能在外事、教育、经贸、文化、科技、军事等部门运用阿拉伯语、第二外语和本族语从事翻译、外事、管理、教育、研究等各种工作的阿拉伯语专业人才。

▶ 培养要求：

本专业的学生主要学习阿拉伯语语言和文学方面的基本知识，兼学主要阿拉伯语国家的文学、历史、哲学、政治、经济、艺术、法律等人文和社会科学知识，接受的阿拉伯语听、说、读、写、译等方面的基本技能训练，具备阿拉伯语口头表达和书面表达能力，与海内外人士进行跨文化交际的能力，使用计算机及网络技术不断获取知识的能力，运用专业知识发现、分析、解决问题的综合能力，以及创造性思维能力和科学研究能力。

▶ 主干学科：

外国语言文学、中国语言文学。

▶ 主要课程：

1. 阿拉伯语专业技能课程（指综合训练课程和各种阿拉伯语技能的单项训练课程），其中主要课程为基础阿拉伯语、高级阿拉伯语、语音、语法、听力、口语、阅读、写作、口译、笔译等。专业技能课程学时数不低于专业教育课程学时数总量的75%。

2. 阿拉伯语专业知识课程（指阿拉伯语语言、文学、历史、文化方面的课程），其中主要课程为阿拉伯文学、阿拉伯历史、阿拉伯伊斯兰文化、阿拉伯国家概况、学术论文写作等。阿拉伯语专业知识课程学时数占专业教育课程学时数总量的15%左右。

3. 相关专业知识课程（指与阿拉伯语专业相关的其他专业知识课程），即有关国际政治、国际经济与经贸、汉语语言文学、新闻传播、文化教育等领域的专业基础知识课程。不同学校可视条件和需要开设诸如外交学导论、国际关系概论、西方政治制度、国际法入门、语言学习理论、中国文化概论、古代汉语、现代汉语、传播学导论、国际贸易实务、经济学概论、国际金融概论、涉外企业管理概论、计算机应用等选修课程。此类课程的学时数占专业教育课程学时总量的10%左右。

▶ 顶尖院校：

上海外国语大学。

▶ 未来可从事职业岗位：

阿拉伯语翻译、阿拉伯语外贸业务员等。

▶ 就业热门行业：

贸易/进出口、互联网/电子商务、文字媒体/出版、教育/培训/院校、机械/设备/重工、新能源、影视/媒体/艺术/文化传播、电子技术/半导体/集成电路、咨询、人力资源、财会等。

▶ 就业热门城市：

深圳、上海、北京、广州、济南、厦门、杭州、青岛、石家庄和福州等。

050207 日语

▶ 新高考选考科目指引：

本专业没有必须选考科目要求。

▶ 培养目标：

本专业培养日语语言文学专业基础扎实、人文背景深厚、日语综合技能较强、能熟练运用日语从事外事、对日文化交流、教育、经贸、科技、军事等领域工作的应用型、研究型人才。

▶ 培养要求：

本专业对学生进行全面的语言技能训练，要求其在日语听、说、读、写、译等方面达到较高水平，同时要求学生学习日本的文学、文化、政治、经济、历史、社会等方面的基本知识，具备对日交流交际的实践能力，具有运用专业知识发现、分析以及解决问题的能力和科学研究能力，为学生毕业后适应各类工作岗位或进一步的学习研究打下基础。

▶ 主干学科：

外国语言文学、中国语言文学。

▶ 主要课程：

1. 日语专业技能课程，包括基础日语、高级日语、听力、会话、阅读、写作、口译、笔译等。

2. 日语专业知识课程，包括日本概况、日语概论、日本文学、日本文化、翻译理论等。

日语专业技能课程的学时应不低于专业教育课程学时总量的40%，日语专业知识课程的学时应占专业教育课程学时总量的35%左右。

▶ 顶尖院校：

北京外国语大学、上海外国语大学、上海交通大学、清华大学、山东大学、湖南大学、北京大学和东北大学。

▶ 就业方向：

毕业生主要在国家机关、高等院校、三资企业等单位从事对外交流、新闻出版、教学科研和翻译等工作。

▶ 未来可从事职业岗位：

日语教师、日语翻译、日语业务员、日语跟单等。

▶ 就业热门行业：

咨询、人力资源、财会、贸易/进出口、互联网/电子商务、电子技术/半导体/集成电路、计算机软件、中介服务、新能源、汽车及零配件、教育/培训/院校等。
▶ **就业热门城市：**
上海、深圳、广州、北京、大连、东莞、苏州、杭州、武汉和厦门等。

📖 050208 波斯语

▶ **新高考选考科目指引：**
本专业没有必须选考科目要求。
▶ **培养目标：**
本专业培养具备扎实的波斯语听、说、读、写、译基本技能，掌握对象国和地区的语言、文学、历史、政治、经济、文化、宗教、社会等相关知识，能从事外交、外经贸、文化交流、新闻出版、教育、科研等工作的德才兼备、具有国际视野的复合型人才。
▶ **培养要求：**
本专业要求学生扎实掌握波斯语语言和文学知识，了解对象国历史、社会、文化、宗教知识，以及政治、经济、外交状况，鼓励学生学习英语和相近专业语言、辅修第二学位；要求学生熟练掌握波斯语听、说、读、写、译的基本技能，具有较强的语言运用能力，掌握文献检索和资料查询的基本方法，具有较强的实际工作能力和初步的科学研究能力。
▶ **主干学科：**
外国语言文学、中国语言文学。
▶ **主要课程：**
基础波斯语、高级波斯语、波斯语口语、波斯语视听说、波斯语写作、波斯语语法、波斯语汉语互译、波斯文学史、伊朗文化等。
▶ **顶尖院校：**
上海外国语大学。
▶ **就业方向：**
各涉外部门：如外交部、使领馆、商务部、文化和旅游部、中联部、公安、海关、边检等；
大型国企、民企：如上海外经公司、中国航空进出口公司、中行等；
涉外传媒、科研教学单位：如新华社、中国国际广播电台、凤凰卫视、大专院校、社科院等。
▶ **就业热门行业：**
文字媒体/出版、教育/培训/院校、影视/媒体/艺术/文化传播、贸易/进出口、机械/设备/重工、仪器仪表/工业自动化、新能源、服装/纺织/皮革、互联网/电子商务、外包服务等。
▶ **就业热门城市：**
上海、广州、深圳、北京、宁波、成都、杭州、西安、济南和南京等。

📖 050209 朝鲜语

▶ **新高考选考科目指引：**
本专业没有必须选考科目要求。

▶ **培养目标：**
本专业培养具备扎实的朝鲜语听、说、读、写、译基本技能，掌握对象国和地区语言、文学、历史、政治、经济、文化、宗教、社会等相关知识，能从事外交、外经贸、文化交流、新闻出版、教育、科研等工作的德才兼备、具有国际视野的复合型人才。
▶ **培养要求：**
本专业要求学生扎实掌握朝鲜语语言和文学知识，了解朝鲜和韩国的历史、社会、文化、宗教知识，以及政治、经济、外交状况，鼓励学生学习英语和相近专业语言、辅修第二学位；要求学生熟练掌握朝鲜语听、说、读、写、译的基本技能，具有较强的语言运用能力，了解文献检索和资料查询的基本方法，具有较强的实际工作能力和初步的科学研究能力。
▶ **主干学科：**
主干学科：外国语言文学、中国语言文学。
▶ **主要课程：**
基础朝鲜语、高级朝鲜语、朝鲜语视听说、朝汉互译、朝鲜语语法、朝鲜文学作品选读、朝鲜半岛社会与文化、朝鲜文学史等。
▶ **顶尖院校：**
延边大学、山东大学、大连外国语大学和北京大学。
▶ **就业方向：**
毕业生适应国家机关、外事、外贸、出版、旅游等部门及外资、合资企业从事口译、笔译工作，还可从事大专院校及科研部门的教学和科研工作。

📖 050210 菲律宾语

▶ **新高考选考科目指引：**
本专业没有必须选考科目要求。
▶ **培养目标：**
本专业培养具备扎实的菲律宾语听、说、读、写、译基本技能，掌握对象国和地区语言、文学、历史、政治、经济、文化、宗教、社会等相关知识，能从事外交、外经贸、文化交流、新闻出版、教育、科研等工作的德才兼备、具有国际视野的复合型人才。
▶ **培养要求：**
本专业要求学生扎实掌握菲律宾语语言和文学知识，了解菲律宾历史、社会、文化、宗教知识，以及政治、经济、外交状况，鼓励学生学习英语和相近专业语言、辅修第二学位；要求学生熟练掌握菲律宾语听、说、读、写、译的基本技能，具有较强的语言运用能力，了解文献检索和资料查询的基本方法，具有较强的实际工作能力和初步的科学研究能力。
▶ **主干学科：**
外国语言文学、中国语言文学。
▶ **主要课程：**
基础菲律宾语、高级菲律宾语、菲律宾语视听说、菲汉互译、菲律宾语语法、菲律宾文化、东南亚文化、菲律宾文学史等。

▶▶ 顶尖院校：

北京大学。

▶▶ 未来可从事职业岗位：

菲律宾语翻译、销售代表、储备经理等。

050211 梵语巴利语

▶▶ 新高考选考科目指引：

本专业没有必须选考科目要求。

▶▶ 培养目标：

梵语巴利语专业注重培养学生的独立学术研究能力和对相关学术工具的使用技巧，培养学生初步具备独立处理相关研究课题的能力。本专业毕业生主要在社会科学研究院所以及高等院校从事学术研究。随着国家的发展，出版、新闻、教育领域对高级人才有越来越多的需要，本专业也为相关领域培养出德才兼备、知识丰富、勇于挑战的高素质人才。

▶▶ 培养要求：

本专业要求学生扎实掌握梵语巴利语语言和文学知识，广泛涉猎印度以及中亚历史、佛教史、宗教学、中国历史和文学等方面知识，鼓励学生学习英语和德语、辅修第二学位；要求学生熟练掌握历史比较语言学、语言学理论、哲学、印度及中亚历史、考古、宗教、文学、佛教文献学等学科的知识技能，具有较强的实际工作能力和初步的科学研究能力。

▶▶ 主干学科：

外国语言文学、中国语言文学。

▶▶ 主要课程：

基础梵语、巴利语、梵语文学作品选读、梵语佛教文献选读、梵语宗教哲学文献选读、德语、印度佛教史、印度哲学史、梵语文学史等。

▶▶ 顶尖院校：

北京大学。

050212 印度尼西亚语

▶▶ 新高考选考科目指引：

本专业没有必须选考科目要求。

▶▶ 培养目标：

本专业培养具备扎实的印度尼西亚语听、说、读、写、译基本技能，掌握对象国和地区语言、文学、历史、政治、经济、文化、宗教、社会等相关知识，能从事外交、外经贸、文化交流、新闻出版、教育、科研等工作的德才兼备、具有国际视野的复合型人才。

▶▶ 培养要求：

本专业要求学生扎实掌握印度尼西亚语语言和文学知识，了解印度尼西亚历史、社会、文化、宗教知识，以及政治、经济、外交状况，鼓励学生学习英语和相近专业语言、辅修第二学位；要求学生熟练掌握印度尼西亚语听、说、读、写、译的基本技能，具有较强的语言运用能力，了解文献检索和资料查询的基本方法，具有较强的实际工作能力和初步的科学研究能力。

▶▶ 主干学科：

外国语言文学、中国语言文学。

▶▶ 主要课程：

基础印尼语、高级印尼语、印尼语汉语互译、印尼语写作、印度尼西亚文化与社会、印度尼西亚文学史等。

▶▶ 顶尖院校：

云南民族大学。

▶▶ 未来可从事职业岗位：

印度尼西亚语翻译、外贸业务等。

050213 印地语

▶▶ 新高考选考科目指引：

本专业没有必须选考科目要求。

▶▶ 培养目标：

本专业培养具备扎实的印地语听、说、读、写、译基本技能，掌握对象国和地区语言、文学、历史、政治、经济、文化、宗教、社会等相关知识，能从事外交、外经贸、文化交流、新闻出版、教育、科研等工作的德才兼备、具有国际视野的复合型人才。

▶▶ 培养要求：

本专业要求学生扎实掌握印地语语言和文学知识，了解印度历史、社会、文化、宗教知识，以及政治、经济、外交状况，鼓励学生学习英语和相近专业语言、辅修第二学位；要求学生熟练掌握印地语听、说、读、写、译的基本技能，具有较强的语言运用能力，了解文献检索和资料查询的基本方法，具有较强的实际工作能力和初步的科学研究能力。

▶▶ 主干学科：

外国语言文学、中国语言文学。

▶▶ 主要课程：

印地语、印地语视听说、印地语报刊选读、印汉互译、印度文学、印度概况、印度宗教、印度历史、南亚文化、南亚现状等。

▶▶ 顶尖院校：

北京大学。

050214 柬埔寨语

▶▶ 新高考选考科目指引：

本专业没有必须选考科目要求。

▶▶ 培养目标：

本专业培养具备扎实的柬埔寨语听、说、读、写、译基本技能，掌握对象国和地区的语言、文学、历史、政治、经济、文化、宗教、社会等相关知识，能从事外交、外经贸、文化交流、新闻出版、教育、科研等工作的德才兼备、具有国际视野的复合型人才。

▶ 培养要求：

本专业要求学生扎实掌握柬埔寨语语言和文学知识，了解柬埔寨历史、社会、文化、宗教知识，以及政治、经济、外交状况，鼓励学生学习英语和相近专业语言、辅修第二学位；要求学生熟练掌握柬埔寨语听、说、读、写、译的基本技能，具有较强的语言运用能力，了解文献检索和资料查询的基本方法，具有较强的实际工作能力和初步的科学研究能力。

▶ 主干学科：

外国语言文学、中国语言文学。

▶ 主要课程：

基础柬埔寨语、高级柬埔寨语、柬埔寨语口语、柬埔寨语听力、柬埔寨语视听说、柬埔寨语汉语互译、文学作品选读、柬埔寨社会与文化等。

▶ 顶尖院校：

红河学院。

▶ 未来可从事职业岗位：

柬埔寨语翻译、柬埔寨中文在线客服推广等。

050215 老挝语

▶ 新高考选考科目指引：

本专业没有必须选考科目要求。

▶ 培养目标：

本专业培养具备扎实的老挝语听、说、读、写、译基本技能，掌握对象国和地区语言、文学、历史、政治、经济、文化、宗教、社会等相关知识，能从事外交、外经贸、文化交流、新闻出版、教育、科研等工作的德才兼备、具有国际视野的复合型人才。

▶ 培养要求：

本专业要求学生扎实掌握老挝语语言、文学知识，了解老挝历史、社会、文化、宗教知识，以及政治、经济、外交状况，鼓励学生学习英语和相近专业语言、辅修第二学位；要求学生熟练掌握老挝语听、说、读、写、译的基本技能，具有较强的语言运用能力，了解文献检索和资料查询的基本方法，具有较强的实际工作能力和初步的科学研究能力。

▶ 主干学科：

外国语言文学、中国语言文学。

▶ 主要课程：

基础老挝语、高级老挝语、老挝语口语、老挝语视听说、老挝语汉语互译、老挝语写作、老挝社会与文化、老挝文学史及文学作品选读等。

▶ 顶尖院校：

云南民族大学和云南师范大学。

▶ 未来可从事职业岗位：

老挝语翻译、销售工程师等。

050216 缅甸语

▶ 新高考选考科目指引：

本专业没有必须选考科目要求。

▶ 培养目标：

本专业培养具备扎实的缅甸语听、说、读、写、译基本技能，掌握对象国和地区语言、文学、历史、政治、经济、文化、宗教、社会等相关知识，能从事外交、外经贸、文化交流、新闻出版、教育、科研等工作的德才兼备、具有国际视野的复合型人才。

▶ 培养要求：

本专业要求学生扎实掌握缅甸语语言和文学知识，了解缅甸历史、社会、文化、宗教知识，以及政治、经济、外交状况，鼓励学生学习英语和相近专业语言、辅修第二学位；要求学生熟练掌握缅甸语听、说、读、写、译的基本技能，具有较强的语言运用能力，了解文献检索和资料查询的基本方法，具有较强的实际工作能力和初步的科学研究能力。

▶ 主干学科：

外国语言文学、中国语言文学。

▶ 主要课程：

基础缅甸语、高级缅甸语、缅甸语视听说、缅甸语口语、缅汉互译、缅甸社会与文化、缅甸历史等。

▶ 顶尖院校：

北京大学。

▶ 未来可从事职业岗位：

缅甸语翻译、销售工程师等。

050217 马来语

▶ 新高考选考科目指引：

本专业没有必须选考科目要求。

▶ 培养目标：

本专业培养具备扎实的马来语听、说、读、写、译基本技能，掌握对象国和地区语言、文学、历史、政治、经济、文化、宗教、社会等相关知识，能从事外交、外经贸、文化交流、新闻出版、教育、科研等工作的德才兼备、具有国际视野的复合型人才。

▶ 培养要求：

本专业要求学生扎实掌握马来语语言和文学知识，了解马来语地区历史、社会、文化、宗教知识，以及政治、经济、外交状况，鼓励学生学习英语和相近专业语言、辅修第二学位；要求学生熟练掌握马来语听、说、读、写、译的基本技能，具有较强的语言运用能力，了解文献检索和资料查询的基本方法，具有较强的实际工作能力和初步的科学研究能力。

▶ 主干学科：

外国语言文学、中国语言文学。

▶ 主要课程：

基础马来语、高级马来语、马来语口语、马来语视听说、马来语写作、马来语语法、马来语汉语互译、马来西亚国情文化、马来文学、马来西亚历史等。

▶▶ 顶尖院校：

云南民族大学。

▶▶ 未来可从事职业岗位：

马来语翻译、销售代表、外贸业务员、海外置业顾问等。

📖 050218 蒙古语

▶▶ 新高考选考科目指引：

本专业没有必须选考科目要求。

▶▶ 培养目标：

本专业培养具备扎实的蒙古语听、说、读、写、译基本技能，掌握对象国和地区语言、文学、历史、政治、经济、文化、宗教、社会等相关知识，能从事外交、外经贸、文化交流、新闻出版、教育、科研等工作的德才兼备、具有国际视野的复合型人才。

▶▶ 培养要求：

本专业要求学生扎实掌握蒙古语语言和文学知识，了解蒙古历史、社会、文化、宗教知识，以及政治、经济、外交状况，鼓励学生学习英语、俄语和相近专业语言、辅修第二学位；要求学生熟练掌握蒙古语听、说、读、写、译的基本技能，具有较强的语言运用能力，了解文献检索和资料查询的基本方法，具有较强的实际工作能力和初步的科学研究能力。

▶▶ 主干学科：

外国语言文学、中国语言文学。

▶▶ 主要课程：

基础蒙古语、高级蒙古语、蒙古语语法、蒙古语视听说、蒙汉互译、蒙古文学史、蒙古文化、蒙古民间文学、蒙古国宗教等。

▶▶ 顶尖院校：

内蒙古大学。

▶▶ 未来可从事职业岗位：

蒙古语翻译、销售代表、销售经理、市场专员、销售工程师等。

📖 050219 僧伽罗语

▶▶ 新高考选考科目指引：

本专业没有必须选考科目要求。

▶▶ 培养目标：

本专业培养具备扎实的僧伽罗语听、说、读、写、译基本技能，掌握对象国和地区语言、文学、历史、政治、经济、文化、宗教、社会等相关知识，能从事外交、外经贸、文化交流、新闻出版、教育、科研等工作的德才兼备、具有国际视野的复合型人才。

▶▶ 培养要求：

本专业要求学生扎实掌握僧伽罗语语言和文学知识，了解斯里兰卡历史、社会、文化、宗教知识以及政治、经济、外交状况，鼓励学生学习英语和相近专业语言、辅修第二学位；要求学生熟练掌握僧伽罗语听、说、读、写、译的基本技能，具有较强的语言运用能力，了解文献检索和资料查询的基本方法，具有较强的实际工作能力和初步的科学研究能力。

▶▶ 主干学科：

外国语言文学、中国语言文学。

▶▶ 主要课程：

基础僧伽罗语、高级僧伽罗语、僧伽罗语口语、僧伽罗语语法、僧伽罗语视听说、僧伽罗语汉语互译、僧伽罗语写作、文学选读等。

▶▶ 顶尖院校：

北京外国语大学。

📖 050220 泰语

▶▶ 新高考选考科目指引：

本专业没有必须选考科目要求。

▶▶ 培养目标：

本专业培养具备扎实的泰语听、说、读、写、译基本技能，掌握对象国和地区语言、文学、历史、政治、经济、文化、宗教、社会等相关知识，能从事外交、外经贸、文化交流、新闻出版、教育、科研等工作的德才兼备、具有国际视野的复合型人才。

▶▶ 培养要求：

本专业要求学生扎实掌握泰语语言和文学知识，了解泰国历史、社会、文化、宗教知识，以及政治、经济、外交状况，鼓励学生学习英语和相近专业语言、辅修第二学位；要求学生熟练掌握泰语听、说、读、写、译的基本技能，具有较强的语言运用能力，了解文献检索和资料查询的基本方法，具有较强的实际工作能力和初步的科学研究能力。

▶▶ 主干学科：

外国语言文学、中国语言文学。

▶▶ 主要课程：

基础泰语、高级泰语、泰语听力、泰语视听说、泰语写作、泰语语法、泰语汉语互译、泰国文学、泰国社会与文化等课程。

▶▶ 顶尖院校：

北京外国语大学和上海外国语大学。

▶▶ 未来可从事职业岗位：

泰语教师、泰语翻译、外贸业务员、泰语客服专员等。

📖 050221 乌尔都语

▶▶ 新高考选考科目指引：

本专业没有必须选考科目要求。

▶▶ 培养目标：

本专业培养具备扎实的乌尔都语听、说、读、写、译基本技能，掌握对象国和地区语言、文学、历史、政治、经济、文化、宗教、社会等相关知识,能从事外交、外经贸、文化交流、新闻出版、教育、科研等工作的德才兼备、具有国际视野的复合型人才。

培养要求:

本专业要求学生扎实掌握乌尔都语语言和文学知识,了解巴基斯坦、印度相关历史、社会、文化、宗教知识,以及巴基斯坦政治、经济、外交状况,鼓励学生学习英语和相近专业语言、辅修第二学位;要求学生熟练掌握乌尔都语听、说、读、写、译的基本技能,具有较强的语言运用能力,了解文献检索和资料查询的基本方法,具有较强的实际工作能力和初步的科学研究能力。

主干学科:

外国语言文学、中国语言文学。

主要课程:

基础乌尔都语、乌尔都语口语、乌尔都语听力、乌尔都语汉语互译、巴基斯坦文化、南亚伊斯兰文化概述、印度文学、印度宗教等。

顶尖院校:

北京大学。

050222 希伯来语

新高考选考科目指引:

本专业没有必须选考科目要求。

培养目标:

本专业培养具备扎实的希伯来语听、说、读、写、译基本技能,掌握对象国和地区语言、文学、历史、政治、经济、文化、宗教、社会等相关知识,能从事外交、外经贸、文化交流、新闻出版、教育、科研等工作的德才兼备、具有国际视野的复合型人才。

培养要求:

本专业要求学生扎实掌握希伯来语语言和文学知识,了解以色列历史、社会、文化、宗教知识,以及政治、经济、外交状况,鼓励学生学习英语和相近专业语言、辅修第二学位;要求学生熟练掌握希伯来语听、说、读、写、译的基本技能,具有较强的语言运用能力,了解文献检索和资料查询的基本方法,具有较强的实际工作能力和初步的科学研究能力。

主干学科:

外国语言文学、中国语言文学。

主要课程:

基础希伯来语、高级希伯来语、希伯来语视听说、希伯来语口语、圣经希伯来语、希伯来语汉语互译、犹太历史、以色列当代史等。

顶尖院校:

上海外国语大学。

就业方向:

外事、经贸、文化、新闻出版、教育、科研、旅游等部门。

050223 越南语

新高考选考科目指引:

本专业没有必须选考科目要求。

培养目标:

本专业培养具备扎实的越南语听、说、读、写、译基本技能,掌握对象国和地区语言、文学、历史、政治、经济、文化、宗教、社会等相关知识,能从事外交、外经贸、文化交流、新闻出版、教育、科研等工作的德才兼备、具有国际视野的复合型人才。

培养要求:

本专业要求学生扎实掌握越南语语言和文学知识,了解越南历史、社会、文化、宗教知识,以及政治、经济、外交状况,鼓励学生学习英语和相近专业语言、辅修第二学位;要求学生熟练掌握越南语听、说、读、写、译的基本技能,具有较强的语言运用能力,了解文献检索和资料查询的基本方法,具有较强的实际工作能力和初步的科学研究能力。

主干学科:

外国语言文学、中国语言文学。

主要课程:

基础越南语、高级越南语、越南语视听说、越南语口语、越汉互译、越南语写作、越南文学作品选读、越南社会与文化等。

顶尖院校:

广西大学和云南农业大学。

未来可从事职业岗位:

越南语翻译、销售代表、外贸业务员等。

050224 豪萨语

新高考选考科目指引:

本专业没有必须选考科目要求。

培养目标:

本专业培养具备扎实的豪萨语听、说、读、写、译基本技能,掌握对象国和地区语言、文学、历史、政治、经济、文化、宗教、社会等相关知识,能从事外交、外经贸、文化交流、新闻出版、教育、科研等工作的德才兼备、具有国际视野的复合型人才。

培养要求:

本专业要求学生扎实掌握豪萨语语言和文学知识,了解语言对象国的历史、社会、文化、宗教知识,以及政治、经济、外交状况,鼓励学生学习英语和相近专业语言、辅修第二学位;要求学生熟练掌握豪萨语听、说、读、写、译的基本技能,具有较强的语言运用能力,了解文献检索和资料查询的基本方法,具有较强的实际工作能力和初步的科学研究能力。

主干学科:

外国语言文学、中国语言文学。

主要课程:

基础豪萨语、高级豪萨语、豪萨语口语、豪萨语听力、豪汉互译、豪萨语文学、尼日利亚概况等。
> **顶尖院校：**
北京外国语大学。

050225 斯瓦希里语
> **新高考选考科目指引：**
本专业没有必须选考科目要求。
> **培养目标：**
本专业培养具备扎实的斯瓦希里语听、说、读、写、译基本技能，掌握对象国和地区语言、文学、历史、政治、经济、文化、宗教、社会等相关知识，能从事外交、外经贸、文化交流、新闻出版、教育、科研等工作的德才兼备、具有国际视野的复合型人才。
> **培养要求：**
本专业要求学生扎实掌握斯瓦希里语语言和文学知识，了解斯瓦希里语地区的历史、社会、文化、宗教知识，以及政治、经济、外交状况，鼓励学生学习英语和相近专业语言、辅修第二学位；要求学生熟练掌握斯瓦希里语听、说、读、写、译的基本技能，具有较强的语言运用能力，掌握文献检索和资料查询的基本方法，具有较强的实际工作能力和初步的科学研究能力。
> **主干学科：**
外国语言文学、中国语言文学。
> **主要课程：**
基础斯瓦希里语、高级斯瓦希里语、斯瓦希里语语法、斯瓦希里语写作、斯瓦希里语视听说、斯瓦希里语汉语互译、文学选读等。
> **顶尖院校：**
天津外国语大学。

050226 阿尔巴尼亚语
> **新高考选考科目指引：**
本专业没有必须选考科目要求。
> **培养目标：**
本专业培养具备扎实的阿尔巴尼亚语听、说、读、写、译基本技能，掌握对象国和地区语言、文学、历史、政治、经济、文化、宗教、社会等相关知识，能从事外交、外经贸、文化交流、新闻出版、教育、科研等工作的德才兼备、具有国际视野的复合型人才。
> **培养要求：**
本专业要求学生扎实掌握阿尔巴尼亚语语言和文学知识，了解阿尔巴尼亚的历史、社会、文化、宗教知识，以及政治、经济、外交状况，鼓励学生学习英语和相近专业语言、辅修第二学位；要求学生熟练掌握阿尔巴尼亚语听、说、读、写、译的基本技能，具有较强的语言运用能力，了解文献检索和资料查询的基本方法，具有较强的实际工作能力和初步的科学研究能力。
> **主干学科：**
外国语言文学、中国语言文学。
> **主要课程：**
基础阿尔巴尼亚语、高级阿尔巴尼亚语、阿尔巴尼亚语视听说、阿尔巴尼亚语汉语互译、阿尔巴尼亚语写作、阿尔巴尼亚社会与文化等。
> **顶尖院校：**
北京外国语大学。

050227 保加利亚语
> **新高考选考科目指引：**
本专业没有必须选考科目要求。
> **培养目标：**
本专业培养具备扎实的保加利亚语听、说、读、写、译基本技能，掌握对象国和地区语言、文学、历史、政治、经济、文化、宗教、社会等相关知识，能从事外交、外经贸、文化交流、新闻出版、教育、科研等工作的德才兼备、具有国际视野的复合型人才。
> **培养要求：**
本专业要求学生扎实掌握保加利亚语语言和文学知识，了解保加利亚的历史、社会、文化、宗教知识，以及政治、经济、外交状况，鼓励学生学习英语和相近专业语言、辅修第二学位；要求学生熟练掌握保加利亚语听、说、读、写、译的基本技能，具有较强的语言运用能力，了解文献检索和资料查询的基本方法，具有较强的实际工作能力和初步的科学研究能力。
> **主干学科：**
外国语言文学、中国语言文学。
> **主要课程：**
基础保加利亚语、高级保加利亚语、保加利亚语视听、保加利亚语口语、保加利亚语写作、保加利亚语语法、保汉互译、保加利亚文学史和文学作品选读、保加利亚社会与文化等。
> **顶尖院校：**
北京外国语大学。

050228 波兰语
> **新高考选考科目指引：**
本专业没有必须选考科目要求。
> **培养目标：**
本专业培养具备扎实的波兰语听、说、读、写、译基本技能，掌握对象国和地区语言、文学、历史、政治、经济、文化、宗教、社会等相关知识，能从事外交、外经贸、文化交流、新闻出版、教育、科研等工作的德才兼备、具有国际视野的复合型人才。
> **培养要求：**
本专业要求学生扎实掌握波兰语语言和文学知识，了解波兰历史、社会、文化、宗教知识，以及政治、经济、外交状况，鼓励学生学习俄语、英语和相近专业语言、辅修第二学位；要求学生熟练掌握波兰语听、说、读、写、译的基本技能，具有较

强的语言运用能力，了解文献检索和资料查询的基本方法，具有较强的实际工作能力和初步的科学研究能力。

主干学科：
外国语言文学、中国语言文学。

主要课程：
基础波兰语、高级波兰语、波兰语会话、波兰语语法、波兰语视听说、波兰语汉语互译、波兰语写作、波兰历史与文化、波兰文学史、波兰社会与文化等。

顶尖院校：
哈尔滨师范大学。

050229 捷克语

新高考选考科目指引：
本专业没有必须选考科目要求。

培养目标：
本专业培养具备扎实的捷克语听、说、读、写、译基本技能，掌握对象国和地区语言、文学、历史、政治、经济、文化、宗教、社会等相关知识，能从事外交、外经贸、文化交流、新闻出版、教育、科研等工作的德才兼备、具有国际视野的复合型人才。

培养要求：
本专业要求学生扎实掌握捷克语语言、文学知识，了解捷克历史、社会、文化、宗教知识，以及政治、经济、外交状况，鼓励学生学习英语、俄语和相近专业语言、辅修第二学位；要求学生熟练掌握捷克语听、说、读、写、译的基本技能，具有较强的语言运用能力，了解文献检索和资料查询的基本方法，具有较强的实际工作能力和初步的科学研究能力。

主干学科：
外国语言文学、中国语言文学。

主要课程：
基础捷克语、高级捷克语、捷克语视听、捷克语口语、捷克语基础语法、捷汉互译、捷克文学、捷克历史等。

顶尖院校：
北京外国语大学。

050230 斯洛伐克语

新高考选考科目指引：
本专业没有必须选考科目要求。

培养目标：
本专业培养具备扎实的斯洛伐克语听、说、读、写、译基本技能，掌握对象国和地区语言、文学、历史、政治、经济、文化、宗教、社会等相关知识，能从事外交、外经贸、文化交流、新闻出版、教育、科研等工作的德才兼备、具有国际视野的复合型人才。

培养要求：
本专业要求学生扎实掌握斯洛伐克语语言和文学知识，了解斯洛伐克的历史、社会、文化、宗教知识，以及政治、经济、外交状况，鼓励学生学习英语、俄语和相近专业语言、辅修第二学位；要求学生熟练掌握斯洛伐克语听、说、读、写、译的基本技能，具有较强的语言运用能力，了解文献检索和资料查询的基本方法，具有较强的实际工作能力和初步的科学研究能力。

主干学科：
外国语言文学、中国语言文学。

主要课程：
基础斯洛伐克语、高级斯洛伐克语、斯洛伐克语视听、斯汉互译、斯洛伐克社会与文化、斯洛伐克文学、斯洛伐克历史等。

顶尖院校：
北京外国语大学。

050231 罗马尼亚语

新高考选考科目指引：
本专业没有必须选考科目要求。

培养目标：
本专业培养具备扎实的罗马尼亚语听、说、读、写、译基本技能，掌握对象国和地区语言、文学、历史、政治、经济、文化、宗教、社会等相关知识，能从事外交、外经贸、文化交流、新闻出版、教育、科研等工作的德才兼备、具有国际视野的复合型人才。

培养要求：
本专业要求学生扎实掌握罗马尼亚语语言、文学知识，了解罗马尼亚历史、社会、文化、宗教知识，以及政治、经济、外交状况，鼓励学生学习英语、俄语和相近专业语言、辅修第二学位；要求学生熟练掌握罗马尼亚语听、说、读、写、译的基本技能，具有较强的语言运用能力，了解文献检索和资料查询的基本方法，具有较强的实际工作能力和初步的科学研究能力。

主干学科：
外国语言文学、中国语言文学。

主要课程：
基础罗马尼亚语、高级罗马尼亚语、罗马尼亚语视听说、罗马尼亚语汉语互译、罗马尼亚社会与文化、罗马尼亚语高年级文选、罗马尼亚文学、罗马尼亚语写作等。

顶尖院校：
北京外国语大学。

050232 葡萄牙语

新高考选考科目指引：
本专业没有必须选考科目要求。

培养目标：
本专业培养具备扎实的葡萄牙语听、说、读、写、译基本技能，掌握对象国和地区语言、文学、历史、政治、经济、文化、宗教、社会等相关知识，能从事外交、外经贸、文化交流、新闻出版、教育、科研等工作的德才兼备、具有国际视野的复合型人才。

▶ **培养要求：**

本专业要求学生扎实掌握葡萄牙语语言和文学知识，了解葡萄牙语地区的历史、社会、文化、宗教知识，以及政治、经济、外交状况，鼓励学生学习英语和相近专业语言、辅修第二学位；要求学生熟练掌握葡萄牙语听、说、读、写、译的基本技能，具有较强的语言运用能力，了解文献检索和资料查询的基本方法，具有较强的实际工作能力和初步的科学研究能力。

▶ **主干学科：**

外国语言文学、中国语言文学。

▶ **主要课程：**

基础葡萄牙语、高级葡萄牙语、葡萄牙语汉语互译、葡萄牙语系统语法、葡萄牙语写作、葡萄牙历史、葡萄牙文学史、葡语国家文化等。

▶ **顶尖院校：**

北京外国语大学和北京语言大学。

▶ **未来可从事职业岗位：**

葡萄牙语翻译、葡萄牙语销售、葡萄牙语外贸业务员、海外销售经理、海外销售工程师、外贸贸易专员助理、外贸贸易经理等。

050233 瑞典语

▶ **新高考选考科目指引：**

本专业没有必须选考科目要求。

▶ **培养目标：**

本专业培养具备扎实的瑞典语听、说、读、写、译基本技能，掌握对象国和地区语言、文学、历史、政治、经济、文化、宗教、社会等相关知识，能从事外交、外经贸、文化交流、新闻出版、教育、科研等工作的德才兼备、具有国际视野的复合型人才。

▶ **培养要求：**

本专业要求学生扎实掌握瑞典语语言和文学知识，了解瑞典的历史、社会、文化、宗教知识以及政治、经济、外交状况，鼓励学生学习英语和相近专业语言、辅修第二学位；要求学生熟练掌握瑞典语听、说、读、写、译的基本技能，具有较强的语言运用能力，了解文献检索和资料查询的基本方法，具有较强的实际工作能力和初步的科学研究能力。

▶ **主干学科：**

外国语言文学、中国语言文学。

▶ **主要课程：**

基础瑞典语、高级瑞典语、瑞典语视听说、瑞典语语法、瑞典语社会与文化、瑞典文学选读、瑞典文学史等。

▶ **顶尖院校：**

北京外国语大学。

▶ **未来可从事职业岗位：**

瑞典语翻译、销售工程师等。

050234 塞尔维亚语

▶ **新高考选考科目指引：**

本专业没有必须选考科目要求。

▶ **培养目标：**

本专业培养具备扎实的塞尔维亚语听、说、读、写、译基本技能，掌握对象国和地区语言、文学、历史、政治、经济、文化、宗教、社会等相关知识，能从事外交、外经贸、文化交流、新闻出版、教育、科研等工作的德才兼备、具有国际视野的复合型人才。

▶ **培养要求：**

本专业要求学生扎实掌握塞尔维亚语语言和文学知识，了解塞尔维亚的历史、社会、文化、宗教知识，以及政治、经济、外交状况，鼓励学生学习英语和相近专业语言、辅修第二学位；要求学生熟练掌握塞尔维亚语听、说、读、写、译的基本技能，具有较强的语言运用能力，了解文献检索和资料查询的基本方法，具有较强的实际工作能力和初步的科学研究能力。

▶ **主干学科：**

外国语言文学、中国语言文学。

▶ **主要课程：**

基础塞尔维亚语、高级塞尔维亚语、塞尔维亚语视听说、塞尔维亚语汉语互译、塞尔维亚语写作、塞尔维亚历史、前南地区社会与文化等。

▶ **顶尖院校：**

北京外国语大学。

050235 土耳其语

▶ **新高考选考科目指引：**

本专业没有必须选考科目要求。

▶ **培养目标：**

本专业培养具备扎实的土耳其语听、说、读、写、译基本技能，掌握对象国和地区语言、文学、历史、政治、经济、文化、宗教、社会等相关知识，能从事外交、外经贸、文化交流、新闻出版、教育、科研等工作的德才兼备、具有国际视野的复合型人才。

▶ **培养要求：**

本专业要求学生扎实掌握土耳其语语言和文学知识，了解土耳其的历史、社会、文化、宗教知识，以及政治、经济、外交状况，鼓励学生学习英语和相近专业语言、辅修第二学位；要求学生熟练掌握土耳其语听、说、读、写、译的基本技能，具有较强的语言运用能力，了解文献检索和资料查询的基本方法，具有较强的实际工作能力和初步的科学研究能力。

主干学科：
外国语言文学、中国语言文学。
主要课程：
基础土耳其语、高级土耳其语、土耳其语视听说、土汉互译、土耳其语语法、土耳其文学、土耳其社会与文化、突厥史等。
顶尖院校：
北京外国语大学。
未来可从事职业岗位：
各语种翻译、外贸业务员、区域销售代表等。

050236 希腊语
新高考选考科目指引：
本专业没有必须选考科目要求。
培养目标：
本专业培养具备扎实的希腊语听、说、读、写、译基本技能，掌握对象国和地区语言、文学、历史、政治、经济、文化、宗教、社会等相关知识，能从事外交、外经贸、文化交流、新闻出版、教育、科研等工作的德才兼备、具有国际视野的复合型人才。
培养要求：
本专业要求学生扎实掌握希腊语语言和文学知识，了解希腊历史、社会、文化、宗教知识，以及政治、经济、外交状况，鼓励学生学习英语和相近专业语言、辅修第二学位；要求学生熟练掌握希腊语听、说、读、写、译的基本技能，具有较强的语言运用能力，了解文献检索和资料查询的基本方法，具有较强的实际工作能力和初步的科学研究能力。
主干学科：
外国语言文学、中国语言文学。
主要课程：
基础希腊语、高级希腊语、希腊语汉语互译、希腊语系统语法、希腊语写作、希腊语视听说、希腊现代文学史、希腊现代文学作品选读、希腊神话等。
顶尖院校：
上海外国语大学。

050237 匈牙利语
新高考选考科目指引：
本专业没有必须选考科目要求。
培养目标：
本专业培养具备扎实的匈牙利语听、说、读、写、译基本技能，掌握对象国和地区语言、文学、历史、政治、经济、文化、宗教、社会等相关知识，能从事外交、外经贸、文化交流、新闻出版、教育、科研等工作的德才兼备、具有国际视野的复合型人才。
培养要求：
本专业要求学生扎实掌握匈牙利语语言和文学知识，了解匈牙利的历史、社会、文化、宗教知识，以及政治、经济、外交状况，鼓励学生学习英语、俄语和相近专业语言、辅修第二学位；要求学生熟练掌握匈牙利语听、说、读、写、译的基本技能，具有较强的语言运用能力，了解文献检索和资料查询的基本方法，具有较强的实际工作能力和初步的科学研究能力。
主干学科：
外国语言文学、中国语言文学。
主要课程：
基础匈牙利语、高级匈牙利语、匈牙利语视听说、匈牙利语写作、匈汉互译、匈牙利文学、匈牙利历史、匈牙利社会与文化等。
顶尖院校：
北京外国语大学。

050238 意大利语
新高考选考科目指引：
本专业没有必须选考科目要求。
培养目标：
本专业培养具备扎实的意大利语听、说、读、写、译基本技能，掌握对象国和地区语言、文学、历史、政治、经济、文化、宗教、社会等相关知识，能从事外交、外经贸、文化交流、新闻出版、教育、科研等工作的德才兼备、具有国际视野的复合型人才。
培养要求：
本专业要求学生扎实掌握意大利语语言和文学知识，了解意大利的历史、社会、文化、宗教知识，以及政治、经济、外交状况，鼓励学生学习英语和相近专业语言、辅修第二学位；要求学生熟练掌握意大利语听、说、读、写、译的基本技能，具有较强的语言运用能力，了解文献检索和资料查询的基本方法，具有较强的实际工作能力和初步的科学研究能力。
主干学科：
外国语言文学、中国语言文学。
主要课程：
基础意大利语、高级意大利语、意大利语视听说、意汉互译、意大利语写作、意大利文学、意大利历史、意大利社会与文化等。
就业方向：
在各级政府机关、对外传播部门（电视台、广播电台、报社、通讯社等）、大型国企外企公司、国外媒体在华机构等。
顶尖院校：
北京外国语大学。

未来可从事职业岗位：
意大利语翻译、意大利语销售、外贸业务员等。

050239 泰米尔语

新高考选考科目指引：
本专业没有必须选考科目要求。

培养目标：
本专业培养具备扎实的泰米尔语听、说、读、写、译基本技能，掌握对象国和地区语言、文学、历史、政治、经济、文化、宗教、社会等相关知识，能从事外交、外经贸、文化交流、新闻出版、教育、科研等工作的德才兼备、具有国际视野的复合型人才。

培养要求：
本专业要求学生扎实掌握泰米尔语语言和文学知识，了解印度和泰米尔语地区的历史、社会、文化、宗教知识，以及政治、经济、外交状况，鼓励学生学习英语和相近专业语言，辅修第二学位；要求学生熟练掌握泰米尔语听、说、读、写、译的基本技能，具有较强的语言运用能力，了解文献检索和资料查询的基本方法，具有较强的实际工作能力和初步的科学研究能力。

主干学科：
外国语言文学、中国语言文学。

主要课程：
基础泰米尔语、高级泰米尔语、泰米尔语会话、泰米尔语汉语互译、泰米尔语视听说、泰米尔语高级听力、泰米尔语写作、泰米尔语国家社会与文化等。

顶尖院校：
中国传媒大学。

050240 普什图语

新高考选考科目指引：
本专业没有必须选考科目要求。

培养目标：
本专业培养具备扎实的普什图语听、说、读、写、译基本技能，掌握对象国和地区语言、文学、历史、政治、经济、文化、宗教、社会等相关知识，能从事外交、外经贸、文化交流、新闻出版、教育、科研等工作的德才兼备、具有国际视野的复合型人才。

培养要求：
本专业要求学生扎实掌握普什图语语言和文学知识，了解对象国和地区的历史、社会、文化、宗教知识，以及政治、经济、外交状况，鼓励学生学习英语、波斯语和相近专业语言，辅修第二学位；要求学生熟练掌握普什图语听、说、读、写、译的基本技能，具有较强的语言运用能力，了解文献检索和资料查询的基本方法，具有较强的实际工作能力和初步的科学研究能力。

主干学科：
外国语言文学、中国语言文学。

主要课程：
基础普什图语、高级普什图语、普什图语视听说、普什图语口语、普什图语汉语互译、普什图语写作、普什图语高级视听、普什图语文学选读、普什图语国家社会与文化等。

顶尖院校：
中国传媒大学。

050241 世界语

新高考选考科目指引：
本专业没有必须选考科目要求。

培养目标：
本专业培养具备扎实的世界语听、说、读、写、译基本技能，掌握相关的语言、文学、文化等基础知识，能从事外交、外经贸、文化交流、新闻出版、教育、科研等工作的德才兼备、具有国际视野的复合型人才。

培养要求：
本专业学生主要学习世界语，熟练掌握听、说、读、写、译语言技能；掌握运用世界语和本族语的专业知识，发现、分析、解决问题的方法，以及创新性思维和科学研究的方法；对使用世界语的国家和地区的社会现状、历史文化、政治经济等有较为深入的了解，对中国文化有较为深刻的理解和认知，对世界文化有较为全面的了解；具有熟练运用世界语与海外人士进行口笔语交流和跨文化交际(传播)的能力，强调对学生综合能力的培养。根据世界语的实际情况，本专业在主修世界语的同时，也注重培养和提升学生的英语语言能力，要求学生具有较高的世界语及英语双语实际应用水平。

主干学科：
外国语言文学、中国语言文学。

主要课程：
基础世界语、高级世界语、世界语视听说、世界语汉语互译、中国文学、中国历史等。

顶尖院校：
中国传媒大学。

050242 孟加拉语

新高考选考科目指引：
本专业没有必须选考科目要求。

培养目标：
本专业培养具备扎实的孟加拉语听、说、读、写、译基本技能，掌握对象国和地区的语言、文学、历史、政治、经济、文化、宗教、社会等相关知识，能从事外交、外经贸、文化交流、新闻出版、教育、科研等工作的德才兼备、具有国际视野的复合型人才。

培养要求：
本专业要求学生扎实掌握孟加拉语语言和文学知识，了解孟加拉语地区的历史、社会、文化、宗教知识，以及政治、经济、外交状况，鼓励学生学习英语和相近专业语言、辅修第二学位；要求学生熟练掌握孟加拉语听、说、读、写、译的基本技能，具有较强的语言运用能力，了解文献检索和资料查询的基本方法，具有较强的实际工作能力和初步的科学研究能力。

主干学科：
外国语言文学、中国语言文学。

主要课程：
基础孟加拉语、高级孟加拉语、孟加拉语视听说、孟加拉语汉语互译、孟加拉语写作、孟加拉语文学选读、孟加拉语国家社会与文化、南亚文化等。

顶尖院校：
中国传媒大学。

就业方向：
毕业生可从事外事、经贸、文化、新闻出版、教育、科研、旅游等部门工作。

050243 尼泊尔语

新高考选考科目指引：
本专业没有必须选考科目要求。

培养目标：
本专业培养具备扎实的尼泊尔语听、说、读、写、译基本技能，掌握对象国和地区语言、文学、历史、政治、经济、文化、宗教、社会等相关知识，能从事外交、外经贸、文化交流、新闻出版、教育、科研等工作的德才兼备、具有国际视野的复合型人才。

培养要求：
本专业要求学生扎实掌握尼泊尔语语言和文学知识，了解尼泊尔的历史、社会、文化、宗教知识，以及政治、经济、外交状况，鼓励学生学习英语、印地语和相近专业语言、辅修第二学位；要求学生熟练掌握尼泊尔语听、说、读、写、译的基本技能，具有较强的语言运用能力，了解文献检索和资料查询的基本方法，具有较强的实际工作能力和初步的科学研究能力。

主干学科：
外国语言文学、中国语言文学。

主要课程：
基础尼泊尔语、高级尼泊尔语、尼泊尔语口语、尼泊尔语视听说、尼泊尔语高级听力、尼泊尔语汉语互译、尼泊尔语写作、尼泊尔社会与文化等。

顶尖院校：
中国传媒大学。

050244 克罗地亚语

新高考选考科目指引：
本专业没有必须选考科目要求。

培养目标：
本专业培养具备扎实的克罗地亚语听、说、读、写、译基本技能，掌握对象国和地区语言、文学、历史、政治、经济、文化、宗教、社会等相关知识，能从事外交、外经贸、文化交流、新闻出版、教育、科研等工作的德才兼备、具有国际视野的复合型人才。

培养要求：
本专业要求学生扎实掌握克罗地亚语语言和文学知识，了解克罗地亚的历史、社会、文化、宗教知识，以及政治、经济、外交状况，鼓励学生学习英语和相近专业语言、辅修第二学位；要求学生熟练掌握克罗地亚语听、说、读、写、译的基本技能，具有较强的语言运用能力，了解文献检索和资料查询的基本方法，具有较强的实际工作能力和初步的科学研究能力。

主干学科：
外国语言文学、中国语言文学。

主要课程：
基础克罗地亚语、高级克罗地亚语、克罗地亚语视听说、克汉互译、克罗地亚语写作、克罗地亚文学、克罗地亚社会与文化等。

顶尖院校：
北京外国语大学。

050245 荷兰语

新高考选考科目指引：
本专业没有必须选考科目要求。

培养目标：
本专业培养具备扎实的荷兰语听、说、读、写、译基本技能，掌握对象国和地区语言、文学、历史、政治、经济、文化、宗教、社会等相关知识，能从事外交、外经贸、文化交流、新闻出版、教育、科研等工作的德才兼备、具有国际视野的复合型人才。

培养要求：
本专业要求学生扎实掌握荷兰语语言和文学知识，了解荷兰的历史、社会、文化、宗教知识，以及政治、经济、外交状况，鼓励学生学习英语和相近专业语言、辅修第二学位；要求学生熟练掌握荷兰语听、说、读、写、译的基本技能，具有较强的语言运用能力，了解文献检索和资料查询的基本方法，具有较强的实际工作能力和初步的科学研究能力。

主干学科：
外国语言文学、中国语言文学。

主要课程：
基础荷兰语、高级荷兰语、荷兰语视听说、荷汉互译、荷兰语语法、荷兰文学、荷兰社会与文化等。
▶ **顶尖院校**：
北京外国语大学。

050246 芬兰语
▶ **新高考选考科目指引**：
本专业没有必须选考科目要求。
▶ **培养目标**：
本专业培养具备扎实的芬兰语听、说、读、写、译基本技能,掌握对象国和地区语言、文学、历史、政治、经济、文化、宗教、社会等相关知识,能从事外交、外经贸、文化交流、新闻出版、教育、科研等工作的德才兼备、具有国际视野的复合型人才。
▶ **培养要求**：
本专业要求学生扎实掌握芬兰语语言和文学知识,了解芬兰的历史、社会、文化、宗教知识,以及政治、经济、外交状况,鼓励学生学习英语和相近专业语言、辅修第二学位;要求学生熟练掌握芬兰语听、说、读、写、译的基本技能,具有较强的语言运用能力,了解文献检索和资料查询的基本方法,具有较强的实际工作能力和初步的科学研究能力。
▶ **主干学科**：
外国语言文学、中国语言文学。
▶ **主要课程**：
基础芬兰语、高级芬兰语、芬兰语视听说、芬汉互译、芬兰语语法、芬兰文学、芬兰社会与文化等。
▶ **顶尖院校**：
北京外国语大学。
▶ **未来可从事职业岗位**：
芬兰语翻译、各种语种口译、销售代表等。

050247 乌克兰语
▶ **新高考选考科目指引**：
本专业没有必须选考科目要求。
▶ **培养目标**：
本专业培养具备扎实的乌克兰语听、说、读、写、译基本技能,掌握对象国和地区语言、文学、历史、政治、经济、文化、宗教、社会等相关知识,能从事外交、外经贸、文化交流、新闻出版、教育、科研等工作的德才兼备、具有国际视野的复合型人才。
▶ **培养要求**：
本专业要求学生扎实掌握乌克兰语语言和文学知识,了解乌克兰的历史、社会、文化、宗教知识,以及政治、经济、外交状况,鼓励学生学习俄语、英语和相近专业语言、辅修第二学位;要求学生熟练掌握乌克兰语听、说、读、写、译的基本技能,具有较强的语言运用能力,了解文献检索和资料查询的基本方法,具有较强的实际工作能力和初步的科学研究能力。
▶ **主干学科**：
外国语言文学、中国语言文学。
▶ **主要课程**：
基础乌克兰语、高级乌克兰语、乌克兰语视听说、乌汉互译、乌克兰语语法、乌克兰文学、乌克兰社会与文化等。
▶ **顶尖院校**：
上海外国语大学。
▶ **未来可从事职业岗位**：
乌克兰语翻译、外贸业务员等。

050248 挪威语
▶ **新高考选考科目指引**：
本专业没有必须选考科目要求。
▶ **培养目标**：
本专业培养具备扎实的挪威语听、说、读、写、译基本技能,掌握对象国和地区语言、文学、历史、政治、经济、文化、宗教、社会等相关知识,能从事外交、外经贸、文化交流、新闻出版、教育、科研等工作的德才兼备、具有国际视野的复合型人才。
▶ **培养要求**：
本专业要求学生扎实掌握挪威语语言和文学知识,了解挪威的历史、社会、文化、宗教知识,以及政治、经济、外交状况,鼓励学生学习英语和相近专业语言、辅修第二学位;要求学生熟练掌握挪威语听、说、读、写、译的基本技能,具有较强的语言运用能力,了解文献检索和资料查询的基本方法,具有较强的实际工作能力和初步的科学研究能力。
▶ **主干学科**：
外国语言文学、中国语言文学。
▶ **主要课程**：
基础挪威语、高级挪威语、挪威语视听说、挪汉互译、挪威语语法、挪威文学史与文学选读、挪威社会与文化等。
▶ **顶尖院校**：
北京外国语大学。

050249 丹麦语
▶ **新高考选考科目指引**：
本专业没有必须选考科目要求。
▶ **培养目标**：
本专业培养具备扎实的丹麦语听、说、读、写、译基本技能,掌握对象国和地区语言、文学、历史、政治、经济、文化、宗教、社会等相关知识,能从事外交、外经贸、文化交流、新闻出版、教育、科研等工作的德才兼备、具有国际视野的复合型人才。
▶ **培养要求**：
本专业要求学生扎实掌握丹麦语语言和文学知识,了解丹麦的历史、社会、文化、宗教知识,以及政治、经济、外交状况,鼓励学生学习英语和相近专业语言、辅修第二学位;要求学生熟练掌握丹麦语听、说、读、写、译的基本技能,具有较强的语言运用能力,了解文献检索和资料查询的基本方法,具有较强的实际工作能力和初步的科学研究能力。

主干学科:
外国语言文学、中国语言文学。

主要课程:
基础丹麦语、高级丹麦语、丹麦语视听说、丹汉互译、丹麦语语法、丹麦文学史与文学选读、丹麦社会与文化等。

顶尖院校:
北京外国语大学。

050250 冰岛语

新高考选考科目指引:
本专业没有必须选考科目要求。

培养目标:
本专业培养具备扎实的冰岛语听、说、读、写、译基本技能,掌握对象国和地区语言、文学、历史、政治、经济、文化、宗教、社会等相关知识,能从事外交、外经贸、文化交流、新闻出版、教育、科研等工作的德才兼备、具有国际视野的复合型人才。

培养要求:
本专业要求学生扎实掌握冰岛语语言和文学知识,了解冰岛的历史、社会、文化、宗教知识,以及政治、经济、外交状况,鼓励学生学习英语和相近专业语言、辅修第二学位;要求学生熟练掌握冰岛语听、说、读、写、译的基本技能,具有较强的语言运用能力,了解文献检索和资料查询的基本方法,具有较强的实际工作能力和初步的科学研究能力。

主干学科:
外国语言文学、中国语言文学。

主要课程:
基础冰岛语、高级冰岛语、冰岛语语法、冰岛语视听说、中冰互译、冰岛语写作、冰岛文学、冰岛历史、冰岛社会与文化等。

顶尖院校:
北京外国语大学。

050251 爱尔兰语

新高考选考科目指引:
本专业没有必须选考科目要求。

培养目标:
本专业培养具备扎实的爱尔兰语听、说、读、写、译基本技能,掌握对象国和地区语言、文学、历史、政治、经济、文化、宗教、社会等相关知识,能从事外交、外经贸、文化交流、新闻出版、教育、科研等工作的德才兼备、具有国际视野的复合型人才。

培养要求:
本专业要求学生扎实掌握爱尔兰语语言和文学知识,了解爱尔兰语地区的历史、社会、文化、宗教知识,以及政治、经济、外交状况,鼓励学生学习英语和相近专业语言、辅修第二学位;要求学生熟练掌握爱尔兰语听、说、读、写、译的基本技能,具有较强的语言运用能力,了解文献检索和资料查询的基本方法,具有较强的实际工作能力和初步的科学研究能力。

主干学科:
外国语言文学、中国语言文学。

主要课程:
基础爱尔兰语、高级爱尔兰语、爱尔兰语视听说、爱尔兰语写作、爱汉互译、爱尔兰语文学、英爱文学、爱尔兰社会与文化等。

顶尖院校:
北京外国语大学。

050252 拉脱维亚语

新高考选考科目指引:
本专业没有必须选考科目要求。

培养目标:
本专业培养具备扎实的拉脱维亚语听、说、读、写、译基本技能,掌握对象国和地区语言、文学、历史、政治、经济、文化、宗教、社会等相关知识,能从事外交、外经贸、文化交流、新闻出版、教育、科研等工作的德才兼备、具有国际视野的复合型人才。

培养要求:
本专业要求学生扎实掌握拉脱维亚语语言和文学知识,了解拉脱维亚的历史、社会、文化、宗教知识,以及政治、经济、外交状况,鼓励学生学习英语和相近专业语言、辅修第二学位;要求学生熟练掌握拉脱维亚语听、说、读、写、译的基本技能,具有较强的语言运用能力,了解文献检索和资料查询的基本方法,具有较强的实际工作能力和初步的科学研究能力。

主干学科:
外国语言文学、中国语言文学。

主要课程:
基础拉脱维亚语、高级拉脱维亚语、拉脱维亚语语法、拉脱维亚语视听说、中拉互译、拉脱维亚文学、拉脱维亚语写作、拉脱维亚历史、拉脱维亚社会与文化等。

顶尖院校:
北京外国语大学。

050253 立陶宛语

新高考选考科目指引:
本专业没有必须选考科目要求。

培养目标：
本专业培养具备扎实的立陶宛语听、说、读、写、译基本技能，掌握对象国和地区语言、文学、历史、政治、经济、文化、宗教、社会等相关知识，能从事外交、外经贸、文化交流、新闻出版、教育、科研等工作的德才兼备、具有国际视野的复合型人才。

培养要求：
本专业要求学生扎实掌握立陶宛语语言和文学知识，了解立陶宛的历史、社会、文化、宗教知识，以及政治、经济、外交状况，鼓励学生学习英语和相近专业语言，辅修第二学位；要求学生熟练掌握立陶宛语听、说、读、写、译的基本技能，具有较强的语言运用能力，了解文献检索和资料查询的基本方法，具有较强的实际工作能力和初步的科学研究能力。

主干学科：
外国语言文学、中国语言文学。

主要课程：
基础立陶宛语、高级立陶宛语、立陶宛语语法、立陶宛语视听说、中立互译、立陶宛语写作、立陶宛文学、立陶宛历史、立陶宛社会与文化等。

顶尖院校：
北京外国语大学。

050254 斯洛文尼亚语

新高考选考科目指引：
本专业没有必须选考科目要求。

培养目标：
本专业培养具备扎实的斯洛文尼亚语听、说、读、写、译基本技能，掌握对象国和地区语言、文学、历史、政治、经济、文化、宗教、社会等相关知识，能从事外交、外经贸、文化交流、新闻出版、教育、科研等工作的德才兼备、具有国际视野的复合型人才。

培养要求：
本专业要求学生扎实掌握斯洛文尼亚语语言和文学知识，了解斯洛文尼亚的历史、社会、文化、宗教知识，以及政治、经济、外交状况，鼓励学生学习英语和相近专业语言，辅修第二学位；要求学生熟练掌握斯洛文尼亚语听、说、读、写、译的基本技能，具有较强的语言运用能力，了解文献检索和资料查询的基本方法，具有较强的实际工作能力和初步的科学研究能力。

主干学科：
外国语言文学、中国语言文学。

主要课程：
基础斯洛文尼亚语、高级斯洛文尼亚语、斯洛文尼亚语视听说、斯汉互译、斯洛文尼亚文学、斯洛文尼亚历史、斯洛文尼亚社会与文化、东南欧文化等。

顶尖院校：
北京外国语大学。

050255 爱沙尼亚语

新高考选考科目指引：
本专业没有必须选考科目要求。

培养目标：
本专业培养具备扎实的爱沙尼亚语听、说、读、写、译基本技能，掌握对象国和地区的语言、文学、历史、政治、经济、文化、宗教、社会等相关知识，能从事外交、外经贸、文化交流、新闻出版、教育、科研等工作的德才兼备、具有国际视野的复合型人才。

培养要求：
本专业要求学生扎实掌握爱沙尼亚语语言和文学知识，了解爱沙尼亚的历史、社会、文化、宗教知识，以及政治、经济、外交状况，鼓励学生学习英语和相近专业语言，辅修第二学位；要求学生熟练掌握爱沙尼亚语听、说、读、写、译的基本技能，具有较强的语言运用能力，了解文献检索和资料查询的基本方法，具有较强的实际工作能力和初步的科学研究能力。

主干学科：
外国语言文学、中国语言文学。

主要课程：
基础爱沙尼亚语、高级爱沙尼亚语、爱沙尼亚语语法、爱沙尼亚语视听说、爱汉互译、爱沙尼亚文学、爱沙尼亚历史、爱沙尼亚社会与文化等。

顶尖院校：
北京外国语大学。

050256 马耳他语

新高考选考科目指引：
本专业没有必须选考科目要求。

培养目标：
本专业培养具备扎实的马耳他语听、说、读、写、译基本技能，掌握对象国和地区语言、文学、历史、政治、经济、文化、宗教、社会等相关知识，能从事外交、外经贸、文化交流、新闻出版、教育、科研等工作的德才兼备、具有国际视野的复合型人才。

培养要求：
本专业要求学生扎实掌握马耳他语语言和文学知识，了解马耳他的历史、社会、文化、宗教知识，以及政治、经济、外交状况，鼓励学生学习英语和相近专业语言，辅修第二学位；要求学生熟练掌握马耳他语听、说、读、写、译的基本技能，具有较强的语言运用能力，了解文献检索和资料查询的基本方法，具有较强的实际工作能力和初步的科学研究能力。

主干学科：
外国语言文学、中国语言文学。

> 主要课程：

基础马耳他语、高级马耳他语、马耳他语语法、马耳他语视听说、马汉互译、马耳他历史、马耳他社会与文化等。

> 顶尖院校：

北京外国语大学。

050257 哈萨克语

> 新高考选考科目指引：

本专业没有必须选考科目要求。

> 培养目标：

本专业培养具备扎实的哈萨克语听、说、读、写、译基本技能，掌握对象国和地区语言、文学、历史、政治、经济、文化、宗教、社会等相关知识，能从事外交、对外经济贸易、文化交流、新闻出版、教育、科研等工作的德才兼备、具有国际视野的复合型人才。

> 培养要求：

本专业要求学生扎实掌握哈萨克语语言和文学知识，了解对象国历史、社会、文化、宗教知识，以及政治、经济、外交状况，鼓励学生学习俄语和相近专业语言、辅修第二学位；要求学生熟练掌握哈萨克语听、说、读、写、译的基本技能，具有较强的语言运用能力，了解文献检索和资料查询的基本方法，具有较强的实际工作能力和初步的科学研究能力。

> 主干学科：

外国语言文学、中国语言文学。

> 主要课程：

基础哈萨克语、高级哈萨克语、哈萨克语视听说、哈萨克语口语、哈萨克语语法、哈萨克语汉语互译、哈萨克语文学史、哈萨克斯坦社会与文化等。

> 顶尖院校：

北京外国语大学。

050258 乌兹别克语

> 新高考选考科目指引：

本专业没有必须选考科目要求。

> 培养目标：

本专业培养具备扎实的乌兹别克语听、说、读、写、译基本技能，掌握对象国和地区语言、文学、历史、政治、经济、文化、宗教、社会等相关知识，能从事外交、对外经济贸易、文化交流、新闻出版、教育、科研等工作的德才兼备、具有国际视野的复合型人才。

> 培养要求：

本专业要求学生扎实掌握乌兹别克语语言和文学知识，了解乌兹别克斯坦的历史、社会、文化、宗教知识；以及政治、经济、外交状况，鼓励学生学习俄语和相近专业语言、辅修第二学位；要求学生熟练掌握乌兹别克语听、说、读、写、译的基本技能，具有较强的语言运用能力，了解文献检索和资料查询的基本方法，具有较强的实际工作能力和初步的科学研究能力。

> 主干学科：

外国语言文学、中国语言文学。

> 主要课程：

基础乌兹别克语、高级乌兹别克语、乌兹别克语视听说、乌兹别克语口语、乌兹别克语语法、乌兹别克语汉语互译、乌兹别克语文学史、乌兹别克斯坦社会与文化等。

> 顶尖院校：

北京外国语大学。

050259 祖鲁语

> 新高考选考科目指引：

本专业没有必须选考科目要求。

> 培养目标：

本专业培养具备扎实的祖鲁语听、说、读、写、译基本技能，掌握对象国和地区语言、文学、历史、政治、经济、文化、宗教、社会等相关知识，能从事外交、外经贸、文化交流、新闻出版、教育、科研等工作的德才兼备、具有国际视野的复合型人才。

> 培养要求：

本专业要求学生扎实掌握祖鲁语语言和文学知识，了解对象国历史、社会、文化、宗教知识，以及政治、经济、外交状况，鼓励学生学习英语和相近专业语言、辅修第二学位；要求学生熟练掌握祖鲁语听、说、读、写、译的基本技能，具有较强的语言运用能力，了解文献检索和资料查询的基本方法，具有较强的实际工作能力和初步的科学研究能力。

> 主干学科：

外国语言文学、中国语言文学。

> 主要课程：

基础祖鲁语、高级祖鲁语、祖鲁语视听说、祖鲁语写作、祖鲁语口语、祖鲁语语法、祖鲁语汉语互译、南非文学史、祖鲁文化等。

> 顶尖院校：

北京外国语大学。

050260 拉丁语

> 新高考选考科目指引：

本专业没有必须选考科目要求。

> 培养目标：

本专业培养学生扎实的拉丁语基础，使学生系统掌握拉丁语语法、词汇等知识，能够用拉丁语进行学术文献的阅读、写作和翻译。本专业还向学生传授西方古典文化知识，提高他们的人文素养，使学生能从事与欧洲古典文化相关的人文科学研究工作，同时能为医学、生物学、艺术学等学科提供语言服务。

主干学科：

外国语言文学、中国语言文学。

主要课程：

基础拉丁语、高级拉丁语、拉丁语语法、拉丁语写作、拉丁语汉语互译、欧洲古典文化等。

顶尖院校：

北京外国语大学。

未来可从事职业岗位：

拉丁语翻译、外贸贸易专员/助理/主管等。

050261 翻译

翻译是将一种相对陌生的表达方式，转换成相对熟悉的表达方式的过程。其内容有语言、文字、图形、符号的翻译。是增强促进人们进行社会交流发展的重要手段。

培养目标：

本专业旨在培养德才兼备、具有创新意识与国际视野的通用型翻译专业人才，能够胜任外事、商务、教育、文化、科技、军事等领域中一般难度的笔译、口译或其他跨文化交流工作，能成为国家哲学、社会科学走出去战略，引进国际先进技术与文化的生力军。

培养要求：

本专业学生主要学习语言和翻译的基本理论和基础知识，接受汉语和外语两方面语言技能与语言知识的训练，掌握跨文化交际和汉外口笔译基本技能，具备口笔译基本能力。

主干学科：

外国语言文学、中国语言文学。

主要课程：

语言知识与能力模块：综合外语、外语听力、口语、阅读、写作；现代汉语、古代汉语、高级汉语写作。翻译知识与技能模块：翻译概论、外汉笔译、汉外笔译、应用翻译；联络口译、交替传译、专题口译。相关知识与能力模块：中国文化概要、所学外语国家概要、跨文化交际、计算机与网络应用、国际商务、公共外交。

顶尖院校：

北京外国语大学和广东外语外贸大学。

就业方向：

政府部门和企事业单位的外事接待、商务、旅游等口笔译工作，在科研院所等事业单位从事外语翻译教学及与翻译有关的科研、管理等工作。

未来可从事职业岗位：

英语教师、英语翻译、日语翻译、韩语翻译、法语翻译、俄语翻译、签证专员、外贸业务员、外贸跟单、总裁助理、总经理助理等。

050262 商务英语

培养目标：

本专业培养具有扎实的英语基本功、宽阔的国际视野、专门的国际商务知识与技能，掌握应用语言学、应用经济学、工商管理学和国际商法等学科相关知识和理论，了解国际商务活动规则，具备较强的跨文化商务交际能力与较高的人文素养，能参与国际商务竞争与合作的应用型、复合型商务英语专业人才。

培养要求：

本专业学生主要接受全面的英语技能训练，了解英语国家基本概况，掌握应用经济学、工商管理学和国际商法等相关学科的基本理论和知识，接受跨学科和跨文化思维能力训练，具有国际视野，熟悉中外文化和对外交往礼仪，具备按国际惯例从事商务活动的能力，具备良好的政治思想素养、较强的创新意识和一定的创新能力，能适应经贸、管理、金融、外事等领域各类工作岗位，并具备进一步学习、研究的坚实基础。

主干学科：

外国语言文学、应用经济学、工商管理学。

主要课程：

1.英语知识与技能课程，包括基础英语、综合商务英语、商务英语视听说、商务英语阅读、商务英语写作、商务英语翻译（口译、笔译）等；

2.商务知识与技能课程，包括经济学、国际商务导论、国际商法、会计学原理、公共演讲、商务谈判等；

3.跨文化交际课程，包括跨文化交际、国际商务文化等；

4.人文素养课程，包括英语文学、英语国家社会与文化、中国文化等。

英语知识与技能课程占专业课比例为50%～60%，商务知识与技能课程占专业课比例为20%～30%，跨文化交际课程和人文素养课程分别占专业课比例5%～15%。

顶尖院校：

上海外国语大学和广东外语外贸大学。

就业方向：

毕业生可在各企事业单位从事外经、外贸、旅游、外事等口译、笔译工作以及管理、文秘、经济贸易、公共英语教学等工作。

未来可从事职业岗位：

外贸业务、外贸跟单、外贸贸易专员助理、外贸专员、外贸贸易主管、商务助理等。

050263T 阿姆哈拉语

阿姆哈拉语为闪语的一种，是埃塞俄比亚的官方语言，主要用于埃塞俄比亚的中北部。在埃塞俄比亚以外，阿姆哈拉语亦有270万的使用者（尤其是分布在埃及、以色列及瑞典等国)。它的书写语是用一种称为斐德的字母,或称阿布基得字母,这种字母来自已不在市面流通的吉兹语(吉兹语只用于埃塞俄比亚的正教仪式,或此地的犹太人社区在进行经文仪轨时所使用)。

新高考选考科目指引:
本专业没有必须选考科目要求。

培养目标:
本专业培养具有扎实的阿姆哈拉语语言基础,比较广泛的科学文化知识,能在外事、经贸、文化、新闻出版、教育、科研、旅游等部门从事翻译、研究、教学、管理工作的相应语言高级专门人才。

培养要求:
该专业学生主要学习阿姆哈拉族语言、文学、历史、政治、经济、社会文化等方面的基本理论和基本知识,受到相应语听、说、读、写、译等方面的良好训练,掌握一定的科研方法,具有从事翻译、研究、教学、管理工作的业务水平及较好的素质和较强的能力。

主干课程:
基础阿姆哈拉语、高级阿姆哈拉语、阿姆哈拉语泛读、阿姆哈拉语语法、阿姆哈拉语视听、阿姆哈拉语口语、阿姆哈拉语写作、翻译理论与实践、阿姆哈拉语报刊选读、阿姆哈拉人文化。

首批开设院校:
北京外国语大学。

050264T 吉尔吉斯语

吉尔吉斯语属阿尔泰语系突厥语族钦察语支,是吉尔吉斯民族所说的语言。主要分布于吉尔吉斯斯坦及阿富汗斯坦、印度、巴基斯坦、乌兹别克斯坦、哈萨克斯坦、俄罗斯、叙利亚、塔吉克斯坦、匈牙利和土耳其等十几个国家境内的一些地区。

新高考选考科目指引:
本专业没有必须选考科目要求。

培养目标:
本专业培养具有扎实的吉尔吉斯语语言基础,比较广泛的科学文化知识,能在外事、经贸、文化、新闻出版、教育、科研、旅游等部门从事翻译、研究、教学、管理工作的相应语言高级专门人才。

培养要求:
该专业学生主要学习吉尔吉斯族语言、文学、历史、政治、经济、社会文化等方面的基本理论和基本知识,受到相应语听、说、读、写、译等方面的良好训练,掌握一定的科研方法,具有从事翻译、研究、教学、管理工作的业务水平及较好的素质和较强的能力。

主要课程:
基础吉尔吉斯语、高级吉尔吉斯语、吉尔吉斯语泛读、吉尔吉斯语口语、吉尔吉斯语视听说、吉尔吉斯语语法、吉尔吉斯语口译、吉尔吉斯语报刊选读、吉尔吉斯语写作、吉尔吉斯语汉语翻译理论与实践、吉尔吉斯语文学作品选读、基础英语、英语视听说等。

顶尖院校:
北京外国语大学。

050265T 索马里语

索马里语属于闪含语系库希特语族,为非洲东部国家索马里的官方语言。索马里语也在埃塞俄比亚、苏丹、肯尼亚等地区使用。

新高考选考科目指引:
本专业没有必须选考科目要求。

培养目标:
本专业培养具有扎实的索马里语语言基础,比较广泛的科学文化知识,能在外事、经贸、文化、新闻出版、教育、科研、旅游等部门从事翻译、研究、教学、管理工作的相应语言高级专门人才。

培养要求:
该专业学生主要学习索马里语言、文学、历史、政治、经济、外交、社会文化等方面的基本理论和基本知识,受到相应语听、说、读、写、译等方面的良好训练,掌握一定的科研方法,具有从事翻译、研究、教学、管理工作的业务水平及较好的素质和较强的能力。

主干课程:
基础索马里语、高级索马里语、索马里语泛读、索马里语语法、索马里语视听、索马里语口语、索马里语写作、翻译理论与实践、索马里语报刊选读、索马里概况等。

顶尖院校:
北京外国语大学。

050266T 土库曼语

土库曼语是土库曼斯坦的官方语言,属阿尔泰语系突厥语族乌古斯语支。土库曼语在土库曼斯坦约有340万人使用,另外在伊朗有200万使用者,在阿富汗斯坦有约50万使用者。土库曼语与克里米亚塔塔尔语和撒拉语有很大的联系,亦稍与阿塞拜疆语近似。土库曼语曾使用阿拉伯字母书写,也曾改用拉丁字母,后来使用西里尔字母书写。但近年来,土库曼斯坦总统颁令土库曼语改用经修改的拉丁字母书写。

新高考选考科目指引:
本专业没有必须选考科目要求。

培养目标:
本专业培养具有扎实的土库曼语语言基础,比较广泛的科学文化知识,能在外事、经贸、文化、新闻出版、教育、科研、旅游等部门从事翻译、研究、教学、管理工作的相应语言高级专门人才。

培养要求：

本专业学生主要学习土库曼语言、文学、历史、政治、经济、外交、社会文化等方面的基本理论和基本知识，受到相应语听、说、读、写、译等方面的良好训练，掌握一定的科研方法，具有从事翻译、研究、教学、管理工作的业务水平及较好的素质和较强的能力。

首批开设院校：

北京外国语大学。

050267T 加泰罗尼亚语

加泰罗尼亚语是加泰隆人的语言，在某些地区又称瓦伦西亚语，属印欧语系罗曼语族，是西班牙官方语言之一。

新高考选考科目指引：

本专业没有必须选考科目要求。

培养要求：

本专业学生主要学习加泰罗尼亚语言、文学、历史、政治、经济、外交、社会文化等方面的基本理论和基本知识，受到相应语听、说、读、写、译等方面的良好训练，掌握一定的科研方法，具有从事翻译、研究、教学、管理工作的业务水平及较好的素质和较强的能力。

主干课程：

基础加泰罗尼亚语、高级加泰罗尼亚语、加泰罗尼亚语泛读、加泰罗尼亚语语法、加泰罗尼亚语视听、加泰罗尼亚语口语、加泰罗尼亚语写作、翻译理论与实践、加泰罗尼亚语报刊选读、加泰罗尼亚概况。

首批开设院校：

北京外国语大学。

就业方向：

毕业生适宜在外交、外贸、旅游、对外文化交流机构、研究和教育等部门从事口译、笔译或科研、教学工作。

050268T 约鲁巴语

约鲁巴语是西非超过2500万人使用的方言连续体。它是约鲁巴人的母语，在尼日利亚、贝宁、多哥、巴西、塞拉利昂、北加纳、古巴使用。

新高考选考科目指引：

本专业没有必须选考科目要求。

培养要求：

该专业学生主要学习约鲁巴族语言、文学、历史、政治、经济、社会文化等方面的基本理论和基本知识，受到相应语听、说、读、写、译等方面的良好训练，掌握一定的科研方法，具有从事翻译、研究、教学、管理工作的业务水平及较好的素质和较强的能力。

主干课程：

基础约鲁巴语、高级约鲁巴语、约鲁巴语泛读、约鲁巴语语法、约鲁巴语视听、约鲁巴语口语、约鲁巴语写作、翻译理论与实践、约鲁巴语报刊选读。

首批开设院校：

北京外国语大学。

就业方向：

毕业生适宜在外交、外贸、旅游、对外文化交流机构、研究和教育等部门从事口译、笔译或科研、教学工作。

050269T 亚美尼亚语

亚美尼亚语是印欧语系中最古老的有文字的语言之一，其发展可分为3个时期：5—11世纪为古代期，11—17世纪为中期，17世纪以后形成近代亚美尼亚语。

新高考选考科目指引：

本专业没有必须选考科目要求。

培养要求：

该专业学生主要学习亚美尼亚语言、文学、历史、政治、经济、外交、社会文化等方面的基本理论和基本知识，受到相应语听、说、读、写、译等方面的良好训练，掌握一定的科研方法，具有从事翻译、研究、教学、管理工作的业务水平及较好的素质和较强的能力。

主干学科：

亚美尼亚语。

主要课程：

基础亚美尼亚语、高级亚美尼亚语、亚美尼亚语报刊选读、亚美尼亚语视听、亚美尼亚语口语、亚美尼亚语写作、翻译理论与实践、亚美尼亚语语言理论、亚美尼亚语语言学概论、亚美尼亚文学史及文学作品选读、亚美尼亚国情等。

首批开设院校：

北京外国语大学。

就业方向：

毕业生适宜在外交、外贸、旅游、对外文化交流机构、研究和教育等部门从事口译、笔译或科研、教学工作。

050270T 马达加斯加语

马达加斯加语是马达加斯加的官方语言之一（另一种是法语），属南岛语系印度尼西亚语族，分布于马达加斯加本土及邻近诸岛，使用人口逾700万。马达加斯加语和非洲大陆的语言没有亲属关系，而跟婆罗洲南部的马阿尼亚语有近亲关系，基本词汇非常接近，约45%一致。

新高考选考科目指引：

本专业没有必须选考科目要求。

培养要求：

该专业学生主要学习马达加斯加语言、文学、历史、政治、经济、外交、社会文化等方面的基本理论和基本知识，受到马达加斯加语听、说、读、写、译等方面的良好训练，掌握一定的科研方法，具有从事翻译、研究、教学、管理工作的业务水平及较好的素质和较强的能力。

主干课程：

基础马达加斯加语、高级马达加斯加语、马达加斯加语泛读、马达加斯加语语法、马达加斯加语视听、马达加斯加语口语、马达加斯加语写作、翻译理论与实践、马达加斯加语报刊选读、马达加斯加概况。

首批开设院校：

北京外国语大学。

050271T 格鲁吉亚语

格鲁吉亚语是高加索语言的一种，是格鲁吉亚的官方语言，在格鲁吉亚作为第一语言，另外在伊朗、土耳其、俄罗斯和美国等地有许多人使用。

新高考选考科目指引：

本专业没有必须选考科目要求。

培养要求：

该专业学生主要学习格鲁吉亚语言、文学、历史、政治、经济、外交、社会文化等方面的基本理论和基本知识，受到格鲁吉亚语听、说、读、写、译等方面的良好训练，掌握一定的科研方法，具有从事翻译、研究、教学、管理工作的业务水平及较好的素质和较强的能力。

主干课程：

基础格鲁吉亚语、高级格鲁吉亚语、格鲁吉亚语泛读、格鲁吉亚语语法、格鲁吉亚语视听、格鲁吉亚语口语、格鲁吉亚语写作、翻译理论与实践、格鲁吉亚语报刊选读、格鲁吉亚概况。

首批开设院校：

北京外国语大学。

050272T 阿塞拜疆语

阿塞拜疆语属于突厥语系乌古斯语支，与土耳其语是同一种语言，是阿塞拜疆的官方语言，在俄罗斯部分地区也有少部分的使用者。

新高考选考科目指引：

本专业没有必须选考科目要求。

培养要求：

该专业学生主要学习阿塞拜疆语言、文学、历史、政治、经济、外交、社会文化等方面的基本理论和基本知识，受到阿塞拜疆语听、说、读、写、译等方面的良好训练，掌握一定的科研方法，具有从事翻译、研究、教学、管理工作的业务水平及较好的素质和较强的能力。

主干课程：

基础阿塞拜疆语、高级阿塞拜疆语、阿塞拜疆语泛读、阿塞拜疆语语法、阿塞拜疆语视听、阿塞拜疆语口语、阿塞拜疆语写作、翻译理论与实践、阿塞拜疆语报刊选读、阿塞拜疆概况。

顶尖院校：

北京外国语大学。

就业方向：

毕业生适宜在外交、外贸、旅游、对外文化交流机构、研究和教育等部门从事口译、笔译或科研、教学工作。

050273T 阿非利卡语

阿非利卡语也译作阿非利坎斯语，属印欧语系日耳曼语族西日耳曼语支，是南非共和国11种官方语言之一。阿非利卡语被认为是一种发展自荷兰语的克里奥尔语，她的主体是荷兰语的方言，吸收了许多非洲本土民族语词汇及马来语、南非英语词汇。她与荷兰的标准语相比在语法上简化不少，也有了自己的特色。

新高考选考科目指引：

本专业没有必须选考科目要求。

培养要求：

该专业学生主要学习阿非利卡族语言、文学、历史、政治、经济、社会文化等方面的基本理论和基本知识，受到阿非利卡语听、说、读、写、译等方面的良好训练，掌握一定的科研方法，具有从事翻译、研究、教学、管理工作的业务水平及较好的素质和较强的能力。

主干课程：

基础阿非利卡语、高级阿非利卡语、阿非利卡语泛读、阿非利卡语语法、阿非利卡语视听、阿非利卡语口语、阿非利卡语写作、翻译理论与实践、阿非利卡语报刊选读、阿非利卡语文学作品选读。

首批开设院校：

北京外国语大学。

就业方向：

毕业生适宜在外交、外贸、旅游、对外文化交流机构、研究和教育等部门从事口译、笔译或科研、教学工作。

050274T 马其顿语

马其顿语是马其顿的官方语言，属印欧语系斯拉夫语族，主要分布于巴尔干半岛南部的马其顿及其周边地区。马其顿语主要研究马其顿语言、语法、口语以及马其顿的文化与历史等方面的基本理论和知识。

新高考选考科目指引：

本专业没有必须选考科目要求。

培养要求：

该专业学生主要学习马其顿语言、文学、历史、政治、经济、外交、社会文化等方面的基本理论和基本知识，受到马其顿语听、说、读、写、译等方面的良好训练，掌握一定的科研方法，具有从事翻译、研究、教学、管理工作的业务水平及较好的素质和较强的能力。

主干课程：

基础马其顿语、高级马其顿语、马其顿语泛读、马其顿语语法、马其顿语视听、马其顿语口语、马其顿语写作、翻译理论与实践、马其顿语报刊选读、马其顿概况。
▶ 首批开设院校：
北京外国语大学。
▶ 就业方向：
毕业生适宜在外交、外贸、旅游、对外文化交流机构、研究和教育等部门从事口译、笔译或科研、教学工作。

📖 050275T 塔吉克语
塔吉克语是波斯语的一种方言，在塔吉克斯坦、阿富汗斯坦、乌兹别克斯坦、巴基斯坦西部广泛使用。目前伊朗、阿富汗与塔吉克斯坦把它定为官方语言。
▶ 新高考选考科目指引：
本专业没有必须选考科目要求。
▶ 培养要求：
要求学生了解塔吉克语言、文化、历史；掌握本专业必需的塔吉克族语言、文学的基础理论和基本知识；具备阅读塔吉克文的能力，并具有一定的写作能力。
▶ 主干学科：
塔吉克语。
▶ 主干课程：
基础塔吉克语、高级塔吉克语、塔吉克语泛读、塔吉克语语法、塔吉克语视听、塔吉克语口语、塔吉克语写作、翻译理论与实践、塔吉克语报刊选读、塔吉克斯坦概况。
▶ 首批开设院校：
北京外国语大学。
▶ 就业方向：
毕业生适宜翻译、商务翻译、同声传译、外贸业务人员、外语教师、对外汉语教师、涉外导游、记者、编辑等工作。

📖 050276T 茨瓦纳语
茨瓦纳语是一种南非官方语言，属于班图语系，使用人数约400万。
▶ 新高考选考科目指引：
本专业没有必须选考科目要求。
▶ 培养要求：
要求学生了解茨瓦纳语言、文化、历史；掌握本专业必需的茨瓦纳族语言、文学的基础理论和基本知识；具备阅读茨瓦纳文的能力，并具有一定的写作能力。
▶ 主干学科：
茨瓦纳语。
▶ 主要课程：
基础茨瓦纳语、高级茨瓦纳语、茨瓦纳语报刊选读、茨瓦纳语视听、茨瓦纳语口语、茨瓦纳语写作、翻译理论与实践、语言理论、语言学概论等。
▶ 首批开设院校：
北京外国语大学。

▶ 就业方向：
毕业生适宜翻译、商务翻译、同声传译、外贸业务人员、外语教师、对外汉语教师、涉外导游、记者、编辑等工作。

📖 050277T 恩德贝莱语
恩德贝莱语是班图语系的一种语言，使用人群主要分布在南非的林波波省、姆普马兰加省等，在南非的西北省也有少数使用者。
▶ 新高考选考科目指引：
本专业没有必须选考科目要求。
▶ 培养要求：
要求学生了解恩德贝莱语言、文化、历史；掌握本专业必需的恩德贝莱语言、文学的基础理论和基本知识；具备阅读恩德贝莱文的能力，并具有一定的写作能力。
▶ 主干学科：
恩德贝莱语。
▶ 主要课程：
基础恩德贝莱语、高级恩德贝莱语、恩德贝莱语报刊选读、恩德贝莱语视听、恩德贝莱语口语、恩德贝莱语写作、翻译理论与实践、语言理论、语言学概论等。
▶ 首批开设院校：
北京外国语大学。
▶ 就业方向：
毕业生适宜翻译、商务翻译、同声传译、外贸业务人员、外语教师、对外汉语教师、涉外导游、记者、编辑等工作。

📖 050278T 科摩罗语
▶ 新高考选考科目指引：
本专业没有必须选考科目要求。
▶ 培养要求：
学生主要学习科摩罗语言、文学、历史、政治、经济、外交、社会文化等方面的基本理论和基本知识，受到科摩罗语听、说、读、写、译等方面的良好训练，掌握一定的科研方法，具有从事翻译、研究、教学、管理工作的业务水平及较好的素质和较强的能力。
▶ 主要课程：
基础科摩罗语、高级科摩罗语、科摩罗语报刊选读、科摩罗语视听、科摩罗语口语、科摩罗语写作、翻译理论与实践、语言理论、语言学概论、科摩罗文学史及文学作品选读、科摩罗国情等。
▶ 首批开设院校：
北京外国语大学。
▶ 就业方向：
毕业生适宜翻译、商务翻译、同声传译、外贸业务人员、外语教师、对外汉语教师、涉外导游、记者、编辑等工作。

050279T 克里奥尔语

克里奥尔语是一种混合语,由皮钦语演变而来。克里奥尔原意为混合,泛指世界上那些由葡萄牙语、英语、法语及非洲语言混合并简化而生的语言,美国南部、加勒比地区及西非一些地方所说的语言也都统称为克里奥尔语。

新高考选考科目指引:
本专业没有必须选考科目要求。

培养要求:
克里奥尔语专业学生主要学习克里奥尔族语言、文学、历史、政治、经济、社会文化等方面的基本理论和基本知识,受到克里奥尔语听、说、读、写、译等方面的良好训练,掌握一定的科研方法,具有从事翻译、研究、教学、管理工作的业务水平及较好的素质和较强的能力。

主干学科:
克里奥尔语。

主要课程:
基础克里奥尔语、高级克里奥尔语、克里奥尔语报刊选读、克里奥尔语视听、克里奥尔语口语、克里奥尔语写作、翻译理论与实践、语言理论、语言学概论等。

首批开设院校:
北京外国语大学。

就业方向:
毕业生适宜翻译、商务翻译、同声传译、外贸业务人员、外语教师、对外汉语教师、涉外导游、记者、编辑等工作。

050280T 绍纳语

绍纳语是尼日尔刚果语系班图语族的一种语言。它的使用人口约为900万人,主要分布在津巴布韦,其中有超过80%的是绍纳人。在赞比亚、莫桑比克和博茨瓦纳也有绍纳语使用者。

新高考选考科目指引:
本专业没有必须选考科目要求。

培养要求:
绍纳语专业学生主要学习绍纳族语言、文学、历史、政治、经济、社会文化等方面的基本理论和基本知识,受到绍纳语听、说、读、写、译等方面的良好训练,掌握一定的科研方法,具有从事翻译、研究、教学、管理工作的业务水平及较好的素质和较强的能力。

主要课程:
基础绍纳语、高级绍纳语、绍纳语报刊选读、绍纳语视听、绍纳语口语、绍纳语写作、翻译理论与实践、语言理论、语言学概论等。

首批开设院校:
北京外国语大学。

就业方向:
毕业生适宜翻译、商务翻译、同声传译、外贸业务人员、外语教师、对外汉语教师、涉外导游、记者、编辑等工作。

050281T 提格雷尼亚语

提格雷尼亚语主要是厄立特里亚南部的提格雷人使用,约有600万人。此外,在苏丹、沙特阿拉伯、美国、德国、意大利、英国、加拿大、瑞典及其他国家的提格雷人居住区也有提格雷尼亚语的使用者。

新高考选考科目指引:
本专业没有必须选考科目要求。

培养要求:
提格雷尼亚语专业学生主要学习提格雷尼亚族语言、文学、历史、政治、经济、社会文化等方面的基本理论和基本知识,受到提格雷尼亚语听、说、读、写、译等方面的良好训练,掌握一定的科研方法,具有从事翻译、研究、教学、管理工作的业务水平及较好的素质和较强的能力。

主要课程:
基础提格雷尼亚语、高级提格雷尼亚语、提格雷尼亚语报刊选读、提格雷尼亚语视听、提格雷尼亚语口语、提格雷尼亚语写作、翻译理论与实践、语言理论、语言学概论等。

首批开设院校:
北京外国语大学。

就业方向:
毕业生适宜翻译、商务翻译、同声传译、外贸业务人员、外语教师、对外汉语教师、涉外导游、记者、编辑等工作。

050282T 白俄罗斯语

白俄罗斯语是白俄罗斯的官方语言。白俄罗斯语语法和词汇接近乌克兰语。白俄罗斯语分西南方言与东北方言,标准语以西南方言的中央次方言(明斯克附近)为基础形成,共有39个音位,包含5个元音和34个辅音。

新高考选考科目指引:
本专业没有必须选考科目要求。

培养要求:
该专业学生主要学习白俄罗斯语言、文学、历史、政治、经济、外交、社会文化等方面的基本理论和基本知识,受到白俄罗斯语听、说、读、写、译等方面的良好训练,掌握一定的科研方法,具有从事翻译、研究、教学、管理工作的业务水平及较好的素质和较强的能力。

主要课程:
基础白俄罗斯语、中级白俄罗斯语、高级白俄罗斯语、白俄罗斯语语法、白俄罗斯语视听说、白俄罗斯语口语、白俄罗斯语阅读、白俄罗斯语基础口译、白俄罗斯概况及论文写作指导等。

首批开设院校:
天津外国语大学、北京第二外国语大学。

就业方向:
毕业生适宜在外交、外贸、旅游、对外文化交流机构、研究和教育等部门从事口译、笔译或科研、教学工作。

050283T 毛利语

毛利语是新西兰土著毛利人的语言，也是新西兰的三种官方语言之一，另两种官方语言为英语和新西兰手语。毛利人从太平洋诸岛来到新西兰之后，语音基本上变化很少。

▶ **新高考选考科目指引：**
本专业没有必须选考科目要求。

▶ **培养要求：**
该专业学生主要学习毛利族语言、文学、历史、政治、经济、社会文化等方面的基本理论和基本知识，受到毛利语听、说、读、写、译等方面的良好训练，掌握一定的科研方法，具有从事翻译、研究、教学、管理工作的业务水平及较好的素质和较强的能力。

▶ **主干学科：**
毛利语。

▶ **主要课程：**
基础毛利语、高级毛利语、毛利语报刊选读、毛利语视听、毛利语口语、毛利语写作、翻译理论与实践、语言理论、语言学概论等。

▶ **首批开设院校：**
北京外国语大学。

▶ **就业方向：**
毕业生适宜在外交、外贸、旅游、对外文化交流机构、研究和教育等部门从事口译、笔译或科研、教学工作。

050284T 汤加语

汤加语属于南岛语系马来—波利尼西亚语族，主要用于汤加王国，亦在萨摩亚、澳大利亚、加拿大、斐济、新西兰、纽埃、美国和瓦努阿图使用，使用拉丁字母拼写。

▶ **新高考选考科目指引：**
本专业没有必须选考科目要求。

▶ **培养要求：**
该专业学生主要学习汤加语言、文学、历史、政治、经济、外交、社会文化等方面的基本理论和基本知识，受到汤加语听、说、读、写、译等方面的良好训练，掌握一定的科研方法，具有从事翻译、研究、教学、管理工作的业务水平及较好的素质和较强的能力。

▶ **主干学科：**
汤加语。

▶ **主要课程：**
基础汤加语、高级汤加语、汤加语报刊选读、汤加语视听、汤加语口语、汤加语写作、翻译理论与实践、语言理论、语言学概论、汤加文学史及文学作品选读、汤加国情等。

▶ **首批开设院校：**
北京外国语大学。

▶ **就业方向：**
毕业生适宜在外交、外贸、旅游、对外文化交流机构、研究和教育等部门从事口译、笔译或科研、教学工作。

050285T 萨摩亚语

萨摩亚语是萨摩亚的官方语言之一。萨摩亚语属于南岛语系波利尼西亚语族，属于分析型语言，即单词在语句中本身不做变化，语法是通过词的顺序来体现的。

▶ **新高考选考科目指引：**
本专业没有必须选考科目要求。

▶ **培养要求：**
该专业学生主要学习萨摩亚语言、文学、历史、政治、经济、外交、社会文化等方面的基本理论和基本知识，受到萨摩亚语听、说、读、写、译等方面的良好训练，掌握一定的科研方法，具有从事翻译、研究、教学、管理工作的业务水平及较好的素质和较强的能力。

▶ **主干学科：**
萨摩亚语。

▶ **主要课程：**
基础萨摩亚语、高级萨摩亚语、萨摩亚语报刊选读、萨摩亚语视听、萨摩亚语口语、萨摩亚语写作、翻译理论与实践、语言理论、语言学概论、萨摩亚文学史及文学作品选读、萨摩亚国情等。

▶ **首批开设院校：**
北京外国语大学。

▶ **就业方向：**
毕业生适宜在外交、外贸、旅游、对外文化交流机构、研究和教育等部门从事口译、笔译或科研、教学工作。

050286T 库尔德语

库尔德语是库尔德族人使用的语言，库尔德族人聚居在伊朗、伊拉克、叙利亚和土耳其，散居在黎巴嫩、亚美尼亚等国。库尔德语属印欧语系伊朗语族西伊朗语支，使用人数在2000～4000万，共有3种不同书写体系。

▶ **新高考选考科目指引：**
本专业没有必须选考科目要求。

▶ **培养要求：**
该专业学生主要学习库尔德族语言、文学、历史、政治、经济、社会文化等方面的基本理论和基本知识，受到库尔德语听、说、读、写、译等方面的良好训练，掌握一定的科研方法，具有从事翻译、研究、教学、管理工作的业务水平及较好的素质和较强的能力。

▶ **主干学科：**
库尔德语。

▶ **主要课程：**
基础库尔德语、高级库尔德语、库尔德语报刊选读、库尔德语视听、库尔德语口语、库尔德语写作、翻译理论与实践、语言理论、语言学概论等。

>>> **首批开设院校：**
北京外国语大学。

>>> **就业方向：**
毕业生一般在各级政府涉外部门、企事业单位（科研机关、学校、三资企业）从事外事、国际文化交流等方面的接待服务和管理工作。

050287T 比斯拉马语

比斯拉马语是一种美拉尼西亚克里奥尔语，为瓦努阿图官方语言之一，并流行于一些美拉尼西亚岛屿。瓦努阿图国歌歌词即为比斯拉马语。

>>> **新高考选考科目指引：**
本专业没有必须选考科目要求。

>>> **培养要求：**
该专业学生主要学习与比斯拉马语有关的语言、文学、历史、政治、经济、社会文化等方面的基本理论和基本知识，受到比斯拉马语听、说、读、写、译等方面的良好训练，掌握一定的科研方法，具有从事翻译、研究、教学、管理工作的业务水平及较好的素质和较强的能力。

>>> **主干学科：**
比斯拉马语。

>>> **主要课程：**
基础比斯拉马语、高级比斯拉马语、比斯拉马语报刊选读、比斯拉马语视听、比斯拉马语口语、比斯拉马语写作、翻译理论与实践、语言理论、语言学概论等。

>>> **首批开设院校：**
北京外国语大学。

>>> **就业方向：**
毕业生一般在各级政府涉外部门、企事业单位（科研机关、学校、三资企业）从事外事、国际文化交流等方面的接待服务和管理工作。

050288T 达里语

达里语是阿富汗、伊朗、塔吉克斯坦的官方语言，乌兹别克斯坦也有很多人使用达里语，现在世界上达里语的母语者总人口超过1亿。

>>> **新高考选考科目指引：**
本专业没有必须选考科目要求。

>>> **培养要求：**
该专业学生主要学习与达里语有关的语言、文学、历史、政治、经济、社会文化等方面的基本理论和基本知识，受到达里语听、说、读、写、译等方面的良好训练，掌握一定的科研方法，具有从事翻译、研究、教学、管理工作的业务水平及较好的素质和较强的能力。

>>> **主干学科：**
基础达里语、高级达里语、达里语报刊选读、达里语视听、达里语口语、达里语写作、翻译理论与实践、语言理论、语言学概论等。

>>> **首批开设院校：**
北京外国语大学。

>>> **就业方向：**
毕业生一般在各级政府涉外部门、企事业单位（科研机关、学校、三资企业）从事外事、国际文化交流等方面的接待服务和管理工作。

050289T 德顿语

德顿语是东帝汶的官方语言，使用人口约70万，属于南岛语系。东帝汶在历史上曾是葡萄牙的殖民地，因此德顿语中有相当多的葡萄牙语借词。

>>> **新高考选考科目指引：**
本专业没有必须选考科目要求。

>>> **培养要求：**
该专业学生主要学习与德顿语有关的语言、文学、历史、政治、经济、社会文化等方面的基本理论和基本知识，受到德顿语听、说、读、写、译等方面的良好训练，掌握一定的科研方法，具有从事翻译、研究、教学、管理工作的业务水平及较好的素质和较强的能力。

>>> **主干学科：**
德顿语。

>>> **主要课程：**
基础德顿语、高级德顿语、德顿语报刊选读、德顿语视听、德顿语口语、德顿语写作、翻译理论与实践、语言理论、语言学概论等。

>>> **首批开设院校：**
北京外国语大学。

>>> **就业方向：**
毕业生一般在各级政府涉外部门、企事业单位（科研机关、学校、三资企业）从事外事、国际文化交流等方面的接待服务和管理工作。

050290T 迪维希语

迪维希语有30万使用者，主要在马尔代夫和印度拉克沙群岛使用。历年来迪维希语的发展受到其他语言的影响，尤其是阿拉伯语，另外还有僧伽罗语、泰米尔语、马拉雅拉姆语、印地语、波斯语、法语、葡萄牙语和英语。

>>> **新高考选考科目指引：**
本专业没有必须选考科目要求。

>>> **培养要求：**
该专业学生主要学习迪维希族语言、文学、历史、政治、经济、社会文化等方面的基本理论和基本知识，受到迪维希语

听、说、读、写、译等方面的良好训练，掌握一定的科研方法，具有从事翻译、研究、教学、管理工作的业务水平及较好的素质和较强的能力。

主要课程：
基础迪维希语、高级迪维希语、迪维希语报刊选读、迪维希语视听、迪维希语口语、迪维希语写作、翻译理论与实践、语言理论、语言学概论等。

首批开设院校：
北京外国语大学。

就业方向：
毕业生一般在各级政府涉外部门、企事业单位（科研机关、学校、三资企业）从事外事、国际文化交流等方面的接待服务和管理工作。

050291T 斐济语

斐济语是一种南岛语系语言，主要在斐济境内使用，除了和英语、印度斯坦语并列为斐济的官方语言外，还是斐济的国语。

新高考选考科目指引：
本专业没有必须选考科目要求。

培养要求：
该专业学生主要学习斐济语言、文学、历史、政治、经济、外交、社会文化等方面的基本理论和基本知识，受到斐济语听、说、读、写、译等方面的良好训练，掌握一定的科研方法，具有从事翻译、研究、教学、管理工作的业务水平及较好的素质和较强的能力。

主干学科：
斐济语。

主要课程：
基础斐济语、高级斐济语、斐济语报刊选读、斐济语视听、斐济语口语、斐济语写作、翻译理论与实践、语言理论、语言学概论、斐济文学史及文学作品选读、斐济国情等。

首批开设院校：
北京外国语大学。

就业方向：
毕业生一般在各级政府涉外部门、企事业单位（科研机关、学校、三资企业）从事外事、国际文化交流等方面的接待服务和管理工作。

050292T 库克群岛毛利语

库克群岛毛利语是库克群岛居民的一种通用语言，该群岛有库克群岛毛利语和英语两种语言形式。

新高考选考科目指引：
本专业没有必须选考科目要求。

培养要求：
该专业学生主要学习库克群岛毛利族语言、文学、历史、政治、经济、社会文化等方面的基本理论和基本知识，受到库克群岛毛利语听、说、读、写、译等方面的良好训练，掌握一定的科研方法，具有从事翻译、研究、教学、管理工作的业务水平及较好的素质和较强的能力。

主干学科：
库克群岛毛利语。

主要课程：
基础库克群岛毛利语、高级库克群岛毛利语、库克群岛毛利语报刊选读、库克群岛毛利语视听、库克群岛毛利语口语、库克群岛毛利语写作、翻译理论与实践、语言理论、语言学概论等。

首批开设院校：
北京外国语大学。

就业方向：
毕业生一般在各级政府涉外部门、企事业单位（科研机关、学校、三资企业）从事外事、国际文化交流等方面的接待服务和管理工作。

050293T 隆迪语

新高考选考科目指引：
本专业没有必须选考科目要求。

培养要求：
本专业学生主要学习隆迪族语言、文学、历史、政治、经济、社会文化等方面的基本理论和基本知识，受到隆迪语听、说、读、写、译等方面的良好训练，掌握一定的科研方法，具有从事翻译、研究、教学、管理工作的业务水平及较好的素质和较强的能力。

主干学科：
隆迪语。

主要课程：
基础隆迪语、高级隆迪语、隆迪语报刊选读、隆迪语视听、隆迪语口语、隆迪语写作、翻译理论与实践、语言理论、语言学概论等。

首批开设院校：
北京外国语大学。

就业方向：
毕业生可从事翻译、研究、教学、管理工作。

050294T 卢森堡语

新高考选考科目指引：
本专业没有必须选考科目要求。

培养要求：
本专业学生主要学习卢森堡语言、文学、历史、政治、经济、外交、社会文化等方面的基本理论和基本知识，受到卢森堡语听、说、读、写、译等方面的良好训练，掌握一定的科研方法，具有从事翻译、研究、教学、管理工作的业务水平及较好的素质和较强的能力。

> 主干学科：
卢森堡语。
> 主要课程：
基础卢森堡语、高级卢森堡语、卢森堡语报刊选读、卢森堡语视听、卢森堡语口语、卢森堡语写作、翻译理论与实践、语言理论、语言学概论、卢森堡文学史及文学作品选读、卢森堡国情等。
> 首批开设院校：
北京外国语大学。
> 就业方向：
毕业生可从事翻译、研究、教学、管理工作。

050295T 卢旺达语

卢旺达语是班图语系的一种语言。卢旺达语大概有700万的使用人口，主要居住在卢旺达，卢旺达语和英语同为卢旺达官方语言，在刚果和乌干达民主共和国也有使用。卢旺达语与隆迪语（主要在布隆迪和坦桑尼亚使用）十分相近，卢旺达语使用拉丁字母书写。

> 新高考选考科目指引：
本专业没有必须选考科目要求。
> 培养要求：
本专业学生主要学习卢旺达语言、文学、历史、政治、经济、外交、社会文化等方面的基本理论和基本知识，受到卢旺达听、说、读、写、译等方面的良好训练，掌握一定的科研方法，具有从事翻译、研究、教学、管理工作的业务水平及较好的素质和较强的能力。
> 主干学科：
卢旺达语。
> 主要课程：
基础卢旺达语、高级卢旺达语、卢旺达语报刊选读、卢旺达语视听、卢旺达语口语、卢旺达语写作、翻译理论与实践、语言理论、语言学概论、卢旺达文学史及文学作品选读、卢旺达国情等。
> 首批开设院校：
北京外国语大学。
> 就业方向：
毕业生可从事翻译、研究、教学、管理等工作。

050296T 纽埃语

纽埃语是一种波利尼西亚语言，属于南岛语系马来—波利尼西亚语族。它接近于汤加语，纽埃语与汤加语一起构成汤加语支，使用人数约8000人，其中纽埃岛上使用者有2240人。大部分纽埃居民同时会英语与纽埃语。

> 新高考选考科目指引：
本专业没有必须选考科目要求。
> 培养要求：
本专业学生主要学习纽埃语言、文学、历史、政治、经济、外交、社会文化等方面的基本理论和基本知识，受到纽埃语听、说、读、写、译等方面的良好训练，掌握一定的科研方法，具有从事翻译、研究、教学、管理工作的业务水平及较好的素质和较强的能力。
> 主干学科：
纽埃语。
> 主要课程：
基础纽埃语、高级纽埃语、纽埃语报刊选读、纽埃语视听、纽埃语口语、纽埃语写作、翻译理论与实践、语言理论、语言学概论、纽埃文学史及文学作品选读、纽埃国情等。
> 首批开设院校：
北京外国语大学。
> 就业方向：
毕业生可从事翻译、研究、教学、管理等工作。

050297T 皮金语

> 新高考选考科目指引：
本专业没有必须选考科目要求。
> 培养目标：
皮金语专业培养具有扎实的皮金语语言基础和比较广泛的科学文化知识，能在外事、经贸、文化、新闻出版、教育、科研、旅游等部门从事翻译、研究、教学、管理工作的专门人才。
> 培养要求：
本专业学生主要学习皮金族语言、文学、历史、政治、经济、社会文化等方面的基本理论和基本知识，受到皮金语听、说、读、写、译等方面的良好训练，掌握一定的科研方法，具有从事翻译、研究、教学、管理工作的业务水平及较好的素质和较强的能力。
> 主干学科：
皮金语。
> 主要课程：
基础皮金语、高级皮金语、皮金语报刊选读、皮金语视听、皮金语口语、皮金语写作、翻译理论与实践、语言理论、语言学概论等。
> 首批开设院校：
北京外国语大学。
> 就业方向：
毕业生可从事翻译、研究、教学、管理等工作。

050298T 切瓦语

切瓦语亦称钦延维语，在马拉维占有重要地位。切瓦人的经济以刀耕火种农业为主，主要作物为玉蜀黍和高粱；狩猎和渔业也占一定地位。过去切瓦人社会曾以奴隶制为特征，世袭、遗产继承和继位均按母系，普遍实行一夫多妻制。

▶▶ 新高考选考科目指引：

本专业没有必须选考科目要求。

▶▶ 培养目标：

切瓦语专业培养具有扎实的切瓦语语言基础和比较广泛的科学文化知识，能在外事、经贸、文化、新闻出版、教育、科研、旅游等部门从事翻译、研究、教学、管理工作的切瓦语高级专门人才。

▶▶ 培养要求：

本专业学生主要学习切瓦族语言、文学、历史、政治、经济、社会文化等方面的基本理论和基本知识，受到切瓦语听、说、读、写、译等方面的良好训练，掌握一定的科研方法，具有从事翻译、研究、教学、管理工作的业务水平及较好的素质和较强的能力。

▶▶ 主干学科：

切瓦语。

▶▶ 主要课程：

基础切瓦语、高级切瓦语、切瓦语报刊选读、切瓦语视听、切瓦语口语、切瓦语写作、翻译理论与实践、语言理论、语言学概论等。

▶▶ 首批开设院校：

北京外国语大学。

▶▶ 就业方向：

毕业生可从事翻译、研究、教学、管理等工作。

050299T 塞苏陀语

▶▶ 新高考选考科目指引：

本专业没有必须选考科目要求。

▶▶ 培养目标：

塞苏陀语专业培养具有扎实的塞苏陀语语言基础和比较广泛的科学文化知识，能在外事、经贸、文化、新闻出版、教育、科研、旅游等部门从事翻译、研究、教学、管理工作的塞苏陀语高级专门人才。

▶▶ 培养要求：

本专业学生主要学习塞苏陀族语言、文学、历史、政治、经济、社会文化等方面的基本理论和基本知识，受到塞苏陀语听、说、读、写、译等方面的良好训练，掌握一定的科研方法，具有从事翻译、研究、教学、管理工作的业务水平及较好的素质和较强的能力。

▶▶ 主干学科：

塞苏陀语。

▶▶ 主要课程：

基础塞苏陀语、高级塞苏陀语、塞苏陀语报刊选读、塞苏陀语视听、塞苏陀语口语、塞苏陀语写作、翻译理论与实践、语言理论、语言学概论等。

▶▶ 首批开设院校：

北京外国语大学。

▶▶ 就业方向：

毕业生可从事翻译、研究、教学、管理等工作。

0502100T 语言学

语言学专业是对语言的本质、起源及其运用进行系统而科学的研究的学科，既可以对语言符号的形式、结构和意义进行研究，也可以对语言的生物学本质和起源进行研究，同时还可以研究它在社会生活各个方面的应用。

▶▶ 新高考选考科目指引：

本专业没有必须选考科目要求。

▶▶ 培养目标：

本专业培养具有扎实的语言基础和比较广泛的科学文化知识，能在外事、经贸、文化、新闻出版、教育、科研、旅游等部门从事翻译、研究、教学、管理工作的高级专门人才。

▶▶ 培养要求：

本专业学生主要学习语言、文学、历史、政治、经济、外交、社会文化等方面的基本理论和基本知识，受到听、说、读、写、译等方面的良好训练，掌握一定的科研方法，具有从事翻译、研究、教学、管理工作的业务水平及较好的素质和较强的能力。

▶▶ 首批开设院校：

北京外国语大学、上海外国语大学。

▶▶ 就业方向：

毕业生主要到外事、经贸、文化、新闻出版、教育、科研、旅游等部门从事翻译、研究、教学、管理工作。

0502101T 塔玛齐格特语

▶▶ 新高考选考科目指引：

本专业没有必须选考科目要求。

▶▶ 培养目标：

本专业培养具有扎实的塔玛齐格特语言基础和比较广泛的科学文化知识，能在外事、经贸、文化、新闻出版、教育、科研、旅游等部门从事翻译、研究、教学、管理工作的高级专门人才。

▶▶ 培养要求：

本专业学生主要学习塔玛齐格特族语言、文学、历史、政治、经济、社会文化等方面的基本理论和基本知识，受到塔玛齐格特语听、说、读、写、译等方面的良好训练，掌握一定的科研方法，具有从事翻译、研究、教学、管理工作的业务水平及较好的素质和较强的能力。

▶▶ 主干学科：

塔玛齐格特语。

▶▶ 主要课程：

基础塔玛齐格特语、高级塔玛齐格特语、塔玛齐格特语报刊选读、塔玛齐格特语视听、塔玛齐格特语口语、塔玛齐格特语写作、翻译理论与实践、语言理论、语言学概论等。

>>> **首批开设院校：**
北京外国语大学。
>>> **就业方向：**
毕业生可从事翻译、研究、教学、管理等工作。

0502102T 爪哇语

爪哇语是印度尼西亚人数最多的爪哇族的语言，属南岛语系印度尼西亚语族，使用人口约6000万，分布于爪哇岛中部、东部及印度尼西亚西部沿海地区。
>>> **新高考选考科目指引：**
本专业没有必须选考科目要求。
>>> **培养要求：**
该专业学生主要学习爪哇族语言、文学、历史、政治、经济、社会文化等方面的基本理论和基本知识，受到爪哇语听、说、读、写、译等方面的良好训练，掌握一定的科研方法，具有从事翻译、研究、教学、管理工作的业务水平及较好的素质和较强的能力。
>>> **主干学科：**
爪哇语。
>>> **首批开设院校：**
北京外国语大学。
>>> **就业方向：**
毕业生可在涉外机构、外资企业、银行、保险、海关、边防、新闻出版、教育、科研、旅游等单位从事翻译、研究、教学和管理等工作，同时也可以选择留学、考研或在国外就业。

0502103T 旁遮普语

旁遮普语是旁遮普人的语言，属于印欧语系印度语族。旁遮普语的特点是：第一，有声调；第二，有黏着语。旁遮普语又分为西旁遮普语和东旁遮普语等。
>>> **新高考选考科目指引：**
本专业没有必须选考科目要求。
>>> **培养要求：**
该专业学生主要学习旁遮普族语言、文学、历史、政治、经济、社会文化等方面的基本理论和基本知识，受到旁遮普语听、说、读、写、译等方面的良好训练，掌握一定的科研方法，具有从事翻译、研究、教学、管理工作的业务水平及较好的素质和较强的能力。
>>> **主干学科：**
旁遮普语。
>>> **主要课程：**
基础旁遮普语、高级旁遮普语、旁遮普语报刊选读、旁遮普语视听、旁遮普语口语、旁遮普语写作、翻译理论与实践、语言理论、语言学概论等。
>>> **首批开设院校：**
北京外国语大学。

>>> **就业方向：**
毕业生可在涉外机构、外资企业、银行、保险、海关、边防、新闻出版、教育、科研、旅游等单位从事翻译、研究、教学和管理等工作，同时也可以选择留学、考研或在国外就业。

0503 新闻传播学类

新闻传播学中的新闻学于19世纪与20世纪之交在德国和美国形成学科，传播学于20世纪40年代在美国形成学科。新闻学在中国作为一门学科，以及中国新闻学教育的开端，通常以1918年10月北京大学新闻学研究会的成立作为标志；而1978年7月复旦大学新闻系的刊物《外国新闻事业资料》首次公开介绍传播学，通常被视为中国传播学研究的起点。现在"新闻传播学"在中国列为一级学科，下设新闻学、传播学、广播电视学、广告学和编辑出版学等二级学科。

050301 新闻学

>>> **新高考选考科目指引：**
本专业没有必须选考科目要求。
>>> **培养目标：**
本专业培养能够在各类媒体从事新闻采访、写作、编辑、评论、摄影等新闻实务以及在党政机关、企事业单位从事新闻宣传的复合型人才。本专业毕业生应该具有坚定的政治方向、强烈的社会责任感、科学的思维方法、厚实的人文科学基础知识、宽阔的国际视野和精湛的新闻传播技能。
>>> **培养要求：**
本专业学生主要学习人文与社会科学的基本知识，掌握新闻传播历史和基本理论，接受新闻传播实践的训练，具备利用多种传播媒介从事新闻传播活动的能力。
>>> **主干学科：**
新闻传播学。
>>> **主要课程：**
马克思主义新闻思想、中外新闻史、新闻学原理、传播学原理、媒介伦理与法规、新闻采访与写作、新闻编辑、新闻评论、新闻摄影、音视频节目制作、新媒体导论、媒介经营与管理。
>>> **顶尖院校：**
中国人民大学、北京大学。
>>> **就业方向：**
学生毕业后适于报考新闻学专业及相关专业的研究生，适于到报社、杂志社、广播电台、电视台、出版社从事编辑、采访、写作、摄影等业务工作和新闻方面的教学、研究工作以及国家机关、行政宣传部门、企业公共关系部门的专业工作。
>>> **未来可从事职业岗位：**
文案策划、新媒体运营、网站编辑、文案编辑、网络推广专

员、市场专员、微信运营专员等。

>>> **就业热门行业：**

互联网/电子商务、新能源、广告、公关/市场推广/会展、影视/媒体/艺术/文化传播、金融/投资/证券、教育/培训/院校、贸易/进出口、咨询、人力资源、财会等。

>>> **就业热门城市：**

北京、上海、深圳、广州、杭州、武汉、成都、厦门、南京和长沙等。

050302 广播电视学

>>> **新高考选考科目指引：**

本专业没有必须选考科目要求。

>>> **培养目标：**

本专业立足于新闻传播学的内在规律，着眼于广播电视事业发展的现实需要和未来前景，培养具备良好的政治素养、广博的文化知识、敏锐的社会观察力、宽阔的国际视野和娴熟的专业技能，能够在广播电视机构以及其他传媒、企事业单位从事新闻采访、报道、拍摄、编辑、主持、策划、管理等工作的广播电视应用型人才。

>>> **培养要求：**

本专业学生主要学习新闻学、传播学以及广播电视方面的基本理论和基本知识，接受广播电视新闻采、写、编、评等方面的基本训练，掌握从事广播电视工作的基本能力。

>>> **主干学科：**

新闻传播学。

>>> **主要课程：**

新闻学理论、传播学理论、中外新闻传播史、广播电视节目制作、广播电视新闻采访与报道、广播电视写作、电视摄像、广播电视编辑、广播电视节目策划、广播电视经营管理、新闻评论。

>>> **顶尖院校：**

中国传媒大学。

>>> **未来可从事职业岗位：**

文字编辑、编辑助理、文案策划、内容编剧、视频课程编导、节目编导、导播、视频策划经理、企业文化专员、企业策划人员、品牌策划推广专员、客户经理、市场总监助理、高级销售经理、通讯员、网络客服等。

>>> **就业热门行业：**

互联网/电子商务、影视/媒体/艺术/文化传播、广告、新能源、金融/投资/证券、公关/市场推广/会展、教育/培训/院校、保险、计算机软件、贸易/进出口等。

>>> **就业热门城市：**

深圳、北京、西安、广州、上海、杭州、武汉、南京、长沙和济南等。

050303 广告学

>>> **新高考选考科目指引：**

本专业没有必须选考科目要求。

>>> **培养目标：**

本专业培养能够在媒介广告部门、广告公司、市场咨询机构、政府部门、企事业单位和文化创意产业部门及其他相关机构从事广告及传播运营、策划、创意、制作、营销、市场研究等方面工作的复合型人才。本专业毕业生应该具备广告与营销传播的理论知识，有广阔的视野，有一定的创新能力与专业技能，掌握传播学、营销学、社会学、心理学、听视觉传达等学科的基本知识。

>>> **培养要求：**

本专业学生主要学习广告学及相关交叉学科的基本理论和知识，接受科学研究方法、策略分析能力、创意思维模式以及业务协作意识等方面的基本训练，具备市场分析、消费者行为分析、策划、广告创意、媒介策略制定与实施等方面的基本能力。

>>> **主干学科：**

新闻传播学、市场营销学。

>>> **主要课程：**

传播学、营销学、广告学概论、社会学概论、市场调查与统计、新媒体广告、广告策划与设计、广告效果、影视广告、广告文案、广告摄影、广告史、广告法规等。

>>> **顶尖院校：**

中国传媒大学。

>>> **就业方向：**

在广告公司、广播电台、电视台、报纸、期刊等媒体从事广告业务；在社会服务部门如车站、商场、医疗机构、工商行政管理部门等企业、事业、行政单位从事广告业务；在学校、科研院所从事广告理论研究与教学等工作。

>>> **未来可从事职业岗位：**

平面设计师、淘宝美工、文案策划、策划经理、销售代表、销售经理、市场专员、市场经理、招聘专员等。

>>> **就业热门行业：**

互联网/电子商务、广告、新能源、公关/市场推广/会展、影视/媒体/艺术/文化传播、贸易/进出口、金融/投资/证券、教育/培训/院校等。

>>> **就业热门城市：**

北京、上海、广州、深圳、杭州、武汉、成都、厦门、南京和西安等。

050304 传播学

>>> **新高考选考科目指引：**

本专业没有必须选考科目要求。

>>> **培养目标：**

本专业培养能够在各类传媒、党政机关、企事业单位以及其他公共传播机构从事跨国际、跨文化、跨专业领域公共关系协调和公共信息传播的专业人才。本专业毕业生要具备比较宽厚的人文、社会科学基础知识和一定的自然科学基础知识，能以马克思主义的立场、观点、方法独立观察分析社会现象，系统掌握新闻传播学及其他相关学科的基本知识和技能，熟悉媒体融合的发展趋势与运作机制。

培养要求：
本专业要求学生学习新闻传播学知识背景，熟悉媒体融合的新趋势，熟悉大众媒体运作机制，熟练掌握新媒体及网络媒体应用技能，通晓新闻传播、文化宣传政策和法规，熟练运用外语和计算机。

主干学科：
新闻传播学。

主要课程：
马克思主义新闻思想、新闻学概论、传播学概论、新闻采访与写作、媒介融合概论、传播学研究方法、人际传播学、组织传播学、政治传播、公共危机传播管理、公共关系学、演讲与修辞、说服与传播运作设计、传播统计软件应用。

顶尖院校：
中国传媒大学。

就业方向：
可在新闻媒体机构、出版机构、中央和地方政府及企事业单位的宣传部门、广告公司、教育部门、农业技术推广等部门从事编导、记者、主持、制作、广告与文化经济活动策划、计算机网络课件开发制作等工作。

未来可从事职业岗位：
文案编辑、文案策划、平面设计师、策划经理、新媒体运营、新媒体运营专员、网络推广、网络推广专员、市场专员、市场经理、品牌经理等。

就业热门行业：
公关/市场推广/会展、影视/媒体/艺术/文化传播、教育/培训/院校、互联网/电子商务、新能源、广告、金融/投资/证券、贸易/进出口等。

就业热门城市：
北京、上海、广州、深圳、杭州、武汉、成都、厦门、南京和长沙等。

050305 编辑出版学

新高考选考科目指引：
本专业没有必须选考科目要求。

培养目标：
本专业立足编辑出版学科内在规律，着眼编辑出版事业发展实践，从社会文化生产、文化传承、文化积累的需要出发，培养具备系统的编辑出版理论素养与实践技能，富有创新精神，能胜任书刊编辑、出版、数字出版等领域的业务和管理工作的复合型编辑出版人才。

培养要求：
本专业学生主要学习编辑出版理论和编辑出版实务的基本知识，接受编辑出版研究和数字出版技能以及表达能力的基本训练，具有理论分析、市场调查研究等多方面的基本能力。

主干学科：
新闻传播学。

主要课程：
编辑学原理、出版学基础、中国编辑出版史、出版法律基础、数字版权、世界出版产业、出版选题策划、出版物市场营销与管理、数字出版、期刊设计与出版、网络编辑。

顶尖院校：
南开大学和北京印刷学院。

就业方向：
毕业生可以到出版部门从事编辑出版、书刊发行工作，也可以选择到文化宣传部门进行文化传播与创作，或是到党政机关从事文秘、宣传等工作，也可从事各类文化产业经营管理工作。

未来可从事职业岗位：
网站编辑、杂志编辑、图书编辑、文案编辑校对、文案策划、图书策划、图书责任编辑等。

就业热门行业：
文字媒体/出版、影视/媒体/艺术/文化传播、广告、公关/市场推广/会展、教育/培训/院校、咨询、人力资源、互联网/电子商务、新能源、财会、金融/投资/证券等。

就业热门城市：
北京、广州、深圳、上海、武汉、长沙、南宁、郑州、杭州和济南等。

050306T 网络与新媒体

新高考选考科目指引：
本专业没有必须选考科目要求。

培养目标：
本专业培养具备系统的网络传播理论知识与技能、宽广的文化与科学知识，熟悉网络传播的基本道德与法规，能在政府部门、新闻与出版机关、学校、大型企事业单位、网络媒体等从事网站策划、网站建设与管理，以及信息的采集、编辑和传播的复合型高级专门人才。

培养要求：
本专业具有文科、工科相交融和实践能力强的特点。因此要求学生掌握网络传播的基本理论、基本知识和技能，掌握新闻传播理论，受到新闻业务的基本训练，具有深厚的文字和文化功底，以及一定的科研和交往能力。

主干学科：
新闻传播学。

▶▶▶ 相近专业：

新闻学、广播电视新闻学、编辑出版学、传播学。

▶▶▶ 顶尖院校：

中国传媒大学。

▶▶▶ 就业方向：

该专业毕业生可到国家重点新闻网站、各级报社、广播电台、电视台、传媒集团等国有新闻单位、网络媒体、各级企事业的信息化管理宣传部门、文化传播公司、广告公司、各企业的市场部、音像电子出版社、杂志社、教育推广公司、教学软件开发公司、远程教育机构、科研单位、咨询策划公司、展示展览公司工作。

▶▶▶ 未来可从事职业岗位：

文案策划、新媒体编辑、新媒体运营专员、新媒体运营经理、新媒体运营主管、网络推广专员、微信运营专员等。

▶▶▶ 就业热门行业：

互联网/电子商务、新能源、广告、计算机软件、教育/培训/院校、金融/投资/证券、影视/媒体/艺术、文化传播、公关/市场推广/会展、贸易/进出口、咨询、人力资源、财会等。

▶▶▶ 就业热门城市：

北京、上海、广州、深圳、武汉、杭州、成都、厦门、南京和长沙等。

050307T 数字出版

▶▶▶ 新高考选考科目指引：

本专业没有必须选考科目要求。

▶▶▶ 培养目标：

本专业培养具备系统的出版学理论素养与信息技术实践技能，能在互联网出版，数字内容生产、发行与管理，新闻传播，文化教育部门从事数字内容产品策划、编辑、发行与营销管理、技术开发与维护的复合型高级专门人才。

▶▶▶ 主要课程：

数字出版导论、传播学原理、出版学基础、编辑理论与实务、出版法律基础、管理信息系统、数据库基础、网络媒体策划、数字出版物设计与制作、数字出版营销、数字媒体运营、媒介经营管理、网页设计与网站建设、平面设计与排版、电子商务概论、数字多媒体技术与应用、选题策划、版权与版权贸易、出版经济学等专业特色课程。

▶▶▶ 顶尖院校：

北京印刷学院。

▶▶▶ 就业方向：

毕业生可在政府机关、高等院校、广播电视、出版社、报纸杂志社、网络公司、印务公司、广告公司、多媒体制作公司等企事业单位从事图文信息处理等开发、研究和教学工作。

▶▶▶ 未来可从事职业岗位：

外国文学编辑、新媒体运营互联网数字出版专员、电子书书城运营、数媒运营及新媒体编辑、版权经理人、数字出版文案撰写、销售经理、产品经理等。

▶▶▶ 就业热门行业：

文字媒体/出版、影视/媒体/艺术/文化传播、广告、教育/培训/院校、互联网/电子商务、新能源、计算机软件、公关/市场推广/会展等。

▶▶▶ 就业热门城市：

北京、上海、广州、南京、杭州、武汉、深圳、西安、郑州和厦门等。

050308T 时尚传播

▶▶▶ 新高考选考科目指引：

本专业没有必须选考科目要求。

▶▶▶ 培养目标：

本专业培养具有深厚的人文与时尚艺术审美素养、扎实的数字传播技能，符合全媒体时代时尚产业发展需求，具备时尚产业的全媒体传播实际工作能力的复合应用型人才。

▶▶▶ 主干课程：

传播学概论、新媒体传播、时尚整合营销传播、时尚与审美、视听语言、虚拟空间表现（虚拟漫游）、VR基础与创意来源、动态图像实验、影视特效表现、时尚场景社交、服饰搭配艺术、公共关系与活动策划等。

▶▶▶ 首批开设院校：

上海杉达学院、重庆第二师范学院。

050309T 国际新闻与传播

▶▶▶ 新高考选考科目指引：

本专业没有必须选考科目要求。

▶▶▶ 主要课程：

人文教育：学生一般要完成人文教育课程，除了学校规定的通选课，学生还可以在以下六个模块中选课：中国文化、外国文化、社会科学、哲学、自然科学和心理学。

英语技能：学生要完成英语技能课包括语音、听、说、读、写等课程。

新闻传播专业核心课程：传媒概论、英语新闻采访与写作、英语新闻编辑、英语新闻编译、英语新闻评论、新闻摄影、大众传播理论、中外新闻史、国际传播、新闻原理、新闻伦理等。

▶▶▶ 首批开设院校：

北京外国语大学、中国传媒大学等。

▶▶▶ 就业方向：

该专业毕业生就业领域广阔，包括国家部委宣传部门及各级各类报纸、电视、广播新闻媒体的国际部门和涉外杂志、出版与网络媒体单位，还可以从事跨国广告、对外贸易及跨文化交流等方面的工作。

050310T 会展

新高考选考科目指引：
本专业没有必须选考科目要求。

培养目标：
本专业培养系统掌握会展物流与策划学的基本理论，掌握会展实务能力、策划管理能力、营销管理能力、物流管理能力等基本技能，熟练掌握英语，能够在涉外经济、贸易部门、制造企业、会展企业、咨询服务公司及政府机构从事会展业务、管理、物流及策划工作的高技能人才。可考取的职业资格证书有会展经理人、会展策划师。

主要课程：
会展礼仪与服务、会展策划、会展经济、会展文案、会展英语、外贸函电、国际贸易、会展物流管理、会展谈判、会展营销、会展客户管理、会展项目管理、展位设计、展览会现场管理。

就业方向：
本专业毕业生主要面向政府机构、会展行业协会和会展专业组织、会展中心以及各类文博馆、展览馆、会议中心、会展公司、会展服务公司、物流公司等单位从事管理、会展服务、销售、物流、策划等工作。

06 历史学

广义上的"历史学"是对"史"进行同时合训而产生的"史有二义"的统一体,它包括:完全独立于人们的意识之外的人类过往社会的客观存在及其发展过程;历史学家对这种客观存在和过程及其规律的描述和探索的精神生产实践及其创造出来的产品。狭义上的史学专指后者。狭义上的史学是一种精神生产实践及其创造的属于观念形态的东西的统一体。就其性质而言,由于历史学家们考察的角度和出发点不同,因此,有"活动"说、"学问"或"学术"说、"知识体系"说、"科学"说、"艺术"说和"一半是科学,一半是艺术"说、"整合"说等各种不同的界定。

0601 历史学类

历史学是以已经逝去的、不能重现的客观历史过程作为研究对象的学科。正是基于人类所具有的求知的欲望、探秘的好奇和保留历史记忆的观念、面向未来的自信,才赋予了作为自身总结过去、面向未来的一种意识手段的历史学以独特的精神——历史学精神。早在3000多年前,我们的祖先就开始记载并研究历史,其后从未间断,给我们留下了一笔堪称世界最丰富、宝贵的史学遗产。近代以来,随着对外交往的日益频繁,我国对外国历史的研究范围日益扩大;同时国外史学理论、方法和成果也逐渐传入我国,促进了我国史学研究的发展。优秀的史学传统和浩瀚的史料、史籍,成为我国文化宝库中的重要组成部分。

060101 历史学

学历史有什么用？人们往往这样问历史专业的学生。许多人倾向于以实用为判断价值的标准,说得更直白点,就是以能否创造经济效益作为判断一门专业是否有用的标准。

历史学研究和阐述人类社会发展的过程和规律,虽然不能带来直接的经济效益,但它会告诉我们从哪里来,要到哪里去。它使我们个人、社会、人类有所归依,为我们提供存在的理由与价值,可以说历史是一种更高层次的人生追求。那些安于清贫、穷且益坚的史学学者,受到世人钦佩和尊敬。

>>> **新高考选考科目指引：**
本专业没有必须选考科目要求。

>>> **培养目标：**
本专业培养具有历史学基本理论、专门知识和基本技能,能在国家机关、新闻出版、文教事业及各类企业事业单位或领域从事研究、教学和管理等方面工作的历史学科复合型人才。

>>> **培养要求：**
本专业学生主要学习历史学科的基本理论和基本知识,接受中国历史和世界历史发展的基本史实及史学研究的基本训练,掌握从事专业工作和历史教学研究的基本能力。

>>> **主干学科：**
中国史、世界史。

>>> **主要课程：**
中国通史、世界通史、史学概论、中国历史要籍介绍及选读、外国历史要籍介绍及选读、中国史学史、西方史学史等。

>>> **顶尖院校：**
南开大学、中央民族大学、厦门大学、华中师范大学。

>>> **就业方向：**
毕业生多在国家机关、文化教育、新闻出版、文博档案及各类企事业单位从事实际工作。

>>> **未来可从事职业岗位：**
中小学教师、文案策划、艺术品经纪人、新媒体运营、频道编辑、房地产广告撰文、董事长秘书等。

>>> **职业薪酬：**
历史学专业相关职位薪酬(月薪):按工作经验统计,其中应届生约7000元,1~3年约8000元,5~10年约12000元。

>>> **就业热门行业：**
教育/培训/院校、互联网/电子商务、金融/投资/证券、新能源、咨询、人力资源、财会、房地产、广告、公关/市场推广/会展、贸易/进出口等。

>>> **就业热门城市：**
北京、上海、深圳、广州、武汉、杭州、厦门、成都、苏州和郑

州等。

专家提醒

历史学是立身的学问,但不是谋生的技能。选择历史专业就要选择综合性、有历史根底和人文气氛的大学。这类大学有利于育成高质量、多层面的史学人才,以满足现代化社会不同领域对具有一定史学功底的专业人才的广泛需求。

现在历史学是一个长线、冷门学科,选择这个专业重在思维的训练,如果希望有所造诣,必须深造。本科毕业的学生就业可变通性较强,不必受到专业的限制。

060102 世界史

世界历史是历史学的一门重要分支学科,内容为对人类历史自原始、孤立、分散的人群发展为全世界成为一密切联系整体的过程进行系统探讨和阐述。世界历史学科的主要任务是以世界全局的观点,综合考察各地区、各国、各民族的历史,运用相关学科如文化人类学、考古学的成果,研究和阐明人类历史的演变,揭示演变的规律和趋向。

▶▶▶ 新高考选考科目指引:

本专业没有必须选考科目要求。

▶▶▶ 培养目标:

本专业培养具有世界史专业特长和熟练掌握相关外语技能、具备比较系统的外国历史知识,能在国家机关、新闻出版、文教事业及各类企事业单位或领域从事外国历史研究、教学和实际工作的历史学科复合型人才。

▶▶▶ 培养要求:

本专业学生主要学习世界史的基本知识,了解人类文明的一般发展历程和世界史研究的基本方法,接受史学理论、外国语、史料学等方面的基本训练,掌握从事专业工作和世界史教学研究的基本能力。

▶▶▶ 主干学科:

世界史、中国史。

▶▶▶ 主要课程:

世界通史、世界史通论、中国通史、史学概论、英文原版教材阅读指导、外文历史文选阅读指导、外文历史文献选读。

▶▶▶ 顶尖院校:

北京大学、南开大学、东北师范大学、首都师范大学、武汉大学。

▶▶▶ 就业方向:

毕业生主要到学术研究、文化教育、外交外贸、国际文化交流和新闻出版部门及各类企事业单位从事教学、科研工作。

▶▶▶ 未来可从事职业岗位:

外国社科人文图书编辑、历史编辑、图书策划、组稿编辑等。

▶▶▶ 职业薪酬:

世界史专业相关职位薪酬(月薪):按工作经验统计,其中3~5年约10000元。

▶▶▶ 就业热门行业:

文字媒体/出版、咨询、人力资源、互联网/电子商务、酒店/旅游、财会、学术/科研、广告、建筑/建材/工程、金融/投资/证券等。

▶▶▶ 就业热门城市:

上海、广州、潍坊、北京和深圳等。

060103 考古学

考古学属于人文科学的领域,是历史科学的重要组成部分。其任务在于根据古代人类通过各种活动遗留下来的实物,以研究人类古代社会的历史。实物资料包括各种遗迹和遗物,它们多埋没在地下,必须经过科学的调查发掘,才能被系统地、完整地揭示和收集。因此,考古学研究的基础在于田野调查发掘工作。考古学的产生有长远的渊源,但到近代才发展成为一门科学。近代考古学发祥于欧洲,以后普及到世界各国。北宋以来的金石学是中国考古学的前身,但直到20世纪20年代,以田野调查发掘工作为基础的近代考古学才在中国出现。作为一门近代的科学,考古学有一套完整、严密的方法论。它包含史前考古学、历史考古学和田野考古学等分支,并与自然科学、技术科学领域内的许多学科以及人文、社会科学领域内的其他学科有着密切的关系。考古学是通过发掘和调查古代人类的遗迹遗物和文献来研究古代社会的一门人文科学。传统上,考古学是文化人类学的一门分支学科,但是现在它越来越独立,成了一门独立的学科。考古学家与只研究历史记载的历史学家不同,他们通过研究远古人类的遗留物,对没有历史记载的史前文化也进行研究。考古学家致力于探索人类文化的起源。

▶▶▶ 新高考选考科目指引:

本专业没有必须选考科目要求。

▶▶▶ 培养目标:

本专业培养具有考古学基本理论和基础知识,能在国家机关、考古、文物、博物馆等文教企事业单位或领域从事研究、教学和管理等方面工作的考古学复合型人才。

▶▶▶ 培养要求:

本专业学生主要学习考古学的基本理论、方法和技能,学习古人类学、民族学、文物学、博物馆学及中国历史和世界历史等方面的基础知识,掌握从事专业工作和考古学教学研究的基本能力。

▶▶▶ 主干学科:

考古学、中国史、世界史。

▶▶▶ 主要课程:

中国考古学通论、考古学导论、考古学史、中国古代史、世界古代史、中国历史文献、文字学概论等。

▶▶▶ 顶尖院校:

北京大学。

就业方向：
毕业生就业适宜从事中央及各省市考古机构的科研工作,高等院校的考古教学与科研工作,以及中央及各省市文物局、博物馆、出版社的有关文物管理、文物研究和考古、历史方面的编辑工作等。

未来可从事职业岗位：
钱币邮品部业务助理、字画经纪人、新媒体运营等。

就业热门行业：
学术/科研、教育/培训/院校、咨询、人力资源、财会、建筑/建材/工程、公关/市场推广/会展、服装/纺织/皮革、互联网/电子商务、影视/媒体/艺术/文化传播、新能源等。

就业热门城市：
北京、上海、广州、西安、武汉、深圳、杭州、成都、东莞和福州等。

060104 文物与博物馆学

新高考选考科目指引：
本专业没有必须选考科目要求。

培养目标：
本专业培养具有文物学、博物馆学的基本理论和基础知识,能在政府文物管理机构、各类博物馆或展览馆、文物考古研究机构以及新闻出版、教育等企事业单位或领域,从事文物与博物馆管理、研究工作的复合型人才。

培养要求：
本专业学生主要学习文物学、博物馆学的基本理论和基础知识,接受历史、考古、艺术和科技等综合知识和技能的基本训练,具备文物与博物馆研究以及文博事业管理的基本素质。

主干学科：
文物学、博物馆学、考古学、历史学。

主要课程：
文物学概论、博物馆学概论、博物馆实务、各主要门类文物概论、文物与考古技术、文物保护管理、考古学通论、中国历史、世界历史。

顶尖院校：
复旦大学。

就业热门行业：
学术/科研、影视/媒体/艺术/文化传播、建筑/建材/工程、房地产、广告、咨询、人力资源、财会、公关/市场推广/会展、家具/家电/玩具/礼品等。

就业热门城市：
北京、广州、深圳、洛阳、南阳、安阳、平顶山、济源和许昌等。

060105T 文物保护技术

文物保护技术是一门综合性的专业知识,包括文物制作、保护以及与防治有关的科学技术、材料性能、操作工艺和各种勘查、检测等。文物在保存过程中,经受着两种因素的破坏：①人为的破坏。如古建筑、石窟寺、古墓葬被战火焚毁、被拆除或维修不当失去原貌；铜铁器、书画、竹木漆器、陶瓷等因保护、搬运不当被损坏。②风、雨、雷、电、火、地震、光线、虫害、霉菌等自然因素对文物造成的破坏。中国文物保护方面的技艺历史悠久,在唐代(618—907年)就有用木楔拨正歪斜古建筑梁架的记载,另据黄休复的《益州名画录》载,成都曾迁移三堵墙的壁画,经过200多年仍完好如初。字画保护的揭裱技术,到唐代已相当成熟。"漆粘石头,鳔粘木"更是流传很久的修复石质文物和木质文物的传统技艺。以后随着科学技术的进步,高分子材料、物理检测技术逐渐引进到文物保护工作中来。

新高考选考科目指引：
本专业必须选择化学学科。

培养目标：
本专业培养既掌握数理化和历史、文物考古的一般知识,又掌握文物保护材料的合成、分析、文物修复等实际技能,能在考古、博物馆、文物管理机构从事文物保护与研究工作的高级专门人才。

主要课程：
中国科技史、文物学概论、中外建筑史、工程力学、古建筑保护、馆藏文物与环境、文化人类学、体质人类学、考古学通论、田野考古技术、中国书画、文物鉴定技术、环境学导论、文物分析与现代技术、有机质与无机质保护、低温技术与应用、计算机原理及应用、管理信息系统、网络应用基础、GPS与无线电探测、材料学与古代冶金、金属焊接与表面处理、壁画保护与修复等。

顶尖院校：
哈尔滨师范大学。

就业方向：
可到文化、文物、博物、环保、建设、公安、海关、旅游及科研、高校等部门,从事教育、科研、设计、开发、管理等工作。

未来可从事职业岗位：
博物馆工作人员、图书馆工作人员、岩土工程技术人员、外贸销售代表等。

职业薪酬：
文物保护技术专业相关职位薪酬(月薪)：按工作经验统计,其中1~3年约8000元。

就业热门行业：
建筑/建材/工程、房地产、广告、快速消费品、咨询、人力资源、财会、新能源、外包服务、公关/市场推广/会展等。

就业热门城市：
北京、上海、广州、济南、南京、西安、成都、深圳、杭州和武汉等。

060106T 外国语言与外国历史

外国语言与外国历史专业是中国高等学校2011年新增的专业;当前开设该专业的院校还比较少。

新高考选考科目指引:
本专业没有必须选考科目要求。

培养目标:
本专业旨在培养素质高、学识宽阔、基础扎实、适应力强的国际文化交流人才,并为相关学科输送高质量的研究人才。

培养要求:
本专业学生主要通过世界历史的学习,了解人类文明的一般发展历程和世界历史研究的基本方法、学术史和最新动态,同时对主修国家和地区的历史、文化、政治、社会、军事、经济的概貌与特点有比较深入的认识,有较强的独立研究或实际工作能力。

主要课程:
毛泽东思想概论、军事理论、马克思主义哲学原理、马克思主义政治经济学原理、高级英语、高级写作、英国文学、美国文学、翻译等。

顶尖院校:
北京大学。

就业方向:
外国语言与外国历史专业的就业面比较宽广,毕业生可以到大型企业或者教育机构从事销售、教学等方面的工作。

未来可从事职业岗位:
海外培训及人才发展主任等。

就业热门行业:
教育/培训/院校、公关/市场推广/会展、广告、影视/媒体/艺术/文化传播、咨询、人力资源、财会、新能源、互联网/电子商务、医疗/护理/卫生、娱乐/休闲/体育、建筑/建材/工程等。

就业热门城市:
上海、北京、广州、深圳、郑州、佛山、昆明、沈阳、济南和青岛等。

060107T 文化遗产

新高考选考科目指引:
本专业没有必须选考科目要求。

培养目标:
本专业通过文化遗产及相关课程的教育与实习,培养熟悉文化遗产核心理念、具备文化遗产系列基础知识、了解国际及国内文化遗产保护状况、掌握基础研究理论与方法、具备文化遗产保护与修复一技之长的复合型人才,其人才培养的目标凸显为复合型、技艺型和应用型。

培养要求:
该专业学生要求掌握文化遗产保护与修复的基本技能,进行物质与非物质文化遗产的调查、价值研究、保护、开发、管理等工作。

主要课程:
文化遗产概论、文化遗产规划与管理、文化遗产法规与政策、文化遗产保护技术、非物质文化遗产保护、文化遗产保护案例、北京文化遗产、文化人类学、考古学概论、文物学概论、博物馆学概论、中国通史、世界通史、文化遗产专业外语等。

首批开设院校:
首都师范大学。

就业方向:
毕业生可报考研究生或到文化企事业单位工作,也可到旅游、广告、艺术品拍卖等机构从事工作。

060108T 古文字学

古文字学是以古汉字和各种古汉字资料为研究对象的学科。在中国,对古文字的研究开始得很早,但是,长期以来是包含在作为"小学"一部分的传统文字学和以古铜器和碑刻等为主要研究对象的金石学里的,一直到20世纪才有"古文字学"的名称。人们所说的古文字学,内容并不一致,大体上可分为以下广义和狭义两种:

广义既包括对古文字本身的研究,也包括对各种古文字资料的研究。后一方面的研究继承了金石学的传统,主要以古代遗留下来的各种实物上的古文字资料(如甲骨卜辞、铜器铭文等)为对象,着重于释读这些资料,弄清它们的性质、体例和时代,并阐明研究这些资料的方法,这方面的研究也有人认为应该称为古铭刻学。在广义的古文字学里,这方面的研究往往被视为重点。

狭义主要以古文字本身为对象,着重研究汉字的起源,古汉字的形体、结构及其演变,字形所反映的本义以及考释古文字的方法。狭义的古文字学是文字学的一个分支。

新高考选考科目指引:
本专业没有必须选考科目要求。

首批开设院校:
吉林大学。

060109T 科学史

科学史是2021年普通高等学校新开设的本科专业。

首批开设院校:
清华大学。

07 理 学

理学有两种含义：一种指古代的理学，另一种指现代自然科学的理学，古代的理学是指宋朝以后的新儒学，又称道学。嘉祐治平年间（1056—1067年），理学获得了极大的发展，形成了王安石（荆公）新学、司马光（温公）朔学、苏轼的蜀学、二程（程颢、程颐）兄弟的洛学（含张载的关学）为代表的理学四大派；本书讨论的理学是现代科学上所说的理学，通常是指研究自然物质运动基本规津的科学，例如数学、物理、化学、生物学、天文、地质和地理等。

0701 数学类

数学源自古希腊，它是研究数量、结构、变化和空间模型等概念的一门科学。通过抽象化和逻辑推理的使用，由计数、计算、量度和对物体形状及运动的观察而产生。数学的基本要素是逻辑与直观、分析与推理、共性与个性。

070101 数学与应用数学

数学与应用数学是研究自然科学、社会科学和工程技术中数学问题及其理论的一个重要分支，其目的是运用数学来阐明概念的科学性、现象的规律性，并由此推动数学的新发展。数学与应用数学相对于古老的基础数学来讲，显得非常年轻，不过在近些年来的发展却异常迅猛。本专业的主要研究方向有工业与应用数学、应用概率统计、生物数学、数学地质、城市交通与通讯网规划软件等。

▶▶▶ **新高考选考科目指引：**
本专业必须选择物理、化学学科。

▶▶▶ **培养目标：**
本专业培养掌握数学科学的基本理论与基本方法、具有运用数学知识和使用计算机解决实际问题的能力、接受科学研究的初步训练，能在科技、教育、经济和金融等部门从事研究和教学工作，在生产、经营及管理部门从事实际应用、开发研究和管理工作，或继续攻读研究生学位的创新型人才。

▶▶▶ **培养要求：**
本专业学生主要学习数学和应用数学的基本理论、基本方法并接受数学建模、计算机和数学软件方面的基本训练，在数学理论和应用两方面都受到良好的教育，具有较高的科学素养和较强的创新意识，具备科学研究、教学、解决实际问题及软件开发等方面的基本能力和较强的更新知识的能力。

▶▶▶ **主干学科：**
数学。

▶▶▶ **主要课程：**
几何、分析、代数、微分方程、概率统计、数学建模、数值计算。

▶▶▶ **顶尖院校：**
复旦大学、山东大学、南京大学、浙江大学、南开大学、吉林大学。

▶▶▶ **就业方向：**
学生毕业后在大专院校和科研单位从事数学教学与科研工作，或在企业、政府管理机构、国防部门等从事数学应用和计算机软件开发工作。可以继续攻读数学各专业及计算机、经济、金融、管理等相关专业硕士学位研究生。

▶▶▶ **未来可从事职业岗位：**
数据分析专员、数据分析工程师、软件研发程序员、Android程序员、算法工程师、数据挖掘工程师、软件工程师、Java开发工程师、应用项目支持工程师、Java开发主管、图像算法工程师、嵌入式软件工程师、高级软件工程师、移动架构师、数据产品经理、大数据事业部产品经理、部门助理/文员等。

▶▶▶ **职业薪酬：**
数学与应用数学专业相关职位薪酬（月薪）：按工作经验统计，其中1~3年约15000元，3~5年约22000元。

▶▶▶ **就业热门行业：**
互联网/电子商务、计算机软件、新能源、金融/投资/证券、计算机技术支持（系统、数据维护）、电子技术/半导体/集成电路、教育/培训/院校、外包服务、咨询、人力资源、财会等。

>>> **就业热门城市：**

北京、上海、深圳、杭州、广州、武汉、成都、南京、合肥和西安等。

070102 信息与计算科学

信息技术中的计算机技术笼统说来包括软件和硬件设计两大类，而信息和计算科学这个专业属于软件技术领域中偏于基础的部分，重点在于对计算理论和算法的研究。这也无怪乎为什么大部分高校的信息与计算科学专业源于应用数学专业了。软件技术是被公认为计算机技术中更有前景的一部分，比尔·盖茨凭借软件业成长为连续多年的世界首富，同时造就了一大批百万、千万富翁。我们国家的一系列大型发展规划中，多次提出在"第三次工业革命"（信息技术革命）中，不能再次落后，要成为软件大国的计划也频频见于报端。在各地方兴未艾的高科技园区中，软件园成了一道独特而亮丽的风景。不难看出，作为软件工业基础的信息与计算科学专业可以说将会有非常大的发展空间。

>>> **新高考选考科目指引：**

本专业必须选择物理、化学学科。

>>> **培养目标：**

本专业是以信息技术、计算技术和运筹控制技术的数学基础为研究对象的理科类专业，培养具有良好的数学基础和数学思维能力，掌握信息或计算数学的基本理论、方法与技能，接受科学研究的初步训练，能解决信息技术或科学与工程计算中的实际问题的高级专门人才。本专业毕业生能在科技、教育、信息产业、经济金融等部门从事研究、教学、应用开发和管理工作，或继续攻读硕士、博士学位。

>>> **培养要求：**

本专业学生主要学习数学和信息科学的基本理论和基本方法，接受数学建模、计算方法、程序设计和应用软件等方面的基本训练，受到数学和信息理论及其应用方面的良好教育，具有较高的科学素养和较强的创新意识，具有科学研究、教学、解决信息技术或科学工程计算中实际问题等方面的基本能力和较强的更新知识的能力。

>>> **主干学科：**

数学、计算机科学与技术。

>>> **核心知识领域：**

几何、分析、代数、微分方程、概率统计、数值计算、信息科学、运筹与控制、计算机软件与应用。

>>> **主要课程：**

数学分析、高等代数、解析几何、概率统计、物理学、常微分方程、复变函数论、程序设计与算法语言、数据结构与算法、数值分析、数据分析、数学建模。

>>> **顶尖院校：**

华中科技大学、西安交通大学、中南大学、重庆大学和西北工业大学。

>>> **就业方向：**

学生毕业后适合在企事业单位、高科技部门、高等院校、行政管理和经济管理部门，从事科研、教学和计算机应用软件的开发和管理工作，也可以继续攻读信息与计算科学及相关学科的硕士学位。

>>> **未来可从事职业岗位：**

技术支持工程师、软件开发工程师、产品经理、网络工程师、销售工程师、测试工程师、Java 开发工程师、MES 工程师、安卓工程师、初级程序员、ERP 开发工程师、技术运维主管、平台研发实习生、软件架构师、安全工程师、Android 程序员、软件研发程序员、资深电子工程师、采购员、文档工程师、文秘、信息技术管理岗、销售代表、销售经理、IT 工程师、项目经理等。

>>> **就业热门行业：**

计算机软件、计算机技术支持（系统、数据维护）、互联网/电子商务、新能源、电子技术/半导体/集成电路、咨询、人力资源、财会、通信/电信/网络设备、教育/培训/院校、金融/投资/证券等。

>>> **就业热门城市：**

上海、北京、深圳、广州、沈阳、武汉、南京、长沙、合肥和杭州等。

070103T 数理基础科学

数理基础科学专业强调打好数学和物理学的基础的同时，培养学生对数学的高度抽象思维能力，同时具有现代物理学的形象思维和实验技能，由于本专业的学生具备较扎实的数学和物理学的专业知识。本专业主要培养能从事数学、物理等基础科学教学和科研的有发展潜力的优秀人才，尤其是在数学、物理上具有创新的能力的人才，同时也为对数理基础要求高的其他学科培养有良好的数理基础的新型人才。

>>> **新高考选考科目指引：**

本专业必须选择物理、化学学科。

>>> **培养目标：**

本专业主要培养具有扎实数理基础和良好素养的新型人才。通过强化数学和物理的教学，其本科生应掌握扎实的数学和物理学基础理论，具有较强的物理实验技能。同时安排一定教学环节加强学生国际交往能力的训练，以及人文科学精神的熏陶。

>>> **主要课程：**

数学分析、高等代数、普通物理学、解析几何、常微分方程、概率论、实变函数、数值计算方法、近世代数、数理统计、数学物理方法、泛函分析、拓扑学、理论力学、原子物理学、理论力学、热力学与统计物理、量子力学、电动力学、凝聚态物理、普通物理实验、近代物理实验等。

顶尖院校：
清华大学和电子科技大学。

就业方向：
通过科研实践训练，向对数理基础要求较高的学科（如工程技术、经济管理、生命科学等）分流发展，学生根据本人的志趣与能力，选定今后的发展方向。

未来可从事职业岗位：
电商数据分析、商品数据分析员、市场分析员、商品专员、财务分析员、统计分析员、化学分析员、生物信息分析员、人事行政文员等。

就业热门行业：
互联网/电子商务、交通/运输/物流、计算机软件、服装/纺织/皮革、新能源、金融/投资/证券、制药/生物工程、贸易/进出口、批发/零售、咨询、人力资源、财会等。

就业热门城市：
上海、广州、北京、深圳、武汉、杭州、南京、东莞、厦门和成都等。

070104T 数据计算及应用

培养目标：
本专业培养德、智、体、美、劳全面发展，具有良好的数学基础和数学思维能力，掌握信息科学和统计学的基本理论、方法与技能，接受科学研究的初步训练，具备一定的数据建模、高性能计算、大数据处理及程序设计能力，能运用所学知识与技能解决数据分析、信息处理、科学与工程计算等领域实际问题的复合型应用理科专业人才。

主干课程：
数学分析、高等代数、解析几何、概率论、数理统计、常微分方程、数据科学导论、高级语言程序设计、数据库原理、数据结构、统计预测与决策。

核心课程：
数据建模、数值最优化方法、数据算法与分析、应用时间序列分析、数据挖掘基础、统计推断、统计计算、机器学习、语言与数据分析、大数据分析、数据可视化分析、多元统计分析、矩阵计算、应用随机分析等。

首批开设院校：
太原科技大学、上海工程技术大学。

0702 物理学类

从实验得出理论，从不断的实践中探索和总结自然界各种物质最根本的秘密，了解探明物质从何而来，在多种条件下物质的运动方向等自然界规律。进行物理学的研究注重逻辑、注重论证的过程，通过一步一步严密的推导，去发现现象最本质、简单而美丽的内在规律。研究课题会涉及从物质的被称为库克的最小物质构成单位到黑洞的形成原理。作为一门最基本的理论学科，物理学能锻炼人严密的逻辑推导能力，使人具备扎实的理论功底。

070201 物理学

物理学是研究物体运动变化规律的一门学科，是自然科学大厦的基石，是整个理工学科体系的基础。其目的是通过对物理理论、知识、实验方法的研究，推动以物理学为基础建立起来的各门学科的发展。物理学专业是最古老的自然科学之一，由于其基础性和重要性，一直保持着稳步的发展势头。特别是相对论的出现，量子力学迅速发展以及非线性科学得到承认，物理学又跃上了新的台阶。目前除了传统的力学正在实际工程生产中发挥巨大作用之外，一些新兴的物理学发展方向在高科技产业中也居于前列。比如说超导物理学和超导电子学、纳米技术、原子核物理和核固体物理学以及量子光学等，每一个方向都有很大的发展潜力，都可以作为一门专业来进行研究。另一方面，物理学的发展逐渐摆脱了原来的主要是理论推导的束缚，实验物理学发展极其迅速，使得物理学理论成果向实际应用的转化更加快速，客观上也促进了物理学的发展。

新高考选考科目指引：
本专业必须选择物理、化学学科。

培养目标：
本专业主要培养从事物理学及相关前沿学科教学和研究的专业人才，同时也培养能将物理学应用于技术和社会各个领域的复合型人才。经过学习和训练，本专业学生应具备在物理学及相关学科进一步深造的基础，能达到毕业后从事研究、教学、技术应用和管理等方面工作的要求。

培养要求：
本专业学生主要学习物理学的基本知识与原理，接受科学思维和物理学研究方法的训练，具有科学精神、科学素养、科学作风和创新意识，具备一定的独立获取知识的能力、实践能力和研究能力。

主干学科：
物理学。

主要课程：
高等数学、普通物理学、数学物理方法、理论力学、热力学与统计物理、电动力学、量子力学、固体物理学、结构和物性等。

顶尖院校：
南京大学、中国科学技术大学。

就业方向：
毕业生可以在机械电子、航空航天、冶金、铁道、计量部门等中央部门和地方的科研单位、工厂的中心实验室、研究室及各类学校参加有关物理方面的研究或者教学工作。或者从事科、工、贸方面开发工作的高级技术型人才。或者选择到国内外去继续深造。

>>> **未来可从事职业岗位：**

地球物理勘探技术员、光学工程师、工艺工程师、光学设计资深工程师、电池工艺部长、光伏研发工程师、制前设计工程师、断路器技术研究工程师、铸锭工程师、解决方案开发工程师、光学传感研发工程师、技术研发工程师、部门助理/文员、初中物理教师、高中物理老师、销售代表、销售助理、销售工程师等。

>>> **职业薪酬：**

物理学专业相关职位薪酬(月薪)：按工作经验统计，其中应届生约6000元，1~3年约9000元，3~5年约11000元，5~10年约14000元。

>>> **就业热门行业：**

教育/培训/院校、新能源、电子技术/半导体/集成电路、互联网/电子商务、计算机软件、咨询、人力资源、财会、仪器仪表/工业自动化、金融/投资/证券、学术/科研等。

>>> **就业热门城市：**

北京、上海、深圳、广州、武汉、杭州、苏州、成都、南京和厦门等。

070202 应用物理学

应用物理学是以物理学的基本规律、实验方法及最新成就为基础，来研究物理学应用的学科。它以应用为目的，是物理学和科学技术之间的媒介和桥梁。应用物理学的基本任务是研究如何把物理学原理和定律应用于实际，从而不断向技术科学领域输送新的力量，例如新方法、新工艺、新材料、新器件等。它是当今多种技术学科的支柱，是高新技术发展的基础。其目的是便于将理论物理研究的成果尽快转化为现实的生产力，并反过来推动理论物理的进步。它属于比较年轻的专业，所涉及的是一些非常具体的问题，采取实验的方法来进行研究。

>>> **新高考选考科目指引：**

本专业必须选择物理、化学学科。

>>> **培养目标：**

本专业培养具有较扎实的物理学基础和相关应用领域的专门知识，具有较强实践能力和创新意识，能在应用物理学科、交叉学科以及相关科学技术领域从事研究、教学、新技术开发与应用以及管理工作的人才。本专业部分毕业生适合在相关学科领域进一步深造。

>>> **培养要求：**

本专业学生主要学习物理学和特定专业方向的基本知识与原理、基本实验技能与技术，接受科学思维和物理学研究方法的训练，具有科学精神、科学素养、科学作风和创新意识，具备一定的独立获取知识的能力、实践能力和技术开发能力。

>>> **主干学科：**

物理学。

>>> **核心知识领域：**

机械运动现象与规律、热运动现象与规律、电磁和光现象与规律、物质微观结构和量子现象与规律、凝聚态物质结构及性质、时空结构、物理学中的数学方法。

>>> **顶尖院校：**

山东大学、北京理工大学、西安交通大学、中南大学和电子科技大学。

>>> **就业方向：**

毕业生主要在科研院所、高等院校、企事业单位从事科研、教学、技术开发和管理工作，也可报考物理、电子、经济及管理类研究生。

>>> **未来可从事职业岗位：**

芯片助理工程师、Java中级软件工程师、电子工程师、声学助理设计师、化工技术员、研发技术员、研发工程师、实验室技术员、工艺工程师、销售代表、销售工程师等。

>>> **就业热门行业：**

新能源、电子技术/半导体/集成电路、计算机软件、互联网/电子商务、教育/培训/院校、仪器仪表/工业自动化、金融/投资/证券、计算机技术支持(系统、数据维护)、制药/生物工程等。

>>> **就业热门城市：**

上海、北京、深圳、杭州、广州、武汉、南京、成都、苏州和西安等。

070203 核物理

核物理专业又称原子核物理学，是20世纪新建立的一个物理学分支。它研究原子核的结构和变化规律；射线束的产生、探测和分析技术以及同位能、核技术应用有关的物理问题。它是一门既有深刻理论意义，又有重大实践意义的学科。

>>> **新高考选考科目指引：**

本专业必须选择物理、化学学科。

>>> **培养目标：**

本专业主要培养能够从事核物理学、核科学与核技术相关学科领域的研究、教学、新技术开发应用、工程管理工作的专业人才。经过学习和训练，本专业学生应具有较扎实的核物理学基础和相关学科领域的专门知识，具备在核物理及相关学科进一步深造的基础。

>>> **培养要求：**

本专业学生主要学习物理学和核物理专业的基本知识与原理、基本实验技能与技术，接受科学思维和物理学研究方法的训练，具有科学精神、科学素养、科学作风和创新意识，具备一定的独立获取知识的能力、实践能力和技术开发能力。

>>> 主干学科：

物理学。

>>> 顶尖院校：

吉林大学和哈尔滨工业大学。

>>> 就业方向：

毕业生主要面向国家重要研究院所、高等院校，同时面向核工业系统企事业单位、核电站、环境、医疗、卫生、国防、工业、农业等部门，主要从事基础或应用研究、教学与管理等。

>>> 未来可从事职业岗位：

核安全工程师、核物理及相关专业技术员、放射检测评价工程师、放疗中心技师、自控项目工程师、职业卫生评价师、项目助理、职业卫生项目负责人、研发项目经理检测报告编写人、环境工程师、销售工程师等。

>>> 职业薪酬：

核物理专业相关职位薪酬（月薪）：按工作经验统计，其中1~3年约9000元，5~10年约15000元。

>>> 就业热门行业：

新能源、检测、认证、医疗/护理/卫生、医疗设备/器械、仪器仪表/工业自动化、制药/生物工程、电子技术/半导体/集成电路、计算机软件、环保、互联网/电子商务等。

>>> 就业热门城市：

北京、上海、深圳、南京、广州、西安、合肥、杭州、武汉和苏州等。

070204T 声学

声学是物理学的一个二级学科，是研究媒质中机械波（即声波）的科学，研究范围包括声波的产生、接受、转换和声波的各种效应。同时声学测量技术是一种重要的测量技术，有着广泛的应用。最简单的声学就是声音的产生和传播，这也是声学研究的基础。

声音是由物体振动产生的。声音的传播需要介质，它可在气体、液体和固体中传播，但真空不能传声。声音在不同物质中的传播速度也是不同的，一般在固体中传播的速度最快，液体次之，在气体中传播得最慢。并且，在气体中传播的速度还与气体的温度和压强有关。有规律的悦耳声音叫乐音，没有规律的刺耳声音叫噪声。响度、音调和音色是决定乐音特征的三个因素。

>>> 新高考选考科目指引：

本专业必须选择物理、化学学科。

>>> 培养目标：

本专业培养具有敬业精神和德、智、体、美、劳全面发展的人才。掌握声学的基本理论和实验技能，了解本领域的研究动态，具有一定的分析问题和解决问题的能力。具有深厚的数理基础，掌握声学的基本理论和实验技术以及与本学科相邻或相关学科的知识，具有分析问题和独立解决问题的能力。

>>> 主要课程：

高等数学、普通物理及实验、数学物理方法、理论物理、近代物理实验、电子线路及实验、计算机原理及实验、算法语言及程序设计、信号与系统理论、声学基础、近代声学、传感器等。

>>> 顶尖院校：

南京大学。

>>> 就业方向：

毕业生具备电子、声学专业基础，受到用人单位的好评，供不应求，主要从事音频工程、建筑声学、噪声控制、光声信息处理、超声电子器件、超声医疗仪器、IT行业等领域相关的各类工作。

>>> 未来可从事职业岗位：

声学工程师、电声工程师、音频工程师、电子工程师、硬件工程师、电声音响技术员、电声音响工程师、结构工程师、销售工程师等。

>>> 职业薪酬：

声学专业相关职位薪酬（月薪）：按工作经验统计，其中应届生约7000元，1~3年约11000元，3~5年约14000元，5~10年约16000元，10年以上约28000元。

>>> 就业热门行业：

电子技术/半导体/集成电路、新能源、互联网/电子商务、通信/电信/网络设备、计算机软件、建筑/建材/工程、仪器仪表/工业自动化、汽车及零配件、贸易/进出口等。

>>> 就业热门城市：

深圳、北京、上海、东莞、广州、苏州、杭州、南京、潍坊和成都等。

070205T 系统科学与工程

>>> 新高考选考科目指引：

本专业必须选择物理、化学学科。

>>> 培养目标：

系统科学与工程专业具有工科与理科相结合、软件与硬件相结合、理论与实践相结合的显著特点。本专业的学生主要通过对系统的模型、建模与仿真、管理信息系统、系统工程导论等专业理论知识的学习，受到严格的科学实验训练和科学研究能力训练，培养能综合运用系统科学、控制科学、计算机科学和管理科学等方面的基本理论和方法，在自动化系统、网络与通信、生产系统、金融经济、社会管理等宽广领域从事系统建模、分析、控制、设计、研究、开发、运行和管理的宽口径、复合型高层次人才。

>>> 主干课程：

电路原理、模拟电子技术基础、数字电子技术基础、信号分析与处理、应用统计学、控制理论、现代控制理论、系统建模分析与仿真、系统理论与系统工程、运筹学、微机原理与接口技术、可编程控制器系统。

▶ **特色课程：**

双语教学课程：系统建模分析与仿真、智能系统、非线性系统理论、信息系统分析与集成、计算机网络与通信、可编程控制器系统。

▶ **首批开设院校：**

东北大学、浙江大学、清华大学、上海交通大学、东南大学、西南交通大学。

▶ **就业方向：**

系统科学与工程专业毕业生能在电子信息、生物工程、通信、计算机、电子商务、电气工程、电力工程、交通、金融、机械以及轻纺等广泛领域从事系统分析、设计、科学研究、开发和管理决策等工作。

070206T 量子信息科学

量子信息科学是量子力学与信息学交叉形成的一门边缘学科。近年来，量子信息学给经典信息科学带来了新的机遇和挑战，量子的相干性和纠缠性给计算科学带来迷人的前景。量子信息科学的诞生和发展，反过来又极大丰富了量子理论本身的内容，深化了量子力学基本原理的内涵，并进一步验证了量子论的科学性。

▶ **新高考选考科目指引：**

本专业必须选择物理、化学学科。

▶ **首批开设院校：**

中国科学技术大学。

0703 化学类

070301 化学

化学是研究物质的性质、组成、结构、变化和应用的学科。它是重要的基础科学之一，是一门建立在实验基础上的学科，在化学研究中实验和理论这两方面一直是不可或缺、相互依赖、彼此促进的。化学研究是一门实验性较强的专业，它的基本方法是分析方法，目标是合成各种物质。化学偏重于理论，应用化学专业则偏重于应用。

▶ **新高考选考科目指引：**

本专业必须选择物理、化学学科。

▶ **培养目标：**

本专业培养具有良好的科学、文化素养，能够较系统扎实地掌握化学基础知识、基本理论和基本技能，富有创新意识和实践能力，能在化学及相关领域从事科研、教学及其他工作的人才。

▶ **培养要求：**

本专业学生主要学习化学及相关学科的基础知识、基本理论和基本技能，具有一定的人文和社会科学知识，接受较系统的科学思维和科学研究的基本训练，初步具备综合运用化学及相关学科的基本理论和技术方法进行研究、教学和开发的能力。

▶ **主干学科：**

化学。

▶ **核心知识领域：**

物质的结构层次、形态与构效关系，化学键及分子间的相互作用，化学反应的方向、限度、速率和机理，无机和有机物的组成与结构、合成与分离、分析与表征、反应与转化、性质与应用，化学实验的基本操作及技术，常用仪器与设备的原理与应用，化学信息获取、处理和表达的方法。

▶ **顶尖院校：**

吉林大学、南开大学。

▶ **就业方向：**

毕业生可从事化工工艺、化学合成等化工企业的生产技术管理和科研工作，还可从事化工、精细材料化学和环境化学等领域的生产、管理、科研及教学工作。

▶ **未来可从事职业岗位：**

初中化学教师、高中化学教师、化验员、实验员、研发工程师、工艺工程师、销售代表、销售经理、销售工程师等。

▶ **职业薪酬：**

化学专业相关职位薪酬（月薪）：按工作经验统计，其中应届生约6000元，1~3年约7000元，3~5年约8000元，5~10年约12000元。

▶ **就业热门行业：**

制药/生物工程、教育/培训/院校、石油/化工/矿产/地质、新能源、环保、检测、认证、电子技术/半导体/集成电路、咨询、人力资源、财会、医疗设备/器械等。

▶ **就业热门城市：**

上海、北京、广州、深圳、杭州、苏州、武汉、南京、东莞和成都等。

专 家 提 醒

化学专业为学生提供化学知识方面的职业才能，并且还开设包括数学、物理和生物在内的辅助性的课程。除了使学生掌握具体科学基础知识外，还培养学生具有判断力的思维、试验技术、解释观察以及清晰表达思维等能力。从事化学职业的学生将乐于独立工作。他们将有超出一般水平的科学和数学天赋，坚韧、耐心、好奇心、独立、创造力和关心细节是职业化学工作者必须具备的基本品质。

070302 应用化学

应用化学专业是以生命科学和农业科学为基础，研究农产品质量与营养、农产品的安全与健康、农产品营养的保障和农产品安全卫生质量管理的学科,是连接食品与预防医学的重要桥梁。通过对农产品生产、加工的管理和控制,保证农产品的营养品质和卫生质量,促进人体的健康。本专业是集理论性、应用性和实践性于一体的综合性专业,前景广阔。

▶ **新高考选考科目指引:**

本专业必须选择物理、化学学科。

▶ **培养目标:**

本专业培养具有良好的科学、文化素养,能够较系统扎实地掌握化学基础知识、基本理论和基本技能,富有创新意识和实践能力,能在应用化学及相关领域从事研究、开发及其他工作的人才。

▶ **培养要求:**

本专业学生主要学习化学与化工及相关学科的基础知识、基本理论和基本技能,具有一定的人文和社会科学知识,接受较系统的科学思维和应用研究的基本训练,初步具有综合运用化学及相关学科的基本理论和技术方法进行研究、开发的能力。

▶ **主干学科:**

化学。

▶ **核心知识领域:**

物质的结构层次、形态与构效关系,化学键及分子间的相互作用,化学反应的方向、限度、速率和机理,无机和有机物的组成与结构、合成与分离、分析与表征、反应与性质,化学实验的基本操作及技术,常用化学与化工仪器设备的原理和应用,化学品的开发、规模制备、加工与应用方法,化学信息获取、处理和表达的方法。

▶ **顶尖院校:**

吉林大学和武汉大学。

▶ **就业方向:**

毕业后可从事与应用化学及生命科学、食品管理等相关的科学研究、应用开发及生产技术和管理工作。可以到农产品卫生监督部门、农产品企业、农产品检验部门等部门工作。

近三年代表性的就业单位有农业农村部农药检定所、国家专利局、北京市环卫局、拜耳作物科学等。

▶ **未来可从事职业岗位:**

化工技术员、化工实验室研究员技术员、实验室技术员、研发技术员、研发工程师、工艺工程师、销售代表、销售工程师等。

▶ **职业薪酬:**

应用化学专业相关职位薪酬(月薪):按工作经验统计,其中应届生约4000元,1~3年约8000元,3~5年约9000元,5~10年约10000元。

▶ **就业热门行业:**

石油/化工/矿产/地质、制药/生物工程、新能源、环保、快速消费品、检测、认证、贸易/进出口、原材料和加工、电子技术/半导体/集成电路等。

▶ **就业热门城市:**

上海、广州、北京、深圳、杭州、东莞、苏州、武汉、南京和长沙等。

📖 070303T 化学生物学

化学生物学整合天然产物化学、生物有机化学、生物无机化学、生物化学、药物化学、晶体化学、波谱学和计算化学等学科的部分研究方法,大大拓宽了其研究领域。在化学生物学研究领域,通过对生理过程有调控作用的蛋白质、核酸和糖等生物大分子与化学小分子的作用机理的研究,为开发新颖药物、临床诊断和治疗提供新的途径。设计、合成及从天然产物提纯的生物活性物质将作为创制新颖药物或农药的先导化合物,为医药、农业和环境等方面高新技术的发展提供资源。

专业方向以生物无机化学、生物分析化学、生物有机化学、生物化学、化学信息学、生物物理化学和仿生高分子材料为研究、发展方向,培养具有良好的科学素质,掌握化学基础理论、基本知识和基本技能,并得到应用研究、科技开发、科技管理初步训练的专门人才。

▶ **新高考选考科目指引:**

本专业必须选择物理、化学学科。

▶ **培养目标:**

本专业培养具有坚实的化学与生物学基础知识和较广泛的化学生物学交叉领域的知识,具有熟练的化学与相关生物学实验技能,创新意识强,综合素质高,能在化学生物学、化学、生命、医药、材料、化工、环保等相关领域从事教学、科研、技术开发及管理工作的综合型人才。

▶ **主要课程:**

无机化学、分析化学(含仪器分析)、有机化学、物理化学(含结构化学)、化学工程基础及化工制图。

▶ **顶尖院校:**

南开大学和西北大学。

▶ **就业方向:**

在化学生物学、化学、生命、医药、材料、化工、环保等相关领域工作。

▶ **未来可从事职业岗位:**

化验员、实验员、质检员、检验员、研发工程师、试剂开发工程师、研发主管、品质管理员、质量研究负责人、质量分析员、试剂工艺工程师、产品研发工程师、技术工程师、研发副总监、生产管理助理、试剂生产经理、生产总监、高中化学教师、高中生物教师、销售代表、销售助理、销售工程师、销售经理等。
▶职业薪酬：
化学生物学专业相关职位薪酬(月薪)：按工作经验统计，其中3~5年约8000元。
▶就业热门行业：
制药/生物工程、教育/培训/院校、医疗设备/器械、新能源、快速消费品、医疗/护理/卫生、仪器仪表/工业自动化、检测、认证、贸易/进出口等。
▶就业热门城市：
上海、北京、广州、深圳、武汉、杭州、苏州、南京、成都和厦门等。

070304T 分子科学与工程

分子科学与工程专业既不同于传统的化学、化工类专业，更非化学与化工专业的简单相加，它注重用分子层次的理论和知识解决化学以及相关的环境、材料和生命科学的问题，同时立足于国家亟待发展的功能性化学新产品研究、开发与产业化的需求，优化化学与化工教学内容，增添新的交叉学科知识，发展前景十分广阔。

▶新高考选考科目指引：
本专业必须选择物理、化学学科。
▶培养目标：
本专业培养适应国家发展需要的，具有良好人文素质和宽广深厚的化学、化工基础，具有较强的创新意识、基础科学研究能力和功能性化学新产品研发与产业化能力，德、智、体、美、劳全面发展的复合型高素质人才。
▶培养要求：
本专业注重用分子层次的理论和知识解决化学以及相关的环境、材料和生命科学的问题，同时立足于国家亟待发展的功能性化学新产品研究、开发与产业化的需求，优化化学与化工教学内容，增添新的交叉学科知识。
▶主要课程：
化学类课程：无机化学、有机化学、分析化学、物理化学、结构化学、仪器分析与技术、生物化学、高分子化学、高分子物理、高等无机化学、高等有机化学、无机材料化学；

化工类课程：化工原理、化工热力学、化学反应工程、绿色化学工艺学、化工设计、生物化工、化工分离工程、环境化工、化工安全与环保、功能材料物理性能、功能高分子材料、药物分析、材料物理性能、材料结构分析等。
▶顶尖院校：
南开大学。
▶就业方向：
毕业后具有广泛的适应性，可到相关行业或部门从事科研、教学、开发、设计、管理等工作。同时，本专业学生可进入研究生阶段深造，主要从事科学研究与新技术开发工作。

▶就业热门行业：
制药/生物工程、石油/化工/矿产/地质、新能源、医疗设备/器械、原材料和加工、学术/科研、电子技术/半导体/集成电路、汽车及零配件、医疗/护理/卫生等。
▶就业热门城市：
上海、北京、深圳、广州、杭州、武汉、成都、东莞、苏州和天津等。

070305T 能源化学

能源化学专业以能源为研究对象，主要研究化学、可再生能源等方面的基本知识和技能，包括能源的分类、性质、用途、高效转化等，以能源的合理、高效、持续利用为目标，进行能源转化效率的提高及能源可持续发展的探索等。与能源化学工程相比，能源化学侧重于化工化学方面，能源化学工程侧重于机械物理方面。

▶新高考选考科目指引：
本专业必须选择物理、化学学科。
▶培养目标：
本专业培养掌握化学和能源转化与利用的基本理论、基本知识和基本技能，具有良好科学素养、基础扎实、知识面宽，富有创新精神和国际视野的高级专门应用型人才。
▶培养要求：
要求学生具备在煤炭行业、电力行业、石油石化行业、生物质转化利用行业从事低碳能源清洁化、可再生能源利用及能源高效转化、化工用能评价等工作的能力，以及进行科学研究、生产设计和技术管理的能力。
▶主要课程：
无机化学与分析化学、物理化学、有机化学、化工热力学、化工原理、化学反应工程、石油加工工程及实验、有机化工工艺、石油炼制工程概论、能源工程概论、合成燃料化学、可再生能源工程、化工用能评价、合成燃料化工设计、能源转化催化原理、合成燃料工程。
▶首批开设院校：
哈尔滨工业大学、华南理工大学、大连理工大学、北京理工大学、北京化工大学、合肥工业大学、中国矿业大学。
▶就业方向：
该专业的培养目标强调以厚基础、宽专业、高素质为特色，要求学生掌握扎实的化学化工基础知识和能源化学工程专业知识，使毕业学生能够适应涉及化学、化工、传统和新能源加工等领域的广泛需求。所以，毕业生工作领域包括煤化工行业、天然气化工行业、电厂化工综合利用行业、生物能源化工行业、固体废物综合处理行业、石油加工行业、石油化工行业、天然气行业，以及城市燃气、分析检测、催化剂生产和研发行业，毕业生可以在这些行业从事设计、科学研究、技术管理等工作或继续深造。

070306T 化学测量学与技术

本专业是基于化学、物理、精密仪器制造、计算机科学、软件等多学科融合的交叉专业。课程体系以化学和物理学为基础，同时融入与化学测量学相关的精密仪器制造、计算机科学、软件、信号与控制、人工智能等内容。在培养过程中，更加注重学生的实践性、批评性和创造性思维能力，在教学过程中引入项目式学习教学、大班授课—小班研讨课、科教融合项目实验、课程设计、企业实习等。专业目标是为我国分析测量和高端仪器制造等领域提早储备未来能在国际上起引领作用的高端人才。

新高考选考科目指引：
本专业必须选择物理、化学学科。

首批开设院校：
厦门大学。

070307T 资源化学

培养目标：
本专业旨在培养具备扎实的化学及化学与资源交叉领域相关的基础知识、基本理论和基本方法与技能，能将化学基础理论知识应用于解决资源化学及相关领域的科研实践和生产实际中的复杂问题，具有一定的研发能力和工程实践能力，能够在资源化学及相关领域从事科学研究、技术开发、科技管理等方面工作的交叉复合型创新人才。

首批开设院校：
北京化工大学。

就业方向：
资源化学及相关领域。
本专业毕业生可在化工、冶金、生物医药、纺织服装等行业从事科学研究、技术开发、科技管理等方面工作。

0704 天文学类

070401 天文学

天文学的研究对于我们的生活有很大的实际意义，如授时、编制历法、测定方位等。天文学的发展对于人类的自然观有重大的影响。

天文学是以宇宙间天体（天体、天体系统乃至整个宇宙）为研究对象的一门科学。具体来说，如使用X射线和红外线观测银河系的位置及动向，各行星的表面状态；研究行星、恒星、太阳系、银河系的构造和演化历史；观测和分析来自宇宙的电波，进而探究宇宙是怎么形成的；分析陨石成分；观测太阳活动；进行在太空站上人类所需的食品及氧气等实际应用方面的研究等，这些都将是天文学要努力探索的问题。通过学习，还会使你更明确如宇宙中会不会有其他形式的生命存在这种更令人兴奋的问题的解答。

新高考选考科目指引：
本专业必须选择物理、化学学科。

培养目标：
本专业培养具备天文学和相关数理基础知识，以及初步的天文实测和理论分析能力，能在天文、航天、测地、理论物理、空间和地球物理等领域从事科学研究、教学、技术应用和科学普及等方面工作的理科创新型或复合型人才。

培养要求：
本专业学生主要学习天文、物理和数学等方面的基本理论和基本知识，接受天文观测方面的基础训练，具有良好的科学素养，掌握相关的理论分析、数据处理和计算机应用的基本技能。

主干学科：
天文学。

核心知识领域：
力学、热物理、电磁学、近代物理基础、理论力学、统计物理、电动力学、量子力学、数学物理方法、天体物理基础、天体测量学基础、天体力学基础、球面天文学、实测天体物理、恒星大气等。

顶尖院校：
南京大学、北京大学。

就业热门行业：
教育/培训/院校、互联网/电子商务、新能源、广告、计算机软件、网络游戏、贸易/进出口、影视/媒体/艺术/文化传播、公关/市场推广/会展等。

就业热门城市：
北京、深圳、广州、上海、武汉、东莞、成都、南京、合肥和沈阳等。

专家提醒

天文学是面向未来的科学，有着较强的生命力。从事天文学研究工作，出国访问、深造的机会也比较多。太空时代的到来，为天文学和其他空间科学提供了广阔的发展空间。

0705 地理科学类

070501 地理科学

地理科学是研究地理环境中自然要素与人文要素相互作用的基本原理的科学，其中心任务是研究地理环境与人类活动的相互关系。它阐明了地域系统、空间结构、时间过程、人地关系以及各要素间互相联系、互相制约、互相影响的一般图式和总体规律，与人类的生产和生活有着密切的联系。

新高考选考科目指引：
本专业要求在化学、政治、生物和地理4科中至少选择1科。

培养目标：
本专业培养现代地理科学基础理论扎实、基本知识全面、基本技能熟练，教学能力适应现代地理教学发展需要，能在高等院校和中等学校从事地理教学、教学研究和其他教育工作，也能在科研机构、相关管理部门和企业从事科研、管理、规划与开发的高素质复合型专门人才。

培养要求：
本专业学生主要学习并掌握地理科学专业的基本理论、基本知识和基本技能。

主干学科：
地理学、教育学。

核心知识领域：
天文学、地质学、自然地理学、人文地理学、区域地理学、3S(遥感、地理信息系统、全球定位系统)科学与技术、地理教学论。

顶尖院校：
中山大学。

就业方向：
毕业生可在相关科研院所和国土、资源、环境、经济等相关行政管理部门从事研究、规划和管理工作的高级专门人才；在地图出版社从事地图的绘制、编辑工作。可考取本专业及相关专业的研究生继续深造。

职业薪酬：
地理科学专业相关职位薪酬(月薪)：按工作经验统计，其中1~3年约9000元，3~5年约16000元。

就业热门行业：
教育/培训/院校、计算机软件、互联网/电子商务、新能源、咨询、人力资源、财会、房地产、计算机技术支持(系统、数据维护)、建筑/建材/工程、电子技术/半导体/集成电路等。

就业热门城市：
北京、广州、深圳、上海、武汉、杭州、济南、太原、河源和潍坊等。

070502 自然地理与资源环境

自然地理与资源环境专业是地理科学下面的一个二级专业名称，前身是资源环境与城乡规划管理。2012年教育部将"资源环境与城乡规划管理"专业拆分为"人文地理与城乡规划"和"自然地理与资源环境"两个专业。从此"资源环境与城乡规划管理"退出本科专业的舞台。

新高考选考科目指引：
本专业要求在化学、政治、生物和地理4科中至少选择1科。

培养目标：
本专业培养具备自然地理与资源环境的基本理论、知识和技能，具有创新意识和实践能力，接受严格科学思维的训练和良好的专业技能训练，具有一定的开展科学研究的能力，立足于地球表层特征及其变化、自然资源管理、环境保护，能在科研教育单位、相关政府部门、企事业单位从事自然地理过程、环境变化研究和资源管理、环境保护或应用的高素质复合型科技专门人才。

培养要求：
本专业学生主要学习并掌握自然地理与资源环境领域的基本理论、基本知识和基本技能。

主干学科：
地理学、环境学。

核心知识领域：
自然地理学类、资源类、环境类、地图与测量学类、数学与信息类。

顶尖院校：
西北大学、北京林业大学和长沙理工大学。

就业方向：
该专业毕业后能从事国土资源整治、自然资源开发利用与规划管理、环境保护与治理、生态环境规划以及城市规划与管理等方面的科研及管理工作，也可以报考土地资源管理，环境工程，自然地理等研究生再继续深造。

就业热门行业：
农/林/牧/渔、学术/科研、政府/公共事业、咨询、人力资源、财会、广告、建筑/建材/工程、环保、酒店/旅游、房地产等。

就业热门城市：
广州、河源、潍坊、北京、合肥、昆明、石家庄和肇庆等。

070503 人文地理与城乡规划

人文地理与城乡规划专业是以人口、资源、环境与区域可持续发展的研究、应用和管理为内容的基础性与应用性相结合的专业，由原资源环境与城乡规划管理专业拆分而来。它涉及地理科学、人文科学、城乡建设规划和地理信息系统管理等多个领域的内容。其目的是适应近来城市建设、房地产业和旅游业等方面飞速发展，为社会提供更多的专门人才。

新高考选考科目指引：
本专业要求在化学、政治、生物和地理4科中至少选择1科。

培养目标：
本专业培养具备人文地理与城乡规划管理的基本理论、知识和技能，具有创新精神和实践能力，接受严格科学思维的训练和良好的专业技能训练，立足于宏观、中观区域规划和土地管理，从事城乡建设与区域经济发展规划的研究、教学、开发或应用的高素质复合型专业人才。

>>> 培养要求：
本专业学生主要学习并掌握人文地理与城乡规划专业的基本理论、基本知识和基本技能。

>>> 主干学科：
地理学、规划类。

>>> 核心知识领域：
地理学类、数学与信息类、规划类、管理类、环境类。

>>> 顶尖院校：
西北大学。

>>> 就业方向：
各级政府规划管理部门、国土管理部门、环境保护部门、建设部门，从事规划设计、国土资源评价及资源信息化管理、环境评价及管理等方面的公司及研究机构。也可进一步深造，报考地理学、城乡规划和区域规划、土地利用规划和管理等学科点硕士学位授予权。

>>> 就业热门行业：
建筑/建材/工程、房地产、咨询、人力资源、财会、酒店/旅游、广告、学术/科研、公关/市场推广/会展、农/林/牧/渔、影视/媒体/艺术/文化传播、政府/公共事业等。

>>> 就业热门城市：
北京、广州、大连、重庆、佛山、惠州、成都、石家庄和西安等。

070504 地理信息科学

地理信息科学是应用计算机技术来管理地理数据、综合分析地理信息和模拟地理过程，为地理学提供现代化研究手段，为资源与环境管理科学化和决策支持提供服务的专业。它在计算机软硬件技术支持下采集、存储、管理、检索和综合分析各种地理空间数据，并以多种形式输出数据或图形产品。所以，地理信息科学专业建立在地理学的基础上，以计算机技术为主要辅助手段。相对于地理学专业来说，本专业侧重于培养学生的计算机技能，培养用计算机解决地理信息问题的能力，而不仅仅是地理学本身。

>>> 新高考选考科目指引：
本专业要求在化学、政治、生物和地理4科中至少选择1科。

>>> 培养目标：
本专业培养具备地理学基础知识，掌握地理信息科学的基础理论、基本知识和基本技能，接受严格科学思维的训练和良好的专业技能训练，能在科研、教学、企事业单位和政府相关部门从事地理信息科学的研究、教学、开发或应用的高素质复合型科技专门人才。

>>> 培养要求：
本专业学生主要学习并掌握地理信息科学专业的基本理论、基本知识和基本技能。

>>> 主干学科：
地理学、计算机科学与技术、遥感。

>>> 核心知识领域：
地理信息科学理论与应用、遥感科学与技术、地理学、地图学、空间数据库、卫星导航定位原理与应用。

>>> 顶尖院校：
武汉大学、西南交通大学、河海大学、中国农业大学、南京邮电大学、长安大学和中国地质大学（北京）。

>>> 就业方向：
可到科研机构或高等学校从事科学研究或教学工作，到城市、区域、资源、环境、交通、人口、住房、土地基础设施和规划管理等部门从事与地理信息科学有关的应用研究。

>>> 职业薪酬：
地理信息科学专业相关职位薪酬（月薪）：按工作经验统计，其中1~3年约5000元。

>>> 就业热门行业：
建筑/建材/工程、政府/公共事业、教育/培训/院校、计算机技术支持（系统、数据维护）、计算机软件、互联网/电子商务、外包服务、广告、仪器仪表/工业自动化等。

>>> 就业热门城市：
北京、杭州、上海、武汉、广州、济南、秦皇岛、西安、成都和昆明等。

0706 大气科学类

070601 大气科学

大气科学是研究大气的各种现象及其演变规律，以及如何利用这些规律为人类服务的一门学科。大气科学是地球科学的一个组成部分。它的研究对象主要是覆盖整个地球的大气圈，此外也研究太阳系其他行星的大气。大气圈，特别是地球表面的低层大气，以及和它相关的水圈、岩石圈、生物圈是人类赖以生存的主要环境。怎样认识大气中的各种现象和及时而又正确地预报未来的天气、气候，并对不利的天气、气候条件进行人工调节和防御，是人类自古以来一直不断探索的领域。

伴随着科学技术和生产的迅速发展，大气科学在国民经济和社会生活中的巨大作用日益显著，其研究领域已经越出通常所称的气象学的范围。

>>> 新高考选考科目指引：
本专业必须选择物理、化学学科。

>>> 培养目标：
本专业培养具备坚实的大气科学的基本理论、基本知识和基本技能，能在气象、农业、生态、环保、航空、海洋、水文、能

源、国防等相关领域从事业务、科研、教学、技术开发及管理等相关工作的高级专门人才。

➤ **培养要求**：

本专业学生主要学习大气科学等方面的基本理论和基本知识，接受科学思维与科学实验（包括校外实习和室内实验）方面的基本训练，具备良好的科学素养，具有从事大气科学研究的理论分析、信息处理和计算机应用等基本技能，具有较强的知识更新和应用能力。

➤ **主干学科**：

大气科学。

➤ **核心知识领域**：

大气科学基础类、大气探测类、大气动力学类、天气学类、气候学类、天气预报类等。

➤ **顶尖院校**：

南京信息工程大学。

➤ **就业方向**：

学生毕业后适宜到气象、环保、民航、核电、三防、海洋、资源开发利用、国防军事、高等院校、科研院所以及政府机构等部门从事相关的科研、教学及业务工作，可以继续攻读本专业及相关学科的硕士学位或博士学位。

➤ **职业薪酬**：

大气科学专业相关职位薪酬（月薪）：按工作经验统计，其中1~3年约7000元。

➤ **就业热门行业**：

环保、新能源、计算机软件、仪器仪表/工业自动化、互联网/电子商务、检测、认证、金融/投资/证券、咨询、人力资源、财会、建筑/建材/工程等。

➤ **就业热门城市**：

北京、深圳、上海、武汉、杭州、南京、广州、西安、石家庄和天津等。

070602 应用气象学

大气科学类是受社会高度关注的高新科技专业，应用气象学专业是大气科学应用和服务于社会与经济发展的重要分支学科。本专业主要研究天气和气候与城市、农村及各个产业特别是农业生产的相互关系，也研究气候对自然生态系统和各产业部门的影响，研究气候变化的减缓与适应对策，根据大气科学原理和大气探测结果进行针对各产业的专业天气与气候预测、灾害预警、评价和服务，旨在充分利用有利的天气和气候资源，减轻天气、气候灾害对农业及其他行业的影响。天气和气候影响着生态环境、经济和社会生活的各个方面，应用气象学专业在社会、经济和生态环境建设中起着重要的保障和支撑作用。

➤ **新高考选考科目指引**：

本专业必须选择物理、化学学科。

➤ **培养目标**：

本专业培养具备应用气象学基本知识、基础理论和基本技能，具有较强的分析问题和解决问题的能力，能在气象、农业、生态、环保、航空、海洋、水文、能源、国防、经济等相关领域从事业务、科研、教学、技术开发及相关管理等工作的应用型专业人才。

➤ **培养要求**：

本专业学生主要学习应用气象学的基本理论和基本知识，接受大气科学及相关学科领域的科学思维和实验实践的基本训练，具备应用气象业务、研究和开发的基本能力。

➤ **主干学科**：

大气科学。

➤ **核心知识领域**：

大气科学概论、大气物理学、大气探测学、天气学原理与分析、动力气象学、应用气象学原理、农业气象学。

➤ **顶尖院校**：

南京信息工程大学。

➤ **就业方向**：

毕业后可在气象、农业农村部门和大学从事天气及应用气象领域的业务、管理、科研或教学工作；也可在水利、高新技术企业、民航、军队、其他政府部门和事业单位从事气象业务、农业设施环境调控、环境保护、防汛抗旱与农业减灾、农业区划与资源利用、生态环境建设、信息技术应用、军事气象等工作。

➤ **就业热门行业**：

航天/航空、新能源、环保、仪器仪表/工业自动化、计算机技术支持（系统、数据维护）、互联网/电子商务、通信/电信/网络设备、电子技术/半导体/集成电路等。

➤ **就业热门城市**：

北京、杭州、武汉、上海、广州、深圳、成都、石家庄、西安和佛山等。

070603T 气象技术与工程

本专业培养能从事大气特性、大气现象、大气运动、气象环境、气候变化的探测、研究、预报、预测和应用服务的工程技术专业人才。

➤ **新高考选考科目指引**：

本专业必须选择物理、化学学科。

➤ **首批开设院校**：

南京信息工程大学。

070604T 地球系统科学

➤ **培养目标**：

本专业旨在培养具备地球系统科学理论基础，掌握全球变化领域核心研究方法，了解国际学科发展前沿，具有独立思考与自学能力，拥有领先世界应对气候变化挑战必备的基础知识、综合素质和全球视野的研究、管理复合型创新人才。

首批开设院校：
清华大学。

就业方向：
本专业毕业生可在国土资源、城市建设、信息产业、交通、电力、气象等部门和领域从事科研、生产及管理工作。

0707 海洋科学类

070701 海洋科学

海洋科学是研究地球上海洋的自然现象、性质及其变化规律，以及和开发与利用海洋有关的知识体系。它的研究对象，既有海洋，其中包括海洋中的水以及溶解或悬浮于海水中的物质，生存于海洋中的生物，也有海洋的边界，以及海洋的侧边界，还有海洋的上边界——海面上的大气边界层等等。它的研究内容，既有海水的运动规律，海洋中的物理、化学、生物、地质过程，及其相互作用的基础理论，也包括海洋资源开发、利用以及有关海洋军事活动所迫切需要的应用研究。这些研究与力学、物理学、化学、生物学、地质学以及大气科学、水文科学等均有密切关系，而海洋环境保护和污染监测与治理，还涉及环境科学、管理科学和法学等等。资源问题是人类目前面临的最大难题，在陆地资源一步步走向枯竭的时候，人们开始将目光投向占据着地球2/3以上的海洋。可以说，谁在海洋的开发中取得优势，谁将占据未来的优势地位。

新高考选考科目指引：
本专业必须选择物理、化学学科。

培养目标：
本专业培养具有良好的思想道德素质和较高的人文科学素养，具备海洋科学的基本理论、基础知识和基本技能，系统掌握海洋科学特定领域专业知识和专项技能，能在海洋科学及相关领域从事科研、教学、管理及技术研发工作，具有国际视野以及正确海洋观的高素质科技专门人才。

培养要求：
本专业学生主要学习数学、物理学、化学、生物学和海洋科学方面的基本理论和基本知识，学习海洋科学特定领域的专业知识，接受海洋调查、海洋观测、数据分析和海洋科学问题研究方面的基本训练，掌握海洋科学特定专业领域的工作方法，具有在海洋科学特定专业领域开展实验设计、数据采集、研究科学问题和解决应用问题的基本能力。

主干学科：
海洋科学、化学、生物学、地质学。

核心知识领域：
海洋学、海洋调查与观测技术，物理海洋学、海洋化学、海洋生物学、海洋地质学、海洋生态学以及海洋管理等某一海洋科学特定领域核心知识。

顶尖院校：
中国海洋大学、厦门大学。

中国海洋大学

中国海洋大学海洋环境学院是最具有海洋特色的学院，也是历史最悠久的学院之一。学院包括国家级重点学科海洋科学和环境科学，山东省重点学科——大气科学。其中海洋学本科专业是"国家理科基础科学研究和教学人才培养基地"首批15个基地之一。

就业方向：
目前海洋科学专业的毕业生一般采取自主择业、双向选择的就业政策。

毕业生根据自己所学专业，适宜从事海洋资源调查和开发利用、环境保护、水产养殖、海洋事务管理、海洋新技术、海洋科研部门、环保部门的科研工作；化工、石油、地质、水产、交通部门的化学实验及化学研究方面的工作；海洋沉积、海洋构造和矿产、海岸动力地貌、河口、海岸带及海洋地质等方面的调查研究；含油盆地地质勘查资料综合解释；河口、海岸带及海洋环境工程地质勘查，气象局、海洋局系统以及交通、军事等部门的海洋调查预报工作，环保部门的环境评价工作；以及为石油部门海上石油平台设计安装提供有关海洋水文资料的分析研究工作；港湾、河口、近海、浅海及深海区的生物本质调查、资源及开发利用工作；可从事普通生物学、普通海洋学和与海洋生物学有关的科技情报工作；可从事海洋农牧化和水产增养殖有关的生物学研究工作；可从事盐田、盐湖综合利用和盐田生物学工作；亦可以从事科学研究、教学、技术开发和管理方面的工作。

职业薪酬：
海洋科学专业相关职位薪酬(月薪)：按工作经验统计，其中3~5年约35000元。

就业热门行业：
教育/培训/院校、通信/电信/网络设备、房地产、互联网/电子商务、计算机软件、新能源、计算机技术支持(系统、数据维护)、外包服务、电子技术/半导体/集成电路、仪器仪表/工业自动化等。

就业热门城市：
上海、深圳、青岛、广州、北京、厦门、杭州、舟山、秦皇岛和成都等。

专家提醒

近年来随着行业的发展，目前该专业的毕业生就业状况较佳，特别是海洋资源开发、海水养殖、海洋生物医药、海上运输、海洋油气开发和食品工业等部门吸收人才最多。随着我国在海洋科学上取得巨大的成绩，尤其是在海洋资源利用、海底石油勘测、海产品生产等方面,已经达到世界领先地位。由于该专业工作环境的特殊性和国家的政策倾斜,从业人员的收入状况良好,且有持续增加趋势,特别是该专业的高级人才供不应求。

070702 海洋技术

海洋技术也称海洋工程,是综合了原海洋物理、海洋化学、海洋生物、海洋地质等专业中侧重于应用的部分而产生的新专业。海洋技术的主要研究方向为海洋探测技术和海洋环境监测技术,包含深海挖掘、海水淡化以及对海洋中的生物资源、矿物资源、化学资源、动力资源等的开发和利用,海洋与全球变化,海洋环境与生态,通过这些研究维持人类自身的生存与发展,拓展生存空间。从专业的特点来看,交叉性是本专业的典型特征之一,涉及生物学、地质学、环境学、海洋学等各个专业。

新高考选考科目指引:
本专业必须选择物理、化学学科。

培养目标:
本专业培养具有良好的思想道德素质和较高的人文科学修养,具有国际视野和正确的海洋观,掌握技术科学和海洋科学的基本知识,具备海洋高新技术应用、开发和研究能力,能从事海洋观测、海洋资源勘探与开发、海洋信息传输与处理、海洋工程检测、海洋仪器设备研制等方面工作的高素质专门技术人才。

培养要求:
本专业学生主要学习海洋探测、海洋资源勘探与开发、海洋信息传输与处理、海洋工程技术等方面的基本理论和基本知识,根据技术应用领域和应用技术特点选择学习海洋物理技术(海洋声学技术、海洋光学技术)、电子仿真技术、信号传感技术、海洋化学技术、海洋生物技术、海洋遥感监测技术、海洋信息技术等,形成在特定领域应用、研究和开发海洋技术的基本能力。

主干学科:
海洋科学、电子科学与技术、生物工程。

核心知识领域:
海洋学、海洋调查与观测技术、海洋物理技术、海洋化学技术、海洋生物技术、海洋遥感监测技术、海洋信息技术等。

顶尖院校:
中国海洋大学。

就业方向:
毕业后可进入海洋领域和信息技术领域的科研院所、高等院校、企事业单位和国家机关等部门,从事或参与海洋科学研究、海洋资源调查与开发、海洋环境监测与保护、海洋资源管理、海洋探测与监测仪器研发以及教学等方面的工作,也可以在相关领域继续深造。

就业热门行业:
新能源、石油/化工/矿产/地质/机械/设备/重工、建筑/建材/工程、仪器仪表/工业自动化、电子技术/半导体/集成电路、学术/科研、计算机技术支持(系统、数据维护)等。

就业热门城市:
上海、深圳、北京、广州、青岛、天津、厦门、杭州和南京等。

070703T 海洋资源与环境

新高考选考科目指引:
本专业必须选择物理、化学学科。

培养目标:
本专业培养具有坚实的生物学和环境学基本理论、基本知识,掌握生物资源增殖与保护、海洋环境监测与评价、海洋经济与管理等方面的基本技能。能从事本专业及相关专业的科研、教学、环境保护及管理等工作的高级技术人才。

主要课程:
普通动物学、鱼类生物学、水生生物学、环境学、资源生物学、生物资源评估、普通生态学、水域环境监测与评价、生物资源增殖学、生物保护学、环境生物学、环境生态学、环境微生物及海洋与渔业管理等。

就业方向:
主要到高等院校、海洋、水产、环保系统的科研、管理机构和企业单位,从事与海洋、水产、环境保护相关的教学、科研、应用技术工作,从事海域规划管理、海洋环境监测与保护、海洋生物资源开发利用等部门的行政管理工作。

顶尖院校:
中国海洋大学、宁波大学。

就业热门行业:
新能源、电气/电力/水利、批发/零售、中介服务等。

就业热门城市:
深圳、北京、东莞、无锡和济南等。

070704T 军事海洋学

军事海洋学专业是研究和利用海洋自然规律,为海上军事行动提供科学依据和实施海洋保障的科学,是在海洋科学和军事科学基础上结合发展起来的研究领域。

新高考选考科目指引:
本专业必须选择物理、化学学科。

培养目标:
本专业要求学生完成大学本科学历教育和军事基础教育,培养较系统地掌握军事海洋学专业基础理论,具备从事基本的海洋水文气象综合调查、海军水文气象保障能力,并为将来培养适应海军现代化建设需要的高素质海军指挥军官奠定坚实基础。

主要课程：

流体力学、海洋学、海洋物理学、军事海洋学、海浪预报理论及方法、海洋声学、海洋动力学、海洋天气学、海战战场海洋环境评估与预测、卫星遥感及海洋遥测、军事思想、军事运筹学、军事基层管理。

顶尖院校：

中国海洋大学。

就业方向：

主要到海军及相关单位、高等学校、国家海洋局及其下属各单位、各地方海洋局等从事相关工作。

0708 地球物理学类

070801 地球物理学

地球物理学是一门用物理学的原理和方法探索地球本体及其周围空间环境的物质组成、演化过程和各种事件形成的专业。它研究各种地球物理场和地球的物理性质、结构、形态及其中发生的各种物理过程。地球物理学的研究内容主要是地球的各种物理场。在狭义上，地球物理学是指研究地球的固体部分，又称作固体地球物理学；广义上，还包括对水圈、大气圈的研究。地球物理学的研究与应用有助于促进人类认识自身活动环境，开发利用地球和空间资源，预防自然灾害，从而减轻灾害对人们生活的影响。地球物理学在资源勘探开发方面有着举足轻重的地位，也为防震减灾、大型工程建设、核爆炸研究等方面提供理论和技术的支持。

新高考选考科目指引：

本专业必须选择物理、化学学科。

培养目标：

本专业培养德、智、体、美、劳全面发展，具有扎实的数理基础，掌握地球物理学的基本理论、基本知识和基本技能，具有从事本专业实际工作和研究工作初步能力的基础研究型、应用研究型复合型人才。同时，本专业学生还要具有处理一定层次技术问题的能力。

培养要求：

本专业学生要求理论基础扎实、知识面宽、应变和适应能力强，具有较强的实践动手能力和组织、沟通、协调能力，具有敬业精神和责任感。本专业学生还要具有较好的文化素养和文学艺术修养，具有勤奋进取、求实创新的科学精神，具有科学的思维和研究方法，以及良好的身体和心理素质。

主干学科：

物理学、计算机科学与技术、地质资源与地质工程。

主要课程：

大学物理、大学物理实验、地质学基础、概率论与数理统计、复变函数、计算方法、数学物理方程、科学计算理论与实践、数据结构与计算机图形学、地球物理学原理、岩石物理学、地球物理观测与实验、勘探地球物理方法、空间物理学、实验地球物理学等。

顶尖院校：

武汉大学。

就业方向：

学生毕业后能在地球物理、国土资源、地震、能源、环境等部门的科研机构、高等院校、国家机关及生产单位从事科学研究、教学、管理、技术开发与工程设计方面的工作，也可在本专业及相关专业继续深造，攻读硕士、博士学位。

就业热门行业：

石油/化工/矿产/地质、新能源、仪器仪表/工业自动化、建筑/建材/工程、贸易/进出口、学术/科研、咨询、人力资源、财会、互联网/电子商务等。

就业热门城市：

北京、武汉、上海、广州、成都、深圳、杭州、西安、南京和福州等。

专 家 提 醒

地球物理学是一个涉及资源勘探、环境保护、灾害防治等内容的专业。中国是一个自然灾害多发的国家，如地震、洪水、旱灾、森林大火、滑坡、泥石流等。因此，无论是抗洪，还是引水，都需要地球物理科学的方法去解决问题。

070802 空间科学与技术

空间科学与技术专业是密切结合航天技术的迅猛发展需求而设立的新专业，空间科学方向侧重于天文学与天体力学、空间环境；空间应用方向侧重于空间光学与微波遥感、卫星与天文导航。本专业理工结合、注重基础、强调应用，是一个专业交叉性强，有明确背景需求的综合性专业。

新高考选考科目指引：

本专业必须选择物理、化学学科。

培养目标：

本专业培养高素质的空间科学与空间应用领域的研究、设计型人才。本专业毕业生应是适应21世纪社会主义现代化建设需要的德、智、体、美、劳全面发展，具有宽广的自然和人文社会科学基础，具有创新和实践能力的高级航天专业技术人才。本专业学生毕业后可在航天及空间科学和应用领域从事有关天文学与天体力学、深空探测、宇宙和空间环境、空间遥感、卫星及天文导航等方面的研究、设计及技术开发工作。

培养要求：

本专业学生应具有坚实的数学、物理基础，深厚的外语和计算机知识，了解并掌握空间科学与技术的基础知识。空间科学与技术专业的学科特点决定了本专业毕业的学生不仅具有很强的从事空间科学与技术研究的能力,而且能适应现代社会多方面工作的需要,能够成为新型的科技与管理人才。

▶ **主干学科:**

天文学、地质学、地球物理学。

▶ **顶尖院校:**

南京航空航天大学和哈尔滨工业大学。

▶ **就业方向:**

毕业生除大部分考取国内外研究生外,其余的主要志愿是到科研机构、高等院校、能源与资源、航天与通信和国家机关等部门从事科研、教学和高级管理工作。

专 家 提 醒

空间科学与技术专业按宽口径模式设置相应课程,着重于加强基础、培养能力、增强素质。在专业人才培养方面注重与航天领域的密切结合,培养适应现代社会发展的、具有宽广的自然、人文社会科学基础和创新实践能力的高级航天专业技术人才。学生毕业后除考取相关专业研究生外,大部分分配到航天和国防部门,以及其他相关部门从事教学、科研、开发等工作。空间科学以其强大的学科基础和雄厚的实力已经发展到相当高的水平,并且具备非常良好的就业前景,中国现在也在投巨资发展这一行业。

070803T 防灾减灾科学与工程

▶ **新高考选考科目指引:**

本专业必须选择物理、化学学科。

▶ **培养目标:**

本专业培养知识、能力、素质各方面全面发展,系统掌握防灾减灾科学与工程等方面的基本理论、基本方法和基本技能,接受相关的工程训练,能在极端天气预警、极端天气次生灾害处理、雷电科学与防护、空间天气灾害与预报等各相关领域从事勘查、设计、施工、管理等工作的应用型、复合型工程技术人才。

▶ **主要课程:**

雷电原理、建筑防雷技术、雷电预警、雷电探测技术、大气物理学、人工影响天气、气象灾害风险评估、气象灾害防御能力评估、气象衍生灾害预报机制、天气学、雷达气象学、太阳物理学、磁层与电离层物理学、空间天气灾害预警与防护。

▶ **首批开设院校:**

南京信息工程大学。

▶ **就业方向:**

本专业毕业生主要在地质、气象、交通、铁路、国家电网、石化、移动、矿产等部门从事相关的防灾减灾工作。

070804TK 行星科学

行星科学主要研究对象为太阳系的行星、彗星、小行星以及系外行星的形成和演化过程,是以深空探测为主要研究手段,在之前的地球科学、空间科学、天文学等学科交叉基础上产生的。深空探测大致又可以分为两部分:一部分是解决人类如何到火星、月球等星球上去;另一部分则是解决人类到星球上去后需要做哪些研究。

▶ **首批开设院校:**

成都理工大学。

0709 地质学类

070901 地质学

地质学是关于地球的物质组成、内部构造、外部特征、各层圈之间的相互作用和演变历史的知识体系。地质学主要研究地球的组成、结构和演化,其范围从涉及生命演化的地球表层到深部的核—幔边界。空间尺度从原子到全球层析成像。时间尺度从数秒的地震活动至数十亿年的地球演化。具有现代科学意义的地质学是19世纪三四十年代才形成的,是地球科学的一个主要分支。

火山爆发、地震、海啸、晶莹剔透的水晶、光彩夺目的宝石以及生物的起源,地质学会告诉你它们的内在联系。通过由浅入深的学习,地质学能让你知道很多东西。地质学是以地球为主要研究对象的科学。地质科学的根本任务在于认识地球和它的演化发展,并利用这种认识保证人类生存和发展所需要的自然资源,保障和改善人类居住的环境。

▶ **新高考选考科目指引:**

本专业必须选择物理、化学学科。

▶ **培养目标:**

本专业主要培养具有较高综合素质、创新精神、扎实的理论知识、宽广的知识面、合理的知识结构、较强的动手能力和获取知识,综合运用知识的能力。本专业毕业生能在地质、科研、教学部门从事地质理论和综合研究,或从事相应的管理和教学工作。

▶ **培养要求:**

本专业学生主要学习地球结构、物质成分和时空变化基本理论,了解地球的演化规律,接受科学研究、创新能力和动手能力等方面的训练,掌握地质研究的思维方法、基本技能和现代手段,在解决人类赖以生存和影响社会可持续发展的资源、能源、环境和灾害等地质问题,科研管理等方面具有一定的基础。

▶ **主干学科:**

地球化学、地质资源与地质工程、地球物理学。

> **核心知识领域：**

本专业的知识领域由构造地质学、古生物地史学、矿物岩石学、地球化学、地球物理等知识单元组成。

> **顶尖院校：**

中国地质大学。

> **就业方向：**

学生毕业后可以在科研机构、学校从事地质学研究或教学工作，或在相关行业从事技术开发、技术管理以及在行政部门从事管理工作。

> **职业薪酬：**

地质学专业相关职位薪酬(月薪)：按工作经验统计，其中1~3年约9000元。

> **就业热门行业：**

建筑/建材/工程、房地产、新能源、石油/化工/矿产/地质、计算机软件、采掘业/冶炼、家居/室内设计/装潢、环保、互联网/电子商务等。

> **就业热门城市：**

北京、武汉、上海、深圳、广州、成都、青岛、昆明、长沙和西安等。

专家提醒

伴随着现代科学技术的进步，地质工作正在以高速的步伐向深度和广度发展，水文地质、工程地质、海洋地质、地震地质以及地下热能的开发利用等，都成为地质工作的重要方面。当前，地质工作人员的待遇也提高得较快，基层的地质人员工作还是比较艰苦，地质学是一个冷门专业，学习此类专业比较适合于男性，在报考该类专业时还需慎重地考虑。

由于人类社会和科学技术的发展，建议有志报考该专业的学生将重点集中在环境方向。

070902 地球化学

地球化学是一门边缘学科，主要研究地球和地质体中的元素及其同位素的组成，定量地测定元素及其同位素在地球各个部分和地质体中的分布，研究地球表面和内部及某些天体中发生的化学变化，揭示元素及其同位素的迁移和分散规律等。地球化学专业则是运用化学、物理和地质学原理，采用先进的仪器分析方法和高温高压模拟实验技术对地球和其他天体样品进行研究，探索并认识地球各圈层的物质组成及其演化。自20世纪70年代中期以来，地球化学和地质学、地球物理学已成为固体地球科学的三大支柱。

> **新高考选考科目指引：**

本专业必须选择物理、化学学科。

> **培养目标：**

本专业培养社会主义市场经济需要的德、智、体、美、劳全面发展的地球化学高级专门人才。本专业毕业生应具有扎实的基础理论、坚实的专业、计算机、外语等实用技能，较强的创新意识和创造能力，以适应21世纪地球科学发展和国家在资源、环境、农业、地质灾害、国土规划以及国民经济其他相关领域对地球化学人才的需要。

> **培养要求：**

本专业学生主要学习数学、物理学、化学、地球科学和环境科学的理论基础，掌握物质成分分析测试技术、基本的地球科学实验和鉴定技术及野外工作技能，具备从事地球化学、环境地球化学理论和应用研究、分析实验、数据处理等工作的基本能力，具有一定的人文科学和管理科学知识和能力。本专业毕业生还要具有计算机软件和硬件的基础知识，能熟练使用计算机进行文字和图形处理、数据处理，并应用于地球化学和环境地球化学的研究；掌握一门以上计算机语言的编程技术；掌握一门外语，具有较熟练的外语阅读、听、说及翻译的能力，达到能独立获取信息的水平。

> **主干学科：**

地质学、环境科学与工程、勘查技术与工程。

> **核心知识领域：**

本专业的知识领域由构造地质学、矿物岩石学、地球化学、环境科学、现代仪器分析等知识单元组成。

> **顶尖院校：**

兰州大学。

> **就业方向：**

在大专院校、科研机构从事相关的教学与科研工作，在资源、能源、国土及基础工程等企事业单位从事生产、测试、技术管理等工作，以及在行政、计划部门从事评价与管理等方面的工作。还可继续攻读地球化学、环境科学、地质学、地理学以及矿物岩石材料学类专业的硕士研究生。

> **职业薪酬：**

地球化学专业相关职位薪酬(月薪)：按工作经验统计，其中3~5年约8000元。

> **就业热门行业：**

新能源、石油/化工/矿产/地质、建筑/建材/工程、检测、认证、咨询、人力资源、财会、学术/科研、房地产等。

> **就业热门城市：**

南京、武汉、北京、威海和长春等。

070903T 地球信息科学与技术

地球信息科学与技术是近些年发展起来的以地球科学和计算机技术为基础，结合遥感技术、卫星定位技术和数字地球技术的新兴边缘性学科，是固体地球科学的新生长点，也是一门应用基础理论解决实际问题的前沿科学。它在国土规划、城市建设、资源勘查和管理、灾害预防与预报、地质环境研究、全球变化模拟、水体监测等方面都得到广泛的应用。本专业肩负着为国土资源部门、资源勘查与开发部门、城市基础建设部门、水利水电勘测设计部门、地质环境评价和灾害监测防治部门、基础工程和高速公路建设等部门输送同时具备一定地球科学专业知识和扎实的现代信息科学技术的复合型地球信息科学技术人才的任务。

▶ 新高考选考科目指引：

本专业必须选择物理、化学学科。

▶ 培养目标：

本专业是以地球信息理论、信息提取与处理分析技术为培养目标，培养具有坚实的地学、数理、计算机科学等学科基础，掌握数字地球基本理论、方法及其应用，具有良好科学素质和创新能力的人才。

▶ 主要课程：

地球科学概论、地理信息系统、遥感与图像处理基础、计算机图形学、地球物理、地球化学、数值建模、地球信息探测技术等。

▶ 顶尖院校：

中国海洋大学、中南大学和浙江大学。

▶ 就业方向：

毕业生适合在地球信息处理及相关技术与产业领域的企、事业单位、科研院所、高等院校、政府管理等部门工作，或继续攻读硕士和博士学位。

▶ 就业热门行业：

学术/科研、建筑/建材/工程、交通/运输/物流、计算机技术支持（系统、数据维护）、广告等。

▶ 就业热门城市：

北京、上海、广州、秦皇岛和济南等。

070904T 古生物学

古生物学（地球生物学）是用化石和古老生命痕迹进行生物学研究，探讨古代生命的特征和演化历史，讨论重大的生命起源和生物绝灭与复苏事件，探索地球演化历史和环境变化等方面的基础性学科。现代古生物学（地球生物学）是生命科学、地球科学和环境科学的交叉学科。它的研究侧重于实现三大目标：地史中的生物多样性研究、各生物门类的系统演化关系研究以及古代环境-气候与生物界之间的协同演化关系研究。古生物学与进化发育生物学、分子系统发育学的交叉、融合对深入了解宏观演化的进程和模式正起到越来越重要的作用。同时，在不同时空尺度下的生命系统与环境之间相互作用和反馈（包括全球变化）的机制研究方面，古生物学（地球生物学）具有不可替代的地位。古生物学科在我国自然科学领域中最具显示度，而这个专业已经在两栖-爬行类起源及演化、早期陆生维管植物演化、生物演化与环境相互作用等方面具有明显的学科优势和特色。

▶ 新高考选考科目指引：

本专业必须选择物理、化学学科。

▶ 培养目标：

通过学习本专业，使学生获得良好的政治思想、道德品质、文化修养和身心素质。初步掌握生物学、地质学及其相关学科的基本知识、基础理论和研究方法；概括了解当代生物学、地质学和环境科学的研究现状和发展方向；具有从事科学研究、高等教育、科技开发和行政管理的能力。为有志于进一步学习、研究的学生提供良好的专业基础知识教育、基本技能训练。

▶ 主要课程：

1. 必修课程：

公共必修课程：大学英语（一）、大学英语（二）、大学英语（三）、大学英语（四）、思想道德修养与法律基础、中国近现代史纲要、马克思主义基本原理（上）、马克思主义基本原理（下）、毛泽东思想、邓小平理论和"三个代表"重要思想概论（上）、毛泽东思想、邓小平理论和"三个代表"重要思想概论（下）、计算概论、数据结构；军事理论、体育系列课程。

专业必修课程：高等数学（C）（一）、高等数学（C）（二）、普通物理学（C）、综合物理实验I（基础部分）、普通化学、普通化学实验、植物生物学、植物生物学实验、动物生物学、动物生物学实验、生物化学（上）、生物化学（下）、生物进化论、普通地质学、构造地质学、古生物学、地史学、普通岩石学（二）、普通地质实习、综合地质实习（部分）。

2. 选修课程：

本科素质教育通选课：数学与自然科学类、社会科学类、哲学与心理学类、历史学类、语言、文学与艺术类。

专业选修课：线性代数、概率统计、遗传学、定量分析、定量分析实验、遗传学实验、微生物学、普通生态学、细胞生物学、细胞生物学实验、发育生物学、演化生物学、古生态学与古环境分析、基础分子生物学、基础分子生物学实验、脊椎动物进化史、古植物学及孢粉学、近代地层学、古海洋学与全球变化、结晶学与矿物学、普通岩石学（一）、物理沉积学、地球化学、大地构造学、海洋地质学、自然资源概论、同位素地球化学基础、博物馆学概论。

▶ 顶尖院校：

沈阳师范大学。

▶ 就业方向：

古生物学专业毕业生的四个基本去向：一是高校，主要是开办地质类专业的高校；二是研究院、所，如北古所、南古所、地质所、地科院等；三是公务员和其他事业单位，如国土资源部门、博物馆等；四是企业单位，如合资外企、能源中企、地矿部门等。目前国内对于古生物学专业的学生需求量还是挺大的，国内许多高校、相关研究单位都迫切希望吸引古生物学专业本科生到本单位继续深造。古生物学专业在理论与应用方面都具有重要的意义，其毕业生不仅可以从事古生物学方面的基础研究，而且在石油、煤炭等能源工业方面也将大有作为。

>>> **就业热门行业：**

学术/科研、教育/培训/院校、文字媒体/出版、影视/媒体/艺术/文化传播等。

>>> **就业热门城市：**

北京、上海、广州、南京和武汉等。

专家提醒

古生物学相比其他专业，毕业生的就业选择相对狭窄。古生物学本身不是一个就业型的热门专业，大部分学生会继续深造做研究，即便在科研领先的美国，该专业也算不上热门专业。美国诸如此类的小众专业、交叉学科非常多，古生物学专业一般挂靠在地质系下，或者更多的和进化生物学专业一起成立进化与环境学院。值得深思的是，在美国诸如古生物学这样的冷门专业鲜被质疑，公众普遍对这类稀缺人才报以极大肯定，认为他们的工作会造福人类，能更好地构建未来。

0710 生物科学类

071001 生物科学

生物科学是一门从分子、细胞、机体甚至整个生态系统等不同层次研究生命现象的本质、生物的起源进化、遗传变异、生长发育等生命活动规律的学科，是自然科学中的基础学科之一。在解决人口增长、资源危机、生态环境恶化、生物多样性面临威胁等诸多问题方面，生物科学所发挥的作用将越来越大，也有力地促进了现代社会文明的发展。它与人类的生存和发展，与社会生产和生活，与其他自然科学和社会科学的发展，都有密切的关系，发展前途广阔。

生物科学的研究来源于人类对自身存在所进行的科学探索：生命的本质是什么？生命的发生、发展、演化、衰亡的规律是什么样的？这些都是要探求的问题。飞禽走兽、蠢动生灵，从生物体的分子、细胞、组织、器官、生物体、种群到生态系统，都是生物科学的研究对象。这里所说的生物科学是多门生物学科的总称，包罗万象，与人的关系极为密切，比如基因改良过的品种，是解决粮食匮乏的良方；生物制药和组织工程技术，是健康的保障；国家生态环境的改善，要求教于生态学家。生物科学偏重于理科，要求学习者对它有很强的兴趣和动手能力。

>>> **新高考选考科目指引：**

本专业必须选择物理、化学学科。

>>> **培养目标：**

本专业培养具备生物学基础理论、基本知识和基本技能，具有数理化基础、人文社科素质、国际化视野和科学思维能力，接受专业理论和专业技能训练，并能运用所掌握的理论知识和技能在生物学及相关领域从事科学研究、技术开发、教学及管理等方面工作的创新型人才。

>>> **培养要求：**

本专业学生主要学习数理化基础、生物学基本理论和基本知识以及人文社科知识，接受专业技能和科学研究方面的基本训练，具备科学思维和国际化视野，掌握从事生物学及相关领域基础科学研究及应用技术开发的基本能力。

>>> **主干学科：**

生物学、医学、农学。

>>> **核心知识领域：**

生命的化学分子基础、细胞的结构与功能及其重要生命活动、动物体的结构与功能、植物体的结构与功能、微生物的特征与代谢、生物多样性与进化、生物与环境。

>>> **顶尖院校：**

清华大学、北京大学、中国海洋大学和山东大学。

>>> **就业方向：**

毕业后可到科研机构或高等学校从事科学研究或教学工作，也可以到工业、医药、食品、农、林、牧、渔、环保、园林等行业的企业、事业和行政管理部门从事与生物技术有关的应用研究、技术开发、生产管理和行政管理等工作。

>>> **未来可从事职业岗位：**

生物技术员、卫生用品研发专员、PCR产品线专员、工艺技术员、质量管理部经理、分子病理室技术员、细胞培养助理研究员、质检员、区域技术服务工程师、中小学教师、分析仪器销售工程师等。

>>> **职业薪酬：**

生物科学专业相关职位薪酬（月薪）：按工作经验统计，其中1~3年约9000元，3~5年约15000元，5~10年约20000元。

>>> **就业热门行业：**

制药/生物工程、医疗设备/器械、新能源、医疗/护理/卫生、贸易/进出口、农/林/牧/渔、快速消费品、仪器仪表/工业自动化、学术/科研等。

>>> **就业热门城市：**

北京、上海、广州、深圳、杭州、武汉、成都、南京、东莞和苏州等。

071002 生物技术

生物技术是全球发展最快的高技术之一。20世纪70年代发明了重组DNA技术和杂交瘤技术，80年代建立细胞大规模培养转基因技术、现代生物技术（基因工程）、PCR技术，使现代生物技术的发展突飞猛进，90年代，随着人类基因组计划以及重要农作物和微生物基因组计划的实施和信息技术的渗入，相继发展起了功能基因组学、生物信息学、组合化学、生物芯片技术以及一系列的自动化分析测试和药物筛选技术和装备。目前,各种新兴的生物技术已被广泛地应用于医疗、农业、生物加工、资源开发利用、环境保护,并对制药等产业的发展产生了深刻的影响。

新高考选考科目指引：
本专业必须选择物理、化学学科。

培养目标：
本专业培养具备较强的数理化基础,具有国际化视野,接受严格科学思维、专业理论和专业技能的训练,掌握生物科学与技术的基础理论、基本知识和基本技能,并能运用所掌握的理论知识和技能在教学、科研、生物技术产业及其相关领域从事科学研究、技术开发、人才培养及管理等方面工作的复合型人才。

培养要求：
本专业学生主要学习数理化基础、生物学及相关方向的基本知识和理论,接受生物技术基础研究和应用基础研究方面的科学思维培养和基本技能训练,掌握扎实的科学理论基础知识,具有生物技术研发能力。

主干学科：
生物学、医学、农学。

核心知识领域：
生命的化学分子基础,细胞的结构、功能与重大生命活动,生物体的结构与功能及生物多样性,微生物的特征与代谢,生物的遗传与进化,生物与环境,生物技术的原理与应用。

顶尖院校：
西北农林科技大学、华中农业大学、中国农业大学、同济大学、南开大学和上海海洋大学。

就业方向：
毕业生可到科研机构和高等院校从事科学研究、教学工作,或在工业、医药、食品、农、林、牧、渔、环保、园林等行业的企业、事业和行政管理部门,从事与生物技术和生物科学有关的科学研究、技术开发、技术推广、生产管理和行政管理等工作。

未来可从事职业岗位：
微生物技术员、研发物资管理专员、QA 质量监督员、PCR 研发技术员、研发工程师、IT 工程师、运维工程师、检验工程师、工艺检验员等。

职业薪酬：
生物技术专业相关职位薪酬(月薪):按工作经验统计,其中应届生约5000元,1~3年约7000元,3~5年约10000元,5~10年约13000元。

就业热门行业：
制药/生物工程、医疗设备/器械、新能源、医疗/护理/卫生、农/林/牧/渔、快速消费品、学术/科研、贸易/进出口、环保等。

就业热门城市：
上海、北京、广州、深圳、杭州、武汉、南京、成都、苏州和济南等。

专家提醒
生物技术专业距离产业化还需要一段时间,制药、酿造、食品以及农、林、牧、渔、环保、园林等行业和生物科学专业相对比较对口,但其中相关的每一个职位,都基本上有对应的专业存在,该专业与相关专业嫡系学科的学生去竞争同一岗位时,并不具备优势。因此,对于当初认为21世纪是生物的世纪而选择生物科学专业就读的学生们来说,大学毕业后,有可能面临一定程度上的就业压力。

071003 生物信息学

生物信息学是在生命科学的研究中,以计算机为工具对生物信息进行储存、检索和分析的科学。它是当今生命科学和自然科学的重大前沿领域之一,同时也将是21世纪自然科学的核心领域之一。其研究重点主要体现在基因组学和蛋白质组学两方面,具体说就是从核酸和蛋白质序列出发,分析序列中表达的结构功能的生物信息。生物信息学是一门利用计算机技术研究生物系统之规律的学科。

新高考选考科目指引：
本专业必须选择物理、化学学科。

培养目标：
本专业培养具备较强的数理化基础,具有国际化视野,接受严格科学思维、专业技术和技能的训练,掌握生物学、计算机及信息科学等基本理论知识,能在教学、科研、高新技术产业及其相关领域从事科学研究、技术开发、人才培养及管理等方面工作的交叉复合型人才。

培养要求：
本专业学生主要学习数理基础、生物学、计算机及信息科学的基本理论和基本知识,接受生物信息学与计算机科学理论和应用研究方面的科学思维培养和基本技能训练,掌握扎实的科学理论基础知识,具有一定的生物信息处理和技术研发的能力。

主干学科：
生物学、计算机科学。

核心知识领域：
基础生物学、生物化学和分子生物学、基因与基因组学、概率论与数理统计、生物信息学、数据结构与算法、计算机网络。

顶尖院校：
华中农业大学、中南大学、哈尔滨医科大学。

就业方向：
学生毕业后可在高等院校和科研院所从事与生物信息相关的研究和教育工作,到各级人民政府及其下属单位从事生物信息和基因产品的行政管理工作,能在相关行业的企业、事业部门等从事与生物信息有关的应用研究、软件开发、生产管理、技术推广等工作。

▶▶▶ **未来可从事职业岗位：**

生物信息数据分析员、生物信息分析主管、生物信息工程师、生物信息研发员、药物设计研究员、助理研究员、分子病理项目开发员、遗传咨询师、高级产品研发专员、数据挖掘工程师、研发工程师、高中生物教师等。

▶▶▶ **职业薪酬：**

生物信息学专业相关职位薪酬（月薪）：按工作经验统计，其中应届生约7000元，1~3年约10000元，3~5年约13000元，5~10年约16000元。

▶▶▶ **就业热门行业：**

制药/生物工程、医疗设备/器械、医疗/护理/卫生、新能源、教育/培训/院校、学术/科研、快速消费品、互联网/电子商务、贸易/进出口等。

▶▶▶ **就业热门城市：**

上海、北京、广州、深圳、杭州、武汉、南京、成都、苏州和济南等。

071004 生态学

生态学是一门新兴学科，它着重研究生物与环境之间的各种关系，特别是生态系统在人类活动干预下的各种运行机制及变化规律，现代生态学注重解决全球面临的生态环境重大问题和社会经济发展中的众多生态问题。生态学在世界走向可持续发展的今天正发挥着越来越重要的作用。近年来国家对生态建设与环境保护越来越重视，这进一步展示了生态科学与工程专业发展的美好前景。

▶▶▶ **新高考选考科目指引：**

本专业必须选择物理、化学学科。

▶▶▶ **培养目标：**

本专业培养具备生物学及其他相关自然科学基础知识，系统地掌握生态学专业理论和知识，具有开展生态学实验和野外实践的技能，能在与生态学密切相关的农业、林业、水利、环保、规划等教学与科研单位、职能部门和企业从事生态学教学、科研、技术开发等工作，具有良好科学素养和创新能力的复合型人才。

▶▶▶ **培养要求：**

本专业学生主要学习生物学、生态学方面的基本理论和知识，学习相关的数理化基础和人文社科知识，接受基础研究、应用基础研究方面的创新思维和科学研究训练，掌握扎实的学科理论和基础知识，具有良好的科学素养及一定的教学、科研和管理能力。

▶▶▶ **主干学科：**

生物学、环境科学。

▶▶▶ **核心知识领域：**

生命的化学分子基础、细胞的结构与功能及其重要生命活动、动植物体的结构与功能、微生物的特征与代谢、生物多样性与进化、生物与环境、生物的遗传与变异、生态统计学基础。

▶▶▶ **顶尖院校：**

北京师范大学、中国农业大学、武汉大学、广西大学。

▶▶▶ **就业方向：**

毕业后主要进入高等院校、科研单位从事基础研究；进入公司和企业从事应用研究、高新技术开发以及企业管理等工作。

▶▶▶ **未来可从事职业岗位：**

节能环保技术人员、环评技术助理、环评工程师、景观规划设计师、生态景观设计师、环境影响评价工程师、环境监理员、园林绿化技术员、高级旅游规划师、有机肥生产技术员、现场施工员、施工管理员、工艺技术员等。

▶▶▶ **职业薪酬：**

生态学专业相关职位薪酬（月薪）：按工作经验统计，其中应届生7000元，1~3年约8000元，3~5年约10000元。

▶▶▶ **就业热门行业：**

新能源、教育/培训/院校、建筑/建材/工程、互联网/电子商务、房地产、金融/投资/证券、环保等。

▶▶▶ **就业热门城市：**

北京、上海、深圳、广州、杭州、武汉、成都、南京、西安和厦门等。

071005T 整合科学

▶▶▶ **培养目标：**

本专业培养具备多学科基础知识与基本技能，了解和学习多个学科独特的观察和解决问题的视角、技术和手段；能还本归真，回到学科交汇处，打破人为造成的传统学科之间的藩篱，实现数、理、化、生整合的新一代跨学科创新型人才。

▶▶▶ **新高考选考科目指引：**

本专业必须选择物理、化学学科。

▶▶▶ **培养要求：**

本专业学生要求在面对真正的科学问题时，有更为宏观和多维的思考角度，利用脑海中触手能及的多种学科知识，找到甚至是创造出适合于解决问题的新技术途径和手段。

▶▶▶ **主干课程：**

微积分与力学、定量分子生物学、生物化学、定量细胞生物学、整合热力学、整合化学动力学、电磁学、概率统计、量子力学与光谱基础等。

▶▶▶ **首批开设院校：**

北京大学。

071006T 神经科学

▶▶▶ **新高考选考科目指引：**

本专业必须选择物理、化学学科。

培养目标：
本专业培养具备神经科学的基本理论、基本知识和较强的实验技能，能在科研机构、高等学校及企事业单位等从事科学研究、教学及管理工作的神经科学高级专门人才。

主干课程：
脑科学、神经生物学、神经病理学、行为遗传学等。

0711 心理学类

071101 心理学

新高考选考科目指引：
本专业没有必须选考科目要求。

培养目标：
本专业培养具备心理学学科的基本理论、基本知识和基本技能，接受初步的科学思维和科学实验训练，能够在科研部门、教育机构及其他企事业单位从事与心理学相关的工作或继续攻读相关学科的硕士、博士学位的复合型、创新型人才。

培养要求：
本专业学生主要学习心理学方面的基本理论和基本知识，接受心理学实验研究设计、分析方法以及查阅、理解和写作专业文献等方面的基本训练，掌握心理学的实证以及相关的统计、测量技术，具有从事相关方面研究与实践工作的基本能力。

主要学科：
心理学、生物学、计算机科学与技术、高等数学。

主要课程：
普通心理学、实验心理学、心理统计、心理测量、生理心理学、人格心理学、社会心理学、认知心理学、发展心理学等。

顶尖院校：
北京师范大学、西南大学。

就业方向：
毕业生主要适合于从事大众传播、组织管理、人力资源评估与开发、广告宣传、公共关系、民意调查、心理卫生等部门的实际工作；各级学校和各类公众的心理测量、心理咨询和心理辅导工作；高等院校和科研单位从事心理学，以及社会学、管理学、教育学、精神医学等领域中相关心理学内容的教学与科研工作。

未来可从事职业岗位：
文案创作专员、高级交互设计师、高级咨询师、高级体验设计师、市场研究/分析专员、教务班主任、社群产品运营经理、推广执行专员、培训经理、营销策划部长、UI设计师、装饰工程师、人力资源主管/专员、客服专员、产品经理、销售顾问、销售工程师等。

职业薪酬：
心理学专业相关职位薪酬（月薪）：按工作经验统计，其中应届生约5000元，1～3年约7000元，3～5年约10000元，5～10年约13000元，10年以上约16000元。

就业热门行业：
教育/培训/院校、互联网/电子商务、金融/投资/证券、新能源、咨询、人力资源、财会、贸易/进出口、房地产、保险等。

就业热门城市：
北京、上海、深圳、广州、武汉、杭州、成都、南京、厦门和郑州等。

071102 应用心理学

应用心理学是心理学中迅速发展的一个重要学科分支。由于人们在工作及生活方面的需要，多种主题的相关研究领域形成心理学学科。应用心理学研究心理学基本原理在各种实际领域的应用，包括工业、工程、组织管理、市场消费、社会生活、医疗保健、体育运动以及军事、司法、环境等各个领域。

新高考选考科目指引：
本专业没有必须选考科目要求。

培养目标：
本专业培养具备心理学的基本理论、基本知识和基本技能，接受初步的科学思维和科学实验训练，能够在科研部门、教育机构及其他企事业单位，针对不同的领域（例如但不限于公共管理、工商管理、经济决策、公共关系、市场营销、广告策划、工业与商业设计、公安、军事、体育、文化艺术、航空航天、医疗、社会工作等）从事和心理学相关的工作或继续攻读相关学科的硕士、博士学位的应用型、复合型人才。

培养要求：
本专业学生主要学习心理学方面的基本理论和基本知识，接受心理学实验研究设计、分析方法以及查阅、理解和写作专业文献等方面的基本训练，掌握心理学的实证以及相关的统计、测量技术，具有从事相关方面研究与实践工作的基本能力。

主干学科：
教育心理学、管理心理学、临床与咨询心理学。

主要课程：
核心知识领域：普通心理学、实验心理学、心理统计及其常用软件、心理测量学、生物心理学、社会心理学、变态心理学、发展心理学、心理学史、管理心理学、教育心理学、临床与咨询心理学。

顶尖院校：
天津师范大学、华南师范大学、西南大学、华东师范大学。

就业方向：
毕业生主要适合从事大众传播、组织管理、人力资源评估与开发、广告宣传、公共关系、民意调查、心理卫生等部门的实际工作；各级学校和各类公众的心理测量、心理咨询和心理辅导工作；高等院校和科研单位从事心理学，以及社会学、管理学、教育学、精神医学等领域中相关心理学内容的教学与科研工作。

未来可从事职业岗位：

人力资源主管、市场调研专员、早教培训师、儿童发展心理咨询中级研究员/高级咨询师、班主任、网站管理/推广专员、营销主管、薪酬绩效专员、青少年素质培训课程开发人员、人事助理、人事经理、电子商务经理、市场研究员、课程顾问、销售顾问、销售代表、心理咨询师、产品经理、UI设计师、销售经理、销售工程师、新媒体运营、运营经理、高级交互设计师。

职业薪酬：

应用心理学专业相关职位薪酬(月薪)：按工作经验统计，其中1～3年约9000元，3～5年约12000元。

就业热门行业：

教育/培训/院校、咨询、人力资源、互联网/电子商务、新能源、财会、贸易/进出口、金融/投资/证券、房地产等。

就业热门城市：

北京、上海、深圳、广州、杭州、武汉、成都、厦门、南京和苏州等。

0712 统计学类

071201 统计学

新高考选考科目指引：
本专业必须选择物理、化学学科。

培养目标：
本专业培养具备系统的统计学理论知识和应用知识，掌握统计学的主要方法，具有处理特定行业数据问题的能力，能在经济、管理、生物、医药、金融、保险、工业、农业、林业、商业、信息技术、教育、卫生、医药、气象、水利、环境和减灾等相关领域中从事数据搜集、分析与决策的创新型人才。

培养要求：
本专业学生主要学习并掌握统计学专业的基本理论、基本知识和基本技能。

主干学科：
数学、统计学。

核心知识领域：
统计学基本思想、数学理论、概率论、统计调查、参数估计与假设检验、非参数方法、回归分析、多元统计方法、随机过程、时间序列分析、试验设计和统计软件。

顶尖院校：
东北师范大学、中央财经大学。

未来可从事职业岗位：
数据分析专员、数据分析工程师、高级数据分析师、数据挖掘工程师、算法工程师、数据分析经理、大数据分析师、数据产品经理等。

职业薪酬：
统计学专业相关职位薪酬(月薪)：按工作经验统计，其中应届生约5000元，1～3年约6000元，3～5年约11000元。

就业热门行业：
互联网/电子商务、新能源、贸易/进出口、金融/投资/证券、计算机软件、建筑/建材/工程、教育/培训/院校、房地产、快速消费品等。

就业热门城市：
上海、北京、深圳、广州、杭州、武汉、成都、厦门、东莞和南京等。

071202 应用统计学

新高考选考科目指引：
本专业必须选择物理、化学学科。

培养目标：
本专业培养具有良好职业道德，具备系统的统计学知识、了解统计学理论、掌握统计学的基本思想和方法，具有利用计算机软件分析数据的能力，能在经济、管理、生物、医药、金融、保险、工业、农业、林业、商业、信息技术、教育、卫生、医药、气象、水利、环境和减灾等相关领域工作的高素质、复合型的统计应用人才。

培养要求：
本专业学生主要学习应用统计学专业的基本理论、基本知识和基本技能。

主干学科：
统计学。

核心知识领域：
统计学基本思想、数学理论、概率论、统计调查、参数估计与假设检验、非参数方法、回归分析、多元统计方法、时间序列分析、统计应用软件等。

顶尖院校：
中央财经大学、安徽大学和中国传媒大学。

就业方向：
应用统计学专业的毕业生有三大去向：市场调查公司、咨询公司的市场研究部门、工业企业的质量检测部门等企事业单位；银行、保险公司和证券公司等金融部门；政府部门（统计局等）。除此之外，还有许多应用到统计的领域也是统计专业毕业生的去向，比如公司的人力资源部门会需要统计学专业人才来作一些员工调查。从近几年应用统计学专业本科毕业生流向来看，到国有企业、三资企业、其他企业就业的毕业生占总数的40%以上。广东、上海、湖北、北京、福建、江苏和浙江是接收应用统计学专业本科毕业生最多的几个省份。

就业热门行业：
互联网/电子商务、新能源、计算机软件、金融/投资/证券、咨询、人力资源、财会、计算机技术支持(系统、数据维护)、外包服务、制药/生物工程等。

⮞ **就业热门城市：**

北京、上海、深圳、广州、杭州、南京、成都、武汉、厦门和苏州等。

071203T 数据科学

⮞ **培养目标：**

本专业培养具备数据采集、挖掘、处理、存储与分析等应用能力，具有扎实的统计学基础、缜密的逻辑推理和数据思维、系统的计算机科学技能，以及能够充分利用各种科学方法从海量数据中提取有价值信息的，并作出准确的决策的多学科领域交叉融合的高层次复合型应用人才。

⮞ **首批开设院校：**

北京交通大学和福建师范大学。

⮞ **就业方向：**

本专业毕业生可在企事业单位从事与数据科学或大数据技术及其交叉领域有关的研究、设计、开发、管理、维护和教育等方面工作。

071204T 生物统计学

⮞ **培养目标：**

本专业旨在培养具有严谨的科学精神、强烈的创新意识和高度的社会责任感，同时具有一定的基础医学、临床医学和预防医学基本知识，掌握现代统计学基本理论、基本方法，具有查阅文献、获取信息、数据管理、数据分析和结果表达的能力，熟练掌握数据管理软件和统计分析软件的生物统计学专业技术人才。

⮞ **首批开设院校：**

中国药科大学、南京医科大学、广东医科大学、南方医科大学和海南医学院。

⮞ **就业方向：**

本专业毕业生可在国内外大型制药企业、生物科技公司、各级卫生信息中心、综合医院的临床试验机构、高等院校从事卫生统计、医学统计、生物统计等工作。

08 工 学

工学是工程学科的总称,是我国大学最大的学科,各类工学人才直接推动着我国的经济建设和工程技术领域的发展。它包括仪器仪表、能源动力、电气信息、交通运输、海洋工程、轻工纺织、航空航天、力学、生物工程、农业工程、林业工程、公安技术、植物生产、地矿、材料、机械、食品、武器、土建、水利、测绘、化工与制药、环境与安全等专业。

0801 力学类

力学又称经典力学,牛顿是经典力学之父。在16世纪到17世纪间,力学已开始发展成为一门独立的、系统的学科。主要研究能量和力以及它们与固体、液体及气体的平衡、变形或运动的关系。力学可粗分为静力学、运动学和动力学三部分,静力学研究力的平衡或物体的静止问题;运动学只考虑物体怎样运动,不讨论它与所受力的关系;动力学讨论物体运动和所受力的关系。现代的力学实验设备,例如:大型的风洞、水洞,它们的形成和使用本身就是一个综合性的科学技术项目,需要多工种、多种学科的协作。

080101 理论与应用力学

力学是以工程技术为背景的应用基础性专业,以理论、实验和计算机仿真为主要手段,研究工程技术中的普遍规律和共性问题,并直接为工程技术服务,涉及航空、航天、建筑、机械、汽车、环境、生物医学和造船等诸多领域。理论与应用力学专业研究物质机械运动的规律及其应用,既是基础理论学科,又是工程应用学科。

▶▶ **新高考选考科目指引:**
本专业必须选择物理、化学学科。

▶▶ **培养目标:**
本专业培养适应我国社会主义现代化建设需要,德、智、体、美、劳全面发展,具有较为扎实的数理基础、力学建模、实验技能和数值计算能力,能够在力学及相关科学或工程领域从事科学研究、技术开发及技术管理工作,或继续攻读硕士、博士学位的力学及相关学科的高层次研究人才或高校教师。

▶▶ **培养要求:**
本专业学生主要学习工程力学的基本理论和基本知识,接受必要的工程技能训练,具有应用计算机和现代实验技术手段解决与力学有关的工程问题的基本能力。

▶▶ **主干学科:**
力学。

▶▶ **核心知识领域:**
理论力学、材料力学、弹性力学、流体力学、连续介质力学、实验力学、计算力学等。

▶▶ **顶尖院校:**
中山大学和西北工业大学。

▶▶ **就业方向:**
可在大专院校和科研单位从事教学和科研工作,或在航空、航天、汽车、土建、机械、化工、船舶、电厂、核技术、生物医学工程等领域从事结构静力分析、振动、流场与传热传质等方面的理论分析、数值计算、实验和大型工程软件的应用与开发等方面的工作,可以继续攻读力学及相关专业硕士学位研究生。

▶▶ **未来可从事职业岗位:**
机械工程师、结构工程师、CAE工程师、销售助理、行政助理、销售工程师、销售经理。

▶▶ **就业热门行业:**
新能源、汽车及零配件、机械/设备/重工、建筑/建材/工程、互联网/电子商务、金融/投资/证券、房地产、电子技术/半导体/集成电路等。

▶▶ **就业热门城市:**
上海、北京、深圳、广州、武汉、杭州、成都、苏州、南京和佛山等。

080102 工程力学

力学是人类历史上最早精确化的自然科学,是多项现代工程学科的理论基础,是用数学和物理方法解决工程实际问题的基础学科。工程力学既具有丰富的历史沉淀和完备的知识体系,也具有深刻的基础性和广泛的应用性,还能辅助和推动土木、水利、交通、机械、材料、航空航天等各类工程的最新发展,具有较强的前瞻性。

载人飞船、航天飞机、巨型船舶、深海潜艇、高速列车、核弹氢弹、超高层超大型建筑、公路铁路、立交桥梁、大型机械、微型精密机械、纳米材料、生物科技……现当代主要工程领域的伟大成绩和显著进展中处处蕴藏着力学理论的指导与支持,处处体现着力学应用的成果与贡献。同时,由对力学现象的观察研究而产生的混沌、分叉、分形等新理论,已成为自然科学最新发展的核心部分。正如我国力学大师周培源所说:"只要自然界存在着机械运动,以及机械运动和其他各级运动形式的相互联系,力学就永远有无止境的研究课题,就永远有无限光辉的前景。"

新高考选考科目指引:
本专业必须选择物理、化学学科。

培养目标:
本专业培养适应我国社会主义现代化建设需要,德、智、体、美、劳全面发展,掌握工程力学专业的基础理论以及计算技术与实验技能,能够在有关工程领域中从事与力学问题相关的工程设计与分析、技术开发及技术管理工作,或继续攻读硕士、博士学位的工程力学及相关专业的高层次研究人才或高校教师。

培养要求:
本专业学生主要学习工程力学的基本理论和基本知识,接受必要的工程技能训练,具有应用计算机和现代实验技术手段解决与力学有关的工程问题的基本能力。

主干学科:
力学。

核心知识领域:
理论力学、材料力学、弹性力学、流体力学、实验力学、计算力学、振动力学。

顶尖院校:
清华大学、大连理工大学、哈尔滨工业大学。

就业方向:
毕业后,主要在各种工程领域(如机械、土建、材料、能源、交通、航空、船舶、水利、化工等)中从事与力学有关的科研、技术开发、工程设计和力学教学与研究工作。如各级、各类大中型力学相关科研院所;国有大中型工程建设单位(建筑行业、水利行业、机械行业、交通行业、航空行业、化工行业等);开设相关专业的高等院校。

未来可从事职业岗位:
结构工程师、机械工程师等。

职业薪酬:
工程力学专业相关职位薪酬(月薪):按工作经验统计,其中1~3年约5000元,5~10年约9000元。

就业热门行业:
建筑/建材/工程、新能源、机械/设备/重工、房地产、汽车及零配件、计算机软件、仪器仪表/工业自动化、电气/电力/水利、学术/科研等。

就业热门城市:
上海、深圳、北京、武汉、厦门、广州、东莞、宁波、杭州和苏州等。

0802 机械类

080201 机械工程

机械工程是一门涉及利用物理定律为机械系统作分析、设计、生产及维修的工程学科。该学科要求学员对应用力学、热学、物质与能量守恒等基础科学原理有巩固的认识,并利用这些知识去分析静态和动态物质系统,创造、设计实用的装置、设备、器材、器件和工具等。机械工程学的知识可应用于汽车、飞机、空调、建筑、桥梁、工业仪器及机器等各个层面之上。机械工程所处理的,是把能量及物料转化成可使用的物品。从宏观的角度来看,我们生活中所接触的每一件物件,其制造过程均可说与机械工程有关。机械工程是众多工程学科中范围最广的一科。

新高考选考科目指引:
本专业必须选择物理、化学学科。

培养目标:
机械工程是一个宽口径的机械类专业。本专业培养具有宽厚的机械工程基本理论和基础知识,能在机械工程领域从事工程设计、机械制造、技术开发、科学研究、生产组织管理等方面工作的复合型高级工程技术人才。

培养要求:
本专业学生主要学习数学和其他相关的自然科学知识以及机械设计、机械制造、控制的基本理论和基本知识,接受机械工程师的基本训练,具备在机械工程领域里从事设计、制造、技术开发、科学研究、生产组织与管理的基本能力。

主干学科:
机械工程、力学、动力工程及工程热物理。

核心知识领域:
工程图学、工程力学、流体力学、传热学、工程热力学、电工电子学、控制工程基础、工程材料及成型基础、机械设计基础、机械制造工程与技术、机电传动与控制等。

顶尖院校:
上海交通大学、清华大学、华中科技大学。

未来可从事职业岗位:
助理机械工程师、结构工程师、高级机械工程师、机械设计工程师、电气工程师、销售工程师、模具工程师、机械工程师助理、自动化机械工程师、资深机械工程师、工艺工程师等。

职业薪酬：

机械工程专业相关职位薪酬(月薪)：按工作经验统计，其中应届生约5000元，1~3年约7000元，3~5年约9000元，5~10年约11000元。

就业热门行业：

机械/设备/重工、仪器仪表/工业自动化、电子技术/半导体/集成电路、新能源、汽车及零配件、计算机软件、原材料和加工、贸易/进出口、建筑/建材/工程等。

就业热门城市：

上海、深圳、东莞、北京、苏州、广州、武汉、杭州、南京和宁波等。

080202 机械设计制造及其自动化

机械设计制造及其自动化是一门以先进设计制造技术为主线，机械设计和制造为基础，强调机与电、液、测控、计算机等的结合，研究机械系统、生产过程自动化系统的学科。内容涵盖机械设计与制造的基础理论和微电子技术、计算机技术、信息处理技术和计算机辅助设计及制造技术(CAD/CAM)的专业基础知识。

新高考选考科目指引：

本专业必须选择物理、化学学科。

培养目标：

本专业培养具备机械设计制造基础知识及应用能力，能在机械制造领域从事设计制造、科技开发、应用研究、运行管理等方面工作的复合型高级工程技术人才。

培养要求：

本专业学生主要学习机械设计、机械制造、机械电子及自动化等方面的基础理论和基本知识，接受现代机械工程师的基本训练，具有机械产品设计、制造、设备控制及生产组织管理等方面的基本能力。

主干学科：

力学、机械工程。

核心知识领域：

机械设计原理与方法(含形体设计原理与方法、机构运动与动力设计原理、结构与强度设计原理与方法、精度设计原理与方法、现代设计理论与方法)、机械制造工程原理与技术(含材料科学基础、机械制造技术、现代制造技术)、机械系统中的传动与控制(含机械电子学、控制理论、传动与控制技术)、计算机应用技术(含计算机技术基础、计算机辅助技术)、热流体(含热力学、流体力学、传热学)。

顶尖院校：

华中科技大学、哈尔滨工业大学、大连理工大学、合肥工业大学、重庆大学、西南交通大学、中南大学。

就业方向：

机械设计制造及其自动化专业毕业的学生，多数是能在工业生产第一线从事机械制造领域内的设计制造、科技开发、应用研究、运行管理和经营销售等方面工作的高级工程技术人才。该专业毕业后的学生可到机械、汽车、通信、家电等领域从事产品设计、科技开发、应用研究、运行管理等方面的工作。就业面广，就业率高。近几年有代表性的就业单位有中广核工程有限公司、中国第一汽车集团公司技术中心、一汽大众汽车有限公司、中国建筑第三工程局等。

未来可从事职业岗位：

机器人调试工程师、自动化设备工程师、机械设计工程师、结构工程师、工艺工程师、机械设计师、研发工程师、高级机械工程师、设备工程师、电子模块支架设计发布工程师、结构设计师、电气结构主管、电气设计工程师、设备冶具工程师、机械加工工艺工程师、压铸工程师、模具设计工程师、IE工程师、设备售后服务工程师等。

职业薪酬：

机械设计制造及其自动化专业相关职位薪酬(月薪)：按工作经验统计，其中应届生约5000元，1~3年约6000元，3~5年约7000元。

就业热门行业：

机械/设备/重工、仪器仪表/工业自动化、新能源、电子技术/半导体/集成电路、汽车及零配件、计算机软件、原材料和加工、建筑/建材/工程、贸易/进出口等。

就业热门城市：

深圳、上海、东莞、广州、北京、苏州、南京、厦门、成都和重庆等。

080203 材料成型及控制工程

材料成型及控制工程专业是以成型技术为手段、以材料为加工对象、以过程控制为质量保证措施、以实现产品制造为目的，融机械学科、材料学科为一体的工科专业。本专业以塑料的注塑成型和金属板料的冲压成型为专业重点，以成型模具的开发为主要专业方向，培养具备材料成型基础知识与应用能力，掌握材料成型质量控制理论与方法，能研究开发材料成型设备(包括模具)的高级工程技术人才。

新高考选考科目指引：

本专业必须选择物理、化学学科。

培养目标：

本专业培养适应21世纪现代化建设需要，德、智、体、美、劳全面发展，具有强烈的爱国敬业精神、社会责任感，良好的工程素质、职业道德和人文科学素质，具备机械科学、材料科学、自动化及计算机基础知识和应用能力，能够在材料加工理论、材料成型过程自动控制、成型工艺过程及装备设计及先进材料工程等领域从事科学研究、技术开发、设计制造、生产组织与管理，具有实践能力和创新意识的复合型高级工程科技人才。

培养要求：

本专业学生主要学习自然科学及机械工程、材料科学、材料成型加工工艺及技术和装备的设计方法与控制理论等方面的基本理论和专业基础知识，接受工程素质和人文科学素质的基本培养和工程师的基本训练，具备在本专业领域从事设计、制造、技术开发、科学研究、生产组织与管理等方面的基本能力。

▶▶▶ **主干学科：**

机械工程及自动化、力学、材料科学与工程。

▶▶▶ **核心知识领域：**

工程图学、工程力学、机械设计基础、电工电子基础、控制工程基础、材料成型技术基础、金属凝固原理及技术、金属塑性成型原理、材料连接原理与技术、材料成型设备、材料加工CAD/CAE/CAM技术基础、先进材料成型技术与理论、热加工传输原理等。

▶▶▶ **顶尖院校：**

吉林大学和哈尔滨工业大学。

▶▶▶ **就业方向：**

毕业生能从事材料成型设备（包括模具）的设计制造、试验研究、运行管理和经营销售等方面的工作。同时由于本专业的学生基础扎实，知识面宽，也能适应其他机电行业的工作。当前，我国的制造业蓬勃发展，对既懂成型工艺，又能开发成型设备的人才需求量巨大。本专业有广阔的发展前景。

▶▶▶ **未来可从事职业岗位：**

预算员、施工员、机械工程师、机械设计工程师、结构工程师、项目经理、工艺工程师、室内设计师、电气工程师、研发工程师、土建工程师、销售工程师等。

▶▶▶ **职业薪酬：**

材料成型及控制工程专业相关职位薪酬（月薪）：按工作经验统计，其中3~5年约8000元。

▶▶▶ **就业热门行业：**

建筑/建材/工程、房地产、机械/设备/重工、电子技术/半导体/集成电路、家居/室内设计/装潢、新能源、仪器仪表/工业自动化、汽车及零配件、互联网/电子商务等。

▶▶▶ **就业热门城市：**

上海、深圳、北京、广州、东莞、武汉、杭州、苏州、成都和南京等。

📖 080204 机械电子工程

机械电子工程专业是集机械、电子、信息、计算机等技术为一体的综合性应用技术学科，而且知识结构先进，适应面宽广，发展潜力大，是一个发展迅速、社会需求巨大的热门专业。随着机电产品智能化程度的提高，越来越多的机电产品将会更新换代，社会对机械电子专业人才的需求量将会越来越大。因此本专业发展前景广阔，对社会的发展起着重要的作用。

▶▶▶ **新高考选考科目指引：**

本专业必须选择物理、化学学科。

▶▶▶ **培养目标：**

本专业培养具备机械、电子、控制等学科的基本理论和基础知识，能在机电行业及相关领域从事机电一体化产品和系统的设计制造、研究开发、工程应用、运行管理等方面工作的高素质复合型工程技术人才。

▶▶▶ **培养要求：**

本专业学生主要学习机械工程、电子技术、控制理论与技术等方面的基本理论和基础知识，接受机械电子工程师的基本训练，培养机电一体化产品和系统的设计、制造、服务，以及性能测试与仿真、运行控制与管理等方面的基本能力。

▶▶▶ **主干学科：**

机械工程、控制科学与工程。

▶▶▶ **核心知识领域：**

工程图学、工程力学、电路原理、工程电子技术、控制工程基础、传感与检测技术、机械设计基础、机械制造技术基础、微型计算机原理与应用、机电系统设计、机电传动与控制等。

▶▶▶ **顶尖院校：**

北京理工大学、重庆大学、哈尔滨工业大学和西北工业大学。

▶▶▶ **就业方向：**

主要从事机电系统设计、控制系统设计等方向的理论研究、实验测试、产品开发、技术管理等工作，也可读研究生进行深造。

▶▶▶ **未来可从事职业岗位：**

结构工程师、机械工程师、工艺工程师、电气工程师、电子工程师、项目经理、售后服务工程师、销售代表、销售工程师、销售经理等。

▶▶▶ **职业薪酬：**

机械电子工程专业相关职位薪酬（月薪）：按工作经验统计，其中应届生约5000元，1~3年约7000元，3~5年约8000元，5~10年约11000元。

▶▶▶ **就业热门行业：**

电子技术/半导体/集成电路、机械/设备/重工、新能源、仪器仪表/工业自动化、计算机软件、汽车及零配件、互联网/电子商务、通信/电信/网络设备、咨询、人力资源、财会等。

▶▶▶ **就业热门城市：**

深圳、上海、北京、东莞、广州、苏州、杭州、武汉、厦门和南京等。

📖 080205 工业设计

工业设计是美化生活用品、生产环境和生产过程的专业。工业设计的基本原则是突出实用、经济和美观，这使其有别于纯艺术的创作，有许多具体的规范限定设计的创作行为。工业设计专业在工业系统中非常重要，本专业人才可以开发和设计适销对路的新产品，提高劳动效率和生活质量，也可以提高产品附加值,提高企业效益,改善产品形象,增强竞争力,扩大和推动科学技术更新。

▶▶▶ **新高考选考科目指引:**

本专业必须选择物理、化学学科。

▶▶▶ **培养目标:**

本专业培养具备坚实的工业设计基础理论、基本知识与应用能力,具有国际化视野和社会责任感、综合性的创新思维方式和团队合作精神,能在企事业单位、专业设计机构和科学研究单位从事工业产品创新设计及相关的服务模式和商业模式设计、传播设计、人机交互设计、环境与展示设计等领域的开发、研究、策划、教育和管理工作的复合型工业设计师后备人才。

▶▶▶ **培养要求:**

本专业学生主要学习工业设计的基础理论与基本知识,接受工业设计的原理、程序、方法以及设计表达等方面的基本训练,具备适当处理工业设计与环境、用户、市场、功能、造型、色彩、结构、材料、工艺的相互关系,并将这些关系综合地表现在产品及服务设计上的基本能力。

▶▶▶ **主干学科:**

设计学、机械工程。

▶▶▶ **核心知识领域:**

本专业知识体系由4个核心知识领域构成,即基础知识领域,包括工业设计的基本原理、工业设计的程序与方法、工业设计表达;理论知识领域,包括工业设计历史与理论、人机工程学与设计心理学、知识产权保护、设计管理;技术知识领域,包括工业设计工程基础、工业设计材料与成型工艺、工业设计的安全性;实践知识领域,包括工业设计实践。

▶▶▶ **顶尖院校:**

东南大学、上海交通大学、大连理工大学和西北工业大学。

▶▶▶ **就业方向:**

主要到企事业单位、专业设计部门、科研单位从事工业产品造型设计、视觉传达设计、环境设计和教学、科研工作。

▶▶▶ **未来可从事职业岗位:**

包装编辑设计师、高级交互设计师、网络美工平面设计师、平面设计师、产品设计师、工业设计工程师、UI设计师、产品开发高级经理、资深移动互联网产品经理、服装设计师、汽车造型设计师、UED设计师、绘图员等。

▶▶▶ **职业薪酬:**

工业设计专业相关职位薪酬(月薪):按工作经验统计,其中应届生约4000元,1~3年约7000元,3~5年约10000元,5~10年约14000元,10年以上约20000元。

▶▶▶ **就业热门行业:**

互联网/电子商务、新能源、电子技术/半导体/集成电路、计算机软件、广告、家具/家电/玩具/礼品、贸易/进出口、汽车及零配件、家居/室内设计/装潢等。

▶▶▶ **就业热门城市:**

深圳、上海、北京、广州、杭州、东莞、厦门、武汉、宁波和成都等。

📖 080206 过程装备与控制工程

传统的机械行业,从事产品开发和销售的人员较少,生产环节人员比重过大。这样往往造成销售人员摸不准市场行情,开发人员难以开发出市场适销对路的产品,从而导致产品积压,生产和市场严重脱节状况。过程装备与控制工程专业就是在市场需求下,为了培养适应性强的技术复合型人才而调整设置的专业,毕业生主要从事过程工业的装备、控制以及管理。过程工业是指以处理流程型物料为主的工业,涉及领域极为广泛,包括化工、能源、轻工、环保、医药、食品、动力、冶金、炼油、农业工程,等等。本专业将"过程""装备"与"控制"这3个相关知识领域有机紧密地结合在一起,是以机械为主,工艺与控制为辅的"一机两翼"的复合型交叉专业。

▶▶▶ **新高考选考科目指引:**

本专业必须选择物理、化学学科。

▶▶▶ **培养目标:**

本专业培养具备自然科学基础知识、工程技术与科学基本知识以及过程装备与控制工程专业知识和实践能力,能在化工、石油化工、冶金、轻工、能源、制药、环保、建材等领域从事过程装备的研究开发、设计制造、监测控制、安全保障、运行维护等工程技术,以及教育、管理工作或进入相关学科继续深造的高素质复合型工程科技专门人才。

▶▶▶ **培养要求:**

本专业学生主要学习机械工程、热能工程、工艺过程及控制等方面的基本理论和基本知识,接受计算机技术、机械工程技术、过程(化学)工程技术、监测控制技术等方面的基本训练,掌握机械设计、过程装备与控制设计等方面的基本能力。

▶▶▶ **主干学科:**

化学工程与技术、动力工程及工程热物理、机械工程、安全科学与工程。

▶▶▶ **核心知识领域:**

本专业核心知识领域涉及机械工程、热能工程、工艺过程及控制等方面的基本理论和基本知识,包括工程力学、工程图学、机械设计、工程材料、化工(或其他工业)过程、检测与控制技术、过程装备技术等知识领域。此外,本专业还涉及机械加工及机械设计、过程装备特别是压力容器设计等工程技术。

▶▶▶ **顶尖院校:**

西安交通大学和燕山大学。

▶▶▶ **就业方向:**

毕业后可在石油、化工、机械、能源、动力、医药、环保、轻工、食品、制冷空调、劳动安全等行业工作,从事过程设备控制领域的研究、设计、技术开发、制造、运行维护等工作,也可在相关企事业单位从事管理工作。

▶ **未来可从事职业岗位:**

热动力工程师、自动化设备工程师、设备维修员、机械设计工程师、管道设计、压力容器项目工程师、标准化工程师、压力容器铆接工艺工程师、产品工艺工程师、设计室主任、设备助理工程师、销售工程师、外贸贸易经理等。

▶ **就业热门行业:**

机械/设备/重工、石油/化工/矿产/地质、新能源、环保、制药/生物工程、建筑/建材/工程、仪器仪表/工业自动化、汽车及零配件、原材料和加工等。

▶ **就业热门城市:**

上海、南京、成都、杭州、北京、宁波、广州、济南、深圳和常州等。

📖 080207 车辆工程

车辆工程专业主要是从事汽车的设计和新技术研发的,也会涉及一部分制造,不是修车的,当然也不是教你开车的。从更广泛意义上讲,车辆工程专业是研究运载工具的,和航空航天属于一个大类。在美国,汽车工程师学会(SAE)就包含汽车、飞机、空间飞行器等专业领域。由于汽车涉及几乎所有工科门类,车辆工程专业不可能面面俱到,目前,根据国内工业界发展需要,主要研究如何设计开发更具吸引力、更具驾驶魅力、更节能、更安全、更环保和更舒适的汽车及其核心关键技术。

▶ **新高考选考科目指引:**

本专业必须选择物理、化学学科。

▶ **培养目标:**

本专业培养具备车辆工程基础知识和专业技能,能在企业、高校及科研院所从事车辆设计、制造、实验、检测、管理、科研及教学等工作的车辆工程领域复合型高级工程技术人才。

▶ **培养要求:**

本专业学生主要学习机械工程、电工电子技术、车辆构造与原理、车辆设计与理论、车辆实验测试技术和车辆电子控制等方面的基本理论和专业知识,接受车辆工程师基本训练,具备从事车辆设计、制造、实验、检测及管理等工作的基本能力。

▶ **主干学科:**

力学、机械工程、控制科学与工程。

▶ **核心知识领域:**

工程图学、工程力学、机械设计基础、机械制造基础、控制工程基础、车辆理论、车辆设计、车辆构造、车辆试验学等。

▶ **顶尖院校:**

吉林大学、同济大学、西南交通大学、清华大学、湖南大学、西安交通大学、重庆大学、合肥工业大学和北京理工大学。

▶ **就业方向:**

可在汽车制造厂、汽车营销公司、汽车维修企业、汽车电器厂、汽车科研和教学单位、车辆管理部门、车辆检测站等单位从事相关工作。

▶ **未来可从事职业岗位:**

混合动力电池系统开发工程师、电器工程师、项目管理工程师、产品技术科长、底盘零部件结构设计工程师、声音振动工程师、组态软件工程师、售后服务现场技术经理、工艺员、电动汽车VCU软件工程师、试验室试验技师、电器布置与线束工程师、整车标定工程师、供应商技术支持工程师、销售工程师、二手车评估师等。

▶ **职业薪酬:**

车辆工程专业相关职位薪酬(月薪):按工作经验统计,其中应届生约6000元,1~3年约11000元,3~5年约14000元,5~10年约15000元。

▶ **就业热门行业:**

汽车及零配件、新能源、互联网/电子商务、机械/设备/重工、建筑/建材/工程、贸易/进出口、交通/运输/物流、外包服务、电子技术/半导体/集成电路等。

▶ **就业热门城市:**

上海、北京、广州、深圳、武汉、杭州、重庆、成都、南京和苏州等。

📖 080208 汽车服务工程

汽车行业已成为国民经济发展的支柱产业,伴随着我国汽车工业的蓬勃发展,作为汽车工业重要补充的汽车服务行业也得以迅猛发展。但是,汽车服务行业从业人员法律意识薄弱、技术素质不高、管理落后的问题,已成为制约汽车服务行业持续发展的"瓶颈"。本专业就是为突破这一"瓶颈"而设立的。

▶ **新高考选考科目指引:**

本专业必须选择物理、化学学科。

▶ **培养目标:**

本专业培养具备扎实的汽车服务理论基础,掌握现代信息技术和经营管理知识,熟悉相关法律法规,具备"懂技术、会经营、善服务"的基本素质和能力,能够在汽车技术服务、汽车营销服务、汽车金融保险服务、汽车相关产品规划等领域从事技术或管理工作的复合型工程技术人才。

▶ **培养要求:**

本专业学生主要学习汽车服务技术、汽车市场营销、汽车金融保险等方面的基本理论和基础知识,接受汽车检测诊断与维修、汽车市场分析、汽车营销策划、汽车事故勘查和汽车相关产品规划等方面的基本训练,具有汽车技术服务、汽车营销服务、汽车金融保险服务和汽车相关产品企划等方面的基本技能。

> **主干学科：**
> 机械工程、交通运输工程。

> **核心知识领域：**
> 工程图学、工程力学、机械设计基础、电工与电子技术基础、汽车构造、汽车理论、发动机原理、汽车服务工程、汽车电子控制技术、汽车检测诊断技术、汽车维修工程、汽车服务企业管理、汽车服务系统规划、汽车营销、汽车保险与理赔等。

> **顶尖院校：**
> 吉林大学、武汉理工大学和宁波工程学院。

> **就业方向：**
> 毕业生可在汽车维修企业从事汽车维修业务的技术领班或技术主管；可在汽车销售公司担任销售经理和技术顾问；可在汽车保险公司从事汽车损毁评估师和理赔师；还可在其他汽车文化产业担任分析、咨询和策划组织的高级人才；也可以自己创业，开办汽车维修服务企业。可以攻读汽车服务工程专业或车辆专业研究生继续深造，以便今后从事汽车服务工程领域技术研发或在学校从事相关专业的教学或管理工作。

> **未来可从事职业岗位：**
> 机械工程师、电气工程师、服务顾问、服务工程师、技术支持工程师、售前技术支持工程师、售后服务工程师、售后服务经理、销售代表、销售工程师等。

> **职业薪酬：**
> 汽车服务工程专业相关职位薪酬（月薪）：按工作经验统计，其中1~3年约7000元，3~5年约11000元。

> **就业热门行业：**
> 汽车及零配件、机械/设备/重工、新能源、电子技术/半导体/集成电路、互联网/电子商务、计算机软件、仪器仪表/工业自动化、贸易/进出口、咨询、人力资源、财会等。

> **就业热门城市：**
> 上海、深圳、北京、广州、武汉、杭州、苏州、重庆、成都和南京等。

📖 080209T 机械工艺技术

机械工艺技术专业旨在培养掌握现代机械制造技术领域的基础理论和专业知识，具备较强的机械制造工艺设计、机械加工和设备操作、维护能力的职教"双师型"师资，以及面向企业生产一线的具有机械制造领域的产品工艺设计与制造、设备操作与维护能力，掌握数控加工技术、具备机械加工技术服务、生产组织管理和机电产品营销的高级技术型人才。

> **新高考选考科目指引：**
> 本专业必须选择物理、化学学科。

> **培养目标：**
> 该专业培养具有良好科学素养，能从事机械工艺技术方面的工作，德、智、体、美、劳全面发展的高级专业技术人才。

> **培养要求：**
> 本专业学生主要学习机械学的基本知识、基础理论和研究方法；了解当代机械学研究现状和发展方向；具有从事科学研究、高等教育、科技开发和行政管理能力和基本工作的能力。

> **主要课程：**
> 画法几何与机械制图、机械原理、机械设计、工程力学、机械工程材料、电工技术与电子技术、机电传动控制、机械制造技术、液压与气压传动、机械工程测试技术、数控原理与编程、机械CAD/CAM技术等课程。

> **顶尖院校：**
> 湖南师范大学、鞍山师范学院和天津职业技术师范大学。

> **就业方向：**
> 毕业生可在机械制造业或高职院校教师从事教学管理工作。

> **未来可从事职业岗位：**
> 中、高等职业学校从事机械专业的理论教学和实践教学的教师（主要以中职学校为主）；机械行业、企业从事产品设计、新产品开发和技术改造与创新的设计工程师；生产现场从事机械制造加工工艺规程的编制与实践、工艺装备的设计和制造的工艺工程师；数控机床编程与操作的工艺编程人员；机械加工和数控设备的维护、维修人员；机械CAD/CAM技术的应用人员；企业生产组织和管理、机电产品的销售和技术服务人员等。

> **职业薪酬：**
> 机械工艺技术专业相关职位薪酬（月薪）：按工作经验统计，其中应届生约4000元，1~3年约6000元，3~5年约8000元，5~10年约10000元，10年以上约13000元。

> **就业热门行业：**
> 机械/设备/重工、汽车及零配件、电子技术/半导体/集成电路、新能源、仪器仪表/工业自动化、原材料和加工、家具/家电/玩具/礼品、环保、建筑/建材/工程等。

> **就业热门城市：**
> 上海、深圳、北京、广州、苏州、杭州、宁波、东莞、武汉和成都等。

📖 080210T 微机电系统工程

微机电系统工程专业是以机、电技术，尤其是微机械为基础的，综合多种学科领域技术的新型交叉学科。该专业主要培养从事微机电系统工程方面的设计制造、生产运行、科技开发和技术经济管理方面的人才。

> **新高考选考科目指引：**
> 本专业必须选择物理、化学学科。

> **培养目标：**
> 本专业培养具有良好综合素质和通识型知识结构，具有系统及扎实的基础理论、专业基础理论和现代专业知识，并且

具有较强实践能力和创新能力,毕业后能从事该领域的科学研究、技术开发、教学及管理等工作的计算机科学与技术专业人才。在对学生进行培养的全过程中,注重科技创新能力的培养,注重计算机硬件与软件以及计算机应用的全面训练,强调科学理论与实际应用的相互结合,努力造就适应研究、设计和应用开发的复合型人才。

▶ **主要课程**:

微机电系统概论、微米纳米技术基础、微测量技术、精密加工工艺、现代传感技术、精密工程制造基础、微细结构制造原理、光存储技术等。

▶ **顶尖院校**:

西北工业大学。

▶ **就业方向**:

毕业生主要在国内外的高校、研究机构、信息产业以及我国政府部门等从事教学、研究、产品研发以及管理等职业,就业前景广阔。

▶ **未来可从事职业岗位**:

单片机开发工程师助理、单片机研发工程师、软件工程师、嵌入式软件开发工程师、硬件工程师、电气工程师、机械工程师、酒店工程总监、网络推广专员等。

▶ **就业热门行业**:

计算机软件、咨询、人力资源、财会、电子技术/半导体/集成电路、建筑/建材/工程、新能源、互联网/电子商务、计算机技术支持(系统、数据维护)、教育/培训/院校、机械/设备/重工、仪器仪表/工业自动化等。

▶ **就业热门城市**:

深圳、广州、上海、北京、成都、武汉、南京、郑州、杭州和佛山等。

080211T 机电技术教育

▶ **新高考选考科目指引**:

本专业必须选择物理、化学学科。

▶ **培养目标**:

本专业培养具有机械设计、制造与电学等机电技术基本理论、基本知识和基本技能,掌握科学教育理论和教学方法,具有创新精神、实践能力和良好教师素质,毕业后能在中等职业技术院校从事机电技术专业教学工作的教师,以及能从事机电技术领域内的设计制造、产品开发与推广、生产经营管理方面的应用型高级专门人才。

▶ **培养要求**:

本专业要求学生具有坚定正确的政治方向,遵纪守法;树立服务社会、服务国家的理想和信念;具有良好的社会责任感和高尚的职业道德。具有本专业必需的机械、电子、自动控制、计算机科学与技术、机械加工技术以及教育学与心理学等方面的基础理论和基本技能。

▶ **主干学科**:

力学、机械工程、控制工程、计算机科学与技术。

▶ **主要课程**:

画法几何与机械制图、工程力学、电工技术基础、电子技术基础、机械制造基础、机械设计基础、机械工程控制基础、数控机床与编程、微机原理和接口技术、计算机辅助设计基础、机械学科教学论。

▶ **顶尖院校**:

湛江师范学院。

▶ **就业方向**:

可从事职业高中、技校、中专、大专院校机电专业课程教学工作,也可以到机械制造、机电产品生产等行业,从事机电产品的设计与制造、机电设备维修和生产管理等方面的技术工作。

▶ **未来可从事职业岗位**:

钣金技术员、钣金技术工程师、工艺工程师、自动控制工程师、汽车机电维修技师、机电类专业教师等。

▶ **就业热门行业**:

教育/培训/院校、机械/设备/重工、新能源、汽车及零配件、仪器仪表/工业自动化、环保、制药/生物工程、医疗/护理/卫生、电子技术/半导体/集成电路等。

▶ **就业热门城市**:

南京、北京、宁波、杭州、深圳、武汉、温州、聊城、兰州和天津等。

080212T 汽车维修工程教育

汽车维修工程教育专业是以应用基础为指导,以实用的工艺技术为基础并综合运用各相关学科的先进方法来解决汽车技术状况的维护、性能指标的恢复以及使用寿命的延长等问题的技术与实践的专业。汽车维修工程教育专业培养掌握汽车构造和制造基本工艺、理论,又熟知现代汽车维修工程教育理论和实践,从事汽车维修与营销管理、技术开发与推广方面的应用型高级工程技术人才。

▶ **新高考选考科目指引**:

本专业必须选择物理、化学学科。

▶ **培养目标**:

本专业培养适应中等职业技术教育发展需要,掌握汽车技术基础理论和基本技能,具备较强的实践动手能力和创新精神,能从事汽车技术类课程教学及能从事汽车检测、维修、营销、设计、服务、金融保险等方面工作的高级应用型人才。

▶ **培养要求**:

本专业要求学生具有坚定正确的政治方向,遵纪守法;树立服务社会、服务国家的理想和信念;具有良好的社会责任感和高尚的职业道德。具有本专业必需的汽车制造、检测与维修、生产与管理、保险与服务等方面的基础理论和基本技能。

▶ **主干学科**:

力学、机械工程、控制科学与工程、计算机科学与技术、车辆工程。

>>> **主要课程：**

画法几何与机械制图、工程力学、电工技术、电子技术、机械设计基础、汽车制造工艺学、计算机辅助设计基础、汽车理论、汽车构造、汽车发动机原理、汽车电器及电子设备、汽车检测技术、汽车故障诊断与维修。

>>> **顶尖院校：**

广西师范大学。

>>> **就业方向：**

毕业后能从事汽车制造、汽车检测与维修、汽车生产与管理、汽车保险、汽车贸易等企事业单位工作。

>>> **未来可从事职业岗位：**

汽车维修技工、汽车电气维修技师、汽车专业课教师。

>>> **就业热门行业：**

汽车及零配件、教育/培训/院校、机械/设备/重工、电子技术/半导体/集成电路、外包服务、咨询、人力资源、财会、互联网/电子商务、新能源、金融/投资/证券等。

>>> **就业热门城市：**

上海、深圳、北京、福州、成都、广州、武汉、重庆、佛山和南宁等。

080213T 智能制造工程

>>> **新高考选考科目指引：**

本专业必须选择物理、化学学科。

>>> **培养目标：**

本专业培养具有机械工程、电气控制工程、计算机和信息化管理技术等学科知识，接受从理论到实际应用的智能制造工程师基本训练的交叉融合型工程技术人才。同时培养掌握智能产品设计制造，智能装备故障诊断、维护维修，智能工厂系统运行、管理及系统集成等方面技能的复合型、应用型工程技术人才。

>>> **主要课程：**

机械工程基础、控制工程基础、电工与电子技术、计算机网络与工业物联网、人工智能技术及应用、计算机智能控制系统、嵌入式系统与应用、工业机器人技术与应用、数控机床与编程、传感器与检测技术、智能装备故障诊断与维修、智能仪器技术、数字化制造技术、智能工厂集成技术等。

>>> **首批开设院校：**

同济大学、上海大学、汕头大学、上海第二工业大学等。

>>> **就业方向：**

该专业毕业生可在智能制造工程、机电及自动化工程领域从事智能产品设计及制造，数控机床和工业机器人安装、调试、维护和维修，智能化工厂系统集成、信息管理、应用研究和生产管理等工作。

080214T 智能车辆工程

>>> **新高考选考科目指引：**

本专业必须选择物理、化学学科。

>>> **培养目标：**

本专业培养能主动适应社会主义现代化建设需要，德、智、体、美、劳全面发展，掌握智能车辆工程学科的基本理论和基本知识，获得现代工程师基本训练，具有车辆设计、制造、运用能力及创新精神的高级工程技术人才。

>>> **主干学科：**

电路、电子技术、液压与液力传动、汽车构造、汽车设计、车辆人机工程学、汽车理论、汽车电子控制技术。

>>> **主要课程：**

物理、高等数学、机械制图、理论力学、工程力学、汽车机械基础、汽车英语、电工与电子技术、车辆技术评估与检测、汽车构造、汽车学、车用内燃机、汽车电子控制技术、自动变速器、汽车故障诊断及检测、汽车电器设备及维修、汽车运用工程、汽车服务工程、汽车设计、汽车试验学。

>>> **就业方向：**

本专业毕业生可从事汽车整车及零部件的设计开发、车身及造型设计、车辆电子技术应用、车辆的性能测试与试验研究、汽车制造工艺、工装及生产管理等技术工作；可在交通运输及管理等部门从事车辆维修管理工作，也可从事相关的教学及科研工作。

080215T 仿生科学与工程

>>> **新高考选考科目指引：**

本专业必须选择物理、化学学科。

>>> **培养目标：**

本专业培养适应社会与科技发展需要，德、智、体、美、劳全面发展，具有创新精神、实践能力、国际视野和竞争力，具备自然科学、人文科学知识基础和高度社会责任感，较系统地掌握仿生学、机械学、材料学、生物学基本理论及工程技能和技术知识，具备仿生装备设计与制造、仿生材料开发、仿生学研究等方面能力的高素质专门人才。

>>> **主干课程：**

工程制图、理论力学、材料力学、机械设计、生物学基础、仿生学基础、仿生机械设计、仿生材料学基础、仿生制造基础、仿生健康工程导论等。

>>> **首批开设院校：**

吉林大学。

>>> **就业方向：**

本专业毕业生可在高校、科研院所的仿生、材料、机械、生物等相关学科领域继续深造，或在智能制造、仿生机器人、大健康、新能源、军事国防等我国未来制造业的主要支柱产业从事研究、设计、制造、试验鉴定、推广应用及管理等方面工作。

080216T 新能源汽车工程

新高考选考科目指引：
本专业必须选择物理、化学学科。

培养目标：
本专业培养适应21世纪经济建设与社会发展需要的具备新能源汽车理论、车辆设计与控制及试验技术等方面知识；能在新能源汽车设计、研究开发、试验及管理维修等部门从事新能源汽车整车、零部件的设计开发、试验研究以及管理工作的应用型人才。

主要课程：
理论力学、材料力学、工程图学、电工电子技术、机械原理、机械设计、汽车构造、汽车理论、电动汽车设计、汽车试验学、新能源发动机、动力电池技术及应用、电机学、电机技术与应用、自动控制理论基础、电动汽车控制技术、汽车制造工程等。

首批开设院校：
辽宁工业大学。

就业方向：
该专业毕业生可以从事新能源汽车整车及零部件的设计开发、汽车电子技术应用、汽车整车及零部件性能测试和试验研究、技术管理和生产管理等工作，还可以在交通运输及管理等部门从事车辆管理与维修工作，也可以在大中专院校、科研院所等单位从事相关的教学及科研工作。

080217T 增材制造工程

增材制造俗称3D打印，融合了计算机辅助设计、材料加工与成型技术，以数字模型文件为基础，通过软件与数控系统将专用的金属材料、非金属材料以及医用生物材料，按照挤压、烧结、熔融、光固化、喷射等方式逐层堆积，制造出实体物品的制造技术。与传统的对原材料去除、切削、组装的加工模式不同，是一种"自下而上"通过材料累加的制造方法。这使得过去受到传统制造方式的约束，而无法实现的复杂结构件制造变为可能。增材制造工程属机械类专业，主要围绕增材制造行业核心技术，是材料、机械、力学、信息、电气工程及其自动化等学科高度交叉融合的新工科专业。

新高考选考科目指引：
本专业必须选择物理、化学学科。

首批开设院校：
新乡学院。

080218T 智能交互设计

本专业以解决智能机器与人的自然、友好与和谐交互为使命，将设计创意、人工智能和计算机技术有机融合，致力于科技、艺术和设计融合的跨学科创新型人才培养。该专业学生既要掌握信息/智能产品设计的方法、理论和设计表达技能，又要掌握虚拟/增强现实、语音、手势等交互技术，既要具备较强的设计思维能力，又要具有大数据分析、机器学习的研究开发能力。

新高考选考科目指引：
本专业必须选择物理、化学学科。

首批开设院校：
北京邮电大学。

就业方向：
本专业毕业生主要从事互联网产品和智能产品的交互设计、产品设计、用户研究、数据分析、前端开发工程师等设计、研究和管理工作。

080219T 应急装备技术与工程

新高考选考科目指引：
本专业必须选择物理、化学学科。

培养目标：
本专业培养符合经济社会发展需求，具有社会责任感和应急素质，掌握自然科学基础理论、应急理论技术与管理知识，具有较强的工程实践能力和创新精神，能够在应急管理、安全生产、防灾减灾救灾等领域从事应急装备技术与工程方面的研究开发、分析设计、管理评价、检测监控、教育培训、应急救援与事故处理等工作的应用型高级工程技术人才。

培养要求：
掌握机械工程、应急管理和控制工程等方面的基础理论、专业知识与技能，探索和识别应急装备及管理工作中面临的新风险、新情况、新挑战，解决实践中复杂条件下应急装备救援、信息技术与工程管理等问题，为保障公共安全、提升工矿商贸领域突发事件应急处置能力、完善应急管理体系提供装备保障。

主要课程：
画法几何与机械制图、工程力学、机械原理、机械设计、安全系统工程、应急救援技术、应急管理学、电工电子技术、机械制造基础、应急测试与控制技术、流体力学与液压气压传动、应急检测与监控系统、应急救援装备设计、应急管理信息系统。

首批开设院校：
辽宁工业大学。

就业去向：
毕业生可到政府应急管理部门、应急科研院所、应急救援机构、应急咨询及技术服务机构和应急产业企业等从事消防、安防、安全应急、信息安全、监测预警、指挥调度、应急装备、安检防爆、反恐装备、应急救援与事故处理等工作。

0803 仪器类

仪器指用以测量、检测、观察、计算各物理量、物质成分、物性参数等的器具或设备。通常是为某一特定用途所准备的一套装置或机器。仪器构造较为复杂,属于高新技术产品,由多个部件组成。仪器体积、重量、形状各种各样,最小的可以直接拿在手上操作,如:压力表、天平、实验仪器(试管、量杯)等。较大体积的仪器一般被称为装置或设备,如:计算机(电脑)、X光检查机等。

080301 测控技术与仪器

测控技术与仪器专业是信息科学技术的源头,本专业是研究信息获取、信息处理、信息传输和利用的专业,是现代检测技术、电子技术、自动化技术、光学、精密机械和计算机技术等多学科相互渗透而形成的高技术密集型综合学科。测控技术与仪器专业以测量工程、智能信息处理技术、计算机技术和自动控制工程为基础。

▶ **新高考选考科目指引:**
本专业必须选择物理、化学学科。

▶ **培养目标:**
本专业培养专业知识、实践能力、综合素质全面发展,掌握测量、控制和仪器领域的基础理论、专门知识和专业技能,掌握信息获取、传输、处理和应用的技术方法,具有测量控制领域技术集成和仪器综合设计应用能力的复合型工程科技人才,能在国民经济各部门从事测量控制与仪器领域的科学研究、设计制造、技术开发、应用研究、质量控制和生产管理等工作。

▶ **培养要求:**
本专业学生主要学习测量理论、仪器设计与测控系统集成技术基础,学习测量、控制和仪器相关的光学、机械工程、电子与计算机科学、自动控制等理论与技术基础,通过多种教学环节和工程实践,接受现代测控技术等基础训练,具有测控系统和仪器设计、开发及集成应用能力。

▶ **主干学科:**
光学工程、仪器科学与技术、控制科学与工程、信息与通信工程。

▶ **核心知识领域:**
数理基础、传感与信息获取、测量理论与测试技术、测试信号处理、计算机技术、测控总线及数据通信、控制理论与控制技术、仪器设计与制造、仪器性能测试与评价、测控系统分析、设计及集成等。

▶ **顶尖院校:**
天津大学、华中科技大学、哈尔滨工业大学、合肥工业大学和清华大学。

▶ **就业方向:**
毕业生可以在中外合资、独资企业、科研院所等部门从事检测技术与自动化装置领域的理论研究与技术开发,从事自动化精密科学仪器、自动化监测、控制或生产系统的设计开发、运行管理等工作;从事机电、测控、仪器仪表、通信、家电等行业的商贸工作;在高等院校从事与本专业相关的教学研究工作;也可以考取硕士研究生,在国内外高等院校继续深造。

▶ **未来可从事职业岗位:**
计量测试工程师、技术开发工程师、电气总工程师、模具工程师、产品服务工程师、售后服务工程师、测试工程师、自控工程师、天线测量系统测试工程师、信息技术专员、产品实验工程师、软件工程师、电子系统设计师、技术支持工程师等。

▶ **职业薪酬:**
测控技术与仪器专业相关职位薪酬(月薪):按工作经验统计,其中1~3年约7000元,3~5年约10000元。

▶ **就业热门行业:**
仪器仪表/工业自动化、电子技术/半导体/集成电路、新能源、机械/设备/重工、计算机软件、环保、石油/化工/矿产/地质、通信/电信/网络设备、检测、认证等。

▶ **就业热门城市:**
上海、北京、深圳、杭州、南京、广州、西安、武汉、成都和苏州等。

080302T 精密仪器

精密仪器专业是面向高端制造装备、生物医学工程和航天国防等重大科学前沿领域,以精密机械、光学、电子、量子技术、计算机等相关学科前沿技术为手段,探索、研究、设计和研制新原理高端仪器,并实现其自动化、信息化和智能化,以多学科交叉融合为显著特征的综合性和前沿性学科。

▶ **新高考选考科目指引:**
本专业必须选择物理、化学学科。

▶ **培养目标:**
该专业培养具有社会责任感、工程职业道德、终身学习精神、团队合作与沟通等可持续发展潜能及素质,能够运用所学知识解决仪器科学与技术领域复杂工程问题,具有创新精神、工程实践能力和国际视野的专门人才。

▶ **培养要求:**
该专业学生主要学习精密仪器光学、机械与电子学基础理论、测量与控制理论和有关测控仪器的设计方法,接受现代科学的测量技能,具有精密测量的应用及设计开发能力。

▶ **主干课程:**
传感器、精密仪器设计、精密仪器电路、精密机械零件、工程光学、激光物理、光电子技术、几何量计量、机械量计量、误差理论与数据处理、光组设计等。

▶ **首批开设院校:**
天津大学、河南科技大学。

▶ **就业方向:**
毕业生主要在国内外学术机构、科研院所或相关企事业单位工作。

080303T 智能感知工程

智能感知工程专业聚焦智能科学基础和关键的领域——智能感知方法、技术与仪器的研究,智能传感器的设计与研制,致力于培养在智能制造、人工智能、机器人等智能感知相关领域从事研究、开发和管理等工作的卓越专业人才。

新高考选考科目指引：
本专业必须选择物理、化学学科。

首批开设院校：
天津大学、东南大学、哈尔滨工业大学、北京信息科技大学。

0804 材料类

080401 材料科学与工程
材料是人类用于制造物品、器件、构件、机器或其他产品的物质。材料的应用非常广泛,渗透到各个行业,许多领域都与材料的制备、性质、应用等密切相关,使得材料科学与工程成为航空航天、生物工程、机械、电子、化工、建筑、能源、冶金、交通运输、信息科技等行业的基础。

新高考选考科目指引：
本专业必须选择物理、化学学科。

培养目标：
本专业培养符合国民经济和科学技术发展需求,具有扎实的自然科学基础、人文社会科学基础和材料科学与工程专业基础,具有较强的实践能力、自我获取知识能力、社会交往能力、组织管理能力,能在材料相关领域的科研院所或企业从事材料科学与工程基础理论研究,新材料、新工艺和新技术开发,企业管理、生产技术管理等工作的创新型人才。

培养要求：
本专业学生通过材料科学与工程基础理论和相关知识的学习,以及材料制备、性能分析与测试技能的基本训练,掌握材料的成分、制备方法与组织结构和性能之间关系的基本规律,以及材料设计、制备与工艺控制的基本方法,从而具有开展材料科学与工程基础理论研究、材料设计、材料性能优化、新材料开发和材料生产管理的知识和能力。

主干学科：
材料科学与工程。

核心知识领域：
工程图学、机械设计基础、电子电工技术基础、工程力学、材料科学基础、材料工程基础、材料制备技术、材料生产装备与生产工艺、材料研究方法与测试技术、材料性能与应用等。

顶尖院校：
清华大学、上海交通大学、哈尔滨工业大学、北京航空航天大学、北京科技大学、北京化工大学、南昌大学、武汉理工大学、华南理工大学和西北工业大学。

就业方向：
学生毕业后可到科研、高等院校、企事业等单位从事科研、教学、新产品开发、生产经营管理等工作,或到第三产业从事相关工作。

未来可从事职业岗位：
研发工程师、工艺工程师、市场销售工程师、现场服务工程师、销售工程师、医用高分子材料研发主管、项目经理、结构工程师等。

职业薪酬：
材料科学与工程专业相关职位薪酬(月薪):按工作经验统计,其中1~3年约7000元,3~5年约15000元。

就业热门行业：
建筑/建材/工程、新能源、机械/设备/重工、石油/化工/矿产/地质、原材料和加工、电子技术/半导体/集成电路、汽车及零配件、环保、快速消费品等。

就业热门城市：
上海、深圳、北京、武汉、广州、东莞、厦门、杭州、苏州和长沙等。

080402 材料物理
材料科学是一门多学科交叉的新兴学科,其中材料物理专业是材料科学的一个重要分支。它的内容包括:材料在宏观和微观结构层次上的各种测试、分析、表征方法研究;材料的宏观、微观与介观结构和材料性能之间的定性、定量关系的研究;材料的功能属性与电子结构间关系的研究;材料制备中改善性能的新方法研究以及对新型材料的设计和计算机模拟等。学生在掌握物理学基本理论知识和技能以及化学、数学知识的基础上,在高年级深入地了解和学习该领域的学科前沿和发展趋势,进行科学研究的思维方法与实验技能训练。

新高考选考科目指引：
本专业必须选择物理、化学学科。

培养目标：
本专业培养德、智、体、美、劳全面发展,具备材料科学的基础知识和材料物理专业知识,能在材料的设计、合成、改性、加工、测试、分析和应用等领域从事科学研究、技术和产品开发、材料选用、生产及经营管理等方面工作的高素质创新型高级专门人才。

培养要求：
本专业学生主要学习材料科学的基础知识、材料物理的基本理论和材料的组成、结构、性能、加工及应用等方面的基本知识,掌握材料设计、材料合成、材料加工、材料分析和材料应用等方面的理论并接受实验技能的基本训练,具有材料设计、材料合成、材料加工、材料分析和材料应用等方面的科学研究和技术开发的基本能力。

>>> 主干学科：
材料类、物理学类。

>>> 核心知识领域：
大学物理、大学化学、近代物理、电工电子学、固体物理、材料科学基础、现代材料制备原理与技术、现代材料分析表征、材料科学研究方法、材料物理性能、材料物理学、纳米材料等。

>>> 顶尖院校：
山东大学、哈尔滨工业大学和西安交通大学。

>>> 就业方向：
毕业生可到研究院所和大专院校从事近代物理原理与应用、仪器分析、材料设计、制备与性能研究等工作，面向能源、环境、电子电器、通信、轻工、化工、医药、国防军工、航天航空、建材、冶金、生物工程等有关企业和公司就业。

>>> 未来可从事职业岗位：
技术整合技术员、制程整合高级工程师、电子变压器产品开发工程师、品质工程经理、光伏组件系统性能高级工程师、锂电研发工程师、售前技术支持工程师、检测员、高分子材料研发工程师、光学产品工程师、离子束新材料市场开发员、产品开发测试工程师、钢化工艺工程师、绩效管理员等。

>>> 就业热门行业：
电子技术/半导体/集成电路、教育/培训/院校、新能源、仪器仪表/工业自动化、原材料和加工、学术/科研、机械/设备/重工、石油/化工/矿产/地质、贸易/进出口等。

>>> 就业热门城市：
上海、深圳、北京、苏州、广州、东莞、武汉、厦门、南京和杭州等。

080403 材料化学

材料化学是一门研究材料及使用过程中所涉及的化学理论和技术问题，揭示材料的化学成分、组织结构与性能之间的关系的专业，是材料科学与化学结合而形成的新兴的交叉专业，新材料的研究开发离不开材料化学的研究和发展。主要业务范围包括无机非金属材料、有机高分子材料、先进复合材料等，属于当代最重要的新兴专业之一。材料化学专业有高分子材料和无机材料两个分支。高分子材料是研究高分子化合物的合成、结构和性能以及以高分子化合物为基础的各种新型合成材料的制备、加工和利用；无机材料研究无机固体的制备、组成、结构、相图与物理和化学性质，如光、电、磁、声、热、力学及化学活性的关系。

>>> 新高考选考科目指引：
本专业必须选择物理、化学学科。

>>> 培养目标：
本专业培养具备材料化学等方面的知识与技能，能在材料科学与工程及其相关领域从事科研、教学、开发及相关管理工作的材料学科创新型人才。

>>> 培养要求：
本专业学生主要学习材料与化学等方面的基本理论、基本知识和基本技能，接受科学思维与科学实验方面的基本训练，具备运用化学和材料的基本理论、基本知识和实验技能进行材料研究和技术开发的基本能力。

>>> 主干学科：
材料科学与工程、化学。

>>> 核心知识领域：
无机化学、有机化学、分析化学、物理化学、化工原理、材料科学基础、材料化学、结构化学、近代分析测试技术、合成技术与方法。

>>> 顶尖院校：
南开大学、中南大学、重庆大学、吉林大学、中国海洋大学和华东理工大学。

>>> 就业方向：
毕业生可在高新技术产业如新能源、新材料、环境保护、机电设备制造、汽车、化工、轻工、表面处理等领域从事科研和技术开发、市场营销和业务管理等方面的工作，具有广阔的就业前景。

>>> 未来可从事职业岗位：
环境与防腐工程师、售前技术支持工程师、电池工艺工程师、药物化学研究员、项目管理工程师、理化工程师、研发工程师、材料开发工程师、光伏材料检测工程师、原材料销售工程师等。

>>> 职业薪酬：
材料化学专业相关职位薪酬(月薪)：按工作经验统计，其中应届生约5000元，1~3年约9000元。

>>> 就业热门行业：
石油/化工/矿产/地质、新能源、制药/生物工程、电子技术/半导体/集成电路、原材料和加工、教育/培训/院校、建筑/建材/工程、贸易/进出口、环保等。

>>> 就业热门城市：
上海、深圳、广州、北京、苏州、东莞、武汉、杭州、南京和厦门等。

080404 冶金工程

冶金工程是一门研究从矿石等资源中提取金属及其化合物并制成具有良好的加工和使用性能材料的工程技术的专业。冶金是国民经济建设的基础，是国家实力和工业发展水平的标志，它为机械、能源、化工、交通、建筑、航空航天工业、国防军工等各行各业提供所必需的材料产品。

冶金工程专业是主要研究钢铁与有色金属(比如铜、铅、汞等)的冶金工艺过程控制、产品设计开发等专业性比较强的一门学科。我国是钢铁大国，但不是钢铁强国，因为我们有许多冶金技术赶不上发达国家。例如节能、高效、环保等方面是21世纪我国冶金技术面临的课题。

>>> **新高考选考科目指引：**

本专业必须选择物理、化学学科。

>>> **培养目标：**

本专业按照"重基础、宽口径、复合型、高素质"的人才培养模式，培养德、智、体、美、劳全面发展，了解现代冶金与材料相关学科发展趋势，适应社会经济和科学技术发展要求，掌握现代冶金工程相关基础理论，具备冶金物理化学、冶金传输及反应工程、冶金过程控制、钢铁冶金和有色金属冶金等方面专业知识和基本技能，能够应用现代信息技术和管理技术从事冶金工程及其相关领域的生产、管理、经营、设计和科学研究，具有创新意识和创业精神的工程技术型或科学技术型高级专门人才。

>>> **培养要求：**

本专业学生主要学习钢铁、铁合金，以及重、轻、稀有和贵金属等有色金属冶金的基本理论、生产工艺和设备、实验研究、设计方法、环境保护及资源综合利用的基本理论和基本知识，接受金属冶金领域的工艺制定、工程设计、性能测试等科学研究和工程技能训练，具备开发冶金新技术、新工艺和新材料及其工业设计和生产组织、管理的基本能力。

>>> **主干学科：**

冶金工程技术、材料科学、化学工程。

>>> **核心知识领域：**

物理化学、材料科学、传输原理、金属学及热处理、钢铁冶金、有色冶金。

>>> **顶尖院校：**

中南大学、东北大学、北京科技大学和昆明理工大学。

>>> **就业方向：**

毕业生可以到冶金、化工、材料、环境保护及其相关行业的生产、科研和管理部门从事生产技术管理、工程设计、技术开发、新型结构材料和功能材料的研制和开发等工作，也可以到高等院校和高等职业学校从事专业教学工作。

>>> **未来可从事职业岗位：**

电气工程师、机械工程师、研发工程师、工艺工程师、技术工程师、材料工程师、自动化工程师、冶金工程师、销售经理、销售工程师、项目经理等。

>>> **职业薪酬：**

冶金工程专业相关职位薪酬(月薪)：按工作经验统计，其中1~3年约7000元，3~5年约10000元，5~10年约13000，10年以上约16000元。

>>> **就业热门行业：**

机械/设备/重工、仪器仪表/工业自动化、采掘业/冶炼、环保、新能源、石油/化工/矿产/地质、建筑/建材/工程、原材料和加工、咨询、人力资源、财会等。

>>> **就业热门城市：**

北京、上海、深圳、南京、杭州、武汉、长沙、广州、天津和成都等。

080405 金属材料工程

金属材料工程专业是材料科学与工程领域的基础学科，金属材料覆盖了冶金、有色金属、复合材料、粉末冶金、材料热处理、材料腐蚀与防护及表面工程等学科领域。金属材料学科利用现代材料研究方法、测试手段和电子计算机技术进行金属材料、复合材料的成分设计、制造、检测和应用。近年来金属材料学科以其深厚的基础理论和完善的现代实验体系及方法，适应大学生培养"宽口径、厚基础"与国民经济和新材料高技术发展的要求，与信息材料、光电信息材料、生物医用材料、能源与环境材料等新型学科相互交叉发展，已经开拓了许多极具发展前景的新领域。

>>> **新高考选考科目指引：**

本专业必须选择物理、化学学科。

>>> **培养目标：**

本专业培养适应社会经济、科学技术和工业生产需求，德、智、体、美、劳全面发展，具备金属材料工程专业基础知识和基本技能，能在生产企业、高等学校或科研院所从事金属材料及金属基复合材料的研究、成分-工艺及设备设计、组织和性能检验、生产制造、技术开发和经营管理等方面工作的高级专门人才。

>>> **培养要求：**

本专业学生主要学习金属材料科学与工程的基础理论和相关知识，理解金属材料的成分、组织结构、生产工艺与性能或服役行为之间关系的基本规律，接受材料制备、性能分析与测试技能的基本训练，掌握金属材料设计、制备与工艺控制的基本方法，具有开展金属材料设计和组织生产、性能优化、新材料开发等知识和能力。

>>> **主干学科：**

材料科学、冶金工程技术、机械工程、化学工程。

>>> **核心知识领域：**

材料科学基础、材料力学、固态相变理论、金属材料、热处理工艺与设备、材料现代分析测试技术、金属腐蚀原理、表面科学与工程、金属工艺、材料工程基础等。

>>> **顶尖院校：**

四川大学、山东大学和燕山大学。

>>> **就业方向：**

学生毕业后可从事金属材料的设计制造、材料表面改性以及金属材料、无机非金属材料、高分子材料、复合材料、功能材料等在机械与化工、能源与环境、电子与信息、冶金与矿山、电力与动力和国防建设等领域中的应用，也能从事材料生产组织、技术管理和材料的检测、失效分析等技术监督工作。在硕士或博士研究生阶段可从事材料表面工程技术、航空航天技术、生物医学工程技术等领域的新材料基础理论、设计、制造与分析测试等研究工作。

未来可从事职业岗位：

机械工程师、结构工程师、焊接工程师、模具工程师、材料工程师、工艺工程师、销售工程师等。

职业薪酬：

金属材料工程专业相关职位薪酬（月薪）：按工作经验统计，其中应届生约8000元，1~3年约9000元，3~5年约12000元，5~10年约16000元。

就业热门行业：

机械/设备/重工、汽车及零配件、新能源、原材料和加工、仪器仪表/工业自动化、电子技术/半导体/集成电路、建筑/建材/工程、贸易/进出口、采掘业/冶炼等。

就业热门城市：

上海、深圳、北京、广州、东莞、武汉、苏州、无锡、天津和杭州等。

080406 无机非金属材料工程

新高考选考科目指引：

本专业必须选择物理、化学学科。

培养目标：

本专业培养德、智、体、美、劳全面发展，具备材料科学与工程的基础知识和无机非金属材料科学、材料工程方面较宽厚的基础知识，能在各种无机非金属材料制备、加工成型、材料应用等领域，从事科学研究与教学、技术和产品开发、工艺和设备设计、技术改造、生产管理与经营等方面工作的工程科技人才。

培养要求：

本专业学生主要学习材料科学与工程方面的基础理论和基本知识，掌握材料的制备、组成、组织结构与性能之间关系的基本规律，接受无机非金属材料的制备、结构与性能检测分析、设计与开发的基本训练，具备开发新材料、研究新工艺、改善材料性能和提高产品质量的基本能力。

主干学科：

材料科学与工程。

核心知识领域：

物理化学、机械设计基础、材料组成、材料结构、材料性能、材料表征、材料工程基础、材料制备、工厂设计。

顶尖院校：

山东大学、武汉理工大学、四川大学和中南大学。

就业方向：

该专业毕业后能在无机非金属材料结构研究与分析、材料的制备、材料成型与加工等领域从事技术开发、工艺和设备设计、生产及经营管理、科学研究等方面的工作。

未来可从事职业岗位：

材料工程师、研发工程师、技术工程师、市场销售工程师等。

就业热门行业：

建筑/建材/工程、原材料和加工、新能源、石油/化工/矿产/地质、房地产、电子技术/半导体/集成电路、机械/设备/重工、环保等。

就业热门城市：

深圳、武汉、上海、广州、北京、东莞、佛山、南京、南通和苏州等。

080407 高分子材料与工程

高分子材料是当今世界发展最迅速的产业之一，高分子材料已广泛应用到电子信息、生物医药、航天航空、汽车工业、包装、建筑等各个领域。高分子材料与工程专业就是为了适应21世纪材料科学与工程的发展而设置的厚基础、宽方向、适应性强的材料类专业。

新高考选考科目指引：

本专业必须选择物理、化学学科。

培养目标：

本专业培养德、智、体、美、劳全面发展，具备材料科学与工程的基础知识和高分子材料与工程专业知识，能在高分子材料的合成改性、加工成型和应用等领域从事科学研究、技术和产品开发、工艺和设备设计、材料选用、生产及经营管理等方面工作的工程应用型人才。

培养要求：

本专业学生主要学习材料科学与工程的基础知识、高分子化学与物理的基本理论知识以及高分子材料的组成、结构与性能方面的知识，学习高分子材料合成、制备与成型加工技术知识，具有扎实的高分子科学和高分子材料与工程的基础知识和实验技能。

主干学科：

材料科学与工程。

核心知识领域：

高分子物理、高分子化学、聚合物表征与测试、材料科学与工程基础、聚合反应工程、聚合物加工工程、高分子材料等。

顶尖院校：

华南理工大学、四川大学、清华大学、西北工业大学和哈尔滨工业大学。

就业方向：

毕业生适合于高分子材料合成、复合材料、橡胶和塑料制品的企业以及研究单位和高等院校，主要面向化工、建材、医药、轻工、石油化工、航天、航空、环保、电子、家电、汽车、包装、机电、造船等行业。

未来可从事职业岗位：

材料工程师、技术研发工程师、工艺工程师、技术支持工程师、产品工程师、项目工程师、销售代表、销售工程师等。

职业薪酬：

高分子材料与工程专业相关职位薪酬（月薪）：按工作经验统计，其中1~3年约7000元。

就业热门行业：
石油/化工/矿产/地质、原材料和加工、新能源、汽车及零配件、电子技术/半导体/集成电路、机械/设备/重工、医疗设备/器械、贸易/进出口、环保等。

就业热门城市：
上海、深圳、广州、东莞、北京、杭州、苏州、武汉、常州和厦门等。

📖 080408 复合材料与工程

复合材料是科学技术发展的重要物质基础和先导,从航空航天到电子计算机等高技术领域,复合材料的应用已成为传统单一材料不可替代的关键技术材料。世界上各先进国家都将复合材料列为国家发展关键技术,我国"863"计划、国防科技发展战略及国家建材2010年发展规划都把复合材料列为重中之重。我国复合材料工业产量从20世纪80年代初至今已翻了5.5番,平均年增长率为28%,近几年发展速度更快,复合材料工业的迅速发展,迫切需要大批高质量的技术人才。

新高考选考科目指引：
本专业必须选择物理、化学学科。

培养目标：
本专业培养具有良好的思想道德素质、强烈的社会责任感、健全心理和健康的体魄,德、智、体、美、劳全面发展,具备材料科学与工程的基础知识和复合材料与工程专业知识,能在复合材料的原材料合成与制备、材料与结构设计、成型及应用等领域从事科学研究、工艺和产品设计、设备和技术研发、生产及经营管理等方面工作的基础扎实、知识面宽、能力强、素质高、富有创新精神的复合型人才。

培养要求：
本专业学生主要学习材料科学与工程的基础知识、高分子化学与物理的基本理论知识和复合材料的组成、结构与性能的知识,以及复合材料原材料的合成与制备、材料与结构设计、成型加工技术知识,具有扎实的高分子科学和复合材料与工程的基础知识和实验技能。

主干学科：
材料科学与工程。

核心知识领域：
工程图学、物理化学、有机化学、高分子化学、高分子物理、复合材料聚合物基体、材料研究与测试方法、材料复合原理、复合材料力学、复合材料结构设计、复合材料工艺与设备等。

顶尖院校：
哈尔滨工业大学、武汉理工大学、西北工业大学、东华大学和华东理工大学。

就业方向：
毕业生可到高等院校、研究设计院所以及与复合材料相关的建筑、电机、电子、航空航天、国防军工、通信、轻工、化工等有关企业和公司从事复合材料或材料研究、开发和生产的工作。

未来可从事职业岗位：
研发工程师、应用基础研究工程师、质量技术工程师、高分子材料工程师、风电行业销售工程师、复合材料结构设计工程师、工程监理等。

就业热门行业：
新能源、原材料和加工、机械/设备/重工、石油/化工/矿产/地质、电子技术/半导体/集成电路、航天/航空、建筑/建材/工程、贸易/进出口、汽车及零配件等。

就业热门城市：
上海、北京、深圳、广州、常州、成都、东莞、杭州、天津和武汉等。

📖 080409T 粉体材料科学与工程

粉体材料科学与工程专业培养基础扎实、知识面宽,具有创新、创业意识,具有竞争和团队精神,系统掌握粉体材料科学与工程的基础理论、基本实验技能和科学创新的研究方法,能在材料科学与工程领域,特别是在粉体材料加工制备、粉末冶金、陶瓷材料等领域从事科学研究、技术与产品开发、生产工艺工程设计、质量控制和生产经营管理等工作的高级专门人才。粉体材料科学与工程专业所具有的基础理论和专业知识,在高新技术产业和国防军工建设中发挥着重要先导作用,多年来已形成了具有自身特点的完整学科体系。

新高考选考科目指引：
本专业必须选择物理、化学学科。

培养目标：
粉体材料科学与工程专业主要培养从事新型高新能新材料科学研究、技术开发、工艺设计、材料加工制备、性能检测和生产经营管理的高级专门人才,涉及的学科知识和产业背景包括纳米技术、精细陶瓷、金属与合金材料、高分子材料、航天航空材料、舰船材料、高温合金、硬质合金、医用生物材料、能源材料、磁性材料、隐身吸波材料、环境过滤材料等其他功能材料。

主要课程：
包括无机化学、物理化学、材料科学基础、材料工程基础、机械设计基础、粉体工程、粉末冶金冶金原理、成形模具设计制造技术、材料分析测试方法、材料物理力学性能等。

顶尖院校：
中南大学和合肥工业大学。

就业方向：
该专业毕业后,可在高等院校、科研院所和高新技术企业等部门从事粉体材料加工制备、粉末冶金、硬质合金与超硬材料、陶瓷材料、新型电工电子材料、纳米材料和复合材料等方面的科研、生产及新产品、新技术开发、教学及相关管理方面的工作。

▶▶ **未来可从事职业岗位：**

工艺工程师、研发工程师等。

▶▶ **就业热门行业：**

石油/化工/矿产/地质、新能源、原材料和加工、机械/设备/重工、采掘业/冶炼、咨询、人力资源、财会、建筑/建材/工程、贸易/进出口、金融/投资/证券等。

▶▶ **就业热门城市：**

上海、长沙、东莞、厦门、济南、深圳、南昌、北京、南通和广州等。

080410T 宝石及材料工艺学

▶▶ **新高考选考科目指引：**

本专业必须选择物理、化学学科。

▶▶ **培养目标：**

本专业培养能运用现代科学知识、现代宝石学理论和技能以及先进科技手段，从事宝玉石鉴定和商贸经营管理、首饰设计和加工制作及其管理，初步进行材料研究开发，具有开拓创新精神和实践能力的高级技术人才。

▶▶ **培养要求：**

本专业要求系统地掌握宝石科学的基本理论和基本知识，掌握宝石学、首饰工艺必要的基本技能、方法和相关知识，掌握一定的材料科学的知识和工艺技能，具有独立获取知识、提出问题、分析问题和解决问题的基本能力，具备从事宝石鉴定和宝石科学研究、首饰设计和工艺制作及其经营管理的初步能力。

▶▶ **主干学科：**

宝石学、艺术设计学、材料科学。

▶▶ **主要课程：**

地质学基础、结晶学与矿物学、宝石学、美术基础、材料科学导论、机械制图、宝石仪器与宝石鉴定、首饰设计及效果图、首饰制作工艺学、宝石切磨工艺学、材料工艺原理与设备等。

▶▶ **顶尖院校：**

桂林理工大学、中国地质大学（北京）珠宝学院。

▶▶ **就业方向：**

主要从事宝玉石的鉴定和商贸经营管理、首饰设计和加工制作及其管理，初步进行材料研究开发等相关工作。

▶▶ **未来可从事职业岗位：**

珠宝玉石辅检员、典当师助理、结构工程师、机械工程师、机械设计工程师、室内设计师、工艺工程师、项目经理、研发工程师、工程监理、家装设计师、平面设计师等。

▶▶ **就业热门行业：**

建筑/建材/工程、家居/室内设计/装潢、电子技术/半导体/集成电路、房地产、新能源、机械/设备/重工、广告、汽车及零配件、原材料和加工等。

▶▶ **就业热门城市：**

上海、深圳、北京、广州、武汉、东莞、杭州、苏州、成都和厦门等。

080411T 焊接技术与工程

▶▶ **新高考选考科目指引：**

本专业必须选择物理、化学学科。

▶▶ **培养目标：**

本专业培养掌握必需的基础理论与专业知识，具有较强的技术应用能力，能够较顺利地就业于焊接生产、管理、经营的第一线，进行现场焊接、设备操作、维修及产品焊接，并实现自动化的应用技术型人才。

▶▶ **主要课程：**

机械制图、理论力学、材料力学、电工与电子技术、互换性原理与测量、工程材料与热处理、机械设计基础、计算机文化基础、高级语言程序设计、单片机原理、液压与气动等。

▶▶ **顶尖院校：**

哈尔滨工业大学、南昌航空大学、兰州理工大学和西安石油大学。

▶▶ **就业方向：**

毕业后可从事机电产品的设计、生产、大型机电设备的维护、工厂企业的技术管理等方面的工作。学生毕业后可以报考国家公务员，优秀毕业生可以报考本专业及相关专业的硕士研究生。

▶▶ **未来可从事职业岗位：**

硬件工程师、电子工程技术员、电子工程师、工艺工程师、机械工程师、模具工程师、焊接工艺工程师、电气工程师、维修工程师、机器人工程师、销售工程师等。

▶▶ **就业热门行业：**

电子技术/半导体/集成电路、机械/设备/重工、汽车及零配件、新能源、仪器仪表/工业自动化、计算机软件、互联网/电子商务、贸易/进出口、建筑/建材/工程等。

▶▶ **就业热门城市：**

深圳、上海、北京、广州、武汉、杭州、苏州、东莞、成都和重庆等。

080412T 功能材料

功能材料专业是为了加大战略型新兴产业人才培养的力度，配合国家进行教育教学改革和创新的需要，积极培养新能源相关专业的人才。

功能材料不仅是发展我国信息技术、生物技术、能源技术等高技术领域和国防建设的重要基础材料，而且是改造与提升我国基础工业和传统产业的基础，直接关系到我国资源、环境及社会的可持续发展。

在未来的5~10年,我国经济、社会及国家安全对功能材料及相关人才有着巨大的需求,功能材料的研究及人才的培养是关系到我国能否顺利实现第三步战略目标的关键。

先进功能材料是具有特殊物理性能(磁性、电性、热性、弹性等)的敏感材料或信息转换材料,例如磁性材料、智能材料、功能陶瓷材料、电子信息材料等。这些材料在仪器仪表、无线电、雷达、导弹、航空航天、卫星等领域起着灵敏的和信息转换的中枢神经作用,是信息技术、生物技术、能源技术等高技术领域和国防建设的重要基础材料,同时也对改造某些传统产业(如机械、化工、电子和建材等)发挥着重要作用。近年来随着国民经济和国防工业新材料产业的兴起,功能材料的研究和应用十分活跃,并已成为世界各国新材料研究发展的热点和重点。

现有材料相关专业已无法适应功能材料的发展,主要表现在以下两方面:一是不断涌现的新型功能材料包含很多原有功能材料所未涉及的新知识和新内容,随着研究的深入,这些新知识自成体系,需要系统学习和掌握。传统的材料课程无法适应这种新兴材料的发展;二是随着国家产业政策的调整和社会对功能材料人才需求的迅速增长,迫切需要掌握传统功能材料改性和新型功能材料研发的人才。现有的材料学专业无论从人才培养方案还是专业课程设置上都无法适应社会发展对功能材料人才的要求,所以急需更新专业培养模式,设立功能材料专业。

▶▶▶ **新高考选考科目指引**:
本专业必须选择物理、化学学科。

▶▶▶ **培养目标**:
本专业培养德、智、体、美、劳全面发展,掌握新型功能材料与器件方面基础理论和知识,熟悉新型功能材料与器件的组成、结构、制备、性能与应用之间关系的相关理论和知识,了解新型功能材料与器件学科前沿,具备从事新型功能材料与器件研究与开发、生产工艺设计和应用等方面基本能力,适应社会主义市场经济的科学研究与工程技术人才。

▶▶▶ **培养要求**:
本专业学生主要学习新型功能材料与器件方面的基本理论和基本知识,掌握新型功能材料与器件基本原理和研究方法,受到严格的科学实验与科学研究的初步训练,掌握新型功能材料与器件的生产与应用、技术开发、工艺和技术改造、技术管理等方面的基本能力。

▶▶▶ **主要课程**:
材料科学基础、材料制备与加工、材料的物理性能、材料现代研究方法、固体物理、功能材料及器件、无机化学、有机化学、纳米材料与制备、智能材料、先进功能薄膜材料、功能陶瓷材料学、电子信息材料、磁性材料物理、生物功能材料。

▶▶▶ **顶尖院校**:
华中科技大学、天津大学、东华大学、北京化工大学和沈阳工业大学。

▶▶▶ **就业方向**:
毕业生可在各类工业部门的相关企业、研究设计院、高等院校的技术和管理部门从事新型功能材料方面的研究与设计、产品开发、制造、科研、教学、技术开发、管理、营销等工作,大部分合格的毕业生还有直升攻读材料学、物理学或化学硕士和博士学位的机会。

▶▶▶ **未来可从事职业岗位**:
工业产品设计师、结构工程师、室内设计师、电气工程师、研发工程师、产品工程师、机械工程师、产品经理、市场企划经理、物流经理、销售经理、项目经理等。

▶▶▶ **职业薪酬**:
功能材料专业相关职位薪酬(月薪):按工作经验统计,其中1~3年约9000元,3~5年约12000元,5~10年约14000元,10年以上约20000元。

▶▶▶ **就业热门行业**:
新能源、电子技术/半导体/集成电路、互联网/电子商务、建筑/建材/工程、汽车及零配件、计算机软件、机械/设备/重工、房地产、家居/室内设计/装潢等。

▶▶▶ **就业热门城市**:
上海、深圳、北京、广州、杭州、武汉、东莞、成都、苏州和南京等。

080413T 纳米材料与技术

1纳米是1米的十亿分之一,20纳米也仅相当于1根头发丝的三千分之一。正是这么小的尺寸,也能够用来做材料。不仅如此,纳米材料还带着"特异功能",具有奇异的化学物理特性。比如,有的纳米材料有吸附、凝聚功能;有的能防垢、防附着;有的韧性佳;有的保温性好;还有的耐高温、耐摩擦、耐冲击等。而纳米技术就是利用纳米材料的奇妙性能,制造具有特定功能的零部件和产品的技术。

纳米技术、信息技术及生物技术被誉为21世纪社会经济发展的三大支柱。据一些权威专家预测,未来纳米技术将在生物医学、航空航天、能源和环境等领域"大显身手"。美国国家科学基金会的纳米技术高级顾问预言:"由于纳米技术的出现,在今后30年中,人类文明所经历的变化将会比刚刚过去的整个20世纪都要多得多。"纳米材料是纳米科技的基础,功能纳米材料是纳米材料科学中最富有活力的领域,它对信息、生物、能源、环境、宇航等高科技领域已产生深远的影响并具有广阔的应用前景。

本专业带来的发展前途是广阔的。当前,国内一些以工科著称的重点院校,比如北京航空航天大学、北京科技大学、大连理工大学、南京理工大学等都被批准开设此专业。

▶▶▶ **新高考选考科目指引**:
本专业必须选择物理、化学学科。

▶▶▶ **培养要求**:
本专业学生主要学习环境纳米材料的绿色制备及其规模

化、面向环境检测的纳米结构与器件的构筑原理及方法、纳米材料与纳米结构性能与机理研究、纳米材料在污染治理中的应用原理、技术与装置研发、纳米材料的环境效应与安全性评估、纳米材料在节能和清洁能源中的应用等。

▶ **主要课程：**

高等数学、计算机程序设计、线性代数、无机化学、分析化学、有机化学、物理化学、化工原理、量子力学、纳米材料及其应用、高分子化学、固体物理学、微纳尺度物理化学、纳米材料表征技术、传递现象、高分子物理、生物化学、纳米器件等。

▶ **顶尖院校：**

北京科技大学。

▶ **就业方向：**

本专业毕业生一般在科研院校及纳米材料、黏合剂、涂料、电镀、陶瓷等相关领域从事相关产品的开发、生产和检测等工作。与材料专业方面的学生有着相似的职业发展道路。

▶ **未来可从事职业岗位：**

材料工程师、石墨烯产品经理、技术研发工程师、ERP项目工程师、膜材料工程师、销售工程师、高级项目经理等。

▶ **就业热门行业：**

新能源、学术/科研、石油/化工/矿产/地质、制药/生物工程、原材料和加工、环保、电子技术/半导体/集成电路、机械/设备/重工等。

▶ **就业热门城市：**

深圳、上海、北京、苏州、厦门、南京、常州、广州、成都和无锡等。

080414T 新能源材料与器件

人类进入21世纪，对能源的需求不断增加。世界经济的发展又对能源提出了更多的需求。发展绿色新能源材料与器件，是国民经济和国家科技发展的发动机，也是解决能源与经济发展、环境保护之间矛盾的最佳途径之一，现已成为世界快速、稳定发展的高新技术产业。

新能源材料是实现新能源的转化和利用以及发展新能源技术的关键材料。该类材料包括晶体硅材料、硫系化合物半导体材料、纳米材料、介电材料、膜材料、电解质材料、储能材料等。新能源器件是可以直接或经转换成人类所需的光、电、热、动力等任何形式能量的载能体，主要包括太阳能、化学能、风能、核能、生物质能等形式的储能器件。新能源材料与器件的发展与技术水平，不仅在国民经济和科技发展中具有重要战略地位，而且对国家安全具有重要的影响力。

▶ **新高考选考科目指引：**

本专业必须选择物理、化学学科。

▶ **培养目标：**

本专业培养适应国家战略性新兴产业需要，具备坚实的材料、物理、化学、电子、机械等学科基础，能在新能源材料、新能源器件设计与制造工艺、新能源系统与工程等方面从事研究、设计、应用开发、组织管理和施工工作的新能源材料与器件专门人才。

▶ **培养要求：**

本专业学生主要学习新能源材料、器件设计与制造、加工与改性的基础知识和基本理论，具有正确选择和设计新能源材料与新能源器件加工工艺，新能源系统与工程的基本能力。

▶ **主要课程：**

新能源材料概论、材料科学基础、材料研究方法与现代测试技术、材料物理化学、固体物理、半导体物理与器件、纳米材料学、太阳能电池材料、太阳能光伏发电原理及技术、锂离子电池材料、燃料电池材料、功能陶瓷材料、新能源转换与控制技术、储能材料与制备技术、先进节能技术、能源系统的集成设计、世界新能源发展态势。

▶ **顶尖院校：**

电子科技大学、西南石油大学和华东理工大学。

▶ **就业方向：**

学生毕业后可在化学能源、太阳能及储能材料等新能源材料与器件领域从事科学研究与教学、新材料开发、工艺设计、技术改进等方面的工作，也可以在电力、汽车、医疗等领域的研究机构、企事业单位从事新能源材料与器件的开发、应用和管理工作。

▶ **未来可从事职业岗位：**

电源研发助理工程师、液压工程师、网站开发与后台维护运营师等。

▶ **就业热门行业：**

新能源、电子技术/半导体/集成电路、咨询、人力资源、财会、原材料和加工、汽车及零配件、石油/化工/矿产/地质、中介服务、仪器仪表/工业自动化、学术/科研等。

▶ **就业热门城市：**

深圳、中山、北京、武汉、上海、上饶、天津、常州、无锡和营口等。

080415T 材料设计科学与工程

▶ **新高考选考科目指引：**

本专业必须选择物理、化学学科。

▶ **培养目标：**

材料设计科学与工程专业培养具备包括金属材料、无机非金属材料、高分子材料等材料领域的科学与工程方面较宽的基础知识，能在各种材料的制备、加工成型、材料结构与性能等领域从事科学研究与教学、技术开发、工艺和设备设计、技术改造及经营管理等方面工作，适应社会主义市场经济发展的高层次、高素质、全面发展的科学研究与工程技术人才。

▶ **培养要求：**

材料设计科学与工程专业的学生主要学习材料设计科学与工程的基础理论，掌握材料的制备、组成、组织结构与性能之间关系的基本规律；受到金属材料、无机非金属材料、高分子材料、复合材料以及各种先进材料的制备、性能分析与检测技能的基本训练；掌握材料设计和制备工艺设计、提高材料的性能和产品的质量、开发研究新材料和新工艺方面的基本能力。

▶ **主要课程：**

物理化学、量子与统计力学、固体物理、材料学导论、材料科学基础、材料物理、材料化学、材料力学、现代材料测试方法、材料工艺与设备、钢的热处理等。

▶ **首批开设院校：**

北京航空航天大学、北京科技大学。

▶ **就业方向：**

学生毕业后可以到材料及高分子复合材料成型加工、高分子合成、化学纤维、新型建筑装饰材料、现代喷涂与包装材料、陶瓷、水泥、家用电器、电子电气、石油化工、航天航空等领域从事设计、新产品开发、生产管理、市场经营等工作，也可以到高等学校、科研单位从事科学研究与教学工作，还可以在政府经济管理部门或建设单位、设计单位、建筑施工企业、工程建设监理单位、房地产开发企业、工程咨询公司、国际工程公司、投资与金融等单位从事工程管理等工作。

080416T 复合材料成型工程

▶ **新高考选考科目指引：**

本专业必须选择物理、化学学科。

▶ **培养目标：**

该专业培养具备采用智能制造手段进行复合材料零部件的设计、成型及制造、产品开发、应用研究、运行管理等方面工作能力的技术人才。

▶ **培养要求：**

该专业学生需要具备独立解决复合材料成型加工工艺问题的研究开发能力；有一定的生产技术管理知识及运用智能技术进行设计、成型及制造的能力，并具备协同产品开发、应用研究、运行管理的能力。

▶ **主干学科：**

现代工程制图、工程力学、机械原理与设计、电工与电子技术、复合材料成型原理及技术、计算机辅助设计、企业文化与质量管理、协同制造、数控加工技术、飞机构造、飞机装配技术、生产实习。

▶ **首批开设院校：**

上海第二工业大学。

▶ **就业方向：**

该专业毕业生可在航空航天领域从事复合材料零部件的加工制备及成型、新产品工艺开发、模具设计及加工、产品质量监控、材料性能测试等工作，也可拓展到机械、汽车等领域从事复合材料类产品的开发、加工及质量监控、生产管理等工作。

080417T 智能材料与结构

▶ **新高考选考科目指引：**

本专业必须选择物理、化学学科。

▶ **培养目标：**

本专业培养具备智能材料与结构的设计、工艺开发和生产制备统筹能力，能够开展智能材料与结构领域相关技术管理方面工作的高素质人才。

▶ **核心课程：**

环境敏感材料、智能驱动材料与结构、智能器件系统集成、材料科学基础、相变原理、各向异性弹塑性力学、材料物理性能、材料分析测试方法、智能复合材料结构力学、智能材料结构设计、测控电路与驱动技术、单片机与嵌入式系统。

▶ **首批开设院校：**

哈尔滨工业大学。

▶ **就业方向：**

该专业毕业生可在智能制造领域进行智能材料与结构方面的基础理论和生产工艺研究，从事与智能材料与结构相关的实验检测、质量控制和技术咨询工作。

080418T 光电信息材料与器件

光电信息材料与器件专业着力培养具备团队合作精神和组织领导能力，掌握光电信息材料与器件的设计与制备、光电信息材料与器件的结构性能分析等基本方法和规律，具备开展光电信息材料与器件基础理论研究、材料与器件设计制造、器件性能优化、新材料和新工艺的开发等知识和能力，能够引领光电信息材料与器件及相关领域发展的拔尖创新型人才。

▶ **首批开设院校：**

哈尔滨工业大学和南方科技大学。

080419T 生物材料

▶ **培养目标：**

本专业培养具有坚实系统的生物材料理论基础，并掌握现代生物与化学实验技能，了解生物材料的国际前沿领域和发展动态，能够适应中国经济、科技、教育发展需要，在科学研究中能够作出创造性成果的高层次人才。

▶ **首批开设院校：**

华南理工大学。

▶ **就业方向：**

本专业毕业生可在工业、医药、食品、农、林、牧、渔、环保等行业从事与生物材料有关的应用研究、技术开发、生产管理和行政管理等工作。

0805 能源动力类

080501 能源与动力工程

能源与动力工程专业是我国高等教育工科门类中的一个重要专业。目前我国的很多工科院校都设有能源与动力工程专业,但设置的专业方向有很大差异。能源与动力工程分为热能工程和动力工程两部分,热能工程主要研究能源(着重于热能)的合理、高效利用和转换,着重于系统节能技术;动力工程主要研究工程领域中能源转换、传输、利用理论、技术和设备相关的工程技术,着重于动力机械。

能源与动力工程专业涉及面十分广泛,涵盖了制冷与空调技术、冷冻冷藏工程、热能工程、流体机械、动力机械等领域;作为一个厚基础、宽口径的工程应用型专业,有着广泛的应用领域,在国民经济中占据着重要地位。

▶▶ 新高考选考科目指引:
本专业必须选择物理、化学学科。

▶▶ 培养目标:
本专业以热工、力学和机械科学理论为基础,以计算机和控制技术为工具,培养具备能源生产、转化、利用与动力系统研发基本理论和应用技术,以及具备节能减排理念,能在工业、国防、民用等领域从事能源动力、人工环境、新能源研究开发、优化设计、先进制造、智能控制、应用管理等工作的高级科技人才。

▶▶ 培养要求:
本专业学生主要学习各种能量转换及有效利用的理论与技术,接受现代科学与工程的基本训练,掌握能源、热科学及动力系统基础理论,掌握计算机及控制技术等现代工具,具备从事节能、制冷、动力、环保和新能源开发利用等领域设备研究开发、设计制造和应用管理所必需的工程技术知识,初步具有应用所学知识提出、分析及解决本专业领域问题的能力。本专业学生还应具有有效的沟通与交流能力,具备良好的职业道德和团队精神,对职业、社会、环境有责任感,树立节能减排的理念。

▶▶ 主干学科:
动力工程及工程热物理、机械工程。

▶▶ 核心知识领域:
热科学基本知识(工程热力学、工程流体力学、传热学)、工程设计基本知识(工程制图、机械设计基础)、电工电子基本知识(电工学、控制理论)等。

▶▶ 顶尖院校:
西安交通大学、清华大学、哈尔滨工业大学、重庆大学和哈尔滨工程大学。

▶▶ 就业方向:
毕业生可在能源、电力、石油、化工、轻工等行业从事研究、设计、制造、营销、管理等方面的工作,也可在本专业或其他相关专业继续深造。

▶▶ 未来可从事职业岗位:
热能工程师、节能工程师、热工自动化调试工程师、冷热电三联供技术工程师、循环节能工程师、燃气设计员、信息系统管理与维护员、计算机应用工程师、数据通信工程师、道路与桥梁工程师、公用设备工程师、电力工程师、技术工程师、流体分析工程师等。

▶▶ 职业薪酬:
能源与动力工程专业相关职位薪酬(月薪):按工作经验统计,其中应届生约5000元,3～5年约8000元,5～10年约12000元。

▶▶ 就业热门行业:
新能源、建筑/建材/工程、机械/设备/重工、电气/电力/水利、环保、咨询、人力资源、财会、石油/化工/矿产/地质、汽车及零配件等。

▶▶ 就业热门城市:
北京、深圳、上海、广州、武汉、南京、厦门、福州、西安和东莞等。

080502T 能源与环境系统工程

能源与环境系统工程专业研究将煤炭、石油、天然气等一次能源转化为电力、热能等二次能源的生产和利用过程;研究人工环境、制冷空调、低温生物医学等领域的科学技术问题;还研究风能、太阳能、生物质能等新能源的开发利用。伴随能源转换与利用过程排放的有害物质会造成环境污染,能源的生产必须高效、清洁。能源与环境系统工程专业不仅对自动化控制十分依赖,而且是一个复杂系统工程,集合了热科学、力学、材料科学、机械制造、环境科学、计算机科学、自动控制科学、系统工程科学等高新科学技术。能源与环境系统工程专业具有很宽的专业知识面,是一个能源、环境与控制三大学科交叉的复合型专业。

▶▶ 新高考选考科目指引:
本专业必须选择物理、化学学科。

▶▶ 培养目标:
本专业培养具备宽厚热科学理论和能源与环境系统工程知识,能从事清洁能源开发、电力生产自动化、能源环境保护、制冷与低温、空调和储能、空调与人工环境等领域的设计、研究与管理的跨学科复合型高级技术人才。

▶▶ 主干学科:
除数理化、计算机等公共基础课外,还设有材料力学、理论力学、机械设计基础、工程热力学、工程流体力学、电工电子学、传热学、能源与环境系统工程基础、自动控制理论、能源与环境工程及自动化系列课程、制冷与人工环境及自动化系列课程等。

相近专业:核工程与核技术、能源动力系统及自动化、工程物理、热能与动力工程。

主要课程：

工程热力学（Ⅰ、Ⅱ）、工程流体力学（Ⅰ、Ⅱ）、传热学（Ⅰ、Ⅱ）、自动控制理论、能源与环境系统工程概论以及能源转化、透平机械原理、热力环境控制、热力系统工程、热工信号处理技术、能源生产过程自动控制或制冷原理低温原理、人工环境设备、人工环境自动化、暖通与空调。

特色课程：

双语教学的课程：传热学、制冷原理、低温原理、燃烧基本原理和建模、低温制冷机、微尺度传热学、微尺度流体力学。

研究型课程：能源与环境技术进展、CFD软件应用、人工环境材料。

讨论型课程：热能工程试验技术、基于循环经济的能源环境系统、超导技术与应用人工环境英语。

自学型课程：能源与环境工程综合训练、科研素质综合训练。

顶尖院校：

山东大学、东华大学和大连理工大学。

就业方向：

毕业生主要在能源的有效利用、能源环境的控制和保护，以及建筑人工环境领域进行研究、设计、安装、运行、管理等工作。

未来可从事职业岗位：

光伏系统工程师、分布式光伏电站项目开发员、技术研发工程师、售后服务工程师、光伏销售工程师、环保销售工程师等。

就业热门行业：

新能源、环保、计算机软件、家具/家电/玩具/礼品、汽车及零配件、采掘业/冶炼、互联网/电子商务、咨询、人力资源、财会、交通/运输/物流等。

就业热门城市：

上海、北京、天津、成都、南京、常州、深圳、苏州、西安和郑州等。

080503T 新能源科学与工程

新能源科学与工程专业主要学习新能源的种类和特点、利用的方式和方法、应用的现状和未来的发展趋势。具体内容涉及太阳能、风能、生物质能、核电能、化石能源，等等。

我国高校在新能源专业设置和专业人才培养方面还有待进步。大多数高校是在原有热能与动力工程等专业基础上增设了部分与新能源有关的选修课程，作为对新能源领域知识的一种补充，或进行了专业名称的更改。

所有这些，无论是课程内容设置的科学性，还是人才培养的专业性，尚不能适应国家对新能源领域专业人才的需求。

新高考选考科目指引：

本专业必须选择物理、化学学科。

培养目标：

本专业面向新能源产业，根据能源领域的发展趋势和国民经济发展需要，培养在新能源科学研究及其利用的技术开发与实施等方面既有扎实的理论基础，又有较强的实践和创新能力的专门人才，以满足国家战略性新兴产业发展对该领域教学、科研、技术开发、工程应用、经营管理等方面的专业人才需求。

主要课程：

本专业在课程内容体系的设置上紧密结合培养目标要求，既注重厚基础，突出基本理论与方法，又注重宽方向，丰富课程知识结构。注重学生知识结构的构建和能力结构的形成。

理论部分：在基础教育系列中重点强调基础性与综合性相结合的原则。包括高等数学、大学物理等工程技术基础课群；大学外语、马克思主义原理等社会科学课群。在专业教育系列中重点遵循厚基础、宽口径的原则。包括工程热力学、流体力学、传热学、能源系统工程、可再生能源及其利用、光伏科学与工程、风力发电原理、生物质能工程、核能利用基础等专业平台课群；光伏材料与太阳能电池、风力发电场等专业选修课群等。

实践部分：重点培养学生的独立思考能力、动手能力和工程实践能力。单独设立"能源工程综合实验"课程，目的是充分利用学科的开放式实验室，指导学生开展设计性、综合性实验项目，培养学生发现问题、解决问题的创新能力。

顶尖院校：

南京工业大学、西安交通大学、上海理工大学和华中科技大学。

就业方向：

毕业生就业前景广阔，可在核能、风能、太阳能、生物质能等新能源和节能减排领域的企事业单位、高等院校和政府部门从事技术研发、工程设计、新能源科学教育与研究、新能源管理等相关工作。

未来可从事职业岗位：

电动车总布置工程师、充电桩销售工程师、汽车零部件销售工程师、车辆底盘工程师、汽车内外饰采购经理、结构工程师、电气工程师、项目材料编写专员、投资项目经理等。

就业热门行业：

新能源、汽车及零配件、教育/培训/院校、电气/电力/水利、机械/设备/重工、电子技术/半导体/集成电路、咨询、人力资源、财会、仪器仪表/工业自动化、计算机软件等。

就业热门城市：

深圳、北京、上海、南京、杭州、武汉、苏州、厦门、天津和惠州等。

080504T 储能科学与工程

新高考选考科目指引：

本专业必须选择物理、化学学科。

培养目标：

该专业致力于培养德、智、体、美、劳全面发展，掌握储能科学与工程专业基础理论知识和专业技能方面的多学科综合知识，具有整合思维、工程推理和解决复杂工程问题的能力，具备从事储能材料、器件与系统的研究、开发、设计、制造和管理的技术能力和工程实践能力，能够适应未来各种新能源产业领域工作的专门人才。

首批开设院校：

西安交通大学。

080505T 能源服务工程

能源服务工程专业将各种传统和新能源技术、工程建设运维和服务管理，包括自动控制技术、节能环保技术、大数据与智能建造管理技术等融合在一起，形成一种应用于综合能源建设管理的专业。该专业聚焦综合能源在工程项目建设和后期运维服务的人才技能需求，培养目标直接涉及综合能源系统的项目规划建设、调试运维和服务管理的全过程，以满足我国能源产业对新兴行业领域高级技术人才的迫切需要。

新高考选考科目指引：

本专业必须选择物理、化学学科。

首批开设院校：

上海电力大学。

就业方向：

本专业学生毕业后可服务能源电力行业及地方经济和社会发展，从事综合能源相关企业的项目建造、运维管理、商业运营等工作。

080506TK 氢能科学与工程

氢能科学与工程专业面向国家重大能源战略，以动力工程及工程热物理、化学工程等学科为牵引，有机融合制氢模块、氢储运模块、氢安全模块、氢动力模块等多个氢能模块课程，开展全方位跨学科人才培养。为推进相关学科发展、增强创新能力、实现我国能源结构安全转型，为我国氢能行业和能源事业的发展提供必要的人才支撑。

首批开设院校：

华北电力大学。

080507TK 可持续能源

可持续能源专业把人才培养理念从面向当前转为面向未来，真正以学生成长为中心，充分体现未来取向，超越当前，引领产业和社会未来的发展方向。本专业从能源基础科学、能源材料与器件、能源装备与工艺、能源系统与数字化、能源经济与政策等多维度出发，聚焦未来能源技术全产业链跨学科研究，推进物联网、人工智能、大数据、云计算技术与新型能源技术的有效嫁接，实现能源系统的智能化与数字化管理，促进大规模移动能源系统时空域协同调控与创新业态模式。该专业着眼于新型能源技术、新一代信息网络技术与智能化的高度融合，开展以下四个方向的创新科研工作：先进能源转换与存储、多模态能源互联、绿色能源与新农业、零碳社会与治理。

首批开设院校：

上海交通大学。

0806 电气类

电气是电能的生产、分配、传输、使用及电工装备制造等学科或工程领域的统称。它是以电能、电气设备和电气技术为手段来创造、维持与改善限定空间和环境的一门科学，涵盖电能的转换、利用和研究三方面，包括基础理论、技术应用、设施设备等。

080601 电气工程及其自动化

随着我国社会主义现代化建设的不断发展，经济发展模式必须转向依靠科技创新，产业结构正在转型升级，掌握电气工程及其自动化专业知识的专门人才已成为社会需求的热点。本专业主要涉及电力、新能源、节能、装备制造、高低压电器、汽车电子等领域，培养以电路理论和控制理论为基础，以电工技术、电子技术、计算机与信息控制技术等现代工程技术为特色的工程技术人才，属强弱电相结合、电工电子技术相结合、系统工程与控制技术相结合的宽口径专业。

新高考选考科目指引：

本专业必须选择物理、化学学科。

培养目标：

电气工程及其自动化专业主要是研究电能的产生、传输、转换、控制、储存和利用的学科。本专业隶属于电气类，培养具备电气工程及其自动化领域相关的基础理论、专业技术和实践能力，能在电气工程及其自动化领域的装备制造、系统运行、技术开发等部门从事设计、研发、运行等工作的复合型工程科技人才。

培养要求：

本专业学生主要学习电路、电磁场、电子技术、计算机技术、信号分析与处理、电机学和自动控制等方面的基础理论、专业知识和专业技能，接受电工、电子、信息、控制及计算机技术方面的基本训练，掌握解决电气工程及其自动化领域中的装备设计与制造、系统分析与运行及控制问题的基本能力。学校可根据情况设置专业方向，如电力系统及其自动化、电机及其控制、高电压技术、电力电子技术等。

主干学科：

电气工程、控制科学与工程。

核心知识领域：

电气工程及其自动化专业核心知识领域应涵盖电路、电子、电磁场、信息分析与处理、自动控制、计算机技术、工程设计等方面的基础理论，以及电力系统及其自动化、电机与电力拖动、电力电子与电气检测、电力设备与高电压技术等方面的专业知识。此外，建议适当涉及电气学科的前沿领域和发展趋势，各学校可根据办学特色设置相关课程。

顶尖院校：

西安交通大学、华中科技大学、清华大学、重庆大学、西南交通大学、天津大学、哈尔滨工业大学、沈阳工业大学、哈尔滨理工大学、南京航空航天大学和西北工业大学。

就业方向：

学生毕业后可在电力科研院所、电力规划设计院、自动化高新技术公司、各地电力公司、各发电厂及非电力企业动力部门工作。近几年代表性的就业单位有国家电网公司、南方电力公司下属的北京电力公司、天津电力公司、浙江电力公司、河北电力公司、深圳电力公司、珠海电力公司、华能北京热电厂，以及北京地铁公司、中国电力科学研究院等。

未来可从事职业岗位：

电气工程技术员、电气设计工程师、电气设计师、机电工程师、机械工程师、高级电气工程师、销售工程师等。

职业薪酬：

电气工程及其自动化专业相关职位薪酬(月薪)：按工作经验统计，其中应届生约7000元，3~5年约12000元，5~10年约16000元。

就业热门行业：

仪器仪表/工业自动化、机械/设备/重工、新能源、建筑/建材/工程、电子技术/半导体/集成电路、房地产、计算机软件、电气/电力/水利、汽车及零配件等。

就业热门城市：

上海、深圳、北京、广州、武汉、东莞、苏州、南京、杭州和成都等。

专家提醒

电气工程及其自动化专业的毕业生，在电气控制发展迅速的背景下，就业状况与机械等一样，优势很大，就业范围广阔。绝对是个专业性很强的专业，不过因学校不同，它的偏重也不一样，有强弱电之分，这个首要分清楚，一般主学电力系统分析、电机学、继电保护、电网等的为强电，这个方向的电气专业由于现在电力行业的发展而变得非常吃香，但是有这个方向的大学并不多，大多数大学的电气专业都以弱电为主，部分学校也开设由弱电控制强电的强弱电结合方向的专业，主要学习PLC、Matlab、自控原理等。

强电：最好的去向是各地区的电力公司以及各大型电厂，如西门子、ABB等都是这个专业的消化大户。

弱电：对于弱电来说，因为其一般偏向控制，所以若想进电力行业，一般进电厂比较多，电力公司相对招的人就很少了，也可进西门子、ABB等大型外企，以及国内几家大型的电气公司。

📖 080602T 智能电网信息工程

新高考选考科目指引：

本专业必须选择物理、化学学科。

培养目标：

本专业系国家战略新兴产业相关专业，为紧密结合国家智能电网建设之急需而开设。旨在培养具有良好的科学素质和文化修养、扎实的专业理论和专业技能，受到卓越工程师高级训练，掌握智能电网相关的理论知识，在新能源发电与智能接入技术、电网智能调度与控制技术、电能计量与监测、计算机与网络技术等方面有专长，可以在网络化、信息化、智能化电气系统领域从事研究、开发、设计、运行维护与管理等工作的高级工程技术人才。

培养要求：

本专业的学生主要学习电子技术、电气技术、控制理论、计算机技术、网络通信等技术，具备较宽领域的基本理论和基本知识，受到电子、电气、通信、计算机和控制工程实践等基本训练，具备对网络化、信息化、智能化电气系统进行分析、设计和运行管理等方面的基本能力。

主要课程：

电路理论系列课程、计算机技术系列课程、自动控制原理、通信原理、电机学、电力系统分析、电力电子技术、智能电网信息技术及应用、电网智能调度与控制技术、分布式供电与智能接入技术、风能与风力发电技术、光伏发电技术、数字传输技术等。

顶尖院校：

电子科技大学和华北电力大学。

就业方向：

毕业生可在电力、新能源、科研院所、高等院校、相关行业或部门从事设计、开发、生产运行与管理、科学研究、技术支持等工作。

未来可从事职业岗位：

UPS工程师、智能电网技术工程师、智能电表系统维护员、认证认可工程师、售前技术支持工程师、销售工程师、电力行业项目经理等。

就业热门行业：

互联网/电子商务、计算机软件、新能源、建筑/建材/工程、电子技术/半导体/集成电路、计算机技术支持(系统、数据维护)、房地产、仪器仪表/工业自动化、机械/设备/重工等。

就业热门城市：

上海、北京、深圳、广州、武汉、杭州、成都、南京、西安和苏州等。

📖 080603T 光源与照明

光源与照明专业是一门为人类带来光明的边缘交叉学科,在工农业生产、科学研究、交通运输、国防、医疗卫生、商贸办公、文化娱乐和日常生活等国民经济的各个领域都有着其特殊和重要的地位。主要面向民用、工业及特种照明行业培养照明设备设计、生产和应用人才。

▶ 新高考选考科目指引:
本专业必须选择物理、化学学科。

▶ 培养目标:
本专业培养具有良好光源与照明专业知识和创新能力,掌握照明光源尤其是半导体照明材料、装备、工艺及照明控制工程相关的理论知识与技术,具备半导体照明产品的设计、开发、制造、智能化控制、工程设计与施工、产品检测、技术管理等领域的实际工作能力,能够在半导体照明行业及其相关的集成电路设计与制造公司、光电子整机企业等单位胜任微光电子产品的研发、设计、制造、工程应用和性能测试等工作的复合型高级工程技术人才。

▶ 主要课程:
电路理论、信号与系统、模拟电子技术、数字电子技术、微机原理及接口技术、通信原理、大规模可编程逻辑器件设计、半导体物理、半导体器件基础、计算机通信网络、半导体集成电路、集成电路工艺原理、半导体照明概论、电气照明技术、照明系统的光学设计、照明控制工程、半导体照明散热设计与分析以及化合物半导体材料与器件等。

▶ 顶尖院校:
天津工业大学。

▶ 就业方向:
由于本专业毕业生具有坚实的理论技术基础和良好的实际工作能力,能够在半导体照明行业及其相关的集成电路设计与制造公司、光电子整机企业等单位胜任微光电子产品的研发、设计、制造、工程应用和性能测试等工作。特别是近几年随着我国半导体照明产业的迅速发展,毕业生供不应求。毕业生主要去向是国家企事业单位、高等院校、科研院所、国内外半导体照明生产与研发单位等。

▶ 未来可从事职业岗位:
照明设计师、光学工程师、Led结构工程师、照明工程师、电子技术员、电子工程师、Led销售工程师等。

▶ 就业热门行业:
电子技术/半导体/集成电路、家具/家电/玩具/礼品、建筑/建材/工程、新能源、贸易/进出口、仪器仪表/工业自动化、房地产、互联网/电子商务、广告、电气/电力/水利。

▶ 职业薪酬:
光源与照明专业相关职位薪酬(月薪):按工作经验统计,其中1~3年约9000元,3~5年约12000元。

▶ 就业热门城市:
深圳、上海、杭州、北京、广州、武汉、东莞、佛山、惠州和厦门等。

📖 080604T 电气工程与智能控制

▶ 新高考选考科目指引:
本专业必须选择物理、化学学科。

▶ 培养目标:
本专业培养能够在工业企业运动控制、过程控制、供电技术、检测与自动化仪表、信息处理等领域从事系统分析、系统设计、系统运行维护、科技开发等方面工作的具有创新精神和良好的英语沟通能力的复合型工程技术人才。

▶ 主要课程:
电路与电子技术、机械设计基础、微机原理及接口、电机与拖动基础、自动控制理论、传感器与检测技术、设备信息管理系统、智能化控制系统、液压与气动等。

▶ 顶尖院校:
中北大学。

▶ 就业方向:
该专业属宽口径专业,毕业生历年就业良好,学生毕业后可以在供电系统、电气装置、自动控制系统从事电工技术、电子技术、自动控制技术、计算机开发与应用技术等方面的设计、安装、调试、控制、维护、分析、管理等工作;也可在有关的科研院所、高校、公司从事自动化装置与系统运行研究、计算机开发与应用技术方面的设计、管理、教学和科研等工作。

▶ 未来可从事职业岗位:
电气工程师、软件研发工程师、高级软件工程师、机电中级工程师、照明电气工程师、技术产品助理、售前工程师、项目经理、产品经理、设计预算经理、技术部高级经理等。

▶ 就业热门行业:
建筑/建材/工程、仪器仪表/工业自动化、新能源、机械/设备/重工、房地产、电子技术/半导体/集成电路、计算机软件、电气/电力/水利、咨询、人力资源、财会等。

▶ 就业热门城市:
深圳、上海、北京、广州、南京、杭州、长沙、成都、苏州和合肥等。

📖 080605T 电机电器智能化

▶ 新高考选考科目指引:
本专业必须选择物理、化学学科。

▶ 培养目标:
本专业培养德、智、体、美、劳全面发展,具备电机及其控制工程技术领域基础理论和基本知识,能够从事面向装备制造业的电机设计、制造、控制、试验、运行维护等工作,服务于生产、管理等一线的高等技术应用型人才。

培养要求：
该专业学生要求掌握电机、计算机技术等方面较宽广的工程技术基础和一定的专业知识，接受电机电器、信息控制及计算机技术方面的基本训练，具有解决电机电器技术分析与控制技术问题的基本能力。

主要课程：
电路、模拟电子技术、数字电子技术、机械工程基础、电机学、电器学、微机原理及接口技术、自动控制理论、电机电器制造工艺学、智能控制技术等。

首批开设院校：
上海电机学院等。

就业方向：
毕业生可以在电机与电器生产、电机与电器控制、智能控制等领域从事电机电器设计及仿真、电机与电器智能控制、智能控制在电机电器中的应用、测试技术及传感器在电机电器中的应用、电机电器智能化的技术服务及管理等工作。

080606T 电缆工程

新高考选考科目指引：
本专业必须选择物理、化学学科。

培养目标：
本专业培养光纤光缆和电线电缆材料研究、产品设计、生产制造、质量控制、企业管理等方面的高素质应用型人才。

主要课程：
电路、电磁场、电子技术、电力电子技术、电机学、机械基础、机械制图与CAD、计算机应用技术、现代电气控制技术、电介质物理、电气绝缘结构原理与设计、电气绝缘测试技术、电缆工艺原理、通信电缆设计与制造、光纤光缆制造、绝缘化学基础、电缆材料等。

首批开设院校：
河南工学院。

未来可从事职业岗位：
研发工程师、工艺工程师、技术总监、生产部经理、质检部经理、总工程师等。

080607T 能源互联网工程

能源互联网工程专业致力于培养具有综合能源观的高素质复合型专门人才，学生不仅要掌握将能源与互联网深度融合的关键知识与技能，还要具备解决能源领域复杂工程问题的能力。本专业学生在掌握与传统电能产生、传输、分配、使用等相关的一系列关键科学技术知识和技能的基础上，还应具有将电力、热力、天然气等多种能源综合考虑的大能源观，掌握能源互联网工程的关键知识与技能，具备解决当代日益复杂的能源互联网工程问题的能力。

新高考选考科目指引：
本专业必须选择物理、化学学科。

首批开设院校：
上海电力大学。

就业方向：
本专业学生毕业后，可从事能源互联网工程的工程设计、研究开发、系统运行、试验分析、工程管理等工作。

080608TK 智慧能源工程

智慧能源工程专业以双碳（碳达峰与碳中和的简称）背景下能源行业人才需求为导向，聚焦国家能源产业发展和技术需求，以能源类和信息类课程为主线，在电气工程、动力工程、控制科学与工程、计算机科学与技术、材料科学与工程、化学等领域进行多学科交叉，培养适应我国未来能源行业发展急需的复合型、创新型、实践型人才，为我国碳达峰、碳中和提供有力的人才支撑。

首批开设院校：
上海交通大学。

080609T 电动载运工程

培养目标：
本专业面向碳达峰碳中和、交通强国、海洋强国等国家战略需求，深度融合电气工程、新能源、载运工具、人工智能、信息通信、网络安全等跨学科领域知识，旨在培养满足未来"空天海地"先进载运系统全电化、网联化、智能化发展需求的设计、研发、生产、运营等方面的高层次人才。

首批开设院校：
东南大学。

就业方向：
本专业毕业生可在航空航天、海运装备、运载车辆、轨道车辆等重大交通工具相关行业从事载运系统的研发、运营等工作。

0807 电子信息类

"电子信息"是通过在计算机技术、通信技术和高密度存储技术的迅速发展并在各个领域得到广泛应用的背景下形成信息学中的词汇。电子信息在信息的存储、传播和应用方面已经从本质上打破了长期以来由纸质载体储存和传播信息的一统天下，转变为电子信息的时代，代表了信息业发展的方向。

080701 电子信息工程

电子信息工程是以电子、电路、信号与信息处理为基础，研究各种信息如语音、文字、图像等的采集、处理、控制与传送的综合性学科。随着信息化时代的不断发展，对信号的采集、处理与传送提出了更高的要求，这就使得本专业越来越重要，已经成为信息产业的重要基础和支柱之一。

▶ **新高考选考科目指引：**

本专业必须选择物理、化学学科。

▶ **培养目标：**

本专业培养具备现代电子技术理论、通晓电子系统设计原理与设计方法，具有较强的计算机、外语、相应工程技术应用能力以及在本专业领域跟踪新理论、新知识、新技术的能力，能在信息通信、电子技术、智能控制、计算机与网络等领域和行政部门从事各类电子设备和信息系统的科学研究、产品设计、工艺制造、应用开发和技术管理的复合型工程技术人才。

▶ **培养要求：**

本专业学生主要学习电子信息工程方面的基本理论和基本知识，学习信息获取、信号处理、信号传输以及电子信息系统设计、应用开发等方面的专业知识，接受电子工程、信息工程、计算机辅助设计实践的基本训练，掌握电子设计、信息处理、应用开发和集成电子设备及信息系统的基本能力。

▶ **主干学科：**

电子科学与技术、信息与通信工程。

▶ **核心知识领域：**

电路分析基础、信号与系统、模拟电子技术、数字电路、电磁场与电磁波、通信原理、微型计算机原理、数字信号处理、信息论等。

▶ **顶尖院校：**

电子科技大学、西安电子科技大学、北京邮电大学、哈尔滨工业大学、南京理工大学和哈尔滨工程大学。

▶ **就业方向：**

毕业生可到电子信息管理、电子设备、计算机、通信等企业从事开发研究等方面的工作。近几年代表性的就业单位有中国电信、中国移动、中国联通等电信局和移动公司，三星、华为、飞思卡尔、TCL等跨国企业等。

▶ **未来可从事职业岗位：**

硬件工程师、软件工程师、电子工程技术员、电子工程师、技术支持工程师、嵌入式软件工程师、高级软件工程师、测试工程师、Java开发工程师、售前售后技术支持工程师、销售工程师等。

▶ **职业薪酬：**

电子信息工程专业相关职位薪酬（月薪）：按工作经验统计，其中应届生约5000元，1~3年约6000元，3~5年约10000元，5~10年约16000元。

▶ **就业热门行业：**

计算机软件、电子技术/半导体/集成电路、新能源、互联网/电子商务、通信/电信/网络设备、计算机技术支持（系统、数据维护）、仪器仪表/工业自动化、通信/电信运营、增值服务、机械/设备/重工等。

▶ **就业热门城市：**

深圳、北京、上海、杭州、广州、武汉、南京、成都、西安和合肥等。

📖 080702 电子科学与技术

电子科学与技术专业涵盖的学科范围极其广阔，它以电子和光电子器件为核心，将物理、材料、工艺、器件系统地构成了一个完整的学科体系。电子科学与技术是信息科学技术的基础，也是信息科学技术的前沿性学科。发展电子科学与技术学科对于国家经济发展、科技进步以及国防建设都有重要的战略意义。

▶ **新高考选考科目指引：**

本专业必须选择物理、化学学科。

▶ **培养目标：**

本专业培养具有良好的思想品德与人文素养，具备电子科学与技术专业扎实的自然科学基础、系统的专业知识和较强的实验技能与工程实践能力，具有良好的外语能力，具有创新意识以及跟踪掌握本专业新理论、新知识、新技术的能力，能够在微电子、光电子、物理电子、电子材料与元器件、电磁场与微波等方面从事研究、开发、制造及管理工作的专门人才。

▶ **培养要求：**

本专业学生要求在物理学、工程数学、电子学等方面掌握扎实的基础理论，在电子材料与元器件、微电子器件、光电子器件、物理电子器件、电路与系统等方面接受设计、制造及测试技术的基本训练，掌握文献资料检索的基本方法，具有较强的本专业领域实验技能与工程实践能力，具有研究、开发新系统和新技术的能力。

▶ **主干学科：**

电子科学与技术。

▶ **专业基础核心知识领域：**

专业基础核心知识领域：电路原理、电子技术基础、信号与系统、电磁场与电磁波、固态电子学物理基础（包括量子力学、固体物理、半导体物理等内容）。

▶ **顶尖院校：**

东南大学、电子科技大学、西安电子科技大学、北京邮电大学。

▶ **就业方向：**

毕业生可以在集成电路设计与制造、光电子器件与材料、电子功能材料与器件、信息显示器件与技术、光通讯与网络、半导体照明技术、太阳能发电等技术领域从事研究、开发和教学工作。能在电子科学与技术领域的企业、技术公司、高校、科研院所等部门就业。

▶ **未来可从事职业岗位：**

软件工程师、技术支持工程师、维修工程师、测试工程师、电子工程师、硬件工程师、项目经理、销售经理、销售工程师等。

>>> 就业热门行业：

计算机软件、电子技术/半导体/集成电路、互联网/电子商务、新能源、计算机技术支持(系统、数据维护)、通信/电信/网络设备、仪器仪表/工业自动化、教育/培训/院校、机械/设备/重工等。

>>> 就业热门城市：

深圳、上海、北京、广州、武汉、沈阳、南京、杭州、成都和西安等。

080703 通信工程

通信工程专业是通信技术迅猛发展形势下的热门专业。通信技术是以现代的声、光、电技术为硬件基础，辅以相应软件来达到信息交流的目的。近年来，多媒体的广泛推广、互联网的应用极大地推动了通信工程专业的发展，通信工程专业所研究的内容涵盖了当今最流行、发展最迅猛的领域。

>>> 新高考选考科目指引：

本专业必须选择物理、化学学科。

>>> 培养目标：

本专业培养具备通信基础理论和专业知识，系统掌握现代通信技术，能在信息通信领域从事科学研究、工程设计、设备制造、网络运营、技术管理的工程科技人才。

>>> 培养要求：

本专业学生在学习大学数学、大学物理、人文学科及外语的基础上，主要学习通信理论和通信技术等方面的基础知识，接受通信工程领域软硬件开发、系统与网络的设计与应用、科学研究和工程实践方面的基本训练，具备能在信息通信领域从事专业技术工作的基本能力。

>>> 主干学科：

信息与通信工程、电子科学与技术、计算机科学与技术。

>>> 核心知识领域：

电子线路、数字逻辑电路、计算机基础、信号与系统、数字信号处理、电磁场与微波技术、通信原理、通信网理论基础、现代通信技术等。

>>> 顶尖院校：

北京邮电大学、电子科技大学、西安电子科技大学、北京理工大学、北京交通大学、上海交通大学、南京理工大学和哈尔滨工业大学。

>>> 就业方向：

学生毕业后可从事通信技术研发、信息行业和电信行业的管理、进出口通信设备及其网络产品的检验、网络及通信设备的调试维护、通信规划、通信系统实现等工作。

>>> 未来可从事职业岗位：

通信工程师、无线通信工程师、技术支持工程师、网络工程师、硬件工程师、测试工程师、软件工程师、通信技术工程师、销售代表、销售经理、销售工程师、项目经理等。

>>> 职业薪酬：

通信工程专业相关职位薪酬(月薪)：按工作经验统计，其中应届生约5000元，1~3年约7000元，3~5年约9000元，5~10年约11000元。

>>> 就业热门行业：

通信/电信/网络设备、计算机软件、通信/电信运营、增值服务、电子技术/半导体/集成电路、互联网/电子商务、新能源、计算机技术支持(系统、数据维护)、建筑/建材/工程、计算机硬件等。

>>> 就业热门城市：

深圳、北京、上海、广州、武汉、杭州、西安、南京、成都和哈尔滨等。

080704 微电子科学与工程

微电子科学与工程专业是物理学、电子学、材料科学、计算机科学、集成电路设计制造学等多个学科在超净、超纯、超精细加工技术基础上发展起来的一门新兴学科。微电子科学与工程是21世纪电子科学技术与信息科学技术的先导和基础，是发展现代高新技术和国民经济现代化的重要基础。主要研究半导体器件物理、功能电子材料、固体电子器件、超大规模集成电路(ULSI)的设计与制造技术、微机械电子系统以及计算机辅助设计制造技术等。

>>> 新高考选考科目指引：

本专业必须选择物理、化学学科。

>>> 培养目标：

本专业培养德、智、体、美、劳全面发展，具备微电子科学与工程专业扎实的自然科学基础、系统的专业知识和较强的实验技能与工程实践能力，能在微电子科学与工程领域从事研究、开发、制造和管理等方面工作的专门人才。

>>> 培养要求：

本专业学生要求在物理学、电子技术、计算机技术和微电子学等方面掌握扎实的基础理论，掌握微电子器件及集成电路的原理、设计、制造、封装与应用技术，接受相关实验技术的良好训练，掌握文献资料检索基本方法，具有较强的实验技能与工程实践能力，在微电子科学与工程领域具有初步研究和开发的能力。

>>> 主干学科：

微电子学、电子科学与技术。

>>> 核心知识领域：

电路理论、电子技术基础、信号与系统、电磁场与电磁波、半导体物理、微电子器件原理、集成电路设计原理、微电子工艺原理、集成电路封装与系统测试、嵌入式系统原理与设计、电子设计自动化基础等。

>>> 顶尖院校：

清华大学、电子科技大学。

➤➤ **未来可从事职业岗位：**

集成电路数字前端设计工程师、IC 电路设计工程师、微系统设计工程师、数字电路设计工程师、工艺工程师、产品研发工程师、硬件工程师、技术研发经理、测试工程师、专利工程师、技术支持工程师、集成电路设计部总监、模拟版图工程师等。

➤➤ **就业热门行业：**

电子技术/半导体/集成电路、计算机软件、新能源、咨询、人力资源、财会、法律、互联网/电子商务、仪器仪表/工业自动化、计算机硬件、学术/科研、中介服务等。

➤➤ **就业热门城市：**

上海、深圳、北京、苏州、厦门、广州、成都、无锡、杭州和合肥等。

📖 080705 光电信息科学与工程

光电信息科学与工程专业是教育部在 2012 年下发文件将原属于电子信息科学类的光信息科学与技术、光电子技术科学专业与原属于电气信息类的信息显示与光电技术、光电信息工程、光电子材料与器件五个专业统一修订后而成的。

➤➤ **新高考选考科目指引：**

本专业必须选择物理、化学学科。

➤➤ **培养目标：**

本专业培养具有较高思想道德、文化修养、敬业精神和社会责任感，具有健康的体魄和良好的心理素质，具备光电信息科学与工程方面知识和能力的宽基础、高素质、有创新意识和实践能力的工程科学人才。本专业学生应在光电信息科学与工程领域各研究方向上（光电子方向、光电信息方向和技术光学方向）具有宽厚的理论基础、扎实的专业基础知识、熟练的实验技能，并具有综合运用光学科学理论和技术分析解决工程问题的基本能力。

➤➤ **培养要求：**

本专业学生主要学习光电信息科学与工程的基本理论和基本知识，接受光电信息系统分析、设计和研究方法等方面的基本训练，具有研究、设计、开发、集成及应用光电信息系统的基本能力，具备光电信息科学与工程技术研发，以及产品的设计、生产、销售和服务或工程项目的施工、运行和维护能力。本专业特别注重培养学生终生学习和在工程实践中学习的能力，使学生具有工程科技创新和创业的意识。本专业学生在学习过程中接受工程技术基础、科学研究等多方面综合能力的训练，培养过程突出以光子和电子为信息基本载体的信息特征，体现信息产业高速发展、学科交叉的趋势。

➤➤ **主干学科：**

光学工程。

➤➤ **核心知识领域：**

本专业核心知识领域由光电信息基础类知识、光电信息技术和工程类知识、光电子技术类知识组成。光电信息基础类知识包括物理、光学和光学技术、电子与信息技术等核心基础知识；光电信息技术和工程类知识包括光电信息技术、光电仪器原理和光电检测技术、光纤与光通信技术、光电传感与系统等知识；光电子技术类知识包括光电子技术、激光原理、光电子材料与器件等知识。

➤➤ **顶尖院校：**

电子科技大学、南开大学、华中科技大学、北京邮电大学、华南师范大学。

➤➤ **就业方向：**

毕业生可在光电信息科学与工程相关领域从事研究、设计、开发、应用和管理等工作，也可在本专业或其他相关专业继续深造，攻读硕士、博士学位。

➤➤ **未来可从事职业岗位：**

光学工程师、测试售后工程师、技术工程师、算法工程师、研发储备干部、手机硬件测试工程师、产品经理等。

➤➤ **就业热门行业：**

仪器仪表/工业自动化、新能源、电子技术/半导体/集成电路、通信/电信/网络设备、计算机软件、咨询、人力资源、财会、学术/科研、贸易/进出口、互联网/电子商务等。

➤➤ **就业热门城市：**

深圳、广州、上海、厦门、成都、南京、西安、苏州、鞍山和马鞍山等。

📖 080706 信息工程

信息工程专业主要学习通信系统和通信网方面的基础理论、组成原理和设计方法，受到通信工程实践的基本训练，具备从事现代通信系统和网络的设计、开发、调测和工程应用的基本能力，把科技从理论层次引入实践。

➤➤ **新高考选考科目指引：**

本专业必须选择物理、化学学科。

➤➤ **培养目标：**

本专业培养具备信息获取、信息传输、信息处理、信息应用等方面的基础理论和专业知识，系统掌握现代信息技术，能在信息工程领域从事科学研究、工程设计、技术开发、设备制造、管理维护的复合型工程科技人才。

➤➤ **培养要求：**

本专业学生主要学习数学、物理、电子线路、计算机应用、信息论与编码、通信理论与网络等方面的基本理论和基本知识，接受信息技术领域软硬件开发、计算机程序设计与应用、科学研究与工程设计等能力的基本训练，具有对信息系统进行分析、设计、开发、测试和应用，以及综合运用科学理论和工程技术分析解决工程问题的基本能力。

➤➤ **主干学科：**

信息与通信工程、控制科学与工程、计算机科学与技术。

➤➤ **核心知识领域：**

计算机信息技术、通信系统原理、信号与信息处理技术、电磁场与电磁波、微处理器与嵌入式系统原理、信息获取与检测技术、信息论与编码技术等。

>>> **顶尖院校：**

东南大学、西安电子科技大学和北京邮电大学。

>>> **未来可从事职业岗位：**

技术支持工程师、网络工程师、软件工程师、售前工程师、运维工程师、实施工程师、测试工程师、Java开发工程师、销售代表、销售经理、销售工程师、项目经理等。

>>> **职业薪酬：**

信息工程专业相关职位薪酬(月薪)：按工作经验统计，其中应届生约6000元，1~3年约8000元，3~5年约13000元，5~10年约17000元。

080707T 广播电视工程

广播电视工程专业是一个以视音频技术为核心，并与计算机科学、通信技术、网络技术、视听艺术等学科融合的复合型专业。本专业立足于广播影视传媒行业，面向媒体等相关领域，运用计算机软件与现代电子技术等信息处理手段，着重于视音频处理、信源压缩、影视制作与节目管理、节目播出与分发等方面，具有基础理论与工程实践并重、艺术与技术相结合的特色。

>>> **新高考选考科目指引：**

本专业必须选择物理、化学学科。

>>> **培养目标：**

本专业培养适应我国广播影视业飞速发展需要，在德、智、体、美、劳各方面全面发展，具有良好的科学文化素质和创新能力，具备广播电视工程的基本理论、基本知识和基本技能，能在数字电视、高清晰度电视、交互电视、通信、信号与信息处理及相关的电子信息科学等领域从事科学研究、教学、产品设计开发或管理工作的综合型高级专门人才。

>>> **主要课程：**

电路分析基础、信号与系统、数字电路与系统、通信原理、数字信号处理、数字电视原理、图像与视频处理、信息论基础、通信网络技术、多媒体信息技术、电视传输与组网技术等。

>>> **顶尖院校：**

中国传媒大学。

>>> **就业方向：**

学生毕业后有较强的适应性，可在广电、通信、计算机网络和信息系统等领域的企事业单位工作。

>>> **未来可从事职业岗位：**

直播支持工程师、硬件工程师、技术支持工程师、售前工程师、运维工程师、售后技术支持工程师、软件测试员、软件测试工程师、高级FPGA设计工程师、宣传助理、产品经理、通信工程项目经理等。

>>> **职业薪酬：**

广播电视工程专业相关职位薪酬(月薪)：按工作经验统计，其中应届生约4000元，1~3年约6000元，3~5年约8000元。

>>> **就业热门行业：**

影视/媒体/艺术/文化传播、互联网/电子商务、通信/电信/网络设备、新能源、计算机软件、电子技术/半导体/集成电路、广告、咨询、人力资源、财会、家具/家电/玩具/礼品、计算机技术支持(系统、数据维护)等。

>>> **就业热门城市：**

北京、深圳、上海、杭州、武汉、广州、成都、福州、南京和长沙等。

080708T 水声工程

水声工程专业为国家重点学科，本学科所依托的国家级"水声技术重点实验室"作为我国水声技术基础研究最重要的研究单位之一，研究方向基本涵盖了水声技术的全部研究领域，能在基础研究、应用技术研究、水声装备研制和系统集成技术研究等多方面和谐发展。

>>> **新高考选考科目指引：**

本专业必须选择物理、化学学科。

>>> **培养目标：**

本专业培养兼顾声学、振动和信号处理的高层次水声研究人才。学位获得者应具有扎实的声振基础理论知识，掌握水声学科的特点和发展方向，具备从事水声工程应用基础研究的能力。

>>> **主要课程：**

自然辩证法概论、科学社会主义理论与实践、基础英语、专业英语、矩阵理论、数理统计、声学原理与噪声控制、水声学基础、振动理论及其在工程中的应用、信号处理、数学物理方程、振动和声学问题计算、水下噪声学、近代试验技术、线性系统理论、最优估计理论与系统辨别、离散随机信号处理。

>>> **顶尖院校：**

哈尔滨工程大学。

>>> **就业方向：**

毕业生可在水声工程及相关领域从事海洋声场分析、水下噪声及减振降噪、水声信号处理、声呐及水声对抗系统与设计、水声换能器与基阵的研究、设计、开发、制造、运营和管理等工作，或在国防工业领域和国民经济各部门从事水声技术与设备的开发、研究等工作。

>>> **未来可从事职业岗位：**

信号处理-算法仿真工程师、声学信号处理工程师、算法研究工程师等。

>>> **职业薪酬：**

水声工程专业相关职位薪酬(月薪)：按工作经验统计，其中1~3年约9000元，3~5年约12000元。

>>> **就业热门行业：**

机械/设备/重工、医疗设备/器械、环保、通信/电信/网络设备、仪器仪表/工业自动化、电子技术/半导体/集成电路、计算机软件、学术/科研、计算机技术支持(系统、数据维护)、新能源等。

>>> **就业热门城市：**

杭州、北京、深圳、南京、上海、武汉、西安、苏州、连云港和长沙等。

080709T 电子封装技术

电子封装技术是将微元件组合及再加工成微系统及工作环境的制造技术。如机械制造业将齿轮、轴承、电动机等零部件组装制造成机床、机器人等机械产品，建筑业将水泥、砖头、钢筋建造成楼房和桥梁，电子业用晶片、阻容、MEMS等微元件制造电子器件、手机、计算机等电子产品。

>>> **新高考选考科目指引：**

本专业必须选择物理、化学学科。

>>> **培养目标：**

本专业培养适应科学技术、工业技术发展和人民生活水平提高的需要，具有优良的思想品质、科学素养和人文素质，具有宽厚的基础理论和先进合理的专业知识，具有良好的分析、表达和解决工程技术问题的能力，具有较强的自学能力、创新能力、实践能力、组织协调能力，爱国敬业、诚信务实、身心健康的复合型专业人才。

>>> **培养要求：**

本专业学生主要学习自然科学基础、技术科学基础和本专业领域及相关专业的基本理论和基本知识，接受现代工程师的基本训练，具有分析和解决实际问题及开发软件等方面的基本能力，具备电子封装制造领域的基础知识及其应用能力，毕业后可在通信设备、计算机、网络设备、军事电子设备、视讯设备等的器件和系统制造厂家和研究机构从事科学研究、技术开发、设计、生产及经营管理等工作。

>>> **主要课程：**

半导体物理与器件、微电子制造工艺、集成电路设计、微连接原理、电子封装材料与封装技术、电子封装结构与工艺设计、封装可靠性与测试技术以及微系统封装等基础课程和专业课程。

>>> **顶尖院校：**

哈尔滨工业大学。

>>> **就业方向：**

毕业生可在国防电子、航空与航天、信息与通信工程、微电子与光电子工程、汽车电子、医疗电子等行业领域从事电子封装产品的设计、制造、研发、管理与经营销售等方面的工作，也可以进一步深造攻读相关研究领域的研究生。

>>> **未来可从事职业岗位：**

硬件工程师、电子工程师、封装工程师、工艺工程师、产品工程师、销售工程师等。

>>> **就业热门行业：**

电子技术/半导体/集成电路、新能源、通信/电信/网络设备、计算机软件、互联网/电子商务、仪器仪表/工业自动化、贸易/进出口、计算机技术支持(系统、数据维护)、通信/电信运营、增值服务等。

>>> **就业热门城市：**

深圳、上海、北京、广州、苏州、武汉、东莞、成都、南京和厦门等。

080710T 集成电路设计与集成系统

集成电路设计与集成系统专业是教育部根据"面向国家战略需求、面向世界科技前沿"的方针，为适应信息技术学科和信息产业的发展趋势而设立的电子信息类专业。

集成电路设计与集成系统专业的研究内容为集成电路及各类电子信息系统的设计理论、方法与技术，属于信息技术领域的关键核心技术。目前，我国的信息产业正处于飞速发展时期，而且越来越注重核心技术的研究与开发，因此该专业具有良好的发展前景。

>>> **新高考选考科目指引：**

本专业必须选择物理、化学学科。

>>> **培养目标：**

本专业以集成电路及各类电子信息系统设计能力为目标，培养掌握集成电路基本理论、集成电路设计基本方法，掌握电路设计的EDA工具，熟悉电路、计算机、信号处理、通信等相关系统知识，从事集成电路及各类电子信息系统的研究、设计、教学、开发及应用，具有一定创新能力的高级技术人才。

>>> **培养要求：**

本专业学生主要学习集成电路理论和集成电路工程专业基础知识，具备一定集成电路设计与集成系统工艺实现能力。

>>> **主要课程：**

数学分析、英语、物理学、数学物理方法、理论物理、固体物理、半导体物理、微机原理、计算机语言、单片机原理、计算机接口技术、晶体管原理、MEMS设计、电子实习、金工实习等。

>>> **顶尖院校：**

电子科技大学。

>>> **就业方向：**

毕业生主要到国内外各通信、雷达、电子对抗等电子系统设计单位和微电子产品单位从事微电子系统的研发设计工作。

>>> **未来可从事职业岗位：**

数字电路设计工程师、硬件工程师、模拟集成电路设计工程师、IC集成电路设计工程师、设计开发电子工程师、研发工程师、集成电路混合信号设计工程师、嵌入式单片机软件工程师、射频工程师、数字IC设计技术总监、集成电路设计总监、区域市场经理、销售公司经理等。

>>> **就业热门行业：**

电子技术/半导体/集成电路、新能源、计算机软件、通信/

电信/网络设备、机械/设备/重工、仪器仪表/工业自动化、汽车及零配件、计算机技术支持(系统、数据维护)、计算机硬件等。

>>> **就业热门城市：**

上海、北京、深圳、杭州、苏州、成都、南京、广州、西安和武汉等。

080711T 医学信息工程

医学信息工程专业是一门以信息科学和生命科学为主的多学科交叉与融合的新兴综合性学科；是电子、计算机、通信、智能仪器、传感检测、医学仪器以及生物学、现代医学等学科在生命科学中的应用与融合。

>>> **新高考选考科目指引：**

本专业必须选择物理、化学学科。

>>> **培养目标：**

培养具有现代化管理学理论基础、医药学基础知识和计算机科学技术知识；掌握当前最先进的医药信息工程中数据的收集、整理、存储、分析与传输等技术的基本知识、基本理论和基本实践技能；有较强的医学信息的应用软件使用、维护、设计、开发的能力；能够将信息技术与医疗管理、医疗服务有机结合的高级医学信息技术人才。

>>> **培养要求：**

本专业学生要求学习计算机网络的基本理论、基本应用技能以及中医药学、现代医学、临床信息网络系统等相关学科的基本知识；受到医学信息网络应用基础研究和技术开发方面的科学思维和科学实验训练；具有较好的科学素养、竞争意识、创新意识和合作精神；具有一定的医学信息网络应用、研究、开发与管理的能力。

>>> **主干学科：**

计算机科学、计算机编程技术、计算机网络技术、医药学。

>>> **主要课程：**

高等数学、离散数学、运筹学、现代管理学基础、管理信息系统、医药信息学、中医药学、现代医学、数据结构、操作系统、计算机网络与通信、医学图像传输、软件工程、多媒体技术、系统分析与设计、数据库编程等。

>>> **顶尖院校：**

杭州电子科技大学。

>>> **就业方向：**

学生毕业后可到医疗卫生管理部门、媒体、金融、保险等单位工作。

>>> **未来可从事职业岗位：**

医疗软件开发工程师、转化医学工程师、软件测试工程师、细胞工程师、高通量测序技术支持工程师、技术服务工程师、用户服务工程师、售后运维工程师、生物信息学工程师、客服工程师、销售工程师、市场部技术支持工程师、生物信息分析工程师、医疗软件产品经理等。

>>> **职业薪酬：**

医学信息工程专业相关职位薪酬(月薪)：按工作经验统计，其中1~3年约6000元，3~5年约11000元。

>>> **就业热门行业：**

医疗设备/器械、制药/生物工程、医疗/护理/卫生、新能源、计算机软件、学术/科研、电子技术/半导体/集成电路、互联网/电子商务、仪器仪表/工业自动化等。

>>> **就业热门城市：**

北京、上海、深圳、广州、武汉、杭州、南京、成都、长沙和济南等。

080712T 电磁场与无线技术

电磁场与无线技术(原电磁场与微波通信专业)专业主要研究射频无线信号的产生、辐射、传播、散射、接收和处理的相关理论、技术和工程应用。本专业在通信、雷达、遥感、遥测遥控、地球物理探测、电子测量、电子对抗、射电天文与无损探测等方面具有广泛的应用。

>>> **新高考选考科目指引：**

本专业必须选择物理、化学学科。

>>> **培养目标：**

本专业培养具有坚实的电磁场理论与工程基础、较强的高频前端电路和系统开发能力，能应用所学知识从事电磁场与无线技术的设计、研发、应用、教学等工作的工程型高级专门人才。

>>> **主要课程：**

英语、大学物理、高等数学、工程数学、数值分析、复变函数、电路分析基础、信号与系统、模拟电路基础、数字逻辑设计及应用、电磁场与电磁波、微型计算机原理及接口技术、电磁场理论、微波技术基础、天线原理与设计、电波传播、微波测量、无线测量、数字信号处理、随机信号分析、电磁散射与传播、微波固态电路、微波电路EDA、通信技术与系统、微波网络、雷达原理与系统、软件技术基础、电子技术实验基础、高级语言程序设计等。

>>> **顶尖院校：**

电子科技大学。

>>> **就业方向：**

毕业生可到邮电、通信、广播电视、航空航天、遥感、遥测遥控、雷达、电子对抗、电子元器件、资源探测和医疗设备等领域的研究所、公司从事理论研究、工程设计、应用开发和技术管理等工作。

>>> **未来可从事职业岗位：**

高级射频工程师、天线工程师、硬件工程师等。

>>> **就业热门行业：**

通信/电信/网络设备、航天/航空、通信/电信运营、电子技术/半导体/集成电路、新能源、计算机软件、互联网/电子商务、增值服务、仪器仪表/工业自动化、计算机硬件等。

就业热门城市：

深圳、上海、成都、北京、南京、武汉、广州、西安、厦门和无锡等。

📖 080713T 电波传播与天线

电波传播与天线专业主要研究电磁波的辐射传播、天线和微波技术等基本知识和技术，运用计算机等现代工具对无线电系统及信息获取方式进行分析、设计和综合应用。本专业毕业生多在国防部门从事工作，例如无线电技术的开发应用、雷达的设计、信息情报的获取等。

新高考选考科目指引：

本专业必须选择物理、化学学科。

主要课程：

数值计算方法、数学物理方程、电磁场理论、微波技术基础、电波传播概论、通信原理、天线原理、微波仿真技术、单片机原理及应用、电离层传播、对流层传播、微波器件与电路、线天线与面天线、阵列天线、地波传播、电磁兼容原理与技术、天线CAD、射频识别技术、微波遥感基础、智能天线概论、电波传播的数值方法。

顶尖院校：

电子科技大学。

就业方向：

毕业生可到信息电子、航空、航天、船舶、电信等工业部门和国防科研院所从事相关科学研究、技术研发、技术应用、技术管理和教学等工作。

未来可从事职业岗位：

雷达算法工程师、分布式数据库研发工程师、NFV解决方案开发架构师、工艺工程师、高级Java开发工程师、机械工程师、采购专员、测试经理、高级经理等。

就业热门行业：

通信/电信/网络设备、电子技术/半导体/集成电路、计算机硬件、学术/科研等。

就业热门城市：

上海、深圳、宁波和成都等。

📖 080714T 电子信息科学与技术

面对一个带有"电子""信息"这些字眼的专业，恐怕没人会怀疑它的前途。电子行业的飞速发展、信息技术的迅速应用，使以它们为代表的"知识经济"大潮席卷全球，成为当今世界经济增长的主要推动力量，所有国家概莫能外。展望未来，电子产业（包括方兴未艾的光电子专业）还将继续站在世界技术发展的最前沿，一如既往地带动全球经济的发展。尽管它的前途一片光明，然而当我们面对"电子信息工程""电子信息科学与技术"这些非常相近的专业名词时，相信肯定仍有很多人感到迷惑。通常说来，前者指的是"无线电"专业，偏应用；后者，也就是本专业，指的是物理电子、微电子、光电子等专业，比较偏理论。前者主要研究的是无线电波、电路与系统，后者主要研究微观领域中的电现象、电性质及其制成器件后能够实现的功能。可以说两者是并重的，是电子科学平行发展的两个方面，都是硬件工业发展的基础。信息技术已是经济发展的牵动力量，而在关系到一国生死存亡的军事领域，电子工业更是扮演着举足轻重的角色。现代战争越来越向高技术、信息化的方向发展，电子战已经成为杀伤敌人的一种强大手段。任何国家都不想在全球信息战中处于被动挨打的地位，包括我国在内的世界上比较有实力的国家，对于信息技术的投入都非常大，即便是非常"烧钱"的电子信息科学与技术专业，国家也不惜重金投入，以期在新时代经济及战略争夺中居于主动地位。

新高考选考科目指引：

本专业必须选择物理、化学学科。

培养目标：

本专业培养具备电子信息科学与技术、计算机科学与技术的基本理论和基本技能，受到严格的电子信息科学实验和研究训练，具有较强的逻辑思维能力和较宽的知识面，能在电子信息、计算机等相关领域和行业从事科学研究、教学、科技开发、产品设计、生产和管理等工作的新型研究人才和高级工程技术人才。

培养要求：

本专业是现代科学技术与社会发展的关键技术和支柱产业，根据"加强基础，拓宽专业，提高素质，培养能力"的原则，围绕信息的采集、传输、处理、控制和分析应用。要求学生掌握现代电子信息系统的基本理论、知识和技能。一方面使学生能够从事系统设计、研制和开发，具有一定的创新能力；另一方面为进一步深造打下扎实的基础。

主要课程：

电路分析、模拟电子技术、数字电子技术、电磁波与电磁场、电磁兼容设计、信号与系统、信号处理、微机接口、传感器与自动检测技术、数据结构与算法、面向对象程序设计、专用集成电路设计、单片机原理及应用、DSP技术与信息检测、嵌入式系统与智能仪器、光谱信息处理、智能检测技术、分析仪器、智能仪器、虚拟仪器技术等。

顶尖院校：

电子科技大学、北京邮电大学和哈尔滨工业大学。

就业方向：

毕业生可在电子信息、计算机等相关领域和行业从事科学研究、教学、科技开发、生产和管理等工作。就业部门有全国高等院校、科研院所、电子信息、计算机类实业公司等。

未来可从事职业岗位：

信息安全储备审核员、工艺工程师、技术支持工程师、视讯工程师、电子研发工程师、专利工程师、图像处理算法工程师、Java研发工程师、软件实施工程师、集成电路数字前端设计工程师、软件开发工程师、算法工程师、技术型销售工程师、电源研发高级工程师、硬件检测工程师、技术研发经理、专职教师、项目管理等。

>>> **职业薪酬：**

电子信息科学与技术专业相关职位薪酬(月薪)：按工作经验统计，其中1～3年约8000元，5～10年约10000元。

>>> **就业热门行业：**

电子技术/半导体/集成电路、计算机软件、新能源、计算机技术支持(系统、数据维护)、仪器仪表/工业自动化、互联网/电子商务、通信/电信/网络设备、咨询、人力资源、财会、贸易/进出口等。

>>> **就业热门城市：**

深圳、上海、北京、南京、广州、西安、武汉、成都、郑州和苏州等。

080715T 电信工程及管理

>>> **新高考选考科目指引：**

本专业必须选择物理、化学学科。

>>> **培养目标：**

本专业是面向信息行业，宽口径的交叉学科。该专业根据现代信息社会需求，培养既具有通信技术、通信系统和信息网方面的基础知识，又具备管理理论基础知识，能在通信领域从事运营、管理工作，能开拓国际市场的高素质复合型人才。

>>> **培养要求：**

本专业学生主要学习通信系统和通信网方面的基础理论、组成原理和设计方法，获得通信工程的基本训练，同时学习网络协议、企业管理等相关领域的专业基础知识，具备从事现代通信系统和网络的设计、运营、管理及市场开拓能力。

>>> **主要课程：**

数理基础课程、英语、电路系列课程、计算机系列课程、信号与系统、数字信号处理、通信原理、电磁场与电磁波、微波技术基础、现代通信技术、企业管理、产品开发等课程。

>>> **顶尖院校：**

北京邮电大学和南京邮电大学。

>>> **未来可从事职业岗位：**

网络工程师、Java开发工程师、运维工程师、软件测试工程师、高级网络工程师、电气工程师、技术支持工程师、项目经理、项目总监等。

>>> **就业热门行业：**

通信/电信/网络设备/电信运营、电子技术/半导体/集成电路、计算机软件、计算机技术支持(系统、数据维护)、互联网/电子商务、增值服务、新能源、房地产、建筑/建材/工程等。

>>> **就业热门城市：**

上海、北京、深圳、沈阳、广州、武汉、长沙、南京、成都和杭州等。

080716T 应用电子技术教育

>>> **新高考选考科目指引：**

本专业必须选择物理、化学学科。

>>> **培养目标：**

本专业培养德、智、体、美、劳全面发展，掌握电子技术应用的基本理论、基本知识与基本技能，受到严格科学实验训练和初步科学研究训练，掌握师范教育的理论和技能，具有较强的创新意识、创新能力和工程实践能力，能在应用电子技术、电子信息工程与技术等相关领域从事教育教学、科技开发、产品设计等工作的高级人才。

>>> **培养要求：**

本专业学生主要学习应用电子信息技术方面的基础理论，学习电子信息产品设计、生产、调试、检测及电子设备使用等基础知识，接受从事科学研究和现代教育理论与实践的训练，具有应用电子技术教学、产品开发与推广和电子设备维护等方面的基本能力。

>>> **主要课程：**

电路分析、模拟电子技术、数字电子技术、电磁场与电磁波、高频电子线路、信号与系统、数字信号处理、单片机原理与应用、自动控制原理、心理学和教育学等。

>>> **顶尖院校：**

湖南科技大学和湖南师范大学。

>>> **就业方向：**

毕业生可在高等院校、职业技术院校、中等教育学校等教育部门从事教学以及信息处理工作。还可在电子产品设计与制造领域从事科学研究、科技开发以及集成、制造等方面的工作。也可以报考相关专业的硕士研究生，继续深造。

>>> **未来可从事职业岗位：**

质量实验室技术员、幼教电子绘本研发经理等。

>>> **就业热门行业：**

教育/培训、通信/电信/网络设备、互联网/电子商务、影视/媒体/艺术/文化传播、电子技术/半导体/集成电路、公关/市场推广/会展、制药/生物工程、广告、文字媒体/出版、计算机硬件等。

>>> **就业热门城市：**

深圳、郑州、杭州、上海、佛山、温州、兰州、北京和南京等。

080717T 人工智能

人工智能专业是研究、开发用于模拟、延伸和扩展人的智能的理论、方法、技术及应用系统的一门技术科学。它是计算机科学的一个分支，它企图了解智能的实质，并生产出一种新的能与人类智能相似的方式作出反应的智能机器，该领域的研究包括机器人、语言识别、图像识别、自然语言处理和专家系统等。它是一门极富挑战性的科学，从事该领域研究的人员必须懂得计算机知识、心理学和哲学等。

> **新高考选考科目指引：**

本专业必须选择物理、化学学科。

> **培养目标：**

本专业培养具备基于计算机技术、自动控制技术、智能系统方法、传感信息处理等科学与技术，进行信息获取、传输、处理、优化、控制、组织等并完成系统集成，具有相应工程实施能力，具备在相应领域从事智能技术与工程的科研、开发、管理工作，具有宽口径知识和较强适应能力及现代科学创新意识的高级技术人才。

> **培养要求：**

本专业以夯实计算机科学技术为基础，以加强智能科学理论方法和应用技术为核心，以促进学生知识、能力、素质协调发展为目标，注重培养学生良好的科学研究素养和技术应用能力。

> **核心课程：**

1. 认知与神经科学课程：认知心理学、神经科学基础、人类的记忆与学习、语言与思维、计算神经工程等。

2. 人工智能伦理课程：人工智能、社会与人文、人工智能哲学基础与伦理等。

3. 科学和工程课程：脑科学、神经科学、认知心理学、信息科学等。

4. 先进机器人学课程：先进机器人控制、认知机器人、机器人规划与学习、仿生机器人等。

5. 人工智能平台与工具课程：群体智能与自主系统、无人驾驶技术与系统实现、游戏设计与开发、计算机图形学、虚拟现实与增强现实等。

6. 人工智能核心课程：人工智能的现代方法Ⅰ、问题表达与求解、人工智能的现代方法Ⅱ、机器学习、自然语言处理、计算机视觉等。

> **首批开设院校：**

浙江大学、南京大学、上海交通大学、哈尔滨工业大学、北京航空航天大学、四川大学、西安交通大学、厦门大学、天津大学、吉林大学、西北工业大学、山东大学等。

> **就业方向：**

毕业生可从事人工智能产业中的研发、设计、运营、管理及市场开拓等相关工作。

080718T 海洋信息工程

海洋信息工程专业是利用声、光、电、磁等信息载体，实现对海、在海、为海观测、探测和监测的新兴工科专业，主要探索与研究海洋信息源机理和物理场规律、科学先进的认知途径、前沿深入的信息挖掘处理与应用方法，并在此基础上研制相关的海洋信息传感器、计量装置和处理与决策系统。

> **新高考选考科目指引：**

本专业必须选择物理、化学学科。

> **培养目标：**

本专业着重培养适应现代化建设和未来社会发展需要，具有优良的思想品质、科学素质和人文素质，具备海洋物理与信息感知能力、海洋传感器与海洋信息获取能力、海洋探测技术与系统和海洋信息传输与处理基础知识与应用能力、自主学习和创新能力、组织协调能力，能在海洋科学研究、海洋信息技术开发应用、海洋信息系统及相关领域从事科学研究、工程设计、应用研究、运行管理等方面工作的高级复合型技术人才。

> **首批开设院校：**

哈尔滨工业大学、哈尔滨工程大学。

080719T 柔性电子学

柔性电子学专业是一种把电子器件安装在柔性塑料底版上组成柔性电子线路的技术专业。由于柔性电子具有柔性和轻便等优点，已在照相机、计算机键盘制造、有机发光二极管及卫星的太阳能电池等方面广泛应用。

> **新高考选考科目指引：**

本专业必须选择物理、化学学科。

> **首批开设院校：**

西北工业大学。

080720T 智能测控工程

本专业立足培养具有可持续竞争力的创新型人才，即具备坚实的数学、物理、计算机、信息采集与处理、自动测控以及人工智能等多学科交叉知识，系统掌握智能测控与智能化的基础理论、基础知识和基本技能与方法，具备信息采集、分析、处理和智能化测控系统集成方面研究和开发的基本能力，以及多维知识结构和解决复杂工程问题的职业胜任力，能够引领未来智能测控及相关领域发展的杰出人才。

> **新高考选考科目指引：**

本专业必须选择物理、化学学科。

> **首批开设院校：**

哈尔滨工业大学

0808 自动化类

自动化是指机器设备、系统或过程（生产、管理过程）在没有人或较少人的直接参与下，按照人的要求，经过自动检测、信息处理、分析判断、操纵控制，实现预期目标的一个动态发展过程。自动化技术广泛用于工业、农业、军事、科学研究、交通运输、商业、医疗和家庭等方面。自动化技术可以代替人的体力劳动，而且还代替或辅助脑力劳动，自动完成特定的作业，极大地提高了劳动生产率，增强了人类认识世界和改造世界的能力。因此，自动化是工业、农业、国防和科学技术现代化的重要条件和显著标志。

📖 080801 自动化

自动化专业主要研究的是自动控制的原理和方法、自动化单元技术和集成技术及其在各类控制系统中的应用。它以自动控制理论为基础，以电子技术、电力电子技术、传感器技术、计算机技术、网络与通信技术为主要工具，面向工业生产过程自动控制及各行业、各部门的自动化。它具有"控(制)管(理)结合，强(电)弱(电)并重，软(件)硬(件)兼施"的鲜明特点，是理、工、文、管多学科交叉的宽口径工科专业。

▶ 新高考选考科目指引：
本专业必须选择物理、化学学科。

▶ 培养目标：
本专业培养在知识、能力、素质各方面全面发展，掌握自动化领域的基本理论、基本知识和专业技能，并能在工业企业、科研院所等部门从事有关运动控制、过程控制、制造系统自动化、自动化仪表和设备、机器人控制、智能监控系统、智能交通、智能建筑、物联网等方面的工程设计、技术开发、系统运行管理与维护、企业管理与决策、科学研究和教学等工作的宽口径、高素质、复合型的自动化工程科技人才。

▶ 培养要求：
本专业学生主要学习自动化领域的基本理论和基本知识，接受自动化领域的基本方法及解决实际工程问题等方面的基本训练，具有自动化工程设计与研究方面的基本能力。

▶ 主干学科：
控制科学与工程。

▶ 核心知识领域：
电路及电子学基础、自动化基础理论、计算机技术基础(硬件、软件、网络等)、传感器与检测技术、电力电子技术、计算机控制技术、运动控制技术、过程控制技术等。

▶ 顶尖院校：
清华大学、上海交通大学、东北大学、东南大学、西安交通大学、哈尔滨工业大学、国防科学技术大学、中国科学技术大学、哈尔滨工程大学和北京理工大学。

▶ 就业方向：
毕业生可从事自动控制、自动化、信号与数据处理及计算机应用等方面的技术工作。就业领域非常宽广，包括高科技公司、科研院所、设计单位、大专院校、金融系统、通信系统、税务、外贸、工商、铁道、民航、海关、工矿企业及政府等。

▶ 未来可从事职业岗位：
自动化测试软件开发工程师、自动化机构设计工程师、系统设计师、高级测试工程师、自动化维护工程师、高级IOS开发工程师、设备维护技术员、设备维护工程师、电气工程师、软件测试工程师、机械工程师、运维工程师、硬件工程师、技术支持工程师、行政前台、行政专员助理、销售经理、销售工程师、官网运营经理等。

▶ 职业薪酬：
自动化专业相关职位薪酬(月薪)：按工作经验统计，其中应届生约5000元，1~3年约7000元，3~5年约11000元，5~10年约13000元，10年以上约17000元。

▶ 就业热门行业：
机械/设备/重工、建筑/建材/工程、仪器仪表/工业自动化、电子技术/半导体/集成电路、新能源、互联网/电子商务、计算机软件、汽车及零配件、计算机技术支持(系统、数据维护)等。

▶ 就业热门城市：
上海、深圳、北京、广州、杭州、武汉、东莞、苏州、南京和成都等。

📖 080802T 轨道交通信号与控制

▶ 新高考选考科目指引：
本专业必须选择物理、化学学科。

▶ 培养目标：
本专业培养掌握轨道交通信号与控制专业的基本知识和专业技能，能从事轨道通信和信号等机电设备的安装、调试、运营维护、组织管理及应用开发工作，具有一定创新能力的轨道交通运输生产、管理的应用型工程技术人才。

▶ 主干学科：
控制科学与工程、交通运输工程。

▶ 主要课程：
电路、模拟电子线路、数字逻辑电路、微机原理及接口、软件技术基础、传感器与检测技术、DSP应用技术、PLC原理及应用、嵌入式控制系统及应用、微控制器应用及系统设计、数据库原理及应用、自动控制理论、信号与系统、交通控制基础、轨道交通信号设备、轨道交通信号控制、轨道交通运行控制、轨道交通调度指挥、轨道交通可靠性与安全性、现代轨道交通的通信技术、轨道交通信号抗干扰技术等。

▶ 顶尖院校：
西南交通大学、北京交通大学、兰州交通大学、大连交通大学和南京理工大学。

▶ 就业方向：
该专业具有国家行业需求的鲜明特色和较完善的培养体系。毕业生可在铁路部门、城市轨道交通部门从事轨道交通信号与控制的系统规划设计、运营管理、设备检测与维护等工作；在相关企业公司从事轨道交通和道路交通信号与控制产品设计和技术研发工作；在控制科学与工程和交通运输工程等相关学科考研深造；可以在其他相关企业从事自动化仪表和设备、嵌入式计算机控制系统、测控应用软件等综合自动化测控系统的研究、设计、开发、运行管理等工作。

▶ 未来可从事职业岗位：

NFV解决方案开发架构师、工艺工程师、高级Java开发工程师、测试经理、高级系统运维工程师、门店运营经理、跟模工程师、海外技术服务工程师、技术与产业策略高级工程师、移动游戏高级运营经理、客户联络中心主管、产品经理、行政部设备工程师、软件测试工程师、客服专员、测试中级工程师等。

▶ 职业薪酬：

轨道交通信号与控制专业相关职位薪酬（月薪）：按工作经验统计，其中1~3年约7000元。

▶ 就业热门行业：

交通/运输/物流、仪器仪表/工业自动化、建筑/建材/工程、教育/培训/院校、影视/媒体/艺术/文化传播、房地产、计算机软件、家居/室内设计/装潢、机械/设备/重工、电气/电力/水利等。

▶ 就业热门城市：

北京、苏州、重庆、上海、南京、天津、成都和绍兴等。

080803T 机器人工程

机器人工程专业是以控制科学与工程、机械工程、计算机科学与技术、材料科学与工程、生物医学工程和认知科学等学科中涉及的机器人科学技术问题为研究对象，综合应用自然科学、工程技术、社会科学、人文科学等相关学科的理论、方法和技术，研究机器人的智能感知、优化控制与系统设计、人机交互模式等学术问题的一个多领域交叉的前沿学科。

机器人工程专业是个典型的工科专业，课程大量涉及编程实践，特别是算法编程，不仅要学习算法，而且要将算法编成软件。需要学生具有良好的数理基础、强烈的编程兴趣和优秀的动手能力。另外，良好的外语读写能力也是不可或缺的，它可以让学生率先获知国际上最新的机器人工程研究动向，也更容易学习国外的先进技术。

▶ 新高考选考科目指引：

本专业必须选择物理、化学学科。

▶ 培养目标：

本专业培养适应社会发展需要的德、智、体、美、劳全面发展，具有道德文化素质和社会责任感，掌握工业机器人技术工作必备的知识和技术，有较强实践能力、创新精神，主要从事机器人工作站设计、装调与改造，机器人自动化生产线的设计、应用及运行管理等相关岗位工作，具有较强综合职业能力的高素质应用型专业人才。

▶ 核心课程：

高级语言程序设计、电路分析、机械设计基础、模拟电子技术、数字电子技术、自动控制原理、微机原理及接口技术、电机与电气控制技术、单片机原理及其应用、机械制造基础、工业机器人控制系统、运动控制系统、工业机器人计算机编程、机器人传感器技术及应用、工业机器人系统集成技术、工业机器人仿真技术、生产运作管理、计算机视觉、现场总线控制技术、嵌入式控制系统及应用等。

▶ 首批开设院校：

北京大学、哈尔滨工业大学、东南大学、湖南大学、东北大学、广州大学、北京信息科技大学、安徽工程大学、南昌理工学院、南京工程学院、重庆文理学院、常熟理工学院等。

▶ 就业方向：

毕业生可以到机器人系统集成厂商，以及应用工业机器人的智能制造企业从事机器人工作站的装调、设计与改造，自动化生产线的设计、应用及运行维护管理等方面工作。

080804T 邮政工程

邮政工程专业主要以现代邮政快递行业为背景，以智能工程的物流信息技术和邮政快递自动化技术为特色，使学生具备工学与管理学相结合的符合现代邮政事业需要的技能。

▶ 新高考选考科目指引：

本专业必须选择物理、化学学科。

▶ 培养目标：

本专业培养适应社会主义现代化建设和现代邮政事业发展的需要，德、智、体、美、劳全面发展，具有较高的思想道德和良好的科学文化素质、敬业精神、社会责任感与创新意识，基础扎实、知识面宽、实践能力强，拥有扎实的计算机科学与技术基础理论知识和邮政工程专业技术，能在邮政、信息网络等领域从事科学研究、教学、应用开发、产品设计等方面工作的高素质专业技术人才。

▶ 培养要求：

该专业学生的培养主要强调基础知识与前沿技术、理论方法与实践技能相结合，以信息技术为主线，结合现代邮政应用背景，突出信息技术与邮政行业结合的特色。要求学生接受计算机通信和邮政工程实践的基本训练，具备从事科学研究、教学、应用开发、产品设计的基本能力。

▶ 核心课程：

运筹学、数据结构、邮政运作管理、操作系统原理、计算机网络、现代物流信息技术、网络安全技术、数据库系统原理、数据挖掘、邮政物联网技术与应用、邮政网络优化等。

▶ 首批开设院校：

北京邮电大学等。

▶ 就业方向：

本专业毕业生可以在邮政行业管理部门、邮政快递企业、信息通信企业从事信息网络系统及平台的研发与技术管理、数据分析与应用等技术工作，同时也可以在物流工程、计算机技术、信息网络等方向继续攻读硕士研究生学位。

080805T 核电技术与控制工程

▶ 新高考选考科目指引：

本专业必须选择物理、化学学科。

▶ **培养目标：**

本专业培养系统地掌握核电技术与控制工程领域的基本理论和应用技术，具备核电技术与控制工程领域相关知识和解决复杂实际工程问题的能力，可从事核电技术与控制工程领域相关的管理、设计、开发、建造、调试和运营维护等工作的高级专门人才。

▶ **主干课程：**

核反应堆物理及热工分析、自动控制理论、核电厂设备及运行、计算机硬件技术、检测技术、计算机测控技术、过程控制系统及装置、核电站控制系统、核电站仪表、核电站测量技术、核电站安全及保护系统等。

▶ **首批开设院校：**

上海电力大学。

▶ **就业方向：**

本专业培养的毕业生既可就业于核电产业链中与控制工程相关的企业，又可就业于与传统电力生产或过程控制技术相关的技术岗位。

080806T 智能装备与系统

提到智能装备，大家第一时间想到的是人工智能设备，或者是装备的智能化；提到系统，大家应该想到的是自动化、网络化。智能装备与系统专业就是研究将自动化、网络化和传统的装备相结合的一门学科。

▶ **新高考选考科目指引：**

本专业必须选择物理、化学学科。

▶ **首批开设院校：**

北京交通大学、哈尔滨工业大学、吉林化工学院、盐城工学院。

080807T 工业智能

工业智能专业是研究如何将具有环境感知能力的各类终端基于泛在技术的计算模式、移动通信等不断融入工业生产的各个环节，大幅提高制造效率、改善产品质量、降低产品成本和资源消耗，将传统工业提升到智能化新阶段的学科。

▶ **新高考选考科目指引：**

本专业必须选择物理、化学学科。

▶ **首批开设院校：**

东北大学。

080808T 智能工程与创意设计

本专业是以智能设计、自动化、机器人制造等为基础而孕育产生的交叉专业，培养具有扎实的工程基础和设计功底的复合型创意设计人才。

▶ **新高考选考科目指引：**

本专业必须选择物理、化学学科。

▶ **首批开设院校：**

清华大学。

0809 计算机类

080901 计算机科学与技术

计算机科学与技术专业是研究计算机的设计与制造、利用计算机进行信息获取、表示、存储、处理、控制等的理论、原则、方法和技术的学科，是科学性与工程性并重的学科，具有理论性和实践性紧密结合的特征。计算机科学与技术的迅猛发展源于其应用的广泛性和强烈的需求。它已经渗透到人类社会的各个领域。本专业是实现国民经济信息化不可缺少的，对本专业人才的需求量会越来越大。本专业培养的学生具有很好的发展前景。

▶ **新高考选考科目指引：**

本专业必须选择物理、化学学科。

▶ **培养目标：**

本专业培养德、智、体、美、劳全面发展，掌握数学与自然科学基础知识，以及计算机、网络与信息系统相关的基本理论、基本知识、基本技能和基本方法，具有较强的专业能力和良好的综合素质，能胜任计算机科学研究、计算机系统设计、开发与应用等工作的高级专门人才。

▶ **主干学科：**

计算机科学与技术。

▶ **核心知识领域：**

离散结构、基本算法、程序设计、数据结构、计算机组成、操作系统、计算机网络、数据库系统、软件工程等。

▶ **顶尖院校：**

清华大学、华中科技大学、哈尔滨工业大学、中国科学技术大学、华中师范大学、北京航空航天大学和北京大学。

▶ **就业方向：**

毕业生可从事的工作：①进一步攻读硕士和博士学位；②在高等院校和科研机构从事教学和研究工作；③在计算机公司从事软/硬系统设计、开发和维护工作，软/硬件系统的生产和营销工作；④从事金融、贸易、商业机构的信息采集和分析工作；⑤从事企事业单位计算机应用系统的开发和管理工作。

▶ **未来可从事职业岗位：**

技术运维主管、项目管理工程师、仓库管理员、绩效管理员、维护工程师、安全专业工程师、信息系统维护主管、软件开发工程师、生产技术员、软件测试工程师、产品运营工程师、MES工程师、安卓工程师、游戏设计开发师、Java软件工程师助理、初级程序员、技术支持工程师、实施工程师、ERP开发工程师、前端工程师、系统测试工程师、软件研发程序员、资深电子工程师等。

▶ **职业薪酬：**

计算机科学与技术专业相关职位薪酬（月薪）：按工作经

验统计,其中 1～3 年约 7000 元,3～5 年约 10000 元。

▶▶ 就业热门行业:

计算机软件、互联网/电子商务、新能源、电子技术/半导体/集成电路、计算机技术支持(系统、数据维护)、通信/电信/网络设备、仪器仪表/工业自动化、金融/投资/证券、教育/培训/院校等。

▶▶ 就业热门城市:

上海、深圳、北京、广州、杭州、武汉、成都、南京、厦门和西安等。

📖 080902 软件工程

软件工程专业是研究用工程化方法构建和维护有效、实用、高质量的软件的学科,涉及程序设计语言、数据库、软件开发工具、系统平台,及计算机科学、数学和管理科学等多方面知识。软件工程研究的目的是在现有软件开发技术基础上,对应用的需求进行分析,设计高质量的软件架构,分配和协调每个软件生产人员的工作,保证软件高质量地完成。

我们可以通过实例来说明软件工程的应用领域:在超市购物结账时,营业员一般通过计算机进行业务操作,先扫描物品条形码,使之传输到计算机,得出销售价格并累加、汇总出物品总金额,再计算找零数目,并记录结账时间、金额和购物地点——这里条形码与价格间的相互转换以及金额汇总功能便是通过内嵌在计算机的软件程序发布指令实现的。

再以电力工业为例,电力网络的规模越来越大,调度人员有限,而且坐镇调度中心的调度员也不可能对发生在异地的电力故障进行实时现场指挥和维修,因此只能依靠远程操作来完成。这些远程操作便依赖于软件的作用。可见,软件工程的应用不仅促进了经济和社会的发展,而且使人们的工作与生活更加便利、高效。

▶▶ 新高考选考科目指引:

本专业必须选择物理、化学学科。

▶▶ 培养目标:

本专业培养德、智、体、美、劳全面发展,掌握自然科学和人文社科基础知识,掌握计算科学基础理论、软件工程专业的基础知识及应用知识,具有软件开发能力以及软件开发实践的初步经验和项目组织的基本能力,能从事软件工程技术研究、设计、开发、管理、服务等工作的专门人才。

▶▶ 培养要求:

本专业学生主要学习自然科学和人文社科基础知识,学习计算科学、软件工程相关的基本理论和基本知识,接受软件工程的基本训练,具有软件开发实践的基本能力和初步经验、软件项目组织的基本能力以及基本的工程素养,具有初步的创新和创业意识、竞争意识和团队精神,具有良好的外语运用能力。

▶▶ 主干学科:

软件工程。

▶▶ 核心知识领域:

计算基础、数学和工程基础、职业实践、软件系统建模与分析、软件系统设计、验证与确认、软件演化、软件过程、软件质量、软件管理。

▶▶ 顶尖院校:

清华大学、国防科学技术大学和东北大学。

▶▶ 就业方向:

毕业生主要在各大软件公司、高等院校、各大研究所以及国防等重要部门从事软件设计、开发、应用与研究工作。

▶▶ 未来可从事职业岗位:

软件工程师、测试工程师、高级产品管理工程师、产品管理经理、高级测试开发工程师、开发运维主管、MES 工程师、高级 Java 软件工程师、高级交互设计师、IT 支持员、资深 Java 服务器开发工程师、企业合作部经理、Android 软件工程师、产品质量工程师等。

▶▶ 职业薪酬:

软件工程专业相关职位薪酬(月薪):按工作经验统计,其中应届生约 5000 元,1～3 年约 10000 元,3～5 年约 13000 元,5～10 年约 17000 元。

▶▶ 就业热门行业:

计算机软件、互联网/电子商务、计算机技术支持(系统、数据维护)、电子技术/半导体/集成电路、通信/电信/网络设备、建筑/建材/工程、仪器仪表/工业自动化、新能源、金融/投资/证券等。

▶▶ 就业热门城市:

上海、北京、深圳、广州、武汉、杭州、成都、南京、西安和厦门等。

📖 080903 网络工程

▶▶ 新高考选考科目指引:

本专业必须选择物理、化学学科。

▶▶ 培养目标:

本专业培养德、智、体、美、劳全面发展,掌握数学和其他相关的自然科学基础知识以及计算机和通信基础理论,掌握计算机网络系统的规划设计、维护管理、安全保障和应用开发相关的理论、知识、技能和方法,具有一定的工程管理能力和良好综合素质,能够承担计算机网络系统设计、开发、部署、运行、维护等工作的高级专门技术人才。

▶▶ 主干学科:

计算机科学与技术、通信工程。

▶▶ 核心知识领域:

计算机网络、数字通信、网络工程设计、网络安全、网络管理、网络开发。

▶▶ 顶尖院校:

北京邮电大学、西安电子科技大学、华南理工大学、南京邮电大学和中国矿业大学。

▶▶ 就业方向:

该专业毕业生可以从事各级各类企事业单位的企业办公

自动化处理、计算机安装与维护、网页制作、计算机网络和专业服务器的维护管理和开发、动态商务网站开发与管理、软件测试与开发及计算机相关设备的商品贸易等方面的有关工作。在网络公司、电信运营商、系统集成商、教育机构、银行以及相关企事业单位的网络技术部门,从事网络规划师、网络工程师、售前技术工程师、售后技术工程师和网络管理员等岗位的技术工作。

▶ **未来可从事职业岗位**:

网络安全工程师、IT支持工程师、网络专员、IT软件工程师、技术支持工程师、维护工程师、服务器维护工程师、高级网络工程师、售后服务、Java软件工程师等。

▶ **职业薪酬**:

网络工程专业相关职位薪酬(月薪):按工作经验统计,其中应届生约4000元,1~3年约6000元,3~5年约9000元,5~10年约13000元。

▶ **就业热门行业**:

通信/电信/网络设备、互联网/电子商务、新能源、计算机软件、计算机技术支持(系统、数据维护)、电子技术/半导体/集成电路、金融/投资/证券、通信/电信运营、增值服务、外包服务等。

▶ **就业热门城市**:

北京、上海、深圳、广州、杭州、武汉、成都、南京、厦门和西安等。

📖 080904K 信息安全

信息作为一种资源,它的普遍性、共享性、增值性、可处理性和多效用性,使其对于人类具有特别重要的意义。信息安全的实质就是要保护信息系统或信息网络中的信息资源免受各种类型的威胁、干扰和破坏,即保证信息的安全性。根据国际标准化组织的定义,信息安全性的含义主要是指信息的完整性、可用性、保密性和可靠性。信息安全专业是一门涉及计算机科学、网络技术、通信技术、密码技术、信息安全技术、应用数学、数论、信息论等多种学科的综合性学科。

▶ **新高考选考科目指引**:

本专业必须选择物理、化学学科。

▶ **培养目标**:

本专业培养素质、知识、能力全面发展,具有自然科学、人文科学和信息科学基础知识,掌握信息安全领域的基本理论、基本技术和应用知识,具备信息安全科学研究、技术开发和应用服务工作能力的信息安全科技人才,能够在信息安全、信息科学、信息技术及其他相关领域从事信息安全科学研究、技术开发和应用服务等方面的工作。

▶ **培养要求**:

本专业学生主要学习信息安全的基础知识和基本理论,接受信息安全基本技术的训练,具备信息安全科学研究、技术开发和应用服务等方面的基本能力。

▶ **主干学科**:

计算机科学与技术、电子信息。

▶ **核心知识领域**:

信息科学基础、信息安全基础、密码学、网络安全、信息系统安全、信息内容安全等。

▶ **顶尖院校**:

北京航空航天大学、哈尔滨工业大学和电子科技大学。

▶ **就业方向**:

毕业生可在计算机、通信、电子信息、电子金融、电子商务、电子政务等领域从事信息安全的科研、教学、管理、设计与开发等工作。

▶ **未来可从事职业岗位**:

安全员、安全专家、信息安全工程师、视频监控方案工程师、网络安全工程师、工艺工程师、项目行政主管、开发运维主管、景区经营部经理、审计经理、网络管理员、信息技术员、计算机应用管理员、前端开发工程师、技术运维主管、机房及桌面运维工程师、统计专员、高级系统管理员、质量技术工程师、法务经理、项目经理等。

▶ **职业薪酬**:

信息安全专业相关职位薪酬(月薪):按工作经验统计,其中应届生约5000元,1~3年约9000元,3~5年约16000元,5~10年约23000元。

▶ **就业热门行业**:

互联网/电子商务、计算机软件、新能源、房地产、金融/投资/证券、贸易/进出口、电子技术/半导体/集成电路、建筑/建材/工程、计算机技术支持(系统、数据维护)等。

▶ **就业热门城市**:

北京、上海、深圳、广州、武汉、杭州、成都、南京、西安和厦门等。

📖 080905 物联网工程

物联网工程专业是一门涵盖了传感器技术、数据库技术、射频识别技术、嵌入式系统设计、互联网技术以及云计算技术等多种技术综合的专业。本专业以物联网技术与系统应用为核心,同时面向国家中长期科技发展的需要,培养适应以物联网产业需求为重点,德、智、体、美、劳全面发展,具备本专业的知识和工程技术体系结构以及研发设计能力的基础宽、素质高的卓越工程师。本专业注重各相关学科的融会贯通和应用,以及物联网工程应用系统设计综合实践能力,是一门应用面广、综合性强、对实践能力要求很高的学科。

▶ **新高考选考科目指引**:

本专业必须选择物理、化学学科。

▶ **培养目标**:

本专业培养德、智、体、美、劳全面发展,掌握数学和其他相关的自然科学基础知识以及和物联网相关的计算机、通信和传感的基本理论、基本知识、基本技能和基本方法,具有较强的专业能力和良好的外语运用能力,能胜任物联网工程相关技术的研发及物联网应用系统规划、分析、设计、开发、部署、运行维护等工作的高级工程技术人才。

培养要求:
本专业学生要求德、智、体、美、劳全面发展,具备掌握合理的与物联网工程相关的现代传感器电子技术、无线网络技术和网络通信理论、智能信息处理技术、计算机应用技术等内容,掌握与物联网体系结构相关的传感层、传输层与应用层关键设计的技能,具备本专业领域新理论、新知识、新技术的学习能力以及较强的创新实践能力。

主干学科:
计算机科学与技术、电子科学与技术、通信工程。

核心知识领域:
物联网技术体系、标识与感知、物联网通信、物联网数据处理、物联网控制、物联网信息安全、物联网工程设计与实施等。

顶尖院校:
哈尔滨工业大学、北京理工大学、北京交通大学、西南交通大学、北京邮电大学和西安交通大学。

就业方向:
毕业生能够在物联网相关企业从事物联网工程设计、实施、管理、服务等技术性及管理性工作;或在专业机构从事物联网系统开发工作;或在企事业单位从事计算机网络管理与维护工作;也可以从事计算机教育工作或继续学习并攻读更高层次的学位。

未来可从事职业岗位:
嵌入式软件工程师、Android 开发工程师、Android 软件工程师、人工智能算法工程师、软件开发工程师、WEB 前端开发、售前技术工程师、销售工程师、高级嵌入式开发工程师、项目实施及运维工程师、楼宇自控研发工程师、IT 运维工程师、硬件研发工程师、高级硬件工程师、需求工程师等。

职业薪酬:
物联网工程专业相关职位薪酬(月薪):按工作经验统计,其中应届生约 6000 元,1~3 年约 9000 元,3~5 年约 13000 元,5~10 年约 17000 元。

就业热门行业:
互联网/电子商务、计算机软件、新能源、电子技术/半导体/集成电路、通信/电信/网络设备、计算机技术支持(系统、数据维护)、通信/电信运营、增值服务、仪器仪表/工业自动化、计算机硬件等。

就业热门城市:
深圳、北京、上海、杭州、广州、成都、武汉、南京、长沙和重庆等。

📖 080906 数字媒体技术

数字媒体技术专业属信息科学与数字媒体技术相结合的新兴交叉学科,课程体系与国际接轨,要求学生系统掌握数字媒体技术专业基础理论、基本技能、应用开发工具,旨在培养思维活跃、创造力强、具有国际化视野和头脑,能适应全球信息化所带来的数字媒体技术发展需要的数字媒体技术人才。本专业注重学生的动手实践能力训练,突出信息可视化、移动开发、电脑游戏、人工智能及网络多媒体应用等方向的实践教学。

新高考选考科目指引:
本专业必须选择物理、化学学科。

培养目标:
本专业培养德、智、体、美、劳全面发展,掌握数学与自然科学基础知识以及与数字媒体相关的计算机科学与技术、信息与通信工程等学科的基本理论、基本知识、基本技能和基本方法,具备良好的技术素质和一定的艺术修养,能在互动媒体、媒体网络、新媒体工程等领域从事系统设计、开发与应用工作的高级复合型人才。

培养要求:
本专业学生主要学习和掌握数字媒体技术专业的基本理论、基础知识和基本技能。

主干学科:
计算机科学与技术、信息与通信工程。

核心知识领域:
程序设计、网络与应用、计算机图形学、数字图像处理、数字视音频处理、计算机动画、计算机视觉、人机交互、虚拟现实技术等。

顶尖院校:
江南大学、福建师范大学、青岛大学和哈尔滨工业大学。

就业方向:
毕业生可以从事游戏软件开发、手机软件开发、交互动画制作、虚拟显示场景制作、企业多媒体软件开发、多通道展览展示设备软硬件设计开发等工作;也可考硕士研究生继续深造学习。

未来可从事职业岗位:
平面设计师、技术支持工程师、系统集成工程师、软件工程师、MAYA 特效师、视频剪辑师、软件测试工程师、教学设计师、智能化方案设计师、高级 UI 网页设计师、视频工程师、CC++软件工程师、嵌入式高级软件开发工程师、影视策划与编导、网络推广经理/主管、硬件工程师、媒介经理、大客户经理、城市客户经理、产品经理、市场经理、广告客户经理、数字营销经理、Flash 动画制作/设计岗位/原画助理、CRM 客户关系经理等。

职业薪酬:
数字媒体技术专业相关职位薪酬(月薪):按工作经验统计,其中 1~3 年约 7000 元,3~5 年约 10000 元,5~10 年约 15000 元。

就业热门行业:
影视/媒体/艺术/文化传播、公关/市场推广/会展、互联网/电子商务、新能源、广告、计算机软件、电子技术/半导体/集成电路、教育/培训/院校、咨询、人力资源、财会等。

▶▶▶ 就业热门城市：

北京、上海、深圳、广州、武汉、杭州、成都、西安、青岛和合肥等。

📖 080907T 智能科学与技术

人类历史在不断进步，科学技术在不断发展，社会需求在不断深入，人才培养在不断升华，当今时代，信息科学技术推动着整个社会奔向美好的信息文明。众所周知，信息是现象，知识是本质，智能是运用知识解决问题的能力，是信息的最高级产物。因此，智能是信息的精华，智能科学技术是信息科学技术的核心、前沿和制高点，是信息科学技术与生命科学技术的最为精彩的交叉领域，是21世纪科学技术发展的聚焦点。正如学术界广泛认可的观点，20世纪末期，推动世界发展的引擎是信息化；21世纪初期，引领世界发展的火车头是智能化。

▶▶▶ 新高考选考科目指引：

本专业必须选择物理、化学学科。

▶▶▶ 培养目标：

本专业培养具备电子技术、信息处理理论、电子信息系统、计算机与互联网络、智能科学与技术的基本知识，能从事各类电子与信息系统、智能信息领域科学研究、教学工作及各类大型电子信息系统、控制系统、仪器设备等智能化的研究、设计、开发及应用的高层次、创造型科技人才。

▶▶▶ 培养要求：

本专业是为了适应信息智能化发展的需求，把智能技术与信息技术有机结合的一种新的人才培养专业。学生主要学习数学、物理、电子、计算机和信息处理等多学科交叉的知识，系统地掌握智能科学的基础理论和基本技能，具有电子信息系统和智能信息系统的软、硬件设计与开发能力，具有较强的知识自我更新和不断创新的能力。

▶▶▶ 主要课程：

电路分析理论、信号与系统、数字信号处理、模拟电子线路基础、数字电路及系统设计、通信电路、微机原理与系统设计、数据结构、软件工程、人工智能概论、算法设计与分析、最优化理论与方法、机器学习、计算智能导论、模式识别、图像理解与计算机视觉、智能传感技术、移动通信与智能技术、智能控制导论、智能数据挖掘、网络信息检索、智能系统平台专业实验。

▶▶▶ 顶尖院校：

西安电子科技大学、北京信息科技大学和南开大学。

▶▶▶ 就业方向：

学生毕业后可继续攻读电路与系统、智能信息处理、模式识别与智能控制等相关学科的硕士学位，也可在科研机构、高等院校从事电子信息、通信、控制、计算机等智能科学与技术学科相关领域的研究、教学、开发、管理工作。

▶▶▶ 未来可从事职业岗位：

IT高级工程师、产品培训工程师、NFV解决方案开发架构师、先期工程冲压工程师、高级Java开发工程师、工艺工程师、机械工程师、雷达算法工程师、渠道财经经理、高级经理、法务管理、测试经理、采购专员等。

▶▶▶ 就业热门行业：

新能源、互联网/电子商务、计算机软件、电子技术/半导体/集成电路、计算机技术支持(系统、数据维护)、建筑/建材/工程、通信/电信/网络设备、仪器仪表/工业自动化、房地产等。

▶▶▶ 就业热门城市：

北京、深圳、上海、杭州、广州、武汉、南京、成都、厦门和西安等。

📖 080908T 空间信息与数字技术

空间信息与数字技术专业是一门集地理学、测绘科学、计算机科学、空间科学、信息科学和管理科学等多门学科为一体的综合集成学科，具有多学科交叉的显著特点。本专业毕业生基础扎实、知识面宽，具有深厚的空间信息基础理论和专业知识、扎实的计算机能力、突出的空间信息行业特色。

▶▶▶ 新高考选考科目指引：

本专业必须选择物理、化学学科。

▶▶▶ 培养目标：

本专业培养适应经济与社会发展需要，具备数字行业/区域/城市、空间信息技术等领域的专业知识，具有扎实的软件工程基础、通信技术以及计算机技术等复合知识结构，掌握大型数字工程设计和管理能力，能从事该领域的科学研究、技术开发、工程应用、信息服务和管理等工作的应用型高级专门人才。

▶▶▶ 主要课程：

计算机科学与技术类：高级语言程序设计、面向对象程序设计、数据库原理与应用、数据结构、操作系统、计算机网络与通信、计算机图形学、GIS软件工程、虚拟现实与仿真等。

空间信息技术类：空间信息技术导论、测量与地图学、地理信息系统原理与技术、地理信息系统开发与应用、遥感影像处理与应用、卫星导航定位原理与应用、空间信息移动服务、空间信息共享技术、数字城市原理与方法等。

▶▶▶ 顶尖院校：

电子科技大学和武汉大学。

▶▶▶ 就业方向：

毕业生可在各级政府的信息化主管部门从事信息化规划、管理和技术服务等工作；也可在企事业单位从事电子政务、电子商务、数字媒体和遥感、地理信息系统、卫星导航定位等领域的技术开发和工程应用等工作；或进一步攻读计算机应用技术、计算机软件与理论、地理信息系统、遥感、卫星导航定位等领域的硕博士研究生。

未来可从事职业岗位：

信息系统集成工程师、音视频销售工程师、金融交易员/操盘手、技术支持工程师、高级测试工程师、维修工程师、创意策划经理、课程顾问、网店运营、驻地现场咨询师、销售工程师、项目经理、销售公司总经理等。

就业热门行业：

互联网/电子商务、金融/投资/证券、计算机软件、电子技术/半导体/集成电路、新能源、银行、贸易/进出口、广告、公关/市场推广/会展等。

就业热门城市：

深圳、北京、广州、西安、武汉、上海、成都、宁波、杭州和长春等。

080909T 电子与计算机工程

新高考选考科目指引：

本专业必须选择物理、化学学科。

培养目标：

本专业培养能够在工业企业运动控制、过程控制、供电技术、检测与自动化仪表、信息处理等领域从事系统分析、系统设计、系统运行维护、科技开发等方面工作的具有创新精神和良好的英语沟通能力的复合型工程技术人才。

培养要求：

本专业学生要对经济的概貌与特点有比较深入的认识，有较强的独立研究和实际工作能力。

主干学科：

计算机科学技术、通信工程和电子科学与技术。

主要课程：

电路与电子技术、机械设计基础、微机原理及接口、电机与拖动基础、自动控制理论、传感器与检测技术、设备信息管理系统、智能化控制系统、液压与气动等。

顶尖院校：

江苏大学、西安理工大学。

就业方向：

电子信息产业是目前国内外发展最迅速的领域，我国在制定面向21世纪科学技术发展战略计划中把电子与信息技术的发展列于首位。毕业生就业范围广，不受行业限制，近年来毕业生在全国各类人才需求中一直稳居前列。毕业生可以在邮电、通信、金融、电力部门以及电子信息与计算机应用领域的高新技术企业从事科研开发和技术管理工作，也可在高等院校、科研机构从事教学与科研工作。还可以在政府机关和国民经济的许多领域从事电子信息系统的维护管理工作。

未来可从事职业岗位：

电源设计工程师、售前设计工程师、系统工程师、测试工程师、售前技术工程师、高级系统工程师、PE工程师、SIT测试工程师、电脑工程师、网络维护主管、品保工程师、应用管理工程师、性能测试开发工程师、软件研发工程师、系统维护工程师、项目工程师、信息系统工程师等。

就业热门行业：

计算机软件、电子技术/半导体/集成电路、新能源、互联网/电子商务、计算机技术支持（系统、数据维护）、通信/电信/网络设备、仪器仪表/工业自动化、通信/电信运营、增值服务、计算机硬件等。

就业热门城市：

深圳、上海、北京、广州、武汉、杭州、成都、南京、西安和长沙等。

080910T 数据科学与大数据技术

数据科学与大数据技术专业简称数据科学或大数据，旨在培养具有大数据思维、运用大数据思维分析及解决应用技术问题的高层次大数据人才。该专业要求学生掌握计算机理论和大数据处理技术，从大数据应用的三个主要层面（即数据管理、系统开发、海量数据分析与挖掘）系统培养学生，提升学生解决实际问题的能力，要求学生掌握大数据应用中的各种典型问题的解决办法，具有将本领域知识与计算机技术和大数据技术融合、创新的能力，能够从事大数据研究和开发应用的工作。

新高考选考科目指引：

本专业必须选择物理、化学学科。

培养目标：

本专业培养德、智、体、美、劳全面发展，掌握数据科学的基础知识、理论及技术，包括面向大数据应用的数学、统计、计算机等学科基础知识，数据建模、高效分析与处理，统计学推断的基本理论、基本方法和基本技能。了解自然科学和社会科学等应用领域中的大数据，具有较强的专业能力和良好的外语运用能力，能胜任数据分析与挖掘算法研究和大数据系统开发的研究型和技术型人才。

培养要求：

本专业重点培养具有以下三个方面素质的人才：一是理论性的，主要是对数据科学中模型的理解和运用；二是实践性的，主要是处理实际数据的能力；三是应用性的，主要是利用大数据的方法解决具体行业应用问题的能力。

主要课程：

程序设计、数据结构、数据库原理与应用、计算机操作系统、计算机网络、大数据算法、人工智能、应用统计（统计学）、大数据机器学习、数据建模、大数据平台核心技术、大数据分析与处理、大数据管理、大数据实践等课程。

首批开设院校：

北京大学、复旦大学、中国人民大学、中南大学、华东师范大学、电子科技大学、北京邮电大学、对外经济贸易大学、昆明理工大学、贵州大学、长春理工大学、中北大学等。

就业方向：

本专业学生主要有三大就业方向：大数据系统研发类、大数据应用开发类和大数据分析类。具体岗位如大数据分析师、大数据工程师等。毕业生可在政府机构及其他企事业单位从事大数据管理、研究、应用开发等方面的工作。同时可以考取软件工程、计算机科学与技术、应用统计学等专业的研究生或出国深造。

080911TK 网络空间安全

新高考选考科目指引：
本专业必须选择物理、化学学科。

培养目标：
本专业培养德、智、体、美、劳全面发展，掌握自然科学、人文社会科学等基础知识，具有扎实的网络空间安全领域的基础理论与专业知识，具有突出的实践动手能力与创新能力，能够从事网络空间安全领域的科学研究、安全技术开发与运维、安全管理、法律法规制定等方面工作的专业人才。

培养要求：
1. 素质要求。

思想品德素质：热爱祖国、遵纪守法，具有高度的国家安全意识和网络空间安全责任心，具有尽责奉献的品德；

身心素质：具有良好的身体素质和心理素质；

文化素质：具有中华民族传统优秀文化素质和现代世界文化修养；

专业素质：具有从事网络空间安全科学研究、技术开发和应用服务的专业素质和强烈的创新和创业意识。

2. 知识要求。

人文社会科学知识：具有文学、艺术、经济、外语等方面的基本知识；

自然科学知识：具有数学、物理和生物学等方面的基础知识；

专业知识：不仅要具有网络空间安全相关的数学、信息科学、法律、管理及工程等基础知识，而且要具有密码学、网络安全、信息系统安全、应用安全等领域的专业知识，以及相关专业方向的专业知识。

主要课程：
高级语言程序设计、计算机网络、信息安全数学基础、密码学、操作系统原理及安全、网络安全、通信原理、可信计算技术、云计算和大数据安全、电子商务和电子政务安全、网络舆情分析、网络安全法律法规等。

首批开设院校：
四川大学、厦门大学、电子科技大学、西安电子科技大学、北京邮电大学、暨南大学、广东外语外贸大学、齐鲁工业大学、华北科技学院、广西科技大学等。

就业方向：
毕业生可以到网络空间安全产业及其他国民经济部门，从事网络空间安全领域的科学研究、技术开发与运维、安全管理等方面的工作。

080912T 新媒体技术

新媒体技术是指以现代化的数字技术、网络技术以及通信技术等全新技术为基础，能够向用户提供需要的信息服务的媒介手段。

新高考选考科目指引：
本专业必须选择物理、化学学科。

培养目标：
本专业培养适应传统媒体机构、政府机关及其他企事业单位等团体组织急需的宽口径、复合型信息传播人才。

培养要求：
本专业要求学生掌握信息传播时代有深度、综合、跨学科的信息传播技术。

主要课程：
新媒体概论、新媒体实务、数字媒体技术与应用、网络营销策划与创意、网站策划创意与设计、网页设计与制作、数据库、摄影与摄像、数字图像创意与设计、动画创意与设计等。

首批开设院校：
上海大学、上海理工大学等。

就业方向：
毕业生可在党政机关、部队、院校、企业等从事网络新闻宣传与媒介传播优化等工作。

080913T 电影制作

新高考选考科目指引：
本专业必须选择物理、化学学科。

培养目标：
本专业运用综合培养的模式，让学生在电影领域成为一个优秀的故事讲述者。本专业为学生提供必备的电影理论及电影史、视听语言基础训练和必要的前沿性艺术与技术交叉实践。

主干课程：
基础理论课程：电影艺术概论、中国电影史、世界电影史、表演基础、经典电影分析、电影剧本解读、影视类型研究等。

核心课程（全英文教学）：电影创作中的创意思维、电影艺术表达、导演概论、短剧写作、剧本创作等。

电影技术课程：电影技术基础、高级语言程序设计、计算机动画基础、电影特效设计与制作、虚拟现实与数字娱乐、电影声音设计与制作、电影技术前沿讲座等。

实践类课程（全英文教学）：电影艺术实践基础、中级电影制作、电影综合实践、后期制作指引、高级制作工作坊等。

首批开设院校：
中国传媒大学、浙江传媒大学、山西传媒学院、四川美术学院、北京电影学院、上海戏剧学院、南京艺术学院、太原理工学院、河北传媒学院。

080914TK 保密技术

▶ **新高考选考科目指引：**

本专业必须选择物理、化学学科。

▶ **培养目标：**

保密技术专业是培养具备计算机和网络基础知识，系统掌握保密技术专业知识、理论，以及开展各类保密技术防护工作的实践技能，了解保密管理和保密法学相关知识，能够从事保密科学技术研究、保密产品研发、保密技术教育培训、保密技术防护等工作，可以胜任政府机关、大中型国企、军工单位，以及高科技企业中与保密技术相关的工作，具备良好的科学素养和创新能力的复合型人才。

▶ **培养要求：**

保密技术专业学生要求在学习计算机和网络方面的基本理论、基本知识的基础上，深入学习保密技术所涉及的各个领域知识，包括通信安全保密、泄密取证、涉密网络防护、保密检查技术、涉密场所保密防护、涉密载体及设备保密等，拓展保密管理和保密法学知识，结合新时代保密工作的实际需求，接受相关保密技术防护和研发实践训练，具备较好的科学素养及一定的教学、科研能力。

▶ **主干课程：**

面向对象程序设计、计算机系统基础、数据通信与计算机网络、数据结构、信息安全数学基础、概率论与数理统计、操作系统、数据库引论、信号系统与信号处理、数字逻辑与部件设计、密码学基础、保密技术概论、通信安全保密技术、电磁辐射与物理安全、保密监管与泄密取证技术、涉密信息系统防护、窃密与反窃密综合实验。

▶ **首批开设院校：**

北京交通大学、复旦大学、湖南大学。

▶ **就业方向：**

该专业毕业生在政府机关、大中型企业、军工单位从事与保密技术相关的工作。

080915T 服务科学与工程

▶ **新高考选考科目指引：**

本专业必须选择物理、化学学科。

▶ **核心课程：**

软件服务工程导论、服务业务分析与建模、服务系统体系结构与设计、软件测试与质量保证、软件与社会、移动计算技术、电子商务与互联网金融、云计算与软件服务、人工智能与智慧服务、服务管理等。

▶ **首批开设院校：**

哈尔滨工业大学。

080916T 虚拟现实技术

虚拟现实，顾名思义就是虚拟和现实相互结合。从理论上讲，虚拟现实技术是一种可以创建和体验虚拟世界的计算机仿真系统，它利用计算机生成一种模拟环境，使用户沉浸在该环境中。虚拟现实技术就是利用现实生活中的数据，通过计算机技术产生的电子信号，将其与各种输出设备结合，使其转化为能够让人们感受到的现象，这些现象可以是现实中真真切切的物体，也可以是我们肉眼所看不到的物质，通过三维模型表现出来。因为这些现象不是我们直接所能看到的，而是通过计算机技术模拟出来的现实中的世界，故称为虚拟现实。

虚拟现实技术现在已受到了越来越多人的认可，用户可以在虚拟现实世界里体验到最真实的感受，其模拟出的环境的真实性与现实世界真假难辨，让人有一种身临其境的感觉；同时，在虚拟现实中具有人类所拥有的一切感知功能，比如听觉、视觉、触觉、味觉、嗅觉等感知系统；最后，它具有超强的仿真系统，真正实现了人机交互，使人在操作过程中，可以随意操作并且得到环境最真实的反馈。正是虚拟现实技术的存在性、多感知性、交互性等特征，使它受到了许多人的喜爱。

▶ **新高考选考科目指引：**

本专业必须选择物理、化学学科。

▶ **首批开设院校：**

河北东方学院、吉林动画学院、江西理工大学、江西科技师范大学。

080917T 区块链工程

▶ **新高考选考科目指引：**

本专业必须选择物理、化学学科。

▶ **培养目标：**

本专业旨在培养掌握计算机科学与技术基础知识、区块链技术基本理论和区块链项目开发方法，具有区块链系统设计与实现能力、区块链项目管理与实施能力和在实际应用环境下构思、设计、实施、运行系统的能力，未来能在区块链项目系统设计开发、区块链项目管理、区块链系统服务等领域发挥创新纽带作用的应用型高级专门人才。

▶ **首批开设院校：**

成都信息工程大学。

080918TK 密码科学与技术

密码科学与技术专业是一门交叉性学科，与数学、物理学、系统科学、电子科学与技术、信息与通信工程、控制科学与工程、计算机科学与技术、网络空间安全、软件工程、军队指挥学、管理科学等一级学科均有交叉。致力于密码算法设计、密码算法分析、密码工程、密码应用、密码管理与安全防护等。培养具有密码研究能力、开发能力、应用能力、管理能力的人才。

▶ **新高考选考科目指引：**

本专业必须选择物理、化学学科。

▶▶▶ **首批开设院校：**

南开大学、山东大学、华中科技大学、西安电子科技大学、北京电子科技学院、北京理工大学、海南大学。

▶▶▶ **就业方向：**

本专业毕业生可以就业于党、政、军管理部门；信息安全产品研究开发企业；金融等电子商务重点应用企业；IT企业，特别是通信产品开发企业及电信运营商等。

0810 土木类

土木，是指一切与水、土、文化有关的基础建设的计划、建造和维修。现在一般的土木工作项目包括道路、水务、渠务、防洪工程及交通等。过去曾经将一切非军事用途的民用工程项目归入土木类，随着工程科学日益广阔，不少原来属于土木工程范围的内容都已经独立成科。从狭义定义上来说，土木工程就是建筑工程（或称结构工程）这个小范围。

081001 土木工程

▶▶▶ **新高考选考科目指引：**

本专业必须选择物理、化学学科。

▶▶▶ **培养目标：**

本专业培养适应社会主义现代化建设需要，德、智、体、美、劳全面发展，掌握土木工程学科的基本原理和基本知识，能胜任房屋建筑、道路、桥梁、隧道等各类土木工程的技术与管理工作，具有扎实的基础理论、宽广的专业知识、较强的工程实践能力和创新能力以及一定的国际视野，能面向未来的高级专门人才。

▶▶▶ **培养要求：**

本专业学生主要学习力学、结构、施工、工程项目管理与经济等方面的基本理论和基本知识，接受力学分析、结构设计、施工技术与工程管理、文字图纸表达等方面的基本训练，掌握对土木工程项目勘查、设计、施工或管理等方面工作的基本能力。

▶▶▶ **主干学科：**

力学、土木工程。

▶▶▶ **核心知识领域：**

力学原理和方法、专业技术相关基础、工程项目经济与管理、结构基本原理、施工原理和方法、计算机应用技术。

▶▶▶ **顶尖院校：**

同济大学、清华大学、哈尔滨工业大学、河海大学、东南大学、西南交通大学。

▶▶▶ **就业方向：**

市政工程设计院、工程质量监督站、房地产公司、工程造价咨询机构是土木工程专业毕业生的主要就业单位，毕业生大多从事建筑工程、交通土建工程、水利水电工程、港口工程、海岸工程和给水排水工程的规划、设计、施工、管理等工作。

▶▶▶ **未来可从事职业岗位：**

土建施工员、土木工程师、土建造价员、土建工程师、土建/铁塔工程师、室内设计师、预算员、室内外装潢设计师、建筑设计师、施工图设计师、工程造价师、电气工程师、项目经理助理、项目经理、产品与技术支持部长、工程技术员、招投标助理、招标采购主管、计划运营总监、项目技术负责人、资料管理员、给排水工程师、高级结构总工程师、路桥检测员等。

▶▶▶ **职业薪酬：**

土木工程专业相关职位薪酬（月薪）：按工作经验统计，其中应届生约5000元，1~3年约6000元，3~5年约8000元，5~10年约11000元，10年以上约16000元。

▶▶▶ **就业热门行业：**

建筑/建材/工程、房地产、家居/室内设计/装潢、广告、环保、新能源、咨询、人力资源、财会、互联网/电子商务、金融/投资/证券等。

▶▶▶ **就业热门城市：**

上海、北京、深圳、广州、武汉、成都、杭州、南京、重庆和西安等。

081002 建筑环境与能源应用工程

▶▶▶ **新高考选考科目指引：**

本专业必须选择物理、化学学科。

▶▶▶ **培养目标：**

本专业培养具备从事建筑环境与能源应用工程以及建筑设施智能化工程的规划、设计、施工、安装、设备调试、运行管理、设备研发、产品营销等工作所需的基础理论、专业技术知识和实践与创新能力，能在设计研究院、工程公司、设备制造企业、管理部门等从事设计、研发、生产、施工、管理等岗位工作的复合型工程技术应用人才。

▶▶▶ **培养要求：**

本专业学生主要学习自然科学基础、建筑环境学、传热学、工程热力学、流体力学、工程力学学科的基本理论和建筑、机械、自控相关领域的基本知识，接受建筑环境与能源供给系统的工程设计、设备开发与使用、施工组织与安装、系统运行调试等方面的基本训练，掌握从事本专业领域的规划、设计、研发、生产、施工、管理等方面工作的基本能力。

▶▶▶ **主干学科：**

土木工程、热学。

▶▶▶ **核心知识领域：**

热科学原理和方法、力学原理和方法、机械原理与控制、电学与智能化控制、建筑领域相关基础、能源应用技术、工程管理与经济、计算机应用技术知识。

▶▶▶ **顶尖院校：**

哈尔滨工业大学、中南大学、天津大学和清华大学。

就业方向：

该专业毕业生能够在建筑设计研究和规划管理部门、工程建设公司、设备制造企业和运营公司等单位从事供热、通风、空调、冷热源、净化天然气等方面的规划设计、研发制造、施工安装、运行管理及系统保障等技术和管理工作。

未来可从事职业岗位：

暖通工程师、节能工程师等。

就业热门行业：

建筑/建材/工程、新能源、计算机软件、计算机技术支持（系统、数据维护）、房地产、机械/设备/重工、环保、家具/家电/玩具/礼品、物业管理/商业中心、电气/电力/水利等。

就业热门城市：

深圳、北京、合肥、上海、武汉、广州、厦门、杭州、苏州和重庆等。

081003 给排水科学与工程

给排水科学与工程（给水排水工程）专业是一门应用很广泛的学科，它是以城市水的输送、净化及水资源保护与利用有关的理论与技术为主要研究内容，与城市、城镇建设事业、工业生产、环保和人民生活密切相关的重要学科。本专业是以保证水资源可持续利用为目标，以水的社会循环，即取水、给水、处理、排放为研究对象，以水质处理、控制为核心，培养能在政府、规划、管理、环保、设计、施工、工矿企业、科研教学等部门从事水资源评价开发、保护利用、加工输送、规划管理、设计施工、教学研究等工作的高级工程技术人才。

新高考选考科目指引：

本专业必须选择物理、化学学科。

培养目标：

本专业培养适应我国社会主义现代化建设需要，德、智、体、美、劳全面发展，具备扎实的自然科学与人文科学基础，具备计算机和外语应用能力，掌握给排水科学与工程专业的理论和知识，获得工程师基本训练并具有创新精神的高级工程技术人才，能在设计、施工、运营等企事业单位从事本专业工作的高级工程技术人才。

培养要求：

本专业学生主要学习给排水科学与工程的基本理论和基本知识，接受专业技能、工程设计等方面的基本训练，具有专业技术领域的工程设计和运营管理等方面的基本能力，具备解决工程问题与进行科学研究的初步能力。毕业生应具有扎实的专业理论基础、较强的实践能力和良好的综合素质。

主干学科：

力学、化学、生物学。

核心知识领域：

专业理论基础、专业技术基础、水质控制、水的采集和输送、水系统设备仪表与控制、水工程建设与运营。

顶尖院校：

哈尔滨工业大学、湖南大学和重庆大学。

就业方向：

学生毕业后可到设计部门、规划部门、环境保护部门、科研院所、高等院校、工矿企业、经济管理部门等从事给排水工程规划、设计、管理、科研和教学等工作。

未来可从事职业岗位：

给排水工程师、方案设计与业务支持工程师、勘测/设计/咨询人员、环保技术总工程师、污水处理设计工程师、低碳咨询工程师、建筑消防设计员、安装预算员、水处理工艺工程师、给排水/暖通/电气/预算员、软件技术工程师、建筑工程设计与管理员、安装造价工程师、环保工程师、暖通工程师、销售经理、市场经理、项目经理等。

就业热门行业：

环保、建筑/建材/工程、房地产、咨询、人力资源、财会、物业管理/商业中心、新能源、广告、机械/设备/重工等。

就业热门城市：

上海、北京、广州、武汉、深圳、杭州、济南、天津、成都和南京等。

081004 建筑电气与智能化

随着信息化技术的发展，国民经济对数字化城市、绿色与智能建筑的要求越来越高，当前，各行各业用信息技术来改造传统产业是大势所趋，而建筑智能化是与信息技术紧密结合的朝阳产业，社会对建筑电气与智能化专业人才的需求量会越来越大。

新高考选考科目指引：

本专业必须选择物理、化学学科。

培养目标：

本专业培养掌握建筑电气与智能化领域的基本理论和基本知识，具有工程实践应用能力和创新意识，能够从事与该领域相关的工程设计、工程建设与管理、应用技术研究与开发等工作的高级专门人才。

培养要求：

本专业学生主要学习电路与电子技术、控制理论、计算机应用技术、信息处理技术、通信技术、建筑设备、建筑智能环境学等较宽领域的基本理论和基本知识，掌握建筑供配电与照明、建筑设备管理、公共安全、信息设施与信息化应用、建筑节能等专业知识和技术，接受建筑电气与智能化系统设计与调试方法的基本训练，具备执业注册工程师基础知识和基本能力，能在设计院、工程公司和政府相关部门从事与建筑电气及智能化技术相关的工程设计、工程建设与管理、系统集成、应用研究和开发等工作。

主干学科：

电气工程、控制科学与工程、土木工程。

▶ **核心知识领域：**

电路理论与电子技术、电气传动与控制、检测与控制、网络与通信、计算机应用技术、建筑设备、土木工程基础、建筑智能环境学、建筑电气工程、建筑智能化工程、工程技术基础、建筑节能技术。

▶ **顶尖院校：**

西安建筑科技大学和哈尔滨工业大学。

▶ **就业方向：**

毕业生可到各类企事业单位的科研、设计、管理、施工等部门从事建筑电气与智能化领域的研究、设计、生产和开发、运行、管理、维护等方面的工作。

▶ **未来可从事职业岗位：**

电气施工员、电气工程师、弱电设计工程师、机电工程师、机电设计师、电气设计师、水电工程师、智能化项目专员、电气施工员、技术总监、弱电项目经理、高级项目工程师、设计经理、计算机应用工程师、数据通信工程师、道路与桥梁工程师、绿色建筑认证项目主管、商务管理中心总监、技术支持工程师、建筑智能化项目经理、高级自动化工程师、建筑电气与智能化设计师、大客户经理、区域销售经理、技术部经理、工程项目经理等。

▶ **职业薪酬：**

建筑电气与智能化专业相关职位薪酬(月薪)：按工作经验统计，其中1~3年约9000元，3~5年约11000元。

▶ **就业热门行业：**

建筑/建材/工程、房地产、新能源、互联网/电子商务、电子技术/半导体/集成电路、计算机技术支持(系统、数据维护)、计算机软件、通信/电信/网络设备、仪器仪表/工业自动化等。

▶ **就业热门城市：**

上海、深圳、广州、北京、杭州、南京、武汉、成都、天津和厦门等。

081005T 城市地下空间工程

发展大规模的城市地下工程建设，是城市建设发展的必然，是缓解城市空间对国民经济发展制约作用的有效手段；城市地下轨道交通工程的安全建设与运行是国家社会文明与安全的重大需求。除了最具代表性的地铁地下工程以外，城市地下工程还包括诸如高层建筑地下室、地下商场、地下变电站、地下车库、综合管廊等各类民用和工业设施，各类用途的地下空间已在各大中城市得到开发和利用。由于城市用地非常紧张，导致地下结构布置密集，相互之间的距离狭小，城市地下工程呈现出"深、大、紧、近"的特点，鉴于城市地下工程环境条件的苛刻，已有的经验与研究不能完全解决所面临的问题，这对城市地下基础设施的建设提出了巨大的挑战。

▶ **新高考选考科目指引：**

本专业必须选择物理、化学学科。

▶ **培养目标：**

本专业培养具有坚实的数学、力学等自然科学和人文社会科学基础，掌握城市地下工程勘查、规划、工程材料、结构分析与设计、施工组织和工程概预算、工程监理等方面的基本技术和知识，具备从事城市地下空间工程的规划、设计、研究、开发利用、施工和管理能力，具有较强的计算机应用能力的高级工程技术人才。

▶ **主要课程：**

工程力学、结构力学、岩石力学、土力学、工程地质、环境工程学、城市地下规划与设计、城市地下空间开发利用、岩土地下工程结构、岩土地下工程施工。

▶ **顶尖院校：**

中南大学和哈尔滨工业大学。

▶ **就业方向：**

本专业就业部门广泛，可在城市地下铁道、地下隧道与管线、基础工程、地下商业与工业空间、地下储库等工程的设计、研究、施工、教育、管理、投资、开发等部门从事技术或管理工作。继续深造可报考岩土工程、结构工程、市政工程、桥梁与隧道工程等专业方向的研究生。

▶ **未来可从事职业岗位：**

地下空间工程质量控制师、结构工程师、科研管理员、技术工程师、工程主管、高级研发工程师、单片机软件开发工程师、土木土建结构工程师等。

▶ **就业热门行业：**

房地产、建筑/建材/工程、电气/电力/水利、计算机软件、计算机技术支持(系统、数据维护)、广告、新能源、互联网/电子商务、环保等。

▶ **就业热门城市：**

武汉、上海、长沙、北京、深圳、广州、杭州、青岛、厦门和苏州等。

081006T 道路桥梁与渡河工程

▶ **新高考选考科目指引：**

本专业必须选择物理、化学学科。

▶ **培养目标：**

本专业培养具备扎实的道路桥梁与渡河工程学科的基本理论和知识，能力强、素质高、具有创新精神的高级工程技术及管理人才。

▶ **培养要求：**

本专业学生要求具备良好的思想品质、社会公德和职业道德。掌握道路桥梁与渡河工程专业的基本理论、知识和技能。具备从事本专业工作的基本能力和一定适应相关专业工作的能力和素质。能够从事道路桥梁与渡河工程及相关方面的设计、施工和管理工作，具备初步的项目研究、开发、规划、施工控制及管理能力。

>>> **主干学科：**

土木工程、力学、道路桥梁与渡河工程。

>>> **主要课程：**

理论力学、材料力学、结构力学、水力学与桥涵水文、土力学、混凝土结构、钢结构、桥梁工程、道路勘测设计、路基路面工程、基础工程、建筑材料、隧道与地下工程、道路施工技术与管理、工程概预算与招投标等。

>>> **顶尖院校：**

哈尔滨工业大学。

>>> **就业方向：**

学生毕业后，可从事道路桥梁与渡河工程的勘测、规划、设计、建造、监理、咨询、管理（检测、评价、维护）等方面的技术工作，主要就业于公路、民航、铁道、运输、市政、建筑等行政主管部门及大中型企事业单位。我国正处于基础设施建设高速发展时期，学生就业前景良好。

>>> **未来可从事职业岗位：**

城市轨道交通设计研究员、测量工程师、技术主任、焊接工程师、造价工程师、道路与桥梁工程师、实施工程师、监理工程师、工程技术人员、Java高级工程师、弱电监理工程师、销售工程师、区域销售经理、项目总工、项目经理等。

>>> **就业热门行业：**

建筑/建材/工程、房地产、广告、学术/科研、咨询、人力资源、财会、家居/室内设计/装潢、金融/投资/证券、计算机软件等。

>>> **就业热门城市**

上海、北京、武汉、成都、广州、深圳、南京、重庆、杭州和西安等。

081007T 铁道工程

铁道工程是铁路及城市轨道交通的关键基础设施，目前我国铁路及城市轨道交通领域已进入全面推进和快速发展的时期，在轨道交通领域国际化、专业人才素质急需提高的大环境下，对铁道工程本科专业人才的需求非常强烈。本专业既可以为国家培养大批铁路及城市轨道工程勘测设计、建设施工和运营维护专门技术人才，也可为培养铁道工程高层次人才打下坚实基础。

>>> **新高考选考科目指引：**

本专业必须选择物理、化学学科。

>>> **培养目标：**

本专业培养适应于铁路现代化建设需要，德、智、体、美、劳全面发展，知识、能力、素质相协调，掌握土木工程学科的基本原理和基本知识，重点面向铁道工程，获得工程师基本训练，能胜任铁道工程包括轨道、路基、桥梁、隧道及城市轨道工程与地下建筑等相关工程的科研、设计、施工、运营养护与管理工作，具有扎实的理论基础、宽广的专业知识，具有较强的实践能力、创业意识、创业精神和创新能力的高素质应用型人才。

>>> **培养要求：**

本专业学生要求学习铁道工程的基础理论、基本方法，掌握铁道工程及城市轨道交通施工技术、施工组织及概预算、工程经济学、工程项目管理等方面的基本知识和技能，具有从事工程施工、管理等工作的能力。

>>> **主干学科：**

工程制图、理论力学、材料力学、结构力学、流体力学、工程材料、工程地质学、土力学、基础工程、混凝土结构设计原理、测量学、施工测量、铁路轨道、路基工程、铁路桥梁、隧道工程、铁路车站、铁路规划与线路设计、铁道工程施工技术、施工组织与概预算、工务工程、土木工程测试技术、工程经济学、工程项目管理。

>>> **首批开设院校：**

西南交通大学、兰州交通大学、华东交通大学、石家庄铁道大学、上海工程技术大学、上海应用技术大学。

>>> **就业方向：**

铁道工程专业毕业生主要在面向铁路工程、城市地面轨道工程、城市地下铁道工程施工及铁路运营单位的铁道工程部门，从事铁路轨道、桥隧及地下铁道设计、施工及设备维护工作。

081008T 智能建造

智能建造专业是以土木工程专业为基础，面向国家战略需求和建筑业的升级转型，融合机械设计制造及其自动化、电子信息及其自动化、工程管理等专业发展而成的新工科专业。

>>> **新高考选考科目指引：**

本专业必须选择物理、化学学科。

>>> **培养目标：**

智能建造专业培养面向国家未来建设需要，适应未来社会发展需求，基础理论扎实、专业知识宽广、实践能力突出、科学与人文素养深厚，掌握智能建造的相关原理和基本方法，获得工程师基本训练，能胜任一般土木工程项目的智能规划与设计、智能装备与施工、智能设施与防灾、智能运维与管理等工作，具有创新能力、国际视野和领导意识的社会栋梁和专业精英。

>>> **首批开设院校：**

同济大学、华中科技大学、青岛理工大学、北方工业大学、北京建筑大学、长春工程学院。

>>> **就业方向：**

本专业毕业生可从事建筑、勘查等行业的研究、设计、管理工作，主要就业于市政、建筑等行政主管部门及大中型企事业单位。

081009T 土木、水利与海洋工程

>>> **新高考选考科目指引：**

本专业必须选择物理、化学学科。

▶ **培养目标：**

本专业培养能在水利水电、港口航道、河流海洋、水资源和海洋资源开发利用、水环境保护等方面进行规划、设计、调度管理和科学研究工作，并能运用现代信息技术的复合型高级人才。

▶ **主要课程：**

结构力学、流体力学、理论力学、材料力学、河流动力学、土力学与基础工程、水工建筑物、混凝土结构、水文水资源学、环境水力学、沉积学、土木工程施工与管理、海岸动力学、通信原理、网络通信技术基础、卫星遥感技术原理、地理信息系统等。

▶ **首批开设院校：**

浙江大学、江苏科技大学、大连海洋大学。

▶ **就业方向：**

毕业生可就业于水利、交通、海洋和环保等部门从事工程规划、勘测、设计、研发和管理等工作。

081010T 土木、水利与交通工程

土木、水利与交通工程专业是2020年我国高校设置的本科专业，采用以"强化思政引领、夯实数理基础、强调学科交叉融合土木水利交通、加强创新实践、对标国际一流"为特色的新工科培养模式，课程设置充分考虑全球化、气候变化和环境可持续性等人类社会发展与变化的新问题，旨在培养学生掌握土木、水利与交通等建设工程学科前沿知识，提升学生主动适应未来社会经济发展的能力。

▶ **新高考选考科目指引：**

本专业必须选择物理、化学学科。

▶ **培养要求：**

本专业学生需要学习土木、水利与交通工程领域涵盖的所有基础课程，包括结构工程、岩土工程、市政工程、工程管理、水利工程及交通工程，并了解土木工程对环境的影响。这些课程可为学生提供广泛的基础通识教育，为迎接未来的新挑战做好准备。

▶ **首批开设院校：**

浙江大学。

081011T 城市水系统工程

本专业面向生态文明建设国家战略，服务于海绵城市建设、黑臭水体治理及智慧水务等城市水系统重构层面国际前沿科学与工程问题及国家重大需求，以保护城市水资源、提升城市水环境、重构城市水生态、保障城市水安全为导向，以系统化思维培养为核心，着力培养具备宏观规划能力、专业知识综合运用能力、跨学科协调能力、项目筹建运行能力、综合水系统管理服务能力的工程领域拔尖创新人才。

▶ **新高考选考科目指引：**

本专业必须选择物理、化学学科。

▶ **首批开设院校：**

哈尔滨工业大学。

081012T 智能建造与智慧交通

智能建造与智慧交通专业面向国家交通强国、制造强国重大战略需求，深度融合数学、软件工程、控制科学与工程、机械工程、交通土木工程等专业，宽口径、厚基础、重智能、强实践，建设国家基础设施智能建造与智慧交通研究型人才培养平台，培养具有国际视野、自主创新能力和跨界发展能力的应用研究型领军人才。

▶ **首批开设院校：**

山东大学。

0811 水利类

水利是指对自然界的水进行控制、调节、开发、治导、管理和保护，以防治水的旱涝灾害，并开发利用和保护水资源。研究这类活动及其对象的技术理论和方法的知识体系称水利科学。

081101 水利水电工程

水利水电工程是我国重要的基础设施和基础产业。本专业以水利枢纽（水坝、水闸、水电站等）为主要对象，学生主要学习水利水电工程建设所必需的数学、力学和工程结构、水利水能经济计算等方面的基本理论和基本知识。水利工程是指用于控制和调配自然界的地表水和地下水，从而达到除害兴利目的而修建的工程。水是人类生产和生活中必不可少的宝贵资源，但其自然存在的状态并不完全符合人类的需要。只有修建水利工程，控制水流，防止洪涝灾害，并进行水量的调节和分配，才能满足人民生活和生产对水资源的需要。

▶ **新高考选考科目指引：**

本专业必须选择物理、化学学科。

▶ **培养目标：**

本专业培养具有水利水电工程的勘测、规划、设计、施工、科研和管理等方面的知识，能适应社会经济发展的需要，基础扎实、知识面宽、能力强、素质高，富有创新精神和能力，具有国际视野和交流能力，能在水利、水电、土木、交通等行业从事规划、设计、施工、科研和管理方面工作的高级工程技术人才和管理人才。

▶ **培养要求：**

本专业学生主要学习水利水电工程的基本理论、基本知识，接受水利水电工程规划与设计、建设与管理基本技能的训练，具有水利水电工程的勘测、规划、设计、施工、管理等基本能力。

▶ **主干学科：**

土木工程、水利工程、环境工程。

>>> **核心知识领域：**

水利水电工程勘测与规划、水利水电工程设计、水利水电工程施工与管理、水利水电工程运行管理。

>>> **顶尖院校：**

清华大学、华中科技大学、天津大学、河海大学和华南理工大学。

>>> **就业方向：**

毕业生主要在水利、水电部门和科研设计单位就业，也可考取研究生。

>>> **未来可从事职业岗位：**

造价员、水电工程师、水利工程师、水工设计师、二级建造师、项目经理等。

>>> **职业薪酬：**

水利水电工程专业相关职位薪酬（月薪）：按工作经验统计，其中应届生约5000元，1~3年约7000元，3~5年约10000元，5~10年约13000元，10年以上约16000元。

>>> **就业热门行业：**

建筑/建材/工程、电气/电力/水利、环保、房地产、广告、新能源、咨询、人力资源、财会、学术/科研等。

>>> **就业热门城市：**

武汉、北京、成都、上海、西安、广州、深圳、昆明、郑州和杭州等。

081102 水文与水资源工程

水文与水资源工程是国民经济基础产业——水利中的重要专业领域之一。随着社会的发展，水资源的自然资源基础作用已越来越明显，我国已确立了水资源三大战略资源之一的地位。区域人口增长、社会经济发展使得水资源供需矛盾已成为全球性普遍问题。中国作为发展中大国，水资源开发利用和管理中存在着许多问题，诸如水资源短缺、水资源持续利用、水资源合理配置、水灾害防治以及水污染治理、水生态环境功能恢复及保护等目前已成为亟待研究和解决的问题。而水文与水资源工程正是水资源开发利用和管理中的一门重要的工程技术学科。

水文与水资源工程专业是一门具有潜力且发展迅速的科学，它涉及对水文水资源的勘查、评价、开发、利用、规划、管理与保护，是指导水文水资源业务的理论基础；同时它还研究在社会和经济发展中水资源供求关系及其解决的科学途径，探求在变化的环境中如何保持对水资源可持续利用的途径。

>>> **新高考选考科目指引：**

本专业必须选择物理、化学学科。

>>> **培养目标：**

本专业培养适应经济社会发展需求，具备水文学、水资源、水环境以及计算机、外语、经济和管理等方面的知识，能力强、素质高，敢于创新，善于合作，能在水利、水务、能源、交通、城建、农林、环保、国土等部门从事与本专业有关的勘测、评价、规划、设计、预测预报、科研和管理等方面工作的高级专门人才。

>>> **培养要求：**

本专业学生主要学习水文学、水资源及水环境等方面的基本理论和基本知识，接受工程测量、科学运算、实验和测试等方面的基本训练，掌握水文学、水资源及水环境等方面的专业基础知识与基本技能，并具备运用所学知识与技能分析解决实际问题、开展科学研究和从事管理工作的基本能力。

>>> **主干学科：**

水利工程、地球科学、环境科学与工程。

>>> **主要课程：**

应用水文与水灾害防治、水资源利用与管理、水环境与水生态保护。

>>> **顶尖院校：**

河海大学和武汉大学。

>>> **就业方向：**

学生毕业后，可在水利、城建、国土资源、交通等行业从事与水资源领域相关的勘查、规划、设计、管理、运行等方面的技术工作，主要就业单位有各级水行政主管部门、各级流域管理机构、水利枢纽管理部门、各级水文水资源局、水利电力勘测规划设计院、工程建设咨询及监理单位、高等院校和科研院所等单位。近年来，国家进一步重视水资源的合理开发利用与保护，本专业具有广阔的就业前景。

>>> **未来可从事职业岗位：**

勘测设计咨询员、环评工程师、道路与桥梁工程师、土壤修复工程师、水利工程师、技术员、售前技术支持工程师、水利规划设计员、销售经理等。

>>> **职业薪酬：**

水文与水资源工程专业相关职位薪酬（月薪）：按工作经验统计，其中1~3年约6000元，5~10年约9000元。

>>> **就业热门行业：**

电气/电力/水利、建筑/建材/工程、新能源、环保、房地产、计算机软件、广告、学术/科研、计算机技术支持（系统、数据维护）、咨询、人力资源、财会等。

>>> **就业热门城市：**

北京、上海、武汉、南京、成都、深圳、合肥、杭州、长沙和重庆等。

081103 港口航道与海岸工程

我国有很长的海岸线，大多数海岸带自然条件优良，尤其是改革开放以来，中国经济走向国际大循环，沿海地区的经济、文化和科学技术得到迅速发展，对海岸地区资源的合理开发利用和水上运输的发展，有着越来越大的需求。货物运输的方式有铁路、公路、航空和海洋河流运输，其中海洋河流运输无论从运载量还是从成本来分析，都具有优势。虽然运速度比较慢,但煤炭、石油等对运输速度没有特别要求的物品,可以充分地利用海运和内河航运。而要想充分地利用海洋和内河航线,就必须建设一流的港口设施,开辟通畅的航道,培养一大批从事港口航道与海岸工程专业的工程师。

▶▶ 新高考选考科目指引:
本专业必须选择物理、化学学科。

▶▶ 培养目标:
本专业培养具备港口航道与海岸工程专业知识以及一定的工程管理、技术经济和人文科学等方面的知识,能从事港口航道工程、海岸工程以及相近的水利工程、土木工程等领域的勘测、规划、设计、施工、科学研究、技术开发、技术管理等方面的工作,具有广博的科学素养、深厚的人文素养、扎实的专业素养、卓越的创新探索精神和实践能力,具有国际视野的港口航道与海岸工程方面的高素质复合型人才。

▶▶ 培养要求:
本专业学生需具有科学、工程和人文三方面的综合素质。学生主要学习港口航道与海岸工程建设所必需的基本理论和基本知识,接受必要的工程设计方法、施工管理方法和科学研究方法的基本训练,具有较好的科学素养,获得工程测量、科学运算、实验和测试、工程设计与施工等方面的基本技能,具备运用所学到的专业知识分析解决实际问题、进行科学研究的基本能力。

▶▶ 主干学科:
土木工程、水利工程、海洋工程。

▶▶ 核心知识领域:
本专业知识体系由3个核心知识领域构成,即工程基础知识领域,包括工程制图、工程力学、水力学、土力学、工程地质、工程测量、工程材料、工程水文学、海岸动力学、河流动力学、混凝土结构学等;工程经济管理知识领域,包括工程经济、工程管理、工程概预算等;港口航道与海岸工程专业技术知识领域,包括港口工程、航道整治、渠化工程、海岸工程、水运工程施工等。

▶▶ 顶尖院校:
大连理工大学、武汉大学、天津大学、河海大学和哈尔滨工程大学。

▶▶ 就业方向:
毕业生主要在交通、水利、海岸开发等国有企业和机关事业单位从事规划、设计、施工和管理等工作。

▶▶ 未来可从事职业岗位:
港口航道水运工程师、海洋风电项目总工、土木土建工程师、安全评价人员、副总工程师等。

▶▶ 就业热门行业:
交通/运输/物流、机械/设备/重工、建筑/建材/工程、房地产、学术/科研、广告、环保、咨询、人力资源、财会、检测、认证等。

▶▶ 就业热门城市:
珠海、南京、海口、苏州、上海、天津、福州、佛山和北京等。

📖 081104T 水务工程

我国为了国家建设的需要、改变以往水资源管理体制混乱的局面,正在实施建立水务局管理体制的举措。水务工程专业是为了适应社会经济的发展和现代化都市建设的需要,由教育部批准于2003年设置的与国际接轨的本科专业,隶属于土木工程一级学科。

水是生命之源,更是人类社会经济持续发展不可代替的宝贵资源。作为21世纪的朝阳产业——水工业,需要大量的高级专业技术人才。水务工程包括城市市政水工程、建筑水工程、工业水工程。

本专业培养具有在城市节水、水环境保护以及水资源管理等相关行业和领域的设计、管理、科研和经营等方面能力,同时有着较宽的知识面、较强的实践能力,富于创新精神,外语和计算机应用能力突出,具有国际意识,熟悉国际规则,善于沟通与合作的适应市场经济的应用型和复合型高级工程技术人才。

▶▶ 新高考选考科目指引:
本专业必须选择物理、化学学科。

▶▶ 培养目标:
本专业培养适应21世纪科技生产力发展要求,德、智、体、美、劳全面发展,具有广泛扎实的自然科学基础,具有良好的计算机、外语、经济、管理等方面的应用基础,掌握水务工程专业基础知识及专业技能,具有较强的适应性、创新性及协调能力的复合型人才,能在水务、水利、市政、环境、交通等部门从事与水务有关的规划、设计、施工、管理以及相关的科研和理论研究工作。

▶▶ 培养要求:
本专业学生主要学习水务工程方面的基本理论和基本知识,进行应用基础研究和技术开发方面的科学思维和科学实验训练,具有较好的科学素养,掌握水务工程规划、设计、管理的基本技能,具有应用所学基础理论和专业知识独立地解决实际问题、进行科学研究以及从事组织管理的基本能力。

▶▶ 主要课程:
城市水工程学、水工业经济学、城市水工程规划与管理、水环境微生物学、水力学、水质工程学、建筑水工程学、建筑设备运行与管理、水工艺仪表与控制、计算机辅助设计、计算机网络应用、系统优化设计、城市水工程规划与管理、水务工程监理与合同管理以及水务工程国际通则等。

▶▶ 顶尖院校:
河海大学。

▶▶ 就业方向:
毕业生的就业方向主要是满足水务局系统的技术管理需要,包括各部委、省、市的水务局、规划局、市政工程局,各级政府节约用水办公室、水利局和各部委相关职能单位等管理部门;同时,毕业生的工程经验,能够满足各类专业设计研究院、市政工程设计研究院、建筑设计研究院等技术部门,以及水务集团、中外环保设备公司、咨询公司、大型物业管理集团等相关企业的需要。

未来可从事职业岗位:
给排水工程师、水务工程师、技术支持工程师、水处理工程师、销售代表、市场拓展专员、业务拓展经理、销售工程师、销售经理、大客户经理、项目经理、水务项目公司总经理等。

职业薪酬:
水务工程专业相关职位薪酬(月薪):按工作经验统计,其中1~3年约7000元,3~5年约12000元,5~10年约18000元。

就业热门行业:
电气/电力/水利、建筑/建材/工程、房地产、新能源、环保、金融/投资/证券、计算机软件、机械/设备/重工、仪器仪表/工业自动化等。

就业热门城市:
北京、上海、深圳、武汉、广州、成都、杭州、南京、长沙和天津等。

081105T 水利科学与工程

新高考选考科目指引:
本专业必须选择物理、化学学科。

培养目标:
本专业面向水利水电工程的勘测、规划、设计、施工、管理及科学研究工作培养视野开阔、基础扎实、技能全面的创新型水利科学与工程高级专业人才。

主要课程:
水力学、土力学、水文学原理与应用、水工建筑学、公共基础课程、文化素质课(理工类)、自然科学基础课程等。

首批开设院校:
清华大学等。

就业方向:
毕业生可以从事水利水电工程的勘测、规划、设计、施工、管理及科学研究等方面的工作。

081106T 智慧水利

智慧水利专业具有鲜明的跨学科特点,旨在培养能够融合水利工程与云计算、大数据、人工智能、物联网、数字孪生(超越现实的概念)等新一代信息技术,开展水利大数据、水利智能调度、水利工程BIM(建筑信息模型)设计、水工智能建造、水利工程智能监控等方向工作的水利行业信息化复合型创新人才。

首批开设院校:
河海大学、西北农林科技大学和南昌工程学院。

0812 测绘类

测绘,是指对自然地理要素或者地表人工设施的形状、大小、空间位置及其属性等进行测定、采集。它是以计算机技术、光电技术、网络通信技术、空间科学、信息科学为基础,以全球定位系统、遥感、地理信息系统为技术核心,将地面已有的特征点和界线通过测量方式获得反映地面现状的图形和位置信息,供工程建设的规划设计和行政管理。

081201 测绘工程

测绘工程专业是一门专业性很强的综合学科,既有主干学科的支持,又有众多相关学科的支持。本专业主要研究空间、电子、信息、激光、惯性等科学的基本理论与技术,并研究利用这些技术测定地球与其他星体形状、建筑物(构筑物)的三维特征及其与指定参考系的关系、地球重力场及其内部物理特征、运动物体的特征及其多维参数,研究这些技术在工程、工业和人类生活中应用的基本理论与方法。

新高考选考科目指引:
本专业必须选择物理、化学学科。

培养目标:
本专业培养具备数理基础和人文社科知识,掌握测绘工程基础理论、基本知识和基本技能,接受科学思维和工程实践训练,具有创新意识与创业能力,能在测绘、规划、国土资源、矿山、交通、水利、电力等部门从事测绘工程技术及相关领域的生产、设计、开发、研究、教学及管理等方面工作的高素质、复合型工程科技人才。

培养要求:
本专业学生主要学习人文社科、数理基础、测绘科学与技术、计算机与通信技术等方面的基本理论和基本知识,接受测绘项目设计、技术开发、工程应用与管理等方面的基本训练,具有运用所学知识从事测绘工程实践及技术创新的基本能力。

主干学科:
测绘科学与技术、地理科学、地球物理学。

核心知识领域:
本专业的知识体系由通识教育、专业教育和综合教育3部分构成。通识教育包含人文社会科学、自然科学、管理科学、外语、计算机信息技术、体育和实践训练等;专业教育包含专业基础、专业理论知识、专业实验与实践训练等,涵盖地球空间信息采集技术、数据处理理论和方法、测绘信息表达与应用、计算机网络与信息系统、大地测量学与导航定位、工程与工业测量、摄影测量与遥感、地图制图学与地理信息工程等核心知识领域;综合教育包括思想品德教育、专业实践教育、社情国情教育,通过开展各种学术交流和社会实践活动,拓展学生国际视野,提高人文素养和专业素质。

▶▶ **顶尖院校：**

武汉大学和河海大学。

▶▶ **就业方向：**

毕业生可在国土资源管理、城市建设规划与管理、交通、海洋、水利、电力、国防等部门从事各种工程制图、测量数据处理、数字城市信息获取与处理、卫星定位导航技术开发与应用、地理信息系统设计与开发以及相关工程建设的规划、设计、实施与管理等方面的技术与管理工作，也可以在教学和科研单位从事相关工作。

▶▶ **未来可从事职业岗位：**

土木工程师、土建工程师、机械工程师、测量员、测量工程师、测绘员、测绘工程师、测绘测量师、技术支持工程师、机械设计工程师、销售工程师等。

▶▶ **职业薪酬：**

测绘工程专业相关职位薪酬（月薪）：按工作经验统计，其中应届生约6000元，1～3年约8000元，3～5年约10000元，5～10年约15000元。

▶▶ **就业热门行业：**

建筑/建材/工程、房地产、新能源、计算机软件、计算机技术支持（系统、数据维护）、互联网/电子商务、机械/设备/重工、仪器仪表/工业自动化等。

▶▶ **就业热门城市：**

北京、武汉、上海、广州、深圳、成都、西安、杭州、长春和南京等。

081202 遥感科学与技术

随着当代信息科学技术和遥感科学与技术的迅猛发展，遥感从数据获取、遥感信息机理研究到遥感定量分析与应用都得到了极大的进步，遥感在科研、生产及许多社会经济上发挥着越来越重要的作用，创造了可观的效益。特别是近20年来，遥感数据市场的发展每年以20%的速度增长，已成为通信卫星后的第二大应用领域，并逐步朝产业化的方向发展。基于上述原因及军事发展的需要，教育部在李德仁、陈述彭、张祖勋等十多名院士和专家的建议下，经过论证，于2002年设立遥感科学与技术专业，培养该领域专门人才，以满足社会发展对遥感人才的需要。

▶▶ **新高考选考科目指引：**

本专业必须选择物理、化学学科。

▶▶ **培养目标：**

本专业培养具备遥感科学、空间科学、电子科学、信息科学和计算机科学的基本知识和基本理论，能在测绘、国土、国防、林业、农业、海洋、资源、环境、交通和规划等领域从事传感器的集成与设计、遥感数据获取与处理、专题信息提取、遥感数据建模与反演、数字化测绘和遥感信息服务等方面的生产、开发、科研、教学和管理工作，并具有创新能力的复合型工程技术人才。

▶▶ **培养要求：**

本专业学生主要学习遥感传感器原理、遥感对地观测机理、遥感数据分析处理和遥感技术应用等基本理论和基本知识，接受遥感传感器集成、遥感野外数据采集、遥感影像判读与解译、遥感专题制图、航空航天测绘、数据处理算法设计与实现、遥感应用综合实践等方面的基本训练，掌握遥感数据获取、数据处理、数据分析、地形测绘、专题信息提取及应用的基本能力。

▶▶ **主干学科：**

测绘科学与技术、计算机科学与技术、信息与通信工程。

▶▶ **核心知识领域：**

本专业的知识体系由通识教育、专业教育和综合教育3部分构成。通识教育包含人文社会科学、自然科学、管理科学、外语、计算机信息技术、体育和实践训练等；专业教育包含专业基础、专业理论知识、专业实验与实践训练等，涵盖物体几何与辐射特性、电磁波及其大气传输、卫星轨道与遥感平台、传感器成像机理、影像获取与传输、空间数据处理与分析和地理空间信息等核心知识领域；综合教育包括思想品德教育、专业实践教育、社情国情教育，通过开展各种学术交流和社会实践活动，拓展学生国际视野，提高人文素养和专业素质。

▶▶ **顶尖院校：**

武汉大学、西南交通大学、山东科技大学和长安大学。

▶▶ **就业方向：**

学生毕业后可以在基础测绘与管理、城市规划与管理、土地资源、地质、环境、海洋等领域从事基于遥感科学与技术的科研、教学、管理、生产技术开发与应用等工作。

▶▶ **未来可从事职业岗位：**

GIS开发工程师、植保无人机飞手、软件实施工程师、软件开发人员、销售工程师等。

▶▶ **就业热门行业：**

仪器仪表/工业自动化、航天/航空、互联网/电子商务、计算机软件、计算机技术支持（系统、数据维护）、建筑/建材/工程、新能源、环保、房地产等。

▶▶ **就业热门城市：**

北京、武汉、秦皇岛、哈尔滨、上海、南京、南昌、合肥、宁波和三亚等。

081203T 导航工程

导航工程专业是一门多学科交叉的新兴工程学科专业，主要涉及导航基础理论、各种导航技术的基本原理与方法、导航传感器设备的集成及其应用，服务于航空、航天、交通、军事、公安等领域和部门。

▶▶ **新高考选考科目指引：**

本专业必须选择物理、化学学科。

▶▶ **培养目标：**

本专业培养掌握现代导航工程的理论、技术和方法，具有运用所学的专业知识和技能解决实际问题的能力，从事导航定位技术研发及应用的复合型高层次人才。

主要课程：
导航学、最优估计、微机原理与接口技术、卫星导航原理、信号与系统、模拟与数字电路、卫星导航数据处理方法、组合导航、惯性导航原理、嵌入式系统与程序设计、GNSS接收机原理、数字信号处理、导航电子地图、天文导航、室内定位技术、LBS技术与应用等。

顶尖院校：
武汉大学。

就业方向：
毕业生可在航空、航天、交通、军事、电子、信息及通信产业等部门工作，也可以在政府部门、教学和科研单位从事研发、管理、教学及应用等工作，毕业生就业前景广阔。

未来可从事职业岗位：
测试工程师、硬件工程师、软件工程师、算法工程师、Android开发工程师、嵌入式软件工程师、电子工程师、销售工程师等。

职业薪酬：
导航工程专业相关职位薪酬（月薪）：按工作经验统计，其中1~3年约17000元，3~5年约22000元。

就业热门行业：
航天/航空、仪器仪表/工业自动化、通信/电信/网络设备、电子技术/半导体/集成电路、新能源、计算机软件、互联网/电子商务、汽车及零配件、计算机技术支持（系统、数据维护）等。

就业热门城市：
深圳、北京、上海、广州、武汉、西安、东莞、成都、南京和杭州等。

081204T 地理国情监测

2012年，全国首个地理国情监测专业落户武汉大学，本专业是为了满足国家重大工程、重大战略、突发事件、宏观管理等对地理国情监测紧缺人才的迫切需求，培养具有扎实的基础理论知识、现代测绘技术、人文社会科学调查技术，具有地理国情动态获取、集成处理、综合分析和评估等能力的交叉复合型专门人才。

新高考选考科目指引：
本专业必须选择物理、化学学科。

培养目标：
本专业培养能满足国家对国情国力调查与监测的需要，掌握地理国情监测的基础理论、方法和技术，具有地理国情信息获取、处理、综合分析、应用和共享服务能力的复合型高级技术人才。

主要课程：
地理国情概论、地理国情调查技术与方法、地理国情监测原理、地理调查与编码、地理国情数据分析、地理国情监测应用建模、地理国情数据处理（双语课程）、数字传感器网络技术、测量学、遥感原理、摄影测量学、全球卫星导航定位技术、地理国情报告与发布、空间数据库、自然地理学、人文地理学、经济地理与区域规划、概率论与数理统计、运筹学、网络地理信息系统、国情信息技术集成（全英文课程）、计算机基础与程序设计（C语言）、数据结构、数字图像处理、空间智能与辅助决策、地理国情可视化与地理模拟。

顶尖院校：
武汉大学。

就业方向：
毕业生能在测绘、国土、规划、民政、水利、交通、环境、生态、矿产、农业、林业、人口、海洋、气象、国防、军事、安全、公共卫生等政府部门、科研院校、企事业单位从事与地理国情监测相关的科研、教育、技术研发和管理工作。

未来可从事职业岗位：
测绘及相关专业中高级工程师、地理国情监测系统研发员、地理测绘员、测量组长等。

就业热门行业：
建筑/建材/工程、检测、认证、电气/电力/水利、咨询、财会、广告、新能源、中介服务、快速消费品等。

就业热门城市：
北京、湖州、中山、南京、南宁、威海、杭州、石家庄和贵阳等。

081205T 地理空间信息工程

新高考选考科目指引：
本专业必须选择物理、化学学科。

培养目标：
本专业旨在培养掌握测绘遥感与地理信息、计算机与网络应用、工程管理等理论和方法，具备地理空间信息获取、管理、分析、表达和地理空间信息工程设计、开发、应用等方面的知识，从事地理空间信息工程设计、软件开发、地理信息服务与项目管理等工作的高级工程技术型人才。

培养要求：
本专业学生主要学习地理信息、数学、测量、计算机相关课程，不仅要求学生具有较强的逻辑思维及自主研发、创业的思维，而且要求学生具有终身学习的能力。

主要课程：
地理空间信息工程概论、数值分析、数据库、测量学原理、误差理论与数据处理、遥感与摄影测量原理、地理信息系统原理、空间统计与分析、软件工程与开发、城市规划与管理、地理学概论、城市规模与仿真、导航与定位技术、数字图像处理、可视化与可视分析等。

首批开设院校：
武汉大学、中国地质大学（武汉）、深圳大学等。

就业方向：

本专业毕业生可就业于城市规划、交通、环境、安全、管理等部门，或到物流、导航、位置服务、互联网等企事业单位从事与地理空间信息工程设计、软件开发、地理信息服务与项目管理等相关的科研、教学、技术研发和管理工作。

0813 化工与制药类

081301 化学工程与工艺

化学工程与工艺是一门研究化学工业和其他工程工业生产中所进行的化学过程和物理过程共同规律的工程学科。这些工业包括石油炼制工业、冶金工业、建筑材料工业、食品工业、造纸工业等。本专业主要研究从石油、煤、天然气、盐、石灰石、其他矿石和粮食、木材、水、空气等基本的原料出发，借助化学过程或物理过程，改变物质的组成、性质和状态，使之成为多种价值较高的产品，如化肥、汽油、润滑油、合成纤维、合成橡胶、塑料、烧碱、纯碱、水泥、玻璃、钢、铁、铝、纸浆等。

新高考选考科目指引：

本专业必须选择物理、化学学科。

培养目标：

本专业培养具备化学工程与工艺方面的知识，具有高度社会责任感、良好的道德文化修养和健康的身心素质，具有创新意识和较强动手实践能力，能在化工、能源、环保、材料、冶金、信息、生物工程、轻工、制药、食品和军工等部门从事工程设计、技术开发、工厂操作与技术管理、科学研究等工作的工程技术人才。

培养要求：

本专业学生主要学习化学工程学和化学工艺学等方面的基本理论和基本知识，接受化学与化工实验技能、工程实践、计算机应用、科学研究与工程设计方法等方面的基本训练，掌握对现代化工生产过程进行模拟计算和过程优化、对现有化工生产工艺与设备进行技术改造以及对化工新产品、新工艺、新设备进行开发与设计的基本能力。

主干学科：

基础化学、化学工程与技术。

核心知识领域：

无机化学、有机化学、分析化学、物理化学、化工原理、化工热力学、化学反应工程、化工设计。

顶尖院校：

天津大学、华东理工大学、中国石油大学、浙江大学和北京化工大学。

就业方向：

毕业生可在化工、炼油、冶金、能源、轻工、医药、环保和军工等现代化工领域从事工业分析、生产技术管理、环境保护及对新产品、新技术和新工艺的研究、开发等工作。

未来可从事职业岗位：

实验员、化验员、化工工艺工程师、研发工程师、化学工程师、助理工程师、销售工程师等。

职业薪酬：

化学工程与工艺专业相关职位薪酬(月薪)：按工作经验统计，其中应届生约5000元，1~3年约8000元。

就业热门行业：

石油/化工/矿产/地质、环保、新能源、制药/生物工程、机械/设备/重工、建筑/建材/工程、电子技术/半导体/集成电路、原材料和加工等。

就业热门城市：

上海、北京、杭州、南京、武汉、深圳、广州、天津、成都和常州等。

081302 制药工程

制药工程专业始于20世纪90年代，在国内外都是一个新兴的专业。我国从1998年开始正式设置制药工程专业，在原化学制药、生物制药、中药制药的专业基础上整合而成，课程设置既参考国外的经验又结合国内的具体情况。制药工程是一门进行药品研究、开发与生产的综合性应用技术学科，内容包括微观的药物分子设计、合成与宏观的药品生产，是一个极富挑战性与创造性的工程专业，研究领域涉及化学制药、中药制药及生物制药等领域，它们均属国家重点发展的医药行业领域，在国计民生中占有极其重要的地位。

新高考选考科目指引：

本专业必须选择物理、化学学科。

培养目标：

本专业培养德、智、体、美、劳全面发展，能适应制药工业发展的专业工程技术人才。本专业毕业生应具备制药工程专业知识和从事药品、药用辅料、医药中间体以及其他相关产品的技术开发、工程设计和产品生产质量管理等方面的能力，具有良好的职业道德、高度的社会责任感、较强的产品质量意识和一定的国际化视野和社会交流能力，能在制药及其相关领域的生产企业、科研院所、设计院和管理部门等单位从事产品开发、工程设计、生产技术与质量管理和科技服务等工作，或进入本学科及相关学科继续深造。

培养要求：

本专业学生主要学习药品生产制造、产品开发、工程设计和生产技术与质量管理等方面的基本理论和基本知识，接受专业实验技能、工艺研究和工程设计的基本科学与工程方法训练，掌握从事药品研究与开发、制药工艺设计与推广、药品生产质量与管理等方面的基本能力。

主干学科：

化学、药学、制药工程与技术。

核心知识领域：

无机化学、有机化学、分析化学、物理化学、生物化学、工程制图、化工原理、药物化学、制药工艺学和制药设备与车间设计。

顶尖院校：

天津大学、北京化工大学、大连理工大学、南京工业大学和华东理工大学。

就业方向：

毕业生可在医药、兽药、农药等精细化工和生物化工部门从事医、兽、农药等相关产品的开发、生产、推广应用和经营管理等工作。

未来可从事职业岗位：

细胞工程师、细胞培养工程师、设备工程师、电气工程师、工艺工程师、技术支持工程师、IQC工程师、电脑工程师/软件开发员、采购工程师、生产工艺员、生产操作人员、设备经理、机械结构工程师、设计转换工程师、电气设备管理员、PHP软件研发工程师、生产部经理、质量负责人、设备管理、工程管理、科技服务代表、学术推广经理、推广专员、销售代表、销售经理、销售工程师、医疗器械销售、项目经理等。

就业热门行业：

制药/生物工程、医疗设备/器械、机械/设备/重工、仪器仪表/工业自动化、石油/化工/矿产/地质、医疗/护理/卫生、环保、新能源、贸易/进出口等。

就业热门城市：

上海、武汉、北京、广州、苏州、杭州、深圳、南京、成都和天津等。

081303T 资源循环科学与工程

随着我国自然环境承载力下降与经济总量不断扩大的矛盾日益突出，经济持续快速发展，城乡基础设施建设、社会需求和外贸出口迅速增长等都需要大量的资源作为支撑。目前，我国每年消耗的矿产资源总量已达70亿吨，对重要矿产资源的过度开采已导致我国在石油、铁矿石等资源领域对外依存度超过50%，使产业发展越来越受制于国际市场。利用再生资源与原生资源相比，由于省去了矿山开采、烧结、冶炼等能耗大、污染重的生产环节，节能减排效果非常显著。资源循环利用产业主要包含两类：一是资源综合利用，主要包括产业废弃物的综合利用；二是再生资源利用，主要包括再制造和再生资源回收利用。前一类综合利用工作在我国已开展多年，利用量和利用水平不断提高，但面临的任务仍然艰巨。而第二类，伴随消费升级而来的问题更是亟待解决。

如此看来，资源循环科学与工程也算是"产业升级催生新兴专业"的典型之一。本专业的诞生，旨在为社会培养资源循环经济、再生资源等领域的急需人才，满足"低碳经济、环保技术"等国家决定大力发展的新兴产业的需要。

新高考选考科目指引：

本专业必须选择物理、化学学科。

培养目标：

本专业培养面向国家建设需要，适应未来科技发展，掌握循环经济工程技术方面的基础理论知识，具有扎实的基础理论、宽厚的专业知识和突出的实践能力；具备从事资源循环经济工程技术基础理论研究与技术开发的基本能力；能在资源循环经济工程技术领域从事科学研究、工程技术开发、经营管理等方面的工作，德、智、体、美、劳全面发展的高素质人才。

培养要求：

本专业学生主要学习资源循环科学与工程专业基础理论知识，通过对循环经济工程技术相关理论知识的学习与工程实训锻炼，了解我国资源分布、产业布局、环境保护等方面的基本状况，具备从事资源循环科学与工程基础理论研究与工程技术开发、经营管理等方面工作的能力。

主要课程：

高等数学、大学物理、无机化学、分析化学、有机化学、物理化学、化工原理、材料科学基础、冶金工艺学、冶金资源综合利用、环境材料学、清洁生产原理与技术、固体废弃物资源化及实验、资源循环利用工艺学、资源加工学、资源循环与可持续发展、新能源技术等。

顶尖院校：

华东理工大学和昆明理工大学。

就业方向：

学生毕业后将主要在各级政府的资源管理部门、科研机构、环境工程规划、工矿企业、产业生态园等相关领域从事资源高效利用、固体废弃物的减量化、资源化、生态化及可再生资源技术开发、系统运行管理、教育和咨询工作，还可以直接攻读环境、冶金、材料、矿业和化工等相关学科的硕士研究生。

就业热门行业：

新能源、制药/生物工程、环保、医疗/护理/卫生、互联网/电子商务、医疗设备/器械、建筑/建材/工程、广告等。

就业热门城市：

南京、上海、福州、北京、天津、广州、成都、深圳和珠海等。

081304T 能源化学工程

能源化学工程专业是我国为满足战略性新兴产业发展对高素质人才的迫切需求，于2010年批准设立的国家战略性新兴产业本科首批专业之一，在能源化工领域占据重要地位。妥善解决快速增长的能源需求和日益严峻的资源和环境问题之间的矛盾是我国必须面对的重大问题。节能减排和开发新的能源是今后若干年我们国家乃至全球都要面临的问题。能源化学工程专业的设立旨在为国家培养能源和环境建设方面急需的专业人才和管理人才。

新高考选考科目指引：

本专业必须选择物理、化学学科。

培养目标：

本专业培养具备能源化学工程专业（煤化工）基础知识、基础理论，较强的应用研究和技术开发能力，以及良好的科学素养、适应性强的获得工程师基本训练的高级专门人才。

培养要求：

本专业学生主要学习煤炭的利用和转化方面的基础知识、基本理论、基本技能以及相关的工程技术知识，受到基础研究、应用基础研究以及工程技术实践方面的训练，具有良好的工程和科学素养，具备运用所学知识和实验技能进行应用研究、技术开发和科技管理的基本技能。

主干学科：

能源清洁转化、煤化工、环境催化、绿色合成、新能源利用与化学转化、环境化工。

主要课程：

无机化学、分析化学、有机化学、物理化学、现代仪器分析、化工原理、化学反应工程、化工制图与CAD、燃料化学、煤化工、化工机械、高分子物理化学、化工腐蚀与防护、化工测量与仪表等。

顶尖院校：

北京化工大学、华南理工大学和中国石油大学。

就业方向：

毕业生可在科研机构、高等学校、能源行业、电力企业、煤化工及其他企事业单位从事科学研究、工程设计、分析监测及运行管理、教学、科技开发等方面的工作。

未来可从事职业岗位：

工艺员、燃气设计员、废气处理工程项目经理、科研员、海外销售工程师等。

就业热门行业：

石油/化工/矿产/地质、新能源、环保、机械/设备/重工、仪器仪表/工业自动化、建筑/建材/工程、汽车及零配件、学术/科研等。

就业热门城市：

上海、北京、深圳、武汉、常州、泉州、济南、菏泽、苏州和连云港等。

081305T 化学工程与工业生物工程

本专业以生物学、化学、工程学的基本理论为依据，利用酶工程、细胞工程、发酵工程研究生物产品的生产过程，研制开发新的生物工程产品以及对生物产品进行分析测定的技术。

新高考选考科目指引：

本专业必须选择物理、化学学科。

培养目标：

本专业培养的学生立足服务于石油化工、环境保护、能源、食品等传统石油化学工业及生物工程与技术、生物化学工程、生物医药工程等新兴产业，要求学生掌握化学、生物学的基本理论，同时掌握化学工程的工艺过程和工程设计的基本原理，使其成为能在化学工程及生物技术领域从事产品及过程设计、新技术研发、生产管理的工程技术人才。本专业在加强学生化学、生物学的科学基础的同时，要求学生掌握扎实的工程技术基础，力求将学生带到科学研究和产业发展的前沿，使学生能够利用现代生物科技手段服务于化工产业，同时推进生物科技的产业化。

主要课程：

化工原理、化工热力学、化学反应工程、化工设计、化工模拟与优化、化工传递过程原理、分子生物学、基因工程原理、细胞培养工程、工业微生物等课程。

顶尖院校：

清华大学。

就业方向：

毕业生可在食品、医药、能源、环保等领域从事生物产品的研制、生产工作，同时可到高等院校、设计和研究单位从事教学、科研、生产、管理等方面的工作。

未来可从事职业岗位：

实验员、化验员、化学工程师、研发工程师、工艺工程师、化工工艺工程师、聚丙烯工艺工程师、丙烷脱氢工艺工程师、高级环保工程师、销售代表、销售经理、销售工程师、化工外贸业务员等。

就业热门行业：

石油/化工/矿产/地质、制药/生物工程、机械/设备/重工、电子技术/半导体/集成电路、建筑/建材/工程、贸易/进出口、环保、新能源、快速消费品等。

就业热门城市：

上海、北京、广州、武汉、深圳、杭州、苏州、南京、天津和成都等。

081306T 化工安全工程

新高考选考科目指引：

本专业必须选择物理、化学学科。

培养目标：

本专业培养具有创新精神和国际视野的知工艺、懂安全、精技术、会管理的化工安全复合型人才，使之能够在化工、能源、冶金、轻工、环保和军工等行业从事工程设计、技术开发、生产运行、技术管理、科学研究或安全管理等工作。

主干课程：

无机化学、分析化学、有机化学、物理化学、化工原理、化工制图、化工设备及机械设计、化学反应工程、化工热力学、化工工艺学、化工设计、工业催化、生物化学、仪器分析和波谱解析、计算机技术等。

首批开设院校：

中国石油大学（华东）、辽宁石油化工大学、西南石油大学。

就业方向：
该专业毕业生主要在化工、能源、冶金、轻工和军工等部门从事工程设计、技术开发、生产运行、科学研究或安全管理等工作。

081307T 涂料工程

新高考选考科目指引：
本专业必须选择物理、化学学科。

培养目标：
该专业培养能在涂料领域从事科学研究、技术开发、技术服务、工艺设计、生产及经营管理等工作的工程应用型人才。

培养要求：
该专业学生需要掌握涂料相关产品的设计、合成、制备、涂装等方面的专业知识，具备涂料新产品、新技术、新工艺的开发应用和工程实践能力。

主干学科：
无机化学、有机化学、分析化学、物理化学、高分子化学、高分子物理、材料科学与工程基础、高分子材料研究方法、材料加工原理与工程、聚合物加工流变学、涂料工艺学、涂料树脂合成工艺、涂料用溶剂与助剂、涂料生产设备、涂料制造及应用、涂料用颜料与填料、涂料和涂装的安全与环保、涂装工艺及装备、涂料及原材料质量评价等。

首批开设院校：
上海工程技术大学。

就业方向：
该专业毕业生可在与涂料工业相关的企业、研究所、设计院等，从事涂料相关产品的合成与加工、研发、生产和管理、检验和质量监督等工作，也可在高分子材料领域从事相关工作。

081308T 精细化工

精细化工是综合性较强的技术密集型工业，生产过程中工艺流程长、单元反应多、原料复杂、中间过程控制要求严格，而且应用涉及多领域、多学科的理论知识和专业技能，其中包括多步合成、分离技术、分析测试、性能筛选、复配技术、剂型研制、商品化加工、应用开发和技术服务等。

新高考选考科目指引：
本专业必须选择物理、化学学科。

培养目标：
本专业培养具有化学研究、化工产品开发及生产技术管理能力的高级技术人才，尤其注重培养在精细化工领域，特别是在各种助剂、涂料、香料、功能高分子材料等方面具有上述能力的综合型人才。

培养要求：
本专业学生要求通过宽厚、扎实的化学理论学习和实践环节，科研开发、工业生产实践的综合训练，成为化学工程与工艺(精细化工)领域的高素质人才。

主干学科：
物理化学、化工原理、化工热力学、化学反应工程、化学工艺学、化工设计、化工分离过程、有机合成单元反应、高分子化学。

主要课程：
无机化学、分析化学、有机化学、物理化学、机械制图、材料力学、化工原理、精细有机合成单元反应、精细化工工程、高分子科学导论、香料化学及工艺、胶粘剂与涂料、化工工艺开发与设计等。

首批开设院校：
大连理工大学。

就业方向：
该专业毕业生主要在精细化工相关企事业单位从事产品研制、生产管理、质量检验、技术服务和技术开发等工作。

0814 地质类

地质广义指地球的性质和特征。主要是指地球的物质组成、结构、构造、演化历史等，包括地球的圈层分异、物理性质、化学性质、矿物成分、岩石性质、岩层和岩体的产出状态、接触关系，地球的构造演化史、生物进化史、气候变迁史，以及矿产资源的赋存状况和分布规律等。在我国，"地质"一词最早见于三国时魏国王弼(226—249年)的《周易注·坤》，但当时属于哲学概念。在1853年(清咸丰三年)出版的《地理全书》中的"地质"一词是我国目前所能见到的最具有科学意义的概念。

081401 地质工程

地质工程是地质资源与地质工程一级学科下属的二级学科，是以原二级学科水文地质与工程地质和探矿工程为主体，相互交叉渗透发展起来的，本工程领域涉及数学、物理学、地质学、油气及固体矿产的矿产普查与勘探、水文地质、工程地质、岩土工程、遥感地质、数学地质、应用地球物理和应用地球化学、计算机应用技术等学科。

新高考选考科目指引：
本专业必须选择物理、化学学科。

培养目标：
本专业培养知识、能力、素质各方面全面发展，系统掌握工程地质、岩土钻掘工程等方面的基本理论、基本方法和基本技能，接受相关的工程训练，能在城镇建设、土木水利、能源交通、资源开发、国土防灾等领域的勘查、设计、施工、管理单位从事工程地质勘查、地质灾害防治与地质环境保护、地质工程设计与施工、资源勘探与采掘、岩土钻掘与工程监理等工作的应用型、复合型工程技术人才。

培养要求：

本专业毕业生要求在牢固掌握数学、物理、化学、外语、计算机等基础知识的基础上，系统学习地质学、工程力学、工程地质学、岩土钻掘工程等专业课程的基本理论和基础知识，接受工程师的基本训练，具备从事工程勘查、地质灾害防治、地质工程设计与施工、工程管理、资源勘探与采掘、岩土钻掘工艺与设备开发等的能力。本专业可设置地质工程和岩土钻掘工程两个专业方向，培养要求各有侧重。

主干学科：

地质资源与地质工程。

核心知识领域：

地质学基础、工程力学、工程数学、岩土力学、地质工程勘查与评价分析、地质灾害防治、岩土钻掘机械基础、岩土钻掘工程工艺原理、地质工程施工、水文地质、地质工程实验测试技术、地质工程数值模拟。

顶尖院校：

中国地质大学、中南大学和中国矿业大学。

就业方向：

毕业生主要在资源勘查、工程勘查、设计、施工、管理等领域从事资源勘查与评价、管理、各类工程建设地质等方面工作。

未来可从事职业岗位：

地质工程师、技术工程师、工程资料员、地质编录员、工程预决算、水文及水资源工程师、地质勘探工程师、测量技术员、基建工程师、勘测经理、质量管理工程师、项目经理、外联专员、工程监理等。

职业薪酬：

地质工程专业相关职位薪酬（月薪）：按工作经验统计，其中应届生约6000元，1~3年约7000元，3~5年约10000元，5~10年约13000元，10年以上约16000元。

就业热门行业：

石油/化工/矿产/地质、建筑/建材/工程、房地产、环保、新能源、互联网/电子商务、金融/投资/证券等。

就业热门城市：

武汉、北京、广州、上海、深圳、成都、青岛、长沙、南京和杭州等。

081402 勘查技术与工程

勘查技术与工程以水土、矿产等资源及相关的地质地理环境为主要研究对象，涵盖了应用地球物理学、应用地球化学、水文地质与地质工程学、勘查工程等专业，为资源开发与管理、环境保护与生态建设提供新的科学依据。

新高考选考科目指引：

本专业必须选择物理、化学学科。

培养目标：

本专业培养具有扎实的数学、物理学、化学、地质学、地球物理学、信息科学等基础知识，重点掌握地震法、电与电磁法、重力法、磁法、测井、化探、遥感地质等方面的专业知识，能够根据不同勘查目的的需要进行数据的野外采集、室内处理、地质解释及信息服务，能在工程建设、资源和能源勘探、环境评价以及地质减灾防灾等领域从事相关勘查工程技术方法和设备的研发、信息服务、管理以及教学等方面工作的高级勘查工程技术人才。

培养要求：

本专业毕业生要求在掌握数学、物理学、化学、外语、计算机、地质学等基础知识的基础上，系统学习勘查地球物理（简称物探）、勘查地球化学（简称化探）、遥感地质等方面的基本理论和基本知识，接受工程师的基本训练，具有良好的文化素质、心理素质和身体素质，具备进行地球信息采集、数据处理及地质应用的基本能力。

主干学科：

地质资源与地质工程。

核心知识领域：

地质学基础、信息与计算科学基础、场论基础、地震勘探、电与电磁法勘探、重力勘探、磁法勘探、放射性物探、地球化学勘探原理与方法、遥感原理与地质应用。前3个核心知识领域构成本专业的专业基础，后7个核心知识领域构成本专业理论知识。

顶尖院校：

中国地质大学、西北大学、吉林大学和中国石油大学。

就业方向：

本专业毕业生主要到资源勘查、工程勘查、管理等单位从事各类资源勘查与评价、管理及工程勘查、设计、施工与监理等方面工作。

未来可从事职业岗位：

电气工程师、技术支持工程师、光伏系统工程师、售前工程师、深化设计师、售前技术支持工程师、地质工程师、设计工程师、土建/铁塔工程师、电气工程技术员、高压技术支持工程师、注册环境影响评价工程师、产品线工程师、技术服务工程师、技术负责人、演出控制工程师、机械设计工程师、设计管理、售前网络工程师、网络工程师、产品线经理、项目经理等。

职业薪酬：

勘查技术与工程专业相关职位薪酬（月薪）：按工作经验统计，其中1~3年约9000元。

就业热门行业：

建筑/建材/工程、新能源、互联网/电子商务、房地产、环保、计算机软件、电子技术/半导体/集成电路、通信/电信/网络设备、计算机技术支持（系统、数据维护）、家居/室内设计/装潢等。

就业热门城市：
北京、上海、深圳、广州、南京、杭州、西安、成都、武汉和苏州等。

081403 资源勘查工程

新高考选考科目指引：
本专业必须选择物理、化学学科。

培养目标：
本专业培养知识、能力、素质各方面全面发展，系统掌握矿产资源勘查方面的基本理论、基本方法和技能，获得相关的工程训练，能适应21世纪国内外资源勘查工作的需要，在企业、科研院所等部门中从事金属非金属矿产、能源矿产等资源勘查评价、开发、科学研究及经营管理等方面工作的应用型、复合型工程技术人才。

培养要求：
本专业学生在牢固掌握数学、物理、化学、外语、计算机等基础知识的基础上，系统学习地质学与矿产资源勘查的基础理论知识，掌握矿产资源勘查和综合评价的基本技能和方法，接受工程师的基本训练，具有从事矿产地质调查、矿产资源勘查评价、开发利用和管理的能力。本专业学生在金属与非金属、能源等矿产资源勘查评价、开发与管理等方面可有所侧重。

主干学科：
地质资源与地质工程。

核心知识领域：
地质学基础、矿床地质特征、成矿（藏）理论、成矿（藏）规律、矿石（油气）的组成鉴定与分析、矿产勘查理论与方法、矿产勘查技术、地学信息采集处理与综合应用等。

顶尖院校：
中国地质大学和吉林大学。

未来可从事职业岗位：
资源勘查工程师、测绘及相关专业中高级工程师、地质技术员、地质工程师、技术工程师、报建员、隧道技术员、地质勘查员、分布式光伏发电工程师、测量组长、技术支持工程师、系统集成工程师、销售工程师、安防销售工程师、项目经理等。

就业热门行业：
新能源、采掘业/冶炼、石油/化工/矿产/地质、建筑/建材/工程、互联网/电子商务、房地产、仪器仪表/工业自动化、金融/投资/证券、环保等。

就业热门城市：
北京、上海、深圳、广州、杭州、西安、南京、成都、温州和宁波等。

081404T 地下水科学与工程

地下水科学与工程专业是以地球科学基本理论为基础，以地下水为主要研究对象的专业，要求学生系统学习地下水的形成、分布、运动和变化等方面的专业知识和技能，并将其应用于地下水资源的勘查、评价、开发、管理，地下水环境和地质环境的调查、监测、评价和治理。

新高考选考科目指引：
本专业必须选择物理、化学学科。

培养目标：
本专业培养德、智、体、美、劳全面发展，具备较扎实的基础理论知识，又具有较宽的地下水科学基础理论、基本知识和技能的素质高、有创新精神，适合21世纪社会经济发展需要的高级专门人才。

主要课程：
地下水科学概论、地下水水力学、地下水水化学、地下水工程概论、岩土环境工程、地下水资源评价与开发利用、岩土力学、地质灾害与防治以及数学物理方法、第四纪地质与地貌、综合地质学等。

顶尖院校：
中国地质大学。

就业方向：
本专业毕业生可在国土资源、水利、城建、环保、煤炭、冶金、交通等领域的相关单位（如水利勘测设计研究院、电力设计研究院、煤炭设计研究院、建筑设计研究院、地热开发设计院及各种工程施工单位等）以及中外合资企业、教育部门、部队的相关领域从事与地下水科学与工程有关的科研、教学、管理、设计和生产等方面的工作，也可在地下水科学与工程、水文学及水资源等研究生专业继续深造。

就业热门行业：
石油/化工/矿产/地质、采掘业/冶炼、建筑/建材/工程、新能源、环保、咨询、人力资源、财会、学术/科研、影视/媒体/艺术/文化传播、房地产等。

就业热门城市：
北京、深圳、广州、杭州、武汉、荆门、长沙、上海、南京和厦门等。

081405T 旅游地学与规划工程

旅游地学与规划工程专业是地质、地理、旅游管理和规划设计等多学科交叉融合的新工科专业，以服务旅游业、促进经济发展为主要目标。

新高考选考科目指引：
本专业必须选择物理、化学学科。

培养目标：
该专业旨在培养思想品德、社会公德和职业道德优良，具有扎实的地学、旅游管理和规划设计的基础理论知识和方法，具备管理与规划设计能力，可以在以国家公园为主体的自然保护地体系（国家公园、自然公园、地质公园、矿山公园、风景名胜区、森林公园、自然遗产保护区)从事旅游地学和旅游管理的教学和科学研究、旅游资源调查、旅游策划与规划设计、旅游管理、导游及导游培训、生态保护、规划与管理等工作的复合型工程技术人才。

▶▶▶ **首批开设院校：**

东华理工大学。

081406T 智能地球探测

智能地球探测以控制科学与工程为一级主干学科，以石油与天然气工程、计算机科学与技术、机械工程、数学为支撑学科。本专业在资源勘查、生态保护、人居环境治理领域，体现以人工智能、新一代信息技术为驱动的多学科交叉创新特色。一方面打造国内资源能源勘查利用、生态环境监测技术创新的重要基地，推动区域内高端地质装备、生态保护和环境治理相关产业的升级；另一方面，打造资源环境领域和智能制造领域的复合型创新人才培养摇篮，培养具有交叉学科知识背景，能把握未来变革性技术发展方向的高端人才。

▶▶▶ **首批开设院校：**

中国地质大学(北京)。

081407T 资源环境大数据工程

资源环境大数据工程专业主要培养在矿产资源、地质环境等领域从事大数据研究、设计、应用与管理的地学人才，以满足新时代地质行业对复合型人才的需求。

▶▶▶ **首批开设院校：**

河北地质大学。

0815 矿业类

矿产资源是地壳在其长时间形成、发展与演变过程中的产物，是自然界矿物质在一定的地质条件下，经一定地质作用而聚集形成的。不同的地质作用可以形成不同类型的矿产。中国是世界上疆域辽阔、成矿地质条件优越、矿种齐全配套、资源总量丰富的国家，是具有自己资源特色的一个矿产资源大国。矿产资源的丰富自然而然引发矿业产业的发展。矿业是劳动密集型和技术密集型的产业。无论是矿产资源勘查还是矿产资源开发，都需要大量的劳动力，除矿业本身需要大量劳动力外，随着矿业的大发展和矿业城市的兴起，为矿业服务的相关产业也需要很多劳动力。所以中国矿业的发展对于解决劳动就业做出了重大贡献。

081501 采矿工程

采矿是从地面开凿一系列井巷通达地壳中的矿床，然后用现代化的技术把含有矿物的矿石挖掘出来，并把它们运送到地面，用化学方法把有用矿物分离出来的过程。

▶▶▶ **新高考选考科目指引：**

本专业必须选择物理、化学学科。

▶▶▶ **培养目标：**

本专业培养具备固体矿床(煤、金属及非金属)开采的基本理论和方法，具备采矿工程师的基本能力，能在采矿等领域从事工程设计与施工、矿山安全维护、矿山经营与管理等工作的复合型工程技术专门人才。

▶▶▶ **培养要求：**

本专业学生主要学习矿山地质、岩体力学、采矿原理与开采设计、矿山安全工程的基本理论和基本技术，接受采矿工程师的基本训练，掌握矿区规划与开采设计、岩层控制技术、矿山安全技术方面的基本能力。

▶▶▶ **主干学科：**

安全科学与工程、矿业工程。

▶▶▶ **核心知识领域：**

地质学、工程力学、测量学、采矿学、爆破工程、矿井通风与空气调节、井巷工程、采掘机械等。

▶▶▶ **顶尖院校：**

中国矿业大学、东北大学和中南大学。

▶▶▶ **就业方向：**

本专业毕业生主要到采矿等领域从事矿区开发规划、矿山(露天、井下)设计、矿山安全技术及工程设计、监察、生产技术管理、科学研究等工作。

▶▶▶ **未来可从事职业岗位：**

采矿工程师、地质工程师、矿建主管、工程部副经理、测量工程师、矿山工程师、安全工程师、矿山技术服务工程师等。

▶▶▶ **职业薪酬：**

采矿工程专业相关职位薪酬(月薪)：按工作经验统计，其中应届生约5000元，1～3年约8000元，3～5年约10000，5～10年约12000元，10年以上约16000元。

▶▶▶ **就业热门行业：**

采掘业/冶炼、石油/化工/矿产/地质、新能源、金融/投资/证券、建筑/建材/工程、咨询、人力资源、财会、贸易/进出口、仪器仪表/工业自动化等。

▶▶▶ **就业热门城市：**

北京、昆明、鄂尔多斯、贵阳、上海、南京、成都、太原、深圳和长沙等。

081502 石油工程

石油工程是一门与油气钻井工程、采油工程、油藏工程、储层评价等方面的工程设计、工程施工与管理、应用研究与科技开发等相关的专业。

石油是一种重要能源和优质化工原料，是关系国计民生的重要战略物资，石油工业是我国国民经济的重要基础产业。改革开放以来，我国经济高速发展，对能源的需求越来越大。石油作为能源的重要组成部分，在我国一次能源消费和生产中所占的比重迅速上升并基本稳定在一定的水平上，而我国也由往日的石油出口国转变为石油进口大国，石油已经成为制约我国经济增长的瓶颈。中国的石油勘探尚处在中等成熟阶段,石油储量仍处于高基值稳定增长时期,但勘探难度越来越大。中国的主力油田总体已进入递减阶段,稳产难度不断加大,但开发上仍有潜力可挖。石油行业是一个资金投入高度集中的行业,同时也是一个高风险的投资领域。国外大型石油公司几乎都是上下游一体化、业务遍布全球的跨国公司。全球经济发展的不均衡性,使得大石油公司在不同国家或地区的投资回报水平各不相同。在石油工业的整个生产链中,上游的勘探开发、中游的管道运输、下游的炼油与销售以及化工业务在不同时期的项目投资回报水平差异也十分明显,这决定了石油公司在进行投资决策时具有极大的选择性。如何充分、合理地确定投资规模以及资金投向,求得较高的投资回报,是石油公司共同关注的问题。

新高考选考科目指引:
本专业必须选择物理、化学学科。

培养目标:
本专业培养适应我国石油发展战略需要,德、智、体、美、劳全面发展,具有良好的基础理论、实践技能、外语和计算机应用能力,掌握石油工程系统理论,接受石油工程领域工程师的基本训练,具有一定的国际视野、创新意识以及结合石油工业实际情况解决问题的能力,能在石油工程及相关行业从事工程设计与施工、科技开发和经营管理等方面工作的工程技术人才。

培养要求:
本专业学生需具有科学、工程和人文三方面的综合素质。本专业学生主要学习油气井工程、采油工程和油气田开发工程所必需的基本理论和基本知识,接受必要的石油工程设计方法、施工管理方法和科学研究方法的基本训练,具有较好的科学素养,具备科学运算与科学实验、工程设计与施工等方面基本技能,具备运用所学的专业知识分析解决石油工程实际问题以及科学研究和进行组织管理的基本能力。

主干学科:
石油与天然气工程。

主要课程:
理论力学、材料力学、工程流体力学、渗流力学、机械设计原理、油田开发地质学、油层物理、油藏工程、钻井工程、采油工程。

核心知识领域:
工程力学、机械设计、石油地质、油田化学、石油工程基础理论及技术、石油经济、石油HSE知识等。

顶尖院校:
中国石油大学、西南石油大学和东北石油大学。

就业方向:
本专业毕业生主要到石油工程领域从事油气钻井与完井工程、采油工程、油藏工程、储层评价等方面的工程设计、工程施工与管理、应用研究与科技开发等方面的工作。

未来可从事职业岗位:
管道工程师、聚丙烯工艺工程师、高压加氢工艺工程师、制氢工艺工程师、仪表工程师、电气工程师、电气操作员/班长、固废处理工程师、职工管理助理、工程类咨询顾问、造价主管、化工设计工程师、培训管理专员/主管、销售代表、客户经理、销售工程师、销售经理、区域销售经理、项目经理等。

职业薪酬:
石油工程专业相关职位薪酬(月薪):按工作经验统计,其中1~3年约6000元,3~5年约8000元,5~10年约11000元,10年以上约15000元。

就业热门行业:
石油/化工/矿产/地质、新能源、机械/设备/重工、建筑/建材/工程、仪器仪表/工业自动化、金融/投资/证券、互联网/电子商务、贸易/进出口、咨询、人力资源、财会等。

就业热门城市:
北京、上海、广州、深圳、西安、武汉、成都、东营、天津和南京等。

081503 矿物加工工程

矿物加工工程是研究矿物分离的一门应用技术学科。矿物加工工程是一个用物理或化学方法将矿物原料中的有用矿物和无用矿物(通常称为脉石)以及有害矿物分开,或者将多种有用矿物分离的工艺过程。矿物加工工程是应用性比较强的一门专业,它的目的就是要找出原矿石最经济的处理方式,最大限度地得到有价值的矿物。

新高考选考科目指引:
本专业必须选择物理、化学学科。

培养目标:
本专业培养德、智、体、美、劳全面发展,接受基本工程训练,基础扎实、知识面宽、能力强、素质高、有创新意识和创新能力,在矿物加工领域内从事生产、管理、工程设计、科学研究等方面工作的复合型工程科技人才。

培养要求:
本专业学生主要学习数学、物理、化学等基础知识和矿物加工专业基本理论知识,接受与矿物加工工程专业相关的实验技能、工程实践、计算机应用、科学研究与工程设计方法的基本训练,掌握综合运用所学理论知识,分析解决矿物加工实际问题的基本能力,具备进行技术革新和新技术、新工艺研究的初步能力,具备一定的生产组织、技术经济管理能力。

主干学科:
矿业工程。

核心知识领域:
化学、力学、机械基础、矿物学、矿物加工方法、理论与设备、工程设计、试验研究方法。

>>> **顶尖院校：**

中南大学、北京科技大学和中国矿业大学。

>>> **就业方向：**

本专业毕业生主要从事矿物(金属、非金属、煤炭)分选加工和矿产资源综合利用领域内的生产、设计、科学研究与开发、技术改造与管理的工作。

>>> **未来可从事职业岗位：**

矿山安全/机械工程师/助理、地质勘查技术工/选矿工程师助理、机械研发工程师、系统开发测试工程师、数控技术售后服务员、硬件工程师、高级软件开发工程师、矿产品销售专员、销售工程师等。

>>> **就业热门行业：**

石油/化工/矿产/地质、采掘业/冶炼、机械/设备/重工、环保、新能源、计算机软件、仪器仪表/工业自动化、学术/科研等。

>>> **就业热门城市：**

上海、北京、烟台、太原、天津、广州、成都、盐城和东莞等。

081504 油气储运工程

油气储运工程包含油气的储存和输运两个过程。为了保证油田均衡、安全生产，外输站或矿场油库必须有满足一定储存周期的油罐。贮油罐的数量和总容量应根据油田产量、工艺要求、输送特点(铁道、水道、管道运输等不同方式)确定。管道输送是用油泵将原油从外输站直接向外输送，具有输油成本低、密闭连续运行等优点，是最主要的原油外输方法。

>>> **新高考选考科目指引：**

本专业必须选择物理、化学学科。

>>> **培养目标：**

本专业培养适应我国社会主义现代化建设和科学技术迅速发展的要求，德、智、体、美、劳全面发展，知识结构合理、基础理论扎实、专业知识系统、专业技能良好，具有实践能力、创新精神及国际视野，能从事油气储运和燃气输配系统的规划、设计、施工管理、运行管理、科学研究、技术开发和应用的高级工程技术人才。

>>> **培养要求：**

本专业学生主要学习高等数学、大学物理、大学化学等课程，具有宽厚的理论基础。学生通过学习工程力学、流体力学、工程热力学与传热学、电工电子学、泵与压缩机等专业基础课以及输油管道设计与管理、输气管道设计与管理、油气储存与装卸、油气集输、城市燃气输配等专业课，接受油气储运工程师的基本训练。

>>> **主干学科：**

油气储运工程学。

>>> **核心知识领域：**

电工电子学、工程图学、工程力学、流体力学、泵与压缩机、热力学、传热学、输油管道设计与管理、输气管道设计与管理、油气储存与装卸、油气集输、城市燃气输配等。

>>> **顶尖院校：**

东北石油大学、西南石油大学和中国石油大学。

>>> **就业方向：**

毕业生主要在油气田企业、油气管道的规划设计、建设、运营管理单位、石油化工企业、石油销售企业、城市燃气公司、建筑公司、部队和民航的油料公司、设计院以及国家物资储备部门等领域从事工程规划、勘测设计、施工、监督与管理、科学研究与技术开发工作以及油气储运设备运营等方面的技术管理、研究开发等工作。

>>> **未来可从事职业岗位：**

储运工程师、燃气工程总监理工程师、工艺工程师、设备维修员、加油站项目经理、技术管理兼安全员、市场开发区域经理、施工管理员、总图设计工程师、工程检测技术员、安全部门主管、安全评价师、管道阴极保护检测工程师、储运工程师、实验室天然气设备销售等。

>>> **职业薪酬：**

油气储运工程专业相关职位薪酬(月薪)：按工作经验统计，其中应届生约5000元，3～5年约7000元，5～10年约8000元。

>>> **就业热门行业：**

石油/化工/矿产/地质、新能源、建筑/建材/工程、广告、仪器仪表/工业自动化、机械/设备/重工、房地产等。

>>> **就业热门城市：**

北京、深圳、南京、上海、成都、武汉、西安、天津、珠海和东营等。

081505T 矿物资源工程

矿物资源工程专业是20世纪末在原采矿工程专业的基础上改造而成的本科专业，不同的院校开设的培养方向有所不同，主要有以下几种：矿物资源开发工程(有些也称采矿工程)、矿物加工工程和安全工程。矿物资源开发工程(采矿工程)方向培养从事矿物资源开发的高级工程技术人才，培养学生在矿物资源开发、现代矿山开采系统的规划设计与开发、工程设计、企业生产与经营、技术与行政管理、安全技术及监督、科学研究与技术革新和矿山生产管理等方面的基本能力和创新意识。

>>> **新高考选考科目指引：**

本专业必须选择物理、化学学科。

>>> **培养目标：**

本专业培养具备较深厚的基础理论知识和现代科技知识，能在规划设计、生产经营、教育科研等部门从事矿物资源开发、加工利用以及相关设施研发等方面工作的高级工程技术专门人才。

>>> **培养要求：**

本专业学生主要学习自然矿产资源的开发与加工利用方

面的基本理论和基本知识,受到规划设计、设备选型与计算、工艺流程确定、试验研究等方面的基本训练,掌握矿业投资、企业生产与经营、技术与行政管理、工艺革新等方面的基本能力。

主干学科：
地质资源与地质工程、矿业工程、石油与天然气工程。

主要课程：
工程力学、工程化学、流体力学、地质学与矿物学、矿床地质与油气田地质、岩石力学与爆破工程、矿床开采、油气田钻探与开发、矿物加工与利用、技术经济学等。

顶尖院校：
北京科技大学。

就业方向：
本专业毕业生主要到规划设计、生产经营、教育科研等部门从事矿物资源开发、加工利用以及相关设施研发等方面工作。

未来可从事职业岗位：
选矿工程师助理、地质勘查技术员、技术主管、供应商认证高级经理、机械工程师、标准化实施专员、计划工程师、项目经理等。

就业热门行业：
电气/电力/水利、石油/化工/矿产/地质、采掘业/冶炼、机械/设备/重工、新能源、环保、制药/生物工程、检测/认证、金融/投资/证券、中介服务等。

就业热门城市：
上海、北京、太原、广州、攀枝花、泉州、贵阳、凉山、南宁和南昌等。

081506T 海洋油气工程

海洋蕴藏了全球超过70%的油气资源,向海洋进军是油气发展的大方向。为了实现国家能源战略,确保国家能源安全,加大海洋油气的开发势在必行。可以预见,海洋油气这一方向,将会迅速发展,从而带来对该领域人才的巨大需求。

海洋油气工程专业主要学习和研究海洋结构物的构造和设计,以及海洋空间、资源的开发利用。海洋油气工程专业以海洋油气资源开发为主要特色,包含海洋油气钻采、海洋工程及海洋油气集输,可将其理解为海洋石油工程,是我国首批具有石油特色的海洋油气工程专业。

新高考选考科目指引：
本专业必须选择物理、化学学科。

培养目标：
本专业培养德、智、体、美、劳全面发展的,具备工程流体力学、石油化学、油气储运工程等方面基本理论、基本知识和基本技能,获得进行科学研究的初步训练,能从事油气储运工程的规划、勘查设计、施工项目管理和研究、石油产品应用、质量管理和营销等工作的高级工程技术人才。学生还接受识图制图、上机操作、工程测量、工程预概算、油气质量检验等实践的基本训练,具有油气储运系统的规划、设计与运行管理的能力。

主要课程：
油藏工程、天然气工程、石油技术经济学、专业英语、海洋工程基础、海洋石油工程、海洋石油工程新技术等。

顶尖院校：
西南石油大学。

未来可从事职业岗位：
海洋油气工程技术人员、水下机器人操作人员、油气装备项目工程师、管线专业工程师、采办工程师、运维工程师、软件工程师、投标工程师、机械专业工程师、商务主管、商务工程师、模块销售等。

就业热门行业：
石油/化工/矿产/地质、机械/设备/重工、建筑/建材/工程、贸易/进出口、房地产、新能源、检测/认证、制药/生物工程、外包服务等。

就业热门城市：
天津、北京、深圳、上海、苏州、东营、广州、无锡、湛江和珠海等。

081507T 智能采矿工程

智能采矿工程专业是对传统采矿工程专业的升级改造。本专业培养掌握智能化知识及应用技术的新型矿业领域人才;其课程体系保留传统采矿核心课程,增加智能控制、数据处理、图像处理等课程。

新高考选考科目指引：
本专业必须选择物理、化学学科。

首批开设院校：
中国矿业大学(北京)、安徽理工大学。

081508TK 碳储科学与工程

碳储科学与工程专业是应对新一轮科技革命与产业变革对人才的需求而设立的新工科专业,旨在服务国家2030年碳达峰、2060年碳中和目标。该专业涉及矿业工程、动力工程及工程热物理、化学工程与技术、地质资源与地质工程、环境科学与工程、力学、土木工程、材料科学与工程、电气工程与自动化等多个学科,聚焦能源绿色开发与低碳利用,二氧化碳捕集、利用与封存,碳汇与碳资产管理等方面,培养在碳捕集、碳封存、碳利用等多环节具有深厚的理论基础和实践能力,具有国际视野,产业认知扎实,多学科交叉背景的复合型创新人才。

首批开设院校：
中国矿业大学(北京)、中国石油大学(北京)、中国地质大学(北京)和重庆大学。

0816 纺织类

纺织是纺纱与织布的总称。纺织是一种服务于人类穿着的手工行业,纺纱织布,制作衣服,遮丑饰美,御寒避风,防虫护体,大约便是纺织起源发展的重要动机。中国古代的纺织与印染技术有着非常悠久的历史,早在原始社会时期,古人为了适应气候的变化,已懂得就地取材,利用自然资源作为纺织和印染的原料,以及制造简单的纺织工具。直至今天,我们日常的衣服、某些生活用品和艺术品都是通过纺织与印染技术生产出来的。

081601 纺织工程

纺织工程是为国民经济建设和发展创造物质和精神财富、为人类生活提供必备物质、反映社会文明水准的重要工程领域,应用非常广泛。它既是古老而又传统的工程领域(自人类出现以来,就与人类的活动密切相关),又是迅速发展的工程领域,随着现代科学技术的发展,新的纤维资源不断被开发利用,各种高性能和功能性的化学纤维不断问世,新的纤维制品加工方法不断出现,纤维制品的加工设备日益高效化、精密化、自动化,从而使纺织制品也日趋多样化和功能化,其应用领域尤其是在重要产业部门的应用不断拓宽。

新高考选考科目指引:
本专业必须选择物理、化学学科。

培养目标:
本专业培养具备纺织工程领域的知识、能力和素质,适应纺织学科与材料、信息、机电、环境、管理、艺术、贸易营销等学科融合发展的趋势,具有创新意识、实践能力和国际视野,并在纺织领域某一方面具有专长,能在纺织领域从事技术开发、纺织品和工艺设计、生产及经营管理、商务贸易和科学研究等方面工作的复合型工程技术人才。

培养要求:
本专业学生主要学习纺织工程方面的基本理论和专业知识,接受工程实践和科学研究的基本训练,系统地掌握纺织品的生产原理与制造技术、设计与开发方法,了解纺织品的生产及质量管理方面的内容,并具备纺织科学研究及市场开拓的基本能力。

主干学科:
纺织科学与工程。

核心知识领域:
本专业核心知识领域涵盖工程学和纤维材料学、纺织设计学以及纺织制造学等知识领域,包含的核心知识单元主要有工程设计制图、工程力学、纺织机械原理、电工与电子学、信息技术、纺织数理统计、高分子材料学、纺织材料学、织物组织学、纺织品设计学、纺纱学、机织学、针织学等。

顶尖院校:
东华大学、天津工业大学、苏州大学和浙江理工大学。

就业方向:
本专业毕业生一般可以在纺织企业的技术和业务管理部门从事工艺设计、生产管理、产品开发等工作,到经营和外贸等部门从事经营管理和专业外贸等工作,也可以在科研单位、纺织学校从事科研、教学工作。同时,由于专业调整,毕业生就业面更广,越来越多的毕业生进入其他行业大型公司就业,不少毕业生被合资、独资企业录用,部分毕业生被国外企业录用,直接到境外就业。

未来可从事职业岗位:
面料采购、辅料采购、面料跟单、纺织品检验工程师、洗衣应用工程师、机械工程师、外贸业务员、电气工程师、染整工艺质量员、PE工程师、实验室助理工程师、纺织品测试销售工程师、纤维成分工程师、质量管理查货员、纺织品检测员、陈列设计师、面料开发师、纺织总工程师、染整工艺专员、家纺招商经理、销售工程师、市场经理、采购经理等。

职业薪酬:
纺织工程专业相关职位薪酬(月薪):按工作经验统计,其中应届生约5000元,1~3年约7000元,3~5年约9000元,5~10年约11000元。

就业热门行业:
服装/纺织/皮革、贸易/进出口、检测、认证、互联网/电子商务、外包服务、机械/设备/重工、石油/化工/矿产/地质、批发/零售等。

就业热门城市:
上海、深圳、广州、杭州、东莞、宁波、苏州、北京、南京和武汉等。

081602 服装设计与工程

我国的服装产业在改革开放历程中积累了深厚的生产功底、技术力量以及大量的运作资本,同时也拥有全球最先进的技术装备,目前全国范围的消费群体也形成了一个完备的体系。随着时代的发展,消费者对物质文化的需求日趋增加,对服装的消费需求更是如此,在后金融危机时期,服装企业为应对国际环境变化带来的冲击纷纷转型进行以价值创新为核心的品牌发展,服装产业正处在从"纺织服装大国"向"纺织服装强国"转变的关键时期。服装行业的"洗牌"在促使服装产业结构升级的同时,高层次的现场技术、管理人员相对缺乏成为广大服装企业新的人才需求增长点。结合目前我国纺织服装产业的三大发展趋势(①产业正加快由沿海经济发达地区向中西部经济欠发达地区转移;②服装企业升级转型已成大势所趋,越来越多的企业开始注重品牌建设和产品创新开发,高层次企业策划人员、现场管理人员、服装设计创新等人才成为我国服装产业发展急需类型;③产业正逐步走向科学、规范的生产与竞争)可以看出,高层次的现场工程师已成为各大服装企业的需求热点。

> **新高考选考科目指引：**

本专业没有必须选考科目要求。

> **培养目标：**

本专业培养具备服装设计与工程领域的知识和能力，适应服装学科与材料、信息、管理、营销贸易、人文艺术等学科融合发展的趋势，具有创新意识、实践能力和国际视野，并在服装设计与工程领域某一方面具有专长，能在服装企业、服装行业协会、政府相关部门或其他相关机构等从事产品策划和设计、工艺技术、生产和经营管理、市场营销、商贸及行业管理等方面工作的应用型专门人才。

> **培养要求：**

本专业学生主要学习服装设计与工程领域的基本理论和专业知识，接受服装设计、服装纸样与工艺、服装材料、服装CAD、服装产品和营销策划等方面的基本训练，具备服装产品设计研发、服装材料应用、服装营销策划等方面的基本能力。

> **主干学科：**

设计学、纺织科学与工程。

> **核心知识领域：**

本专业核心知识领域涵盖艺术（服装）设计、服装结构、服装工艺、服装生产与管理、服装材料与工效、服装市场营销和服装人文科学等知识领域。

> **顶尖院校：**

浙江理工大学和大连工业大学。

> **就业方向：**

本专业毕业生可在服装公司、科研单位、高等院校从事服装设计与新产品开发、服装市场拓展、服装企业管理、时尚产业经济、服装相关理论研究及时尚传媒工作。亦可报考服装设计、服装新材料开发、服装工程数字化及时尚产业经济等专业方向的研究生。

> **未来可从事职业岗位：**

服装设计师、服装制版师、服装设计助理、服装外贸业务员、成品采购专员、采购跟单员、采购核价员、工业产品设计师、服装IE技术员、服装生产经理、面辅料开发助理、纸样师、技术部经理等。

> **职业薪酬：**

服装设计与工程专业相关职位薪酬（月薪）：按工作经验统计，其中3~5年约8000元。

> **就业热门行业：**

服装/纺织/皮革、贸易/进出口、互联网/电子商务、批发/零售、电子技术/半导体/集成电路、影视/媒体/艺术/文化传播、教育/培训/院校、快速消费品等。

> **就业热门城市：**

上海、广州、杭州、北京、深圳、宁波、青岛、厦门、武汉和苏州等。

📖 081603T 非织造材料与工程

非织造材料与工程专业具有多学科交叉、学科与工程紧密联系的特点，它与高分子材料、电子信息科技相结合，综合了纺织、塑料、造纸、化学、印刷等的技术与装备，广泛涉及物理学、化学、力学、工程学等各个学科分支。非织造材料具有很大的材料设计自由度，可使之具备多种多样的优异性能；非织造技术又具有工艺流程短、工艺灵活多样、生产效率高、原材料范围广、产品品种多和应用领域广等特点。本专业注重培养既有扎实的基础理论和很强的实践应用能力，又有较宽的相关知识面的专业人才。强调能力培养，强化实践性的训练，重视工程观念的建立，充分利用现代化的教学方法，培养学生适应各种环境的能力和独立思考、开拓创新的能力。

> **新高考选考科目指引：**

本专业必须选择物理、化学学科。

> **培养目标：**

本专业培养具备纺织工程及材料科学方面的知识和能力，适应现代纺织高科技化及其与信息、市场、环境等学科高度综合发展的趋势，能在本领域从事科学研究、非织造工艺技术开发、工艺和装备设计、生产及经营管理、新产品研制、工程应用及贸易营销与管理等工作的复合型高级专门人才。

> **培养要求：**

本专业学生要求具有扎实的纺织及材料科学方面的基础知识和能力，适应现代新材料迅速发展的趋势，能在非织造材料与产品制造领域从事科学研究、技术开发、工艺和装备设计、环境保护、国内外贸易、产品设计、新产品研制、工程应用及营销与管理等工作。

> **主干学科：**

纺织科学与工程、高分子材料与工程、经济学、信息管理、艺术学、市场营销。

> **主要课程：**

纺织材料学、纺纱学、机织学、针织学、非织造学、非织造产品与应用、非织造工程设计、功能纤维及其应用、复合材料、技术纺织品、市场营销学、国际贸易实务等。

> **顶尖院校：**

天津工业大学。

> **就业方向：**

毕业生可从事非织造材料与工程领域内的产品开发、工艺设计、生产技术管理、经营与贸易和质量检验等工作，也可在纺织工程、纺织材料与纺织品设计和材料学等学科继续读研深造。

> **未来可从事职业岗位：**

先期工程涂装工程师、涂装工艺工程师、专利工程师、前端高级开发工程师、PHP高级开发工程师、服务区域经理、高级经理、项目管理等。

▶ 就业热门行业：

医疗/护理/卫生、服装/纺织/皮革、快速消费品、批发/零售、制药/生物工程、医疗设备/器械、石油/化工/矿产/地质、贸易/进出口、原材料和加工等。

▶ 就业热门城市：

深圳、武汉、东营、杭州、上海、北京、大理、泰安、济南和温州等。

081604T 服装设计与工艺教育

▶ 新高考选考科目指引：

本专业没有必须选考科目要求。

▶ 培养目标：

本专业培养德、智、体、美、劳全面发展，具有服装设计、生产制作专业理论和技能的艺术设计院校师资和本行业高层次的应用型专业人才。

▶ 培养要求：

本专业学生学习服装设计与工艺方面的基础知识、基本理论和实践技能，接受专业基本训练，具有从事服装行业设计与技术研究及生产管理等方面工作的能力，掌握教育理论和教学实践的基本技能，获得从事服装教学和服装研究的基本能力。

▶ 主要课程：

中外服装史、服装学概论、服装工艺、服装CAD、时装画技法、服装专题设计、服装推板、民族民间服饰、服装展示、综合设计、成衣结构与板型、服装设计基础、服装结构与制图、图案、色彩、人体素描等。

▶ 顶尖院校：

湖南师范大学。

▶ 就业方向：

服装设计与工艺教育专业学生就业前景较好，竞争力也比较强。该专业毕业生可在服装行业从事服装设计与开发、服装生产工艺设计、服装打板、服装推板、服装生产工艺单编写、样衣制作和服装生产管理等工作；也可以在本行业领域内从事技术培训、咨询指导、兼职教师等职位；还可以从事本领域的刊物编写等工作或者在职业技校、高等院校、科研机构等单位从事教学研究等工作。

▶ 未来可从事职业岗位：

服装设计师助理、服装设计师、制版师、研发设计师、服装设计教师、产品经理等。

▶ 就业热门行业：

服装/纺织/皮革、贸易/进出口、互联网/电子商务、批发/零售、广告、教育/培训/院校、玩具/礼品、娱乐/休闲/体育、咨询、人力资源、财会等。

▶ 就业热门城市：

广州、上海、深圳、北京、杭州、厦门、武汉、宁波、苏州和宿迁等。

081605T 丝绸设计与工程

丝绸设计与工程专业以工程与艺术结合模式培养人才，培养既具有纺织丝绸工程知识，又具有艺术修养、创新设计理论及实践能力的复合型丝绸产品创新设计人才。该专业知识范畴涉及丝绸文化历史知识、丝绸产品艺术设计、丝绸产品工艺设计、丝绸服装服饰产品、丝绸家纺装饰产品、丝绸产品营销贸易等领域。

▶ 新高考选考科目指引：

本专业没有必须选考科目要求。

▶ 培养目标：

本专业培养掌握扎实的纺织丝绸工程基础理论知识，具有较高的丝绸文化和艺术素养，具有卓越的创意思维、设计表现能力、工艺创新实践能力的创新型专业人才。

▶ 主要课程：

丝绸专业导论、现代设计基础、纺织材料学、制丝学、丝织工艺学、织物组织学、纺织学、丝针织工艺技术、丝绸色彩学、丝绸染整工艺学、印花图案设计、纺织品设计学、时装艺术与设计、家用纺织品设计、纺织经济与贸易、国际贸易与国际金融、纺织外贸跟单等。

▶ 首批开设院校：

浙江理工大学。

▶ 就业方向：

该专业毕业生能在纺织服装企业、纺织丝绸设计与贸易公司、大专院校、科研机构及政府部门从事纺织丝绸产品生产/检验、纺织丝绸产品工程设计/艺术设计、纺织丝绸贸易/营销、纺织丝绸科研/教学及纺织丝绸企业服务/管理等工作。

0817 轻工类

081701 轻化工程

轻化工程是国民经济的重要部门，一般认为包括材料化工、日用化工、精细化工、油脂化工、皮革、染整、制浆造纸、涂料、电子化学品等工业领域。与重化学工业相比较，轻化工业的特点是技术密集，产品品种多、更新快、附加值高，并且与人们的日常生活密切相关。

▶ 新高考选考科目指引：

本专业必须选择物理、化学学科。

▶ 培养目标：

本专业培养具备数学、化学、化工及材料等方面的基础理论，掌握本专业的工艺原理及工程技术等专门知识，并且具有从事本专业至少一个专业方向（制浆造纸工程方向、纺织化学与染整工程方向、皮革工程方向、添加剂化学与工程方向）的工程技术、生产管理、质量控制、研究开发等基本能力，能在本专业相关行业的企事业单位、研究机构及高等院校等从事工程技术、质量控制、产品开发、商品检验、经济贸易、企业管理及教学科研等工作的复合型专门人才。

▶ 培养要求：

本专业学生主要学习天然纤维和合成纤维的化学成分、组织结构、性能和加工应用的基本理论和基本知识，学习化学、化工和材料等相关学科的基本理论和基本知识，接受专业教育(专业课程、专业实验与工程训练等)及通识教育、素质与创新教育的基本训练，具备分析问题和解决问题的基本方法和能力。

▶ 主干学科：

轻工技术与工程、纺织科学与工程、化学工程与技术。

▶ 顶尖院校：

华南理工大学、广西大学和四川大学。

▶ 就业方向：

毕业生可到材料化工、日用化工、精细化工、油脂化工、电子化学品等企事业单位、研究机构从事工程技术、产品开发、生产管理、科学研究等工作。

▶ 未来可从事职业岗位：

染整工艺专员、纺织品实验室测试工程师、仿真丝面料外贸业务员、销售工程师、制造工程师、电气工程师技术员、染料销售工程师、洗衣应用工程师、WEB前端开发工程师、高级APP产品经理、网络技术支持工程师、产品检验工程师、高级软件测试工程师、汽车销售区域经理、外贸业务员、高级销售代表、高级客户经理等。

▶ 就业热门行业：

新能源、石油/化工/矿产/地质、印刷/包装/造纸、金融/投资/证券、互联网/电子商务、信托/担保/拍卖/典当、服装/纺织/皮革、外包服务、咨询、人力资源、财会、汽车及零配件等。

▶ 就业热门城市：

上海、北京、广州、深圳、武汉、杭州、合肥、南昌、成都和南京等。

📖 081702 包装工程

包装工程是一门研究如何使包装美观、实用、经济、牢固以及研究包装材料、包装容器、包装方法和包装机械等相关内容的专业。包装与生产、流通、消费等方面的关系也被列入现代包装工程的研究范围之内。

▶ 新高考选考科目指引：

本专业必须选择物理、化学学科。

▶ 培养目标：

本专业培养德、智、体、美、劳全面发展，知识、能力和素质协调统一，掌握包装防护原理和技术，具备包装系统分析、设计以及技术管理等方面的能力，能在商品生产与流通部门、包装及物流企业、科研机构、商检、质检、外贸等部门从事包装系统设计、生产、质量检测、技术管理和科学研究的高级工程技术人才。

▶ 培养要求：

本专业学生主要学习包装工程的基本理论和基本知识，接受包装防护、包装设计与制造、包装系统集成等方面的基本训练，掌握研发包装新材料、新结构、新工艺、新设备以及制定包装工艺、合理选择包装材料和包装设备、进行包装生产与技术管理的基本能力。

▶ 主干学科：

包装工程、材料科学与工程、机械工程。

▶ 核心知识领域：

包装材料学、包装工艺学、包装机械设计、包装结构设计理论与方法、包装动力学与防护包装、包装测试技术、包装印刷技术、包装装潢与造型设计等。

▶ 顶尖院校：

天津科技大学和江南大学。

▶ 就业方向：

毕业生适于进入大中型包装企业、相关科研机构、港口物流、国际和国内贸易、进出口商检质检等单位，从事包装产品系统设计、技术管理、质量检测、物流与营销、科技开发等工作，也能在产品设计及环境美学设计方向获得发展空间。

▶ 未来可从事职业岗位：

包装设计工程师、结构工程师、工艺工程师、机械设计工程师、产品工程师、项目工程师、PE工程师、IE工程师、品质工程师、销售工程师等。

▶ 职业薪酬：

包装工程专业相关职位薪酬(月薪)：按工作经验统计，其中应届生约5000元，1~3年约7000元，3~5年约9000元，5~10年约13000元。

▶ 就业热门行业：

印刷/包装/造纸、机械/设备/重工、贸易/进出口、电子技术/半导体/集成电路、新能源、仪器仪表/工业自动化、汽车及零配件、互联网/电子商务、快速消费品等。

▶ 就业热门城市：

深圳、上海、东莞、广州、北京、苏州、杭州、武汉、佛山和厦门等。

📖 081703 印刷工程

印刷工程专业是一门适应计算机信息处理技术的发展，以图文信息加工处理方法和视觉再现理论为主线，学习计算机图文信息处理的基础知识、印刷复制全过程控制和质量管理知识的专业。本专业涉及颜色科学、高分子材料科学、计算机技术应用、印刷技术、美术设计等各领域，具有很强的综合性。

▶ 新高考选考科目指引：

本专业必须选择物理、化学学科。

▶ 培养目标：

本专业培养适应社会发展需求，德、智、体、美、劳全面发展,具有正确的人生观、价值观和一定的人文艺术修养,具有扎实的自然科学基础,接受良好的工程训练,掌握印刷工程专业主干学科的核心基础理论和基础知识,熟悉印刷及相关产业的生产、管理和运行,了解印刷及相关产业技术的现状和发展趋势,具备较强的综合运用所学专业知识分析和解决本领域的工程技术问题的能力和创新意识,具备良好的外语能力,能够在印刷及相关传媒领域的生产企业、教育和科研机构、国家行政及事业单位等从事生产、技术、管理、教育以及研发工作的复合型高级工程技术人才。

培养要求：

本专业学生主要学习图文信息的获取、转换、处理、呈现和传播过程涉及的基本理论和基础知识,包括颜色科学与技术、图文信息处理与复制技术、印刷原理及工艺、印刷材料学、印刷质量检测及控制、印刷设备与计算机集成系统、通信与信息系统等,掌握图文信息可视化与传播的基本原理、理论和知识,了解相关学科的关联理论和知识,掌握印刷及相关媒体的策划、设计、生产、管理的基本原理、方法和技能,具有较强的综合运用所学专业知识和技能分析和解决印刷及相关传媒领域涉及的工程技术问题的能力。

主干学科：

印刷工程(相关学科：计算机科学与技术、材料科学与工程、机械工程、信息与通信工程)。

核心知识领域：

颜色科学与技术、信息获取与输出技术、印前处理原理与技术、印刷原理与工艺、信息记录材料与技术、显示材料与技术、印刷材料与适性、计算机图形学、数字图像处理、数字内容管理、页面描述语言、印刷设备、计算机集成印刷系统、信息与信息编码、通信与信息系统等。

顶尖院校：

西安理工大学、北京印刷学院和上海理工大学。

就业方向：

毕业生可在包装印刷、出版社、报社等企事业单位,印刷相关材料及设备的制造企业和贸易公司、广告设计公司及传播媒体等单位就业,目前印刷产业发展势头强盛,对专业人才市场需求量大,学生就业形势良好。

未来可从事职业岗位：

工艺工程师、包装工程师、PE工程师、IE工程师、品质工程师、平面设计师、机械工程师、设备工程师、销售工程师等。

职业薪酬：

印刷工程专业相关职位薪酬(月薪)：按工作经验统计,其中应届生约5000元,1~3年约7000元,3~5年约9000元,5~10年约12000元。

就业热门行业：

印刷/包装/造纸、机械/设备/重工、仪器仪表/工业自动化、电子技术/半导体/集成电路、计算机软件、互联网/电子商务、贸易/进出口、通信/电信/网络设备等。

就业热门城市：

深圳、东莞、上海、广州、北京、苏州、惠州、杭州、厦门和武汉等。

081704T 香料香精技术与工程

新高考选考科目指引：

本专业必须选择物理、化学学科。

培养目标：

本专业培养具有香料香精专业基础知识与专业技术能力,在香料香精方面具有创新意识和创新能力,能从事香料香精行业的技术开发、产品制备、品质分析与控制、产品应用的高级应用型技术人才。

主要课程：

化妆品工艺学、烟草工艺与调配、风味化学、食品工艺概论、纳米技术与应用、市场营销学概论、香料香精行业法律法规、日用香精基础、食用香精基础、天然香料及其加工、合成香料工艺学、萜类化学、日用香精工艺学、食用香精工艺学、无机化学、有机化学、分析化学、物理化学、轻化工程导论、化工原理、科技英语、有机分析等。

首批开设院校：

上海应用技术大学等。

就业方向：

本专业毕业生可以从事香料香精行业的技术开发工作,如日化香原料制备、食用香原料制备、日化香精制备与分析、食用香精制备与分析、产品品质控制,以及香精在日用化工、食品工业、烟草行业、皮革、纺织、造纸、医药等行业中的应用;也可从事技术管理、市场营销等相关工作。

081705T 化妆品技术与工程

新高考选考科目指引：

本专业必须选择物理、化学学科。

培养目标：

本专业培养具有化妆品工艺的基础知识和专业技术能力,能从事化妆品行业的技术开发、化妆品分析、皮肤医学与美容、技术管理和市场营销等相关工作的应用型技术人才。

主要课程：

日用香精工艺学、表面活性剂化、皮肤医学与美容、纳米技术与应用、市场营销学概论、胶体与界面化学、化妆品原料学、化妆品微生物学基础、化妆品学原理、化妆品功效评价、化工原理、科技英语、香料香精行业法律法规、日用香精基础、化妆品工艺学、无机化学、有机化学、分析化学、物理化学、轻化工程导论等。

首批开设院校：

上海应用技术大学、厦门医学院、广东药科大学。

就业方向：

该专业毕业生可从事化妆品、洗涤用品行业的技术开发、生产管理和市场营销等工作。

081706TK 生物质能源与材料

生物质能源与材料专业主要面向国家生物质能源与材料相关行业发展需要，培养在相关领域开展教学、科研、技术开发、工程应用和经营管理等方面工作，具有创新实践能力的高素质复合应用型人才。

▶ **首批开设院校：**

大连工业大学。

0818 交通运输类

081801 交通运输

交通运输是现代社会的血脉。有效、快速、及时地在地区之间进行人员和物资的流通，是社会和经济得到正常发展的基本保证，交通运输工程学科正是适应这种现代社会发展要求，不断改造创新的一门朝阳学科。在全球一体化的大趋势下，社会交往范围不断扩大，交通运输的发展问题显得越来越重要。交通运输随着交通工具的变革而发展，今天已发展成为多种方式的综合运输时代。这其中最主要的五种运输方式有公路运输、铁路运输、水路运输、航空运输和管道运输等。

▶ **新高考选考科目指引：**

本专业必须选择物理、化学学科。

▶ **培养目标：**

本专业培养德、智、体、美、劳全面发展，具备较坚实的数学、力学、管理学、计算机、外语、必要的人文社科和经济管理基础知识，以及机电、土木、系统工程等工程技术基础知识，掌握载运工具运用与保障技术、交通运输系统规划、客货运输组织及调度等的基本理论、知识与技能，能在交通运输领域从事载运工具技术使用与管理、运输规划与设计、运输组织、管理和调度等工作，能在教学、科研单位从事相关教学科研工作的宽口径应用型和复合型工程技术、管理专门人才。

▶ **培养要求：**

本专业学生主要学习交通运输工程、机械电子工程、控制科学与工程、管理科学与工程等学科方面的基本理论和基本知识，接受载运工具技术运用与管理、运输线网和枢纽规划与设计、客货运输组织与管理等方面的基本训练，掌握载运工具运用与保障技术、交通运输系统规划、客货运输组织调度等系统知识，并具备能运用所学知识解决工程实际问题的基本能力。

▶ **主干学科：**

交通运输工程、机械电子工程、控制科学与工程、管理科学与工程。

▶ **核心知识领域：**

运筹学、机电工程学、交通运输设备及技术使用、载运工具检测与诊断技术及其维护、运输组织学、运输经济学、交通运输安全、交通运输法规、交通运输系统规划与设计、交通运输企业管理等。

▶ **顶尖院校：**

北京交通大学、长安大学、东南大学、西南交通大学、中南大学。

▶ **就业方向：**

毕业生可到各级交通运输行政管理部门、交通规划与设计部门、公安交通管理部门、城市公交公司、工商企业物流管理部门、城市规划与建设部门、科研院所、大专院校工作。

▶ **未来可从事职业岗位：**

道路及交通工程设计师、汽车调度经理、海运操作员、物流操作员、航运操作员、调度员、物流专员助理、物流专员、项目经理、分公司经理、仓库管理员、销售经理、销售主管、仲裁经理等。

▶ **职业薪酬：**

交通运输专业相关职位薪酬（月薪）：按工作经验统计，其中应届生约4000元，1~3年约6000元，3~5年约9000元，5~10年约20000元。

▶ **就业热门行业：**

交通/运输/物流、贸易/进出口、建筑/建材/工程、咨询、人力资源、财会、互联网/电子商务、汽车及零配件、新能源、计算机软件、教育/培训/院校等。

▶ **就业热门城市：**

上海、深圳、北京、广州、武汉、厦门、成都、南京、天津和重庆等。

081802 交通工程

交通工程是国民经济和社会发展的一个重要组成部分，是保证社会经济活动得以正常进行和发展的基础。交通工程专业以土木工程基本知识为基础，以交通规划、道路、桥梁、地铁与轻轨、隧道工程、交通控制与管理为专业知识背景，结合计算机和实践教学等基本技能训练，培养适应交通工程需要的高级工程师和高级管理人才。

▶ **新高考选考科目指引：**

本专业必须选择物理、化学学科。

▶ **培养目标：**

本专业培养具备交通运输系统分析与规划、交通设计、交通工程设施设计、施工与管理、交通系统智能化控制与管理和交通安全等方面的专业知识及能力，能够从事交通运输的规划、设计、施工、管理与运营的高级复合型人才。

▶ **培养要求：**

本专业学生主要学习交通工程的基本理论和基本知识，接受交通系统规划、设计、施工及运营管理等方面的基本训练，具备交通系统规划、设计、施工及运营管理的基本能力。

▶ **主干学科：**

交通工程学、系统工程学、交通运输工程及交通规划。

▶ **核心知识领域：**

交通工程导论、交通工程系统分析、结构设计原理、力学、道路工程材料、交通规划、交通设计、交通土木工程（路基路面工程、桥梁工程等）及交通控制与管理。

▶ **顶尖院校：**

哈尔滨工业大学。

▶ **就业方向：**

学生毕业后，可从事交通规划、勘测、设计、建造、监理、管理等方面的技术和管理工作，主要面向公路、桥梁、市政、城建、公安、铁道和民航等领域，适合在公路局、交通局、市政局、建设局、设计院、高速公路建设公司、高速公路养护公司等单位工作，亦可到科研、教学单位工作，或继续深造。我国正处于交通工程设施建设的高速发展时期，学生就业前景良好。

▶ **未来可从事职业岗位：**

车身研发工程师、机电工程师、前端开发工程师、环境可靠性技术支持工程师、机械设计技术员、软件工程师、测试工程师、软件测试工程师、技术工程师、电气工程师、QE 工程师、一级注册消防工程师、Java 开发工程师、SAP 系统开发工程师、售后服务工程师、高级研究员、销售代表、区域销售经理、销售经理、销售顾问、销售工程师、高级安全主任、项目技术负责人、项目经理等。

▶ **职业薪酬：**

交通工程专业相关职位薪酬（月薪）：按工作经验统计，其中应届生约 6000 元，1~3 年约 8000 元，3~5 年约 12000 元，5~10 年约 14000 元。

▶ **就业热门行业：**

建筑/建材/工程、房地产、仪器仪表/工业自动化、通信/电信/网络设备、互联网/电子商务、新能源、计算机技术支持（系统、数据维护）、电子技术/半导体/集成电路、咨询、人力资源、财会等。

▶ **就业热门城市：**

上海、北京、广州、深圳、武汉、南京、成都、杭州、长沙和济南等。

081803K 航海技术

▶ **新高考选考科目指引：**

本专业必须选择物理、化学学科。

▶ **培养目标：**

本专业培养德、智、体、美、劳全面发展，具备船舶航行、货物运输管理、船舶与人员安全与管理、无线电通信等方面的知识，能在各港航企事业单位从事船舶驾驶、营运管理以及相关的科研和教学等工作，符合相关国际公约和国家船员适任标准要求的高级航海技术复合型人才。

▶ **培养要求：**

本专业学生主要学习船舶航行、货物积载与装卸、船舶与人员安全管理和无线电通信等方面的基本理论和基本知识，接受航线设计、船舶操纵与避碰、模拟器及实船训练等的基本训练，掌握独立指挥和组织船舶航行与营运的基本能力。

▶ **主干学科：**

交通运输工程。

▶ **核心知识领域：**

船舶原理基础、电工技术基础、船舶电子技术基础、航路与航法、船舶结构与设备、船舶信号与通信、船舶操纵与避碰、船舶导航与信息系统、海上遇险与安全系统、船舶货运、航海气象学与海洋学、船舶安全与管理、远洋运输业务、海事法律。

▶ **顶尖院校：**

大连海事大学、上海海事大学和武汉理工大学。

▶ **未来可从事职业岗位：**

海事和油品检验师、小型船艇驾驶员、船舶设备销售工程师、高级评估师等。

▶ **职业薪酬：**

航海技术专业相关职位薪酬（月薪）：按工作经验统计，其中应届生约 6000 元，3~5 年约 16000 元，5~10 年约 23000 元。

▶ **就业热门行业：**

交通/运输/物流、教育/培训/院校、学术/科研、新能源、机械/设备/重工、农/林/牧/渔、中介服务、计算机技术支持（系统、数据维护）、广告等。

▶ **就业热门城市：**

上海、厦门、苏州、天津、深圳、福州、唐山、大连、宁波和泉州等。

081804K 轮机工程

"轮机"是使用发动机的动力来推进船舶的机械设备与系统的俗称，而现代船舶的"轮机"所包含的内容已十分丰富。它除了提供推进船舶的动力外，还产生各种形式的能量，当船舶在航行中或停泊时，满足船舶辅机及其他设备与系统的需要。

▶ **新高考选考科目指引：**

本专业必须选择物理、化学学科。

▶ **培养目标：**

本专业培养德、智、体、美、劳全面发展，具备机械原理和轮机系统等方面知识，能在水上运输各企事业单位从事船舶轮机操纵和维修、船舶机电设备维护和管理、船舶监修和监造、船舶检验以及相关的科研和教学等工作，符合国际和国家船员适任标准的高级轮机技术复合型人才。

▶ **培养要求：**

本专业学生主要学习船舶动力装置及辅助装置、船舶电力系统与电气设备等方面的基本理论和基本知识，接受轮机设备操纵、维护与维修、技术管理、模拟器和实船训练等基本训练，具有操纵和维修船舶动力及辅助装置，履行船舶监修、监造职责的初步能力。

主干学科：
船舶与海洋工程。

核心知识领域：
工程力学与流体力学、热力学与动力工程、船舶动力装置及系统、机械设计与金属材料、船舶管理体系及防污染技术、船舶辅助设备、轮机测试与维修技术、船舶电子与电气技术、轮机监测与自动控制、轮机专业英语。

顶尖院校：
华中科技大学、哈尔滨工程大学、大连海事大学、武汉理工大学和上海海事大学。

就业方向：
轮机工程专业的毕业生具备同类船舶二管轮任职资格，基本属于高级技术人才，多数在海洋运输企事业单位从事轮机操纵、维修和船舶监修、监造等岗位工作。毕业生的工作地点大多在海上，可选择到国内的大公司(如中远集团公司)工作。随着我国航海事业的发展，轮机工程专业人才十分紧缺。

未来可从事职业岗位：
轮机工程师、船舶工程师、轮机工程主管、汽轮机工程师、轮机设计工程师、船舶设计工程师、船体设计工程师、热电厂燃料专业技术人员、机械工程师、压力容器检验师、技术工程师、机械设计工程师、产品开发工程师、项目实施工程师、仪控工程师、销售工程师、售后服务工程师等。

职业薪酬：
轮机工程专业相关职位薪酬(月薪)：按工作经验统计，其中应届生约5000元，1~3年约9000元，3~5年约13000元。

就业热门行业：
机械/设备/重工、仪器仪表/工业自动化、新能源、电气/电力/水利、环保、石油/化工/矿产、地质、贸易/进出口、金融/投资/证券、交通/运输/物流等。

就业热门城市：
上海、北京、广州、深圳、东莞、武汉、杭州、南通、厦门和青岛等。

081805K 飞行技术

飞行技术专业是一门培养合格飞行技术人才的专业，主要学习气动力学、飞行力学、飞行性能与操纵原理等方面的知识。

新高考选考科目指引：
本专业必须选择物理、化学学科。

培养目标：
本专业培养适应社会主义现代化建设需要，适应21世纪民用航空事业发展，德、智、体、美、劳全面发展，符合国际民航培训标准的航线运输机驾驶高级应用型人才。本专业毕业生达到商用驾驶员执照附加多发仪表等级的知识和技能标准要求，并完成航线运输驾驶的基础训练，能够从事民航国内、国际航线运输机驾驶工作。

培养要求：
本专业毕业生应热爱社会主义祖国，拥护中国共产党的领导，具有为国家富强、民族振兴而奋斗的理想、事业心和责任感，初步树立科学的世界观和为人民服务的人生观，掌握马克思主义、毛泽东思想和习近平新时代中国特色社会主义思想，了解我国基本国情，能理论联系实际、实事求是，具有严谨的治学态度、艰苦奋斗、实干创新的精神，热爱劳动、自律谦让、文明礼貌、忠诚团结的品质，遵纪守法，具有高度的组织纪律性。本专业学生系统地学习本专业必需的基础理论和专业理论，接受航空运输飞行员必需的操纵技术、航行方法和机组资源管理(CRM)等专业训练。本专业培养学生适应严格、紧张、连续工作所需的良好的心理素质及强健体魄。

主干学科：
交通运输工程、航空宇航科学与技术。

主要课程：
核心知识领域：飞行原理、空中领航、飞行英语、飞机系统、航空动力装置、航空气象、民航飞机电气仪表及通信系统、空中交通管制基础、仪表飞行程序、飞行性能与计划、航线运输驾驶员执照理论课程、航线运输驾驶员飞行训练课程。

顶尖院校：
中国民用航空飞行学院、南京航空航天大学和北京航空航天大学。

就业方向：
飞行人才的缺乏，是各航空公司亟待解决问题的重中之重，已成为各航空公司既好又快发展的瓶颈。该专业毕业生主要就职于各大航空公司等民航企业，从事民航航线飞行驾驶工作。

未来可从事职业岗位：
飞行员、植保无人机飞防队长、无人机技术员、遥控多旋翼飞行器研发、滑翔伞飞行员、技术支持工程师等。

就业热门行业：
航天/航空、仪器仪表/工业自动化、教育/培训/院校、交通/运输/物流、电子技术/半导体/集成电路、广告、新能源、互联网/电子商务、公关/市场推广/会展等。

就业热门城市：
成都、深圳、上海、武汉、南京、西安、中山、北京、天津和宁波等。

081806T 交通设备与控制工程

新高考选考科目指引：
本专业必须选择物理、化学学科。

培养目标：

本专业是培养适应21世纪社会主义建设需要的，德、智、体、美、劳全面发展，掌握交通控制工程理论和方法以及自动化与控制技术、信息与计算机技术等应用技能，具备交通工程、系统规划设计、控制工程、交通管理等方面的知识和能力，能在国家与省、市的交通发展规划部门、交通控制部门、设计与管理部门等从事交通控制及相关设备设计与研发、交通管理与咨询等方面工作的高级工程技术人才。

主要课程：

本专业除学习高等数学、大学物理、大学外语等基础外，涉及的主干学科包括交通工程、控制科学与工程。

学习的主要专业基础和专业课包括：交通工程学、交通管理与控制、城市交通控制系统、交通信息处理技术、交通仿真、城市轨道交通、交通规划、交通安全、交通检测技术、自动控制原理等。

顶尖院校：

中南大学和西北工业大学。

就业方向：

该专业毕业生主要从事交通设备设计制造、科技开发、检修、应用研究和运行管理等工作。

未来可从事职业岗位：

前期项目管理工程师、生产计划工程师、测试工程师、组装工艺工程师、建筑机电主管、数据运维经理、采购运营高级经理、行业培训解决方案经理、IT流程管理专家、涉外知识产权工程师、解决方案软件测试工程师、芯片工程师、软件研发工程师、自动化电控工程师、高级前端开发工程师/专家、资深运维数据库工程师等。

就业热门行业：

建筑/建材/工程、仪器仪表/工业自动化、检测、认证、咨询、人力资源、财会等。

就业热门城市：

深圳、北京、上海、广州和福州等。

081807T 救助与打捞工程

新高考选考科目指引：

本专业必须选择物理、化学学科。

培养目标：

本专业培养德、智、体、美、劳全面发展，了解救助与打捞相关的法律法规，掌握先进的救捞技术及专业技能，熟悉现代化的救捞设备，能在交通部所属的救助打捞系统、各类海洋工程公司、救助打捞装备研究、设计及制造的研究所、设计所、企业，以及救助打捞技术培训的教育机构从事设计、研究、制造、检验、指挥、管理及实施等工作的高级工程技术人才。

主要课程：

理论力学、材料力学、流体力学、结构力学、画法几何及机械制图、电工学、机械设计、大学计算机基础、计算机程序设计基础、船舶与海洋工程导论、船舶设计、船舶动力装置与特种装备、海洋工程环境、海洋平台设计、船舶驾驶概论、轮机工程概论、潜水技术基础、救助工程、打捞工程、海洋工程施工技术、救捞工程项目管理、国际标准合同、救助与打捞政策与法规、救捞应急管理、救捞技术与案例分析、救助与打捞前沿技术等。

顶尖院校：

大连海事大学。

就业方向：

学生毕业后可在交通部所属的救助打捞系统、各类海洋工程公司、救助打捞装备研究、设计及制造的研究所、设计所、企业，以及救助打捞技术培训的教育机构从事设计、研究、制造、检验、指挥、管理及实施等工作。

未来可从事职业岗位：

焊装工艺工程师、先期工程涂装工程师、生产计划工程师、工业工程师、专利工程师、电镀设备工程师、工程造价师、自动化测试软件开发工程师、自动化机构设计工程师、采购专员、客服专员助理等。

专家提醒

救助与打捞工程专业招收思想政治素质好，热爱救助与打捞事业，纪律性强，身体健康，吃苦耐劳，第一外语为英语的男生。

本专业为国家控制布点的专业。

081808TK 船舶电子电气工程

新高考选考科目指引：

本专业必须选择物理、化学学科。

培养目标：

本专业培养适应船舶自动化要求，熟练掌握电气技术、电子技术（包括电力电子、通信电子）、控制技术、计算机控制及其网络技术等先进知识，满足国际海事组织STCW国际公约中规定的"电气、电子和控制工程""维护和修理"和"无线电通信"三项高级海员职能要求，能够胜任现代船舶各项自动装置的维护和修理任务的船舶高级电子电气工程技术人才。

主要课程：

电路原理、模拟电子技术、数字电子技术、电力电子学、通信电子线路、自动控制原理、微机原理及应用、船舶局域网技术及应用、可编程序控制器及其通信网络、电机学、交流变频调速系统、船舶电站、船舶电力拖动系统、船舶主机监测与控制系统、船舶辅助控制装置、船舶综合驾驶台系统、船舶电子电气工艺、船舶电子电气专业英语等课程。

顶尖院校：

大连海事大学。

就业方向：

本专业毕业生主要从事远洋运输工作，另外，也在船舶修造、船舶检验、船级社、海事管理、科研院所、国内同类院校以及航运企业机电管理等领域工作。

▶▶▶ 未来可从事职业岗位：

船舶海工电仪调试员/工程师、现场工程师、销售工程师、机电中级工程师。

▶▶▶ 就业热门行业：

机械/设备/重工、仪器仪表/工业自动化、原材料和加工、法律、电气/电力/水利、通信/电信/网络设备、新能源、电子技术/半导体/集成电路、咨询、人力资源、财会等。

▶▶▶ 就业热门城市：

武汉、青岛、南通、三亚、上海、宁德、宁波、无锡、深圳和湛江等。

081809T 轨道交通电气与控制

轨道交通电气与控制专业是以交通运输工程、电气工程、控制科学与工程为主要学科支撑的应用型新工科专业。

▶▶▶ 新高考选考科目指引：

本专业必须选择物理、化学学科。

▶▶▶ 培养目标：

本专业按照培养交通事业一线有成长力的工程师和管理者的定位，以轨道交通供电、电力牵引传动、车辆辅助电器设备及控制、车辆综合监控等理论为基础，以轨道交通牵引供电、牵引传动与控制为专业方向，培养适应我国轨道交通电气与控制领域的一线应用型人才。培养适应社会和经济发展需要的德、智、体、美、劳全面发展的，掌握扎实的轨道交通牵引供电系统和车辆电力牵引控制、车辆辅助电器、车辆综合监控系统等专业知识，具有较强的轨道交通电气与自动控制领域的设备设计、安装、调试、维修维护等技能的应用型人才。

▶▶▶ 主要课程：

电力机车与车辆概论、电力电子技术、电力系统分析、轨道交通设备系统、继电保护原理、轨道交通综合监控、牵引供电技术、电力牵引传动与控制、电机学、电机及拖动基础等。

▶▶▶ 首批开设院校：

山东交通学院。

▶▶▶ 就业方向：

学生毕业后可以考取电力系统及其自动化、电力电子与电气传动、控制科学与工程等学科的硕士研究生，也可到轨道交通装备制造单位、轨道交通牵引供电系统建设单位、轨道交通运营单位和轨道交通维管单位就业，进行相关设备的设计、制造、调试、生产（施工）、维护和维修等工作。

081810T 邮轮工程与管理

▶▶▶ 新高考选考科目指引：

本专业必须选择物理、化学学科。

▶▶▶ 培养目标：

该专业培养德、智、体、美、劳全面发展，理论基础扎实，工程实践能力、技术创新能力及团队协作能力强，具有良好的职业道德和社会责任感的应用型邮轮技术和管理人才。

▶▶▶ 主干学科：

大学计算机基础、工程制图、工程力学、工程材料、热工与流力、电工与电子技术、自动控制原理、机械设计基础、液压与气动、邮轮电气设备、制冷空调技术、电梯原理与维修、供热与给排水、消防与安防系统、邮轮工程设备管理、邮轮工程英语、邮轮工程英语口语等。

▶▶▶ 首批开设院校：

广州航海学院。

▶▶▶ 就业方向：

该专业毕业生主要从事邮轮工程与管理工作，在邮轮上负责相关设备的维护与管理，也可在邮轮母港相关机构从事邮轮各项保障工作。

081811T 智慧交通

本专业培养具有良好的思想品质和职业综合素质，具有计算机、网络通信、物联网传感器、交通工程、交通信息化和智能交通技术知识，具备智能交通系统的生产、安装、运行、维护、营销和系统管理等技术技能，适应智能交通行业技术、管理、服务的高素质技术技能人才。

▶▶▶ 新高考选考科目指引：

本专业必须选择物理、化学学科。

▶▶▶ 首批开设院校：

合肥学院。

▶▶▶ 就业方向：

本专业毕业生可从事智能交通系统的设备生产、现场安装调试、项目管理、产品营销、交通监控与调度、运维服务、系统管理等岗位工作。

081812T 智能运输工程

智能运输工程专业面向国家战略急需领域人才缺口，在发挥交通运输特色优势的基础上，依托交通运输工程和安全科学与工程等一级学科科研基础，重信息、强智能，积极加强学科交叉，有机融合交通运输、信息控制、计算机人工智能和科学与工程四大知识版块，贯通轨道、公路、空中等多种交通方式的共性特征，注重理论与实践、共性与个性的结合，构建主干清晰、覆盖完整、延展性强的复合型课程体系，不断探索"智能+交通运输"人才培养新路径，着力培养智能交通领域的领军人才。

▶▶▶ 新高考选考科目指引：

本专业必须选择物理、化学学科。

▶▶▶ 首批开设院校：

北京交通大学。

0819 海洋工程类

海洋工程是指以开发、利用、保护、恢复海洋资源为目的，并且工程主体位于海岸线向海一侧的新建、改建、扩建工程。具体包括：围填海、海上堤坝工程，人工岛、海上和海底物资储藏设施，跨海桥梁、海底隧道工程，海底管道、海底电(光)缆工程，海洋矿产资源勘探开发及其附属工程，海上潮汐电站、波浪电站、温差电站等海洋能源开发利用工程，大型海水养殖场、人工鱼礁工程，盐田、海水淡化等海水综合利用工程，海上娱乐及运动、景观开发工程，以及国家海洋主管部门会同国务院环境保护主管部门规定的其他海洋工程。

081901 船舶与海洋工程

说起船舶与海洋工程，很多人的直观感觉就是和造船有关，觉得它是个过了时的行业，不知道它是学什么的。2014年，时任中国船舶工业行业协会副秘书长的钱新南就曾表示："中国是无与伦比的世界造船大国，造船是一个古老的行业，但绝不是夕阳产业。船舶与海洋工程专业担负着开发、利用、保护海洋资源的任务，发展前景极为广阔，是大有作为的专业。"船舶与海洋工程虽然不像金融学、计算机那么前卫，那么受人追捧，但它在本科就业排行中却是名副其实的高就业率专业。

随着陆地石油及其他稀有资源的逐步减少，人们已经把未来石油及其他稀有资源的开发转向海洋。

船舶与海洋工程专业属于工学中的海洋工程类，是研究各类船舶的设计、性能、结构、建造等的学科，主要培养从事船舶设计、研究、试验等方面的高级工程技术人才。

新高考选考科目指引：
本专业必须选择物理、化学学科。

培养目标：
本专业培养具有良好的思想道德素质、较高的人文科学修养和创新意识，适应社会经济发展需要，德、智、体、美、劳全面发展，具有扎实的数学和力学基础，掌握船舶与海洋工程基本理论和专业知识，具备从事该行业工作所必需的基本技能，能够从事船舶与海洋结构物研究、设计、建造、检验、维修和管理等工作的高素质工程科技人才。

培养要求：
本专业学生主要学习数学、物理、力学、船舶与海洋工程、海洋工程环境学等方面的基本理论和专业知识，接受工程制图、力学分析、结构设计、工艺技术、计算机辅助工程、工程管理等方面的系统训练，形成研究、设计和建造船舶与海洋工程结构物的基本能力。

主干学科：
船舶与海洋工程、力学。

核心知识领域：
力学、工程图学、船舶与海洋结构物设计、建造工艺、结构物性能等。

顶尖院校：
上海交通大学、哈尔滨工程大学。

就业方向：
学生毕业后可在大专院校、设计研究院所从事教学、研究、设计工作。同时也可在船舶检验、航运企事业单位、造船厂、船舶贸易公司、机电产品贸易公司从事研究开发、设计建造以及经营管理等工作。

未来可从事职业岗位：
船体结构生产设计师、结构工程师、安全员、机电主管、水动力分析工程师、船舶设计、图纸审核工程师、管系工程师、船舶海洋工程结构工程师、高级船体工程师、硬件产品经理、初级技术支持工程师、高级技术支持工程师、船体生产项目主管、船舶设备销售工程师、海洋工程高级管理岗位、生产部计划调度主任、生产管理人员、资深项目经理等。

职业薪酬：
船舶与海洋工程专业相关职位薪酬(月薪)：按工作经验统计，其中3~5年约7000元，5~10年约11000元。

就业热门行业：
机械/设备/重工、石油/化工/矿产/地质、新能源、交通/运输/物流、仪器仪表/工业自动化、建筑/建材/工程、电子技术/半导体/集成电路、贸易/进出口、计算机软件等。

就业热门城市：
上海、深圳、北京、南通、天津、广州、南京、厦门、大连和中山等。

专家提醒

船舶与海洋工程专业虽然是一个古老的专业，但却是一个很有朝气的专业。随着现代科学技术的迅猛发展，该专业不断与新兴的电子技术、计算机技术、自动控制、激光、宇航等学科相联合，获得了新的生命力。

081902T 海洋工程与技术

新高考选考科目指引：
本专业必须选择物理、化学学科。

培养目标：
本专业培养具备现代海洋工程装备设计、研究、建造的基本技能和项目管理方面的基础知识，计算机编程及应用能力，具有累积一年的海洋工程领域企业实践经验，能够在海洋工程装备设计、研究、制造、检验、使用、教育和管理等部门从事技术和管理方面工作的海洋工程学科卓越工程技术人才。

培养要求：
本专业学生主要学习物理、数学、力学、海洋平台设计原理、海洋工程结构物制造技术、海洋工程项目管理与控制等基本理论和知识，掌握海洋工程装备设计、建造流程中的关键技术，熟悉海洋工程装备设计与建造项目的运行方式、管理方法等方面的专业知识。

▶ **主要课程：**

海洋基础知识、流体力学、有限元方法、机械设计、自动控制、传感与检测技术、海洋装备集成、海洋观测、船舶设计、水下运载技术、海洋试验技术等。

▶ **顶尖院校：**

浙江大学和杭州电子科技大学。

▶ **就业方向：**

毕业生可在交通、海洋、水利和环保等管理部门及规划设计研究院（所）工作，成为理工结合的高级复合型人才，可参加国家一级注册工程师资格考试。

▶ **未来可从事职业岗位：**

船舶总体设计师、工业产品检验师、管系工程师、系统集成售前工程师、外贸专员助理、船舶设备销售工程师、建造调试工程师、机械钢结构工程师、设计部主管、水利港建工程师、海洋环境工程师、配套设备研究部和主机装备部工程师等。

▶ **就业热门行业：**

机械/设备/重工、计算机软件、新能源、石油/化工/矿产/地质、仪器仪表/工业自动化、学术/科研、交通/运输/物流、建筑/建材/工程、电子技术/半导体/集成电路等。

▶ **就业热门城市：**

上海、北京、深圳、天津、厦门、南京、南通、广州、苏州和大连等。

081903T 海洋资源开发技术

对于整个人类社会来说，海洋的重要性是始终如一的。尤其在世界面临资源缺乏的压力下，海洋产业越来越显示其重要地位。

海洋资源开发技术是开发和利用海洋资源的核心技术，在整个海洋技术系统中具有重要的支撑作用。当前，海洋资源开发技术发展迅猛，各种配套技术和装备呈日新月异变化态势，极大地推动了海洋开发活动在深度和广度上的不断拓展。

近年新设立的海洋资源开发技术专业内容包括海洋水产养殖技术、海洋油气开发技术、海底采矿技术、海水淡化技术、海洋能开发技术、海洋旅游资源开发技术，以及海洋生物、化学、药物资源开发技术。由此可见，这个专业的综合性非常强，它涉及的内容似乎是将以往的海洋科学、海洋渔业科学与技术、海洋药学等诸多学科整合到了一起。

▶ **新高考选考科目指引：**

本专业必须选择物理、化学学科。

▶ **培养目标：**

本专业培养素质全面、基础宽厚、具有国际视野和全球视觉、有持续发展潜力并具有创新精神和实践能力，能从事海洋资源保护和利用、海洋生物活性物质和药物开发、海洋渔业资源利用等领域的科学研究、教学、技术开发和行政管理等工作的高级专门人才。

▶ **主要课程：**

生物化学、无机及分析化学、海洋微生物工程、水产食品化学、海洋资源原料学、海洋生物资源评估、海洋生物资源加工与利用工程、海洋生物资源产品质量控制、海洋资源综合利用技术专题、海洋管理概论等。

▶ **顶尖院校：**

中国海洋大学。

▶ **就业方向：**

毕业生能够在与海洋资源保护开发、海洋药物、海洋渔业、海洋生态工程、环境评估等相关机构从事与海洋开发有关的科学研究、产品开发、工程技术、海洋管理、环境保护等工作，或在高等院校、科研院所、政府管理部门从事相关工作；或进入相关专业的研究生阶段学习。

▶ **未来可从事职业岗位：**

雷达算法工程师、分布式数据库研发工程师、先期工程冲压工程师、高级 iOS 工程师、工艺工程师、IT 高级工程师、管理培训客户经理、产品培训工程师、Java 开发工程师、高级经理、零担销售专员、测试经理、机械工程师、采购专员等。

专 家 提 醒

我国是海洋大国，但在海洋资源开发利用上许多关键技术还没有形成自主知识产权，依赖进口，以致海洋科技对海洋经济的贡献率不足。与发达国家相比，在深海技术装备制造业、深海采矿业等深海高技术领域，我们还有许多技术有待突破。一旦有所突破，势必带来巨大的产能。而实现突破的机会，就可能产生在你手里。同学们，如果你热爱海洋，并乐于奉献，那就赶快加入其中吧！

081904T 海洋机器人

本专业主要研究智能水下机器人、遥控水下机器人、水面无人艇等海中无人平台的基础理论和应用技术，是一门将水动力分析、控制技术、传感器技术、人工智能、计算机仿真等高科技手段综合运用于海洋领域的新兴交叉学科。

▶ **新高考选考科目指引：**

本专业必须选择物理、化学学科。

▶ **培养目标：**

本专业旨在培养实践能力强、创新能力强、具备国际竞争力的高素质复合型新工科人才。

▶ **首批开设院校：**

哈尔滨工程大学等。

▶ **就业前景：**

随着我国海洋强国战略的实施，以及海洋机器人在水下安全检查、科学考察以及军事海洋等领域的大量应用，我国将出现对海洋机器人专业人才的大量需求。

081905T 智慧海洋技术

智慧海洋技术专业培养适应现代化建设和未来社会发展需要，具有优良的思想品质、科学素质和人文素质，具备海洋智能感知、海洋大数据、海洋智能系统等交叉融合领域的基础知识与应用能力、自主学习和创新能力、组织协调能力，能在海洋科学研究、海洋信息技术应用、海洋智能系统及相关领域从事科学研究、工程设计、应用研究、运行管理等方面工作的高级复合型技术人才。

▶ **首批开设院校：**

哈尔滨工程大学。

0820 航空航天类

航空航天是工业体系中的王冠。未来20年将是我国航空航天工业发展的最佳时机，也是有志于"翱翔长空、探索宇宙"的青年们实现梦想、施展抱负的最佳时期。上海交通大学是我国最早开办航空航天专业的高校，一大批杰出校友为我国的航空航天事业做出了卓越的贡献，其中包括中国航天之父钱学森、卫星和自动控制专家杨嘉墀、返回式卫星总设计师王希季、"歼七"飞机总设计师屠基达、"歼八"飞机总设计师顾诵芬、"运十"总设计师马凤山等。

082001 航空航天工程

航空航天工程专业涵盖飞行器设计与制造、发动机、航空宇航信息与控制等领域。本专业培养知识结构完备、理论基础扎实，掌握飞行器系统的研究与开发、控制与运行以及管理知识的航空航天高级人才。

▶ **新高考选考科目指引：**

本专业必须选择物理、化学学科。

▶ **培养目标：**

本专业培养具有扎实的数学、物理、力学、计算机等基础理论，掌握航空航天领域的多学科知识，具有良好的综合能力和创新意识，具有全面的文化素质和较强的环境适应能力，能从事航空航天飞行器总体、结构与系统设计等相关工作的高级人才。

▶ **培养要求：**

本专业的学生应掌握数学、物理、动力学与控制、空气动力学、材料与结构、工程热力学、控制系统原理、飞行器总体设计、航空电子系统、飞行器制造工艺及设计、实验等方面的基础理论和专业知识，具有飞行器总体、结构与系统设计分析的能力。

▶ **主干学科：**

航空宇航科学与技术、力学、航空宇航推进理论与工程。

▶ **核心知识领域：**

工程热力学、空气动力学、材料与结构、自动控制原理、飞行器总体设计、航空宇航推进理论、航空电子系统等。

▶ **顶尖院校：**

北京航空航天大学、哈尔滨工业大学、清华大学、北京理工大学和西北工业大学。

▶ **就业方向：**

毕业生可以从事航空、航天、民航等行业的研究、开发及组织管理工作，可在以"大飞机""载人航天""探月工程"等为代表的航空航天重大工程中发挥作用。

▶ **未来可从事职业岗位：**

无人机操控工程师、嵌入式软件测试工程师、电池系统热分析工程师、制造工程师、工艺工程师、软件测试工程师、现场采样员、模具工程师、技术支持工程师、汽车实验室测试工程师、品质工程师、应用工程师、CAE工程师、电子工程师、控制系统工程师、IT工程师、技术主管、机械工程技术经理、行政专员/助理、大区销售经理、销售工程师、采购经理、军工行业销售经理、国际贸易专员、国际贸易经理。

▶ **就业热门行业：**

航天/航空、仪器仪表/工业自动化、机械/设备/重工、电子技术/半导体/集成电路、互联网/电子商务、学术/科研、计算机软件、新能源、咨询、人力资源等。

▶ **就业热门城市：**

北京、上海、深圳、成都、杭州、武汉、沈阳、广州、西安和天津等。

082002 飞行器设计与工程

飞行器设计与工程专业涉及的是飞行器制造领域内的设计、制造、研究、开发与管理等工作。该专业方向具有较强的行业特色，航空航天工程是基本的服务领域；同时，在民用工程领域也有广阔的市场。

▶ **新高考选考科目指引：**

本专业必须选择物理、化学学科。

▶ **培养目标：**

本专业培养具有良好的数学、力学基础和飞行器总体设计、气动设计、结构与强度分析、试验技术等专业知识，能够从事航空航天工程、适航等领域的设计、科研与技术管理等工作的高级工程技术人才。

▶ **培养要求：**

本专业的学生应掌握飞机总体设计、飞行器结构设计、空气动力学、控制系统原理、飞行器制造工艺及设计、实验等方面的基础理论和专业知识，具有飞机总体设计、气动设计、结构分析与设计、大型先进通用计算软件的应用能力及相关的处理与分析实际问题的能力。

>>> **主干学科**：

航空宇航科学与技术、力学。

>>> **核心知识领域**：

结构力学、空气动力学、飞行器总体设计、飞行器结构设计等。

>>> **顶尖院校**：

北京航空航天大学、西北工业大学和南京航空航天大学。

>>> **就业方向**：

毕业生就业主要到国防工业企事业单位、研究所、设计院、高校等单位，从事飞行器（包括航天器与运载器）总体设计、结构设计与研究、结构强度分析与试验、通用机械设计及制造的工作。可以去飞机设计所（军用、民用）、飞机制造厂工作，还可以到部队去，作为军代表派驻到各生产厂家；另外可以到航空公司做一名机务维修人员。

>>> **未来可从事职业岗位**：

飞行器结构设计工程师、飞行器总体设计师、气动工程师、飞机结构设计工程师、机械设计工程师、飞行器控制研究员、结构强度设计师、气动结构电气工程师、软件工程师、无人机飞控系统研发工程师、高级机器视觉工程师、无人机自动控制工程师、地面站开发工程师、硬件工程师、飞机照明设计工程师等。

>>> **就业热门行业**：

航天/航空、电子技术/半导体/集成电路、学术/科研、计算机软件、互联网/电子商务、机械/设备/重工、通信/电信/网络设备、新能源等。

>>> **就业热门城市**：

深圳、北京、上海、成都、西安、长沙、杭州、广州、武汉和大连等。

专家提醒

我国飞行器可供开发的空间很大，许多应该用到飞行器的民用领域目前还未大力开发利用，在私人使用上也几乎是空白，因此，飞行器设计与工程专业的人才会是我国将来急需的人才，该专业以后的就业前景应该是不错的。

082003 飞行器制造工程

飞行器制造工程专业以航空航天为主要应用背景，以先进制造技术为基础，是融合航空航天工程、机械工程、信息工程和计算机科学与技术等多学科知识的高新技术专业。本专业本着重基础、宽口径的培养模式进行课程设置，重点培养学生在飞行器结构设计及优化、先进制造工艺与装备、航天难加工材料加工、超精密加工、特种加工和机电一体化控制等方面的能力，为航空航天及相关领域内产品的设计与制造、科学研究和生产组织管理培养复合型的高级专业技术人才。

>>> **新高考选考科目指引**：

本专业必须选择物理、化学学科。

>>> **培养目标**：

本专业培养具备良好的数学、力学、机械设计与制造基本理论及飞行器制造工艺等方面的知识，具有创新品质和持续发展能力，能在机械工程、材料成型和飞行器制造及相关领域从事设计制造、科技开发、应用研究、运行管理和经营销售等工作的高级工程技术人才。

>>> **培养要求**：

本专业学生主要学习机械工程及飞行器制造方面的基本理论和基本知识，接受力学、机械设计与制造、电工与电子技术、工程材料、飞行器制造工艺等方面的基本训练，掌握制图、计算、实验、测试和制造工艺分析等方面的基本能力。

>>> **主干学科**：

机械工程、航空宇航科学与技术、力学。

>>> **核心知识领域**：

机械制图、机械设计及制造、理论力学、材料力学、计算机辅助飞机制造。

>>> **顶尖院校**：

西北工业大学、哈尔滨工业大学、北京航空航天大学和南京航空航天大学。

>>> **就业方向**：

学生毕业后，可在航空航天部门、飞行器研究所、各大机械制造企事业单位以及相关的材料成型企业和研究所从事设计制造、运行施工、科技开发和应用研究工作，也可以从事教学和管理等工作。

>>> **未来可从事职业岗位**：

飞机结构设计工程师、飞机工装设计员、飞机照明设计工程师、总体气动结构电气工程师等。

>>> **就业热门行业**：

航天/航空、机械/设备/重工、电子技术/半导体/集成电路、教育/培训/院校、计算机软件、汽车及零配件、贸易/进出口、新能源等。

>>> **就业热门城市**：

深圳、西安、北京、成都、上海、珠海、大连、武汉和广州等。

专家提醒

飞机、导弹、卫星、飞船和空间站等飞行器是集材料、能源、信息为一体的高科技产品，是国家科技水平和综合国力的重要标志之一，飞行器制造体现了国家装备制造技术的最高水平。随着我国"大飞机""载人航天""探月工程"等国家重大工程和科技计划的实施，对飞行器制造工程专业人才的需求持续增加，为飞行器制造工程专业的毕业生提供了更广阔的发展空间。

082004 飞行器动力工程

飞行器动力工程，又称航空宇航推进理论及工程，是一个庞大的系统工程，主要研究的是航空、航天飞行器的发动机，包含总体、气动、结构、控制与仿真、燃烧等分方向。众所周知，发动机是任何一个飞行器的心脏，而我国航空航天的瓶颈和短板就在于此。这会严重制约我国航空航天的大发展，也会限制空军、海军航空兵、陆军航空兵等空中兵力整体水平提高，会严重阻碍我国空军空天一体发展的步伐。所以，该专业的毕业生若学有所成，定大有前景。

▶▶新高考选考科目指引：
本专业必须选择物理、化学学科。

▶▶培养目标：
本专业培养具有良好的数学基础知识、力学基础知识、飞行器动力工程基本理论，掌握发动机总体设计、结构设计、控制设计与试验能力，获得飞行器动力工程专业基本工程训练，在工程实践、信息技术和外语运用等方面具有很强适应能力的高素质工程技术人才。

▶▶培养要求：
本专业学生主要学习飞行器动力原理、结构设计、控制系统原理及设计、专业实验等方面的基础理论和专业知识，具有参与发动机总体和结构设计、实验测试等方面的基本能力。

▶▶主干学科：
航空宇航科学与技术、力学、动力工程与工程热物理。

▶▶核心知识领域：
数学分析、理论力学、材料力学、流体力学、工程热力学、空气动力学、传热学、自动控制原理、航空发动机原理、航空发动机结构设计。

▶▶顶尖院校：
北京航空航天大学和西北工业大学。

▶▶就业方向：
学生毕业后可在航空、航天发动机设计所、研究所，或高校、部队和企业的设计、生产部门，从事设计、试验、研究等方面的工作。

▶▶未来可从事职业岗位：
航空发动机结构设计、结构强度设计师、气动工程师、总体工程师、动力系统工程师等。

▶▶职业薪酬：
飞行器动力工程专业相关职位薪酬（月薪）：按工作经验统计，其中1~3年约12000元，3~5年约16000元。

▶▶就业热门行业：
航天/航空、机械/设备/重工、学术/科研、教育/培训/院校、新能源、人力资源等。

▶▶就业热门城市：
西安、北京、深圳、大连、上海、南通、成都、沈阳、郑州和台州等。

专家提醒

航空发动机是当今技术水平最高、研制难度最大、系统最复杂，只有联合国的几个常任理事国才能独立研制的机电一体化产品！进入飞行器动力工程专业，距技术之巅、人生之巅仅此一步！

随着我国大飞机和航空航天民航事业发展的需求不断增强，其动力需求也不断增强，同时我国飞行器动力工程正处于朝阳发展阶段，该专业未来的发展前景非常广阔。

082005 飞行器环境与生命保障工程

飞行器环境与生命保障工程专业为国防重点专业。随着我国航空航天技术的发展，如登月计划的实施等，飞行器环境与生命保障工程正面临着难得的发展机遇。

▶▶新高考选考科目指引：
本专业必须选择物理、化学学科。

▶▶培养目标：
本专业培养具备飞行器环境控制、生命保障等方面的知识与设计研究能力，能在航空航天领域从事环境控制系统、生命保障系统的设计研究，能在民用领域从事热能利用、空调、供暖等方面工作的工程技术人才。

▶▶培养要求：
本专业学生主要学习高等数学、大学物理、流体力学、传热学、热控理论、航空航天生理、空间环境工程、人机系统工程等基础理论和知识，接受飞行器环境控制系统、生命保障系统等方面的设计与研究的基本技能的训练，具备工程设计与研究的初步能力。

▶▶主干学科：
航空宇航科学与技术、动力工程与工程热物理、机械工程。

▶▶核心知识领域：
工程热力学、传热学、气体动力学、航空航天生理学、控制理论等。

▶▶顶尖院校：
北京航空航天大学和南京航空航天大学。

▶▶就业方向：
学生毕业后主要在航空、航天、民航、机械、建筑、化工等领域从事飞行器环境与生命保障、空调与制冷技术方面的技术、管理、教学及研究工作。

▶▶未来可从事职业岗位：
无人机飞手、结构工程师、IT运营工程师、OSS解决方案开发架构师、涉外知识产权工程师、解决方案软件测试工程师、实验室助理、芯片工程师、先期工程涂装工程师、软件研发工程师、自动化电控工程师、QE品质工程师、市场专员、专利工程师、高级前端开发工程师、测试高级工程师、客户经理等。

▶▶就业热门行业：
航天/航空、新能源、电子技术/半导体/集成电路、计算机软件、学术/科研、互联网/电子商务、教育/培训/院校、机械/设备/重工等。

>>> **就业热门城市：**

深圳、北京、上海、成都、西安、武汉、东莞、杭州、广州和南京等。

专家提醒

由于该专业具有多学科交叉的特点，专业口径宽，因而飞行器环境与生命保障工程专业的学生普遍具有广泛的适应能力，可以在任何涉及传热、制冷、环境控制和生命保障工程的国防及民用部门工作，社会需求和就业情况良好。

082006T 飞行器质量与可靠性

神舟五号载人飞船遨游太空安全着陆后，型号总设计师自豪地宣布，飞船可靠性达到0.997，可靠性这一概念已进入寻常百姓的视野。人们对产品的质量要求越来越苛刻，使得与故障作斗争，以提高产品质量为目的的飞行器质量与可靠性专业已逐渐发展为一门新兴的综合性、交叉性边缘学科，并在高科技领域扮演着越来越重要的角色。该学科具有较强的交叉性、综合性和实践性特点。飞行器质量与可靠性专业，是教育部新批准的急需专业，是国内唯一的可靠性系统工程专业方向，本专业的知识范畴包括质量工程、质量管理、可靠性、安全性、维修性、测试性、保障性的设计分析、试验与评价，以及软件、元器件等特殊产品的可靠性。所以，该专业要求学生既掌握可靠性专门知识，又要具备宽广的工程基础知识。比如统计学是可靠性工作的基本方法之一，所以飞行器质量与可靠性专业对数理统计的基础非常重视；可靠性工作的核心是故障，而对故障的预测、预防、测试、维修、保障都需要对故障发生、发展的规律有深刻了解，而振动、温度等环境应力引起的故障都可以归结为力学原因，所以飞行器质量与可靠性专业对力学基础有很高的要求；同时要求研究软件的可靠性，又需要一定的软件开发经验、软件工程知识等。

>>> **新高考选考科目指引：**

本专业必须选择物理、化学学科。

>>> **培养目标：**

本专业以航空、航天等高科技大型复杂工程项目为背景，重点培养能运用系统工程的理论和方法，掌握产品可靠性、维修性、测试性、保障性、安全性设计与试验（验证）技术的高层次、综合性和复合型高级工程技术人才。

>>> **培养要求：**

1. 热爱航空航天事业，逐步树立正确的世界观和人生观，掌握科学的方法论，知行合一，走与工程需求相结合、与市场需求相结合的发展道路；

2. 具有扎实的自然科学基础，较好的人文社会科学基础、外语基础和计算机综合运用能力；

3. 具有扎实的质量与可靠性专业基础知识，掌握质量工程与管理，可靠性、维修性、保障性设计、试验与评价，软件与元器件质量保证方面的专业技术，能应用所学知识对工程实际问题进行分析与综合，并具有一定的创新意识与创新能力。

>>> **主干学科：**

控制科学与工程、系统工程。

>>> **主要课程：**

公共基础课程、机电类专业基础课程、飞行器设计与工程专业平台课、飞行器设计系统工程、系统可靠性设计与分析、飞行器维修性设计与验证、可靠性试验技术等。

>>> **顶尖院校：**

北京航空航天大学和哈尔滨工程大学。

>>> **就业方向：**

毕业生可从事质量与可靠性方面的工程设计、技术研究、管理工作。可在航空航天、核动力工程和船舶与海洋工程领域，以及机械、电子、计算机、汽车等其他专业领域的科研、生产单位，从事质量与可靠性工程设计、管理和研究工作。

>>> **未来可从事职业岗位：**

安全管理专家、前期项目管理工程师、生产计划工程师、测试工程师、组装工艺工程师、解决方案软件测试工程师、芯片工程师、软件研发工程师、自动化电控工程师、高级前端开发工程师、测试高级工程师、高级软件工程师、行业培训解决方案经理、涉外知识产权工程师、IT流程管理专家、高级测试开发工程师、售后工程师、市场专员、客服工程师、客户经理等。

>>> **就业热门行业：**

航天/航空、学术/科研、教育/培训/院校、新能源、检测、认证、计算机硬件等。

>>> **就业热门城市：**

深圳、北京、上海、天津、沈阳、西安和广州等。

082007T 飞行器适航技术

飞行器适航技术专业为适应我国民用飞机设计、生产、使用和维护的迫切发展需求，依托紧缺学科——适航技术与管理而创办。

>>> **新高考选考科目指引：**

本专业必须选择物理、化学学科。

>>> **培养目标：**

本专业培养具有良好数学、力学和电学基础，具有飞机总体设计、飞机系统设计以及飞机适航性评估等方面的基础理论和专业知识，熟悉适航法规和标准，能从事飞机总体和结构设计与适航符合性评估、飞机系统安全性设计、可靠性工程、飞机适航审定以及适航管理技术等方面工作的高级技术研究、工程应用和管理人才。

>>> **培养要求：**

本专业学生入学后与飞机设计、航空发动机、航空电子、航空电器、飞行器制造工程等专业合作办学，学生前三年学习飞机、发动机、飞机系统与机载设备、飞行器制造等专门知识，第四年集中学习航空器适航审定技术与管理知识，考核合格后，可直接免试攻读硕士研究生。

>>> **主要课程：**

飞行器总体设计、飞行器结构设计、飞行器系统设计、航空发动机原理、发动机结构与强度、发动机控制、航空电子、航空电器、机载计算机、通信与导航、飞机制造基础、现代飞机装配技术、民用航空法、航空安全工程原理、可靠性原理、飞机安全性设计与分析、适航规章、适航验证与审定技术和适航管理工程等。

>>> **顶尖院校：**

北京航空航天大学、南京航空航天大学和西北工业大学。

>>> **就业方向：**

该专业毕业生可选择报考与本专业密切相关的适航技术与管理、飞行器设计、载运工具运用工程、材料学、航空航天安全工程和航空工程等学科的硕士学位研究生。毕业生就业实行双向选择，就业方向主要在航空、航天等行业的研究所、国有大型企业、外资企业、民航公司，从事飞机总体和结构设计、飞机系统安全性设计与分析、适航符合性评估、可靠性工程、飞机适航审定和验证技术以及适航管理技术等方面工作。

例如到上海适航审定中心、沈阳适航审定中心等适航审定与管理部门，中国东方航空公司、中国南方航空公司、中国国际航空有限公司、深圳航空公司等民航单位，以及中国商用飞机有限责任公司、上海航空电器有限公司、上海飞机设计研究院等民用航空设计、制造单位，也可去高等学校、生产企业和管理部门从事该领域的科学研究、工程设计和科研管理等方面的工作。

>>> **未来可从事职业岗位：**

测试工程师、雷达算法工程师、动力匹配高级工程师、数据运维经理、工程主管、技术支持专员、高级运维工程师、软件测试工程师、嵌入式软件工程师、IT高级工程师、NFV解决方案开发架构师、嵌入式语音软件开发工程师、行业培训解决方案经理、网络工程师、设备维护技术员、分布式数据库研发工程师、产品培训工程师、先期工程冲压工程师、高级Java开发工程师、工艺工程师、高级iOS工程师、测试经理、机械工程师、Java开发经理、高级音频电路开发工程师、销售经理等。

>>> **就业热门行业：**

航天/航空、电子技术/半导体/集成电路、仪器仪表/工业自动化、学术/科研、新能源、计算机硬件、计算机软件、通信/电信/网络设备、金融/投资/证券等。

>>> **就业热门城市：**

深圳、成都、广州、邯郸、重庆、长沙、沈阳和西安等。

082008T 飞行器控制与信息工程

飞行器控制与信息工程专业结合国际航空宇航科学与技术学科发展前沿，重点瞄准国家和国防科技发展对空中交通管理、低空探测与引导、飞行器控制与仿真、卫星定位与视觉导航等相关领域技术的重大需求，培养学生综合运用现代数学、物理和计算机科学的前沿理论方法解决飞行器控制领域相关问题的能力，是航空航天领域极具发展潜力的特色专业。

>>> **新高考选考科目指引：**

本专业必须选择物理、化学学科。

>>> **培养目标：**

本专业旨在培养基础扎实、专业能力强、具有飞行器系统设计基本理论和工程应用知识，能从事军用/民用有人/无人飞行器系统设计、飞行器控制系统设计与仿真、飞行器信息系统与网络设计、飞行器自动化检测、多电飞机电气系统设计、飞行器系统动力学建模与仿真、飞行器保障与维修、适航与飞行管理工作，并能从事相关机械、电子、信息等行业的工作，有社会责任感和国际视野，德、智、体、美、劳全面发展的高素质工程技术人员和研究人员。

>>> **主要课程：**

自然科学基础课(包括数学、物理等)、人文社科类课程(包括外语、政治、体育及选修的部分经济、哲学、文学等)、工程技术基础课(包括大学计算机基础、微机原理与接口技术、电路原理、电工电子实验等)、专业基础课程(模拟电子技术、数字电子技术、空气动力学、理论力学、机械制图、机械设计、数据结构与算法分析、高级语言程序设计等)以及专业课程(飞行器结构、自动控制原理、雷达原理、导航原理、现代控制理论、卫星导航原理与应用、视觉导航原理、飞行器控制系统设计、飞行仿真原理、空中交通管理基础、航空电子设备等)。

>>> **首批开设院校：**

西北工业大学、北京航空航天大学、四川大学等。

>>> **就业方向：**

本专业毕业生面向航空、航天、兵器及其他国防单位及通航产业单位，主要从事飞行器导航与控制应用工作，包括各种空中交通系统管理、飞行器控制系统设计、开发与制造、飞行器导航与制导等，也能够在国民经济其他相关领域从事导航、控制与仿真工程等技术工作。

082009T 无人驾驶航空器系统工程

无人驾驶航空器系统工程专业是航空航天领域具有极大发展潜力的专业，主要服务于国民经济发展和国防事业。国内无人驾驶飞行领域近几年发展比较快，除军事用途外，由于无人机成本相对较低、无人员伤亡风险、生存能力强、机动性能好、使用方便等优势，使得无人机在航空拍照、地质测量、高压输电线路巡视、油田管路检查、高速公路管理、森林防火巡查、毒气勘查、缉毒和应急救援、救护等民用领域应用前景极为广阔。

>>> **新高考选考科目指引：**

本专业必须选择物理、化学学科。

▶ **培养目标：**

本专业从学生全面发展的需要出发，培养知识、能力、素质协调发展，具有学习能力、实践能力和创新精神，能设计与实施无人驾驶航空器系统的高级应用型人才。

▶ **培养要求：**

该专业学生需要具备坚实的无人驾驶航空器系统的基本知识和专业知识，接受无人驾驶航空器设计、航空航天运输技术、信息与控制技术、空中交通管制技术、无人驾驶航空器操作与应用等方面的专业训练，并且具有较强的计算机应用和软件开发能力。

▶ **主要课程：**

无人驾驶航空器系统总体设计、无人驾驶航空器导航与飞行控制系统、无人驾驶航空器适航与法规等课程。

▶ **首批开设院校：**

北京航空航天大学等。

▶ **就业方向：**

本专业毕业生可在各类无人驾驶航空器企业、智能制造企业、其他航空类企业从事产品设计、研发、运用和管理等工作。

082010T 智能飞行器技术

智能飞行器技术专业为服务国家在智能飞行器技术领域对高素质专业人才的需求，培养具有扎实的数学、力学、信息学、计算机科学等理论基础，掌握人工智能、大数据、飞行器互联、人机互联等前沿技术，熟悉新一代通信、芯片、微电子架构体系的创新复合型人才。

▶ **新高考选考科目指引：**

本专业必须选择物理、化学学科。

▶ **首批开设院校：**

北京航空航天大学。

082011T 空天智能电推进技术

空天智能电推进技术专业服务国家双碳战略发展需求，培养具有空天动力、能源、控制、信息学等交叉学科背景，具有解决复杂电推进系统工程问题、探索科学前沿、领军和领导潜质的创新型科技人才。

▶ **首批开设院校：**

北京航空航天大学。

082012T 飞行器运维工程

▶ **培养目标：**

本专业立足民航运输业智慧运维人才需求，培养具备运输航空、通用航空智慧运维技术保障及运维能力，适应航空制造业航空器及零部件维修设计与运营支持的高素质、国际化、复合型工程技术人才。

▶ **首批开设院校：**

中国民航大学。

▶ **就业方向：**

本专业毕业生可在运输航空、通用航空和航空制造等相关行业从事飞行器运维工程的科学研究、技术开发、工程应用及运维管理工作。

0821 兵器类

中国古代兵器大概可以分成三个阶段：首先是史前时期，从考古学来讲叫石器时代，我们称这个阶段是石器时代的兵器。开始青铜冶铸后，这时候兵器的主要材质就开始变成了青铜的。中外研究古代兵器把火药用于兵器作为一个历史的分期阶段，也就是说，在火药发明以前，军队里使用的兵器我们称它为冷兵器。火药发明以后，火药开始用于战争，就出现了火药制作的兵器，就是火器。这时候是冷兵器和火器并用的时期。

082101 武器系统与工程

▶ **新高考选考科目指引：**

本专业必须选择物理、化学学科。

▶ **培养目标：**

本专业培养具备武器系统及其子系统综合设计、产品研制、实验测试和工程管理等能力，以及具备机械工程、自动化、电子工程和控制工程等相关民用工程技术方面的基础理论知识与工程实践能力，能够适应本专业发展的基本需要，可以继续攻读硕士学位，能在国家有关部门、科研单位、高等学校、部队、企业从事武器系统以及机械系统设计、技术开发、产品制造、实验测试和科技管理等方面工作，具有较好的人文社科和管理知识、良好的职业道德素质、身心健康、全面发展的高素质工程科技人才。

▶ **培养要求：**

本专业学生主要学习武器系统及其子系统总体技术，以及机械工程和自动化等相关民用工程技术方面的基本理论和专业知识，接受武器系统设计、技术综合、产品研制、实验测试、工程管理方面的基本训练，具备武器系统分析与综合、工程设计与计算、计算机应用、实验检测、科技管理等方面的基本能力。

▶ **主干学科：**

机械工程、兵器科学与技术、控制科学与工程。

▶ **核心知识领域：**

力学、机械设计与制造、电工电子技术、计算机应用技术、测控技术、武器系统与工程等。

▶ **顶尖院校：**

南京理工大学和北京理工大学。

就业方向：
本专业毕业生主要在航空航天领域从事武器系统与工程设计工作，在民用领域从事热能利用、空调、供暖等系统设计工作。

未来可从事职业岗位：
动力学系统建模仿真工程师、研发技术人员、市场营销等。

就业热门行业：
航天/航空、机械/设备/重工、电子技术/半导体/集成电路、计算机技术支持(系统、数据维护)、计算机硬件、计算机软件、咨询、人力资源、互联网/电子商务、外包服务等。

就业热门城市：
北京、西安、成都、武汉、襄阳和重庆等。

082102 武器发射工程

武器发射工程专业研究适应新形势条件下的武器从发射、飞行到命中目标全过程的力学现象、运动规律和测试等有关理论和工程应用技术。随着高新技术迅猛发展及其在兵器技术中的应用，使得弹箭、火炮的高新技术含量不断提高，出现了许多新概念武器。

新高考选考科目指引：
本专业必须选择物理、化学学科。

培养目标：
本专业培养具备武器发射系统总体、战斗载荷发射和飞行控制技术以及民用工程技术等方面的基础理论知识和工程实践能力，能在有关科研单位、高等学校、生产企业和管理部门从事系统设计、技术开发、产品制造、实验测试和科技管理方面的工作，具有较好的人文社科和管理知识、良好的职业道德素质，身心健康、全面发展的高素质工程科技人才。

培养要求：
本专业学生主要学习武器系统及其发射、运载、飞行控制以及民用机械工程与自动化方面的基本理论和基本知识，接受系统设计、技术开发、产品研制、实验测试及工程管理方面的基本训练，具备武器发射系统分析与综合、工程设计与计算、计算机应用、实验检测方面的基本能力。

主干学科：
兵器科学与技术、工程热物理、力学、机械工程、控制科学与工程。

核心知识领域：
力学、电子技术基础、机械基础、传热、武器总体、武器发射、飞行与控制、测试技术等。

顶尖院校：
南京理工大学。

就业方向：
毕业生可在国家有关部门、科研院所、高等院校、部队、企业从事武器系统设计、技术开发、产品制造、实验测试、机械工程控制等工作。

未来可从事职业岗位：
运维管理工程师、测量工程师、网络工程师、IE工程师、测试工程师、仪校工程师、IT安全管理员、自动化工程师、机械设计工程师、品质工程师、总体工程师等。

就业热门行业：
航天/航空、机械/设备/重工、电子技术/半导体/集成电路、互联网/电子商务、新能源、网络游戏、计算机硬件、贸易/进出口等。

就业热门城市：
上海、北京、武汉和广州等。

082103 探测制导与控制技术

探测包含的内容很多，例如气象探测、空间探测、金属探测等；制导则是航空、航海和军事上不可或缺的内容，特别是导弹、卫星技术更是离不开制导，没有制导弹头，就不会命中目标。

新高考选考科目指引：
本专业必须选择物理、化学学科。

培养目标：
本专业培养在探测制导与控制技术领域基础理论扎实、专业知识系统、工程实践与技术创新能力强，在德、智、体、美、劳全面发展的高素质工程技术人才。本专业毕业生具备探测制导与控制技术领域的基础理论和专业知识及工程实践能力，能够在相关科研单位、高等院校、生产企业和管理部门从事系统设计、技术研发、产品制造和科技与工程管理工作。

培养要求：
本专业学生主要学习电子、通信、控制及计算机方面的基础理论和探测、传感、制导与控制方面的专业知识，接受系统设计、技术开发、产品研制、实验测试以及工程管理方面的基本训练，特别强调坚实的理论基础、创新思维方法和创新能力的培养，具备系统分析与综合、工程设计与计算、检测与实验等方面的基本能力。本专业可根据需要按探测制导与控制技术领域内的行业分工设置相应专业方向。

主干学科：
兵器科学与技术、电子科学与技术、信息与通信工程、控制科学与工程。

核心知识领域：
电子科学与技术、信息与通信工程、控制科学与工程、计算机应用、中近程探测与控制、制导与控制、机电控制与传感检测等。

顶尖院校：
南京理工大学、哈尔滨工程大学和西北工业大学。

就业方向：
本专业毕业生可在相关企业、科研单位从事飞行器制导与控制、探测技术、引信技术领域内的系统设计、理论研究、技术开发、产品研制、实验测试和科技管理等工作,也可从事民用机械、电子、信息等行业的相关工作。

▶▶ 未来可从事职业岗位:

研发技术人员、电路设计工程师、市场营销员。

▶▶ 就业热门行业:

航天/航空、电子技术/半导体/集成电路、通信/电信/网络设备、仪器仪表/工业自动化、互联网/电子商务、教育/培训、新能源、汽车及零配件、通信/电信运营、增值服务等。

▶▶ 就业热门城市:

西安、成都、北京、武汉、深圳、福州、郑州和重庆等。

082104 弹药工程与爆炸技术

弹药工程与爆炸技术专业是军事技术中最活跃的部分,也是军事院校中开设最早的专业之一。弹药工程与爆炸技术研究如何生产设计出高效能的武器,如何准确地命中目标将其破坏,如何躲避对方武器的电子干扰,如何对海对空进行搜索、准确定位目标,如何利用炸药使其威力最大,如何进行隐身等主要内容。

▶▶ 新高考选考科目指引:

本专业必须选择物理、化学学科。

▶▶ 培养目标:

本专业培养在弹药工程与爆炸技术领域基础理论扎实、专业知识系统、工程实践与技术创新能力强,在德、智、体、美、劳全面发展的高素质工程技术人才。本专业毕业生具备弹药工程与爆炸技术领域的基础理论、基本专业知识和基本技能,具有良好的数学、力学、机械等基础理论和弹药设计、爆炸技术及应用、目标毁伤等专业知识,能够在相关科研单位、高等院校、生产企业和管理部门从事系统设计、技术研发、产品制造和科技与工程管理工作。

▶▶ 培养要求:

本专业学生需要系统学习力学、机械、材料学等基础理论和弹药设计、爆炸技术及应用、目标毁伤等专业知识,接受系统设计、技术创新、产品研发、实验技术和工程管理方面的基本训练,注重理论基础、科学思维方法、创新能力和实践技能的培养,具备系统分析与集成、理论分析与数值仿真、工程设计、检测方法与实验研究等方面的基本能力。本专业可根据需要按弹药工程与爆炸技术领域内的行业分工设置相应专业方向。

▶▶ 主干学科:

机械工程、力学、兵器科学与技术、材料科学与工程。

▶▶ 核心知识领域:

力学、机械工程、材料学、弹道学、弹药设计理论与技术、目标毁伤理论与技术、战斗部装药技术、爆炸技术及应用等。

▶▶ 顶尖院校:

中北大学和安徽理工大学。

▶▶ 未来可从事职业岗位:

测量工程师、组装现场主管、车间工艺技术员、研发技术人员等。

082105 特种能源技术与工程

▶▶ 新高考选考科目指引:

本专业必须选择物理、化学学科。

▶▶ 培养目标:

本专业培养在特种能源技术与工程领域基础理论扎实、专业知识系统、工程实践与技术创新能力强,在德、智、体、美、劳全面发展的高素质工程技术人才。本专业毕业生具备火药、炸药、烟火药等含能材料,火工品、烟火装置、特种电池等含能器件研究、设计和制造的能力,能够在相关科研单位、高等院校、生产企业和管理部门从事系统设计、技术研发、产品制造和科技与工程管理工作。

▶▶ 培养要求:

本专业学生系统学习化学、力学、材料学等方面的基础理论,掌握含能材料与含能器件的设计、制造、安全性与可靠性技术等方面的专业知识,接受分析、测试、计算机应用、机械电子技术等综合能力训练,具备系统分析与集成、理论分析与数值仿真、工程设计、工程实践的基本能力。本专业可根据需要按特种能源技术与工程领域内的行业分工设置相应专业方向。

▶▶ 主干学科:

兵器科学与技术、化学、力学、材料科学与工程、电子科学与技术。

▶▶ 核心知识领域:

化学、力学、材料学、含能材料合成与制造、含能器件设计与制造、可靠性与安全性、电工电子技术等。

▶▶ 顶尖院校:

南京理工大学。

▶▶ 就业方向:

该专业毕业生主要在国防科技工业领域从事含能材料的制造和性能评价、火工品与烟火系统设计、燃烧及爆炸理论研究、试验、开发及技术管理等方面的工作。

▶▶ 未来可从事职业岗位:

安全工程师、安全管理专家、电镀/电镀设备工程师、行业培训解决方案经理、测量工程师、IT运营工程师、嵌入式语音软件开发工程师、电商安全运营高级工程师、IT流程管理专家、前期项目管理工程师、生产计划工程师、测试工程师、软件开发工程师、体系工程师、机电设备维护工程师、实验室助理、芯片工程师、先期工程涂装工程师、QE品质工程师、专利工程师、资深运维/数据库工程师、安装招标监察工程师、空间设计师、客服专员、客户经理、客服旅行专员、市场专员、售后工程师等。

082106 装甲车辆工程

▶▶ 新高考选考科目指引:

本专业必须选择物理、化学学科。

培养目标：

本专业培养具备工程力学、机械设计、机械振动、电工电子、自动控制以及装甲车辆总体、动力传动、行动装置及行驶控制等方面的知识，基础扎实、素质全面、有工程实践能力和创新意识的高素质工程科技人才。本专业毕业生能够从事理论研究、工程设计、产品开发、教学和管理等方面工作。

培养要求：

本专业学生主要学习工程力学、机械设计、机械振动、电工电子、自动控制以及装甲车辆总体、动力传动、行动装置及行驶控制等方面的基本理论和基本知识，接受计算机应用、机械设计、机械加工、机械设计CAD、机械产品生产管理和工艺实施、装甲车辆及主要部件的拆装和设计等方面的基本训练，掌握进行装甲车辆总体及各分系统或主要部件设计、分析和调试等方面的基本能力。

主干学科：

机械工程、动力机械及工程、工程力学。

核心知识领域：

机械设计基础、电工电子技术基础、力学基础、机械制造基础、装甲车辆设计分析基础、装甲车辆设计制造理论、装甲车辆总体技术、装甲车辆传动技术、装甲车辆行动技术、装甲车辆动力传动操纵技术、装甲车辆防护技术、装甲车辆火力控制技术等。

顶尖院校：

北京理工大学和中北大学。

就业方向：

该专业学生毕业后，可在国防工业所属的军工企业、科研院所或其他工业部门从事机动武器、装甲车辆的设计、制造和试验等工作，也可从事普通机械、汽车的设计和制造等工作。

未来可从事职业岗位：

安全工程师、雷达算法工程师、机械安全工程师、机器视觉研发高级工程师、先期工程冲压工程师、体系工程师、电镀设备工程师、测试工程师、IT运营工程师、软件工程师、嵌入式语音软件开发工程师、OSS解决方案开发架构师、行业培训解决方案经理、前期项目管理工程师、生产计划工程师、客服工程师、运维管理工程师、分布式数据库研发工程师、产品培训工程师、专利工程师、高级Java开发工程师、工艺工程师、品质工程师、机械工程师等。

📖 082107 信息对抗技术

信息技术的迅速发展，使信息对抗技术从一门单纯的军事学学科，开始向政治、经济、科技、文化等各个领域渗透。信息对抗技术专业在未来的重要地位，早已为世人公认。

在信息社会，信息网络极容易被"黑客"入侵。

2001年，发生在中美之间的红客、黑客大战，使许多网站遭到攻击，就是一个明显的例子。如果敌国有组织、有目的地运用网络犯罪手段进行经济干扰和破坏，足以使当事国经济崩溃。在未来网络世界里，每个芯片都是一种潜在的武器，每台计算机都有可能成为一个有效的作战单元。信息战广泛的作战能力和强大的破坏力已经引起各国相当的重视，各国成立了军队、民间多种形式的信息战研究机构，在大学开设有关信息战理论和信息对抗技术方面的课程。我国教育部也在将普通高校本科专业数量减少的同时，增加了信息对抗技术专业，充分表明对这一专业的重视。

新高考选考科目指引：

本专业必须选择物理、化学学科。

培养目标：

本专业培养具备信息系统安全、信息对抗、信息安全工程、信息安全管理的基本原理、技术、方法等方面的知识和技术综合能力，基础扎实、素质全面，具有良好的工程实践能力和创新意识，能在军民领域的科研单位、高等学校、信息产业、国防建设及其管理部门从事科学研究、系统设计、技术开发、操作管理等方面工作的高素质工程科技人才。

培养要求：

本专业学生主要学习信息系统安全防御、攻击发现、应急处理、安全对抗、工程实践等方面的基本理论和基本知识，接受信息安全系统分析、系统设计、系统实施、技术开发、操作管理的基本训练，掌握信息安全、信息对抗、信息安全工程、信息安全管理等方面的基本能力。

主干学科：

信息与通信工程、电子科学与技术、计算机科学与工程。

顶尖院校：

北京航空航天大学、南京理工大学和西安电子科技大学。

就业方向：

权威机构的分析表明，信息技术人才位居21世纪我国急需的八大人才之首。因此，信息对抗技术专业的毕业生就业前景广阔，既可以在国防、军事领域从事信息对抗工作，为国家信息安全做贡献；又可以在民用行业比如金融、保险、税务等部门从事信息安全的防护工作。既可从事信息系统、信息对抗系统的研究、开发工作，也可以从事此类系统的维护、管理、咨询等工作。

未来可从事职业岗位：

网络信息安全工程师、C#软件开发工程师、安全情报分析师、硬件工程师等。

就业热门行业：

计算机软件、通信/电信/网络设备、电子技术/半导体/集成电路、互联网/电子商务、新能源、计算机技术支持（系统、数据维护）、制药/生物工程、贸易/进出口、咨询、人力资源等。

就业热门城市：

北京、上海、深圳、成都、杭州、绵阳、广州、苏州、南京和长春等。

082108T 智能无人系统技术

智能无人系统技术专业聚焦智能无人系统的需求，以培养智能无人系统领域领军人才为目标，以人工智能技术为牵引，围绕感知与交互、学习与理解、推理与决策、控制与协同等环节的基础科学问题和核心关键技术，开展智能无人系统总体、信息感知、信息处理、协同控制、系统可靠性以及学科交叉新领域的相关理论方法和应用研究，使学生掌握智能无人系统技术相关的基本知识、前沿动态以及人工智能技术在无人系统中的应用，强化知识与实践的结合，具备智能无人系统总体设计与论证、技术指标分解、工程设计与计算、系统综合集成与验证方面的基本能力，推动智能无人系统理论突破和技术创新。

新高考选考科目指引：
本专业必须选择物理、化学学科。

首批开设院校：
北京理工大学。

0822 核工程类

核工程是工程学的一门分支，是原子核物理学的工程应用层面，主要领域有核电、核医学、核子材料学与辐射度量等方面，也和一些国际性议题有关联，如核武器、核扩散等。

082201 核工程与核技术

核工程与核技术是20世纪出现的由基础科学、技术科学及工程科学组成的一门综合性学科。本学科主要研究核能科学与工程、核燃料循环与材料、核技术及应用、辐射防护及环境保护。

新高考选考科目指引：
本专业必须选择物理、化学学科。

培养目标：
本专业培养具有核工程与核技术基础知识，能在相关领域从事核工程与核技术方面的研究、设计、制造、运行、应用和管理工作，并具有创新意识的科技人才。

培养要求：
本专业学生主要学习核工程与核技术及相关专业的基础理论，接受核工程及核技术方面的实践训练，具有开展核工程与核技术相关研究、实验、设计建造、运行、管理的能力。

主干学科：
动力工程与工程热物理、核科学与技术、物理力。

核心知识领域：
原子核物理、核反应堆物理、核反应堆热工水力学、核电厂系统与运行、辐射探测及核信息处理、核电子学、辐射防护与核安全。

顶尖院校：
清华大学、中国科学技术大学和西安交通大学。

就业方向：
毕业生可在兵工、航天、军队和其他相关材料工业等领域的生产企业、管理部门和教学科研单位，从事新型核能材料合成、技术开发、产品制造、实验测试和科技管理等工作。

未来可从事职业岗位：
辐射防护监测员、环境监测员、项目技术负责人、放射部门主任、技术工程师、销售工程师等。

就业热门行业：
新能源、建筑/建材/工程、检测、认证、环保、房地产、仪器仪表/工业自动化、机械/设备/重工、石油/化工/矿产/地质、制药/生物工程等。

就业热门城市：
深圳、上海、东莞、北京、杭州、武汉、南京、合肥、广州和济南等。

082202 辐射防护与核安全

新高考选考科目指引：
本专业必须选择物理、化学学科。

培养目标：
本专业培养具有较扎实的自然科学基础知识、较好的人文知识和文化素质，能在核工程与核技术应用、核医学等方面从事辐射防护与核安全研究、设计、开发、生产和管理工作，具有创新意识的科技人才。

培养要求：
本专业学生主要学习核物理及其实验方法、核工程与核技术、辐射防护与核安全的基础知识，接受核工程与核技术应用、辐射防护与核安全等方面的专业训练，具有辐射防护与核安全研究、设计与应用开发的能力。

主干学科：
核科学与技术、物理学。

核心知识领域：
原子核物理、核辐射探测学、辐射防护与核安全、核工程原理、核技术应用、核信息获取与处理。

顶尖院校：
成都理工大学和西南科技大学。

就业方向：
该专业毕业生在核电、能源、国防、环保、核安全领域的企业、科研机构、设计单位从事辐射防护和核环境治理工程等工作。

未来可从事职业岗位：
核安全工程师、注册核安全工程师、HSE副经理、销售工程师。

>>> 就业热门行业：
新能源、机械/设备/重工、检测、认证、环保、电子技术/半导体/集成电路、交通/运输/物流、咨询、人力资源、互联网/电子商务、外包服务等。

>>> 就业热门城市：
北京、东莞、南京、广州、无锡和深圳等。

082203 工程物理

工程物理学科是研究能量以热和功及其他相关的形式在转化、传递和利用过程中的基本规律及其应用的一门应用基础科学，几乎与所有产业部门及科技领域都密切相关，在人类社会进步和国民经济的发展中起着重要作用。工程物理学科不仅进入了各个工业及高新技术领域，而且在军事、空间技术、农业、人口、环境、生物、医药等领域起到越来越重要的作用，反过来也极大地推动了本学科的研究与发展。

>>> 新高考选考科目指引：
本专业必须选择物理、化学学科。

>>> 培养目标：
本专业培养具备辐射物理、加速器物理、辐射探测、核信号处理、粒子信息分析及核技术应用等基础知识，能在各相关领域从事射线分析、应用技术等方面的研究、设计、开发、应用和管理的具有创新意识的工程科技人才。

>>> 培养要求：
本专业学生主要学习核物理、加速器物理、辐射探测、核电子学、信号处理、数字技术、辐射防护、核技术应用的基础理论，接受核技术应用方面的实践训练，掌握辐射测量、核分析、核技术的实验研究、设计开发、应用管理的基本能力。

>>> 主干学科：
核科学与技术、物理学、仪器科学与技术。

>>> 核心知识领域：
核物理、量子力学、统计力学、加速器物理、辐射探测、核电子学、信号处理、粒子信息获取与处理、辐射防护。

>>> 顶尖院校：
清华大学。

>>> 就业方向：
毕业生可在电子、电机、品质控制、市场推广、程序编写及教育等行业工作，亦可进一步在物理学或工程学等领域深造，获取更高的学位。

>>> 未来可从事职业岗位：
发动机应用工程师、电芯测试工程师、锂电研发工程师、晶圆技术工程师、陶瓷生产工艺工程师、数据库工程师、算法工程师、运维工程师、售前技术支持工程师、体系工程师、光学评测技术员、光学设计资深工程师、通信工艺工程师、软件工程师、放疗技师、销售工程师等。

>>> 职业薪酬：
工程物理专业相关职位薪酬(月薪)：按工作经验统计，其中应届生约5000元，1~3年约8000元，3~5年约13000元。

>>> 就业热门行业：
通信/电信/网络设备、电子技术/半导体/集成电路、新能源、计算机软件、互联网/电子商务、仪器仪表/工业自动化、教育/培训/院校、金融/投资/证券、计算机技术支持(系统、数据维护)等。

>>> 就业热门城市：
上海、北京、深圳、武汉、广州、杭州、苏州、南京、成都和厦门等。

082204 核化工与核燃料工程

>>> 新高考选考科目指引：
本专业必须选择物理、化学学科。

>>> 培养目标：
本专业培养具备宽厚的理论知识、扎实的专业技能，能把基础理论应用于解决科学和工程问题，能在相关领域从事研究、设计、制造、生产和管理等工作并具有创新意识的科技人才。

>>> 培养要求：
本专业学生主要学习数学、物理、化学、机械、计算机以及核化工与核燃料等方面的基本理论和基本知识，接受数理、工程、实验、计算机等方面的基本训练，掌握把基础理论应用于解决科学和工程实际问题的基本能力。

>>> 主干学科：
核科学与技术、化学工程与技术。

>>> 核心知识领域：
核燃料循环概论、同位素分离原理、化工原理、核燃料后处理及核废物处置、核材料工程等。

>>> 顶尖院校：
哈尔滨工程大学。

>>> 就业方向：
毕业生就业主要集中在中国核工业集团公司、中国广东核电集团有限公司、中国电力投资集团公司、国家核电技术公司、中船重工集团等单位下属的研究院、设计院、运营公司以及各高等院校，以上单位多处于省会城市或沿海发达地区。

>>> 未来可从事职业岗位：
工业/化工/机械安全工程师、设备维护技术员、实验室助理、先期工程涂装工程师、动力匹配高级工程师、安装招标监察工程师、专利工程师、车身工艺工程师、资深运维/数据库工程师、空间设计师、模具设计工程师、包装设计工程师、冲压/焊接工程师、IT运营工程师、IT流程管理专家、前期项目管理工程师、生产计划工程师、测试工程师、高级软件工程师、客户经理、市场专员、客服专员/助理、销售经理、客服工程师、营运主管、采购运营高级经理、行业培训解决方案经理等。

0823 农业工程类

农业工程是为农业生产和农村生产、生活服务的综合性工程技术及其原理。它以土壤、肥料、农业气象、育种、栽培、饲养和农业经济等学科为依据,综合应用各种工程技术,为农业生产提供各种工具、设施和能源,以求创造最适于农业生产的环境,改善农业劳动者的工作和生活条件。

082301 农业工程

农业工程是一个综合性的交叉学科,是现代科学技术与农业产业化、现代化有机结合的一个专业。本专业是教育部为探索新世纪复合型工程技术人才培养的模式,专门立项设立的专业,培养的人才将具有良好的综合素质能力,适应现代科技发展,特别是工程领域技术集成与创新的需求。

▶▶ **新高考选考科目指引:**
本专业必须选择物理、化学学科。

▶▶ **培养目标:**
本专业培养具有现代科学技术知识和工程实践能力,能从事农业工程科学研究、设计规划、开发建设和管理以及农业设施与环境、农业资源开发与利用、现代农业生产技术集成与管理、自动控制与检测等方面工作的高级复合型工程技术人才。

▶▶ **培养要求:**
本专业要求学生系统地接受自然科学基础理论和工程技术的基本训练,掌握生物生产系统、农业工程机具装备、农业设施与环境、信息与自动化技术以及农业工程项目规划设计管理等方面的知识,具有合理的知识结构和系统综合能力的复合型高级工程技术人才。

▶▶ **主干学科:**
农业工程、环境科学与工程。

▶▶ **主要课程:**
工程力学、机械设计基础、电工电子技术、工程测试技术、液压与气压传动、农业机械与装备、农产品加工工程、设施农业工程工艺、机电系统驱动与控制。

▶▶ **顶尖院校:**
中国农业大学。

▶▶ **就业方向:**
毕业生可从事农业高新技术企业、科技开发园区、规划设计院所和科研教学单位的农业工程及相关领域的规划、设计、开发、建设、管理、教学或试验研究等工作,亦可以报考相关学科硕士研究生。

▶▶ **未来可从事职业岗位:**
农业工程咨询设计人员、农业工程咨询师、温室设计师、物联网实施工程师、农业设计人员、现场采样员、环境监测员、市场专员/主管、职业卫生评价人员、食品原料销售经理、职业卫生项目负责人等。

▶▶ **职业薪酬:**
农业工程专业相关职位薪酬(月薪):按工作经验统计,其中 1～3 年约 6000 元,3～5 年约 9000 元,5～10 年约 11000 元。

▶▶ **就业热门行业:**
农/林/牧/渔、建筑/建材/工程、房地产、新能源、环保、咨询、人力资源、财会、广告、检测、认证、保险等。

▶▶ **就业热门城市:**
北京、合肥、上海、南京、广州、成都、鞍山、马鞍山、深圳和昆明等。

082302 农业机械化及其自动化

农业机械化及其自动化专业是以机械工程为基础,融合信息技术、农业生物技术及环境科学的综合性学科,探索既能发展农业生产、提高经济效益,又能保护环境,保证农业可持续发展的机械化生产体系,研究农业生产机械化过程中的装备与先进技术。

▶▶ **新高考选考科目指引:**
本专业必须选择物理、化学学科。

▶▶ **培养目标:**
本专业培养具备农牧学、机械学、自动化控制技术及经营管理学等基本理论,具备农业机械及其自动化装备的构造原理、使用管理及农业生态环境方面的基本知识,接受农业生产过程机械化自动化工艺设计及相关装备的设计制造、试验鉴定、选型配套、设备维护、技术推广、经营管理方面的基本训练,掌握农业生产机械化系统的规划设计、农业机械设计、企业经营管理和农业机械及其自动化控制装置的科研推广技能的高级工程技术人才。

▶▶ **培养要求:**
本专业学生主要学习农学、机械学、自动化技术及经营管理学方面的基本理论和基本知识,接受农业产前、产中、产后生产过程机械化及其自动化工艺及相关装备性能设计制造、试验鉴定、选型配套、使用维修方面的基本训练,具有农业生产、机械化系统的规划设计、企业经营管理和农业机械化及其自动化装备的研究开发、推广运用等基本能力。

▶▶ **主干学科:**
农业工程、机械工程。

▶▶ **主要课程:**
工程力学、机械设计基础、机械电子学、电工电子技术、控制工程基础、工程测试技术、农业机械学、农业机械化学、农业生物环境工程。

▶▶ **顶尖院校:**
中国农业大学、吉林大学和东北农业大学。

08 工学

就业方向：
学生毕业后大多分配到大专院校、科研机构、生产企业等从事教学、科研、机电产品的设计、开发、生产、推广应用和经营管理等工作。

未来可从事职业岗位：
地方农机技术员、农业机械化工程师等。

就业热门行业：
农/林/牧/渔、机械/设备/重工、仪器仪表/工业自动化、制药/生物工程、医疗设备/器械、法律、新能源、咨询、人力资源、财会、中介服务、医疗/护理/卫生等。

就业热门城市：
上海、常州、呼和浩特、商丘、宁波、常德、昆明、济宁、潍坊和郑州等。

082303 农业电气化

新高考选考科目指引：
本专业必须选择物理、化学学科。

培养目标：
本专业培养德、智、体、美、劳全面发展，具有扎实的电学、自动控制、计算机应用方面的基础知识，掌握电力系统、自动化技术、信息处理技术、计算机应用技术方面的专业技能，能在电力系统、用电管理部门、电子信息产业相关部门、数字农业等领域从事理论研究、工程设计、施工管理、新产品开发等方面工作的高级工程技术人才。

培养要求：
本专业要求学生坚持四项基本原则，有为国家富强、民族昌盛而奋斗的志向和责任感。本专业学生主要学习电路理论、电子技术、电力系统、计算机应用技术、信息处理和企业管理方面的基本理论和基本知识，接受电力系统与自动化工程规划设计和科研开发、信息处理等方面的基本训练，具有从事电力系统及其自动化、计算机应用、信息处理、企业经营管理等领域工作的基本能力。

主干学科：
农业工程、电气工程。

核心课程：
电路原理、模拟电子技术、数字电子技术、电机与拖动、自控控制原理、单片机原理及应用、电力系统分析、电力系统继电保护、变电工程设计、高电压技术。

顶尖院校：
南京农业大学和东北农业大学。

就业热门行业：
农/林/牧/渔、互联网/电子商务、通信/电信/网络设备、电子技术/半导体/集成电路、保险、学术/科研等。

就业热门城市：
北京、上海、天津、南京、广州和西安等。

082304 农业建筑环境与能源工程

农业建筑环境与能源工程是一门工学门类农业工程类本科专业。我国正处于从传统农业向现代农业发展过渡的关键时期，正在建立现代设施农业（或工厂化农业）、生态农业、观光农业、都市农业等高效农业示范园区；同时，伴随着人们越来越重视环境、能源问题，农业的可再生资源开发、农村的节能、环境保护等问题逐渐成为关注的热点。农业建筑环境与能源工程就是在这样的形势下出现的适应时代发展的新型专业。农业废弃物的处理和养殖业污水废弃物的处理也是本专业研究的重点。

新高考选考科目指引：
本专业必须选择物理、化学学科。

培养目标：
本专业培养具备现代设施农业工程、可再生能源工程、生物环境工程、城乡建设与区域规划等方面的基本理论、基本知识和基本技能，能在工厂化高效农业系统、可再生能源开发与利用和城乡规划建设等相关领域，从事建筑工程规划设计与施工管理、环境调控技术装备研究与开发以及教学和科研等方面工作的高级工程技术复合型人才。

培养要求：
本专业学生主要学习可再生能源工程、农业生物环境工程、农业建筑工程及环境工程等方面的基本理论和基本知识，接受建筑制图、建筑工程测量、建筑构造设计、建筑结构设计、设施农业工程工艺及建筑设计、设施环境工程设计、新能源工程设计、城乡建设规划设计以及专业社会实践能力等方面的训练，掌握可再生能源开发利用、设施农业工程及环境工程的设计、规划、运行管理和科学研究的基本能力。

主干学科：
土木工程、环境科学与工程、农业工程。

主要课程：
建筑制图、工程力学、城乡与区域规划原理、建筑结构、建筑施工、农业生物环境原理、设施农业工程工艺、新能源工程、农业建筑设计、生物环境测试技术等。

顶尖院校：
中国农业大学和云南师范大学。

就业方向：
毕业生可到高等院校、科研单位、科技推广机构、行政单位和企业等部门，从事新能源工程的开发利用、设施农业工程及环境工程的设计、规划、运行管理、教学与科研等方面工作。

未来可从事职业岗位：
温室设计工程师、注册环保/环评监理师、咨询工程师/咨询经理、电气工程师、销售助理等。

就业热门行业：
农/林/牧/渔、新能源、石油/化工/矿产/地质、房地产、机械/设备/重工、环保咨询、人力资源、财会等。

就业热门城市：

北京、成都、上海、厦门、济南、东莞、唐山、天津、太原和常州等。

082305 农业水利工程

农业水利是指直接为农业生产而服务的水利工程系统，这是水利产业发展的难点和重点。在农村，水不仅可以用来灌溉，也可以用来发电，以满足农业电气化对电力的需要。水已经成了制约我国经济发展的重要因素，解决水的问题尤其是农业水利问题显得至关重要。

新高考选考科目指引：

本专业必须选择物理、化学学科。

培养目标：

本专业培养具备坚实的自然科学和人文社会科学的基础知识，具备外语和计算机应用技能，掌握坚实的农业水利工程学科的基础理论和基本知识，掌握农业水利工程勘测、规划、设计、施工、管理和科学研究等方面的专业技能，能在农业水利领域各单位从事农业水利工程和城市水利工程等方面工作的高级工程技术人才。

培养要求：

本专业学生主要学习农业节水灌溉技术、城市园林灌溉技术、农业水资源高效利用、农业水土环境、城市水利工程等方面的基本理论和基本知识，接受水文地质和过程地质、工程测量、节水灌溉与水利工程方面的设计和施工的基本训练，具备节水灌溉与水利工程方面的实践动手能力和科学研究的基本能力。

主干学科：

水利工程、农业工程。

主要课程：

工程水文学、水力学、土力学与地基基础、工程力学、水利工程测量、工程地质与水文地质、水利工程施工、灌溉排水工程学、水工建筑物、排灌机械与泵站。

顶尖院校：

中国农业大学和西北农林科技大学。

就业方向：

学生毕业后主要在水利、水电、水保及农业资源开发与管理部门从事工程勘测、规划、设计、施工、管理和科研等方面工作，并可在水利工程、土木工程、环境工程、农业工程等多个学科继续深造。

未来可从事职业岗位：

农业技术人员、农业水利设计人员、农业水利工程师、水工设计师、农田水利工程师、水利水电工程高级工程师、水利规划设计人员、水利工程勘查设计师、农业规划咨询师、注册环保环评监理师等。

职业薪酬：

农业水利工程专业相关职位薪酬(月薪)：按工作经验统计，其中1~3年约10000元。

就业热门行业：

农/林/牧/渔、电气/电力/水利、新能源、环保、建筑/建材/工程、咨询、人力资源、财会、广告、房地产、计算机软件等。

就业热门城市：

北京、广州、上海、成都、南宁、昆明、武汉、苏州、西安和南京等。

082306T 土地整治工程

土地整治是指对低效利用、不合理利用、未利用，以及生产建设活动和自然灾害损毁的土地进行整治，盘活存量土地、强化节约集约用地、适时补充耕地和提升土地产能的重要手段。在我国，将土地整治与农村发展，特别是与新农村建设相结合，是保障发展、保护耕地、统筹城乡土地配置的重大战略。

新高考选考科目指引：

本专业必须选择物理、化学学科。

培养目标：

该专业培养能实现高层次、复合型土地整治的专业人才。

培养要求：

随着土地整治实践工作的逐步深化，国家对土地整治专业人才的需求不断加大，对土地整治从业人员所具备的知识体系、结构及能力提出新要求。该专业学生主要学习农业及土地整治相关知识，要求能够适应新时代新农业的变化需求，能够应对新农业下的土地整治工作。

主要课程：

机械制图与计算机绘图、工程力学、机械设计基础、电工技术、电子技术、工程测试技术、生物学基础、农牧业生产基础、工程材料基础、工程结构基础、农业工程导论、农业机械与设备、土壤与水资源、农产品加工工程、设施农业工程、机械装备设计、农业工程项目规划与设计、工程项目管理、机电系统驱动与控制等。

首批开设院校：

中国地质大学(北京)、长安大学等。

就业方向：

毕业生可从事国土规划、土地管理、土地整治等相关行政和事业单位工作，或考研深造。

082307T 农业智能装备工程

新高考选考科目指引：

本专业必须选择物理、化学学科。

培养目标：

本专业培养德、智、体、美、劳全面发展，掌握作物学、畜牧学、机械学、智能化控制技术、农业物联网技术及经营管理学等相关方面的基本理论，掌握农业生产机械化系统的规划设计、企业经营管理、农业机械及其自动化控制装置技能。能够在现代农业企业及其他相关的部门从事与农业现代化生产有关的人工智能设计及操作、推广与开发、经营与管理、教学与科研等工作,富有社会责任感,具有创新意识和创业精神的高素质复合型、应用型人才。

主要课程：

计算机原理及应用、电子电路技术基础及其应用、自动化控制原理与技术、传感器与检测技术、物联网技术、信号与信息、农业机械化、作物栽培及畜牧养殖技术、精准农业、农业物联网技术。

就业方向：

本专业学生毕业后可以在农业智能装备的设计、制造、使用和维修等领域工作,就职于需要使用农业物联网技术、电子电工技术、智能控制技术的企业。

首批开设院校：

中国农业大学、安徽科技学院。

0824 林业工程类

林业工程是研究森林资源培育、开发利用及林产品加工理论与技术的工程技术领域。其工程硕士学位授权单位培养从事林区规划,森林播种、培育、保护及合理开采利用,木材制品设计、加工和利用,开采设备和木制品加工设备的设计、制造及使用等的高级工程技术人才。

082401 森林工程

森林工程是一门研究可持续发展条件下森林资源的合理开发和利用、木材生产的工艺与技术、林区道路的规划与建设等的理论和技术的应用性学科。它是林区与林业生产运输相关工程的总称,通常指林区道路和桥梁建设、木材采伐与运输。

新高考选考科目指引：

本专业必须选择物理、化学学科。

培养目标：

本专业培养社会主义现代化建设和发展需要的,德、智、体、美、劳全面发展,掌握森林工程机械、林区土木和运输等方面的专业知识和实践技能,具有森林资源开发与利用、森林工程生产组织和管理能力,能够在机械、路桥及木材生产企业、高等院校、科研机构等相关领域从事生产技术和管理工作的应用型高级工程技术人才。

培养要求：

本专业学生主要学习木材生产技术与管理、计算机应用、工程力学、机械工程、路桥工程、运输工程等方面的基础理论和专业知识,接受机械设计、路桥设计、运输组织、木材生产与组织等方面的基本训练,掌握森林工程的生产实践、技术开发、经营管理和科学研究的基本能力。

主干学科：

林业工程。

主要课程：

木材生产技术与管理、森林工程机械与装备、起重输送机械、道路工程、森林工程规划设计。

顶尖院校：

东北林业大学。

就业方向：

毕业生可在林业、交通、机械等部门的企事业单位、科研院所从事森林工程、道路桥梁的勘测、设计、施工、管理及国际森林工程项目开发管理的高级工程技术人员。

未来可从事职业岗位：

景观绿化施工图设计人员、林业调查规划部门经理、林业工程师、地理信息系统经理、数据挖掘工程师、高级数据挖掘工程师、副总工程师、机械外贸业务员、工程项目设计工程师、机械设计工程师、应用工程师、建筑景观效果图3D模型制作、销售总监、大数据专家、电气工程师、物业维修主管、售前/售后技术支持工程师、工程总监、体系专员、操作工程师等。

职业薪酬：

森林工程专业相关职位薪酬(月薪):按工作经验统计,其中3~5年约9000元。

就业热门行业：

农/林/牧/渔、新能源、环保、互联网/电子商务、建筑/建材/工程、计算机软件、金融/投资/证券、机械/设备/重工、房地产等。

就业热门城市：

北京、上海、广州、杭州、深圳、武汉、南京、南宁、郑州和长沙等。

082402 木材科学与工程

木材是当今世界公认的四大工业材料之一,也是四大材料中唯一可以再生的材料。在我国天然林保护工程启动实施,优质大径级木材资源急剧减少的情况下,如何高效加工、利用木材,提高其使用价值,从而保护森林资源和生态环境,改善人民生活质量,是关系到国计民生的重大问题。本专业为国内同类最强专业之一,历史悠久,实力雄厚,毕业生一次就业率高,具有美好的发展前景。

新高考选考科目指引：

本专业必须选择物理、化学学科。

培养目标：

本专业培养具备木材及木质复合材料的结构、性能、加工利用基础理论等方面的知识,掌握木制品与家具制造原理、方法和木构造工程,了解木材科学与工程相关领域的现代信息,具有较强的利用现代科技手段分析、解决实际问题的能力,能在木材及木质复合材料加工、利用,木制品生产技术领域从事科学研究、工艺技术、产品研发、经营管理等方面的高级技术人才。

培养要求：

本专业学生主要学习木材科学与工程、机械、电子、计算机应用技术等方面的基本理论和基本知识,接受木材及其产品性能测试、木材干燥、木质复合材料、木制品与家具设计制造等方面的基本训练，掌握独立从事木材科学与工程方面的生产实践、技术开发、经营管理、市场营销和科学研究的基本能力。

主干学科：
林业工程。

主要课程：
木材学、木材干燥学、胶黏剂与涂料、人造板工艺学、木制品工艺学、木材加工装备等。

顶尖院校：
东北林业大学、南京林业大学和北京林业大学。

就业方向：
毕业生可进入木材加工、人造板加工、家具制造、木材加工机械制造企业以及其他科研、设计和教学单位从事木材加工工艺的设计、管理、科研与教学工作。

未来可从事职业岗位：
展柜/展架/家具工艺结构工程师、家具/家居用品设计、软装设计师、植物纤维改性技术研究员、研发技术员、研发工程师、销售工程师、产品经理、区域销售主任等。

就业热门行业：
家具/家电/玩具/礼品、家居/室内设计/装潢、原材料和加工、建筑/建材/工程、机械/设备/重工、农/林/牧/渔、贸易/进出口、互联网/电子商务、外包服务等。

就业热门城市：
厦门、广州、北京、上海、南京、深圳、长沙、杭州、青岛和东莞等。

082403 林产化工

林产化工专业是一门跨越化学、化学工程与技术以及林业工程的应用型复合专业。它的研究方向是：对林产资源的化学特性和化学加工利用、生物化学加工利用途径进行应用基础理论的研究和工业应用技术的研究，为全面、合理、高效地利用我国丰富的林业资源提供科学依据和实用技术。

新高考选考科目指引：
本专业必须选择物理、化学学科。

培养目标：
本专业培养从事以森林资源为主的植物资源化学与生物化学加工及相关领域内产品的开发和生产过程的设计，在林产品化学加工、林产品生物化学加工、林产品精细化工、植物提取物化学与工程、生物质能源与材料、制浆造纸等专业方向，在天然香料和色素、萜类化学加工与利用、生物质能源与化学品、活性炭及炭材料、植物提取物与生物活性物质、制浆造纸科学与技术、林产精细化学品等领域具有产品开发、技术服务、科学研究和管理等工作能力的复合型专业技术人才。

培养要求：
本专业学生主要学习无机化学、有机化学、化学工程、植物纤维化学及分析化学等方面的基础知识和技能，系统学习和掌握林产化工相关的基本理论和专业知识，了解和熟悉森林植物资源的化学组成、性质、化学转化和生物转化的基本理论和基本知识，接受林产品化工工艺及设备设计、原料及产品分析检测等方面的基本训练，具有运用林产品化学加工工程及相关学科的基础知识、基本理论和基本技能，具有进行森林植物资源化学及生物化学加工新产品、新技术、新设备的研究与开发以及生产经营管理和市场营销的能力，能独立从事本专业领域的相关工作。

主干学科：
化学工程与技术、林业工程、生物工程。

主要课程：
化工原理、天然产物化学、植物资源化学、林产化学工艺学、生物质能源与化学品、林产精细化学品工艺学等。

顶尖院校：
东北林业大学和南京林业大学。

就业方向：
主要到林产化工、精细化工、制浆造纸、化学工业等领域的企事业单位、科研院所从事林产化工的生产、设计、产品研究开发的工作。

未来可从事职业岗位：
技术研发工程师、外贸业务跟单、物流外勤、文化纸销售代表、化工贸易销售经理等。

就业热门行业：
环保、农/林/牧/渔、石油/化工/矿产/地质、印刷/包装/造纸、贸易/进出口、原材料和加工、批发/零售、政府/公共事业、学术/科研等。

就业热门城市：
广州、北京、上海、南宁、厦门、合肥、肇庆、东莞、南平和宁波等。

082404T 家具设计与工程

家具设计与工程专业主要为我国家具与室内装饰业培养具有从事家具设计开发、家具制造工艺技术、生产管理与质量控制、市场营销与国际商贸、室内设计与装修等方面研究及教学工作能力的应用型高级专门人才。

新高考选考科目指引：
本专业必须选择物理、化学学科。

培养目标：
本专业在大数据、人工智能、云计算、物联网等技术的基础上，培养德、智、体、美、劳全面发展，具有良好的科学、文化素质和高度的社会责任感，以家具数字化设计、智能制造和管理为核心，具备系统的基础理论知识和应用能力，富有创新创业意识和实践应用能力，符合新工科要求的复合应用型人才，如当代家具设计师和智能制造工程师。

主干课程：

专业导论、家具造型基础、家具史、家具制图、人体工程学、家具造型设计、家具结构设计、家具设计方法、家具材料学、家具制作基础、家具数字化制造基础、木制品生产工艺学、家具样品制作、家具智能制造技术、家具设计与开发。

首批开设院校：

浙江农林大学、北京林业大学、南京林业大学。

就业方向：

该专业毕业生可在企事业单位从事家具数字化设计、家具智能制造、家具信息化管理等工作。

082405T 木结构建筑与材料

木结构建筑与材料专业围绕我国林业产业可持续发展战略和双碳战略，以学生发展为中心，设置人才培养方案。本专业人才培养方案包括木结构材料、设计和工程三部分，具有鲜明的专业特色。通过专业课程学习，培养富有良好科学素养和社会责任感，兼顾人文情怀和生态意识，并能积极践行和弘扬绿色可持续发展与自主创新的核心价值观，具备扎实理论基础的工科人才。同时培养能传承我国古代木结构建筑技术，系统掌握现代木结构建筑工程领域高级专业技术人才应有的创新精神、职业素养和健全人格，并具有木结构建筑与材料的设计和施工等方面的知识，能在木结构建筑及建筑木制品等领域从事设计、生产、施工、管理和研究的高级工程技术和应用型的复合人才。

首批开设院校：

南京林业大学。

0825 环境科学与工程类

082501 环境科学与工程

环境科学与工程专业要求学生掌握该专业的基本理论知识，接受实验技能、工程实践、计算机应用、科学研究与工程设计方法等的基本训练，具备对当今环境质量进行研究和评估、对企业的环保工程进行革新改造、对环保新型产品进行开发设计的基本能力。

新高考选考科目指引：

本专业必须选择物理、化学学科。

培养目标：

本专业培养具备环境科学与工程的基本知识、基本能力和专业素养的环境学科复合型人才，能够在高校及研究机构攻读硕士或博士学位，或进入企业、研究院所、高校、政府等部门从事与环境保护工程相关的科研、教学或管理工作。

培养要求

本专业学生主要学习社会科学、自然科学、文体艺术、经济管理方面的通识教育基本知识，以及环境科学与工程方面的基础理论知识和专业知识，接受科学研究和工程设计的基本训练，掌握认识环境问题、解决环境问题的基本能力，具备良好的科研素养、工程职业道德、追求卓越的态度和强烈的社会责任感。

主干学科：

环境科学与工程。

核心知识领域：

环境学导论、环境监测、环境生物学、环境工程原理、环境化学、水处理工程、大气污染控制工程、固体废物处理与处置、物理性污染控制、环境评价。

顶尖院校：

上海交通大学。

就业方向：

毕业生可到政府、规划、经济管理、环保、大中专院校从事环境规划、设计、施工、管理、教育和研究开发等工作。

未来可从事职业岗位：

水处理工艺设计工程师、景观设计师、有机合成研发工程师、微生物检验、实验室分析人员、报告系统工程师、电子高级工程师、软件测试工程师、Java开发工程师、市场技术员、物料管理员、网络管理员、网络工程师助理、系统工程师、制程工程师、环保工程师、技术支持工程师、运维工程师、销售工程师、项目经理、工程部经理等。

职业薪酬：

环境科学与工程专业相关职位薪酬(月薪)：按工作经验统计，其中应届生约6000元，5~10年约9000元。

就业热门行业：

新能源、环保、建筑/建材/工程、房地产、通信/电信运营、计算机软件、互联网/电子商务、计算机技术支持(系统、数据维护)、电子技术/半导体/集成电路、增值服务等。

就业热门城市：

上海、北京、长沙、深圳、广州、武汉、沈阳、大连、南京和西安等。

082502 环境工程

环境工程专业以理学与工学学科的基础理论与专业知识为基础，综合运用多学科的方法和技术来识别环境污染和评价环境质量，预测环境行为，制定环境规划并进行环境污染治理与控制，是一门保护和改善环境质量的多学科交叉的新兴学科。环境科学是20世纪70年代新兴的一门科学，而环境工程专业则是环境科学的一个分支方向。环境工程是环境与工程相互交叉渗透而形成的综合性、边缘性学科，涉及领域广泛。主要通过运用工程技术和有关学科的原理和方法，达到保护和合理利用自然资源，防治环境污染，改善环境质量的目的。

新高考选考科目指引：

本专业必须选择物理、化学学科。

▶▶ **培养目标:**

本专业培养具备可持续发展理念,掌握污染防治、环境规划和资源保护等方面的知识,具有进行污染控制工程的设计及运营管理、制定环境规划和进行环境管理的能力,具有从事环境工程方面的新理论、新工艺和新设备的研究和开发能力,能在政府部门、规划部门、经济管理部门、环保部门、设计单位、工矿企业、科研单位、学校等从事规划、设计、管理、教育和研究开发方面工作的环境工程高级应用型人才。

▶▶ **培养要求:**

本专业学生主要学习数学、物理学、化学、生命科学等方面的基本理论和基本知识,学习工程技术基本理论和基本知识,学习环境生物学、环境工程原理等专业基本理论和基本知识,学习污染控制工程方面的专业基本理论和基本知识,掌握分析与解决环境问题的基本能力。

▶▶ **主干学科:**

土木工程、化工与制药工程、生物工程。

▶▶ **核心知识领域:**

环境监测、环境生物学、环境工程原理、水污染控制工程、大气污染控制工程、固体废物处理与处置、物理性污染控制工程、环境评价、环境规划和管理。

▶▶ **顶尖院校:**

清华大学、哈尔滨工业大学、同济大学、大连理工大学、北京化工大学和浙江大学。

▶▶ **就业方向:**

毕业生主要在政府部门、规划部门、经济管理部门、环保部门、工矿企业等单位从事检测、污染防治、规划、设计、管理等工作。

▶▶ **未来可从事职业岗位:**

环保工程师、水处理工程师、给排水工程师、环境工程师、工艺工程师、污水处理工程师、销售代表、销售经理、销售工程师、项目经理等。

▶▶ **职业薪酬:**

环境工程专业相关职位薪酬(月薪):按工作经验统计,其中应届生约5000元,1~3年约6000元,3~5年约8000元,5~10年约10000元,10年以上约13000元。

▶▶ **就业热门行业:**

环保、新能源、建筑/建材/工程、房地产、机械/设备/重工、石油/化工/矿产/地质、检测、认证、仪器仪表/工业自动化、咨询、人力资源等。

▶▶ **就业热门城市:**

北京、上海、深圳、广州、武汉、杭州、南京、成都、厦门和苏州等。

082503 环境科学

▶▶ **新高考选考科目指引:**

本专业必须选择物理、化学学科。

▶▶ **培养目标:**

本专业培养掌握环境自然科学、环境技术科学和环境人文社会科学等方面基础知识,具备环境科学的基本理论和基本技能,能在政府、企业与科研单位从事环境保护及相关领域工作以及继续深造的专业人才。

▶▶ **培养要求:**

本专业学生主要学习环境科学的基本理论和基本知识,接受环境科学专业技能的基本训练,培养系统地识别、分析与解决环境问题的素质和能力。

▶▶ **主干学科:**

环境自然科学、环境技术科学、环境人文社会科学。

▶▶ **核心知识领域:**

环境学、环境化学、环境生物学、环境工程学、环境监测学、环境影响评价、环境管理学、环境法学、环境经济学、环境规划学。

▶▶ **顶尖院校:**

北京大学、北京师范大学和浙江大学。

▶▶ **就业方向:**

毕业生主要在农业生态与环境管理、国土资源、水资源管理、环保公司等单位从事环境监测、环境评价、环境管理、环境保护、环境污染治理、生态农业建设等工作。

▶▶ **未来可从事职业岗位:**

绿化技术员、物料布局规划工程师、微生物检验、物料管理员、沥青研发工程师、软件测试工程师、Java开发工程师、管理培训生、销售代表、销售工程师、销售经理、项目经理、工程经理等。

▶▶ **职业薪酬:**

环境科学专业相关职位薪酬(月薪):按工作经验统计,其中应届生约6000元,1~3年约8000元,3~5年约9000元,5~10年约14000元。

▶▶ **就业热门行业:**

环保、新能源、教育/培训/院校、房地产、计算机软件、互联网/电子商务、计算机技术支持(系统、数据维护)、电子技术/半导体/集成电路、贸易/进出口、金融/投资/证券等。

▶▶ **就业热门城市:**

上海、北京、深圳、广州、武汉、长沙、南京、大连、杭州和沈阳等。

082504 环境生态工程

▶▶ **新高考选考科目指引:**

本专业必须选择物理、化学学科。

▶▶ **培养目标:**

本专业培养具备生态学、环境科学和工程设计等方面基础知识,掌握环境生态学基本理论、基本知识和工程治理基本技能,能够在环境与生态保护相关的企事业单位或教育部门从事环境生态学研究、生态修复与建设、生态规划与设计等方面工作的复合型人才。

▶ **培养要求：**

本专业学生主要学习人类社会生产活动影响下生态系统所发生变化的过程、退化机理、影响评估以及生态系统保育及修复技术等方面的基本知识，接受生态学学科思维、生态环境问题分析方法与技术以及生态修复技能等方面的基本训练，掌握保护生态系统、治理生态环境问题的基本能力。

▶ **主干学科：**

生态学、环境科学与工程。

▶ **核心知识领域：**

环境生态学、恢复生态学、生态工程学、产业生态学、环境工程学原理、生态毒理学、生态规划与管理、生态经济学、生态监测与评价、流域生态工程学。

▶ **顶尖院校：**

重庆大学。

▶ **就业方向：**

该专业毕业生能够在与环境与生态保护相关的企事业单位或教育部门从事环境生态学研究、生态修复与建设、生态规划与设计等方面工作。

▶ **未来可从事职业岗位：**

环评工程师、水处理工程师、水生态修复研发工程师、室内设计主笔设计师、室内空间硬装设计师、生态景观设计师、河道治理工程师、桥梁工程师、测试工程师、Java 开发工程师、WEB 前端开发工程师、大数据工程师、大数据高级开发工程师、IT 专员/IT 工程师、网络工程师、平台运维系统工程师、总经理秘书/助理、商务运营经理、大客户经理、网店编辑、销售工程师等。

▶ **职业薪酬：**

环境生态工程专业相关职位薪酬(月薪)：按工作经验统计，其中应届生约9000元，1~3年约11000元，3~5年约12000元。

▶ **就业热门行业：**

环保、建筑/建材/工程、新能源、互联网/电子商务、计算机软件、房地产、电子技术/半导体/集成电路、咨询、人力资源、金融/投资/证券等。

▶ **就业热门城市：**

北京、上海、深圳、广州、杭州、南京、武汉、成都、重庆和东莞等。

082505T 环保设备工程

▶ **新高考选考科目指引：**

本专业必须选择物理、化学学科。

▶ **培养目标：**

本专业培养具有良好的科学素质和系统的环境工程、环保机械设备设计与制造交叉学科相关方面的专业知识和专业技能，在环境工程领域既能够从事环保设备的设计与制造、操纵与维护以及设备功能的改进和完善等方面工作，又能够从事环保设备的科技开发、应用研究和运行管理等方面工作的高级工程技术应用型人才。

▶ **培养要求：**

本专业要求学生通过系统的专业学习，具备环保设备的设计与制造、操纵与维护，设备功能的改进和完善，环保设备的科技开发、应用研究和运行管理等方面的基础理论和基本技能，同时注重学生动手能力的培养，通过拓展课程学习、课外科技活动以及实习实践等环节培养学生分析问题和解决实际问题的能力。

▶ **主要课程：**

环保产业概论、识图与制图、工程材料、机械制造基础、化工原理、电子电工技术、工程 CAD 技术、环境监测、实用废水处理技术、大气污染控制技术、环保设备与应用、环境工程技术经济和造价分析、水电工程概预算、环保产业运营、环保设备选用技术、固体废物处理与处置、工业安全工程、城市污水处理厂的建设与管理、水泵的运行与维护管理、设备保养与维修技术、电机原理及其运行与维护等。

▶ **顶尖院校：**

中国石油大学(华东)。

▶ **就业方向：**

毕业生可在环境工程、设备制造及其相关领域的科研院所、企业从事产品的设计、制造、研发和环保工程建设与管理工作，也可在大专院校从事教学、科研工作。

▶ **未来可从事职业岗位：**

工艺设计工程师、化学工程师、脱硝工艺设计工程师、生产准备经理、聚丙烯班长、脱硫工程师、工业安全助理工程师、体系工程师、厂务工程师、营建项目工程师、海外压裂项目经理、化验员、污水处理工程师、设施维修工程师、水处理工艺设计工程师、安全工程师、运营工程师、商业工程副总经理、电气工程师、环保工程师、机械工程师、工艺工程师、水处理工程师、销售工程师、销售经理、项目经理、工程部经理、工程主管等。

▶ **职业薪酬：**

环保设备工程专业相关职位薪酬(月薪)：按工作经验统计，其中 1~3 年约7000元，5~10 年约11000元，10 年以上约13000元。

▶ **就业热门行业：**

环保、新能源、建筑/建材/工程、机械/设备/重工、石油/化工/矿产/地质、房地产、制药/生物工程、电子技术/半导体/集成电路、仪器仪表/工业自动化等。

▶ **就业热门城市：**

上海、北京、广州、深圳、武汉、杭州、南京、苏州、成都和东莞等。

082506T 资源环境科学

资源环境科学专业针对我国乃至全球水土资源、养分资源、生物资源与环境质量等有关的重大理论与实践问题，开展资源环境科学前沿性研究与教学。在资源高效利用与环境保护日益成为国内外热点问题，国家提出"科学发展观"和"建设资源节约型、环境友好型社会和创新型国家"的重要背景下，国家对资源与环境领域的投入日益增大，资源与环境科学呈现出前所未有的发展趋势，掌握资源与环境领域的基础理论知识和基本技能已成为新世纪有关资源与环境领域科研人员、行政及企事业管理人员和专业技术骨干的必备素质。

新高考选考科目指引：
本专业必须选择物理、化学学科。

培养目标：
本专业培养具备资源环境科学的基本知识和理论，掌握资源高效和可持续利用、环境有效保护的措施、方法和技术以及资源环境管理规划等方面的基本能力，能利用信息技术实现对资源环境的开发、利用与保护及退化防治等进行宏观管理与决策支持的高级人才。

培养要求：
本专业学生主要学习资源环境与城乡规划管理方面的基本理论和基本知识，接受应用基础研究、应用研究方面的科学思维和科学实验训练，具有较好的科学素养及初步的教学、研究能力，具有高效和可持续利用资源、开发资源、有效保护环境，以及进行资源环境管理规划的基本技能。

主要课程：
土壤-植物-环境分析、土壤学、植物营养学、土壤地理与调查、养分资源管理、水资源利用与管理、资源环境信息技术、微生物学、生物统计学、环境资源遥感、环境生物学、环境生物技术、环境监测与评价、普通生态学、资源环境进展等。

顶尖院校：
中国农业大学、广西大学和华南理工大学。

就业方向：
毕业生可到政府规划部门、经济管理部门、环保部门从事管理、设计和技术推广工作，也可到高等学校和科研机构从事教学、科研工作。

未来可从事职业岗位：
资源循环利用研发工程师、污水处理业务运营总监、工业工程师、现场调试工程师、运维实施工程师、网络管理员、销售代表、销售工程师、销售经理、销售总监、餐厅储备经理、人事专员、销售顾问、高端置业顾问、市场总监等。

就业热门行业：
新能源、教育/培训/院校、贸易/进出口、建筑/建材/工程、房地产、互联网/电子商务、计算机软件、金融/投资/证券、咨询、人力资源、财会等。

就业热门城市：
深圳、上海、北京、广州、武汉、杭州、南京、成都、西安和郑州等。

082507T 水质科学与技术

水质科学与技术专业是研究水在社会循环过程中水质变化规律和水质控制技术的综合性交叉学科。它以水质基础科学、水处理与水质调节技术为主导研究内容，开发和利用水处理及水质控制高新技术，提供满足特定水质、水量要求的工业用水，实现大型工业系统设备的安全、经济、高效运行和水资源的可持续利用。

新高考选考科目指引：
本专业必须选择物理、化学学科。

培养目标：
本专业培养能在相关领域从事水质科学研究、水质工程规划、水处理系统设计、水质监测与控制、材料保护、水处理新技术、新设备、新材料、新工艺的开发，以及在相关企业从事生产运行管理的高级专门人才。

培养要求：
本专业学生具有化学、化工、材料、电子、计算机、仪器仪表和自动控制等学科宽厚的理论基础、实验能力和专业知识，掌握各个工业领域的水质控制技术和水资源可持续利用技术，具备水处理工艺、设备和系统的设计、研究和开发能力。

主要课程：
无机化学、有机化学、分析化学、物理化学、水质科学基础、水化学、水生态学、工程数学、工程力学、流体力学、电工电子技术、计算机辅助设计、化工原理、水处理等。

顶尖院校：
武汉大学和南京工业大学。

就业方向：
毕业生可通过免试或考试继续攻读硕士学位，也可在电力、环境、市政、石油、化工、核工业、造纸、食品和饮料等行业，高等院校、科研院所、工矿企业、政府机构等部门从事教学、科学研究、规划设计、生产运行、施工监理、经营管理等工作。

未来可从事职业岗位：
水生态技术员、污水处理员、水体生态修复治理、污水处理业务运营总监、分析化学研发工程师、分析仪器销售工程师、工艺设计工程师、环境工程师、研发助理、实验室检测分析、监测技术员、规划设计工程师、环境监测员、化妆品化验员、光学工程师、院士工作站实验员、现场工程师、在线水质监测系统销售经理、销售工程师等。

就业热门行业：
环保、电气/电力/水利、建筑/建材/工程、仪器仪表/工业自动化、房地产、新能源、检测、认证、农/林/牧/渔、快速消费品、咨询、人力资源等。

就业热门城市：
深圳、北京、上海、厦门、广州、武汉、合肥、成都、淄博和长沙等。

0826 生物医学工程类

082601 生物医学工程

生物医学工程是一门以电子技术和信息处理为主的专业，是现代工程技术向生物、医学渗透并相互作用的交叉学科。它综合工程学、生物学和医学的理论和方法，在各层次上研究人体系统的状态变化，并运用工程技术手段去控制这类变化，其目的是解决医学中的有关问题，保障人类健康。

新高考选考科目指引：
本专业必须选择物理、化学学科。

培养目标：
本专业培养具备良好的人文素养和团队合作精神，系统地掌握生物医学工程的基础理论、基本知识和基本技能，能在医疗器械、医疗卫生等相关行业的企事业单位从事工程技术开发、服务、管理和教育等工作，具有较强的知识更新能力和创新能力的生物医学与工程科学相结合的复合型高级专业人才。

培养要求：
本专业学生主要学习生命科学、电子技术、计算机与信息科学、医学仪器、生物医学材料的基本理论和基本知识，接受严格的科学实验、技术研发训练和初步的科学研究训练，掌握工程技术在生物医学中的应用研究、产品开发和管理的基本能力。

主干学科：
生物医学工程。

核心知识领域：
医学基础、工程生理学、电子技术基础、计算机原理与应用、生物医学传感器、现代医学仪器、生物医学信号处理、医学成像与图像处理、生物医学光学、生物力学、生物医用材料等。

顶尖院校：
东南大学、清华大学、上海交通大学、华中科技大学。

就业方向：
除继续攻读硕士学位的毕业生外，毕业生主要分配到科研院所、高等院校、大型企事业单位及高新技术公司从事研究、设计、开发和管理工作。

未来可从事职业岗位：
超声系统研发工程师、产品标准工程师、质量检验员、产品注册专员、技术支持工程师、硬件工程师、售后维修工程师、用户服务工程师、算法工程师、海外技术支持、海外售后服务、产品经理、国际产品专员、销售工程师、生物医学工程系教师等。

职业薪酬：
生物医学工程专业相关职位薪酬（月薪）：按工作经验统计，其中应届生约7000元，1～3年约8000元，3～5年约13000元，5～10年约16000元。

就业热门行业：
制药/生物工程、新能源、医疗设备/器械、医疗/护理/卫生、仪器仪表/工业自动化、计算机软件、电子技术/半导体/集成电路、互联网/电子商务、贸易/进出口等。

就业热门城市：
深圳、北京、上海、广州、杭州、武汉、南京、西安、成都和苏州等。

082602T 假肢矫形工程

假肢矫形工程是一个新兴交叉型专业，为了培养国家紧缺的复合型高级假肢矫形工程本科人才，首都医科大学经过调研和努力，于2003年设立假肢矫形工程本科专业，填补了我国假肢矫形工程本科教育的空白。在摸索、总结办学经验的基础上，结合中国目前假肢矫形康复领域现状，在2005—2008年学校经过进一步改革优化，构建了适合中国国情且与国际接轨的假肢矫形工程专业人才的培养体系，由学校生物医学工程学院与康复医学院共同完成专业培养。在培养过程中注重专业人才的临床实践技能培养，更贴合国际对人才培养的需求，突出康复与工程技术相结合的特色。

新高考选考科目指引：
本专业必须选择物理、化学学科。

培养目标：
本专业培养具备康复医学、机电技术与材料科学、假肢矫形器设计与制作相关的基本理论以及康复医学与工程技术相结合的基本技能，能在临床康复、假肢矫形工程领域从事设计与技术服务的高级应用人才。

主要课程：
高等数学、普通物理学、理论力学、材料力学、电路分析、电子技术基础、运动生物力学、机械设计基础、金属工艺学、C语言、正常人体形态学、矫形临床学、假肢学、矫形器学、康复心理学等。

顶尖院校：
首都医科大学和上海理工大学。

就业方向：
学生毕业后主要去向为研究机构、医院、假肢与矫形器和康复器械相关企业、政府相关管理部门等。

未来可从事职业岗位：
医疗项目质量工程师、机器人应用工程师、机械工程师、结构工程师、App开发工程师、Android研发工程师、技术管理专家、云计算解决方案架构师、前期项目管理工程师、高级软件开发工程师、光模块硬件工程师、跟模工程师、QE工程师、客服工程师等。

▶ **职业薪酬：**

假肢矫形工程专业相关职位薪酬（月薪）：按工作经验统计，其中1~3年约6000元。

▶ **就业热门行业：**

医疗设备/器械、机械/设备/重工、仪器仪表/工业自动化、互联网/电子商务、新能源、计算机软件、电子技术/半导体/集成电路、网络游戏、金融/投资/证券、家具/家电/玩具/礼品等。

▶ **就业热门城市：**

深圳、北京、上海、广州、杭州、东莞、成都、武汉、南京和厦门等。

082603T 临床工程技术

▶ **新高考选考科目指引：**

本专业必须选择物理、化学学科。

▶ **培养目标：**

该专业培养医工结合、以工为主，掌握重要医疗仪器设备，主要包括手术室、ICU、血液透析中心等（如人工心肺机、呼吸机、血液透析机等）生命支持设备的操作、使用、维护、功能开发和技术管理的职业技能，掌握现代临床医疗仪器发展技术的复合型临床工程技术人才。

▶ **培养要求：**

该专业主要学习医学设备及机械相关知识，要求学生掌握医院相关设备的使用、维修、设计等。

▶ **主要课程：**

医用诊断仪器、医用治疗仪器、人体机能替代装置、人体信息及其测量技术、临床工程课题研究、医用机器管理学、医院见习、毕业实践等。

▶ **首批开设院校：**

上海健康医学院等。

▶ **就业前景：**

随着医疗技术的发展，医院设备日益复杂，迫切需要大量医工结合的复合型临床工程技术人员从事医院设备操作、使用、维护、功能开发和技术管理工作，最大限度地保证医院设备在临床使用过程中的安全性和有效性。

▶ **就业方向：**

毕业生主要面向各级医院临床工程技术部门（手术室、ICU、血液透析中心、设备维护管理部门等）从事生命替代装置（呼吸机、人工心肺机、血液透析机及患者监护设备等）的操作、使用、维护、功能开发和技术管理等工作，确保仪器设备在临床使用中的安全性和有效性；也可在中外医疗器械企事业单位承担产品开发、制造、营销和技术管理等工作。

082604T 康复工程

康复工程是康复医学与工程技术交叉的一门医工学科。现代康复工程通过研究机械、电子、计算机等综合工程技术，用于预防、评估、增强、代偿或重建功能障碍者的功能，其技术正向着智能化与物联网化方向发展，成为支撑老龄化社会与人民生命健康的新兴交叉学科。康复工程在康复医学中具有不可替代的重要作用，对于永久性功能障碍者的康复，康复工程甚至是唯一的手段。

▶ **新高考选考科目指引：**

本专业必须选择物理、化学学科。

▶ **培养目标：**

本专业培养德、智、体、美、劳全面发展，具备医学基础、机电一体化、计算机及生物力学相关的基本理论，以及康复医学与工程技术相结合的基本技能，能在临床康复工程领域从事现代康复器械设计、临床应用与管理的高级专门人才。

▶ **主要课程：**

高等数学、大学物理、工程制图等基础课程；人体生理学、人体解剖学、人体生物力学、人机工程学、生物医学信号检测、机械设计、电工电子学、微机原理、自动控制、人工智能、康复工程概论、康复医学、康复机器人学、康复治疗与训练设备、人体康复辅助技术、人机无障碍交互技术、康复器械工业设计、假肢矫形器学等专业课程。

▶ **就业前景：**

随着社会老龄化的愈加严峻，我国康复服务需求呈现爆炸式增长。康复工程及产品是康复服务的重要支撑，我国康复事业对康复工程人才具有巨大的需求。该专业毕业生主要在医院、各级康复机构及养老助残机构从事临床康复工程技术支持，在康复设备制造企业及科研机构从事设计研发工作，在企事业单位、政府相关管理部门从事专业管理工作等。

0827 食品科学与工程类

082701 食品科学与工程

食品科学与工程以现代科学、技术与工程为基础，以食品生产、加工、包装、贮藏、流通、消费、环保等为其主要研究内容，以食品卫生、营养、感官品质等食品质量及其变化、维护、检验、评价等为研究中心，并与现代管理科学、人文科学、市场营销等学科有密切的联系，现代食品科学已发展成为一门跨学科的综合性科学。它包含食品工艺、农产品加工工程和食品检测三个专业方向。

▶ **新高考选考科目指引：**

本专业必须选择物理、化学学科。

▶ **培养目标：**

本专业以扎实的科学理论、工程技术和实践训练基础为支撑，培养具有良好的政治文化素质，具有外语及计算机应用的基本能力，系统掌握食品科学与工程领域的基本知识和基本技能，能在食品的生产、加工、流通及与食品科学与工程有关的教育、研究、进出口、卫生监督、安全管理等部门从事食品或相关产品的科学研究、技术开发、工程设计、生产管理、品质控制、产品销售、检验检疫、教育教学等方面工作，具有宽广知识面、多领域适应能力的食品科学与工程专门人才。

▶▶ **主干学科**：

食品科学与工程。

▶▶ **核心知识领域**：

食品工程制图基础知识，食品机械工程基础知识，食品加工单元操作的基本原理、基本方法、基本技术；食品原料与成品中各种成分的化学性质、生理功能、体内代谢机制；食品加工与贮藏过程中所发生的化学变化、微生物变化、物性变化；食品各种危害因素及其检测和控制的基本概念、基本原理、基本技术；各类食品加工基本技术及质量安全控制技术、加工机械与设备、食品工厂设计与环境保护。

▶▶ **顶尖院校**：

江南大学、中国农业大学、南昌大学、华南理工大学和中国海洋大学。

▶▶ **就业方向**：

主要在食品厂、食品粮油生产和营养研究部门从事进行食品生产过程中的质量检测、进行技术管理和协调、研究和开发新的高效食品和食品质量检验等工作。

▶▶ **未来可从事职业岗位**：

化验员、质检员、品管员、品控员、生产技术员、研发工程师、研发主管、食品研发工程师、生产主管、管理培训生、销售工程师等。

▶▶ **职业薪酬**：

食品科学与工程专业相关职位薪酬（月薪）：按工作经验统计，其中1~3年约12000元。

▶▶ **就业热门行业**：

快速消费品、制药/生物工程、贸易/进出口、农/林/牧/渔、餐饮业、互联网/电子商务、新能源、批发/零售等。

▶▶ **就业热门城市**：

上海、广州、北京、深圳、杭州、厦门、成都、长沙、东莞和武汉等。

082702 食品质量与安全

食品质量与安全专业是以生命科学和食品科学为基础，研究食品的营养、安全与健康的关系、食品营养的保障和食品安全卫生质量管理的学科，是食品科学与预防医学的重要组成部分，是连接食品与预防医学的重要桥梁。通过对食品生产、加工的管理和控制，保证食品的营养品质和卫生质量，促进人体的健康。食品营养与安全的保证主要依靠食品生产全面系统的质量管理，从而使营养与食品安全从过去的监督管理，扩展成包括食品生产、食品营养、食品安全、食品毒理、食品质量控制的诸多领域，在生命科学和食品科学的各个领域中发挥出越来越重要的作用。

▶▶ **新高考选考科目指引**：

本专业必须选择物理学科，另外要求在化学、生物2科中至少选择1科。

▶▶ **培养目标**：

本专业培养系统掌握食品质量与安全领域的基本知识和基本技能，具有扎实的专业基础和良好的政治文化素质、外语及计算机应用能力，能在食品生产、加工和流通企业，食品检验机构、监督管理部门和科研院所等相关部门从事生产管理、质量控制、产品销售、分析检测、检验检疫、安全评价、监督管理、技术开发、教育教学、科学研究等方面工作的专业技术和管理人才。

▶▶ **主干学科**：

食品科学与工程、生命科学、管理学。

▶▶ **核心知识领域**：

食品工程制图基础知识，食品机械工程基础知识，食品加工单元操作的基本原理、基本方法、基本技术；食品原料与成品中各种成分的化学性质、生理功能、体内代谢机制；食品加工与贮藏过程中所发生的化学变化、微生物变化；仪器分析检测的基本原理和技术；食品加工及成品中各种危害因素及其检测、检疫、控制的基本概念、基本原理、基本技术，食品安全评价与风险分析的基本原理及技术，食品质量管理与控制，食品标准与法规。

▶▶ **顶尖院校**：

江南大学、华南理工大学、南昌大学、南京农业大学、中国农业大学和华中农业大学。

▶▶ **就业方向**：

毕业生可考取研究生，也可在与食品加工、卫生检验有关的企业、研究单位、大专院校、政府部门从事食品生产和质量控制、食品质量监督与管理、食品安全分析、食品科学研究等方面的工作。

▶▶ **未来可从事职业岗位**：

品质员、市场品控专员、中西厨房厨师、生产督导、行政总厨、研发主管、售后服务工程师等。

▶▶ **职业薪酬**：

食品质量与安全专业相关职位薪酬（月薪）：按工作经验统计，其中3~5年约7000元，5~10年约13000元。

▶▶ **就业热门行业**：

快速消费品、餐饮业、酒店/旅游、批发/零售、互联网/电子商务、制药/生物工程、贸易/进出口、建筑/建材/工程、物业管理/商业中心等。

▶▶ **就业热门城市**：

上海、北京、深圳、武汉、广州、重庆、东莞、杭州、苏州和南京等。

082703 粮食工程

培养目标：
本专业培养德、智、体、美、劳全面发展，政治素质好，知识结构合理，具有粮食专业技术知识和能力，具有一定的数据分析处理、实验室操作技能、工程与机械知识与技能、粮食化学与分析检验、企业经营等能力，具备较丰富的粮食加工和质量管理及其他食品领域的知识，能在粮食企业、科研机构、质检、工商、食品药品监督等相关部门从事粮食加工、新产品开发、粮食科学研究及质量检验、粮食深加工和质量管理等方面工作的知识、能力和素质协调发展的工程技术人才。

新高考选考科目指引：
本专业必须选择物理、化学学科。

主干学科：
食品科学与工程。

核心知识领域：
食品工程制图基础知识，粮食工程单元操作的基本原理、方法等；粮食与制品加工、贮藏过程中所发生的化学、微生物、物性等变化；粮食加工工艺与装备、通风除尘与物料输送、粮食工厂供电与自动化、粮食工厂设计。

顶尖院校：
东北农业大学和武汉轻工大学。

就业方向：
学生毕业后可到粮食高新技术企业，与粮食有关的研发中心，各级粮食粮油购销储运公司、粮食储备库、粮食加工厂、焙烤食品加工厂、植物油脂加工与大豆蛋白企业、淀粉与变性淀粉生产企业，从事行政和企业管理、产品品质检验、营销等工作，也可从事生产技术、品质控制、产品开发、科学研究和工程设计等工作，还可从事与专业相关的公务员岗位工作。

未来可从事职业岗位：
谷物仓储加工工艺工程师、生产技术员、饲料工厂中控员、乳制品应用研究员、机械工程师/设计师、总工程师、技术支持工程师、需求分析师、客服专员/助理、业务经理、区域经理、工程部副经理、国际业务销售、工程调试项目经理等。

职业薪酬：
粮食工程专业相关职位薪酬(月薪)：按工作经验统计，其中3～5年约7000元，5～10年约13000元。

就业热门行业：
快速消费品、农/林/牧/渔、新能源、机械/设备/重工、制药/生物工程、贸易/进出口、建筑/建材/工程、仪器仪表/工业自动化等。

就业热门城市：
杭州、深圳、郑州、长沙、北京、成都、无锡、济宁、合肥和广州等。

082704 乳品工程

新高考选考科目指引：
本专业必须选择物理、化学学科。

培养目标：
本专业培养德、智、体、美、劳全面发展，政治素质好，知识结构合理，具有乳品专业技术知识和能力，具有一定的数据分析处理、实验室操作技能、工程与机械及微生物知识与技能、食品化学与分析检验、企业经营与经济分析等能力，具备较丰富的乳品加工和质量管理知识，同时具有一定的其他食品领域的知识，能在乳品企业、科研机构、质检、工商、食品药品监督等相关企事业部门从事乳品加工、新产品开发、乳品科学研究、乳品质量检验、乳品深加工和乳品质量管理等方面工作的知识、能力和素质协调发展的工程技术人才。

主干学科：
食品科学与工程。

核心知识领域：
乳品工程制图基础知识，乳品机械工程基础知识，食品加工单元操作的基本原理、基本方法、基本技术；乳品原料与成品中各种成分的化学性质、生理功能、体内代谢机制；乳品加工与其贮藏过程中所发生的化学变化、微生物变化、物性变化；乳品与其制品各种危害因素及其检测和控制的基本概念、基本原理、基本技术；乳品加工基本技术及质量安全控制技术、乳品加工机械与设备、乳品工厂设计与环境保护。

顶尖院校：
东北农业大学。

就业方向：
毕业生可到乳品加工领域从事行政管理、技术管理工作；也可到与乳品相关的科研院所从事技术管理工作。

未来可从事职业岗位：
乳制品应用研究员、乳品应用工程师、烘焙应用工程师、电气安装工程师、研发工程师、现场服务工程师、工艺操作工程师、自控工程师、检测专员、食品行业销售工程师、区域销售经理等。

职业薪酬：
乳品工程专业相关职位薪酬(月薪)：按工作经验统计，其中1～3年约6000元，3～5年约8000元，5～10年约14000元。

就业热门行业：
快速消费品、贸易/进出口、机械/设备/重工、农/林/牧/渔、制药/生物工程、新能源、学术/科研、批发/零售、仪器仪表/工业自动化等。

就业热门城市：
上海、北京、石家庄、杭州、南通、呼和浩特、齐齐哈尔、厦门、广州和潍坊等。

082705 酿酒工程

酿酒工程专业是以化学、生物学和工程学为基础，研究现代优质酒酿造工艺、鉴赏艺术和营销理念的科学理论与应用技术的理、工、农交叉性综合学科。它是生物工程、食品科学与工程、园艺学及感官鉴评艺术的重要组成和综合体现，其基本任务是以优质粮食和酿酒葡萄为原料，利用现代食品生物工程的先进理论和高新技术，酿造具特定文化内涵和典型感官质量的系列优质酒产品；并通过先进营销理念和高雅鉴赏艺术的有机结合，促进酒的健康消费。本专业除传统的酿酒生产外，还扩展到鉴赏艺术、管理营销、文化推广、食品营养、医药保健、质量控制、工程设计等诸多领域，在生物工程、食品科学与营养和文化艺术等领域中的作用愈加重要。

新高考选考科目指引：
本专业必须选择物理、化学学科。

培养目标：
本专业以扎实的科学理论、工程技术和实践训练基础为支撑，旨在培养具有良好的政治文化素质、外语及计算机应用的基本能力，具备生物学、化学、微生物学、工程学和管理学等基础理论与基本知识，系统掌握酿酒工程的基础理论、专业知识和专业技能，能在酿酒的生产、加工、流通及与之相关的教育、研究、进出口贸易、卫生监督、安全管理等部门，从事酿酒或相关产品的科学研究、技术开发、产品研发、工程设计、生产管理、质量控制、产品销售、文化推广、检验检疫、教育教学等方面工作，具有宽广知识面、多领域适应能力的高级工程技术人才。

主干学科：
食品科学与工程、园艺学、生物学、化学。

核心知识领域：
食品工程制图基础知识，食品机械工程基础知识，食品加工单元操作的基本原理、基本方法、基本技术；酿酒原料与制品中各种成分的化学性质、生理功能、体内代谢机制；酿酒原料与制品贮藏过程中所发生的化学变化、微生物变化、物性变化；酿酒原料与制品各种危害因素及其检测和控制的基本概念、基本原理、基本技术；酿酒基本技术及质量安全控制技术、酿酒机械与设备、酿酒工厂设计与环境保护。

核心课程：
核心课程：食品生物化学、食品微生物学、食品营养学、食品安全学、食品工程原理、食品化学、酿酒工艺学、酿酒机械与设备、食品工厂设计与环境保护。

顶尖院校：
江南大学。

就业方向：
毕业后可到酒类企业、食品企业及环保、商检等部门从事生产、管理、营销以及新产品开发、工程项目设计等工作；可以攻读相关专业的高层次学位和其他专业的学位，继续深造；可以到相关大中专院校、培训机构、科研院所从事教学、科研等工作。

未来可从事职业岗位：
白酒检测主管、酿酒师、分子生物学研发员、白酒酿造工程师、原酒维护工程师、节能项目经理、电商平台运维工程师、副总工程师、销售工程师等。

职业薪酬：
酿酒工程专业相关职位薪酬(月薪)：按工作经验统计，其中1～3年约6000元，3～5年约9000元，5～10年约12000元。

就业热门行业：
快速消费品、制药/生物工程、房地产、机械/设备/重工、新能源、贸易/进出口、餐饮业、互联网/电子商务等。

就业热门城市：
成都、广州、无锡、武汉、苏州、遵义、上海、厦门、中山和临沂等。

082706T 葡萄与葡萄酒工程

葡萄与葡萄酒工程专业是以化学、生物学和工程学为基础，研究现代优质葡萄酒酿造工艺、鉴赏艺术和营销理念的科学理论与应用技术的理、工、农交叉性综合学科。它是生物工程、食品科学与工程、园艺学及感官鉴评艺术的重要组成和综合体现，其基本任务是以优质酿酒葡萄为原料，利用现代食品生物工程的先进理论和高新技术，酿造具特定文化内涵和典型感官质量的系列优质葡萄酒产品；并通过先进营销理念和高雅鉴赏艺术的有机结合，促进葡萄酒的健康消费。本专业除传统的葡萄与葡萄酒生产外，还扩展到鉴赏艺术、管理营销、文化推广、食品营养、医药保健、质量控制、工程设计等诸多领域，在生物工程、食品科学与营养和文化艺术等领域中的作用愈加重要。

新高考选考科目指引：
本专业必须选择物理、化学学科。

培养目标：
本专业培养具备生物学、化学、现代酿酒葡萄学和葡萄酒酿造学、食品工程学、企业管理和市场营销学的基本理论和技能，能在葡萄酒酿造学、酿酒葡萄学、生命科学及相关领域从事科研教学、生产设计与管理、贸易营销、新技术与新产品开发的高级科学与工程技术人才。

主干学科：
酿酒葡萄品种学和栽培学、葡萄酒酿造学、葡萄酒工程学。

主要课程：
分析化学、有机化学、植物生理学、生物化学、分子生物学、微生物学、葡萄品种学和栽培学等。

顶尖院校：
西北农林科技大学和中国农业大学。

就业方向：
学生毕业后可到国家机关、大专院校、知识产权保护、产品策划和设计、商贸公司、文化交流等单位从事管理、葡萄酒生产、营销贸易、文化推广、新产品新技术开发、机械和工程生产及设计等工作。

▶ **未来可从事职业岗位：**

工艺工程师、设备工程师、应用工程师、销售顾问、销售工程师等。

▶ **就业热门行业：**

快速消费品、互联网/电子商务、房地产、机械/设备/重工、贸易/进出口、原材料和加工、新能源、公关/市场推广/会展、制药/生物工程等。

▶ **就业热门城市：**

北京、南通、深圳、广州、银川、南宁、咸阳、威海、成都和海口等。

082707T 食品营养与检验教育

▶ **新高考选考科目指引：**

本专业必须选择物理学科，另外要求在化学、生物2科中至少选择1科。

▶ **培养目标：**

本专业培养德、智、体、美、劳全面发展，具有强烈社会责任感和良好的个性心理，具有生物化学、食品营养学、食品分析与检验、食品安全与卫生学、教育学等基本理论和技能，能在食品生产、加工、流通和消费领域从事营养强化与检测分析以及公共营养指导的高素质应用型人才。

▶ **主要课程：**

生物化学、人体生理学、卫生统计学、医学基础、食品营养学、食品化学、食品技术原理、食品分析与检测、公共营养学、保健食品学、食品安全与卫生、营养膳食设计、心理学、教育学等，并结合专业教学需要安排相应的实践教学环节。

▶ **顶尖院校：**

辽宁医学院。

▶ **就业方向：**

毕业生除考取硕士研究生之外，还可到食品行业的相关单位、地市疾病预防控制机构、学校、酒店、康复中心、社区及设有饮食服务的机关单位从事食品营养研发、食品检验、营养指导、卫生监督、营养教育、食疗保健等工作。

▶ **未来可从事职业岗位：**

质检员、化验员、品控经理、品控主管、餐饮部经理、餐饮店长、行政主厨厨师长、行政总厨、生产经理等。

▶ **就业热门行业：**

快速消费品、餐饮业、酒店/旅游、制药/生物工程、批发/零售、互联网/电子商务、贸易/进出口、农/林/牧/渔等。

▶ **就业热门城市：**

上海、广州、北京、深圳、武汉、成都、杭州、厦门、南京和东莞等。

082708T 烹饪与营养教育

中国博大精深的、具有悠久历史的饮食文化，需要有高素质的人才来传承。中国的美食，工艺精湛、花样繁多、世界闻名。随着时代经济的发展，食物的加工技艺和科技含量不断丰富，需要一批既懂得科学技术又懂得烹饪技术的高素质人才和肯于为烹饪文化奉献聪明才智的文哲为饮食文化续经纳典。

▶ **新高考选考科目指引：**

本专业必须选择物理学科，另外要求在化学、生物2科中至少选择1科。

▶ **培养目标：**

本专业培养适应经济社会发展需要，掌握烹饪与营养教育专业基本理论、基本知识和实践技能，具有较强的烹饪与营养学基本理论知识和烹饪制作能力，具备扎实的烹饪学、营养学、餐饮管理、教育学基本理论知识的职业教师素质，具有烹饪管理、营养配餐及教育能力和创新精神的德、智、体、美、劳全面发展的应用型高级专门人才。

▶ **培养要求：**

本专业要求学生具备烹饪与营养基本理论、基本知识、基本技能，具有创新精神和实践能力，能够在中高等职业学校从事烹饪与营养教学、研究工作及在大型餐饮企业、旅游部门从事烹饪研发、营养设计和酒店管理等工作。

▶ **主要课程：**

营养学、教育学、烹调工艺学、面点工艺学、烹饪化学、烹饪教学法、烹饪卫生安全学、教育心理学、现代教育技术、现代酒店经营与管理、教育管理、酒水知识与酒吧管理。

▶ **顶尖院校：**

哈尔滨商业大学和河北师范大学。

▶ **就业方向：**

毕业生可到大型餐饮企业、星级酒店、中高等职业学校，旅游部门，大中专院校工作或考取硕士研究生，考取公务员等。

▶ **未来可从事职业岗位：**

中西餐厨师、烹饪英语教师、餐饮经理等。

▶ **职业薪酬：**

烹饪与营养教育专业相关职位薪酬(月薪)：按工作经验统计，其中1~3年约5000元。

▶ **就业热门行业：**

餐饮业、酒店/旅游、生活服务、快速消费品、教育/培训/院校、房地产、金融/投资/证券、娱乐/休闲/体育、批发/零售等。

▶ **就业热门城市：**

上海、北京、武汉、南京、南宁、大连、成都、济南、苏州和天津等。

082709T 食品安全与检测

食品安全与检测专业是依据国家对食品生产、流通和消费过程的规范管理要求和社会对食品安全与检测人才的需求而设定的食品方向特色应用型专业。

▶ **新高考选考科目指引：**
本专业必须选择物理、化学学科。

▶ **培养目标：**
本专业培养具有扎实的食品安全与检测理论基础、熟练的食品安全与检测实践技能、严密的整合思维能力、良好的职业能力与职业素养、国际化视野的创新型高素质人才。

▶ **培养要求：**
该专业学生需具备卓越的科学思维、娴熟的实验操作、流利的英语交流、扎实的创业及产品开发、自我学习等综合能力。

▶ **核心课程：**
食品资源学、微生物学、现代分子生物学、生物信息学、无机及分析化学、有机化学和生物化学、食品微生物检验、食品理化检验、食品营养学、食品工程学、食品感官鉴评、食品质量与安全管理等。

▶ **首批开设院校：**
上海师范大学等。

▶ **就业方向：**
毕业生可到食品药品质量监督局、中国食品进出口检验检疫局从事食品安全检测与食品质量监督工作，也可到食品加工企业从事技术指导、品控与研发工作。

082710T 食品营养与健康

在全国实施健康中国发展战略的时代背景下，食品营养与健康产业发展已成为必然趋势。食品营养与食物和食品生产有着极其密切的关系，增设食品营养与健康专业，可以充分发挥高等院校现有食物营养与人类健康领域研究积累食品科学与工程学科的优势，培养具有国际视野的高层次专业人才，为食品营养与健康产业提供科技与人才支撑，不仅可培养从事食物与营养科学研究的高级专业人员，还可满足国家对饮食健康管理和营养健康食品研发专业人才的需求，并缓解我国营养师、食品与健康管理企业和公共营养部门的人才紧缺的现状。

▶ **新高考选考科目指引：**
本专业必须选择物理学科，另外要求在化学、生物2科中至少选择1科。

▶ **首批开设院校：**
西北农林科技大学。

▶ **培养目标：**
本专业培养能进行食品营养与健康科学研究、基于人工智能的健康管理及功能食品研发，能在食品加工企业、健康管理企业、政府部门、教育或研究机构从事食品营养健康研究、健康饮食管理、功能食品的研发、设计、生产、品质保证及企业管理、营养健康教育等相关工作的高素质、复合型及国际化的工程技术人才。

082711T 食用菌科学与工程

▶ **新高考选考科目指引：**
本专业必须选择物理、化学学科。

▶ **培养目标：**
本专业培养具备应用生物科学的基本知识和技能，掌握菌物学方面的相关知识及实践操作技能，具有较强的菌种生产、指导栽培、产品加工、品种选育及生物发酵能力，具有创新、创业精神的高级科技人才。

▶ **主要课程：**
微生物学、普通真菌学、植物生理学、基础生物化学、菌物学导论、菌类资源学、发酵工程、食用菌育种学、食用菌栽培学、药用菌产品开发与利用、食用菌产品加工学等。

▶ **首批开设院校：**
山西农业大学。

082712T 白酒酿造工程

白酒酿造工程是以食品科学与工程类各基础专业和特设专业为基础，吸纳生物学、轻工技术与工程、管理学等多学科知识的一门交叉学科、综合学科和应用学科。

▶ **新高考选考科目指引：**
本专业必须选择物理、化学学科。

▶ **培养目标：**
本专业旨在培养掌握白酒酿造、品评勾兑、酒质检测技术，具有创新能力的高素质应用型人才。

▶ **首批开设院校：**
茅台学院。

0828 建筑类

建筑是建筑物与构筑物的总称，是人们为了满足日常生活的需要，利用所掌握的物质技术手段，并运用一定的科学规律和美学法则创造的人工环境。

082801 建筑学

中国正处于快速城市化的重要时期，在过去和今后的很长一段时间内将是城市大规模建设的重要阶段，人居环境的建筑学、城乡规划学、风景园林学等学科领域，与国民经济建设、城市社会发展、人居环境的改善以及人民生活水平的提高密切相关，并具有广阔的发展前景，急需大量具有高水平理论素养和专业能力的毕业生参与到国家的建设中。同时，中国大规模、高水平的城市建设吸引了全世界的目光，成为全世界相关领域专业人士研究和实践的重要范例。

建筑学专业是研究建筑及其环境，并具有较强综合性的学科，是与建筑设计和建造相关的艺术和技术的综合，涉及理、工、文、艺诸领域，具有科学与艺术，理工与人文结合的特点，其目标是为城乡发展创造合适的人居环境。

新高考选考科目指引：

本专业没有必须选考科目要求。

培养目标

本专业培养适应我国社会主义经济发展和现代化建设需要，德、智、体、美、劳全面发展，掌握建筑学科的基本理论、基本知识和基本设计方法，接受建筑师基本训练，具备基本的建筑知识和较强的设计能力，具有创新精神和开放视野，能在城市建设领域从事建筑与城市设计、城市规划和风景园林规划设计、科学研究和管理工作的复合型专门人才。

培养要求：

本专业学生主要学习建筑学基本知识和理论，接受建筑设计和城市设计技能的基本训练，掌握建筑设计和相关规划设计的基本理论和方法。

主干学科：

建筑学、城乡规划、风景园林。

核心知识领域：

建筑设计与实践：建筑设计是建筑学专业核心知识领域的主干；建筑历史与理论：以古今中外建筑历史与理论为主体的知识构成建筑学专业的理论平台；建筑技术与建筑师执业：建筑数学、建筑物理、建筑结构、计算机应用等方面知识成为建筑学专业的技术支撑；城市设计：城市设计理论以及城市规划、风景园林等方面的基础知识成为建筑学专业的拓展知识领域。

顶尖院校：

清华大学、东南大学、同济大学、华南理工大学、太原理工大学。

就业方向：

毕业生既可在工业或民用建筑设计院、城市规划设计院、室内设计公司、园林景观设计公司从事建筑形体空间设计工作，又可在房地产公司从事项目前期策划、投资开发等工作，也可在城建部门和房地产公司从事房产管理、开发工作，还可在高校从事教学、研究工作。除建筑设计院外，房地产公司、监理公司都欢迎建筑学专业毕业生的到来。

未来可从事职业岗位：

助理建筑师、建筑工程师、室内设计师、建筑方案设计师、效果图设计师、施工图设计师、项目经理、建筑设计经理、建筑设计总监等。

就业热门行业：

建筑/建材/工程、房地产、广告、家居/室内设计/装潢、咨询、人力资源、财会、学术/科研、金融/投资/证券、物业管理/商业中心等。

就业热门城市：

上海、北京、深圳、广州、成都、杭州、武汉、西安、重庆和南京等。

082802 城乡规划

新高考选考科目指引：

本专业没有必须选考科目要求。

培养目标：

本专业培养具备扎实的城乡规划设计基础理论知识与应用实践能力，具有社会责任感、团队精神、创新思维和可持续发展理念，尊重地方历史文化，能在专业规划设计机构、管理机构、研究机构从事城乡规划设计及其相关的开发与管理、研究与教育等工作的高级专门人才。

培养要求：

本专业学生主要学习城乡规划的基础理论与基本知识，接受城乡规划的原理、程序、方法以及设计表达等方面的基本训练，掌握适当处理城乡规划与自然环境、社会环境、历史遗产的相互关系，并具备将这些关系统一表现在规划设计上的基本能力。

主干学科：

城乡规划。

核心知识领域：

城乡与区域发展、城乡规划理论、城乡空间规划、城乡专项规划、城乡规划实施。

顶尖院校：

同济大学、南京大学、东南大学、华中科技大学。

未来可从事职业岗位：

土地规划师、城市规划师、规划设计师、旅游规划师、项目拓展员等。

职业薪酬：

城乡规划专业相关职位薪酬（月薪）：按工作经验统计，其中应届生约5000元，1～3年约8000元，3～5年约10000元，5～10年约19000元。

就业热门行业：

建筑/建材/工程、房地产、广告、咨询、人力资源、财会、学术/科研、计算机软件、酒店/旅游、农/林/牧/渔、中介服务等。

就业热门城市：

北京、广州、上海、成都、杭州、深圳、武汉、长沙、西安和南京等。

082803 风景园林

风景园林是综合利用科学和艺术手段营造人类美好的室外生活境域的一个行业和一门学科。是以"生物、生态学科"为主，并与其他非生物学科（例如土木、建筑、城市规划）、哲学、历史和文学艺术等学科相结合的综合学科。它的基础知识包括地质学、自然地理、土壤学、气象等自然科学，生物学、植物学、生态学等生物科学；园艺学、林学等农业应用科学；以及文学、艺术、美学等多学科相综合的新的绿色生物系统工程学科。它包括从古典的小面积的庭园、花园、公园等地形地貌设计,道路,建筑,叠石堆山及种植设计,一直到现代整个大城市园林绿地系统工程的规划设计和建设;从一个小园林的设计一直到宏观的、涉及土地利用、自然资源的经营管理、农业区域的变迁与发展、大地生态的保护、城镇和大城市的园林绿地系统规划;同时运用现代尖端科学技术,如航测遥感技术和卫星遥感技术的应用和计算机技术的应用等内容。

▶ **新高考选考科目指引:**
本专业没有必须选考科目要求。

▶ **培养目标:**
本专业培养适应社会主义现代化建设需要,德、智、体、美、劳全面发展,掌握风景园林学科的基本原理和基本知识,能胜任风景名胜、城乡绿化、城乡规划、环境和生态保护、旅游发展、建筑设计等各类风景园林工程的技术与管理工作,具有扎实的基础理论、宽广的专业知识、较强的工程实践能力和创新能力以及一定的国际视野,能面向未来的高级专门人才。

▶ **培养要求:**
本专业学生主要学习风景园林保护、规划、设计、建设和管理的基本理论和基本知识,接受风景园林的现场调查分析、空间规划设计、植物等材料应用、工程技术与建设管理、文字图纸表达等方面的基本训练,具备能在风景园林保护、规划、设计、施工、管理、教育、科研、投资和开发等相关部门从事技术和管理工作的基本能力。

▶ **主干学科:**
风景园林、城乡规划、建筑学。

▶ **核心知识领域:**
风景园林规划与设计知识,包括风景园林保护、规划、设计等(构成风景园林专业知识领域的主干);园林历史与理论,包括古今中外风景园林历史与理论知识(是风景园林专业的理论平台);风景园林技术,包括风景资源学、园林植物、园林结构、计算机应用等知识(是风景园林专业的技术支撑);建筑与城乡规划知识,包括建筑设计、城市设计、环境艺术设计、城乡规划、旅游规划、资源与环境保护、生态、园艺、艺术等方面的基础知识(构成风景园林专业的拓展知识)。

▶ **顶尖院校:**
同济大学、东南大学、北京林业大学、东北林业大学和南京林业大学。

▶ **就业方向:**
主要就业单位包括园林局、苗圃、园林设计公司、旅游规划设计公司、风景旅游区、房地产公司、大中专院校以及其他建筑与环境工程、市政园林、公用事业、城乡规划建设管理等相关的行业、部门机构,也可继续攻读园林、景观、建筑、城市规划、环境艺术专业类的硕士学位。

▶ **未来可从事职业岗位:**
助理景观设计师、景观方案设计师、景观方案主创设计师、园林景观设计师、景观施工图设计师、植物设计师、园艺园林景观设计师、施工图设计师、景观设计总监等。

▶ **职业薪酬:**
风景园林专业相关职位薪酬(月薪):按工作经验统计,其中应届生约6000元,1~3年约7000元,3~5年约9000元,5~10年约12000元。

▶ **就业热门行业:**
建筑/建材/工程、房地产、广告、环保、农/林/牧/渔、咨询、人力资源、财会、学术/科研、家居/室内设计/装潢、酒店/旅游等。

▶ **就业热门城市:**
上海、北京、深圳、成都、杭州、广州、武汉、南京、西安和重庆等。

082804T 历史建筑保护工程

历史建筑保护工程专业已经成为建筑院系中的一个相对独立的专业领域,属建筑学新兴的学科方向,并且与社会对这一领域的职业化需求相适应。实际上,历史建筑的保护与再生,已经成了人类社会可持续发展的重要组成部分,对此已形成广泛的国际性共识。

▶ **新高考选考科目指引:**
本专业没有必须选考科目要求。

▶ **培养目标:**
本专业着重培养以建筑学的基本理论及技能为基础,系统掌握历史建筑和历史环境保护与再生的理论、方法与技术,具有较高建筑学素养和特殊保护技能的专家和未来的专业领导者。培养计划汲取欧美的经验,使学生一方面接受整体的建筑学专业本科教育,另一方面接受一定的保护工程特殊训练,以便在毕业后能够适应教学、科研、设计和城市管理等部门的特殊专业需求。

▶ **主干学科:**
历史建筑保护工程、建筑历史与理论、建筑设计及其理论、建筑技术科。

▶ **主要课程:**
建筑初步、美术、历史建筑形制与工艺、建筑设计、建筑历史、建筑技术、保护技术、艺术史、文博专题等。

▶ **顶尖院校:**
同济大学。

▶ **就业方向:**
毕业生主要从事历史建筑保护方面的设计、管理、研究和教学工作,也可从事建筑、规划、景园等领域的相关工作。

▶ **未来可从事职业岗位:**
古建设计师、项目管理部助理工程师、项目管理经理、市场评估策划等。

▶ **就业热门行业:**
建筑/建材/工程、房地产、广告、学术/科研、酒店/旅游、咨询、人力资源、财会、互联网/电子商务、新能源等。

▶▶▶ **就业热门城市：**

上海、北京、广州、南通、深圳、潍坊、南京、厦门、晋城和湖州等。

082805T 人居环境科学与技术

人居环境科学与技术专业以人居环境科学为支撑，本着人居环境显特色、学科交叉谋发展的宗旨，致力于在人居环境综合集成科学方面开创一条新路。该专业以"大数据+人居环境"为理念，以分析利用当代信息技术和数据科学产生的海量数据为工具，面向智慧城市建设培养专业人才。

▶▶▶ **新高考选考科目指引：**

本专业没有必须选考科目要求。

▶▶▶ **培养目标：**

本专业培养具备人居环境多尺度系统思维和宽厚的相关学科基础理论，接受大数据与智慧城市方向、土木工程方向、建筑环境与能源应用工程方向、地球环境科学方向等主修方向的教育，具有社会责任感、求实创新精神和自我发展能力，能够在毕业5~7年后获得土木工程师、结构工程师、公用设备工程师等职业资格，在与本专业相关的城市基础设施建设岗位上发挥骨干作用，并在智慧城市建设方面发挥引领作用的创新型人才。

▶▶▶ **主干课程：**

人居环境科学方面的课程：人居环境科学导论、城市地理学、城市规划概论(设计)、现代城市与住宅设计、城市防灾与减灾、城市经济学等。

人居环境工程方面的课程：城市气象学、城市生态环境学、城市物质与能量的综合与集成(热工基础)、水利工程与环境、人居环境工程技术等。

信息科学(大数据)与城市管理方面的课程：数据管理与挖掘(专题实验)、信号与系统、地理信息系统、人居环境大数据与多规合一方法、智慧城市与城市计算等。

▶▶▶ **首批开设院校：**

西安交通大学。

▶▶▶ **就业方向：**

该专业毕业生既可以继续攻读研究生，也可以在城市规划设计、城市规划管理、土地规划与建设、房地产开发等单位从事城市、村镇、小区等规划设计与管理方面的工作。

082806T 城市设计

城市设计，现在为人们普遍接受的定义是："城市设计是一种关注城市规划布局、城市面貌、城镇功能，尤其关注城市公共空间的一门学科。"在建筑界通常是指以城市作为研究对象的设计工作，是介于城市规划、景观建筑与建筑设计之间的一种设计。城市设计的复杂过程在于以城市的实体安排与居民的社会心理健康的相互关系为重点，通过对物质空间及景观标志的处理，创造一种物质环境，既能使居民感到愉快，又能激励其社区精神，并且能够带来整个城市范围内的良性发展。

▶▶▶ **新高考选考科目指引：**

本专业没有必须选考科目要求。

▶▶▶ **首批开设院校：**

同济大学。

▶▶▶ **就业方向：**

1. 设计类机构：各大设计院，包括建筑设计院、规划设计院等。

2. 媒体类机构：建筑类杂志社。

082807T 智慧建筑与建造

▶▶▶ **新高考选考科目指引：**

本专业没有必须选考科目要求。

▶▶▶ **培养目标：**

本专业培养兼具自然科学知识与人文精神素养，掌握智慧建筑与建造基础与前沿理论方法和智能技术与工具，具备开放兼容的跨学科知识结构、扎实求精的工程能力、开阔的国际视野，能引领智慧建筑与建造及其相关领域未来发展的创新型人才。

▶▶▶ **首批开设院校：**

哈尔滨工业大学。

0829 安全科学与工程类

082901 安全工程

安全是人类最重要和最基本的需要，是人民生命与健康的基本保障。近年来，随着我国经济的快速发展，安全形势虽有较大好转，但伤亡事故总量却依然偏高，重大危险源及重大事故隐患不断增多，与世界发达国家相比依然存在较大差距，安全问题越来越受到国家的重视，安全技术问题急需得到研究，而安全工程正是研究使人们的生命和健康得到保障、各种设施和财产免遭损害所采取的各种安全技术和措施的专业。

安全工程是新兴的综合交叉学科，是高新科技和产业的重要支撑学科。其应用涉及机电、建筑、土木、化工、冶金、矿业、交通、运输、食品、生物、医药、能源、航空、核工程、社会文化、公共管理、行政管理等行业及国家经济部门、劳动安全、公安消防、防灾保险、设计科研、装备设计和制造等领域，乃至人类生存的各个领域。由于其应用领域涉及面极广，因此为安全工程专业的学生提供了施展才华的广阔天地。

▶▶▶ **新高考选考科目指引：**

本专业必须选择物理、化学学科。

▶▶▶ **培养目标：**

本专业培养掌握安全科学、安全技术、安全管理和职业健康基本理论、基础知识和基本技能,具备专门从事安全工程设计、研究、检测、评价、监察和管理等工作能力的高素质复合型工程技术专业人才。

▶▶▶ **培养要求**:

本专业学生在学习工程专业基础、人文社科知识的基础上,主要学习安全科学与工程基础理论、安全工程技术及安全管理相关课程,接受校内外实践环节、专业相关课程的课程设计和毕业论文与毕业设计的基本训练,具备注册安全工程师的基础知识、专业能力和素质,具备服务于建筑、化工、冶金、矿业、机电、能源、交通运输、保险、职业健康等各个行业的安全健康业务,并具有在安全健康行政管理、安全中介等机构中工作的能力。

▶▶▶ **主干学科**:

安全科学与工程。

▶▶▶ **核心知识领域**:

工程理化基础、机电工程设备安全技术、安全人机工程、事故致因理论、安全管理及其系统方法、通风及火灾爆炸控制技术。

▶▶▶ **顶尖院校**:

中国科学技术大学和北京理工大学。

▶▶▶ **就业方向**:

学生毕业后,主要从事安全技术及工程、安全科学与研究、安全监察与管理、安全健康环境检测与监测、安全设计与生产、安全教育与培训等工作,也可在具有安全管理与监察、安全预评价和灾害预防等功能的政府部门与企事业单位;国家级及各省市各类安全评价机构;国有大中型工程建设单位(煤矿行业、石油行业、建筑行业、水利行业、交通行业、航空行业、化工行业);各类开设相关专业的高等院校和科研院所工作。

▶▶▶ **未来可从事职业岗位**:

安全员、信息安全工程师、网络信息安全工程师、注册安全工程师、安全主管、安全主任等。

▶▶▶ **职业薪酬**:

安全工程专业相关职位薪酬(月薪):按工作经验统计,其中应届生约5000元,1～3年约8000元,3～5年约12000元,5～10年约13000元。

▶▶▶ **就业热门行业**:

建筑/建材/工程、新能源、石油/化工/矿产/地质、计算机软件、互联网/电子商务、房地产、电子技术/半导体/集成电路、咨询、人力资源、财会、计算机技术支持(系统、数据维护)等。

▶▶▶ **就业热门城市**:

上海、北京、深圳、广州、武汉、杭州、成都、南京、苏州和东莞等。

📖 082902T 应急技术与管理

▶▶▶ **新高考选考科目指引**:

本专业必须选择物理、化学学科。

▶▶▶ **培养目标**:

本专业培养可以在公共安全、矿山、建筑、施工、消防、机械与电气、化工等行业和领域,从事安全方面的管理、设计与生产、研究、评价、监察、检测与监控、应急救援、教育与培训等工作的应用创新型高级专门人才。

▶▶▶ **主要课程**:

安全科学、安全技术与工程、安全与应急管理、职业健康理论知识和技能等。

▶▶▶ **首批开设院校**:

太原理工大学、辽宁工程技术大学、华北科技学院、防灾科技学院。

📖 082903T 职业卫生工程

▶▶▶ **新高考选考科目指引**:

本专业必须选择物理、化学学科。

▶▶▶ **培养目标**:

本专业培养具备控制职业危害、预防职业病的基本知识和能力,掌握作业场所职业危害因素检测与评价的基本方法及运用工程技术手段消除或控制职业危害技能的专业人才。

▶▶▶ **主干课程**:

安全系统工程、安全人机工程、工业安全技术、安全管理、医学基础、流行病学、卫生统计学、卫生毒理学、职业卫生学、工业通风、噪声与振动控制、工业防毒技术、个体防护技术、职业危害检测技术、职业卫生评价。

📖 082904T 安全生产监管

▶▶▶ **培养目标**:

本专业聚焦安全生产领域监管执法人才的现实需求,以及当前人才培养体系难以支撑新时代安全发展、精准监管执法的客观实际,培养能够从事安全生产监管执法的应用型高级专门人才。

▶▶▶ **首批开设院校**:

华北科技学院。

▶▶▶ **就业方向**:

本专业毕业生可在安全生产监管系统企事业单位从事安全监督、管理、咨询,安全监控产品设计、生产和质检,安全生产监控系统设备集成、安装、调试和维护等工作。

0830 生物工程类

📖 083001 生物工程

生物工程是许多细化专业的总称,包括基因工程、细胞工

— 223 —

程、克隆技术、生物芯片等，在这些具体的领域中，每个领域又有各自吸引人的特点。

生物工程主要研究基因工程、遗传工程、蛋白质工程、酶工程、细胞工程和发酵工程的理论及其在工、医、农、环境保护等部门中的开发和应用，如研究改变遗传因子组合，生产出有强抗病性的小麦；利用微生物的作用发酵香蕉，制作甜酒；还有大家熟知的克隆羊多利，就是由生物工程技术创造的；根据国际植物基因工程发展的新趋势，还可以利用转基因植物生产各种蛋白类药物，吃了这类含药物基因的食物，就可以起到治病防病的作用等。

新高考选考科目指引：
本专业必须选择物理、化学学科。

培养目标：
本专业培养具备生物学与工程学方面的基本知识以及自然科学和人文科学基础知识，能在生物技术与工程等相关领域从事生物工程产品生产、工艺设计、生产管理、新技术研究和新产品开发的学科交叉应用型人才。

培养要求：
按照知识、能力、素质全面协调发展的要求，本专业学生主要学习生物工程产品生产相关的基础理论、基本知识和基本技能，接受科学思维与实践创新方面的基本训练，掌握生物工程产品的科学研究方法与操作技术，具备生物产品制造和研发中分析和解决相关问题的基本能力，同时根据生物制药、环境生物工程、轻化生物技术、生物材料、生物系统工程等专业方向，确立人才培养特色。

主干学科：
生物学、化学工程与技术。

核心知识领域：
生物化学、分子生物学、微生物学、工程制图、化工原理、发酵工程、生物分离与反应工程、生物工程设备与设计。

顶尖院校：
浙江大学、重庆大学和四川大学。

就业方向：
毕业生可以到食品生产、生物制药等领域的企业从事产品研发、经营管理和市场营销等工作，也可到高等院校或科研单位从事教学、研究工作，也可以报考公务员，到国家机关、食品安全管理、环保部门等政府和事业单位从事行政管理工作。

未来可从事职业岗位：
化验员、实验员、技术员、在线品控、体系专员、饲料原料品管员/品控员、化学发光免疫分析试剂研发助理/研发工程师、技术支持工程师、技术法规专员、售后技术支持工程师、资源循环利用研发工程师、检验工程师、销售代表、销售工程师、销售经理等。

职业薪酬：
生物工程专业相关职位薪酬（月薪）：按工作经验统计，其中应届生约4000元，1~3年约6000元，3~5年约8000元，5~10年约11000元。

就业热门行业：
制药/生物工程、医疗设备/器械、医疗/护理/卫生、新能源、快速消费品、环保、贸易/进出口、计算机软件、仪器仪表/工业自动化等。

就业热门城市：
上海、武汉、北京、广州、深圳、杭州、南京、成都、济南和苏州等。

083002T 生物制药

新高考选考科目指引：
本专业必须选择物理、化学学科。

培养目标：
本专业培养具备扎实的生物技术和药学基础理论、基本知识，熟练掌握现代生物技术和制药技术的常用实验流程，初步了解生物技术制药企业生产和销售环节的流程，能够胜任现代生物技术实验室和生物技术制药企业岗位基本要求的德、智、体、美、劳全面发展的技术应用型高级实用人才。

主干课程：
生物化学及生物化学实验、分子生物学及分子生物学实验、药理学及药理学实验、药剂学及药剂学实验、生物技术制药、生物制药工艺学、发酵工程、药品与生物制品检验。

顶尖院校：
南京中医药大学和华中科技大学。

就业方向：
毕业生适宜到医药、食品、环保、商检等部门从事中生物产品的技术开发、工程设计、生产管理及产品性能检测分析等工作及教学部门的研究与教学工作，也可以在科研单位或是政府机关任职。

未来可从事职业岗位：
发酵工艺员、QC、新产品研发人员、化验室主任、市场/营销专员、产品及工艺工程师、制剂研发、分析岗位分析研究员、微生物发酵组长、质检主管、工艺设计员、生产计划主管、生产班组长/领班、应用技术工程师、销售代表、销售工程师、销售助理、销售经理、市场专员等。

职业薪酬：
生物制药专业相关职位薪酬（月薪）：按工作经验统计，其中应届生约5000元，1~3年约6000元，3~5年约10000元。

就业热门行业：
制药/生物工程、医疗设备/器械、新能源、医疗/护理/卫生、环保、快速消费品、贸易/进出口、互联网/电子商务、计算机软件等。

083003T 合成生物学

合成生物学是生物学、工程学、化学和信息技术相互交叉形成的一个新兴专业,是设计和建造新的生物学配件、设备和系统的科学。

▶ **新高考选考科目指引:**

本专业必须选择物理、化学学科。

▶ **首批开设院校:**

天津大学。

0831 公安技术类

083101K 刑事科学技术

刑事科学技术学是运用现代科学技术的理论、方法和成果对刑事物证进行检验的一门学科。它是我国司法鉴定学的重要组成部分,它隶属的各分支学科内容包括:痕迹检验学、文件检验学、法医检验学、刑事摄影检验学、客体气味鉴别学等。它们主要是运用物质转移和互换原理、种属鉴别原理和同一认定原理完成对物证的识别、检验和鉴定工作。刑事科学技术在实践中为确定案件性质、判明案情、刻画作案人的人身条件、提供案件的证据材料等方面发挥着其他学科不可替代的重要作用。

▶ **新高考选考科目指引:**

本专业必须选择物理、化学学科。

▶ **培养目标:**

本专业培养具有良好的政治素质、法律素质、业务素质、身体素质、心理素质,具有严明的组织纪律观念、良好的职业道德和较高的科学素养,掌握警务实战技能,系统掌握刑事科学技术专业的基本理论、基础知识和基本技能,具有较强的实践能力和创新精神,适应现代刑事科学技术需要,能够在公安、国家安全、检察院、法院及部队保卫机关从事本专业(或相关专业)实际工作或教学、科研工作的高级应用型专门人才。

▶ **培养要求:**

本专业学生主要学习痕迹检验、文件检验、刑事影像技术、法化学、侦查学、法学等方面的基本理论和基本知识,接受刑事科学技术相关技能的基本训练,掌握案(事)件现场勘查、刑事物证及其他证据检验方面的基本能力。

▶ **主干学科:**

公安技术、公安学。

▶ **核心知识领域:**

手印学、足迹学、工具痕迹学、枪弹痕迹学、公安图像技术、摄影摄像技术、文件检验学、微量物证与毒物检验、犯罪现场勘查。

▶ **顶尖院校:**

中国人民公安大学。

▶ **就业去向:**

学生毕业后主要服务于各级公安机关侦查、刑事科学技术部门,也能够胜任公安机关治安管理、道路交通管理等行政执法与管理工作。

▶ **未来可从事职业岗位:**

司法鉴定、专家辅助人等。

083102K 消防工程

消防工程是与消防安全相关的一门专业,消防工程的宗旨是尽量减少直至消除火灾对人类的威胁。

本专业为国家控制布点的专业。

▶ **新高考选考科目指引:**

本专业必须选择物理、化学学科。

▶ **培养目标:**

本专业培养适应消防工作需要,德、智、体、美、劳全面发展,基础理论扎实,专业知识深厚,实践能力强,富有创新精神,能在消防部从事消防监督检查、建设工程消防设计、审核和竣工验收等方面工作的专业技术人才。

▶ **培养要求:**

本专业的学生主要学习火灾科学基本理论、消防技术基本原理、消防工程基本方法、消防政策法规等,接受消防监督检查、建设工程消防设计、审核和竣工验收等方面的训练,具有依据消防法律、法规完成建设工程设计、审核、验收及消防监督检查等相关专业技术工作的能力,并具备开展消防科学研究的初步能力。

▶ **主干学科:**

安全工程、公安技术、公共管理。

▶ **核心知识领域:**

本专业的力学知识领域由工程力学、流体力学等知识单元组成;化学的知识领域由无机化学、有机化学、化工安全等知识单元组成;工程学基础知识领域由建筑技术基础、建筑结构、建筑耐火设计、工程制图等知识单元组成;消防知识领域由火灾基础理论、建筑防火、建筑消防设施、消防监督管理、灭火救援技术、火灾调查、工业企业防火等知识单元组成。

▶ **顶尖院校:**

中国人民武装警察部队学院和中国矿业大学。

▶ **就业方向:**

主要到公安消防部队和其他企事业单位从事消防工程技术与管理和灭火救援指挥方面的工作。

▶ **未来可从事职业岗位:**

消防工程师、注册消防工程师、消防工程预算员、消防项目经理、消防工程项目经理、水电工程师、安装工程师、机电工程师等。

>>> 职业薪酬：
消防工程专业相关职位薪酬(月薪)：按工作经验统计，其中应届生约5000元，1~3年约6000元，3~5年约8000元，5~10年约9000元，10年以上约10000元。

>>> 就业热门行业：
政府/公共事业、建筑/建材/工程、房地产、物业管理/商业中心、家居/室内设计/装潢、电子技术/半导体/集成电路、新能源、互联网/电子商务、咨询、人力资源、财会等。

>>> 就业热门城市：
北京、深圳、上海、武汉、广州、南京、西安、成都、东莞和南宁等。

083103TK 交通管理工程

>>> 新高考选考科目指引：
本专业必须选择物理、化学学科。

>>> 培养目标：
1. 政治思想和德育方面。热爱社会主义祖国，拥护中国共产党的领导，掌握马克思列宁主义、毛泽东思想、邓小平理论和"三个代表"重要思想的基本原理，牢固树立科学发展观；热爱公安事业，忠于党、忠于人民、忠于国家、忠于法律；具有爱国守法、明理诚信、团结友善、勤俭自强、敬业奉献的品质；具有良好的思想品德、社会公德和职业道德，树立社会主义荣辱观。

2. 专业方面。本专业主要是通过公安技术学、公安学、政治学、法学和交通运输学等方面的基本理论和基本知识的学习，以及通过交通调查、交通指挥、交通违法行为处理、交通事故处理、平面交叉口交通组织优化等方面的基本训练与实践活动，掌握公安交通管理的基本技能与基本方法。

>>> 主要课程：
道路交通管理概论、道路交通法概论、道路工程、交通心理学、机动车构造、交通工程、交通流理论基础、交通规划与组织、道路交通控制、交通事故现场勘查、交通事故处理、交通事故鉴定技术、交通事故再现、交通安全工程等。

>>> 顶尖院校：
中国人民公安大学。

>>> 就业方向：
该专业毕业生主要从事综合分析和解决道路交通管理问题以及本专业教学与科研工作。

>>> 未来可从事职业岗位：
车场管理主任、技术服务工程师、行政司机、商务司机、保安主管、保安经理等。

>>> 职业薪酬：
交通管理专业相关职位薪酬(月薪)：按工作经验统计，其中1~3年约6000元，3~5年约9000元，5~10年约15000元。

>>> 就业热门行业：
交通/运输/物流、物业管理/商业中心、建筑/建材/工程、房地产、互联网/电子商务、计算机软件、电子技术/半导体/集成电路、新能源、金融/投资/证券、贸易/进出口等。

>>> 就业热门城市：
上海、北京、广州、深圳、武汉、厦门、成都、杭州、南京和重庆等。

083104TK 安全防范工程

>>> 新高考选考科目指引：
本专业必须选择物理、化学学科。

>>> 培养目标：
本专业培养具有良好的科学素质，系统地掌握安全技术防范系统的基本理论、基本知识和基本技能与方法，能在公安部门、科研部门、企事业技防部门等单位从事科研、应用，并从事监控报警、安全检查等安全防范系统工程技术与管理的高级专门人才。

>>> 培养要求：
本专业让学生系统地掌握基本理论、基本知识和基本技能；学生通过学习，能应用安全防范技术、监控技术、信息处理技术进行安全防范工程的规划和设计；能应用国家技术标准对安全防范工程进行技术管理和行业管理。掌握一门外国语，具有较强的阅读能力和一定的译、写、听、说能力，能顺利阅读专业文献。掌握计算机基本知识并具有较强的计算机应用能力。

>>> 主要课程：
电子学、计算机科学、信号与信息处理、电路分析、电子技术、微型计算机原理与应用、自动控制原理、信号与系统、通信原理、视频技术、安全技术防范管理、安全防范技术、安全防范系统与工程等。

>>> 顶尖院校：
中国人民公安大学。

>>> 未来可从事职业岗位：
安全专员、安全质量工程师、信息安全工程师、网络安全工程师、弱电工程师、成品保管、酒店物业经理、施工员、弱电技工/设计、基础架构工程师、IT信息总监、IT运维工程师、高级运维工程师、ERP工程师、运维值班工程师、维修技术员、高级游戏运维工程师、高级系统工程师、项目经理等。

>>> 职业薪酬：
安全防范工程专业相关职位薪酬(月薪)：按工作经验统计，其中1~3年约9000元。

>>> 就业热门行业：
建筑/建材/工程、房地产、家居/室内设计/装潢、互联网/电子商务、新能源、计算机软件、计算机技术支持(系统、数据维护)、电子技术/半导体/集成电路、金融/投资/证券等。

>>> 就业热门城市：
北京、上海、深圳、广州、武汉、杭州、南京、成都、重庆和厦

门等。

083105TK 公安视听技术

公安视听技术专业是综合运用计算机技术、摄影、录像等现代科学技术,研究各种犯罪中视听证据的形成与变化规律,运用采集、提取、处理、分析、检验、鉴定等技术方法,记录、显示和检验鉴定与犯罪有关的一切客体的形象、声音和其他信息资料,进而为侦查、起诉、审判提供线索和证据的专门学科。

新高考选考科目指引:
本专业必须选择物理、化学学科。

培养目标:
本专业培养在视听技术领域从事技术鉴定及教学科研工作的高级专门人才。

主要课程:
政治理论、法律、高等数学、普通物理、普通化学、大学语文、大学英语、计算机基础与应用、犯罪现场勘查、刑事科学技术、数字图像处理、视听资料检验、视频技术、音频技术、警察体育、擒拿格斗、射击、驾驶等。

顶尖院校:
中国刑事警察学院。

未来可从事职业岗位:
网络管理员、涉外知识产权工程师、解决方案软件测试工程师、资深运维/数据库工程师、物业管理中心副总经理、高级前端开发工程师/专家、测试高级工程师、电器工艺工程师、高级软件工程师、高级嵌入式软件工程师、产品应用工程师、技术支持专员、售后工程师、支付基础产品经理等。

就业热门行业:
通信/电信/网络设备、建筑/建材/工程、影视/媒体/艺术/文化传播、互联网/电子商务、公关/市场推广/会展、计算机软件、电子技术/半导体/集成电路、计算机技术支持(系统、数据维护)等。

就业热门城市:
北京、深圳、上海、广州、杭州、武汉、南京、厦门、南宁和成都等。

083106TK 抢险救援指挥与技术

新高考选考科目指引:
本专业必须选择物理、化学学科。

培养目标:
本专业培养在公安消防基层部队从事灾害应急救援、组织指挥以及执勤训练、管理教育等方面工作的应用型高级专门人才。

培养要求:
本专业学生主要学习抢险救援指挥与技术方面的基本理论和知识,受到相应的专业训练,具有抢险救援指挥与技术方面的基本技能。

主要课程:
消防技术装备、消防通信、抢险救援技术、灾害现场救护、灾害事故应急处置、专业综合演练。

顶尖院校:
中国人民武装警察部队学院。

未来可从事职业岗位:
前期项目管理工程师、无尘防尘技师、无线网络工程师、技术管理专家、云计算解决方案架构师、品质开发工程师、工业工程师、制造/冲压模具工艺工程师、设备工程师、软件研发工程师、高级Java开发工程师/专家、交互设计专家、主任研发工程师、高级品质工程师、市场文案编辑、质检主管、高级部门助理等。

083107TK 火灾勘查

火灾勘查专业是一门主要研究火灾事故调查理论、技术、方法和刑事办案的学科,该专业具有多学科相互交叉性,其理论性和实践性都很强。

新高考选考科目指引:
本专业必须选择物理、化学学科。

培养目标:
本专业主要为公安消防部队培养德、智、体、美、劳全面发展,基础理论扎实、业务素质高、实践能力强、富有创新精神,具有火灾事故调查和刑事办案等方面能力的高级专门人才。

培养要求:
通过本课程的教学,不仅仅使学员掌握火灾调查的基本理论、基础知识和基本技能,更重要的是着眼于培养学员的综合素质和全面适应消防工作的能力和火灾事故调查的能力,使学员成为知识面宽、能力强、素质高、富有创新精神的新世纪火灾调查技术人才。

主要课程:
行政法与行政诉讼法、火灾学、防火工程与技术、火灾证据学、火灾专案调查、火场图像技术、火灾物证技术鉴定、火灾现场勘查、火灾刑事案件侦查。

顶尖院校:
中国人民武装警察部队学院。

就业方向:
在公安、检察、国家安全等部门从事侦查工作、刑事执法工作、预防和控制犯罪以及侦查学教学、科研等方面工作。

未来可从事职业岗位:
安全员、专职消防员、维修装潢部主管、外派仓管员、物流园区经理、车间主任、机电工程师、地基检测员、停车场运营经理、送变电公司电气工程技术员、主任设计师、首席设计师、资深电气工程师、工程监理、高压技术支持工程师等。

083108TK 网络安全与执法

网络安全与执法专业以计算机科学与技术、信息与通信工程为理论支撑，以软件开发技术、网络攻防技术、网络情报技术、计算机犯罪侦查取证技术和网络监察技术为专业技术支撑，形成"厚基础、重实践"的专业培养模式，为公安机关网络安全保卫部门培养"实战能力强、发展后劲足"的应用型高级专门人才。

新高考选考科目指引：
本专业必须选择物理、化学学科。

培养目标：
本专业培养适应社会主义和谐社会建设需要，掌握马克思主义基本原理，政治坚定，具有良好职业素养、科学素养和人文素养，熟悉党和国家的路线、方针、政策，掌握本专业基础理论、基本知识与基本技能，具备开展网络安全与执法工作的专业核心能力和创新精神，能够在公安机关从事网络安全保卫与执法工作的应用型高级专门人才。

培养要求：
本专业要求学生掌握马克思主义、毛泽东思想和中国特色社会主义理论体系的基本原理；熟悉我国公安工作的路线、方针、政策和相关的法律法规；掌握扎实的数学、外语等基础知识，掌握计算机科学与技术、信息安全等方面的基本理论，熟悉当前网络安全与执法工作相关的法律法规知识，了解网络安全领域的理论前沿和发展动态；了解相关专业的一般理论和知识。

主干学科：
计算机科学与技术、信息与通信工程。

主要课程：
计算机网络、操作系统、数据结构、信息安全体系与技术、信息系统安全监察、网络情报信息获取与分析技术、计算机犯罪侦查与取证。

顶尖院校：
中国刑事警察学院。

未来可从事职业岗位：
涉外知识产权工程师、解决方案软件测试工程师、芯片工程师、高级前端开发工程师、支付基础产品经理、工程设备经理、资深运维/数据库工程师、客服旅行专员、高级硬件工程师、云计算解决方案架构师、前期项目管理工程师、数据库管理员、工程师、质检主管等。

083109TK 核生化消防

新高考选考科目指引：
本专业必须选择物理、化学学科。

培养目标：
本专业为公安消防部队培养德、智、体、美、劳全面发展，基础理论扎实、业务素质高、实践能力强、富有创新精神，从事灾害管理、核消防应急、生化灾害应急和突发事件抢险救援等工作的高级专门人才。

培养要求：
本专业学生要求掌握专业基本理论、基础知识和基本技能，重点掌握核辐射和重大生化灾害的发展规律，熟悉风险评估、辐射防护、生化防护和灾害管理的方法，具有利用现代化技术装备科学地应急处置核消防、重大生化灾害事故及抢险救援指挥的能力。掌握一门外语，能够比较熟练地阅读本专业的外文书刊和资料，具有一定的外语听、说、写能力。

主要课程：
原子物理、核电运行原理与辐射防护、危险品管理与生化防护、工程流体力学、灾害管理学、火灾风险评估技术和应用等。

顶尖院校：
中国人民武装警察部队学院。

未来可从事职业岗位：
安全管理员、安全兼6S推进员、消防安全专员、秩序维护主管/经理、安保主管、消防稽查员、安防主管、消防主管、防损员、工程安全员、资产保护经理、安保经理、应用软件工程师、客服助理、行政主管、设备维修工程师、弱电维修工程师、物业工程经理、行政管理专员、系统运维工程师、电站值班长、物业招租经理等。

083110TK 海警舰艇指挥与技术

海警舰艇指挥与技术专业的开设不仅填补了国内本科院校海警类专业的空白，而且实现了公安类本科专业新的突破，也更加凸显出行业院校人才培养与一线部队对焦接轨的办学方向，使专业设置更加贴近实战需求。

新高考选考科目指引：
本专业必须选择物理、化学学科。

培养目标：
本专业培养德、智、体、美、劳全面发展，具有扎实的基础知识、较强的专业技术和公安业务能力、良好的部队管理和军事指挥素质及一定的创新能力，适应公安边防部队建设和海上执法工作需要，能够履行舰艇航行保障、航通设备使用维护、航通部门指挥管理和公安海上执法职责的公安武警警官。

主要课程：
高等数学、大学英语、大学物理、航海学、航海仪器、舰艇操纵与避碰、舰艇通信、航通专业训练、行政法与刑事法概论、治安管理学、刑事侦查学、海警执勤战术、舰艇机动与编队等。

主要实践性教学环节：
船艇操作与训练、船艺、船艇武器训练、船艇观察与通信训练、海上救援等。

首批开设院校：
公安海警学院。

083111TK 数据警务技术

新高考选考科目指引：
本专业必须选择物理、化学学科。

培养目标：
本专业主要为公安机关培养从事公安信息化平台架构与运维、警务大数据分析与预测、警务大数据管理与决策的高素质复合型警务人才。

首批开设院校：
中国人民警察大学、江苏警官学院。

083112TK 食品药品环境犯罪侦查技术

食品药品环境犯罪侦查技术专业旨在培养具有扎实的公安专业技能，系统掌握食品药品和环境物证检验和犯罪侦查实际工作需要的专业能力和初步研究能力，能够胜任常见食品药品刑事案件犯罪现场勘查、案件分析和物证检验、鉴定工作，符合公安工作现代化需要的创新型、复合型、应用型高素质警务人才。

新高考选考科目指引：
本专业必须选择物理、化学学科。

首批开设院校：
南京森林警察学院。

特色优势：
本专业从2021年开始招生，是全国首个专门培养食品药品、生态环境执法后备人才的本科专业，以培养食品、药品、生态环境、知识产权等多个领域的专业基础知识和公安执法能力后备人才为特色。

0832 交叉工程类

083201TK 未来机器人

培养目标：
本专业聚焦机器人领域未来原创性、革命性和颠覆性技术人才需求，着力培养具有前瞻性、能够引领机器人未来技术发展的科技创新领军人才。

首批开设院校：
东南大学。

就业方向：
本专业毕业生可在工业机器人整机制造企业、服务机器人研发制造企业、特种机器人研发制造企业，以及相关产品和服务的销售公司等从事技术攻关、产品开发、技术服务、教学科研、营销管理等一系列工作。

09 农学

农学是中国内地官方所划分的理学、工学、农学、医学、哲学、经济学、法学、教育学、文学、历史学和管理学十一个学科门类之一。农学是研究与农作物生产相关领域的科学，主要是研究农业发展的自然规律和经济规律的科学，涉及农业环境、作物和畜牧生产、农业工程和农业经济等多种科学而具有综合性。其中包括作物生长发育规律及其与外界环境条件的关系、病虫害防治、土壤与营养、种植制度、遗传育种等领域。

0901 植物生产类

植物是人类赖以生存的重要资源，进行植物生产，可以为人类提供食物、生存环境及其他生活生产原料，因此植物生产在国民经济中占有重要位置。植物生产学是应用生物学领域最为重要的主干课程，是将现代生物技术与工程技术具体应用于以植物为对象的生产过程，以取得植物生产的社会、经济和生态效益。因此，是多学科在植物生产这一过程中的高度集成。学习和研究植物生产学，目的在于综合地看待植物生产中的各种关系，并将相关领域的技术和理念形成一套科学的、可操作的体系，学生能够基本了解植物生产的基本知识和技能，从而在实际的应用中取得更好的效果，为农林产业服务。

090101 农学

农学是研究农作物生产技术与原理的基础专业。内容主要包括大田作物的栽培、育种、土壤管理、施肥、病虫害防治、农田灌溉和排水、农产品的初步加工和贮藏以及农业生产的经营管理等。以经验和手工劳动为基础，以精耕细作为主要特点的中国传统农艺，在漫长的历史发展过程中，曾经有过光辉的成就，在世界上居于先进地位。不过到今天，我国在品种培育以及农业机械化方面，与很多国家相比，都处于相对落后的位置。农业的高科技化、现代化势在必行，这就需要更多的高级农业科学技术人才。生物基因工程的发展，最为直接的应用，应该首先从植物开始。可以肯定，农学在我国将获得飞速发展。

▶ 新高考选考科目指引：
本专业必须选择物理、化学学科。

▶ 培养目标：
本专业培养具备坚实的生物科学、作物生产、作物遗传育种及种子生产与经营管理等方面知识，具备开展与农学有关的教学、科研、技术设计、推广开发、经营管理等方面的工作能力，具有健全人格及社会责任感，有创新、创造和敬业精神的农学学科复合型人才。

▶ 培养要求：
本专业学生主要学习农业生物科学、农业生态科学、作物遗传育种学、作物栽培学与耕作学等方面的基本理论和基本知识，接受农作物生产和新品种选育等方面的基本训练，掌握作物栽培与耕作、作物育种、种子生产与检验、现代农业技术等方面的知识与技能。

▶ 主干学科：
作物学、生物学。

▶ 主要课程：
遗传学、生物统计学与试验设计、植物学、植物生理学、土壤肥料学、生物化学、农业生态学、作物育种学、作物栽培学、耕作学、种子学。

▶ 顶尖院校：
中国农业大学、南京农业大学、华中农业大学、西南大学。

▶ 就业方向：
毕业生可到农业产业部门、农业科研机构、农业院校、农业业务与行政管理部门、农业社会化服务体系、乡镇企业和农业生产、经营、推广第一线从事作物生产、作物遗传育种与种子生产、农业产业化经营等方面的研究、教学、管理、推广工作。

▶ 未来可从事职业岗位：
栽培研究员、农化服务技术员、助理农艺师、硝基肥业务人员、销售工程师、区域经理、销售经理、销售主任、农业项目经理、国际贸易专员等。

▶ 就业热门行业：
农/林/牧/渔、制药/生物工程、新能源、石油/化工/矿产/

09 农 学

地质、互联网/电子商务、环保、贸易/进出口、建筑/建材/工程等。

▶ **就业热门城市：**

北京、上海、武汉、郑州、深圳、成都、广州、南宁、昆明和南京等。

090102 园艺

园艺专业是以生物学为基础研究果树、蔬菜的育种、栽培、生理等理论与技术的学科。由于园艺产业和其他农业产业相比，更具有劳动、技术以及资金密集的特点，无论是从产业发展、优化农业产业结构还是从提升农产品的国际市场竞争力等方面看，园艺产业都具有诱人的发展前景。

▶ **新高考选考科目指引：**

本专业必须选择物理、化学学科。

▶ **培养目标：**

本专业培养具备较完整的现代生物科学的知识体系和较宽厚的园艺基本理论知识，掌握较扎实而熟练的基本技能，能在果树、蔬菜、观赏园艺、设施园艺、园林绿化及其他相关领域从事现代园艺生产、科技推广、产业开发、经营管理及教学和科研等方面工作，有较宽广的适应性和一定专业特长的园艺学学科复合型人才。

▶ **培养要求：**

本专业学生主要学习园艺作物育种、栽培、生物技术、设施园艺和园艺产品采后商品化处理、贮藏运销、园艺作物病虫害防治等方面的基本理论知识，接受园艺作物生产、管理和新品种选育等方面的基本技能训练，掌握园艺作物新品种选育、栽培管理、种子生产和工厂化育苗、设施园艺及园艺产业发展规划等方面的基本能力。

▶ **主干学科：**

园艺学、生物学。

▶ **主要课程：**

遗传学、生物统计学与试验设计、园艺作物栽培学、园艺作物育种学、园艺植物生物技术、园艺产品贮藏运销学、园艺产品商品学等。

▶ **顶尖院校：**

华中农业大学、南京农业大学、中国农业大学、山东农业大学和西北农林科技大学。

▶ **就业方向：**

毕业后可到国家机关、高等院校、科研院所、农业技术推广部门、园艺企业等单位从事管理、科研、教学和推广工作。

▶ **未来可从事职业岗位：**

园艺园林景观设计师、园艺师、园林工程师、绿化施工员、景观工程师、农业技术员、农艺师、销售代表、销售经理等。

▶ **就业热门行业：**

农/林/牧/渔、建筑/建材/工程、房地产、环保、广告、家居/室内设计/装潢、互联网/电子商务、新能源、贸易/进出口等。

▶ **就业热门城市：**

武汉、北京、上海、广州、深圳、杭州、成都、厦门、南京和西安等。

090103 植物保护

植物保护专业是以植物学、动物学、微生物学、农业生态学、信息科学为基础，研究有害生物的发生发展规律并提出综合治理技术的学科。植物保护为生命科学领域的传统优势专业，随着生物技术、信息技术、仿生技术等高新技术在本专业的应用，在新时期焕发出新的活力，为我国农业可持续发展、食品安全生产、植物检疫、农产品贸易等领域培养科技人才和提供技术保障。

▶ **新高考选考科目指引：**

本专业必须选择物理、化学学科。

▶ **培养目标：**

本专业培养具备植物有害生物的识别、发生规律及安全控制等方面的知识技能和生命科学的基础知识，能在农业、林业、园艺、园林、环保、商贸、粮食储藏与食品安全等行业从事与有害生物相关的科研、教学、技术推广、开发、行政管理等方面工作的植物保护学科领域的复合型人才。

▶ **培养要求：**

本专业学生主要学习现代农业生物科学、有害生物的发生规律及安全控制等方面的基本理论和基本知识，接受主要农作物病、虫、草等有害生物鉴定的基本训练，掌握主要作物病虫害流行监测、灾变预警及可持续控制等方面的基本技能。

▶ **主干学科：**

生物学、作物学、植物保护学。

▶ **主要课程：**

遗传学、生物统计学与试验设计、普通植物病理学、农业植物病理学、普通昆虫学、农业昆虫学、植物化学保护学。

▶ **顶尖院校：**

中国农业大学。

▶ **就业方向：**

毕业后可从事大专院校的教学工作，以及中央、省、市级植保科研与推广机构的科研和管理、病虫检测和防治、对外对内植物检疫等工作，并可担任大中型农场、林场、植物园、科技园区、园林部门、生物技术和农药公司的技术开发、推广、经营和管理工作。

近些年代表性的就业单位有北京出入境检验检疫局、上海迪拜植保有限公司、中兴能源有限公司等。

▶ **未来可从事职业岗位：**

农业技术员、植保技术员、农化支持、种植工程师、绿化主管、农艺师、化肥销售代表、化肥销售区域经理、作物经理等。

▶ **就业热门行业：**

农/林/牧/渔、新能源、制药/生物工程、石油/化工/矿产/地质、贸易/进出口、环保、房地产、批发/零售等。

就业热门城市：

北京、上海、昆明、广州、武汉、深圳、南宁、厦门、长沙和南京等。

090104 植物科学与技术

植物科学与技术专业是根据"拓宽专业口径、提升专业水平、适应社会经济发展需要"的高校人才培养要求，对传统农学、园艺、植物保护和生物技术四个专业的人才培养方案、课程体系、教学内容等进行实质性融合，构建的宽口径新型专业。本专业以作物学、生物学、园艺学和植物保护四个一级学科为依托，将传统农学知识与现代生物技术和信息技术有机结合，培养具有坚实的植物科学相关基础理论知识，掌握现代植物生产与遗传改良、现代生物、现代农业信息与农业科技推广、植物保护、植物产品加工与贮藏等方面技术的高级复合型人才。本专业的创建，改变了我国植物生产类传统专业课程设置过细、毕业生适应性不强的局面。

新高考选考科目指引：

本专业必须选择物理、化学学科。

培养目标：

本专业培养具有坚实的生物科学基础知识和植物遗传改良、植物生产管理、植物保护和植物产品贮藏与加工等方面知识和现代生物技术，在作物育种、生物技术、农业生产和种子生产与经营等领域从事教学、科研、生产、开发、经营、管理等工作的复合型人才。

培养要求：

本专业学生主要学习植物遗传与发育、作物遗传育种、植物生物技术、植物生产等方面的基本理论和基本知识，接受现代生物技术、作物育种、作物生产与管理等方面的基本训练，掌握现代生物技术、作物育种、作物生产、技术开发、经营管理方面的基本能力。

主干学科：

作物学、园艺学、生物学。

主要课程：

遗传学、分子生物学、细胞生物学、生物统计学与试验设计、植物学、植物生理学、土壤肥料学、生物化学、植物生物技术、作物育种学、作物栽培学。

顶尖院校：

华中农业大学。

就业方向：

毕业生可在农业、园林、林业、食品、医药、畜牧等行业从事与植物科学相关的教学与科研、推广与开发、经营与管理等工作；也可以报考北京大学、中国科学院、中国林业科学院等生物大类范围内的各专业硕士研究生和公务员；同时去国外相关研究领域深造的机会较多。

未来可从事职业岗位：

农化讲师、有机蔬菜种植基地管理人员、水果/蔬菜种植员、资源循环利用研发工程师、园艺师、农业技术员、水肥应用工程师、农化主任、生命科学项目组销售工程师、乳制品应用研究员、院士工作站实验员、园林生产管理员、高级农技推广经理或见习农技推广经理、资深规划设计师、生物科学研究员等。

就业热门行业：

农/林/牧/渔、制药/生物工程、教育/培训/院校、环保、新能源、建筑/建材/工程、检测、认证、学术/科研、快速消费品等。

就业热门城市：

北京、上海、深圳、广州、天津、南京、武汉、杭州、长沙和昆明等。

090105 种子科学与工程

种子科学与工程专业为种子产业培养种子生产与经营管理专门人才。种子是重要的农业生产资料，种子产业的快速发展和国际化使得本专业人才的社会需求具有很好的前景。本专业以植物遗传育种为基础，研究各类作物种子生产、种子质量控制及提高种子商品性的种子加工包装贮藏等理论与技术。学生在掌握生物科学及植物遗传育种、耕作栽培学的基本知识和理论基础上，接受种子生产、贮藏加工、种子检验、经营管理、成本会计、国际商法等专业知识、技能的学习训练。

新高考选考科目指引：

本专业必须选择物理、化学学科。

培养目标：

本专业培养具备种子科学与工程技术等方面知识，能在种子科学与工程技术相关部门或单位从事教学与科研、技术与设计、生产与开发、经营与管理等方面工作的复合型人才。

培养要求：

本专业学生主要学习种子科学与工程方面的基本理论和基本知识，接受品种选育、种子生产、种子生物学基础研究和应用研究的基本训练，具备作物育种与栽培，种子生产、加工与贮藏、检验、经营与管理等方面的基本技能。

主干学科：

作物学、园艺学、生物学。

主要课程：

遗传学、生物统计学与试验设计、作物育种学、种子生物学、种子生产学、种子质量检验、种子经营管理学。

顶尖院校：

南京农业大学、中国农业大学、四川农业大学和西北农林科技大学。

就业方向：

毕业生可以报考生物大类范围内的各专业硕士研究生和公务员。其他毕业生选择自主创业或者到国内外大型种子企业或育种公司工作。学生也可到各级种子公司、种子管理站、农资公司和国家农业管理等部门从事相关工作。

未来可从事职业岗位：

院士工作站实验员、检验检疫员、玉米育种助理、种子繁育技术人员、农场储备干部、电子商务专业教师等。
▶▶▶ **就业热门行业：**
农/林/牧/渔、新能源、制药/生物工程、教育/培训/院校、互联网/电子商务、批发/零售、咨询、人力资源、财会、原材料和加工等。
▶▶▶ **就业热门城市：**
北京、长沙、杭州、广州、上海、大连、深圳、东营和中山等。

📖 090106 设施农业科学与工程

设施农业科学与工程是指在相对可控的环境条件下，利用必要的设施和设备，实现集约高效可持续发展的现代农业生产方式，具有高度的技术规范、高效益、集约化、规模化的特征。它集成现代生物技术、农业工程、环境控制、管理、信息技术等学科，以现代化农业设施为依托，科技含量高，产品附加值高，土地产出率高和劳动生产率高，是我国农业高新技术的象征。

▶▶▶ **新高考选考科目指引：**
本专业必须选择物理、化学学科。

▶▶▶ **培养目标：**
本专业培养具备农业设施的设计与建造、环境调控、农业园区规划、生产管理等方面的知识，能在科教、产业、管理等领域和部门从事现代设施农业科学与工程的科研与教学、工程与设计、推广与开发、经营与管理等方面工作的复合型人才。

▶▶▶ **培养要求：**
本专业学生主要学习园艺学、设施环境工程学、设施作物栽培学、温室设计与建造、农业园区规划设计的基本理论和基本知识，接受设施农业科研、生产、工程技术及农业方面的基本训练，掌握从事设施农业科学与工程的技术与设计、农业园区规划设计、推广与开发、经营与管理、教学与科研等方面的基本能力。

▶▶▶ **主干学科：**
生物学、农业工程学、园艺学。

▶▶▶ **主要课程：**
农学类核心课程为设施作物栽培学、设施作物育种学、设施环境工程学、温室设计基础、无土栽培；工学类核心课程为设施作物栽培学、设施环境工程学、建筑设计基础、温室建筑与结构、农业园区规划与管理。

▶▶▶ **顶尖院校：**
中国农业大学和华中农业大学。

▶▶▶ **就业方向：**
毕业生可报考研究生，进入其他大学深造，也可报考公务员或从事设施农业科学与工程结构设计、工厂化种植技术、设施环境调控装备开发与应用、设施农业生产经营与管理、教学与科研等方面工作。

▶▶▶ **未来可从事职业岗位：**
院士工作站实验员、温室设计师等。

▶▶▶ **就业热门行业：**
农/林/牧/渔、保险、建筑/建材/工程、新能源、金融/投资/证券、银行等。

▶▶▶ **就业热门城市：**
北京、南宁、西安和太原等。

📖 090107T 茶学

▶▶▶ **新高考选考科目指引：**
本专业必须选择物理、化学学科。

▶▶▶ **培养目标：**
本专业培养德、智、体、美、劳全面发展，政治信念坚定，基础扎实，知识面宽，专业素质高，实践能力强，具有社会适应能力、创新精神和创业能力，对国家和社会有高度的责任感，从事与茶学、食品有关的技术与设计、推广与开发、经营与管理、教学与科研等工作的应用型、复合型高级专门人才。

▶▶▶ **培养要求：**
本专业学生主要学习茶学、食品科学、生物科学方面的基本理论和基本知识；接受茶树栽培与育种、茶叶加工与品质检验、茶叶经营管理与贸易、茶道及茶艺表演、食品工程、工艺、饮料加工的基本训练；具有茶树栽培育种、茶叶与茶用植物加工生产及其综合利用、营销、茶艺表演、食品及饮料加工的基本能力。

▶▶▶ **主要课程：**
茶叶生物化学、茶树栽培学、茶树育种学、茶树病虫防治学、制茶学、茶叶审评与检验、茶叶机械、茶叶经营管理、茶文化学等。

▶▶▶ **顶尖院校：**
浙江大学和安徽农业大学。

▶▶▶ **就业方向：**
毕业生可从事的工作有：各级农业行政管理部门及乡村的管理工作；农业技术推广部门、食品质量检验部门的技术指导工作；企事业单位茶叶栽培、加工、营销及食品加工企业管理工作；茶厂、食品加工厂的技术指导和组织生产管理工作；各级茶馆、茶叶专卖店的营销及组织管理工作；茶叶进出口公司的进出口业务管理工作；茶叶及其他经济作物的生产、管理、经营与销售工作；高等学校或科研单位的教学与科研工作。当然，也可以成为茶学硕士研究生的优质生源。

▶▶▶ **未来可从事职业岗位：**
茶艺师、体验店经理、文案策划、策划专员、网络/网店美工、销售工程师、策划助理、销售代表、产品经理等。

▶▶▶ **就业热门行业：**
教育/培训/院校、快速消费品、互联网/电子商务、金融/投资/证券、新能源、广告、贸易/进出口、咨询、人力资源等。

就业热门城市：

深圳、广州、北京、上海、杭州、厦门、武汉、成都、南京和苏州等。

090108T 烟草

新高考选考科目指引：

本专业必须选择物理、化学学科。

培养目标：

本专业培养能够熟练地运用一门外语阅读专业书刊和进行一般业务交流，具备独立获取知识和分析、解决问题及进行烟草专业科学研究的基本能力，掌握现代生物技术、信息技术、计算机在农业生产上利用的理论和基本技能，能够在烟草行业及其相关部门或单位从事烟草科学研究、烟草生产、经营、技术开发与推广、烟草加工及市场营销、企业管理等方面工作的应用型、复合型高级专业人才。

培养要求：

本专业学生主要学习烟草科学与技术、烟草遗传育种、烟草栽培、烟草调制、烟叶分级、烟草生产、加工、经营管理等方面的基本理论、基本知识和基本技能。

主要课程：

基础课程：高等数学Ⅰ、线性代数、概率论、普通化学Ⅰ、分析化学Ⅰ、有机化学Ⅰ、动物学、植物学Ⅰ、大学物理学、植物生理学、基础生物化学Ⅱ、普通遗传学、土壤肥料学、烟草化学、普通微生物学Ⅱ、农业气象学Ⅰ、试验设计与统计方法等课程及相关试验课程。

专业课程：烟草昆虫学、烟草病理学、烟草栽培学、烟草育种学、烟草调制学、烟叶分级等。

实践项目：土壤与肥料学实习、烟草栽培学实习、烟草育种学实习、烟草调制学实习、烟草生产考察、科研训练与课程论文、毕业实习、毕业设计等。

顶尖院校：

云南农业大学和河南农业大学。

就业方向：

毕业生具有适应烟草多元化生产及相近专业工作的能力与素质，可以在各级烟草公司、卷烟厂、复烤厂、质检部门或相关农业农村部门从事与烟草相关的应用研究、技术开发、生产管理、行政管理等工作；也可在大专院校、科研院所从事科学研究或教学工作。

未来可从事职业岗位：

烟草业务代表、电子烟结构工程师、品质控制技术员、自动化技术应用工程师、技术支持工程师、WEB前端开发工程师、团购业务主管、区域销售经理、高级项目经理/咨询师、销售专员、轻工行业销售工程师、大客户经理、市场经理等。

就业热门行业：

农/林/牧/渔、快速消费品、互联网/电子商务、咨询、人力资源、财会、计算机技术支持（系统、数据维护）、新能源、服装/纺织/皮革、仪器仪表/工业自动化、电子技术/半导体/集成电路、贸易/进出口等。

就业热门城市：

北京、上海、深圳、昆明、广州、长沙、厦门、成都、武汉和东莞等。

090109T 应用生物科学

应用生物科学专业是一个多学科、宽口径的应用性专业，具有广阔的发展前景。招生和培养按理学学位和农学学位二类进行。强调开放式选课，重视学生的基本技能训练。本专业以生物技术、生物信息等高新技术在农业生物、昆虫、微生物上的应用为目的，培养和造就能从事生物资源利用、食品、医药、环境保护等相关领域的技术与设计、应用与开发、经营与管理、教学与科研等工作的高级科学技术人才。

新高考选考科目指引：

本专业必须选择物理、化学学科。

培养目标：

本专业培养德、智、体、美、劳全面发展，政治素质、知识和能力结构适应社会主义市场经济发展、现代化建设和社会进步需要，掌握生命科学扎实的基础知识，较系统的生物技术及其产业化基本理论和基本技能，受到现代企业管理和市场营销与企业策划等训练，面向农业生物技术产业，在动、植物新品种及其产品开发和产业化、生物农药、生物肥料、生物饲料、生物技术新药等方面具有技术应用、原始创新、产业开发和创业能力的应用型、复合型高级人才。

培养要求：

本专业学生主要学习生物科学的基础理论和基本知识，并接受现代生物学应用基础研究的科学思维和科学实验训练，具有良好的科学素养，并在生物科学技术领域或工程领域具有从事设计、生产、管理、市场营销以及新技术研究和新产品开发等基本能力。

主干学科：

生物学。

主要课程：

植物学、动物学、普通微生物学、基础生物化学、细胞生物学、分子生物学、遗传学、现代生物技术导论、作物育种学、胚胎工程、生物技术制药、生物农药学等。

顶尖院校：

浙江大学和云南师范大学。

就业方向：

学生毕业后主要在农、林、医药、畜牧、食品等科研机构、高等院校及企事业单位从事科研、教学、设计、生产、企业管理、市场营销以及新技术研究和新产品开发等工作。

未来可从事职业岗位：

孵化中心研究助理、检验技师、院士工作站实验员、产品技术客服等。
>>>就业热门行业：
农/林/牧/渔、制药/生物工程、仪器仪表/工业自动化、医疗设备/器械、新能源、检测、认证、医疗/护理/卫生、快速消费品、原材料和加工等。
>>>就业热门城市：
北京、上海、广州、东莞、苏州、太原、武汉、西安、长沙和东营等。

090110T 农艺教育

>>>新高考选考科目指引：
本专业必须选择物理、化学学科。
>>>培养目标：
本专业培养德、智、体、美、劳全面发展，适应社会经济发展和社会进步要求，具备作物栽培与育种、植物病害防治、新型农业技术创新、推广和农业教育教学等方面的扎实基础知识与实践能力，能在中等职业学校、农业企业、农业科研院所和政府农业管理与推广部门等从事现代农业教育教学、生产研发、经营管理和技术推广等相关工作的高级应用型人才。本专业的特色是培养既具备农业生产、经营管理才能，又兼备农业教育、推广才能的高级应用型人才。
>>>主要课程：
分子生物技术、作物遗传育种原理、种子生产技术、植物保护技术、土壤肥料学、作物栽培技术、设施栽培技术、新农村规划技术、农业推广学、教育学、心理学等。
>>>顶尖院校：
安徽科技学院。
>>>就业方向：
在中等职业学校从事农学、生物学的教育教学工作，适合在农业企业从事各类经济作物生产经营和推广工作，以及在农业企业从事现代设施农业的技术研发、经营管理工作。
>>>未来可从事职业岗位：
园艺营业员、园艺工程管理、销售代表、市场销售管理专员等。
>>>就业热门行业：
农/林/牧/渔、建筑/建材/工程、房地产、教育/培训/院校、公关/市场推广/会展、娱乐/休闲/体育、家居/室内设计/装潢、广告、影视/媒体/艺术/文化传播等。
>>>就业热门城市：
保山、北京、嘉兴、潍坊、中山、佛山、武汉、海南、漯河和珠海等。

090111T 园艺教育

>>>新高考选考科目指引：
本专业必须选择物理、化学学科。
>>>培养目标：
本专业培养具备园艺产品生产、经营管理及职业教育等方面的基本理论和基本技能，能够胜任中等和高等职业教育中园艺类课程的教学工作，以及从事与园艺类相关的科学研究、产业开发、技术推广和经营管理等工作的高级科技和管理人才。
>>>主要课程：
教育学、教育心理学、网络技术与教育应用、计算机辅助教育、园艺产品营销学、花卉学、园林规划设计、盆景艺术、园艺环境工程与调控、园艺植物分子遗传学、园艺产品储藏与加工、设施园艺学等。
>>>顶尖院校：
吉林农业大学。
>>>就业方向：
可从事职业教育教学工作以及与园艺专业相关的管理、科研、技术推广等工作。
>>>未来可从事职业岗位：
教学辅导老师、班主任、教务主任、资料员、客服专员、生产经理、项目助理等。
>>>就业热门行业：
农/林/牧/渔、建筑/建材/工程、教育/培训/院校、互联网/电子商务、房地产、新能源、计算机软件、制药/生物工程、计算机技术支持(系统、数据维护)、金融/投资/证券等。
>>>就业热门城市：
武汉、北京、广州、上海、深圳、绵阳、杭州、厦门、天津和东莞等。

090112T 智慧农业

所谓智慧农业，就是充分应用现代信息技术成果，集成应用计算机与网络技术、物联网技术、音视频技术、无线通信技术及专家智慧与知识，实现农业可视化远程诊断、远程控制、灾变预警等智能管理。
>>>新高考选考科目指引：
本专业必须选择物理、化学学科。
>>>首批开设院校：
华中农业大学、吉林农业大学。

090113T 菌物科学与工程

>>>新高考选考科目指引：
本专业必须选择物理、化学学科。
>>>培养目标：
本专业旨在培养具备生物学知识、菌物学理论体系、菌类作物生产加工技能，能在农业领域从事菌物资源开发及利用工作的复合型高素质人才。

首批开设院校：
吉林农业大学。

就业方向：
该专业毕业生就业领域很广，能够在教育、农业、林业、工业等领域的各级政府、院校、科研单位从事菌物学相关教学、科研、生产、技术推广、开发、经营和管理等工作。

090114T 农药化肥

新高考选考科目指引：
本专业必须选择物理、化学学科。

培养目标：
本专业培养具有良好的科学、文化素养，具有扎实的农学、农药学、肥料学基本知识、基本理论和基本技能，了解学科前沿，具有创新意识和较强的实践能力，能在相关企事业单位从事农业生产资料推广应用、技术服务、营销管理、科研开发、质量监控等方面工作的人才。

主干课程：
农业药剂学、植物营养学、肥料学、农药分析技术、肥料分析技术、作物施肥原理与技术、植物病理学、农业昆虫学、农资市场学和管理学、环境影响评价、绿色农产品生产、农药境内外登记等。

首批开设院校：
吉林农业大学。

未来可从事职业岗位：
国内外农药化肥生产、流通企业中的技术服务、精准使用、技术推广、营销管理、产品研发等工作岗位；外贸进出口部门相关岗位；涉农相关企业技术服务、推广应用、管理等岗位；食品、医药、化工、涉农等企业质量监控岗位或相关岗位。

090115T 生物农药科学与工程

生物农药科学与工程专业旨在培养具备生物农药、绿色农药方面的基本理论、基本知识和基本技能；具有在绿色农药尤其是生物农药领域开展新资源、新产品、新工艺研究、设计与应用能力；能在农药制药、生物制药和植物保护等领域从事科学研究、技术开发、工艺设计、生产管理、科学应用和市场营销等工作的复合型新农科技术人才。

新高考选考科目指引：
本专业必须选择物理、化学学科。

首批开设院校：
山西农业大学。

090116TK 生物育种科学

生物种业作为现代农业的"芯片"，是保障国家粮食安全、促进生态文明建设、实现乡村振兴的基础。和国际先进水平相比，我国的生物种业发展还具有诸多短板，也面临着巨大挑战。当前，世界种业正迎来以人工智能、全基因组选择等技术融合发展的现代生物育种革命。突破种源卡脖子瓶颈，打赢种业翻身仗，人才是关键。

生物育种科学专业以国家农业和现代种业发展对人才的需求为导向，围绕新农科建设的基本要求，着力夯实动植物种质资源创新、数字化育种、基因编辑等现代育种理论基础与前沿技术，致力于培养在现代种业及相关领域富有创新精神与创造能力的卓越人才。

首批开设院校：
中国农业大学。

0902 自然保护与环境生态类

090201 农业资源与环境

农业资源与生态环境是人类生存和发展的基础，保护耕地、环境保护是我国始终坚持的两项基本国策。我国人口众多，人均资源相对短缺，合理利用资源与保护生态环境的任务艰巨。我国建设资源节约型、环境友好型社会对资源环境类复合型人才的需求将持续增加。农业资源与环境专业的特色明显，毕业生考研深造的渠道宽，就业的行业广，就业前景广阔。学生毕业后可考取环境影响评价工程师等职业资格，为就业、创业提供支撑条件。

新高考选考科目指引：
本专业必须选择物理、化学学科。

培养目标：
本专业培养适应社会主义现代化建设和社会发展需要，德、智、体、美、劳全面发展，具备农业资源与环境的基本理论、基本知识和基本技能，能够进行农业资源与环境质量的定性与定量分析及评价，掌握提高水分、养分、土壤、生物等资源利用效率的技术与方法，具有利用信息技术实现对农业资源与环境的开发、利用与保护及退化防治等宏观管理与决策的能力，能在政府部门、农业管理部门、企事业、科研、教育和规划等单位从事农业资源与环境的保护、开发、管理等方面工作的农业资源与环境学科的高级人才。

培养要求：
本专业要求学生具有扎实的地学、化学、生物学和农学基础，接受土壤学、植物营养与施肥、资源调查与信息管理、土壤农化分析与环境监测、土壤改良技术、环境质量评价和计算机技术等方面的基本训练，具有农业资源高效和可持续利用、对农业资源和环境进行信息化管理及进行区域开发等方面的基本能力，具有良好的思想、文化和身体素质。

主干学科：
农业资源与环境。

主要课程：
资源与环境概论、农业微生物学、土壤学及土壤地理学、植物营养学、土壤资源调查与制图、地质地貌学基础、试验设计与统计分析、土壤农化分析、土壤改良技术、肥料工艺学、环境质量评价等。

>>> 顶尖院校：

中国农业大学和南京农业大学。

>>> 就业方向：

毕业生主要在农业、环保、土地资源管理等政府部门或事业单位从事相关的管理工作，在肥料生产企业、绿色农产品生产与出口企业、生态规划与环境评价公司等企业从事技术开发工作，在工矿企业从事环境监测、管理等方面的工作。

>>> 未来可从事职业岗位：

农业技术员、评估助理、注册环保/环评监理师、化肥销售代表、化肥销售区域经理等。

>>> 就业热门行业：

农/林/牧/渔、新能源、互联网/电子商务、金融/投资/证券、房地产、贸易/进出口、咨询、人力资源、财会、制药/生物工程、电子技术/半导体/集成电路、建筑/建材/工程等。

>>> 就业热门城市：

北京、广州、郑州、武汉、深圳、西安、上海、成都、杭州和南京等。

090202 野生动物与自然保护区管理

自然保护区拥有丰富的基因资源，是国家未来发展的战略资源库。未来世界将是资源争夺的世界，谁拥有资源，谁掌握资源，谁就能够长久发展。越来越多的有志之士已经意识到这一点，逐步加入自然保护的队伍中来。

我国疆域辽阔，地形气候复杂，生态环境多样，孕育了丰富的物种资源，是世界上物种多样性最丰富的国家之一。采取科学合理的措施对这些基因、物种和生态系统进行有效保护，对我国乃至世界生物多样性的保护都具有重大意义。建立自然保护区是保护自然资源和生物多样性最有效的手段，在建设生态文明、维护国土生态安全以及保障国民经济持续健康发展方面均具有十分重要的作用。

>>> 新高考选考科目指引：

本专业必须选择物理、化学学科。

>>> 培养目标：

本专业培养具备野生动物保护、驯养繁殖、产品开发利用、自然保护区、野生动物资源管理等方面的知识，能在与野生动物和自然保护区相关的部门或单位从事管理、教学、科研、技术、开发等方面工作的复合型专门人才。

>>> 培养要求：

本专业学生主要学习野生动物与自然保护区管理方面的基础理论和基本知识，接受野生动物保护管理与合理开发利用等方面的基本训练，掌握获取和处理信息、分析和解决问题以及计算机和一门外语等方面的基本能力。

>>> 主干学科：

生物学、林学、农业推广。

>>> 主要课程：

保护生物学、野生动物管理学、自然保护区学、普通动物学、动物生态学、景观生态学、野生动物产品学、动物行为学、动物遗传学、动物生理学等。

>>> 顶尖院校：

东北林业大学。

>>> 就业方向：

毕业生主要面向我国各种类型的自然保护区管理局（处）、国家各级主管部门、自然保护非政府组织、科研机构与高等院校，可在生物多样性保护与利用、湿地保护与利用、自然保护区建设与管理等领域从事设计、管理、研究与教学工作，也可适应与此相关的其他专业的科研与教学工作。

>>> 就业热门行业：

农/林/牧/渔、医疗/护理/卫生、制药/生物工程、美容/保健、医疗设备/器械、外包服务、互联网/电子商务、快速消费品、酒店/旅游等。

>>> 就业热门城市：

北京、南宁、广州、上海、杭州、深圳、苏州、武汉、常州和成都等。

090203 水土保持与荒漠化防治

我国生态环境的形势十分严峻，是世界上水土流失最为严重的国家之一。由于水土流失造成的水库、湖泊和河道淤塞、河床抬高，已严重危及工农业生产和人民生命财产的安全；生态环境的恶化严重制约了国民经济和社会的可持续发展，已经危及中华民族的生存与发展。我国政府深刻地认识到水土流失和荒漠化问题的严重性，并给予相关研究的发展提供了强有力的人财物的支持，促进了我国水土保持与荒漠化防治学科的建设和发展。

随着国家经济建设发展与生态环境治理力度的加大，水土保持领域的发展空间更为广阔。

>>> 新高考选考科目指引：

本专业必须选择物理、化学学科。

>>> 培养目标：

本专业培养适应社会经济发展、满足水土保持行业及水土保持学科发展需要，掌握水土保持与荒漠化防治的基本理论、基本知识和基本技能，德、智、体、美、劳全面发展，具有求实创新能力的复合型专业人才。

>>> 培养要求：

本专业学生主要学习水土保持学科的基本理论和基本知识，接受应用基础研究和应用研究方面的科学思维和科学实验训练，具有较好的科学素养和一定的教学、科研和工程管理能力。

>>> 主干学科：

水土保持与荒漠化防治、土壤学、生态学。

>>> 主要课程：

土壤侵蚀原理、水文与水资源学、风沙物理学、水土保持工程学、荒漠化防治工程学、林业生态工程学。

>>> **顶尖院校：**

西北农林科技大学和北京林业大学(简称北林)。

>>> **就业方向：**

毕业生可在林业、水利、环境保护、农业、公路、铁路、采矿、国土资源等行业从事教学、科研、规划、设计、施工、监测、资源开发、工程管理等工作。

>>> **未来可从事职业岗位：**

注册环保/环评监理师、规划设计、房产测量等。

>>> **就业热门行业：**

环保、建筑/建材/工程、电气/电力/水利、新能源、交通/运输/物流、外包服务、咨询、人力资源、财会、学术/科研、广告等。

>>> **就业热门城市：**

北京、济南、东莞、乌鲁木齐、呼和浩特、银川、兰州、泰安和海口等。

090204T 生物质科学与工程

>>> **新高考选考科目指引：**

本专业必须选择物理、化学学科。

>>> **培养目标：**

本专业培养既具备化学、化工、生物、材料等方面扎实的基础知识，又具备生物质转化与利用基础知识和工程能力，面向未来、服务现代化发展的高素质拔尖创新人才和行业领军人才。

>>> **首批开设院校：**

中国农业大学。

>>> **就业方向：**

本专业毕业生可在相关企事业单位从事科学研究、产品开发、生产管理等工作，也可以在轻工、化工、生物工程、食品、制药等传统行业的转型升级中发挥重要作用。

090205T 土地科学与技术

土地科学与技术学科主要研究土地及对其利用过程中所产生的人地关系及其发展变化规律，是由自然科学、农业科学、社会科学、工程技术、信息科学体系中研究土地问题的众多学科组成的学科群，是一门以地学研究为基础、以土地要素综合及其产生的人地关系为研究对象的农业与自然资源管理综合交叉学科；是通过认知土地资源及其利用特征、结构、演变和效应的机理，综合运用人类可更新的科技装备持续物化和保证农业可持续发展、保障土地、人类福祉功能的一门系统性学科；是集土地调查、监测、评价、规划、利用、保护、登记、整治和管理等基础理论、制度体系、工程技术与信息技术的科学研究于一体的技术创新学科。

>>> **新高考选考科目指引：**

本专业必须选择物理、化学学科。

>>> **首批开设院校：**

中国农业大学。

090206T 湿地保护与恢复

湿地保护与恢复专业培养具备湿地保护与恢复的基本知识和技能，能够在国家自然保护区、国家湿地公园、地方湿地公园、科研院所、高校及其他企事业单位从事湿地领域相关生态建设、生态管理、生态保护与恢复等方面工作的应用型专业人才。

>>> **首批开设院校：**

西南林业大学。

090207TK 国家公园建设与管理

>>> **培养目标：**

本专业培养基础理论扎实、专业能力拔尖、国际视野广阔，了解国内外国家公园相关领域发展趋势，系统掌握行业建设与管理基础理论与基本技能，熟悉国家公园建设与管理相关法律法规政策，具备推进绿色发展、促进人与自然和谐共生能力，能够在国家公园建设和管理领域从事教育、科研、技术研发及管理等方面工作的跨学科复合型人才。

>>> **首批开设院校：**

北京林业大学。

>>> **就业方向：**

本专业毕业生可在国家公园、自然保护区、自然保护与生态环境建设等相关领域从事监测监管、建设管理、生态保护与修复及科学研究等工作。

0903 动物生产类

动物科学的形成与发展与生物学是密不可分的。生物学是20世纪发展最快的学科之一，未来人类所面临的人口膨胀、环境恶化、难以治愈的疾病和能源危机、资源短缺等重大问题都将主要依赖于生命科学的发展来解决。动物生产专业就是一门由自然环境、生物、人类社会相互交织在一起的复杂生产工程的专业。

090301 动物科学

动物科学是研究动物遗传变异、生长发育、繁殖育种、消化代谢等生命基本规律的科学。它的基本任务是在认识和掌握上述规律的基础上，为人类提供质优量多的动物产品和满足人们生活水平日益提高的多种需求。随着科学的进步，动物科学的研究领域已从传统的畜牧业扩展到了畜禽、珍禽异兽、伴侣动物、观赏动物的饲养、育种、繁殖、加工等各个领域，并且借助于现代分子生物学技术从基因的层面上深入认识动物遗传、发育、繁殖和代谢的规律。

>>> **新高考选考科目指引：**

本专业必须选择物理、化学学科。

培养目标：

本专业培养具备动物遗传育种、动物繁殖、动物营养与饲料科学、家畜环境卫生与牧场设计、畜牧场经营管理以及畜、禽等动物生产方面的知识和技能，能在相关部门和企事业单位从事教学、科学研究、生产与管理等方面的动物科学类应用型、复合型或创新型人才（由各学校根据本校定位选择）。

培养要求：

本专业学生主要学习动物遗传育种与繁殖、动物营养与饲料、家畜环境卫生与牧场设计、畜禽饲养管理、畜牧场经营管理等方面的基本理论、基本知识和基本技能，接受课堂教学、实验室操作和农牧场生产实践等方面的基本训练，掌握从事本学科领域的工作能力。

主干学科：

动物科学、动物医学、草业科学。

主要课程：

动物组织解剖学、动物生理学、动物生物化学、动物遗传学、动物育种学、动物繁殖学、动物营养学、饲料学、饲料安全与营养价值评定、动物环境卫生与牧场设计、动物生产学、兽医学概论、畜牧业经济管理。

顶尖院校：

中国农业大学、广西大学。

就业方向：

学生毕业后可以到农业农村部、国家检疫局等各级部委及相关机构、国内外著名上市公司、高等院校、科研院所、生产企业从事管理、技术总监、教学、科研和产品开发等工作。

近几年代表性的就业单位有农业农村部、国家检疫局、中国农业科学院、中粮集团、首都农业集团等。

未来可从事职业岗位：

畜牧兽医、化验员、养殖技术员、奶牛养殖认证审核员、发酵工程师、饲料添加剂销售及技术支持、饲料业务经理、饲料品管经理、技术服务经理、销售代表、销售工程师等。

就业热门行业：

农/林/牧/渔、制药/生物工程、新能源、快速消费品、医疗设备/器械、互联网/电子商务、教育/培训/院校、学术/科研等。

就业热门城市：

北京、上海、广州、武汉、深圳、南京、成都、合肥、杭州和苏州等。

090302T 蚕学

蚕桑生产在我国拥有五千年的辉煌历史，茧丝绸产品是我国在世界贸易中的拳头产品，年创汇超过30亿美元。然而整个生产技术体系的落后、科技人才的匮乏，严重制约了我国蚕丝业在全球范围内的竞争力。伴随我国社会主义市场经济体制的建立和完善，蚕丝业生产正朝着种养加一条龙、贸工农一体化的方向转变。蚕丝业生产布局也随着各地区经济发展水平的变化而发生了较大变化，蚕丝业产业化水平也在不断提高，因此蚕丝业对人才的需求量将会不断增加。

随着社会的发展及人民生活水平的日益提高，蚕丝服饰及相关制品的需求量将越来越大，蚕丝业在不断地发展壮大，蚕丝企业的经济效益将更好，蚕丝业对人才的需求量将不断上升。

继往开来，本专业将进一步加强与经济昆虫、微生物、中药、生物技术等学科的交叉融合，不断拓宽专业口径。逐步发展成为以蚕桑为特色，以经济昆虫、微生物资源、中药资源等为主要研究方向的新型学科。

新高考选考科目指引：

本专业必须选择物理、化学学科。

培养目标：

本专业培养具备蚕学方面的基本理论、基本知识和基本技能，能在蚕业或农业农村部门从事技术推广与开发、生产管理与经营、教学与科研等方面工作的高级科学技术人才。

培养要求：

本专业学生主要学习生物科学和蚕业科学等方面的基本理论和基本知识，接受栽桑养蚕、茧丝加工、蚕资源及蚕丝副产物综合利用、蚕业经营管理及丝绸贸易等方面的基本训练，具有蚕业及农业应用、科技推广方面的基本能力。

主干学科：

畜牧学、园艺学。

主要课程：

蚕体解剖生理学、桑树栽培及育种学、桑树病虫害防治学、养蚕学、蚕病学、蚕种学、家蚕育种学、茧丝学、家蚕遗传学、蚕业经济及经营管理、蚕桑副产物综合利用等。

顶尖院校：

西南大学。

就业方向：

学生毕业后适宜从事栽桑养蚕、茧丝加工、蚕业资源调查及桑蚕副产物综合利用、蚕业经营管理及丝绸贸易等方面的工作。在各级蚕丝绸公司的产供销部门、外贸部门、各级丝厂、蚕种场等部门从事技术推广与开发、生产管理与经营、教学与科研等工作，也可在学校、研究机关从事教学和科研工作。

就业热门行业：

农/林/牧/渔、教育/培训/院校、石油/化工/矿产/地质、外包服务、检测、认证、快速消费品、美容/保健等。

就业热门城市：

上海、金华、广州和杭州等。

专家提醒

蚕学专业没有工科专业那么热门，就业面较窄，主要面向南方的养蚕区域,虽然国家当前也很重视该专业,报考难度也不大,但是许多农业院校没有开设此专业,报考此专业的考生要慎重考虑。

090303T 蜂学

蜂学专业主要是从事蜜蜂科学研究与开发的一门特色学科。蜜蜂是人类与自然健康生存的益友,蜜蜂采集百花精华,为人类提供多种丰富健康的产品(占据整个保健市场70%以上份额),同时,它通过采集授粉活动给作物带来巨大的增产增收,是大农业丰收的重要保障。近年蜜蜂数量减少,引起各国科学家高度重视,也引起政府相关部门重视,国家设立了多种专项研究开发项目。蜜蜂虽小,但蜂学学科涉及面极广,既涉及昆虫学,又涉及动物牲畜饲养与生产,还涉及精细农产品、保健珍品及高效药品的深加工技术,甚至还涉及特色医疗(蜂疗)服务、产品市场经营等,涉及理、工、农、医、商等多学科的方方面面。学习掌握蜂学专业的全面知识,可以涉及多学科、多领域的基本知识与技能基础,学生不仅就业创业面广,学科知识理论高度也较高。

新高考选考科目指引:
本专业必须选择物理、化学学科。

培养目标:
本专业培养具备蜂学方面的基本理论、基本知识和基本技能,能在蜂业及相关部门从事技术与设计、经营与管理、教学与科研等工作的研究应用型、复合型人才。

主要课程:
蜜蜂生物学、蜜蜂饲养管理学、蜜蜂遗传与育种、蜜蜂生理学、蜜蜂保护学、蜜粉源植物学、养蜂机具学、蜂产品分析、蜂产品加工学、蜂业经济管理。

顶尖院校:
福建农林大学。

就业方向:
毕业生大部分在我国养蜂主产区省、市政府蜂业行政管理部门、出入境检验检疫机构、食品药品管理部门、大中专院校、中国农业科学院蜜蜂研究所及各省、市蜂业研究机构以及蜂企业等,从事与专业相关的教学、科学研究、技术开发与推广、经营与管理等工作,甚至直接到国外留学与工作。

就业热门行业:
制药/生物工程、快速消费品、教育/培训/院校、金融/投资/证券、新能源、外包服务、广告、咨询、人力资源、互联网/电子商务等。

就业热门城市:
上海、北京、长沙、广州、日照、深圳、潮州、重庆、昆明和杭州等。

090304T 经济动物学

新高考选考科目指引:
本专业必须选择物理、化学学科。

培养目标:
本专业培养具备动物科学相关基本理论,掌握经济动物驯养、繁育、产品开发利用、检疫、疾病防治基本技术;具备野生动物资源保护与利用基本知识,能在经济动物生产与开发及野生动物保护与利用领域从事技术及管理工作的复合型高素质人才。

主干课程:
动物遗传学、动物营养学、饲料分析技术、动物繁殖学、畜牧生产系统、群体遗传学、数量遗传学、生化遗传学等。

首批开设院校:
吉林农业大学。

090305T 马业科学

新高考选考科目指引:
本专业必须选择物理、化学学科。

培养目标:
本专业培养德、智、体、美、劳全面发展,掌握马业科学、马术运动、马文化等的基本理论、知识和技能,具备从事马的繁育、马的驯养与管理、马房管理与设施、马医学与护理、马的调训与骑乘及马术运动管理等方面的基本能力,能在相关领域从事教学与科研、技术与设计、推广与开发、经营与管理工作,特别是在马业科学、马产业领域具有一定专业特长的高级应用型人才。

主干课程:
动物解剖与组织胚胎学、动物生理学、动物生物化学、动物遗传学、动物育种学、马繁殖学、马营养学、饲料学、微生物学、生物统计与试验设计、家畜环境卫生学、马普通病学、马疫病学、马的调教与护理、马行为学、马文化、马术基础、马设施与环境管理、马产品学、马场设计与建设等。

首批开设院校:
青岛农业大学、内蒙古农业大学、武汉商学院。

就业方向:
该专业毕业生能够从事与马业相关的研究、培训、商贸服务、经营与管理、教学与科研等相应工作。

090306T 饲料工程

饲料工程专业是在新工科建设背景下,在原来的动物营养与饲料加工专业基础上融合动物科学、机械工程、信息科学等学科知识的交叉融合型专业。

新高考选考科目指引:
本专业必须选择物理、化学学科。

首批开设院校:
河南工业大学、武汉轻工大学。

090307T 智慧牧业科学与工程

本专业围绕动物生产核心技术,将智能装备与信息化技术、物联网技术和畜牧工程技术等多学科交叉融合,形成真正意义上的强交叉、新农科智慧牧业科学与工程专业,培养适应和满足我国未来畜牧业发展需求的应用型复合人才。

新高考选考科目指引:
本专业必须选择物理、化学学科。

首批开设院校:
西北农林科技大学、河南牧业经济学院。

0904 动物医学类

090401 动物医学

动物医学专业是以生物学为基础研究动物疾病的发生发展规律,并在此基础上对疾病进行诊断和防治的综合性学科,它的基本任务是有效地防治畜禽、伴侣动物、医学实验动物及其他观赏动物疾病的发生。它是生物医学及社会预防医学的重要组成部分。随着社会经济和科学技术的发展,我国的动物医学研究已经从过去的以畜牧业发展服务为中心内容扩展到了公共卫生事业、社会预防医学、人类疾病动物模型、伴侣动物及观赏动物医疗保健及食品卫生、医药工业、环境保护等诸多领域,在生命科学的各个领域中发挥着越来越重要的作用。

新高考选考科目指引:
本专业必须选择物理、化学学科。

培养目标:
本专业以培养"厚基础、强能力、高素质、广适应"的兽医师为目标。本专业毕业生应具有系统而深入的专业知识,具有较为宽广的自然科学和人文科学知识,具有创新意识和发展潜力,适应性强,具有在兽医医疗、兽医管理与执法、兽医技术服务、兽医教育与科研及相关部门从事动物医疗、执法监督、管理、教学、科学研究、技术服务等工作能力的专业人才。

培养要求:
本专业学生主要学习基础兽医学、预防兽医学和临床兽医学的专业理论和专业知识,接受动物疾病诊断治疗、动物疫病防控、人畜共患病、动物源食品安全等方面的训练,具有动物临床诊疗、防疫检疫、人畜共患病、动物源食品安全、动物保护、兽医执法等方面的能力,掌握实验动物饲养管理、动物试验等方面的基本技能。

主干学科:
基础兽医学、预防兽医学和临床兽医学。

主要课程:
动物解剖学、动物组织学与胚胎学、动物生理学、动物生物化学、兽医微生物学、兽医免疫学、兽医药理与毒物学、动物病理学、动物传染病学、兽医流行病学、兽医寄生虫学、兽医内科学、兽医临床诊断学、兽医外科学、兽医手术学、兽医产科学、中兽医学、动物性食品卫生学、兽医公共卫生学、实验动物学、动物福利与动物保护、兽医法规等。

顶尖院校:
中国农业大学、南京农业大学和东北农业大学。

就业方向:
毕业后可从事畜牧兽医行政管理、进出口动物及其产品的检验、肉品卫生检验、饲料工业、食品安全、环境保护、畜禽疾病的诊断与防治、伴侣动物医疗保健、实验动物、比较医学、公共卫生及生物医学领域等方面的工作。

近几年代表性的就业单位有北京、天津、上海、深圳等地出入境检验检疫局和动物卫生监督所,天津、吉林等地畜牧局,中国动物疫病预防与控制中心,北京市公安局,北京市农业局,威海市畜牧局,正大集团,中粮集团,中国牧工商(集团)总公司,华都肉鸡公司,北京兽医生物制品厂,齐鲁制药,北京大北农科技集团股份有限公司,河南牧原食品股份有限公司,北京生泰尔生物科技集团,卡夫食品有限公司,葛兰素史克,以及各地知名动物医院。

未来可从事职业岗位:
动物实验技术员、养殖技术员、兽医、生物实验技术员、畜牧兽医、奶牛技术专员、牧场技术员、饲料品管经理、疫苗免疫评价研究员、化验员、产品研发工程师、售后技术部经理、牧场储备技术主管、饲料销售代表、区域销售经理、销售工程师、客户需求专员、项目经理等。

就业热门行业:
农/林/牧/渔、制药/生物工程、医疗/护理/卫生、新能源、快速消费品、医疗设备/器械、学术/科研、外包服务、美容/保健等。

就业热门城市:
北京、上海、广州、武汉、深圳、杭州、南京、成都、南宁和苏州等。

专 家 提 醒

动物医学类专业因为不是众多考生的首选专业,所以历年录取分数线都不是很高,可以将其作为第二、三志愿进行填报,这样便于在各个志愿之间拉开档次,避免落榜的风险。需要注意的是,许多院校的本科动物医学专业都是五年修业年限,考生在报考时应有思想准备。

动物医学专业的毕业生近年来的就业形势较好,在人们的生活水平逐日提高的情况下,提高牲畜生产的数量、增加肉产品的品质也是一种必然的趋势。在实现畜牧产业化的过程中,社会对动物医学专业人才的需求量呈现不断上升的趋势。

090402 动物药学

动物药学属于农学大类——动物医学类。动物药学专业是根据当前社会市场需求新办的专业。

新高考选考科目指引:
本专业必须选择物理、化学学科。

▶ 培养目标：

本专业以培养"厚基础、强能力、高素质、广适应"的兽药专门人才为目标。本专业毕业生应具有系统而深入的专业知识，具有较为宽广的自然科学和人文科学知识，具有创新意识和发展潜力，适应性强，具有在兽药研发、生产、营销、兽药管理与执法、兽药教育及相关部门从事研究、生产、管理、执法监督、教学等工作能力。

▶ 培养要求：

本专业学生主要学习兽用化学药物、生物制品和中兽药的专业理论和专业知识，接受药物化学、药物分析、药物制剂、生物制品及中兽药等方面的训练，具有兽用化学药物、生物制品及中兽药的研究、开发及使用等方面的能力，掌握实验动物饲养管理、动物实验等方面的基本技能。

▶ 主干学科：

基础兽医学、预防兽医学、生物医学与药效学。

▶ 主要课程：

动物学、动物解剖学、动物组织与胚胎学、实验动物学、分子生物学、动物生物化学、动物生理学、动物药理学、动物毒理学、兽医微生物学、兽医免疫学、动物病原学、动物疾病学概论、物理化学、药物化学、药物分析、药物制剂学、中药制剂学、兽医生物制品学、兽医法规等。

▶ 顶尖院校：

华南农业大学。

▶ 就业方向：

学生毕业后可以从事与动物药学相关的教学、科研、企业管理、行政管理、产品开发与生产、营销等工作，亦可在相关专业考研深造。

▶ 未来可从事职业岗位：

动物实验技术员、生物实验技术员、动物实验科研人员、猪病技术服务经理、养殖技术员、免疫层析产品研发助理工程师、检验员、质检员、实验助理、质量研究负责人、研发经理、学术专员、研发工程师、质检中心主管、销售代表、销售助理、招投标专员、销售工程师、区域销售经理等。

▶ 就业热门行业：

农/林/牧/渔、制药/生物工程、医疗/护理/卫生、医疗设备/器械、新能源、学术/科研、外包服务、美容/保健、教育/培训/院校等。

▶ 就业热门城市：

上海、北京、广州、杭州、武汉、苏州、南京、常州、天津和深圳等。

📖 090403T 动植物检疫

▶ 新高考选考科目指引：

本专业必须选择物理、化学学科。

▶ 培养目标：

本专业培养具有动植物检疫的基本理论、基本知识和基本技能，能在动植物检疫业务部门、动植物生产单位、海关、边检等部门从事动植物疫病诊断、检验检疫、教学、科研等方面工作，具有创新精神和实践能力的应用型高级专业技术人才。

▶ 培养要求：

本专业要求学生学习动植物检疫专业的基本理论和基本知识，得到动植物检疫各项基本技能的训练，具备动植物检疫、疫病诊疗、预防与动植物生产、保健及外贸商检和公共卫生管理工作的基本能力。

▶ 主干学科：

动物检疫学、动物预防医学、植物检疫学。

▶ 主要课程：

动物解剖学、动物组织与胚胎学、动物生理与生物化学、动物遗传育种学、动物营养与饲料学、动物繁殖学、畜牧微生物学、动物环境卫生学、动物生产学等。

▶ 顶尖院校：

河南大学和云南农业大学。

▶ 就业方向：

毕业生能胜任教育部门、动物检疫行政管理机关、卫生行政部门及实验动物研究生产单位、商品检验部门、海关检疫单位、环境保护部门、外贸系统、军事部门、动物医疗器械检测管理部门、科技情报单位、科研管理部门、公安系统等方面的工作及其他相关的工作。也可以继续攻读生命科学领域的研究生。

▶ 未来可从事职业岗位：

出入境检验检疫局协检员、添加剂化验员、邮包现场检疫员等。

▶ 就业热门行业：

农/林/牧/渔、建筑/建材/工程、房地产、贸易/进出口、餐饮业、咨询、人力资源、财会、中介服务、制药/生物工程、新能源、检测、认证等。

▶ 就业热门城市：

武汉、洛阳、深圳、上海、南京、安庆、安阳和江门等。

📖 090404T 实验动物学

实验动物学是以实验动物为主要研究对象，将培育的实验动物应用于生命科学等研究的一门综合性学科。

▶ 新高考选考科目指引：

本专业必须选择物理、化学学科。

▶ 培养目标：

本专业培养适应新时期医学和整个生命科学技术发展需要，基础理论知识扎实、业务能力较强，集管理与技术于一体的从事实验动物科学教学、科研，实验动物培育和管理的复合型高级专门人才。

▶ 主干学科：

实验动物学、实验动物医学、比较医学、遗传学、实验动物解剖学、动物组织学与胚胎学、动物生理学、微生物学、免疫学、动物病理学、药理及毒理学、动物实验技术、实验动物质量检测技术、动物行为学、动物传染病学、动物寄生虫病学、细胞分子生物学、实验动物环境控制与管理、疾病模型的建立方法等。

090405T 中兽医学

中兽医学是祖国传统的兽医学，具有悠久的历史、独特的理论体系和丰富多样的疾病防治技术，其基本理论和中医学一脉相承，是历代劳动人民同家畜疾病进行斗争的经验总结。

新高考选考科目指引：
本专业必须选择物理、化学学科。

培养目标：
本专业培养具备中兽医方面的基本理论、基本知识和基本技能，具有创新意识和能力，综合素质高，适应能力强，能在兽医业务部门、动物生产单位、兽药厂及相关部门从事动物疫病的诊疗、防疫检疫、中兽药研发、教学、科研等工作的复合型、应用型高级技术人才。

主干课程：
家畜解剖学及组织胚胎学、中兽医基础理论、动物生理学、兽医针灸学、兽医中药学、兽医方剂学、兽医微生物学、动物传染病学、动物性食品卫生学、中药添加剂学等。

首批开设院校：
中国农业大学、河北农业大学、河南牧业经济学院、西南大学。

090406TK 兽医公共卫生

兽医公共卫生专业面向国民经济和社会发展需求，培养具有坚定正确的政治方向，良好的思想品德修养、职业道德和科学素养，一定的人文素质和理学素质，较好的审辨思维能力和创新创业意识，较强的沟通表达和团队合作精神及全球化视野，积极为"新农科"和社会主义现代化建设服务，能够胜任解决人畜共患病防控、动物源食品安全监测和动物源细菌耐药性控制等兽医公共卫生学复杂问题的卓越人才。

新高考选考科目指引：
本专业必须选择物理、化学学科。

首批开设院校：
中国农业大学、云南农业大学。

0905 林学类

090501 林学

林学是有关林业生产（特别是营林生产）科学技术的知识系统及与其有关的科学基础知识系统的集合，基本上是一门应用学科。林学是一门研究如何认识森林、培育森林、经营森林、保护森林和合理利用森林的应用学科，它是一个相当广阔的知识领域。广义的林学包括以木材采运工艺和加工工艺为中心的森林工业技术学科。狭义的林学以培育和经营管理森林的科学技术为主体，包含诸如森林植物学、森林生态学、林木育种学、造林学、森林保护学、木材学、测树学、森林经理学等许多学科。

新高考选考科目指引：
本专业必须选择物理、化学学科。

培养目标：
本专业培养具备森林培育、林木遗传育种、森林生态保护、森林病虫害防治与检疫、水土保持与防护林建设、野生植物资源开发利用等方面的专业知识，能在林业、农业、环保、国土绿化等相关部门或企事业单位从事森林培育、森林资源保护与管理、森林（湿地）生态环境建设、国土绿化的高级专业技术人才。

培养要求：
本专业学生主要学习森林培育（包括林木种苗、经济林栽培与森林经营等）、林木遗传育种、森林病虫害防治、森林生态保护、森林资源管理、水土保持与防护林、野生植物资源开发与利用等方面的基本理论和基本知识，接受林木良种选育、造林、森林资源监测与管理、森林病虫害防治与检疫、林火管理及野生植物利用的基本训练，具有森林经营方案编制、森林培育、森林生态环境建设等的基本能力。

主干学科：
林学、生物学、植物保护。

主要课程：
植物学、植物生理学、土壤学、气象与气候学、森林生态学、森林培育学、林木遗传育种学、森林昆虫学、森林病理学、测量学、林业遥感、森林经理学、测树学和环境经济与管理学等。

顶尖院校：
北京林业大学、东北林业大学。

就业方向：
学生毕业后从事农林工作主要有几个去向：一是园林公司、种苗公司的基层岗位；二是基层的农林业站；三是农林业的研究、教育机构；四是考取与林业相关的公务员。

从事农林类工作一开始工作虽然艰苦，但是只要静下心工作，大部分毕业生发展前途都不错，一般毕业生在2~3年内就可以升为部门主管。随着社会的不断发展、新农村建设的逐步深入，像园林绿化、养护、花卉栽培、苗木繁育等岗位也在大量增加，那么对林学专业人才的需要也将不断增加。

未来可从事职业岗位：
绿化设计师、绿化施工员、景观助理设计师、项目申报员、植物野外采集员、品控专员、林业分公司经理、园林施工管理、农检专员、市场推广、苗圃技术员、销售代表、销售工程师、产品经理等。

就业热门行业：
农/林/牧/渔、建筑/建材/工程、教育/培训/院校、房地产、环保、广告、新能源、咨询、人力资源、财会、制药/生物工程、互联网/电子商务等。

就业热门城市：

北京、上海、南宁、成都、厦门、广州、杭州、昆明、深圳和上饶等。

专家提醒

由于我国林业资源丰富，大多数偏远山区的林业资源得不到有效的保护与开发，迫切需要有志青年投身这项事业。在西部大开发的过程中，林学专业人才备受欢迎。国家有关政策也鼓励高中毕业生报考林学专业，毕业生就业前景非常广阔。

090502 园林

新高考选考科目指引：

本专业必须选择生物学科。

培养目标：

本专业培养具备生态学、园林植物与观赏园艺、风景园林规划与设计等方面的知识，能在城市建设、园林、林业部门和花卉企业从事风景区、森林公园、城镇各类园林绿地的规划、设计、施工、园林植物繁育栽培、养护及管理的高级工程技术人才。

培养要求：

本专业学生主要学习生态学、园林植物、园林设计、园林建筑、园林工程等方面的基本理论和基本知识，接受绘画及表现技法、规划设计、园林植物栽培繁育及插花艺术等方面的基本训练，具有城镇绿化、园林建筑、园林工程、园林植物造景等规划设计及园林植物的栽培、繁育及养护管理等方面的基本能力。

主干学科：

风景园林学、城乡规划学、林学、建筑学。

主要课程：

园林绿地规划原理、园林规划设计、园林建筑、园林工程、园林树木学、园林花卉学、生态学（包括景观生态、城市生态）、园林史、绘画、园林设计初步（包括形态构成设计与表现技法）、园林植物造景、生态景观规划。

顶尖院校：

北京林业大学、中国农业大学、东北林业大学、南京林业大学、华中农业大学和中南林业科技大学。

就业方向：

学生毕业后可在园林、林业、城乡建设、市政交通、教育、科研等相关部门从事园林植物应用、城乡各类园林绿地规划、园林建筑设计、园林工程管理、教育和科研等方面的工作。

未来可从事职业岗位：

园艺园林景观设计师、园林工程师、资料员、预算员、景观工程师、景观施工图设计师、景观方案设计师、项目经理等。

就业热门行业：

农/林/牧/渔、物业管理/商业中心、建筑/建材/工程、房地产、环保、广告、家居/室内设计/装潢、互联网/电子商务、咨询、人力资源等。

就业热门城市：

北京、上海、深圳、广州、杭州、武汉、成都、南京、重庆和西安等。

专家提醒

园林专业虽然是农林类专业，但其内容所涉及的学科和知识范围却很广泛，远远超出农业的范畴。中国传统园林以其自然天成的形式、深厚的文化底蕴和博大精深的艺术综合，独树一帜于世界园林。值得注意的是，园林专业和园艺专业差别很大，园林偏向于给植物以美，而园艺专业则是教你怎样让植物健康成长，在选择专业时应慎重考虑。中国的园林事业起步较晚，有着广泛的就业领域，如园林的现代化管理、各类绿地的规划设计、园林艺术、外国园林研究等。

090503 森林保护

森林保护是指研究怎样预防和消除对森林的各种破坏和发生灾害的措施，保证树木健康生长，避免或减少森林资源损失的重要措施。森林保护是营林工作中的重要环节，主要内容包括预防和消除森林火灾、林木病虫害、林木鸟兽害以及灾害性天气对森林的损害。

新高考选考科目指引：

本专业必须选择物理、化学学科。

培养目标：

本专业培养具备林学、森林保护学、生物学、生态学等方面的基本理论、基本知识和基本技能，能在森林保护、林业、园林、动植物检验检疫、自然保护区等相关领域从事林业有害生物监测、检疫和防控的科研、教学、科技开发与推广、行政管理等方面工作的高级科学技术人才。

培养要求：

本专业学生主要学习林业生物科学、植物病理学、昆虫学、林学、生态学等方面的基本理论和基本知识，接受林业有害生物的鉴定、识别和防治等方面的基本训练，具备林业生物灾害检验检疫、诊断与监测和综合治理方面的基本能力。

主干学科：

林学、森林保护学、生物学、生态学。

核心课程：

植物学、植物生理学、土壤学、微生物学、树木学、森林生态学、森林培育学、普通植物病理学、普通昆虫学、植物病原真菌学、昆虫分类学、树木病理学、树木昆虫学、农药学、植物检疫学、普通动物学、野生动植物资源管理、森林防火。

顶尖院校：

北京林业大学、东北林业大学、南京林业大学和西北农林科技大学。

就业方向：

该专业毕业生能在森林保护、林业、园林和动植物检疫等相关领域从事林木病虫害鉴定、监测、检疫和控制的科研、教学、科技开发与推广、有害生物防控等方面的工作。
>>> **未来可从事职业岗位：**
林业技术人员等。
>>> **就业热门行业：**
农/林/牧/渔、环保、检测、认证、制药/生物工程、外包服务、建筑/建材/工程、新能源、咨询、人力资源、中介服务、仪器仪表/工业自动化等。
>>> **就业热门城市：**
北京、广州、临汾、厦门、大连、宁波、杭州、武汉、福州和西安等。

090504T 经济林
>>> **新高考选考科目指引：**
本专业必须选择物理、化学学科。
>>> **培养目标：**
本专业培养具有特色经济林栽培、林果产品加工及经济林产品贮藏、运输与销售等方面专业知识和技能，能在林业、农业等单位或相关企业从事经济林良种繁育和种植、加工等工作，以及相关技术推广工作的高级人才。
>>> **主干学科：**
林学、生物学、植物保护。
>>> **主要课程：**
森林植物学、植物生理学、植物营养学、林木遗传育种、生物技术、土壤肥料学、森林环境学、森林昆虫学、林木病理学、森林生态学、测量与遥感等。
>>> **首批开设院校：**
中南林业科技大学。
>>> **就业方向：**
该专业毕业生主要到林业、农业、环境保护等部门从事森林培育、森林资源保护、森林生态环境建设工作。

090505T 智慧林业
智慧林业专业旨在培养适应国家社会经济发展和现代林业建设需要，德、智、体、美、劳全面发展，身心健康，有一定的自主学习与创新能力、较强的环境和社会适应能力，并具备国际视野和团队合作精神，知林爱林的新型林业复合型人才。
>>> **培养要求：**
在专业培养上，要求学生具备林学基本知识，并能将3S［遥感（Remote Sensing）、全球定位系统 GPS（Global Position System）和地理信息系统（Geographic Information System）］、大数据、物联网、云计算和人工智能等现代信息技术及林业智能装备等与林业科学有机融合，可在林业生产和管理部门、企业等开展森林精准培育、森林资源监测与可持续经营、生态环境动态监测、森林灾害与健康监测预警、自然保护区规划与管理、野生动植物监测与保护、自然资源定量评估和系统开发等方面的工作。
>>> **首批开设院校：**
西北农林科技大学和南京林业大学。

0906 水产类

090601 水产养殖学
水产养殖是沿海渔业经济的重要组成部分之一，各种淡水和海水动植物都是营养丰富的美味食品。由于人口的大量增加和人们对水产品需求量的大幅度增长，因此，开发和培育更多有营养的水产品就成了当前的需要。
>>> **新高考选考科目指引：**
本专业必须选择物理、化学学科。
>>> **培养目标：**
本专业培养具备水产动物和植物的繁殖、育种与增养殖技术，具备水产动物的营养与饲料、病害防治、渔业水域环境调控、水产养殖企业经营管理等方面知识，能在水产养殖生产、教育、科研和管理等部门从事科学研究、教学、水产养殖技术开发及经营管理等工作的复合型人才。
>>> **培养要求：**
本专业学生主要学习水产科学、生物科学和环境科学等方面的基本理论和基本知识，接受生物学和化学实验教学、水产增养殖实践性环节、计算机应用等方面的基本训练，掌握水产经济动物和植物增养殖、营养与饲料、病害防治、水产生物育种及渔业水域环境调控等的基本能力。
>>> **主干学科：**
生物科学、环境科学、水产科学。
>>> **主要课程：**
基础化学、有机化学、生物化学、普通动物学、普通生态学、水生生物学、鱼类学、微生物学、动物生理学、组织胚胎学、遗传学、养殖水化学、水产增养殖学（包括鱼类、甲壳类、贝类和海藻等）、水产动物育种学、水产动物营养与饲料学、生物饵料培养、水产动物疾病学等。
>>> **顶尖院校：**
中国海洋大学、上海海洋大学、海南大学和华中农业大学。
>>> **就业方向：**
毕业生可在水产养殖、水产饲料生产企业和管理等相关领域从事科学研究、教学、水产养殖开发、疾病控制技术、水产药物研究、渔业资源和环境调查与规划、食品安全与监测、管理等工作。
>>> **未来可从事职业岗位：**
水产技工、水产料配方师、水产养殖技术员、水产养殖主管、养殖技术经理、饲料销售服务代表、销售经理等。

就业热门行业：

农/林/牧/渔、制药/生物工程、批发/零售、新能源、环保、快速消费品、酒店/旅游、计算机软件、互联网/电子商务等。

就业热门城市：

广州、上海、武汉、北京、厦门、福州、大连、杭州、南宁、海口和深圳等。

专家提醒

水产养殖专业是一个比较特殊的专业，跨行业就业现象较少，该专业毕业生在就业时尤其要多注意，就业时的信息很多，竞争相对来说要小得多。该专业就业分布在辽宁、山东、湖北、江苏、浙江等省份。报考此专业的考生要慎重考虑。

090602 海洋渔业科学与技术

海洋是生物资源宝库。据生物学家估计，海洋中约有20万种生物。许多海洋生物具有开发利用价值，为人类提供了丰富的食物和其他资源。开发海洋生物资源的主要产业是海洋渔业，另外还开发少量药用生物资源。另外，在这片蓝色国土上，还具有丰富的油气资源、矿产资源、港口资源、海水资源、滨海旅游资源、海岸带土地资源、空间资源以及海洋能资源等。由于过度捕捞、海区污染、海洋生态条件破坏等因素，海洋渔业资源衰退已十分严重。沿海滩涂的围海造田以及发展养虾，使沿海湿地面积约缩减了一半，使滩涂湿地的自然景观遭到破坏，重要的经济鱼、虾、蟹、贝类栖息、繁衍场所消失，许多珍稀濒危野生动植物绝迹，并且大大降低了滩涂湿地调节气候、储水分洪、抵御风暴潮及护岸保田等的能力。大力开展海洋渔业资源的保护是海洋渔业和资源合理开发利用与可持续性发展的根本措施和策略。

新高考选考科目指引：

本专业必须选择物理、化学学科。

培养目标：

本专业培养具备渔业资源和渔场学、渔具理论与设计、渔业法规和管理、工程流体力学和航海技术等方面知识，能在海洋渔业产业、教育、科研和管理等部门从事渔业资源可持续开发、养护和管理的复合型人才。

培养要求：

本专业学生主要学习海洋学、海洋生物学、渔业资源学、工程力学、渔具渔法学、渔场学、航海学等基本理论和基本知识，接受海洋生物资源调查、航海技术、渔具设计与操作技术等方面的基本训练，具备渔业资源开发和可持续利用、渔业资源评估、渔业管理与渔政执法等方面的基本能力。

主干学科：

力学、水产学、生物科学。

主要课程：

海洋学、海洋生物学、鱼类学、鱼类行为学、工程流体力学、渔具理论与设计学（或渔具力学）、渔具渔法学（或海洋渔业技术学）、渔业资源与渔场学、渔业资源评估与管理、渔业法规与渔政管理、渔业水域环境监测与评价。

顶尖院校：

中国海洋大学。

就业去向：

学生毕业后能从事渔业资源开发与利用、渔业信息技术应用的科学研究及渔业设施工程规划与设计等工作，适应相关领域的生产、科研、教学和管理工作。

就业热门行业：

农/林/牧/渔、互联网/电子商务、检测、认证、中介服务、电子技术/半导体/集成电路等。

就业热门城市：

福州、上海、东莞、广州和江门等。

090603T 水族科学与技术

新高考选考科目指引：

本专业必须选择物理、化学学科。

培养目标：

本专业培养具有观赏水族养殖与鉴赏、繁殖与育种、水质调控、营养与饲料、病害防治、水族工程设计、经营管理等方面知识与能力，能够在水族产业的企事业单位从事休闲渔业及观赏水族科研、开发、教学、管理等工作的复合型科学技术人才。

培养要求：

本专业学生主要学习现代生物科学和环境科学的基本理论以及观赏水族的养殖、水族产业的经营和管理等方面的知识，受到有关生物学和化学实验教学、观赏水族养殖实践性环节、计算机应用等方面的基本训练，掌握观赏水族养殖技术、水域环境控制、营养与饲料、病害防治等方面的基本能力。

主干学科：

生物学、环境科学技术、水产养殖学。

主要课程：

普通动物学、水生生物学、观赏水族养殖学、水草栽培学、游钓渔业学、观赏水族营养与饲料学、观赏水族疾病防治学、水族馆创意与设计、水族工程学、饵料生物培养等。

顶尖院校：

上海海洋大学。

就业方向：

毕业生能在大中专院校、科研院所、环境保护、海关检疫、动植物检疫、现代渔业技术等部门从事有关教学、科研、行政管理、技术推广等方面的工作。

就业热门行业：

批发/零售、农/林/牧/渔、制药/生物工程、环保、酒店/旅游等。

▶ 就业热门城市：
深圳、广州、上海、佛山、烟台和西安等。

📖 090604TK 水生动物医学
水生动物医学专业主要研究水产动物病原、病理、病害预防与控制等方面的基本知识和技能，涉及微生物学、免疫学、水产动物病理学、药理学等。

▶ 新高考选考科目指引：
本专业必须选择物理、化学学科。

▶ 培养目标：
本专业培养德、智、体、美、劳全面发展，具有一定的人文社会科学和自然科学基本理论知识，具备基础兽医学、预防兽医学、临床兽医学的基本理论、基础知识和基本技能，能在水生动物病害防控、养殖生产、教学科研和管理等部门从事病害防控、预防检疫、科学研究、教学、经营管理、技术开发与推广等方面工作的复合应用型人才。

▶ 主干学科：
动物医学、环境科学、水产科学。

▶ 主要课程：
养殖水环境化学、水生动物生物学、水产动物病原生物学、水产药物学、水产动物病理学、水产动物免疫学、鱼病学、水产无脊椎动物疾病学、水产动物疾病诊断学、水产养殖学概论。

▶ 首批开设院校：
上海海洋大学、大连海洋大学、中国海洋大学、广东海洋大学、集美大学。

▶ 就业方向：
该专业毕业生能在水产养殖生产、教学科研和管理等部门从事水生动物疾病诊治、防疫检疫、教学、管理、技术研发和服务、产品营销等工作，能在水生动物医学及其相关领域自主创业，也可攻读水产学、兽医学、生物学、环境科学及相关学科的硕士学位。

0907 草学类

📖 090701 草业科学

▶ 新高考选考科目指引：
本专业必须选择物理、化学学科。

▶ 培养目标：
本专业培养具备草地及草资源、生态环境、草地畜牧业生产等方面的系统知识，能在现代草业经济建设与社会发展领域从事草业科学的研究与教学、技术开发与推广、草产品市场营销、企业管理等方面工作的草业学科复合型人才。

▶ 培养要求：
本专业学生主要学习植物学、植物分类学、遗传学、土壤学、草地学、牧草学、草坪学、牧草及草坪草育种学、草地调查与规划、草地畜牧业、草地生态学、草产品生产与经营等方面的基本理论和基本知识，掌握草地调查与规划，牧草及草坪草育种、栽培，草产品生产等方面的基本能力。

▶ 主干学科：
草地学、牧草学、草坪学。

▶ 主要课程：
植物学、植物分类学、遗传学、土壤学、实验设计与统计分析、草地学、牧草学、草坪学、牧草及草坪草育种学、草地调查与规划、草地畜牧业、草地生态学、草地保护学、草产品加工、草业经营管理。

▶ 顶尖院校：
兰州大学。

▶ 就业方向：
毕业生适宜从事草地规划、改良与利用、生态旅游、自然保护区建设、城市园林规划与设计、运动场建植与养护、草原保护等方面的教学、科研、开发及管理等工作，亦可在草坪与草企业、政府、高校、科研等部门工作。

▶ 未来可从事职业岗位：
草业研发人员、草坪管理师、草坪销售代表、业务发展专员等。

▶ 就业热门行业：
农/林/牧/渔、建筑/建材/工程、房地产、金融/投资/证券、机械/设备/重工、咨询、人力资源、互联网/电子商务、仪器仪表/工业自动化、保险等。

▶ 就业热门城市：
广州、上海、北京、天津、深圳、呼伦贝尔、阿拉善、乌海、保定和合肥等。

📖 090702T 草坪科学与工程

▶ 新高考选考科目指引：
本专业必须选择物理、化学学科。

▶ 培养要求：
本专业学生要求以生物学为基础研究草坪绿地植物的生长发育规律，掌握草坪与绿地维护、园林建造与管理、生态环境保护、草业生产技术与管理等方面的基本能力。

▶ 首批开设院校：
甘肃农业大学。

▶ 就业方向：
本专业毕业生主要流向经济发达地区从事园林绿化、绿色有氧运动场地建造与维护、生态环境修复、草业生产技术与管理工作，也可到高等院校和科研院所从事教学与研究工作。

10 医学

人类医学发展到今天，形成了东方医学（主要指中国医学即中医，其他有藏医、蒙医等世界传统医学）和西方医学（即西医）两大分支，二者在形式上的融合又形成了第三种医学——中西医结合医学，而今从中西医学比较研究与汇通走向了现代系统医学领域。

1001 基础医学类

100101K 基础医学

基础医学的主要研究对象是疾病、致病因素以及人体正常生命活动的调控。在人类认识自身的科学领域中，基础医学是最重要的学科之一。

基础医学学科前沿及优先发展领域：①重大疾病发生发展过程及其干预措施的分子与细胞机制研究；②神经、免疫、内分泌系统在健康与重大疾病发生发展中的作用；③自然与社会因素对健康的影响及其致病机理；④药物对分子、细胞与整体调节水平的作用机理以及中医药学理论体系与实践方法的发展研究等。

肿瘤、艾滋病等都是严重威胁人类健康的杀手，它们是如何产生的？怎么防治？这些都是基础医学迫切需要解决的问题。一种药物为什么能治病？如何在"细菌工厂"中制造一种药物？克隆技术怎么能为人类健康服务？又有什么无法控制的后果？这些也都属于基础医学的范畴。总的来说，这门学科从整体到分子水平研究正常或异常的生命活动现象，是临床医生诊治疾病的基础和桥梁。

▶▶ **新高考选考科目指引：**

本专业必须选择物理、化学学科。

▶▶ **培养目标：**

本专业培养具有全面的综合素质、扎实的现代生命科学和医学的理论基础、较强的创新精神和实践能力、较大的发展潜能及德、智、体、美、劳全面发展，能在高等医学教育教学和现代医药卫生领域从事基础医学教育教学和生物医学研究的专业人才。

▶▶ **培养要求：**

本专业学生应具有较宽厚的自然科学和人文社会科学基础知识，掌握医学科学和生物医学领域的基本理论知识，接受医学基础各学科的实验技能的基本训练，具备医学基础学科教学实践和从事生物医学科学研究的基本能力。

▶▶ **主干学科：**

生物学、基础医学、临床医学。

▶▶ **主要课程：**

人体解剖学与组织胚胎学、医学生物化学与分子生物学、医学生理学、细胞生物学、医学遗传学、医学免疫学、病原生物学、药理学、病理及病理生理学、内科学、外科学。

▶▶ **顶尖院校：**

复旦大学。

▶▶ **未来可从事职业岗位：**

护士、基础医学类助理研究员、现场咨询师、基因检测技术员、医学编辑、学科编辑、在线健康顾问、健康管理培训讲师、学术推广专员、营养师、模式动物应用研究专员、高级科研顾问、生物研发员、区域技术服务工程师、技术销售代表、销售助理、项目经理、产品开发高级经理等。

▶▶ **职业薪酬：**

基础医学专业相关职位薪酬（月薪）：按工作经验统计，其中应届生约6000元，1~3年约9000元，5~10年约13000元。

▶▶ **就业热门行业：**

制药/生物工程、医疗/护理/卫生、医疗设备/器械、新能源、学术/科研、教育/培训/院校、互联网/电子商务、快速消费品、美容/保健等。

▶▶ **就业热门城市：**

北京、上海、广州、杭州、武汉、深圳、南京、西安、成都和福州等。

专家提醒

医学是最热门的专业之一，随着人类挑战自然、展现自我以及人们生活档次的不断提升，人们对自身的体魄健康愈来愈重视了。这种时代的趋势，促进了医学的发展，进而促进了基础医学教育的发展。据有关部门调查表明，当今世界最受欢迎的职业是医生，因此人们对医学类人才的需求将不断增加,我国与世界接轨,世界先进技术将涌入中国,具有高技术的专业人才必将会受到青睐。但是医学学生的学习还是比较艰苦的,要有心理准备,要做好继续深造的准备,以提高自己面对竞争的能力。

本专业为国家控制布点的专业。

📖 100102TK 生物医学

生物医学专业是一门交叉学科,综合了医学、生物学、管理学、法学等多个学科,它适应了新形势下健康产业发展的需求,以培养创新型生物医学专业人才为目标。

▶▶▶ 新高考选考科目指引:
本专业必须选择物理、化学学科。

▶▶▶ 核心课程:
包括生命科学核心课程、基础医学核心课程和临床学相关核心课程。生命科学核心课程主要是生物学基础类的课程,比如生命科学基础、细胞与生物分子、遗传与发育等;基础医学核心课程主要是涉及人体的一些基础课程,如人体结构与功能学、疾病基础、感染与免疫学、药理学与药物研发、神经科学等;临床学相关核心课程主要是涉及人类常见疾病的预防治疗的一些课程,如重要疾病的临床与研究等。

▶▶▶ 主干课程:
整合生物医学、分子细胞生物学、微生物与免疫学、应用生物医学、人体系统的整合功能、发育生物学、人体结构与功能学。

▶▶▶ 首批开设院校:
上海交通大学、华中科技大学。

▶▶▶ 就业方向:
该专业毕业生主要面向三大行业就业:学术界、产业界和管理界。在学术界方向,主要是在科研机构、高等院校、医院等就职;在产业界方向,则是把研究成果转化为生产力,包括为新药、新的诊断治疗技术的研发提供理论成果支持等,在生物医学高新企业就业;在管理界方向,主要是在大健康产业从事管理工作及生物医学知识产权保护等相关法律事务工作。

📖 100103T 生物医学科学

生物医学科学是在医学学科大变革的时代,生物学与医学再次牵手,形成的以分子医学为核心,以系统生物医学、表观遗传学、干细胞研究和神经科学等为引领的新学科。

▶▶▶ 新高考选考科目指引:
本专业必须选择物理、化学学科。

▶▶▶ 培养目标:
本专业培养经过系统训练的、具有扎实生命科学及医学科学知识,具有创新意识及独立开展科学研究能力的高层次人才。

▶▶▶ 培养要求:
该专业学生需要熟悉生命科学,熟练掌握医学知识,具备创新思维、国际视野,具有远大的理想和领导潜能。

▶▶▶ 核心课程:
生物化学、细胞分子生物学、遗传学、胚胎学、解剖学、生理学、病理学、药理学、微生物学、免疫学等。

▶▶▶ 首批开设院校:
上海交通大学等。

▶▶▶ 就业方向:
毕业生可在高校、科研院所、企业、国防等单位从事本学科领域的科学研究、产品开发、专业教学、质量控制与生产管理方面的工作。

1002 临床医学类

📖 100201K 临床医学

▶▶▶ 新高考选考科目指引:
本专业必须选择物理、化学学科。

▶▶▶ 培养目标:
本专业培养适应医药卫生事业发展需要,具有良好的职业素养、初步临床工作能力、终身学习能力和进一步深造的基础,能在各级卫生保健机构,在上级医师的指导与监督下,从事安全有效的医疗实践的应用型人才。

▶▶▶ 培养要求:
本专业学生主要学习自然科学、基础医学和临床医学方面的基本知识与基本理论,接受临床技能、沟通技能等方面的基本训练,掌握初步的医疗、健康宣教、自主学习和终身学习的能力。

▶▶▶ 主干学科:
基础医学、临床医学。

▶▶▶ 主要课程:
人体解剖学、组织胚胎学、生理学、生物化学、病理学、诊断学、内科学、外科学、妇产科学、儿科学。

▶▶▶ 顶尖院校:
上海交通大学、北京大学医学部、复旦大学、吉林大学、同济大学、中山大学、暨南大学和浙江大学。

▶▶▶ 就业方向:
毕业生可在医疗单位从事医疗工作,也可在各科研机构、医学院校从事科学研究、教学工作及考取研究生继续深造。

▶▶▶ 未来可从事职业岗位:
内科医师、眼科医生、护士、外科医生、B超医生、临床医生、产品经理、销售代表、销售经理、产品专员等。

▶▶▶ 职业薪酬:
临床医学专业相关职位薪酬(月薪):按工作经验统计,其中应届生约5000元,1~3年约9000元,3~5年约19000元,

5~10年约23000元，10年以上约35000元。

>>> **就业热门行业：**

医疗/护理/卫生、制药/生物工程、医疗设备/器械、美容/保健、新能源、互联网/电子商务、娱乐/休闲/体育、金融/投资/证券、咨询、人力资源等。

>>> **就业热门城市：**

北京、上海、广州、武汉、深圳、杭州、成都、南京、重庆和西安等。

专家提醒

临床医学专业可以说是一门实践性很强的应用科学专业。尤其在大学学习阶段是比较辛苦的，已入职的不少过来人吐槽："学习临床医学专业的同学开学最早，放假最晚，好像一不小心又返回高中时期。简直是一入医门深似海啊！"

学子们认为辛苦，主要有以下两方面的原因：

一是临床医学专业在大学期间学的课程多，比如学校在大学期间重点培养学生在基础医学、临床医学方面的基本理论和医疗预防的基本技能；学生主要学习医学方面的基础理论和基本知识，接受人类疾病的诊断、治疗、预防方面的基本训练；具有对人类疾病的病因、发病机制作出分类鉴别的能力。

二是该专业学习时间长，医学实践的时间也较长。教育部的新政策是"5+3+X"，即5年的院校教育，加上3年的住院医师规范化培训或全科医生规范化培训，而X是一部分医师想在大医院做"分工更细"的专科医生，比如神经内科和泌尿外科等，就要在住院医师规范化培训结束后，进入亚专科规范化培训基地继续学习。亚专科阶段根据内容的不同和执业的难度不同，时间也相对不同。

因此，临床医学专业的毕业生不仅要具有较全面的综合素质和较好的学习能力，还需要具有较强的处理临床实际问题的能力和初步的科研能力。

📖 100202TK 麻醉学

麻醉是运用药物来令病人暂时失去知觉的医学手段，通常应用于手术或急救过程中。现代医学首次运用到麻醉技术，还要追溯到1842年3月30日，在美国格鲁吉亚州杰弗逊市，一名医生在为妻子接生的过程中，首次使用了麻醉药。

麻醉学是一门基础医学与临床医学结合而成的专业，由此决定了麻醉学专业的同学将进行这两方面的系统学习。在基础医学方面，其以药理、生理、生物化学、病理生理学、人体解剖学为主，同时学习内科学、外科学等；在临床医学方面，设有临床麻醉学等与临床相关的课程。麻醉学专业对学生的理论知识和动手能力的要求都很高，除专业课程外，临床见习课也有不少。

>>> **新高考选考科目指引：**

本专业必须选择物理、化学学科。

>>> **培养目标：**

本专业培养具有基础医学、临床医学和麻醉学等方面的基本理论知识和基本技能，能在医疗卫生单位的麻醉科、急诊科、急救中心、重症监测治疗病房（ICU）、药物依赖戒断及疼痛诊疗等领域从事临床麻醉、急救和复苏、术后监测、生理机能调控等方面的医学高级专门人才。

>>> **培养要求：**

本专业学生主要学习基础医学、临床医学、麻醉学的基本理论知识及临床医学、麻醉学的基本技术，接受麻醉、急救与生命复苏的基本训练，具有常见手术的麻醉处理、手术期并发症防治以及危重病症的监测、判断与治疗的基本能力。

>>> **主干学科：**

基础医学、临床医学、麻醉学。

>>> **主要课程：**

人体解剖学、生理学、药理学、内科学、外科学、临床麻醉学、急救医学、疼痛诊疗学、麻醉药理学、麻醉设备学、麻醉生理学、麻醉解剖学等。

>>> **顶尖院校：**

哈尔滨医科大学和中国医科大学。

>>> **就业方向：**

毕业生主要到医疗卫生单位的麻醉科、急诊科、急救中心、重症监测治疗病房以及药物依赖戒断与疼痛诊疗等领域从事临床麻醉、急救和复苏、术后监测、生理机能调控等方面的工作。

>>> **未来可从事职业岗位：**

麻醉科医师、麻醉科主任、外科医生、生物医学编辑、销售代表等。

>>> **就业热门行业：**

医疗/护理/卫生、制药/生物工程、医疗设备/器械、美容/保健、教育/培训/院校、新能源、互联网/电子商务等。

>>> **就业热门城市：**

广州、深圳、成都、杭州、武汉、上海、长沙、南京、宁波和北京等。

📖 100203TK 医学影像学

传统医学可分为众多具体的专业学科，如临床医学、口腔医学、预防医学、麻醉医学等。医学影像学便是其中的一种，它通过先进的医学仪器，根据病变的形态学改变作出诊断，进而为治疗疾病带来切实的帮助。医学影像学与临床医学紧密相关，是临床医学不可或缺的辅助学科。

医学影像学专业研究各种成像设备和放疗设备的操作，它由自然科学、工程学、生物学、医学等学科相互渗透而形成。医学影像学专业要求学生熟悉常规放射学、CT、核磁共振、超声学、影像核医学等操作技能，能对疾病进行医学影像诊断和放射治疗。学生大一、大二时主要学习基础课，包括基础医学和临床医学，会做不少实验和小手术。学完基础课，就开始学习专业课，如成像技术、摄影学、影像诊断学、介入放射学、影像设备与维修等。

新高考选考科目指引：
本专业必须选择物理、化学学科。

培养目标：
本专业培养具有基础医学、临床医学和现代医学影像学的基本理论知识及能力，能在医疗卫生单位从事医学影像诊断、介入放射学和医学成像技术等方面工作的医学高级专门人才。

培养要求：
本专业学生主要学习基础医学、临床医学、医学影像学的基本理论知识，接受常规放射学、CT、核磁共振、超声学、DSA、核医学影像学等操作技能的基本训练，具有常见病的影像诊断和介入放射学操作基本能力。

主干学科：
基础医学、临床医学、医学影像学。

主要课程：
物理学、电子学基础、计算机原理与接口、影像设备结构与维修、医学成像技术、摄影学、人体解剖学、诊断学、内科学、影像诊断学、介入放射学等。

顶尖院校：
华中科技大学和南方医科大学。

就业方向：
毕业生可在各类医疗机构、防疫机构、医学科研部门、血站等单位从事临床影像技术、功能检查等技术工作，也可到医疗设备公司工作。

未来可从事职业岗位：
B超医生、放射科医生、超声科医生、医学影像科医生、临床医生、CT室医师、放射科技术人员、儿科医生、护士、技术交流中心项目技术员等。

职业薪酬：
医学影像学专业相关职位薪酬(月薪)：按工作经验统计，其中应届生约5000元，1~3年约8000元。

就业热门行业：
医疗/护理/卫生、医疗设备/器械、美容/保健、制药/生物工程、计算机软件、新能源、互联网/电子商务、娱乐/休闲/体育、教育/培训/院校等。

就业热门城市：
上海、北京、深圳、杭州、广州、成都、武汉、苏州、西安和无锡等。

📖 100204TK 眼视光医学

眼视光医学专业又称验光置镜专业，是现代光学技术和现代眼科学的结合，是运用现代光学的原理和技术解决视觉障碍的新兴交叉学科。它是一门既具有经典传统色彩，又具有现代高科技特征的医学专业，该专业以光学、药物、手术和心理辅导等为手段，以改善和促进清晰舒适视觉为目标，以保护眼睛健康为己任，是一项给人类带来光明的崇高事业。

新高考选考科目指引：
本专业必须选择物理、化学学科。

培养目标：
培养具有基础医学、临床医学和眼视光医学的基本理论知识及能力，能在医疗卫生单位从事眼科诊断、治疗和医学技术等方面工作的医学高级专门人才。

培养要求：
该专业学生主要学习基础医学、临床医学、眼视光医学的基本理论知识，接受专业操作技能的基本训练，具有常见眼病诊断治疗的基本能力。

主要课程：
人体解剖学(含组织胚胎学)、生理学、诊断学基础、药理学、基础眼科学、视光学基础、眼视光特检技术、内科学、外科学、验光技术、临床眼科学、眼镜技术、配镜学和角膜接触镜验配技术等。

顶尖院校：
温州医科大学。

就业方向：
该专业毕业生一般从事眼镜行业验光、配镜工作；主要做医院眼科视光技术人员或者是验光、配镜质量检验人员以及社区眼保健人员等。

职业薪酬：
眼视光医学专业相关职位薪酬(月薪)：按工作经验统计，其中1~3年约10000元。

就业热门行业：
医疗/护理/卫生、医疗设备/器械、互联网/电子商务、新能源、制药/生物工程、美容/保健、教育/培训/院校、娱乐/休闲/体育、贸易/进出口、批发/零售等。

就业热门城市：
上海、成都、北京、宁波、武汉、无锡、深圳、厦门、达州和宿迁等。

📖 100205TK 精神医学

精神医学是临床医学的分支，是研究人类各种心理障碍、精神病的病因、发病机制、临床特点和防治方法的一门临床学科，旨在探索人类精神世界的奥秘，促进人类的精神健康。要求学生掌握基础医学、临床医学、临床心理学及精神病的基本理论和诊疗技能，具有一般医疗技能和处理常见的心理障碍、行为障碍、精神疾病及相关疑难急重症的能力。

新高考选考科目指引：
本专业必须选择物理、化学学科。

培养目标：
本专业培养从事精神病医学与心理卫生工作的临床医师

及应用心理学专业人才。
>>> **培养要求:**
本专业要求学生掌握基础医学、临床医学、临床心理学及精神病的基本理论和诊疗技能。
>>> **主干学科:**
基础医学、临床医学、精神医学、人文社会学。
>>> **主要课程:**
英语、计算机、人体解剖学、组织胚胎学、医学微生物学、精神免疫学、生理学、病理学、精神药理学、诊断学等。
>>> **顶尖院校:**
中南大学。
>>> **就业方向:**
学生毕业后可以到全国各级医学院校、综合医院、脑科医院、医学心理中心及精神卫生保健机构从事医疗、教学、科研和精神卫生工作,或在各级各类医疗卫生机构和医学科研部门等从事以神经、精神疾病为主的临床治疗、预防、心理咨询科学研究和教学工作及心理咨询、心理治疗工作。
>>> **未来可从事职业岗位:**
内科医生、护士、咨询医生、医学检验员、医疗类讲师、健康顾问、技术支持工程师、教辅专员、医药销售代表、医疗器械销售代表、骨科销售代表、销售工程师、区域销售经理等。
>>> **职业薪酬:**
精神医学专业相关职位薪酬(月薪):按工作经验统计,其中1~3年约10000元。
>>> **就业热门行业:**
制药/生物工程、医疗/护理/卫生、医疗设备/器械、新能源、美容/保健、互联网/电子商务、计算机软件、贸易/进出口、金融/投资/证券等。
>>> **就业热门城市:**
北京、上海、广州、深圳、杭州、武汉、成都、南京、郑州和西安等。

100206TK 放射医学

放射医学专业的学生学习基础医学、临床医学和放射医学的基础知识;能用放射诊断、核素诊断、影像诊断等各种诊断技术进行疾病诊断,并掌握其基本理论、方法和技能;应用γ射线、深部X射线、放射性核素等各种射线进行诊断及放射治疗,并掌握其基本理论、方法和技能;掌握放射损伤及放射病的诊治技术,掌握放射防护的基本理论、方法和技能,具有医学科学研究的初步能力。
>>> **新高考选考科目指引:**
本专业必须选择物理、化学学科。
>>> **培养目标:**
本专业培养适应我国现代化建设和放射医学事业发展需要的,德、智、体、美、劳全面发展的,掌握放射医学基础理论、基本知识和基本技能、基本创新精神和实验能力的高素质放射医学专门人才。
>>> **主干学科:**
基础医学、临床医学、放射医学。
>>> **主要课程:**
公共基础课:思想政治理论课、体育、英语、医用物理学、基础化学、有机化学、计算机应用基础。
专业基础课:系统解剖学、组织学与胚胎学、生理学、生物化学、医学微生物学、医学免疫学、病理生理学、病理学、药理学、诊断学、预防医学、肿瘤放治疗学、影像诊断学、辐射防护管理与评价。
专业课:内科学、外科学、妇产科学、儿科学、医学放射生物学、放射毒理学、核物理学、辐射剂量学、放射损伤临床学、放射卫生学、放射化学、辐射细胞遗传学。
>>> **顶尖院校:**
苏州大学。
>>> **就业方向:**
学生毕业后在各级放射治疗和核医学诊疗部门、疾病预防控制中心、环境保护部门、进出口检疫部门、科研院所、高等学校和卫生行政管理部门的相关岗位上从事肿瘤的放射治疗和核医学诊疗工作、放射性监督检测、放射卫生防护指导与放射性职业评价,以及相关的教学、科学研究和事业工作。
>>> **未来可从事职业岗位:**
放射科医师/主任、头部伽马刀医生、影像医生、放射部主任、影像科技师、环境监测员、职业卫生评价与检测人员、实验室检测人员、临床前诊疗一体化放疗系统应用工程师、医学客户代表、核医学/放射医学/行业销售经理等。
>>> **职业薪酬:**
放射医学专业相关职位薪酬(月薪):按工作经验统计,其中1~3年约7000元,3~5年约9000元。
>>> **就业热门行业:**
医疗/护理/卫生、制药/生物工程、检测、认证、美容/保健、医疗设备/器械、环保、贸易/进出口、新能源、外包服务、学术/科研等。
>>> **就业热门城市:**
上海、广州、北京、深圳、杭州、苏州、合肥、天津、金华和东莞等。

专 家 提 醒

随着核能的发展和放射性核素的广泛应用,放射医学已经从传统的临床诊断、治疗和防护学拓展到包含医学物理、核辐射安全与应急在内的涉及物理、化学、生物、医学、计算机科学、机械和电子科学的大学科,社会对相应人才的需求正呈指数级增长。

100207TK 儿科学

>>> **新高考选考科目指引:**
本专业必须选择物理、化学学科。

>>> **培养目标：**

本专业为儿科医疗事业培养具有良好素质的、能从事儿科和儿童保健工作或医学研究的儿科医学专业人才。

>>> **主要课程：**

细胞生物学、人体解剖学、组织胚胎学、遗传学、生化学、微生物学、免疫学、寄生虫学、病理解剖学、计算机应用、局部解剖学、病理生理学、药理学、医学统计、文献检索、医学伦理学、诊断学、外科学总论、影像诊断学、核医学、医学心理、流行病学、麻醉学、内科学、外科学、妇产科学、眼科学、皮肤科学、耳鼻喉科学、口腔学、小儿传染病学、小儿内科学、小儿外科学、儿童保健学等。

>>> **首批开设院校：**

首都医科大学、中国医科大学、南京医科大学、南方医科大学、郑州大学、哈尔滨医科大学、广西医科大学、重庆医科大学、河北医科大学、广州医科大学、浙江中医药大学、安徽医科大学等。

>>> **就业方向：**

毕业生主要到各级各类综合性医院、医学科研机构、高等院校、预防保健机构（疾病控制中心、卫生监督所、卫生防疫站等）从事医疗服务，进行科学研究及预防疾病方案的设计、实施等工作。

1003 口腔医学类

📖 100301K 口腔医学

对于口腔的功能，大多数人所能理解的就是说话、吃饭，而这些只是口腔的一部分功能，口腔还具有吸吮、感觉、表情、参与呼吸等复杂功能。

同其他医学类专业一样，口腔医学专业的学生需要学习医学基础理论和临床医学知识，这些都是诊断口腔常见病、多发病的基础。大学期间，口腔解剖生理学、口腔组织病理学、口腔修复学、口腔正畸学等课程是口腔医学专业学生的必修课程。

>>> **新高考选考科目指引：**

本专业必须选择物理、化学学科。

>>> **培养目标：**

本专业培养德、智、体、美、劳全面发展，具备医学基础理论和临床医学知识，掌握口腔医学基本理论和临床操作技能，能在医疗卫生机构从事口腔常见病、多发病的诊治和预防工作的口腔医学应用型专门人才。

>>> **培养要求：**

本专业学生主要学习口腔医学的基本理论和基本知识，接受诊断、治疗、预防口腔及颌面部疾病方面的训练，掌握诊断、治疗和预防口腔常见病、多发病的基本能力。

>>> **主干学科：**

基础医学、临床医学、口腔基础医学、口腔临床医学。

>>> **主要课程：**

解剖学、组织胚胎学、病理生理学、病理学、诊断学、内科学、外科学、口腔解剖生理学、口腔组织病理学、口腔材料学、口腔预防医学、牙体牙髓病学、牙周病学、口腔黏膜病学、儿童口腔病学、口腔颌面外科学、口腔修复学、口腔正畸学、口腔颌面影像诊断学。

>>> **顶尖院校：**

四川大学、北京大学医学部、上海交通大学和武汉大学。

>>> **就业方向：**

毕业生既可在医院的口腔科工作，也可开设私人诊所，或去美容院从事相关的面部整容、美容工作。只要不是对工作单位及条件要求过高，口腔医学专业的毕业生就业一般不成问题。但如果学生都想挤往大城市、大医院，便会造成人才相对过剩，形成就业难的局面。

>>> **未来可从事职业岗位：**

口腔医生、牙科医生、口腔医生助理、销售代表、销售主管、临床销售经理等。

>>> **职业薪酬：**

口腔医学专业相关职位薪酬（月薪）：按工作经验统计，其中1～3年约8000元，3～5年约10000元。

>>> **就业热门行业：**

医疗/护理/卫生、医疗设备/器械、美容/保健、制药/生物工程、教育/培训/院校、咨询、人力资源、财会、新能源、金融/投资/证券、外包服务等。

>>> **就业热门城市：**

上海、北京、广州、深圳、杭州、武汉、南京、成都、宁波和福州等。

1004 公共卫生与预防医学类

📖 100401K 预防医学

预防医学是伴随着现代医学和统计学、微生物学的先后创立而逐步发展完善的，它是研究预防和消灭病害、讲究卫生、增强体质、改善和创造有利于健康的生产环境和生活条件的科学。医学发展的趋势之一，是从个体医学发展到群体医学，预防医学与临床医学的不同之处在于它是以人群为对象，而不是仅限于以个体为对象的研究预防。

预防医学以临床医学为基础，重点研究与职业、环境、营养等方面有关的人类健康问题。通过预防医学的学习，我们会了解到诸如哪一种职业容易引起哪一种疾病，缺乏哪一种营养素可能会导致哪一种疾病，以及什么样的生活习惯对健康有益处等与人类健康有关的知识。研究方法主要是通过现场调查和实验室研究,运用统计学软件和计算机技术,完成数据处理和分析,进而揭示疾病发生的原因。

本专业为国家控制布点的专业。

新高考选考科目指引:
本专业必须选择物理、化学学科。

培养目标:
本专业培养适应我国医药卫生事业发展需要,具有良好职业道德、创新精神、实践能力和学习能力,掌握基础医学、临床医学和预防医学的基本理论、基本知识和技能,能够胜任疾病预防控制、疾病防治、健康促进等公共卫生相关领域的工作,从事公共卫生实践、预防与控制疾病的流行、保障公共卫生安全、促进人群健康的专业人才。

培养要求:
本专业学生主要学习基础医学、临床医学、预防医学的基本理论、基本知识,接受疾病控制和健康相关行为干预等方面的技术训练,具有开展疾病预防控制、实施卫生监督监测、改进环境卫生、开展卫生保健和健康教育等工作的能力。

主干学科:
公共卫生与预防医学、基础医学、临床医学。

主要课程:
流行病学、卫生统计学、健康教育学、职业卫生学、环境卫生学、营养与食品卫生学、卫生事业管理、卫生毒理学基础、儿童少年卫生学、妇女保健学。

顶尖院校:
华中科技大学、北京大学医学部、复旦大学和哈尔滨医科大学。

就业方向:
毕业生可从事疾病预防控制、卫生监督、卫生检疫、妇幼保健、医疗、职业病防治及评价、社区卫生服务、学校卫生保健、健康教育、卫生行政管理、卫生检测、预防医学相关学科的研究等工作。

未来可从事职业岗位:
健康管理师、保健医生、幼儿园保健医生、内科医生、健康顾问、公卫医师、兼职医学数据统计、职业卫生评价师等。

职业薪酬:
预防医学专业相关职位薪酬(月薪):按工作经验统计,其中应届生约4000元,1~3年约5000元,3~5年约8000元。

就业热门行业:
医疗/护理/卫生、制药/生物工程、医疗设备/器械、教育/培训/院校、新能源、美容/保健、检测、认证、互联网/电子商务、咨询、人力资源、财会等。

就业热门城市:
北京、上海、广州、深圳、杭州、武汉、成都、南京、重庆和福州等。

100402 食品卫生与营养学

食品卫生与营养学是现代医学中一门重要的学科,与生理学、生物化学、病理学、药物学、临床医学和食品科学等具有非常密切的关系。食品卫生与营养学在临床医学、预防医学、康复医学等学科发展中都具有重要的地位。食品卫生与营养学是以人群为研究对象,用预防为主的思想,针对人群中的营养问题和营养性疾病的消长规律,采用基础医学、营养学、临床医学、预防医学以及人文社会学的理论和方法,来探讨食物和营养因素对人群健康的影响和营养性疾病发生、发展的规律,制定相应的营养防治对策,并通过营养干预措施,达到人群合理营养、提高健康素质和生命质量,保护人类健康和促进社会发展的目的。

新高考选考科目指引:
本专业必须选择物理、化学学科。

培养目标:
本专业培养具备预防医学和食品卫生与营养学的知识和能力,能在社区营养及食品安全领域从事营养指导以及食品卫生监督、检验和管理工作的复合型人才。

培养要求:
本专业学生主要学习临床医学、预防医学和食品卫生与营养学的基本理论和基本知识,接受实验研究、人群调查研究和监督管理方面的基本训练,具备相关科学研究、监督管理工作和实验室检测的基本能力。

主干学科:
临床医学、预防医学。

核心课程:
预防医学、营养学基础、公共营养学(包括营养宣传教育)、分子营养学、临床营养学(包括常见的食物烹饪方法)、食品化学、食品微生物学、食品毒理学、食品安全评价体系、食品工艺卫生学、食品安全的监督管理。

顶尖院校:
上海交通大学、扬州大学和安徽农业大学。

就业方向:
该专业毕业生可到幼儿教育机构、宾馆、医院营养科、高等院校、科研单位、各级疾病预防控制中心(CDC)、卫生监督所、食品药品管理局、社区卫生服务中心、学校和卫生管理机构等单位工作。

未来可从事职业岗位:
营养师、职业卫生评价、厨政总监等。

就业热门行业:
餐饮业、酒店/旅游、教育/培训/院校、医疗/护理/卫生、快速消费品、房地产、娱乐/休闲/体育、物业管理/商业中心、贸易/进出口等。

就业热门城市:
广州、上海、杭州、武汉、成都、深圳、北京、南京、南宁和厦门等。

100403TK 妇幼保健医学

▶ **新高考选考科目指引：**

本专业必须选择物理、化学学科。

▶ **培养目标：**

本专业培养具有医学科学的基本理论、基本知识和较强的实践技能，具有从事妇幼保健、围生期保健及妇产科、儿科疾病的预防、诊断和治疗的医学高级专门人才。

▶ **培养要求：**

本专业学生要掌握必需的文化和临床医学知识，具有妊娠诊断检查、正常接生、产后处理及母婴健康指导的能力，掌握常用护理操作技能，能开展围生期保健、营养与膳食指导、心理护理及计划生育指导。

▶ **主要课程：**

人体解剖学、生理学、生物化学、遗传与优生学、病理学、药理学、诊断学基础、内科学、外科学、妇科学、产科学、儿科学、妇女保健学、儿童保健学、卫生统计学、预防医学等。

▶ **顶尖院校：**

中南大学和新疆医科大学。

▶ **就业方向：**

毕业生主要面向医疗、妇幼保健、计划生育等机构，从事临床助产、妇产科护理、妇幼保健、计划生育咨询和指导等方面的工作。

▶ **未来可从事职业岗位：**

助产士、妇幼保健、儿童保健医生、导医护士、婴幼儿护理师、妇科医生、预防保健部科员、职业卫生检测与评价人员、言语治疗师、医学编辑、销售代表等。

▶ **就业热门行业：**

医疗/护理/卫生、教育/培训/院校、医疗设备/器械、制药/生物工程、新能源、咨询、人力资源、财会、互联网/电子商务、美容/保健、外包服务、快速消费品等。

▶ **就业热门城市：**

广州、深圳、武汉、上海、北京、杭州、长沙、佛山、成都和无锡等。

100404TK 卫生监督

随着食品安全、饮水安全、学校卫生、职业病危害、放射卫生等公共卫生问题的日趋严重，卫生监督执法任务日益繁重。本专业是在此社会发展背景下应教育部、原卫生部（现卫健委）要求而设立的，2012年由教育部批准在哈尔滨医科大学首批开设此专业。

▶ **新高考选考科目指引：**

本专业必须选择物理、化学学科。

▶ **培养目标：**

本专业培养具有良好的职业道德，掌握公共卫生、卫生监督、法律法规的理论与方法，富有沟通协调能力、社会管理能力、终身学习能力，能在相关卫生监督机构从事卫生监督工作的应用型复合型专门人才。

▶ **培养要求：**

本专业在人才培养过程中注重学生对医学知识、法律学知识、公共卫生知识、监督学知识的掌握，使学生掌握现场快速检测技术和参与公共卫生事件现场监督的技能。

▶ **主要课程：**

系统解剖学、生理学、病理学、药理学、医学微生物学、诊断学、内科学、外科学、卫生统计学、流行病学、卫生法学、监督学总论、环境卫生与监督、职业卫生与放射卫生监督、医政与医疗服务卫生监督、食品安全与监督管理、药品与化妆品卫生监督。

▶ **顶尖院校：**

哈尔滨医科大学。

▶ **就业方向：**

学生毕业后在各级卫生监督所、各级食品药品监督管理局、各级安全生产监督管理局、各级卫生行政部门、各级环境保护局、出入境检验检疫局、大型企业等从事卫生监督执法工作。

▶ **未来可从事职业岗位：**

巡店督导、物业部专员、品质经理、安全/环保工程师、餐饮部经理、储运车间主任/经理、专卖店经理、牛场质检员等。

▶ **职业薪酬：**

卫生监督专业相关职位薪酬（月薪）：按工作经验统计，其中应届生约4000元，1~3年约6000元，3~5年约7000元。

▶ **就业热门行业：**

制药/生物工程、快速消费品、餐饮业、互联网/电子商务、新能源、批发/零售、房地产、教育/培训/院校、服装/纺织/皮革、物业管理/商业中心等。

▶ **就业热门城市：**

上海、北京、广州、深圳、武汉、杭州、成都、厦门、西安和南京等。

100405TK 全球健康学

全球健康学是具有高度国际化和学科交叉性质的新兴学科，系统培养全球卫生人才，既是国家战略需要，更是适应全球卫生合作和发展的需要。2000年以来，国际健康组织异常活跃，健康相关议题已超越了传统的卫生范畴，被频频纳入各国政府高层领导会晤的议事日程中。全球健康已上升为国家"非传统安全威胁"，日益成为关联国家与国家、地区与地区之间的重要纽带。加快全球健康学人才培养，不仅可为我国的和平崛起营造良好的国际舆论环境，而且可为国家安全提供重要的战略性保障。

据了解，近年来，哈佛大学、华盛顿大学等美国知名高校组建了全球健康研究中心（所），或建立全球健康系，开设适合本科生、硕士研究生的全球健康学专业。国内外相关领域专家认为，全球健康学专业涉及社会保障、法学、经济、遥感等多领域，具有多学科融合的特点,本专业的建设有利于促进新学科群的发展。

新高考选考科目指引:
本专业必须选择物理、化学学科。

培养目标:
本专业培养高度国际化,具有深厚人文底蕴,系统掌握全球健康学基本理论、基本知识和基本技能,具备一定科学研究与实践创新能力,满足国家卫生外交和国际卫生合作的复合型高级专业人才。

培养要求:
本专业学生要求熟悉国际卫生事务,系统掌握全球有关国家或地区居民的健康与疾病特征,促进跨国界重大公共卫生问题的联合行动,提高全球健康的公平性和可及性,促进人类健康。

主干学科:
全球健康学、预防医学。

主要课程:
人体结构学、生理学、病原生物学、临床医学概论、社会人类学、卫生经济学、国际法学、全球健康保健体系、全球疾病分布与健康特征、全球健康外交事务、健康心理行为学、健康教育与健康促进、卫生统计学、流行病学、GIS空间数据分析、环境职业与健康、环境毒物与危险评价、营养食物与健康等。

顶尖院校:
武汉大学。

就业方向:
学生毕业后可在世界卫生组织(WHO)、国际红十字会、全球健康基金会等各类国际卫生组织中担任驻外机构卫生专员、国际卫生援助项目以及中国卫生外援项目官员。此外,也可在相关涉外健康管理的政府部门、海关检验检疫部门,以及相关教学、科研机构就业。

未来可从事职业岗位:
医学助理、课程顾问、文案编辑、产品策划、酒店软装设计师、圣诞产品设计师、医药代表、市场部销售经理、渠道专员等。

就业热门行业:
制药/生物工程、快速消费品、教育/培训/院校、金融/投资/证券、互联网/电子商务、咨询、人力资源、新能源、贸易/进出口、保险等。

就业热门城市:
上海、北京、广州、深圳、潍坊、杭州、成都、昆明、佛山和武汉等。

专家提醒
全球健康学专业实行文理兼招,要求学生英语成绩优秀,沟通能力强。该专业将打造能承担全球健康领域理论研究、政策评估、国际卫生资源整合、全球疾病控制等方面的复合型、国际化人才。

100406T 运动与公共健康

本专业旨在贯彻和落实健康中国国家战略,应对社会发展过程中人口老龄化、运动不足导致的慢性病人口剧增等急需解决的社会问题,推动运动健康融入公共卫生与预防医学学科体系,丰富公共卫生与预防医学学科的内涵,服务国家从以疾病治疗为中心向以健康促进为中心的公共卫生健康战略转型,不断提高老百姓的健康水平和幸福指数,落实健康中国国家战略。

新高考选考科目指引:
本专业必须选择物理、化学学科。

首批开设院校:
上海体育学院。

1005 中医学类

100501K 中医学

在中华民族五千年的文明史中,中医学毫无疑问是灿烂星河中一颗璀璨的明星。从最早的中医理论专著《黄帝内经》开始,经过我们的祖先几千年来不断地探索、总结,中医学形成了独特的理念和治疗方法。中医学创造了许多医学史上的世界第一。例如,古代名医华佗制作的麻沸散是世界上最早使用的麻醉药;大约在公元11世纪,中医学即开始应用"人痘接种法"预防天花,成为世界医学免疫学的先驱。中医学还创造了许多疗法,如针灸,它具有许多独特的功效。而根据中医理念创造出来的太极拳等,更可以强身健体,对现代人有越来越大的吸引力。

当今我国医疗体系中,中医和西医两大体系并存,各自发挥自己的长处,为人们的健康服务。而中西医工作者也都在积极探索中西医结合之路,融合两大医学的优点,寻找解决疑难病症的新途径。因而,不论是医学飞速发展的现在还是遥远的将来,古老的中医学仍将具有不可替代的作用。中医学本身也在不断发展之中,国内有许多中医研究机构和专门的中医药大学进行中医理论和临床研究,培养中医药人才。

新高考选考科目指引:
本专业必须选择物理学科,另外要求在化学和生物2科中至少选择1科。

培养目标:
本专业培养具备良好的人文、科学和职业素养,系统的中医学基本理论、基本知识、基本技能和对常见病症进行中医临床诊疗的能力,能在医疗卫生领域从事医疗、预防、保健、康复等方面工作的中医学应用型人才。

培养要求:
本专业学生主要学习中医学基础理论、基本知识和必要的基础医学、临床医学基本知识，接受人文、科学、职业素养教育以及临床技能方面的基本训练，掌握运用中医药进行诊疗、预防、康复和人群健康服务等方面的基本能力。

>>> 主干学科：
中医学。

>>> 主要课程：
中医基础理论、中医诊断学、中药学、方剂学、中医经典、针灸学、中医内科学、中医外科学、中医妇科学、中医儿科学。

>>> 顶尖院校：
北京中医药大学、广州中医药大学和上海中医药大学。

>>> 就业方向：
学生毕业以后可以选择攻读硕士、博士学位，继续在中医领域深造，完善医学知识并积累经验，或在各医院、医疗研究机构、行政机构从事医务和管理工作。

>>> 未来可从事职业岗位：
坐诊大夫、康复治疗师、针灸推拿师、中医理疗师、住院医师、在线医生、咨询医生、健康管理师、中医推拿师、艾灸养生理疗师、中医医生、护士、理疗师、骨科销售代表、美容师、美容导师、健康管理培训讲师、医院文案策划、网站策划/编辑、产品开发高级经理等。

>>> 职业薪酬：
中医学专业相关职位薪酬(月薪)：按工作经验统计，其中应届生约4000元，1~3年约6000元，3~5年约7000元，5~10年约13000元。

>>> 就业热门行业：
医疗/护理/卫生、制药/生物工程、医疗设备/器械、美容/保健、新能源、互联网/电子商务、娱乐/休闲/体育、快速消费品、教育/培训等。

>>> 就业热门城市：
北京、广州、上海、武汉、深圳、杭州、成都、南宁、厦门和郑州等。

专 家 提 醒

中医学是中国古代哲学和古代传统文化的体现，是和中国文化分不开的。中医理论常常来源于对前人经验的总结，渗透到古代文化典籍中，运用和发展中医需要对古代文化进一步发掘和认识。根据中医学和传统文化联系紧密的特点，现在中医学专业在培养方式上有了很大创新，例如，现在许多医科大学都与当地的综合性大学合并或联合。在综合性大学里，学西医的学生先要学习理科知识，学中医的学生先要学习传统文化，强调学科的交叉综合是医学专业发展的新特征。另外，医学专业的教育牵扯到后期的实习，因为它强调实践，仅实习时间就有一年半，所以学习的时间较长，为五年。就中医专业来讲，可以选择五年制本科(学士学位)或七年制本硕连读(医学学士和临床医学专业硕士学位)。此外，需要大家注意的是，中医专业对于考生体检也有限制，一般色盲色弱者不能报考中医学专业。

对于考生关心的就业前景问题，人们已经看到，中医学是中华民族灿烂文化的重要组成部分，几千年来为中华民族的繁荣昌盛作出了卓越的贡献，并以显著的疗效、独特的诊疗方法、系统的理论体系、浩瀚的文献史料，屹立于世界医学之林，成为人类医学宝库的共同财富。中医学历经千年而不衰，显示了自身强大的生命力。例如，现代医学有一个观点是要回归自然，使用西医的化学药物对人的健康常常产生副作用，而中医的医疗模式、心理疗法、环境自然疗法，以及采用的天然药物却不会对人体健康产生有害影响，这是西医取代不了的优势。当今一些经济发达国家也看到了中医的优势，如日本正在大力研究中医，我国也加大了对中医的扶持力度，所以，本专业毕业生就业前景很好。

本专业为国家控制布点的专业。

100502K 针灸推拿学

>>> 新高考选考科目指引：
本专业必须选择物理学科，另外要求在化学和生物2科中至少选择1科。

>>> 培养目标：
本专业培养具备良好的人文、科学和职业素养，系统的中医针灸推拿学基本理论、基本知识、基本技能和对常见病症进行针灸推拿临床诊疗的能力，能在医疗卫生领域从事医疗、预防、保健、康复等方面工作的针灸推拿应用型人才。

>>> 培养要求：
本专业学生主要学习中医学基础理论、基本知识和必要的基础医学、临床医学基本知识，接受针灸推拿临床技能等方面的基本训练，掌握运用针灸推拿技术与方法进行诊疗、预防、保健、康复等方面的基本能力。

>>> 主干学科：
中医学、针灸推拿学。

>>> 主要课程：
中医基础理论、中医诊断学、经络腧穴学、刺法灸法学、针灸治疗学、推拿手法学、推拿治疗学、中医内科学、中医骨伤科学、正常人体解剖学。

>>> 顶尖院校：
北京中医药大学、广州中医药大学和上海中医药大学。

>>> 就业方向：
学生毕业后可在各级中医院、人民医院、康复疗养院从事中医、针灸、推拿、理疗、康复、美容、保健等工作；也可以在各类康复中心、亚健康理疗机构、美容足疗机构从事保健工作；也可报考硕士研究生，或通过考试获得执业证书自主创业，开办诊所、养生馆、特色治疗中心、社区医疗服务中心等。

>>> 未来可从事职业岗位：
针灸推拿师、针灸推拿医生、中医理疗师、康复理疗师、中

医科医生等。

职业薪酬：
针灸推拿学专业相关职位薪酬(月薪)：按工作经验统计，其中3~5年约13000元。

就业热门行业：
医疗/护理/卫生、医疗设备/器械、美容/保健、制药/生物工程、娱乐/休闲/体育、互联网/电子商务、咨询、生活服务等。

就业热门城市：
上海、北京、广州、杭州、武汉、深圳、成都、南宁、西安和厦门等。

专 家 提 醒

据悉，随着市场竞争的加剧，现代人的工作压力、生活压力、心理压力越来越大，中国目前70%~80%的人处于亚健康状态。随着生活水平的不断提高和健康知识的普及，人们更加注重保健和预防。

中医针灸推拿不仅对颈椎病、肩周炎、腰腿疼痛等疾病有很好的治疗效果，更具有放松身心、保健强身的作用。中医针灸推拿是我国中医的瑰宝，现今各地的中医针灸推拿理疗店如雨后春笋般涌现，但其从业人员须经过严格、系统的培训，而专业学校的毕业生数量有限，因而，此类人才非常缺乏，成为业界相互追逐的香饽饽。

本专业为国家控制布点的专业。

100503K 藏医学

新高考选考科目指引：
本专业必须选择物理学科，另外要求在化学和生物2科中至少选择1科。

培养目标：
本专业培养具备藏医药理论基础、藏医学专业知识和专业实践技能，能在各级藏医医院、藏医科研机构及各级综合性医院从事藏医临床医疗工作和科学研究工作的应用型人才。

培养要求：
本专业学生要求学习藏医药学基本理论和基本知识，具备一定的现代医学知识及临床基本技能，接受藏医临床诊断和治疗，特别是藏医临床治疗方案制定、合理用药和外治特色疗法的实施等实际技能的训练，具有藏医各科疾病的临床诊疗和科研工作的基本能力。

主干学科：
藏医学。

主要课程：
藏医三大基因学、藏医人体学、藏医病机学、藏医诊断学、藏医方剂学、藏医热疫病学、藏医外治学、藏医内科学、藏医药物学、藏医五官科学。

顶尖院校：
青海大学和西藏藏医学院。

就业方向：
该专业毕业生适宜到藏医医疗、教学、科研及藏药开发机构工作。

就业热门行业：
制药/生物工程、医疗设备/器械、互联网/电子商务、保险、学术/科研等。

就业热门城市：
拉萨、中山、北京、南京、咸阳、杭州、汕头、清远、潮州和珠海等。

100504K 蒙医学

蒙古族传统医学，简称蒙医学，是蒙古民族逐渐积累的独特的医药学理论和治疗方法。蒙医学既是蒙古民族丰富的文化遗产之一，也是中国传统医学的重要组成部分。它以在长期与疾病斗争中所积累起来的传统医疗实践经验为基础，吸收了藏医、汉医及古印度医学理论的精华，逐步形成具有鲜明民族特色、地域特点和独特理论体系、临床特点的民族传统医学。

本专业为国家控制布点的专业。

新高考选考科目指引：
本专业必须选择物理学科，另外要求在化学和生物2科中至少选择1科。

培养目标：
本专业培养具有良好的职业素养与中国传统文化底蕴、较扎实的蒙医基础理论与基本知识、较强的蒙医思维和实践能力、较强的传承能力与创新精神，掌握科学方法，达到知识、能力、素质协调发展，具备蒙医学和临床医学的基本理论和医疗预防的实践技能及人文知识，能在各级蒙医医院、蒙医科研机构及综合性医院从事蒙医临床医疗和科学研究等方面工作的有创新精神的应用型人才。

培养要求：
本专业学生主要学习蒙医药学的基本理论、基本知识及蒙医临床医疗技能，掌握现代医学方面的知识，接受蒙医临床技能和现代医学临床技能的基本训练，掌握各科疾病的临床诊疗和科研工作的基本能力。

主干学科：
蒙医药学、基础医学、临床医学。

主要课程：
蒙医基础理论、蒙药学、蒙医方剂学、蒙医诊断学、蒙医内科学、蒙医外科学、蒙医疗术学、蒙医温病学、蒙医预防医学与传染病学、人体解剖学。

顶尖院校：
内蒙古民族大学。

就业热门行业：
医疗/护理/卫生、教育/培训、学术/科研、咨询、生活服务等。
>>> **就业热门城市：**
北京、厦门、大连、广州和深圳等。

📖 100505K 维医学

>>> **新高考选考科目指引：**
本专业必须选择物理学科，另外要求在化学和生物2科中至少选择1科。

>>> **培养目标：**
本专业培养适应维吾尔族医学(简称维医学)发展实际需要，符合现代医学教育对知识、能力和素质的要求标准，具有良好的医学职业道德，具有较大的发展潜力，富有创新意识，能从事临床、教学和科研工作的维医学应用型专门人才。

>>> **培养要求：**
本专业学生主要学习维医药基础理论、基本知识和维医临床医疗技能，学习必要的现代医学知识，接受维医临床操作技能、医疗、制药、用药等方面专业的规范化基本训练，具有运用维医药学和西医学理论知识和实际操作能力防治常见病、多发病的基本能力。

>>> **主干学科：**
维医学、基础医学、临床医学。

>>> **主要课程：**
维医基础理论、维医疾病机理学、维医诊断学、维医药学、维医成药学、维医内科学、维医外科学、维医妇科学、维医皮肤病学、维医骨伤科学、维医治疗技术学、人体形态学、人体机能学、药理学、西医内科学、西医外科学。

>>> **顶尖院校：**
新疆医科大学。

>>> **就业方向：**
毕业生可在维吾尔族医院、医院维医科、维医药教学科研部门、康复保健及社区医院、药厂、维医药经营管理、药品检验与行政管理机构工作。

>>> **职业薪酬：**
维医学专业相关职位薪酬(月薪)：按工作经验统计，其中应届生约7000元，3~5年约26000元。

>>> **就业热门行业：**
医疗/护理/卫生、制药/生物工程、医疗设备/器械、美容/保健、互联网/电子商务、金融/投资/证券、外包服务、咨询、人力资源、商业中心等。

>>> **就业热门城市：**
厦门、北京、上海、泉州、广州、福州、南京、杭州、成都和深圳等。

📖 100506K 壮医学

>>> **新高考选考科目指引：**
本专业必须选择物理学科，另外要求在化学和生物2科中至少选择1科。

>>> **培养目标：**
本专业培养具备较为扎实的壮医基础理论、基本知识和基本技能以及相关的中医学、现代医学等方面的知识，具备较强的实践和创新能力，掌握一定的人文社会科学知识和中国古代文化知识，能够在各级医疗、教学、科研机构从事壮医药临床、教学、科研、管理等方面工作，具有良好职业道德和职业素质，富有创新意识的壮医学应用型人才。

>>> **培养要求：**
本专业学生主要学习壮医学基本理论和基本知识，具有必要的人文社会科学知识、扎实的中医学以及现代医学的知识和能力，接受壮医临床基本技能、中医临床基本技能和现代医学临床基本技能的训练，掌握运用壮医学进行各科疾病的临床诊疗和科研工作的基本能力。

>>> **主干学科：**
壮医学、中医学、临床医学。

>>> **主要课程：**
壮医基础理论、壮医诊断学、壮医方药学、壮医内科学、壮医刺灸学、壮医经筋学、壮医特色疗法等。

>>> **顶尖院校：**
广西中医药大学。

>>> **就业方向：**
学生毕业后主要在各级医疗机构中从事壮医、中医和中西医结合临床医疗、教学、科研及其他相关行业的工作。

>>> **未来可从事职业岗位：**
临床医学技术策划、医学信息联络官、医学信息沟通专员、区域学术推广经理、药物警戒专员、技术支持工程师、剂量算法工程师、内贸业务员、质控总监、售前咨询顾问、质管专员、新药客户经理、住院医师、网络医生、产品专员、药学服务专员、医药代表、销售工程师等。

📖 100507K 哈医学

>>> **新高考选考科目指引：**
本专业必须选择物理学科，另外要求在化学和生物2科中至少选择1科。

>>> **培养目标：**
本专业培养德、智、体、美、劳全面发展，符合哈医学教育标准对知识、能力、素质的要求，能在医疗管理及哈医学专科医疗机构从事哈医科研、哈医专科及社区医疗卫生服务的符合未来发展潜质的哈医学应用型专业人才。

>>> **培养要求：**
本专业学生主要学习哈医学的基本理论和基本知识，接受哈医学临床技能的基本训练，掌握运用哈医学对常见医疗问题进行诊疗的基本能力。

>>> **主干学科：**
哈医学、现代医学。

核心课程：

正常人体形态学、人体机能学、药理学、诊断学基础、哈医妇科学、针灸学、哈医基础理论、哈医诊断学、哈药学、哈医方剂学、《齐帕格尔巴彦》选读、哈医内科学、哈医儿科学、哈医外科学、哈医骨伤科学、哈医特色疗法学。

顶尖院校：

新疆医科大学。

就业方向：

该专业毕业生可到各级哈医院、综合性医院、社区医疗机构及医学科研机构从事医疗、教学和科研工作。

未来可从事职业岗位：

幼儿园保健医生、微整形医生、营养师、孕育师、专业翻译人员等。

就业热门行业：

制药/生物工程、医疗/护理/卫生、医疗设备/器械、美容/保健、金融/投资/证券、教育/培训/院校、娱乐/休闲/体育、保险、政府/公共事业等。

就业热门城市：

深圳、上海、北京、南京、哈尔滨、成都、武汉、天津、太原和广州等。

100508TK 傣医学

傣医学是傣族人民同疾病作斗争而总结出的传统医学，它有着较系统的医学理论和丰富的临床经验，具有鲜明的民族特色和地方特点，是中国传统医学的重要组成部分之一。

新高考选考科目指引：

本专业必须选择物理学科，另外要求在化学和生物2科中至少选择1科。

培养目标：

该专业学生主要学习傣医学基本理论和基础知识及一定的现代医学基本理论知识，受到傣医临床操作和辨证施治的基本训练，具有运用傣医学方法防治常见病、多发病的基本能力。

主干学科：

傣医基础理论、傣医临床医学。

主要课程：

傣医基础理论、傣医诊断学、傣药学、傣医方剂学、傣医疗术学、傣医温病学、人体解剖学、生理学、傣医内科学、傣医外科学、傣医妇科学、傣医儿科学等。

首批开设院校：

云南中医药大学。

100509TK 回医学

回医学专业立足宁夏本地，服务基层，突出回族医学特色，坚持夯实基础、注重临床的原则，为宁夏及周边回族地区培养回医学方面的医学专门人才。

新高考选考科目指引：

本专业必须选择物理学科，另外要求在化学和生物2科中至少选择1科。

培养目标：

本专业培养具备良好的人文、科学和职业素养，有较为深厚的中国传统文化底蕴，较为系统的回医学、中医学基本理论、基本知识；有较强的回医和中医思维与临床实践能力，并且掌握相应的科学方法，具有自主学习和终身学习能力，具有较强的传承能力与创新精神；能在医疗卫生领域从事回医与中医医疗、预防、保健、康复方面工作的高素质应用型回医、中医人才。

主干课程：

回医基础理论、回医诊断学、回药学、回医方剂学、回医药学史、回医内科学、回医妇科学、回医儿科学、回医外科学、回医治疗学。

首批开设院校：

宁夏医科大学。

100510TK 中医康复学

中医康复学是指在中医学理论指导下，针对残疾者、老年病、慢性病及急性病后期者，通过采用各种中医药特有的康复方法及其他有效措施，以减轻功能障碍带来的影响的一门传统学科。

新高考选考科目指引：

本专业必须选择物理学科，另外要求在化学和生物2科中至少选择1科。

培养目标：

本专业培养德、智、体、美、劳全面发展，掌握中西医基础理论、康复医学、中医康复学等，具备运用中医康复方法和现代康复技术等处理临床疾病功能障碍的基本能力，能在各级医院康复科、康复专科医院、社区卫生服务中心、医学院校、中医科研机构等，从事中医康复学临床、教学和科研工作的高素质、应用型、复合型的中医康复学人才。

主要课程：

中医学、人体解剖学、针灸学、推拿学、中医骨伤科学、神经病学、运动医学、康复心理学、康复评定学、康复疗法学、临床康复学、康复工程学、中医养生康复学等。

首批开设院校：

黑龙江中医药大学等。

就业方向：

毕业生主要到各级综合性医院、专科医院、社区医院、保健康复机构从事康复治疗、保健与评价工作。

100511TK 中医养生学

中医养生学是研究和阐释人类生命发生发展规律、预防疾病、增强体质、益寿延年基础理论和方法的一门实用学科。

▶▶ **新高考选考科目指引：**

本专业必须选择物理学科,另外要求在化学和生物2科中至少选择1科。

▶▶ **培养目标：**

本专业培养具有理论研究、教学创新、技术推广、健康管理、产品研发、市场营销等复合能力的中医养生专业人才。

▶▶ **培养要求：**

该专业学生需要具备良好的人文、科学和职业素养,以及深厚的中国传统文化底蕴,实践能力强,有创新意识,掌握系统的中医学和中医养生学基础理论、知识和技能,熟悉中医养生源流及学术思想,全面掌握中医养生适宜技术,能够结合现代管理构建中医养生学生命健康管理机制,熟悉中医膳食养生、情志养生、功法养生、生态旅游养生等养生理论与方法。

▶▶ **主要课程：**

中医学基础、现代医学基础、中医古典医籍、中医诊断学、中药学、方剂学、中医内科学、中医外科学、中医妇科学、中医儿科学、中医骨伤科学、针灸学等。

▶▶ **首批开设院校：**

南京中医药大学、成都中医药大学等。

▶▶ **就业前景：**

随着国民经济的发展、人民生活水平的提高以及全面建成小康社会奋斗目标取得决定性成就,本专业毕业生就业前景良好,在广阔的医疗市场中可大有作为。

▶▶ **就业方向：**

该专业学生毕业后,能够掌握中西医学基本理论和基本技能,并有良好的人文素质和社会适应能力,可以从事医药卫生行业的医疗、科研、教学、社区保健、卫生防疫、卫生行政事业管理等工作。

100512TK 中医儿科学

中医儿科学是以中医学理论体系为指导,以中国传统的中药、针灸、推拿等治疗方法为手段,研究自胎儿至青少年这一时期人的生长发育、生理病理、喂养保健,以及各类疾病预防和治疗的一门医学科学。

▶▶ **新高考选考科目指引：**

本专业必须选择物理学科,另外要求在化学和生物2科中至少选择1科。

▶▶ **培养目标：**

本专业培养能够在医疗卫生领域和中医院校从事中医儿科临床、预防、保健、康复、教学、科研工作的专业人才。

▶▶ **培养要求：**

该专业学生需要具备良好的人文、科学和职业素养,具有系统的中西医学基本理论、基本知识、基本技能和对常见病、多发病尤其是儿科疾病的中西医结合临床诊疗能力,具有继承与创新精神。

▶▶ **首批开设院校：**

安徽中医药大学等。

▶▶ **就业前景：**

中医儿科学属中医临床专业,而中医临床专业的就业总体形势严峻,相对其他专业,中医临床专业的毕业生就业选择余地较狭窄,就业对口率低,许多中医临床毕业生不得不进入其他相关专业。

▶▶ **就业方向：**

毕业生主要到各级中医院、中医科研机构及各级综合性医院从事中医儿科临床医疗工作和科学研究工作。

100513TK 中医骨伤科学

▶▶ **新高考选考科目指引：**

本专业必须选择物理学科,另外要求在化学和生物2科中至少选择1科。

▶▶ **培养目标：**

本专业培养能运用中医诊疗思维方法与技能和必要的现代医学知识,从事中医医疗、预防、保健、康复等工作的高级中医临床专业人才。

▶▶ **主干课程：**

中医基础理论、中医诊断学、中药学、方剂学、正常人体解剖学、组织学与胚胎学、生物化学、生理学、病理学、药理学、内经、伤寒论、金匮要略、温病学、中医各家学说、诊断学基础、中医内科学、中医外科学、中医妇科学、中医儿科学、针灸学、推拿学、西医内科学、西医外科学、中医临床思维训练、临床实践方法学讲座、中医内科病因病机学、中医内伤杂病临床研究、中医药临床研究实践与应用等。

▶▶ **就业方向：**

该专业毕业生主要在各级中西医医疗机构中从事骨伤科临床医疗、教学和科学研究工作。

1006 中西医结合类

中西医结合是指把传统的中医中药知识和方法与西医西药知识和方法结合起来,在提高临床疗效的基础上,阐明机理进而获得新的医学认识的一种途径。中西医结合是中华人民共和国建立后政府长期实行的方针。中西医结合是中、西医学的交叉领域,也是我国医疗卫生事业的一项工作方针。中西医结合发轫于临床实践,以后逐渐演进为有明确发展目标和独特方法论的学术体系。

100601K 中西医临床医学

中西医临床医学专业在传授传统中医学理论的同时,加强对西方现代医学新成就、新技术的学习,注重学生的实践能力和创新精神的培养,顺应中医药进入世界医疗主流体系的趋势,以培养适应社会需要和医药卫生事业发展需要的优秀人才。

▶ 新高考选考科目指引：
本专业必须选择物理学科,另外要求在化学和生物2科中至少选择1科。

▶ 培养目标：
本专业培养具备良好的人文、科学和职业素养,较为系统的中西医学基本理论、基本知识、基本技能和对常见病、多发病进行中西医结合临床诊疗的能力,能在医疗卫生领域从事医疗、预防、保健、康复等方面工作的中西医临床医学应用型人才。

▶ 培养要求：
本专业学生主要学习中医学、临床医学的基础理论和基本知识,接受中医临床技能和临床医学基本技能的训练,具有对人类疾病的诊断、治疗和预防的能力。

▶ 主干学科：
基础医学、中西医结合、中医学。

▶ 主要课程：
中医学、基础医学、中西医结合。

▶ 核心课程：
中医基础理论、中医诊断学、中药学、方剂学、正常人体解剖学、生理学、病理学、诊断学基础、中西医结合内科学、中西医结合外科学。

▶ 顶尖院校：
南方医科大学。

▶ 就业方向：
学生毕业后可报考临床医学各专业、中西医结合专业及中医学专业硕士研究生继续深造,可在各级各类医院、高等医学院校、卫生行政管理部门、有关科研院所从事西医、中西医结合或中医专业的医疗、教学、管理、科研等工作。

▶ 未来可从事职业岗位：
内科医生、医生助理、B超助理、执业医师、校医、在线咨询医生、康复医师、健康管理师等。

▶ 就业热门行业：
医疗/护理/卫生、制药/生物工程、医疗设备/器械、美容/保健、教育/培训、互联网/电子商务、学术/科研、娱乐/休闲/体育等。

▶ 就业热门城市：
北京、广州、杭州、上海、成都、深圳、重庆、武汉、福州和郑州等。

1007 药学类

100701 药学

药学专业是包括药剂学、药物化学、药理学和中药学等多学科的综合性专业,用现代科学理论和科学技术研究新药的设计与开发、适宜的用药途径和形式以及临床用药的合理性。从我国的药学历史来看,古老的中医药曾经有过辉煌的成就,直到今天还在为人们造福。现代药学随着化学、物理学、生物学、解剖学和生理学的兴起而发展,其主要标志就是学科分工越来越细,尤其是21世纪以来,早期的药剂学、药物化学、药理学,已与生物、化学、临床等其他学科互相渗透,先后发展成为多个边缘学科。

▶ 新高考选考科目指引：
本专业必须选择物理、化学学科。

▶ 培养目标：
本专业培养具备药学基本理论、基本知识和一定的实验技能,能够在药学领域从事药物研究与开发、药物生产、药物质量控制、药物临床应用和监督管理等方面工作的药学专门人才。

▶ 培养要求：
本专业学生主要学习药学、化学、生物学、基础医学等学科的基本理论和基本知识,接受药物化学、药物分析、药理学、药剂学等相关学科基本实验技能的训练,具备药物研究与开发、药物生产、药物质量控制和药物临床应用等方面的基本能力。

▶ 主干学科：
药学、化学、生物学。

▶ 主要课程：
有机化学、分析化学、物理化学、人体解剖生理学、生物化学、微生物学与免疫学、药物化学、天然药物化学、生药学、临床医学概论、药剂学、药理学、药物分析、药物动力学等。

▶ 顶尖院校：
北京大学医学部、复旦大学、北京协和医学院和中国药科大学。

▶ 就业方向：
毕业生可到科研部门、高等院校、制药企业、医院和政府管理部门从事科学研究、教学、应用开发研究、药物生产与技术管理、药物检验、药物营销、质量控制、药物管理和监督合理用药等工作。

▶ 未来可从事职业岗位：
质量管理员、区域学术推广经理、煎煮中心操作员、临床项目经理、微生物检测工程师、医学信息沟通专员、学术专员、医药销售代表、医院渠道销售代表、招商经理、销售经理、产品经理等。

▶ 职业薪酬：
药学专业相关职位薪酬(月薪):按工作经验统计,其中应届生约4000元,1~3年约7000元,3~5年约9000元,5~10年约15000元。

就业热门行业：
制药/生物工程、医疗/护理/卫生、医疗设备/器械、美容/保健、互联网/电子商务、快速消费品、贸易/进出口等。

就业热门城市：
北京、上海、广州、武汉、杭州、南京、成都、深圳、重庆和济南等。

专家提醒
21世纪以来，基因制药、生物制药在国际上的影响比较广泛，这几项新技术还处于萌芽期，但其发展趋势及其对未来人类健康事业的影响却无法估量。对我国来说，生物制药，尤其是植物药，在国际上较有竞争力，此方面将有较大发展前途。但从总体上看，我国民族药业远远落后于发达国家，其中有科研经费不足的原因，但人才流失严重也是很重要的影响因素。国外药品大量涌入中国市场，中国民族药业面临着一场巨大的冲击。从宏观上来讲，目前，国内需求量较迫切的既有科研人员，也有直接面向患者的医务人员。尤其在《职业药剂师法》出台后，对药品的管理越来越规范严格，国家要求在近几年内，国内每家药店都需有一名以上职业药剂师。因此，在未来的几十年内，药学类人才将一直处于供不应求的状态。

📖 100702 药物制剂

药物制剂专业研究如何将原料药制成适于医疗应用的剂型药品，是一门兼属药品生产和安全有效应用的多分支综合性学科。其内容包括药物制剂理论、工艺、设备、新剂型和新辅料的开发以及药物的体内评价等。任何药物都必须制备成具有一定形状和性质的剂型，才能充分发挥药效、减少毒副作用、便于使用与保存。

新高考选考科目指引：
本专业必须选择物理、化学学科。

培养目标：
本专业培养具备药物制剂的基本理论、基本知识和基本实验技能，能够在药学领域从事药物剂型与制剂的研究开发、药物制剂的生产、制备、质量控制和管理等方面工作的专门人才。

培养要求：
本专业学生主要学习药学、化学、生物学、基础医学等学科的基本理论和基本知识，接受工业药剂学、制剂工程学、化工原理等方面的基本实验技能训练，具备药物剂型和制剂的设计、制备、质量控制及评价的基本理论和技术，具备药物制剂研究、开发、生产等方面的基本能力。

主要课程：
分析化学、有机化学、物理化学、人体解剖生理学、微生物学与免疫学、生物化学、药物化学、药理学、药物分析、工业药剂学、生物药剂学与药物动力学、药用高分子材料学、制剂工程学、化工原理等。

顶尖院校：
中国药科大学、沈阳药科大学和黑龙江中医药大学。

就业方向：
学生毕业后主要从事药物制剂相关学科的教学、药物制剂研究与开发、药物剂型生产技术开发、制剂质量控制、药品营销与流通、药品合理使用，以及食品与药品的监督管理等方面的工作。

未来可从事职业岗位：
制剂技术员、制剂室实验员、制剂研究员、研发总监、QA（质量保证）、生产技术员、工艺检验员、营运助理、营运主管、营运经理、营运储备中层干部、采购助理、采购经理、采购主管、采购储备中层干部、固体制剂车间主任、制剂研发部经理、质检员、制剂项目助理等。

职业薪酬：
药物制剂专业相关职位薪酬（月薪）：按工作经验统计，其中1~3年约7000元，3~5年约9000元，5~10年约12000元。

就业热门行业：
制药/生物工程、医疗/护理/卫生、医疗设备/器械、学术/科研、石油/化工/矿产/地质、快速消费品等。

就业热门城市：
北京、上海、南京、杭州、广州、济南、珠海、苏州、深圳和天津等。

专家提醒
药物制剂是为药物剂型服务的科学，在医疗卫生实践和工业实践中占据很重要的地位，起着推动医药科学不断发展的作用。它的研究方法主要是进行大量的实验工作，以掌握药学科学及临床药学的基本理论和实际技能。随着社会的发展、疾病的改变以及一些病种抗药性的增加，迫切需要大量新药物和新剂型。将新药生产投放于市场，不仅可以化科技为财富，而且可以造福人类，因此药物制剂的就业前景非常广阔。

📖 100703TK 临床药学

新高考选考科目指引：
本专业必须选择物理、化学学科。

培养目标：
本专业培养掌握临床药学的基本理论、基本知识和基本技能，具备相关的临床医学知识，能够在大中型医院、医药院校、医药科学研究机构、药品流通企业、药检所、药事管理等单位从事临床药学研究、临床合理用药、临床药物治疗评价、临床药学教育和药品流通等工作的高级临床药学专门人才。

培养要求：
临床药学专业的学生主要学习药学及临床医学的基础知识及实践技能，接受临床药学实践、临床药学研究方法和技能的基本培训，掌握承担临床药学技术工作、药物评价（新药评价及药品再评价)、药学信息与咨询服务、临床药物治疗方案的设计与实践、实施合理用药的基础知识及技能。

▶ 主要课程：

有机化学、分析化学、生理学、病理学、生物化学、微生物学、免疫学、临床医学概论、临床药物治疗学、诊断学、内科学、外科学、药物化学、药物分析、药剂学、药理学、临床药理学、临床药物动力学、药物毒理学、临床药品不良反应与评价等。

▶ 顶尖院校：

中国医科大学。

▶ 就业方向：

毕业生可从事临床药学服务、医院药局管理、临床药学研究、药政药事管理、药品市场营销等工作，也可继续攻读本学科或相关专业硕士学位。

▶ 未来可从事职业岗位：

临床监察员、高级医学专员、临床协调员、生物实验技术员、学术推广专员、区域学术推广经理、药学服务专员、医疗耗材销售代表、销售主管、产品经理、区域销售经理、产品专员等。

▶ 职业薪酬：

临床药学专业相关职位薪酬(月薪):按工作经验统计,其中1~3年约7000元,3~5年约8000元,5~10年约15000元。

▶ 就业热门行业：

制药/生物工程、医疗/护理/卫生、医疗设备/器械、美容/保健、互联网/电子商务、学术/科研、批发/零售、咨询、人力资源等。

▶ 就业热门城市：

北京、上海、广州、武汉、杭州、南京、成都、深圳、济南和重庆等。

100704T 药事管理

▶ 新高考选考科目指引：

本专业要求在化学、生物2科中至少选择1科。

▶ 培养目标：

本专业培养具有中药学、管理学、经济学等方面的知识和能力,能在各类医药工商企业、药品监督管理及相关机构从事药事与企业管理、分析、策划以及教学、科研等方面工作的高级应用型人才。

▶ 主要课程：

临床医学概论、基础医学概论、药事管理学、经济学、药学概论、会计学、财务管理、药事企业管理、中医方药学、中药商品学、中药药剂学、中药炮制与加工、药理学、中药药理学、运筹学、国际贸易、人力资源管理、企业发展战略与企业文化等。

▶ 顶尖院校：

南京中医药大学。

▶ 就业方向：

本专业毕业生主要在药品监督管理、卫生行政管理、药品价格管理、医疗保险、卫生监察、医药经济调控等部门和药品生产经营企业、医药科研院所、医疗卫生机构等单位从事卫生和药政活动的监督管理、医药资源调查研究、医药市场行为和特征分析、策划及经营的高级药事管理工作。

▶ 未来可从事职业岗位：

药业物流主管、GMP项目申报专员、商务主管/经理、产品经理、销售主管、制剂总监等。

▶ 职业薪酬：

药事管理专业相关职位薪酬(月薪):按工作经验统计,其中1~3年约5000元,3~5年约9000元,5~10年约18000元。

▶ 就业热门行业：

制药/生物工程、医疗/护理/卫生、医疗设备/器械、互联网/电子商务、美容/保健、批发/零售、金融/投资/证券、咨询、人力资源等。

▶ 就业热门城市：

上海、北京、广州、深圳、南京、成都、杭州、苏州、重庆和南宁等。

100705T 药物分析

药物分析是分析化学中的一个重要分支,它随着药物化学的发展逐渐成为分析化学中相对独立的一门学科,在药物的质量控制、新药研究、药物代谢、手性药物分析等方面均有广泛应用。随着生命科学、环境科学、新材料科学的发展,生物学、信息科学、计算机技术的引入,分析化学迅猛发展并已经进入分析科学这一崭新的领域,药物分析也正发挥着越来越重要的作用,在科研、生产和生活中无处不在,尤其在新药研发以及药品生产等方面扮演着重要的角色。

▶ 新高考选考科目指引：

本专业必须选择物理、化学学科。

▶ 培养目标：

本专业培养具备化学、生物学和药学的基本理论和技能;熟练掌握国内外药品生产质量管理规范、药品质量监督管理的法规与标准体系,能够在药物研究、生产、流通和临床使用领域,从事药物分析研究、药物质量控制与管理、临床用药监测等工作的高级科学技术人才。

▶ 主要课程：

大学英语、高等数学、线性代数、数理统计、物理学、无机化学、基础化学、有机化学、物理化学、生物化学、人体解剖生理学、微生物学、临床医学概论、药物化学、药剂学、生药学与天然药物化学、药理学与毒理学、药物代谢动力学、药物色谱分析、药物光谱分析、体内药物与毒物分析、中药分析、药物分析、药事管理与法规等。

▶ 顶尖院校：

沈阳药科大学。

▶ 就业方向：

该专业的毕业生一般可到高等院校、科研机构、医药企业和其他相应的产业部门承担和组织教学、研究、科技开发以及管理工作,主要到药品生产、检验、流通、使用和研究与开发领域从事鉴定、药物设计、一般药物制剂及临床合理用药等方面的工作,也有学生申请出国深造,都比较容易找到对口的进修专业。

▶ **未来可从事职业岗位**:

外科医生、内科医生、有机合成研究员、制剂研究员、分析研究员、QC检验员、研发总监、销售主管等。

▶ **职业薪酬**:

药物分析专业相关职位薪酬(月薪):按工作经验统计,其中1~3年约7000元,3~5年约9000元,5~10年约13000元,10年以上约15000元。

▶ **就业热门行业**:

制药/生物工程、医疗/护理/卫生、医疗设备/器械、学术/科研、石油/化工/矿产/地质、贸易/进出口、外包服务、快速消费品等。

▶ **就业热门城市**:

上海、北京、南京、广州、苏州、杭州、成都、济南、武汉和深圳等。

100706T 药物化学

药物化学在所有的药学类专业里算是一个比较独特的方向。因为一般来说,药学专业都具有很强的专业性,比如药理学、药剂学、药理分析等,不光是学点化学就可以掌握的,药学有着其较为特殊的专业性,但是药物化学相对来说是交叉性较强的一门学科,也是药学的一门基础性学科,对生物化学、分子生物学、分析化学都有涉及,因此,它的广泛性和综合性使其成为申请人数颇多的一门药学类专业。

▶ **新高考选考科目指引**:

本专业必须选择物理、化学学科。

▶ **培养目标**:

本专业培养具有药物化学的基础理论、基本知识和实验技能,新药设计和合成路线设计的基本理论和技术,药物生产工艺研究的基本技能和方法;熟悉药品生产质量管理规范,了解绿色化学与环境保护的关系,能够从事新药分子设计、先导化合物发现和优化、化学合成和生产工艺等研究工作的高级科学技术人才。

▶ **主要课程**:

大学英语、高等数学、线性代数、数理统计、物理学、无机化学、有机化学、物理化学、分析化学、生物化学、分子生物学、化学生物学、微生物学、天然药物化学、药物合成反应、化工原理、有机光谱分析、药物化学、药理学、药物分析学、药剂学、临床医学基础、药物代谢动力学、药物设计学、计算机辅助药物设计、制药工艺学、专业英语文献等。

▶ **顶尖院校**:

中国药科大学。

▶ **就业方向**:

毕业生可在高校、科研机构、制药企业、医院等单位从事药物化学专业的教学、科研、新药开发及管理工作。

▶ **未来可从事职业岗位**:

有机合成助理研究员、有机合成研究员、有机合成高级研究员、制剂研究员、化学分析员、化验员、QC检验员、研发总监、外科医生、外贸业务员等。

▶ **职业薪酬**:

药物化学专业相关职位薪酬(月薪):按工作经验统计,其中1~3年约10000元,3~5年约14000元,5~10年约26000元。

▶ **就业热门行业**:

制药/生物工程、医疗/护理/卫生、医疗设备/器械、石油/化工/矿产/地质、学术/科研、贸易/进出口、外包服务、仪器仪表/工业自动化等。

▶ **就业热门城市**:

上海、北京、南京、苏州、杭州、成都、广州、济南、武汉和天津等。

100707T 海洋药学

▶ **新高考选考科目指引**:

本专业必须选择物理、化学学科。

▶ **培养要求**:

本专业培养系统掌握中药及海洋药物的基本理论和实验技能,能够从事中药及海洋药物的鉴定分析、加工炮制、制剂制备及海洋药物质量检验和科学研究等的人才。

▶ **主干学科**:

海洋生态学、生物学、生物制药、中药学。

▶ **主要课程**:

中医学基础、中药学、方剂学、海洋生态学、海洋生物学、生物化学、中药化学、分析化学、海洋药物化学、药剂学、药理学等。

▶ **顶尖院校**:

中国药科大学。

▶ **就业热门行业**:

制药/生物工程、医疗设备/器械、娱乐/休闲/体育、咨询、人力资源、保险、快速消费品、教育/培训、检测、认证、贸易/进出口等。

▶ **就业热门城市**:

广州、青岛、大连、舟山、上海和北京等。

◉ 专 家 提 醒

本专业限制肝功能异常和澳抗阳性者报考;限制色盲、色弱者报考。

100708T 化妆品科学与技术

新高考选考科目指引：
本专业必须选择物理、化学学科。

培养目标：
本专业培养德、智、体、美、劳全面发展，具备开发加工化妆品、消毒洗涤产品的基本技能；能进行化妆品、消毒洗涤产品质量检验和质量管理工作的高素质技能型人才。

主要课程：
有机化学、生物化学、物理化学、微生物学、精细化工、生物提取技术、表面活性剂技术、香精香料技术、洗涤化妆品配方设计与制备工艺、洗涤化妆品质量检验技术、化妆品企业操作实务、化妆品市场营销与策划、美容护肤、美容化妆等。

首批开设院校：
北京工商大学。

1008 中药学类

100801 中药学

中药是我国传统药物的总称，作为祖国医学的重要组成部分，已经有数千年的历史渊源。它产生于我国古代劳动人民的生产生活实践，发展于历代医学家的不断研究探索，完善于吸收各民族传统医学的精髓，是中华民族的国粹。相对西药来说，中药更依赖于从临床实践总结经验，因此药品开发周期较长，药品效用的验证也需要较长的试验时间。但今天，中药学摆脱了这种单一的发展模式，开始运用化学和生物手段研究方剂的药理和特性，加快了中药研究开发的过程。

新高考选考科目指引：
本专业必须选择物理、化学学科。

培养目标：
本专业培养具备中药学基础理论、基本知识、基本技能以及相关的药学、中医学等方面的知识和能力，能在中药生产、检验、流通、使用、研究与开发等领域从事标准化中药材生产与鉴定、中药炮制与制剂、中药质量与分析、中药药理与安全性评价及临床合理用药等方面工作的专业人才。

培养要求：
本专业学生主要学习中药学及其相关的基本理论和基本知识，接受中药学专业方面的基本训练，具备中药鉴定、中药炮制、中药制药、中药质量控制及安全性评价、指导临床合理用药和中药新药开发等方面的基本能力。

主干学科：
中药学、化学、中医学。

主要课程：
中医学基础、临床中药学、方剂学、基础化学（无机化学、有机化学、分析化学、物理化学）、生物化学、药理学、药用植物学、中药化学、中药药剂学、中药鉴定学、中药炮制学、中药药理学、中药分析、药事管理与法规等。

顶尖院校：
上海中医药大学、北京中医药大学和中国药科大学。

就业方向：
毕业生可在各级医院担任中医师工作，或在有关学校及中医临床科研机构从事教学、科研工作，还可以在中药制药企业从事科研、制剂、产品开发和销售等工作。

未来可从事职业岗位：
煎煮中心操作员、质量管理员、生产技术专员、驻点生产管理员、临床监察员、质量授权人、质量监控员、车间主任、医院代表、区域经理、推广经理、产品经理等。

职业薪酬：
中药学专业相关职位薪酬（月薪）：按工作经验统计，其中应届生约5000元，1~3年约6000元，3~5年约8000元。

就业热门行业：
制药/生物工程、医疗/护理/卫生、医疗设备/器械、美容/保健、批发/零售、互联网/电子商务、快速消费品、贸易/进出口等。

就业热门城市：
北京、广州、上海、武汉、成都、深圳、杭州、南京、厦门和西安等。

专家提醒

中药学专业是一门很有发展前景的专业。西药疗效迅速，但是副作用大，天然的中药却较少有副作用，这使人们开始重新认识中药。目前除了日本、朝鲜以及马来西亚等国家在加强中药研究外，一些西方国家也相继开始研究和使用中药。我国近年加强了对中药研究的投入，一些中药饮片和成药的生产实现了工业化。中成药的生产克服了中药服用麻烦的缺点，又保留了中药的优良特性。当前，中药产业已成为国民经济新的增长点，一大批中成药制药企业发展壮大起来，因此中药学专业的学生就业选择范围更宽广。

100802 中药资源与开发

新高考选考科目指引：
本专业必须选择物理、化学学科。

培养目标：
本专业培养具备中药资源与开发基础理论、基本知识和基本技能，具有中药资源调查研究、生产、保护、综合评价、开发利用等能力，能在中药及相关领域从事中药资源的调查、鉴定、生产、保护、管理、开发等方面工作的专门人才。

培养要求：
本专业学生主要学习中药学、生物学等学科的基本理论和基本知识，接受中药资源研究与开发等方面的技能训练，具备中药资源开发、生产、管理的基本能力。

▶ **主干学科：**
中药学、生物学。

▶ **主要课程：**
临床中药学、植物生理学、药用植物学、药用植物生态学、中药鉴定学、药用植物栽培学、中药资源学、中药生物技术、中药化学、中药分析、中药炮制学、中药药理学、中药药剂学、中药新产品开发等。

▶ **顶尖院校：**
成都中医药大学。

▶ **就业方向：**
毕业生主要在该专业相关单位从事中药资源调查、中药材栽培、中药材鉴定、中药原料采购、中药新药研究开发、中药资源的综合开发和合理利用等方面工作，也可在大专院校、科研机构及其他企事业单位从事中药资源的教学、科研、生产、开发和管理工作。

▶ **未来可从事职业岗位：**
技术研发工程师、营养师、客户经理、市场业务经理、采购总监、第三方实验室市场开拓专员、销售助理等。

▶ **就业热门行业：**
制药/生物工程、医疗设备/器械、医疗/护理/卫生、互联网/电子商务、批发/零售、农/林/牧/渔、广告等。

▶ **就业热门城市：**
广州、北京、深圳、上海、成都、长沙、重庆、保定、武汉和亳州等。

📖 100803T 藏药学

藏药学是中华民族医药宝库中一颗璀璨的明珠，有着数千年的历史。在西藏这块神奇而广阔的雪域大地上，勤劳勇敢的藏族人民凭着自己世代积累的医药经验，用他们的智慧和劳动同恶劣的自然环境进行抗争，并吸取邻近地区的医疗精华，创造了具有本民族特色的藏医药学。藏药学专业的学生主要学习藏医基础医学和藏药学基本理论、基本知识和基本技能，并能掌握一定的现代药学基础知识，全面系统地掌握藏药材辨认、配制、药理分析的基本技能。

▶ **新高考选考科目指引：**
本专业必须选择物理、化学学科。

▶ **培养目标：**
本专业招收民族类藏汉双语考生（文理兼收）。培养熟悉相关的医学和药学的基本知识、药事管理知识、药品经营与管理的基础知识和技术技能，掌握临床合理用药的基本知识，了解我国药品市场的管理办法和营销特点，能独立从事调配处方工作，了解常用制药设备的特点及使用方法，初步胜任药品流通企业购销工作的人才。

▶ **主要课程：**
藏医药学概论、藏医人体学、藏医病机学、藏药学原理、藏药经典、藏医三大基因学、藏药植物学、藏药动物学、藏药矿物学、藏药炮制学、藏药方剂学、藏药制剂工艺与原理、藏药鉴定学、解剖生理学、无机化学、有机化学、分析化学、天然药物化学、药用植物学、药物分析。

▶ **顶尖院校：**
成都中医药大学。

▶ **就业方向：**
近年来，藏医药以其独特而显著的疗效，越来越受到广大患者的青睐。学生毕业后可从事藏药的研制、营销和质量监管等工作。

▶ **未来可从事职业岗位：**
医学讲师、健康管理顾问、专业培训师、微生物检测工程师、质量管理员、生产操作员、商务分销代表、渠道销售代表、区域学术推广经理、临床项目经理、质量总监、研发总监、产品经理、区域销售经理等。

▶ **就业热门行业：**
制药/生物工程、医疗/护理/卫生、医疗设备/器械、美容/保健、互联网/电子商务、批发/零售、贸易/进出口等。

▶ **就业热门城市：**
广州、石家庄、上海、无锡、武汉、北京、成都、杭州和重庆等。

📖 100804T 蒙药学

▶ **新高考选考科目指引：**
本专业必须选择物理、化学学科。

▶ **培养目标：**
本专业培养具备蒙药学基本理论、基本知识和基本实验技能以及与其相关的蒙医学、药学等方面的知识与能力，能在蒙药生产、检验、流通、使用和研究与开发领域从事蒙药鉴定、设计、制剂及临床合理用药等方面工作的高级科学技术人才。

▶ **培养要求：**
本专业的学生主要学习蒙药学各主要分支学科的基本理论和知识，接受蒙药学实验方法和技能的系统训练，具有蒙药鉴定、蒙药炮制、蒙药制备、质量控制评价的基本能力。

▶ **主干学科：**
蒙药学、药学、蒙药药理学。

▶ **主要课程：**
蒙医学基础、蒙药学、蒙医方剂学、药用植物学、蒙药鉴定学、蒙药资源学、蒙药化学、蒙药药理学、蒙药炮制学、蒙药药剂学、蒙药分析学、药事管理学。

▶ **顶尖院校：**
内蒙古民族大学。

▶ **就业方向：**
毕业生可到蒙药制药企业、蒙药研究部门、食品卫生监督

— 267 —

管理部门、药品检验部门、医院药剂科、食品生产企业、医院、疗养院、康复中心等单位或部门从事食谱、药膳、质量评价等工作,或报考蒙药学硕士研究生,继续深造学习。

▶▶▶ **未来可从事职业岗位:**

医学信息沟通专员、药物警戒专员、微生物检验员、分析研究员、药学服务专员、质检工程师、门店健康顾问、网络医生、内贸业务员、区域学术推广经理、医药代表、终端销售代表、项目主管等。

▶▶▶ **就业热门行业:**

制药/生物工程、医疗设备/器械、保险等。

▶▶▶ **就业热门城市:**

北京、乌兰察布、呼和浩特、天津和赤峰等。

100805T 中药制药

中药制药是中药学专业下面的一个二级学科,是在学习现代中医药基本理论的基础上,研究中药制剂各个环节的一个学科。

▶▶▶ **新高考选考科目指引:**

本专业必须选择物理、化学学科。

▶▶▶ **培养目标:**

本专业培养德、智、体、美、劳全面发展,具备中药学、中药生产与工程技术等方面的基本理论和基本技能,适应中药制药产业发展的现代化需要,能够在中药制剂设计与生产、新药研究、产品质量控制相关领域从事研究、开发、工艺设计、生产技术应用和质量控制等方面工作的高级科学技术人才。

▶▶▶ **培养要求:**

本专业学生要求系统掌握中药制药、工艺设计与制剂生产质量控制的基本理论和基本知识,系统接受中药制药技术的技能训练,熟悉国家关于制药生产、设计、研究开发、环境保护、企业管理等方面的方针、政策和法规;具有对中药新产品、新工艺、新技术、新剂型进行研究、开发和设计的初步能力,并具有对中药制剂的生产和技术改造进行监控、管理的能力。

▶▶▶ **主要课程:**

有机化学、物理化学、分析化学、中药化学、中药鉴定学、中药药剂学、中药制剂分析、化工原理、工程制图、中药分离工程、中药制药工艺学、中药制药设备与工艺设计、中药炮制工程学。

▶▶▶ **顶尖院校:**

南京中医药大学和黑龙江中医药大学。

▶▶▶ **就业方向:**

该专业毕业生可到中药制药企业、中药研究部门、食品药品监督管理部门、医院制剂室、药品检验部门、食品生产企业、精细化工企业、医药贸易部门等从事中药制剂生产、质量控制、新药研究方面的工作。

▶▶▶ **未来可从事职业岗位:**

GMP工程师、验证工程师、生产班组长/领班、工程技术中心副经理、自动化方案设计工程师、设计与调试助理工程师、保健食品注册专员、实验技术人员、检验员、质检员、研发助理、技术专员、生产负责人、培训讲师、自动化销售工程师、销售代表、销售助理、省区经理、工程部经理等。

▶▶▶ **职业薪酬:**

中药制药专业相关职位薪酬(月薪):按工作经验统计,其中1~3年约6000元。

▶▶▶ **就业热门行业:**

制药/生物工程、医疗/护理/卫生、医疗设备/器械、美容/保健、批发/零售、新能源、快速消费品、学术/科研等。

▶▶▶ **就业热门城市:**

广州、北京、上海、武汉、成都、西安、南宁、天津、深圳和重庆等。

100806T 中草药栽培与鉴定

中草药栽培与鉴定专业是我国在中药现代化发展需求的形势下设立的,目前在为数不多的农业院校和医药院校中设立,这是一个全新的专业,有机地融合了中药学、农学以及生物学的课程体系,协调各学科之间的关系,对于全方位培养中药人才、加快我国中药现代化进程具有重要作用。

▶▶▶ **新高考选考科目指引:**

本专业必须选择物理、化学学科。

▶▶▶ **培养目标:**

本专业培养具备药用植物栽培、中药鉴定、质量检测、开发营销与经营管理等方面的基本理论、基本知识和基本技能,适应社会市场经济要求的高级科学技术人才。

▶▶▶ **培养要求:**

本专业学生要求掌握药用植物分类、引种、栽培及开发利用的基本理论,掌握中草药的鉴定技术和方法,具有独立获取知识、信息处理和创新的基本技能。

▶▶▶ **主干学科:**

中药学、农学、生药学。

▶▶▶ **主要课程:**

中药学、药用植物学、植物生理学、中草药资源学、植物保护学、药用植物组织培养学、药用植物栽培学、中草药遗传育种学、中药鉴定学等。

▶▶▶ **顶尖院校:**

山东中医药大学。

▶▶▶ **就业方向:**

学生毕业后能够熟练运用所掌握的知识和技能,从事指导中草药栽培和鉴定方面的生产、科研和教学工作。

▶▶▶ **就业热门行业:**

制药/生物工程、快速消费品、医疗/护理/卫生、医疗设备/器械、美容/保健、学术/科研、农/林/牧/渔等。

>>> 就业热门城市：

北京、广州、上海、南京、武汉、深圳、成都、济南、杭州和天津等。

1009 法医学类

100901K 法医学

>>> 新高考选考科目指引：

本专业必须选择物理、化学学科。

>>> 培养目标：

本专业培养具备系统的法医学理论和技能，能在司法机关和鉴定机构从事法医学及相关司法鉴定工作的专业人才。

>>> 培养要求：

本专业学生主要学习医学、法医学和法学三个方面的基本理论和基本知识，接受法医学检验和司法鉴定技能的基本训练，具备运用法医学知识解决涉及法律的医学问题并进行相关科学研究的基本能力。

>>> 主干学科：

基础医学、临床医学、法医学、司法鉴定。

>>> 主要课程：

人体解剖学、生物化学与分子生物学、病理学、法医病理学、临床法医学、法医物证学、法医精神病学、法医毒物分析学、司法鉴定、诉讼法学。

>>> 顶尖院校：

西安交通大学和中国医科大学。

>>> 未来可从事职业岗位：

法医临床司法鉴定人助理、法医临床司法鉴定人、DNA检测中心实验员、化验员、医疗公估师、律师、专家辅助人等。

>>> 职业薪酬：

法医学专业相关职位薪酬（月薪）：按工作经验统计，其中1~3年约5000元，5~10年约13000元。

>>> 就业热门行业：

制药/生物工程、医疗/护理/卫生、医疗设备/器械、咨询、保险、法律、金融/投资/证券、检测、认证等。

>>> 就业热门城市：

北京、上海、广州、杭州、成都、深圳、合肥、天津、宁波和昆明等。

专 家 提 醒

在国际上，法医作为特种医学行业是很受重视的。获得法医执照要经过至少十年左右的学习和实践，但获得的回报也很丰厚。不仅年收入相当于中产阶级，而且有较高的社会地位。中国在改革开放以后，各项法律法规都在不断制定和完善，司法鉴定变得日益重要，同时对法医的需求也在逐年攀升。

本专业为国家控制布点的专业。

1010 医学技术类

101001 医学检验技术

进入21世纪以来，医学检验在我国得到了快速发展，不断建立的新的检验技术，如生化检验中的酶促速率法分析技术，临床检验中的干化学试纸条法检测，免疫检验中的放射免疫、酶免疫及化学发光，微生物检验中的全自动鉴定技术和最近发展起来的以聚合酶链反应为代表的分子生物学新技术，使检测方法的灵敏度不断提高，特异性越来越好，检测结果也更加准确可靠。检验仪器的迅速发展在医学检验领域更是引人注目，生化、临床检验、免疫学和微生物学检验中的部分项目已经实现了全自动或半自动化。医学检验技术的进步和设备的更新换代，对许多疾病的诊断、治疗检测和愈后评估都起着越来越重要的作用。

>>> 新高考选考科目指引：

本专业必须选择物理、化学学科。

>>> 培养目标：

本专业旨在培养适应我国医药卫生事业现代化发展需要的德、智、体、美、劳全面发展，掌握基础医学、临床医学、检验医学的基本知识、基本理论和基本技能，掌握现代仪器设备及先进医学检验技术，能够从事医疗卫生机构及相关科研机构的临床医学检验、卫生检验工作，具备初步的现代医学检验能力、终身学习能力、批判性思维能力和良好的职业素养，适应性强，综合素质高，能适应社会经济发展需要的品德高尚、基础扎实、技能熟练、素质全面，具有一定科研发展潜能的应用型医学检验专门人才。

>>> 培养要求：

本专业学生主要学习基础医学、医学检验基础及技术方面的基本理论知识，接受医学检验操作技能系统训练，具备临床医学检验及医学实验研究的基本能力。

>>> 主要课程：

组织学与胚胎学、细胞生物学、分子生物学、生物化学、生理学、病理学、医学统计学、医学免疫学、病原生物学、分析化学、检验仪器学、临床基础检验、临床病原生物学检验、临床免疫学检验、临床血液学检验、临床生物化学检验、实验室管理学、临床医学概要等。

>>> 顶尖院校：

重庆医科大学、北京大学医学部和上海交通大学。

>>> 就业方向：

毕业生既可到医院、防疫站、血站从事医疗、科研、管理等工作，也可到各级医疗单位的病理科和医学院校的实验室工作,还可从事医检设备维修、试剂研制及营销等工作。疾病控制中心、计划生育指导站对本专业人才均有较大的需求。

▶ 未来可从事职业岗位：
医学检验技术员、医学检验师、病理技术员、技术支持工程师、销售代表、售后工程师、销售工程师等。

▶ 职业薪酬：
医学检验技术专业相关职位薪酬(月薪)：按工作经验统计,其中应届生约4000元,1~3年约6000元,3~5年约8000元,5~10年约12000元。

▶ 就业热门行业：
制药/生物工程、医疗设备/器械、医疗/护理/卫生、美容/保健、认证、学术/科研、咨询、人力资源、互联网/电子商务等。

▶ 就业热门城市：
北京、上海、广州、深圳、杭州、武汉、南京、成都、厦门和济南等。

专 家 提 醒

衡量一所医院整体水平的高低,其中很重要的一个方面就是这个医院的检验部门可以检测多少项目、检测的水平如何,以及所应用的技术手段是否先进。随着检测技术的不断发展、检测项目的逐步增多,临床疾病的诊断对医学检验项目的依赖越来越明显,检验学科及其相关部门在现代医学中的地位和作用也越来越受到重视,社会对医学检验专业的人才需求也相应日益扩大。

该专业要求视力弱者、色盲者不得报考。由于医学检验专业要使用各种光电仪器及化学试剂完成实验分析,因此学生需要有较好的物理、化学基础。

📖 101002 医学实验技术

▶ 新高考选考科目指引：
本专业必须选择物理、化学学科。

▶ 培养目标：
本专业培养具备基础医学、临床医学、医学实验技术的基本理论知识、基本技能和技术,富有创业精神和创新能力,能在各级医院、血站、疾病控制中心、医学院校和科研院所等单位的实验室从事医学实验和医学研究的应用型人才。

▶ 培养要求：
本专业学生主要学习基础医学、临床医学及医学实验技术的基础理论、基本知识和基本技能,接受医学实验操作技能基本训练,掌握医学实验学技术、医学技术、医学美容技术及听力学检查技术等基本技能,毕业后能够从事医学实验和医学研究工作,具有对医学实验结果进行分析的基本能力。

▶ 主干学科：
临床医学、医学实验技术、基础医学。

▶ 主要课程：
分析化学、细胞生物学、分子生物学技术、实验动物学、实验仪器学、医学免疫学及实验技术、医学微生物学及实验技术、医学生物化学及实验技术、医学统计学。

▶ 顶尖院校：
北京大学医学部。

▶ 就业方向：
毕业生可以在医学药学高等院校、科研院所及相关企事业单位的实验动物科学部、实验动物中心、教研室、研发中心,医院的动物室、临床实验室、医药学及生命科学动物实验室等部门从事教学、科研、管理等工作。

▶ 未来可从事职业岗位：
医学实验室技术员、医学检验技术员、医学技术支持工程师、检验师、销售代表、销售工程师等。

▶ 职业薪酬：
医学实验技术专业相关职位薪酬(月薪)：按工作经验统计,其中应届生约4000元,1~3年约6000元,3~5年约14000元。

▶ 就业热门行业：
制药/生物工程、医疗设备/器械、医疗/护理/卫生、美容/保健、学术/科研、检测、认证、贸易/进出口、仪器仪表/工业自动化等。

▶ 就业热门城市：
上海、北京、广州、杭州、深圳、武汉、南京、苏州、成都和厦门等。

📖 101003 医学影像技术

医学影像技术是指医院医学影像各科室的影像采集等方面的技术,包括传统X线摄影、数字X线摄影、计算机断层扫描、磁共振成像、图像显示与记录、图像处理与计算机辅助诊断、图像存档与通信系统、医学影像质量管理与成像防护、医学影像技术的临床应用等。

▶ 新高考选考科目指引：
本专业必须选择物理、化学学科。

▶ 培养目标：
本专业培养适应我国医药卫生事业现代化发展需要,热爱医药卫生事业,遵纪守法、团结协作、刻苦钻研、开拓进取,具有良好的思想品德和职业道德,具备较为扎实的医学影像技术基础理论与基本知识,熟练掌握从事医学影像技术实际工作的基本技能,充分了解医学影像技术在医学临床诊断中的应用价值和限度,能在医学影像技术专业领域利用医学影像设备从事医学影像检查工作的医学影像技术应用型人才。

▶ 培养要求：
本专业学生主要学习医学影像技术的基本理论和基本知识,接受医学影像技术(常规放射学、CT、MR、超声学、核医学、介入放射学)的基本操作技能训练,熟练掌握医学影像学范畴内的各项技术及计算机的基本理论和操作技能(如各种医学影像设备的成像原理、操作、保养以及常见故障的排除,以及各种图像处理软件应用),掌握有关放射防护的规章制度和方法,以及文献检索、资料查询、计算机应用的能力,熟悉常见疾病的影像诊断知识,能运用各种影像学技术获取诊断所需的优质图像,熟悉医学影像检查相关的医学伦理学原则。

主要课程:
影像应用数学、影像物理学、图像处理算法基础、医学影像成像原理、医学图像处理、医学影像检查技术、医学影像设备学、医学影像设备安装与维修、医学影像诊断学。

顶尖院校:
华中科技大学和安徽医科大学。

就业方向:
毕业生主要在各级各类医疗卫生机构从事医学影像技术、核医学技术及放疗技术等工作,同时也能从事医学影像设备器材的管理、维修及营销等相关工作。

未来可从事职业岗位:
B超医生、放射科医生、临床应用医生、市场部推广专员、市场部主任等。

职业薪酬:
医学影像技术专业相关职位薪酬(月薪):按工作经验统计,其中1~3年约6000元,3~5年约9000元。

就业热门行业:
医疗/护理/卫生、医疗设备/器械、美容/保健、制药/生物工程、计算机软件、互联网/电子商务、金融/投资/证券、娱乐/休闲/体育等。

就业热门城市:
上海、北京、深圳、杭州、广州、武汉、成都、苏州、南京和重庆等。

101004 眼视光学

眼视光学又称为验光置镜业,是现代光学技术和现代眼科学相结合,运用现代光学的原理和技术解决视觉障碍的新兴交叉学科。它是一门既具有经典传统色彩,又具有现代高科技特征的医学专业,也是一种饶有趣味、充满挑战、富有回报的医疗职业。本专业人员以光学、药物、手术和心理辅导为手段,以改善和促进清晰舒适视觉为目标,以保护眼睛健康为己任,从事的是一项给人类带来光明的崇高事业,最主要的是以光学技术解决视觉障碍。

目前较为广泛的一些眼科检查应用有裂隙灯显微镜、眼科专用B超、眼压检查、眼底检查、角膜地形图检查、同视机检查等。

新高考选考科目指引:
本专业必须选择物理、化学学科。

培养目标:
本专业培养熟悉基础光学、应用光学知识,具备眼视光学和眼科学的基本理论知识和操作技能,掌握眼视光检查和普通眼科检查方法,具有独立分析、判断和处理常见屈光不正的能力或具有常见眼科疾病和屈光不正诊治技能的人才。

培养要求:
本专业学生主要学习视觉光学和眼科学的基本理论和基本知识,接受眼视光学和临床眼科的基本训练,掌握处理常见屈光不正和眼科疾病诊治的基本能力。

主干学科:
视觉光学、眼科学、临床医学。

主要课程:
生理学、解剖学、几何光学、病理学、免疫学、医学统计学、眼科学基础、眼科光学基础、眼科学、耳鼻喉科学、内科学、医学心理学、生理光学、临床视光学、眼镜学、角膜接触镜学、眼视光器械学、眼视光特殊检查学、眼科治疗学、眼公共卫生学、验光学、斜视弱视学、双眼视和低视力学。

顶尖院校:
天津医科大学。

就业方向:
本专业毕业生适合在眼镜生产、销售企业从事验光师工作,在眼视光学科研教学单位从事科研教学工作,或获得执业医师资格后从事眼科临床、眼科特检工作。

未来可从事职业岗位:
眼科医生、眼科临床医师、验光师、视光师、视光技术专员、眼视力康复师、眼视光训练学员、眼镜店营业员、质量管理员、咨询师/电话网络咨询专员、渠道拓展专员、机械模具设计工程师、门诊主任等。

就业热门行业:
医疗/护理/卫生、医疗设备/器械、制药/生物工程、美容/保健、批发/零售、贸易/进出口、互联网/电子商务、生活服务等。

就业热门城市:
上海、北京、广州、深圳、佛山、宁波、武汉、成都、济南和厦门等。

101005 康复治疗学

新高考选考科目指引:
本专业必须选择物理、化学学科。

培养目标:
本专业培养具有扎实的康复医学基础理论和较强的康复治疗技术,具有中西医结合特色优势,具有较强的人际交流能力和良好的职业道德,能够在各级医疗、康复机构或疗养院开展康复评价和康复治疗工作的康复治疗师,以及能够在康复医学工程研究机构、公司从事研发工作的应用型专门技术人才。
> **培养要求：**

本专业学生主要学习康复治疗学基础理论和与本专业有关的现代医学、现代科学技术等方面的基本知识，接受康复治疗学技能和科学研究的基本训练，掌握中西医康复治疗技术，具备开展康复治疗工作的基本能力。

> **主干学科：**

基础医学、临床医学、康复医学。

> **主要课程：**

中医学基础、人体解剖学、针灸学、推拿学、神经病学、运动医学、康复评定学、康复疗法学、临床康复学、康复工程学等。

> **顶尖院校：**

中山大学和哈尔滨医科大学。

> **未来可从事职业岗位：**

康复治疗师、护士、康复医师、康复理疗师、言语治疗师、康复技师、销售代表、销售经理等。

> **职业薪酬：**

康复治疗学专业相关职位薪酬（月薪）：按工作经验统计，其中应届生约5000元，3~5年约9000元。

> **就业热门行业：**

医疗/护理/卫生、医疗设备/器械、制药/生物工程、美容/保健、教育/培训、娱乐/休闲/体育、互联网/电子商务、金融/投资/证券、咨询等。

> **就业热门城市：**

北京、上海、广州、深圳、武汉、杭州、成都、南京、苏州和济南等。

101006 口腔医学技术

> **新高考选考科目指引：**

本专业必须选择物理、化学学科。

> **培养目标：**

本专业培养具有基础医学基本理论和临床医学知识，掌握各类口腔修复体制作工艺的流程，能在医疗卫生机构、义齿加工企业及大专院校从事各类义齿的生产加工、教育及企业商业运作的具备基础医学、材料学、艺术美术、制造学、管理学、口腔修复工艺学知识和技能的复合型高级专业人才。

> **培养要求：**

本专业学生主要学习口腔医学、口腔修复工艺学及材料学的基本理论和基本知识，接受义齿设计、制造、性能测试及科研方面的训练，具备义齿设计与制作方面的能力。

> **主干学科：**

口腔基础医学、材料学、口腔修复工艺学。

> **核心课程：**

系统解剖学、口腔解剖生理学、口腔材料学、口腔临床医学、口腔修复学、固定义齿工艺学、可摘局部义齿工艺学、全口义齿工艺学、活动矫治器工艺学、种植义齿工艺学。

> **顶尖院校：**

北京大学医学部。

> **就业方向：**

该专业学生毕业后从事与医学教育、科研、临床实践相关的工作。口腔科医生的就业领域较宽，既可在大医院从事口腔科工作，也可私人开设诊所，并且能在美容院从事相关的面部整容、美容工作。

> **未来可从事职业岗位：**

口腔医生、口腔执业医师、牙科医生、口腔种植医师、内科或全科执业医师、口腔儿科助理、护理人员、护士、口腔美容主诊医师、言语治疗师、齿科医疗总监、售前/售后技术支持工程师、临床销售经理等。

> **职业薪酬：**

口腔医学技术专业相关职位薪酬（月薪）：按工作经验统计，其中1~3年约12000元。

> **就业热门行业：**

医疗/护理/卫生、医疗设备/器械、美容/保健、制药/生物工程、教育/培训、金融/投资/证券、外包服务、互联网/电子商务等。

> **就业热门城市：**

上海、北京、广州、南京、杭州、武汉、深圳、宁波、福州和长沙等。

101007 卫生检验与检疫

> **新高考选考科目指引：**

本专业必须选择物理、化学学科。

> **培养目标：**

本专业培养具备预防医学、卫生检验与检疫学基础理论知识和实际工作能力，能在疾病预防控制、食品检验、职业卫生检验、环境检测、商检、质检等检验检疫机构以及相关高等院校和研究单位从事理化、微生物、免疫学检验或教学、科研等工作的复合型高级专门人才。

> **主干学科：**

预防医学、卫生检验与检疫技术。

> **核心课程：**

分析化学、仪器分析、卫生微生物、病原生物学、食品理化检验、空气理化检验、水质理化检验、生物材料检验、病毒学检验、免疫学检验、临床检验、细菌学检验、检验检疫。

> **顶尖院校：**

南京医科大学。

> **就业方向：**

该专业毕业生可到卫生防疫检疫部门、环保部门的卫生检验技术岗位工作。

▶▶▶ **未来可从事职业岗位：**

实验室分析员、食品质检员、检疫处理员、检疫化验员、装修销售工程师等。

▶▶▶ **职业薪酬：**

卫生检验与检疫专业相关职位薪酬（月薪）：按工作经验统计，其中1~3年约5000元。

▶▶▶ **就业热门行业：**

医疗/护理/卫生、制药/生物工程、医疗设备/器械、教育/培训、检测、认证、快速消费品、贸易/进出口、餐饮业等。

▶▶▶ **就业热门城市：**

上海、广州、成都、郑州、北京、深圳、商丘、福州、厦门和宁波等。

📖 101008T 听力与言语康复学

▶▶▶ **新高考选考科目指引：**

本专业必须选择物理、化学学科。

▶▶▶ **培养目标：**

听力与言语康复学专业旨在培养具备临床听力诊断、听力康复、言语康复学基础理论、基本知识、基本技能及其相关知识和能力，能在听力与言语康复学领域中从事听觉康复治疗等工作的高级技术人才。

▶▶▶ **主要课程：**

正常人体解剖学、听觉生理学、诊断听力学、诊断听力学实践、助听器学、助听器学实践、临床听力学、临床听力学实践、人工耳蜗学、小耳听力学、语言学导论、语言病理学、语言治疗学、言语障碍评估与矫治和医学心理学等。

▶▶▶ **顶尖院校：**

浙江中医药大学、上海中医药大学和昆明医科大学。

▶▶▶ **就业方向：**

该专业毕业生可以到各级医疗单位、康复机构、特殊教育机构从事听力障碍、言语障碍以及嗓音问题人群的诊断、治疗、康复训练、教育及研究工作。

📖 101009T 康复物理治疗

▶▶▶ **新高考选考科目指引：**

本专业必须选择物理、化学学科。

▶▶▶ **培养目标：**

本专业培养能够系统掌握康复物理治疗学基础理论、医学基本知识及相关自然科学知识，具备对常见疾病和残疾的康复治疗、评定及预防的基本能力，具备较强的人际交流能力和良好的职业道德，能够在各级各类医疗和社会康复机构从事现代与传统康复治疗的高素质康复治疗师。

▶▶▶ **主干学科：**

康复医学、基础医学、中医学、针灸推拿学等。

▶▶▶ **主要课程：**

中医学基础、人体结构学、病理学、运动医学基础、诊断学基础、中西医结合内科学、外科学、康复医学概论、康复疗法学、康复评定、康复治疗、推拿治疗学、经络腧穴学、针灸治疗学、运动医学、假肢与矫形医学等。

▶▶▶ **首批开设院校：**

上海中医药大学等。

▶▶▶ **就业方向：**

毕业生可以到各级康复医疗机构（包括中医、西医、中西医结合医疗机构的康复科）、各类运动康复机构、老年康复院等机构工作，也可到其他医疗机构中的相关临床科室（如针灸科、推拿科、骨伤科、理疗科等）工作，还可到医学院校从事康复医学及相关学科的教学和科研工作。

📖 101010T 康复作业治疗

▶▶▶ **新高考选考科目指引：**

本专业必须选择物理、化学学科。

▶▶▶ **培养目标：**

该专业培养德、智、体、美、劳全面发展，掌握现代作业治疗的理论及技术，具备良好的职业素质、扎实的专业基础和临床操作技能，富有创新精神和终身学习能力的康复作业治疗专业人才。

▶▶▶ **培养要求：**

该专业学生要求掌握与康复作业治疗相关的生物学、作业行为学、社会学、心理学和临床科学等方面的基础知识，具备康复作业治疗学专业的理论知识，具备对作业本质、作业表现、作业活动和健康之间的复杂关系的分析应用能力。

▶▶▶ **主干课程：**

功能解剖学、运动生理学、运动生物化学、人体运动学、人体发育学、运动控制、神经科学、作业治疗理论、作业治疗基础、精神科作业治疗、骨骼肌肉与烧伤作业治疗、发育障碍的作业治疗、神经疾病的作业治疗、职业康复、环境改造与辅具设计、老年健康与康复、妇女健康与康复、中医传统康复学、康复评定学、物理治疗学、言语治疗学、内外科疾病康复学、针灸学、推拿学等。

▶▶▶ **就业方向：**

该专业毕业生可在各级医疗卫生单位、养老机构、特殊教育学校从事与康复作业治疗有关的临床、教学和研究工作。

📖 101011T 智能医学工程

智能医学工程是指以现代医学与生物学理论为基础，融合先进的脑认知、大数据、云计算、机器学习等人工智能及相关领域工程技术，研究人的生命和疾病现象的本质及其规律，探索人机协同的智能化诊疗方法和临床应用的新兴交叉学科。

▶▶▶ **新高考选考科目指引：**

本专业必须选择物理、化学学科。

▶▶▶ **培养目标：**

本专业培养德、智、体、美、劳全面发展，践行社会主义核心价值观,具有良好的职业道德和人文素养,掌握一定的医学、生命科学、电子技术基础知识,掌握与智能医疗诊断相关的人工智能、人机交互、电子、大数据等相关技术,具有智能医学仪器的研发、智能医学系统开发及智能医学数据的挖掘、处理与分析等能力,面向智能医疗行业企事业单位、生物工程领域及电子技术、计算机技术、信息技术等部门从事智能医学系统的设计、开发、测试、应用和维护等工作,具有社会责任感、创新精神、国际视野和较强工程实践能力的高素质、应用型高级专门人才。

主干课程:

主干课程分为六大类(数学与自然科学类、学科基础与专业类、创新与研修类、人文与社会科学类、训练与健康类、集中实践类)、五个模块(数理基础、医学基础、智能核心、医工融合、人文素质)。

首批开设院校:

天津大学、南开大学、天津医科大学。

就业方向:

该专业毕业生既能在大型综合性医院从事医疗方向的临床和研究工作,又能在高校、研究院所、人工智能及智能医疗相关企业从事研发及管理等工作。

101012T 生物医药数据科学

生物医药数据科学专业培养具有扎实的数理基础、大数据技术基础、数据科学与生物医学交叉学科基础,具备在生物医学、医疗卫生领域从事大数据分析工作,并能解决实际问题能力的复合型医工人才。

新高考选考科目指引:

本专业必须选择物理、化学学科。

首批开设院校:

新疆医科大学。

就业方向:

本专业毕业生可以在生物医学、制药、健康服务等行业从事数据挖掘及统计分析工作;在医疗信息服务、计算机软件、互联网技术等机构从事信息系统开发、培训及技术支持等工作;在医疗卫生机构从事信息系统管理维护工作。

101013T 智能影像工程

智能影像工程是"人工智能+医学影像(技术与设备)"复合特色专业,是全国继智能医学工程专业之后又一个首创在医学门类下设置的工科专业。智能影像工程专业致力于医工高度交叉复合型创新拔尖人才的培养,其培养的人才主要服务于高端医学影像设备的智能化研究、开发、管理与使用,从而解决我国目前存在的医学影像领域创新能力不足、影像诊断治疗水平发展不均衡、全社会健康需求日趋迫切等问题。

新高考选考科目指引:

本专业必须选择物理、化学学科。

首批开设院校:

上海健康医学院。

101014TK 医工学

培养目标:

本专业旨在培养掌握深厚的数理基础、宽广的临床医学知识、前沿的工程技术等多学科综合知识,具有整合思维、医工交叉和解决复杂工程问题的能力,能够和企业、科研机构研发人员无障碍沟通,清晰准确地表达临床需求,助推工业技术和医疗需求完美契合的高素质复合型创新人才。

首批开设院校:

西安交通大学。

就业方向:

本专业毕业生可在大型综合医院、医学类科研院所、医疗设备研发机构从事新型诊疗技术研发和高端医疗装备研发等工作。

1011 护理学类

101101 护理学

新高考选考科目指引:

本专业要求在化学、生物2科中至少选择1科。

培养目标:

本专业培养具备较系统的护理学及相关的医学和人文社会科学知识,具有基本的临床护理能力、初步的教学能力、管理能力、科研能力以及终身学习能力和良好的职业素养,能在各类医疗卫生保健机构从事护理工作的应用型专业人才。

培养要求:

本专业学生主要学习护理学及相关的医学和人文社会科学的基本理论、基本知识和基本技能,接受临床护理及护理科研等方面的基本训练,具备为护理对象提供整体护理的基本能力。

主干学科:

基础医学、护理学、人文社会学。

主要课程:

人体解剖学、病理生理学、药理学、病原生物学、健康评估、护理学基础、内科护理学、外科护理学、妇产科护理学、儿科护理学、精神科护理学、社区护理学及护理伦理学等。

顶尖院校:

北京大学医学部、上海交通大学、四川大学、中南大学和北京协和医学院。

就业方向:

毕业生具备了对服务对象实施整体护理的能力,可从事临床护理、预防保健、护理管理等工作,临床各科专业护理师、社区健康教育者、康复中心护理师等都是本专业的对接职业。

⟫⟫ 未来可从事职业岗位：

护士、护士长、护理部主任、美容师、美容导师、销售代表等。

⟫⟫ 职业薪酬：

护理学专业相关职位薪酬（月薪）：按工作经验统计，其中应届生约5000元，1~3年约6000元，3~5年约8000元，5~10年约10000元。

⟫⟫ 就业热门行业：

医疗/护理/卫生、制药/生物工程、医疗设备/器械、美容/保健、互联网/电子商务、教育/培训、快速消费品、贸易/进出口、娱乐/休闲/体育等。

⟫⟫ 就业热门城市：

广州、上海、北京、武汉、深圳、南京、杭州、成都、南宁和重庆等。

101102T 助产学

助产学专业属于护理学类，主要学习与助产、产妇、母婴相关的护理保健知识。

⟫⟫ 新高考选考科目指引：

本专业要求在化学、生物2科中至少选择1科。

⟫⟫ 培养目标：

本专业培养德、智、体、美、劳全面发展，掌握护理及助产专业的基本理论知识和专业技能，具有良好的职业道德、人文素养、实践能力和创新精神，毕业后能在各级医疗、预防、保健机构从事护理、助产、母婴保健工作的技术应用型护理、助产专业人才。

⟫⟫ 培养要求：

该专业学生主要学习助产的相关知识，掌握与助产相关的基础医学、临床医学及预防保健知识；掌握产妇、妇科的评估方法以及安全给药等技能。

⟫⟫ 主要课程：

人体解剖学、生理学、生物化学、免疫学、病理学、药理学、基础护理学、健康评估、内科护理学、外科护理学、精神病护理学、急重症护理学、遗传与优生学、助产学、妇幼护理与保健学（包含儿科护理学、妇科护理学、妇幼保健学及健康教育学等相关课程）。

⟫⟫ 首批开设院校：

南方医科大学、河北医科大学、浙江中医药大学、遵义医科大学等。

⟫⟫ 就业方向：

该专业毕业生就业前景广阔，可以到各级医疗单位、医学教育和科研单位从事临床护理、产科助产、妇幼保健、教学或研究工作，也可继续攻读本学科及相关专业硕士学位。

12 管理学

管理学又称管理科学,是一门研究人类管理活动规律及其应用的科学。它侧重于用一些工具和方法来解决管理上的问题,例如用运筹学、统计学、心理学和行为学等来进行定量定性分析。管理学是解决问题,而经济学则是解释问题。

1201 管理科学与工程类

管理是管理者通过市场经济选择,科学、合理、优化配置经济要素资源,达到组织经营低投入高产出的目的的经营行为。管理科学与工程是综合运用系统科学、管理科学、数学、经济和行为科学及工程方法,结合信息技术研究解决社会、经济、工程等方面的管理问题的一门学科。在现代经济的发展中,科学管理起着越来越重要的作用,科学管理直接带来了经济效益,在物质资源有限的情况下,管理资源的作用显得尤其重要。管理科学是研究管理理论、方法和管理实践活动的一般规律的科学。在当前市场经济条件下,如何运用现代信息技术帮助社会经济组织提高现代化管理的效率与水平,把自然资源、社会资源以及人的力量集中起来,就成为管理科学与工程类专业研究的重点。中国加入WTO之后,企业有了更大的发展空间,企业管理过程的动态性、复杂性和管理对象的多样性决定了管理所要借助的知识、方法和手段要多样化。

120101 管理科学

定量化、精细化管理是当今世界的发展趋势,管理科学的目标正是研究如何采用数量分析方法提高决策的精度和管理的效率。在我国管理尚处于精细化水平不高、与发达国家存在巨大差距的背景下,管理科学的重要性显得尤为突出。根据管理实践中的海量数据揭示其背后的规律,并采用科学方法制定最优决策方案,是本专业的核心内容。本科管理科学专业的学习可以为将来众多的职业选择打下坚实的基础。

▶ 新高考选考科目指引:
本专业必须选择物理学科。

▶ 培养目标:
本专业培养具有较高管理素质、扎实系统的管理理论基础、合理的管理科学和信息技术知识结构,能应用定性与定量相结合的系统分析方法,解决管理决策和技术管理等方面相关问题的复合型人才,以适应各企事业单位展开宏观决策、战略规划、企业诊断和管理研究等管理决策的需要。

▶ 培养要求:
本专业学生主要学习数学、经济学、计算机基础、管理信息系统、财务会计、市场营销、运筹学、统计学、物流与运营管理等专业知识,具有分析和解决相关管理决策问题的能力。

▶ 主干学科:
管理科学与工程。

▶ 主要课程:
管理学、经济学、运筹学、系统工程、计算机基础、营销学、会计学、公司理财、生产与运作管理、管理信息系统、现代物流与供应链管理、人因工程、质量管理、工程经济学、新产品开发与设计、电子商务、工程项目管理、人力资源管理、组织行为学、实验管理学、信息系统开发实践等。

▶ 顶尖院校:
复旦大学、浙江大学、中山大学和中国科学技术大学。

▶ 就业方向:
毕业生主要在各企事业单位运用先进的管理思想、方法、技术以及数学和计算机模型对运营管理、组织管理和技术管理存在的问题进行分析、决策和组织实施的工作。

▶ 未来可从事职业岗位:
资深项目管理工程师、制造计划工程师、咨询顾问、生产技术员、系统管理员、维修技术员、仓库管理员、业务分析员、合同主管、投资经理、数据分析挖掘工程师、应用软件工程师。

▶ 就业热门行业:
教育/培训、咨询、人力资源、计算机软件、快速消费品、金融/投资/证券、房地产、互联网/电子商务、建筑/建材/工程等。

▶ 就业热门城市:
北京、上海、广州、深圳、武汉、西安、成都、厦门、南京和杭州等。

120102 信息管理与信息系统

信息管理与信息系统专业主要研究信息管理以及信息系统分析、设计、实施、管理和评价等方面的基本理论和方法。通俗地讲，就是从信息中发掘财富。现代社会正是信息化的社会，人们对大量纷繁的信息如何管理，并且从中获得有效的信息，正是信息管理科学的研究重点。与计算机结合，以计算机作为工具，会使信息管理更加有效和实用，随着企业经营规模的现代化，人们对信息管理的要求越来越强烈，例如铁路订票系统，就是对车票这种信息的查询和管理系统。信息管理与信息系统涉及咨询、服务、物流等很多行业，有很多的就业机会。

新高考选考科目指引：
本专业必须选择物理学科。

培养目标：
本专业培养适应国家经济建设、科技进步和社会发展的需要，德、智、体、美、劳全面发展，具有高尚健全的人格、一定的国际视野、强烈的民族使命感和社会责任感、宽厚的专业基础和综合的人文素养，具有一定的创新能力和领导潜质，具备良好的数理基础、管理学和经济学理论知识、信息技术知识及应用能力，掌握信息系统的规划、分析、设计、实施和管理等方面的方法与技术，具有一定的信息系统和信息资源开发利用实践和研究能力，能够在国家政府部门、企事业单位、科研机构等组织从事信息系统建设与信息管理的复合型高级专门人才。

培养要求：
本专业学生主要学习经济与管理、计算机科学与技术和信息管理与信息系统三大方面的基本理论和基本知识，接受科学思维、系统分析及技术工具的基本训练，具有获取知识的能力、应用知识的能力及创新能力等基本能力。

主干学科：
管理科学与工程。

主要课程：
下列专业课中，第1～5门为必修课，第6～9四门课可以任选三门，课程名称和内容可根据各学校情况进行组合。
1. 经济学；
2. 管理学；
3. 运筹学；
4. 管理信息系统；
5. 管理统计学；
6. 信息资源管理；
7. 信息系统分析与设计；
8. 数据结构与数据库；
9. 计算机网络基础。

顶尖院校：
北京邮电大学、西安电子科技大学、清华大学、电子科技大学。

就业方向：
毕业生主要到国家各级管理部门、工商企业、金融机构、科研机构等单位从事信息管理及信息系统分析、设计、实施和评价等方面的工作。

未来可从事职业岗位：
信息管理员、信息经理、网络管理员、项目经理、IT工程师、ERP实施顾问、ERP工程师、系统管理员、网络管理员、软件实施工程师、IT专员、信息专员、IT经理等。

职业薪酬：
信息管理与信息系统专业相关职位薪酬(月薪)：按工作经验统计，其中1～3年约6000元，3～5年约9000元。

就业热门行业：
计算机软件、互联网/电子商务、新能源、计算机技术支持(系统、数据维护)、制药/生物工程、房地产、金融/投资/证券、电子技术/半导体/集成电路、咨询、人力资源、财会等。

就业热门城市：
北京、上海、广州、深圳、杭州、武汉、南京、成都、苏州和西安等。

专 家 提 醒

该专业是一个涵盖面很广的专业，所以，在不同的学校学习的内容可能差异很大。

学生还要注意，在有的学校该专业实际上是学习计算机软件，有的可能是以前图书馆系的改名，报考时一定要查明这些情况。

120103 工程管理

工程管理专业是新兴的工程技术与管理交叉复合性学科。本专业是20世纪80年代初改革开放之后，随着我国新型工业化进程中交通、能源、水利、城市公用设施等大型基础设施建设、工业与民用建筑建设和各类企业的快速发展的强劲需求而设立的。

新高考选考科目指引：
本专业必须选择物理学科。

培养目标：
本专业培养适应社会主义现代化建设需要，德、智、体、美、劳全面发展，具备国际视野，具备由土木工程技术知识与国内、国际工程管理相关的管理、经济和法律等基础知识和专业知识组成的系统的、开放性的知识结构，接受工程师基本训练，具备较强的专业综合素质与能力、实践能力、创新能力，具备健康的个性品质和良好的社会适应能力，能够在国内外土木工程及其他工程领域进行工程决策和从事全过程工程管理与相关专业管理的高素质、复合型人才。

主干学科：
管理科学与工程、土木工程。

主要课程：
工程图学、工程材料、工程力学、工程结构、运筹学、工程经济学、工程项目管理、建设法规、工程合同法律制度、工程合同管理、工程估价、工程财务管理、工程成本规划与控制、组织行为学、人力资源管理、工程信息管理。

顶尖院校：
清华大学、天津大学、同济大学、西安交通大学、重庆大学、大连理工大学和哈尔滨工业大学。

就业方向：
毕业生可在建设单位、设计单位、建筑施工单位、工程建设监理单位、房地产企业、工程咨询公司、国际工程公司、投资与金融等领域的企事业单位以及政府部门从事工程管理及相关工作。

未来可从事职业岗位：
项目经理、运维工程师、软件测试工程师、网络工程师、资料员、Java开发工程师、电气工程师、土建工程师、工程部经理、销售工程师等。

职业薪酬：
工程管理专业相关职位薪酬(月薪)：按工作经验统计，其中应届生约4000元，1~3年约6000元，3~5年约9000元，5~10年约12000元，10年以上约15000元。

就业热门行业：
建筑/建材/工程、房地产、计算机软件、互联网/电子商务、家居/室内设计/装潢、机械/设备/重工、计算机技术支持(系统、数据维护)等。

就业热门城市：
上海、北京、深圳、广州、武汉、杭州、成都、南京、东莞和苏州等。

专家提醒

在我国现代化建设的进程中，大量国外投资的涌入和民间资金的激活，使城市建设和城镇化水平不断提高，建筑业和房地产业迅速发展，建筑类人才尤其是既懂技术又懂管理的复合型人才的社会需求量不断扩大。尤其是专业人员执业资格制度的推行、现代企业制度的建立，使全国建筑业及其相关行业的工程管理高级人才(项目管理工程师、造价工程师、监理工程师等)的优势进一步体现，工程管理专业的毕业生就业前景将更好。

120104 房地产开发与管理

新高考选考科目指引：
本专业必须选择物理学科。

培养目标：
本专业培养适应社会主义现代化建设需要，德、智、体、美、劳全面发展，具备与房地产开发与管理相关的建筑与土木工程技术、经济、管理和法律基础知识及其相关的专业基础知识、专业技能和综合技能，具备较强的专业综合素质与能力、实践能力、创新能力，具备健康的个性品质和良好的社会适应能力，能够在房地产开发与管理领域进行决策和从事全过程管理与相关专业管理的高素质、复合型人才。

培养要求：
本专业学生主要学习建筑与土木工程、管理、经济、法律方面的基本理论和基本知识，全面而系统地接受科学思维、系统思维、管理思维、人文思维及相关的基本训练，具备知识获取和应用能力、创新能力、分析和解决房地产开发与管理问题的能力。

主干学科：
管理科学与工程、土木工程、公共管理。

核心课程：
工程图学、工程结构、房屋建筑学、工程力学、工程经济学、房地产估价、工程项目管理、房地产法、建设工程估价与成本控制、房地产开发与管理、城市土地管理、建筑设计与园林艺术、房地产项目投资与融资、城市经济学、房地产经济学、房地产开发建设程序、房地产行政管理、房地产市场营销、房地产合同管理、组织行为学、人力资源管理。

顶尖院校：
重庆大学、中南财经政法大学和华东师范大学。

未来可从事职业岗位：
房地产开发策划经理、房地产开发策划主管、土建工程师、工程部经理、建筑设计师、项目总经理、水电工程师、塑钢铝材项目销售经理等。

职业薪酬：
房地产开发与管理专业相关职位薪酬(月薪)：按工作经验统计，其中应届生约4000元，5~10年约21000元。

就业热门行业：
房地产、建筑/建材/工程、金融/投资/证券、物业管理/商业中心、咨询、人力资源、财会、互联网/电子商务、家居/室内设计/装潢、广告等。

就业热门城市：
北京、上海、深圳、广州、武汉、成都、杭州、重庆、南京和西安等。

120105 工程造价

工程造价是指对建设某项工程所需的全部费用进行工程预算，简单来说，就是计算某个工程究竟要花多少钱，这项工作通常由预算员或造价师来完成，工程造价专业致力于培养这两类人才。

新高考选考科目指引：
本专业必须选择物理学科。

培养目标：
本专业培养适应社会主义现代化建设需要，德、智、体、美、劳全面发展，具备由土木工程及相关工程技术知识及与国内、国际工程造价(管理)相关的管理、经济和法律等基础知识和专业知识组成的系统的、开放性的知识结构，全面获得工程师基本训练，同时具备较强的专业综合素质与能力、实践能力、创新能力，具备健康的个性品质和良好的社会适应能力，能够在国内外土木工程及其他工程领域从事工程全过程管理和全面工程造价(管理)工作的高素质、复合型人才。

培养要求：

本专业学生主要学习土木工程、管理、经济、法律方面的基本理论和基本知识，全面而系统地接受科学思维、系统思维、管理思维和工程师的基本训练，具备知识获取和应用能力、创新能力、分析与解决工程造价(管理)问题的能力等基本能力。

主干学科：

管理科学与工程、土木工程。

主要课程：

工程图学、工程材料、工程力学、工程结构、建设法规、工程经济学、建筑与装饰工程施工、安装工程施工、工程成本规划与控制、建筑与装饰工程估价、安装工程估价、运筹学、工程合同管理、工程项目管理、工程造价信息管理。

顶尖院校：

重庆大学、同济大学、青岛理工大学和天津理工大学。

就业方向：

学生毕业后主要从事与建筑工程有关的工程造价咨询、工程招投标、项目策划与管理、投资决策、可行性研究、房地产估价、工程监理、工程承包、施工管理、工程造价管理、房地产经营管理等工作。

未来可从事职业岗位：

土建预算员、土建结算员、工程预算员、安装预算员、造价员、造价工程师、项目经理、土木土建工程师等。

职业薪酬：

工程造价专业相关职位薪酬(月薪)：按工作经验统计，其中应届生约4000元，1~3年约6000元，3~5年约7000元，5~10年约10000元，10年以上约14000元。

就业热门行业：

建筑/建材/工程、房地产、家居/室内设计/装潢、咨询、人力资源、财会、环保、金融/投资/证券、广告等。

就业热门城市：

北京、上海、深圳、广州、武汉、成都、杭州、南京、重庆和西安等。

120106TK 保密管理

保密管理学科是一门综合性交叉学科，其基本理论主要来自我国政治、军事、经济、社会、科技文教等方面保密工作实践经验的科学总结，具有明显的综合性交叉学科的性质。保密管理专业是教育部特殊专业、国家控制布点专业。

新高考选考科目指引：

本专业必须选择物理学科。

培养目标：

本专业培养具有宽厚的理工基础，掌握信息科学、管理科学、法律科学专业基础知识，系统掌握信息安全与保密管理专业知识，政治素质过硬，具有良好的保密业务素质、突出的创新意识、机智的应对能力，懂法律、有技术、善管理的复合型保密人才。

主要课程：

离散数学、数据结构、计算机组织与结构、操作系统、数据库原理、计算机网络、现代密码学、信息系统安全、网络安全、信息管理学、公共经济学、档案管理学、行政法与行政诉讼学、知识产权法、保密法学、保密概论和保密技术等。

顶尖院校：

上海交通大学、哈尔滨工程大学、武汉大学、复旦大学、北京交通大学和北京电子科技学院。

就业方向：

毕业生可到国家保密行政管理部门、国家行政机关、军工企事业单位、国防科技工业和信息产业等部门从事保密理论研究、保密技术开发、保密组织管理、保密法规制定、保密教学培训等工作。

职业薪酬：

保密管理专业相关职位薪酬(月薪)：按工作经验统计，其中1~3年约6000元，3~5年约7000元，5~10年约9000元。

就业热门行业：

金融/投资/证券、建筑/建材/工程、互联网/电子商务、贸易/进出口、咨询、人力资源、财会、计算机软件、电子技术/半导体/集成电路等。

就业热门城市：

北京、重庆、上海、深圳、广州、武汉、杭州、成都、南京和西安等。

120107T 邮政管理

邮政管理专业主要学习邮政科学管理的相关知识，致力于在物联网、大数据、云计算等现代信息技术背景下，为学生构建融合技术和业务的管理科学知识体系和管理执行能力。

新高考选考科目指引：

本专业必须选择物理学科。

培养目标：

本专业定位于管理科学在邮政与快递领域的应用，以网络型企业管理创新与特色行业监管为发展目标，培养互联网+和智能制造时代的商务、运营管理及市场监管等高端复合型人才。

培养要求：

该专业学生要求具有坚实的经济管理及相关数理理论基

础、优秀的计算机及外语能力,具备分析和解决行业运行与发展中各类问题的能力和可持续发展的职业能力,富有创新精神。

>>> **主要课程:**

邮政法基础、邮政管理概述、邮政财务会计与统计、国内邮政业务、国际邮政业务、邮政汇兑、邮政金融、邮政通信组织管理、市场营销等。

>>> **首批开设院校:**

北京邮电大学、南京邮电大学和西安邮电大学等。

>>> **就业方向:**

本专业毕业生主要面向邮政系统的运输企业、邮件处理与基层邮政单位,从事邮政营业、分拣封发、邮政投递、运输、监督检查及指挥调度等工作;也可到政府相关管理部门、各类电商及互联网公司、物流企事业单位、咨询机构和科研院所等单位从事经营和管理工作。

120108T 大数据管理与应用

>>> **新高考选考科目指引:**

本专业必须选择物理学科。

>>> **培养目标:**

本专业培养和造就懂数据、懂商务、懂管理,具有国际视野、创新意识、创新能力及领导潜质,能够综合掌握数学、统计学、数据分析、机器学习和自然语言处理等多方面知识的复合型人才。

>>> **培养要求:**

一是让学生掌握大数据分析技术,这些技术包括数据质量和数据管理、大数据存储与管理、大数据挖掘算法、大数据预测分析、大数据可视化等技术;二是培养学生的大数据商务实践能力;三是培养学生的管理和沟通能力。

>>> **主要课程:**

数据库与数据管理、数据质量管理、大数据技术原理与应用、统计机器学习、电子商务、商务智能分析、商务数据可视分析、商业人工智能、大数据商业模式等。

>>> **首批开设院校:**

哈尔滨工业大学、西安交通大学、东北财经大学、南京财经大学、贵州财经大学等。

>>> **就业方向:**

毕业生可到商业、金融、制造、服务、医疗等领域及政府机构从事数据预测分析、企业数据管理、信息架构开发、数据仓库研究等工作。

120109T 工程审计

工程审计是指审计机构依据国家的法令和财务制度,企业的经营方针、管理标准和规章制度,对工程项目的工作方法和程序进行审核检查,判断其是否合法、合理和有效,以期发现错误、纠正弊端、防止舞弊、改善管理,保证工程项目目标顺利实现的活动。工程审计独立于项目组织之外,审计人员与项目组织无任何直接的行政或经济关系。

>>> **新高考选考科目指引:**

本专业必须选择物理学科。

>>> **培养目标:**

本专业培养适应社会主义市场经济建设需要,具备管理学、经济学、土木工程技术和法律的基本知识,掌握现代管理科学的理论、方法和手段,具有工程项目管理和工程审计的基本能力,熟练运用外语和计算机工具,具有较强的创新意识和继续发展潜力,能在工程建设领域及审计领域从事工程项目管理和工程审计的复合型管理人才。

>>> **主要课程:**

微观经济学、宏观经济学、管理学原理、管理信息系统、经济法、税法、财务会计、成本会计、财务管理、内部控制审计、财务审计、管理审计、建设项目审计、计算机审计、法务会计等。

>>> **首批开设院校:**

西南财经大学、海南大学、四川师范大学、天津财经大学、上海对外经贸大学、重庆工商大学、哈尔滨商业大学。

>>> **就业方向:**

该专业学生毕业后可在大中型企业和跨国公司从事内部审计工作,可在政府审计机关和司法机关从事审计检查与鉴定工作,也可在会计师事务所、律师事务所、资产评估公司等机构从事审计服务与咨询工作,还可以在学校和科研部门从事教学和科研工作。

120110T 计算金融

计算金融是计算机、金融工程与管理科学相结合的交叉学科,该专业研究运用数学模型和计算机的数据组织和数据分析工具解决金融领域的各类复杂问题。

>>> **新高考选考科目指引:**

本专业必须选择物理学科。

>>> **培养目标:**

本专业遵循以学生为中心的教育理念,建立通识教育、专业教育、实践创新和个性发展有机融合的课程体系,强化"厚基础、强实践、严过程、求创新"的人才培养特色,着力培养信念执着、品德优良、知识丰富、本领过硬,具有国际视野,在计算机领域和金融行业能引领未来发展的创新型、复合型管理人才。

>>> **课程设置:**

在本专业课程设置中,分为专业基础课、专业核心课和专业选修课三部分。专业基础课主要包括经济管理理论、数理基础和计算机基础等方面的课程;专业核心课包括金融量化分析、数据库和数据分析方法类课程,着重培养学生的数据获取能力以及对结构化、半结构化和非结构化数据的处理与分析能力;在专业选修课部分,学生可根据自身职业发展预期,自主选择相关课程。

>>> **首批开设院校：**
哈尔滨工业大学等。
>>> **就业方向：**
毕业生可就业于航空航天、互联网、金融、通信等相关领域从事信息管理、数据分析、业务流程优化、商务智能决策和互联网智能化等工作。

120111T 应急管理

>>> **新高考选考科目指引：**
本专业必须选择物理学科。
>>> **培养目标：**
本专业培养具有公共行政学、管理学等交叉学科知识,初步掌握应急管理知识体系,能够在各级政府应急管理部门及企事业单位从事公共管理并擅长危机评估和应急管理工作的专门人才。
>>> **主要课程：**
高等数学、经济学概论、组织行为学、社会学概论、统计学、公共财政学、管理信息系统、应急管理法律法规、公共政策分析、基础会计学、公共管理学、灾害学概论、系统分析与协调、应急管理的理论与实践、中国政府与政治、社会保障学、公共关系学、运筹学基础、危机心理干预、危机信息管理与发布、应急运作管理、风险评估与管理等。
>>> **首批开设院校：**
武汉理工大学。

1202 工商管理类

工商管理类包含的专业较多,例如工商管理、市场营销、会计学、财务管理、国际商务、人力资源管理、审计学、资产评估、物业管理和文化产业管理等。近年来,越来越多的院校开始以工商管理大类招生,学生入学后再根据自己的兴趣、爱好分流到具体的专业。工商管理以前的名称是企业管理,这个专业的知识范围较广,学生所学涵盖了经济学和管理学的很多课程,是一门跨自然科学、工程科学、技术科学以及人文社会科学的综合性交叉学科。

120201K 工商管理

工商管理是一门应用性很强的学科,它依据管理学、经济学的基本理论,研究如何运用现代管理的方法和手段来进行有效的企业管理和经营决策。工商管理着重培养学生的管理能力,因此,学习者需要有一定的领导潜能。随着国家经济的发展、国有企业改革的全面推进、民营企业的不断壮大,需要一大批工商管理人才。由此可以预见,中国的人才市场对工商管理类人才的需求量会越来越大。
>>> **新高考选考科目指引：**
本专业没有必须选考科目要求。

>>> **培养目标：**
本专业培养适应现代市场经济需要,具备人文精神、科学素养和诚信品质,掌握现代管理理论,具有国际化视野、创新意识、团队精神,具有实践能力与沟通技能,能够在营利性和非营利性机构从事管理工作或理论研究和教学工作的应用型、复合型专业人才。
>>> **培养要求：**
本专业学生主要学习管理学、经济学和企业管理的基本理论和基本知识,接受企业管理方法与技巧方面的基本训练,掌握分析和解决管理问题的基本能力。
>>> **主干学科：**
工商管理。
>>> **主要课程：**
管理学、经济学、会计学、财务管理、市场营销、人力资源管理、战略管理、生产运作管理、管理信息系统等。
>>> **顶尖院校：**
清华大学、中国人民大学、对外经济贸易大学、中山大学、北京大学、厦门大学、武汉大学和西安交通大学。
>>> **就业方向：**
毕业生适宜到企业的企划、企业战略制定及实施、企业运营等相关部门工作,也可到事业单位(政府职能部门)从事战略规划与实施等相关工作。
>>> **未来可从事职业岗位：**
人事专员、人事主管、行政主管、总裁助理、总经理助理、办公室主任、招聘专员、人力资源专员、招商经理、销售代表、销售经理等。
>>> **职业薪酬：**
工商管理专业相关职位薪酬(月薪):按工作经验统计,其中应届生约5000元,1~3年约6000元,3~5年约8000元,5~10年约10000元。
>>> **就业热门行业：**
金融/投资/证券、互联网/电子商务、新能源、房地产、计算机软件、建筑/建材/工程、咨询、人力资源、财会、电子技术/半导体/集成电路、快速消费品等。
>>> **就业热门城市：**
北京、上海、深圳、广州、武汉、杭州、成都、厦门、南京和西安等。

120202 市场营销

企业是国民经济的细胞,是组合各种经济资源为社会创造价值的主体。市场营销的本质就在于实现企业价值与顾客需要的顺利交换,可以说,营销工作决定了企业价值能否实现及在多大程度上实现。在市场竞争越来越激烈的今天,只要是企业,就需要营销,就必须重视营销,就需要大量的高素质营销人才。这也是为什么营销专业人才在我国长期属于最紧缺人才的原因。

▶▶ **新高考选考科目指引：**

本专业没有必须选考科目要求。

▶▶ **培养目标：**

本专业培养适应现代市场经济需要，具备人文精神、科学素养和诚信品质，掌握管理学、经济学、市场营销学的基本理论方法和市场营销专业技能，具备综合运用相关知识发现、分析和解决营销实际问题的能力，能够在营利性和非营利性机构从事市场调研、营销策划、广告策划、销售管理等营销业务及管理工作的应用型、复合型专业人才。

▶▶ **培养要求：**

本专业学生主要学习市场营销及工商管理方面的基本理论和基本知识，接受营销方法与技巧方面的基本训练，掌握分析和解决营销问题的基本能力。

▶▶ **主干学科：**

工商管理。

▶▶ **主要课程：**

市场营销学、消费者行为学、市场调查、销售管理、广告学、国际市场营销、商务谈判、电子商务、网络营销、物流管理等。

▶▶ **顶尖院校：**

中国人民大学、西安交通大学、北京大学和南京大学。

▶▶ **就业方向：**

毕业生可以在相关行业从事市场调研、营销策划、广告策划、市场开发、营销管理、推销服务和教学科研等工作。

▶▶ **未来可从事职业岗位：**

电话销售、销售助理、销售代表、销售经理、市场专员、客户经理、销售工程师、销售总监、销售主管、市场经理、文案策划等。

专 家 提 醒

市场营销人员是各个企业特别是大型企业不可缺少的人才。根据我国有关资料统计，从20世纪80年代中期至今，在我国企业界自办或协办的人才交流会上，市场营销人员都是最受欢迎的人才，随着市场竞争的日趋激烈，这种势头在未来将越来越猛烈。

120203K 会计学

随着我国市场经济和资本市场的发展，会计所提供的企业经济活动的信息对人们的经济决策起到越来越重要的作用。如果没有企业的职业会计师提供满足内外部群体决策所需会计信息的话，很多的经济活动无法正常地开展。会计信息是市场经济和资本市场的信号或者血液，企业的会计活动也成为企业管理中的重要环节。如果你选择了会计专业，不仅预示着未来有广阔的就业空间，还意味着你选择了一个具有增值潜力的职业。会计师是职业积累型的，既需要专业化的理性分析，又需要分析判断的个人智慧与潜力的发挥。

▶▶ **新高考选考科目指引：**

本专业没有必须选考科目要求。

▶▶ **培养目标：**

本专业培养适应现代市场经济需要，具备人文精神、科学素养和诚信品质，具备经济、管理、法律和会计学等方面的知识和能力，能在营利性和非营利性机构从事会计实务以及教学、科研方面工作的应用型、复合型专业人才。

▶▶ **培养要求：**

本专业学生主要学习会计、审计和工商管理方面的基本理论和基本知识，接受会计方法与技能方面的基本训练，具有分析和解决会计问题的基本能力。

▶▶ **主干学科：**

工商管理、经济学。

▶▶ **主要课程：**

基础会计、中级财务会计、高级财务会计、管理会计（含成本会计）、审计学、财务管理（或公司财务、公司金融）等。

▶▶ **顶尖院校：**

厦门大学、上海财经大学、东北财经大学、中国人民大学和中央财经大学。

▶▶ **就业方向：**

学生毕业后可到各级政府机关、事业单位和包括商业银行、投资银行、证券公司、财务公司、投资公司、基金公司、会计师事务所、咨询公司在内的各类企业单位从事与专业相关的实务、管理、教学和研究工作。

▶▶ **未来可从事职业岗位：**

出纳、会计、成本会计、财务会计助理、财务会计、主办会计、会计主管、财务经理、财务主管、成本会计兼审核、材料核算与成本管理、采购专员、财务稽核专员、生产计划员、会计讲师、统计分析员等。

▶▶ **就业热门行业：**

金融/投资/证券、贸易/进出口、建筑/建材/工程、房地产、互联网/电子商务、电子技术/半导体/集成电路、咨询、人力资源、财会等。

▶▶ **就业热门城市：**

北京、上海、深圳、广州、武汉、杭州、东莞、厦门、成都和南京等。

120204 财务管理

▶▶ **新高考选考科目指引：**

本专业没有必须选考科目要求。

▶▶ **培养目标：**

本专业培养适应现代市场经济需要，具备人文精神、科学素养和诚信品质，具备经济、管理、法律和财务管理等方面的知识和能力，能在营利性和非营利性机构从事财务管理以及教学、科研方面工作的应用型、复合型人才。

▶▶ **培养要求：**

本专业学生主要学习财务管理方面的基本理论和基本知

识,接受财务、金融管理方法和技能方面的基本训练,具有分析和解决财务问题的基本能力。

▶▶ **主干学科:**
工商管理、经济学。

▶▶ **主要课程:**
财务会计、管理会计(含成本会计)、财务管理(或公司财务、公司金融)、资本市场(或金融市场)、财务分析、投资学等。

▶▶ **顶尖院校:**
南京大学、对外经济贸易大学和中央财经大学。

▶▶ **就业方向:**
毕业生适合在政府各级财务、税务、审计等经济管理部门从事相关业务工作;适合在大中型企业、银行、保险及信托等各类企事业单位从事财务管理、会计、审计等工作;适合在会计师事务所、资产评估事务所从事审计、资产评估、投资分析、咨询和策划工作;适合在各级院校、科研机构从事相应的教学科研工作。

▶▶ **未来可从事职业岗位:**
出纳员、财务会计、成本会计、总账会计、主办会计、会计主管、财务助理、财务经理、财务主管、财务总监等。

▶▶ **就业热门行业:**
金融/投资/证券、房地产、建筑/建材/工程、贸易/进出口、互联网/电子商务、电子技术/半导体/集成电路、计算机软件、咨询、人力资源、财会等。

▶▶ **就业热门城市:**
北京、上海、深圳、广州、杭州、武汉、成都、厦门、南京和重庆等。

◆ 专 家 提 醒

财务管理专业实用性很强,其人才适应工作领域广泛,所以,财务管理专业人才的市场需求量一直以来在人才市场的需求排名中处于前列。随着社会经济的发展、财务管理专业人才的增加,社会对财务管理人才的要求也越来越高。学生只要通过经济、法律、理财、金融等方面知识的实习,积累金融、财务分析等经验,将来就会有很好的发展空间。

📖 120205 国际商务

▶▶ **新高考选考科目指引:**
本专业没有必须选考科目要求。

▶▶ **培养目标:**
本专业培养适应现代市场经济需要,具备人文精神、科学素养和诚信品质,具备经济、管理、法律和国际商务等方面的知识和能力,能在经济贸易部门及企业从事国际贸易和其他国际化经营与管理活动的应用型、复合型人才。

▶▶ **培养要求:**
本专业学生主要学习国际贸易、国际化经营及经济管理等方面的基本理论和基本知识,掌握国际商务理论和实务,具有分析和处理国际商务活动中具体问题的基本能力。

▶▶ **主干学科:**
工商管理、经济与贸易。

▶▶ **主要课程:**
国际贸易、国际贸易实务、国际营销学、跨国公司管理、国际金融、电子商务、国际商法、国际商务谈判等。

▶▶ **顶尖院校:**
宁波诺丁汉大学、华中科技大学、山东大学、中央财经大学和上海财经大学。

▶▶ **就业方向:**
学生毕业后可在相关行业从事进出口贸易、报关、结算、跟单函电处理等商务工作。

▶▶ **未来可从事职业岗位:**
外贸跟单员、外贸贸易专员、外贸专员、外贸助理、外贸经理、外贸贸易主管、商务助理等。

▶▶ **职业薪酬:**
国际商务专业相关职位薪酬(月薪):按工作经验统计,其中应届生约5000元,1~3年约6000元,3~5年约11000元,5~10年约15000元。

▶▶ **就业热门行业:**
金融/投资/证券、房地产、贸易/进出口、互联网/电子商务、电子技术/半导体/集成电路、机械/设备/重工、计算机软件、服装/纺织/皮革等。

▶▶ **就业热门城市:**
深圳、广州、上海、武汉、北京、东莞、杭州、厦门、郑州和济南等。

📖 120206 人力资源管理

人力资源管理专业是针对当前高度竞争化的社会而设的,各类组织都面临来自人力资源竞争方面的压力,从而更加注重对人力资源管理变革的认识。人力资源管理专业是管理学、经济学、心理学、教育学、社会学等多学科相互渗透的一门综合管理类专业。作为各类组织必不可少的重要职能之一,人力资源管理专业未来的发展前景十分广阔。从目前人才市场上的专业排行情况来看,我国人力资源管理专业人才的供给与巨大的市场需求之间仍存在着较大的缺口。从这几年毕业生就业形势来看,人力资源管理专业的学生很受市场欢迎。本专业注重人力资源管理技能与技巧方面的系统训练,强调学生分析和解决问题的基本能力、沟通能力和组织协调能力的培养。本专业的定位是培养出能适应全球经济一体化发展要求的、高素质的人力资源管理人才,使学生具有从事人力资源管理工作的基本技能,具有较强的实践操作能力。

▶▶ **新高考选考科目指引:**
本专业没有必须选考科目要求。

▶▶ **培养目标:**
本专业培养适应现代市场经济需要,具备人文精神、科学素养和诚信品质，具备经济、管理、法律及人力资源管理等方面的知识和能力，能够在营利性和非营利性组织从事人力资源管理以及教学、科研方面工作的应用型、复合型专业人才。

▶ 培养要求：

本专业学生主要学习管理学、经济学及人力资源管理方面的基本理论和基本知识，接受人力资源管理方法与技能的基本训练，具有分析和解决人力资源管理问题的基本能力。

▶ 主干学科：

工商管理、法学、公共管理。

▶ 主要课程：

组织行为学、组织与工作设计、劳动关系与劳动法、招聘与人才测评、绩效管理、薪酬与福利、培训与人力资源开发等。

▶ 顶尖院校：

厦门大学、中国人民大学、南开大学和南京大学。

▶ 就业方向：

毕业生除了在国内著名高校攻读硕士学位或出国留学以外，主要在跨国公司、民营企业、国有企业、咨询公司等单位从事人力资源管理工作，如人力资源规划、工作分析、招聘与甄选、培训管理、职业生涯管理、薪酬与福利管理等。

▶ 未来可从事职业岗位：

人力资源专员、招聘专员、人事助理、人事行政专员、人力资源经理、人力资源主管等。

▶ 职业薪酬：

人力资源管理专业相关职位薪酬（月薪）：按工作经验统计，其中应届生约4000元，1~3年约6000元，3~5年约7000元，5~10年约11000元，10年以上约16000元。

▶ 就业热门行业：

人力资源、金融/投资/证券、房地产、财会、咨询、教育/培训、互联网/电子商务、计算机软件、电子技术/半导体/集成电路、贸易/进出口等。

▶ 就业热门城市：

北京、上海、深圳、广州、武汉、杭州、成都、西安、南京和东莞等。

📖 120207 审计学

审计学是研究审计产生和发展规律的学科。实践是检验真理的唯一标准，科学是实践经验的总结。审计学就是对审计实践活动在理论上的概括、反映和科学总结，并用来指导审计实践活动，促进经济发展。

▶ 新高考选考科目指引：

本专业没有必须选考科目要求。

▶ 培养目标：

本专业培养适应现代市场经济需要，具备人文精神、科学素养和诚信品质，具备经济、管理、法律及审计等方面的知识和能力，通晓审计、会计准则及相关的经济法规，掌握现代审计理论、方法和手段，能在经济管理领域从事会计、审计和管理咨询工作的应用型、复合型专业人才。

▶ 培养要求：

本专业学生主要学习会计、审计以及相关法律等方面的基本理论和基本知识，接受会计、审计方法和技巧方面的基本训练，具有分析和解决会计、审计问题的基本能力。

▶ 主干学科：

工商管理、法学。

▶ 主要课程：

统计学、会计学、中级财务会计、高级财务会计、成本会计、审计学原理、企业财务审计、审计实务、经济效益审计、审计法规、内部审计学、社会审计、经济法、税法等。

▶ 顶尖院校：

天津财经大学、西南财经大学和石河子大学。

▶ 就业方向：

学生毕业后不仅可在大中型企业和跨国公司从事内部审计工作，也可在政府审计机关和司法机关从事审计检查与鉴定工作，又可在会计师事务所、律师事务所、资产评估公司等中介机构从事审计服务与咨询工作，还可以在学校和科研部门从事教学和科研工作。

▶ 未来可从事职业岗位：

总账会计、主办会计、会计主管、财务经理、财务主管、财务总监、审计助理、审计专员、审计经理、审计主管等。

▶ 就业热门行业：

金融/投资/证券、建筑/建材/工程、房地产、财会、互联网/电子商务、新能源、咨询、人力资源、贸易/进出口、电子技术/半导体/集成电路、计算机软件等。

▶ 就业热门城市：

北京、上海、深圳、广州、武汉、杭州、成都、南京、重庆和厦门等。

专 家 提 醒

根据市场调查资料反映，随着我国经济的快速发展，审计学专业有着广阔的发展前途和发展空间。根据国家对审计人才的需求预测，审计机关的审计人才，尤其是高级审计人才短缺。随着绩效审计业务比重的增加，审计机关也将会产生新的人才需求。随着经济的发展和企业制度的建设完善，将有越来越多的企事业单位意识到建立健全内部审计的必要性和重要性，对内部审计人才的需求也将有明显增加。

📖 120208 资产评估

资产评估涉及所有资产价值评估领域，既包括有形资产的评估，又包括无形资产的评估，具体包括各类不动产、知识产权，各类金融证券与金融衍生产品，各类资源性产权、期权、古董艺术品等各类资产与产权价值评估。资产评估广泛应用于国有资产管理、企业日常的资产管理活动，企业上市、合并、兼并、破产清算等资产交易活动，金融机构贷款、担保等资产评估活动,税务、海关机关征税、罚没资产的评估活动,司法机关对涉嫌职务犯罪、民事财产纠纷有关的资产评估与见证活动,艺术品拍卖价值评估等活动。

▶**新高考选考科目指引:**

本专业没有必须选考科目要求。

▶**培养目标:**

本专业培养具备经济、管理、法律、资产评估等方面的知识,具备人文精神、科学素养和诚信品质,能在政府资产管理部门、土地管理部门或企事业单位、金融证券投资公司、房地产开发机构等单位从事资产管理及财务税收工作的应用型、复合型专业人才。

▶**培养要求:**

本专业学生主要学习资产评估、会计、工商管理方面的基本理论和基本知识,接受资产评估方法与技巧方面的基本训练,掌握分析和解决资产评估基本问题的基本能力。

▶**主干学科:**

工商管理、法学、经济学。

▶**主要课程:**

资产评估原理、企业价值评估、国有资产管理、房地产评估、无形资产评估、国际评估准则等。

▶**顶尖院校:**

上海对外经贸大学和浙江财经大学。

▶**就业方向:**

学生毕业后可在资产评估公司(会计师事务所)、国有资产监督管理机关、土地管理及建设行政事业部门、司法机关、金融/证券/投资等机构从事资产评估、信用评估、管理咨询及其他经济管理工作,也可以在学校、科研部门从事资产评估教学和科研工作。

▶**未来可从事职业岗位:**

注册资产评估师、风控经理、风控总监、物业管理经理、项目经理、投资经理、投资总监、财务经理、客户经理、财务总监、物业管理主管等。

▶**职业薪酬:**

资产评估专业相关职位薪酬(月薪):按工作经验统计,其中应届生约5000元,1~3年约7000元,3~5年约9000元,5~10年约12000元。

▶**就业热门行业:**

金融/投资/证券、房地产、互联网/电子商务、咨询、人力资源、财会、建筑/建材/工程、电子技术/半导体/集成电路、贸易/进出口、外包服务等。

▶**就业热门城市:**

北京、上海、深圳、广州、杭州、武汉、成都、南京、重庆和厦门等。

120209 物业管理

物业管理在中国出现、发展不过20年,其含义是指对建成并投入使用的建筑、设备、设施及场地实行专业化的管理,为业主或使用人提供优质服务,以达到使物业保值、增值目的的服务行为。

▶**新高考选考科目指引:**

本专业没有必须选考科目要求。

▶**培养目标:**

本专业培养适应物业管理发展需要,具备较高的现代管理理论素养和较好的职业道德,具备物业管理及房地产经营策划基本能力,熟悉物业管理及房地产的有关方针、政策和法规,能在物业服务企业、房地产开发与经营企业、中介机构及政府部门从事物业管理和房地产企业的经营和管理工作的应用型、复合型人才。

▶**培养要求:**

本专业学生主要学习物业管理的基本理论和相关知识,接受系统的物业管理系统运营与管理的基本训练,掌握解决物业管理具体问题的基本能力。

▶**主干学科:**

工商管理、管理科学与工程。

▶**主要课程:**

物业管理学、物业管理实务、物业管理法规、物业设施设备管理、物业管理信息系统开发、治安管理、建筑安装工程概论、房地产经营与管理、房地产项目策划、社区服务与管理。

▶**顶尖院校:**

北京林业大学、南昌大学和佳木斯大学。

▶**就业方向:**

毕业生可在国家机关和各省市建设部门、房地产开发与经营部门、物业服务管理企业及其他企事业单位从事物业项目的各类投资、开发、经营与管理工作。

▶**未来可从事职业岗位:**

物业客服专员、物业客服主管、工程主管、物业管理员、物业项目经理、物业主管等。

▶**职业薪酬:**

物业管理专业相关职位薪酬(月薪):按工作经验统计,其中应届生约4000元,1~3年约5000元,3~5年约6000元,5~10年约9000元。

▶**就业热门行业:**

物业管理/商业中心、房地产、建筑/建材/工程、外包服务、金融/投资/证券、互联网/电子商务、家居/室内设计/装潢、咨询、人力资源、财会等。

▶**就业热门城市:**

上海、深圳、广州、北京、武汉、杭州、成都、重庆、南京和西安等。

120210 文化产业管理

文化产业已经成为21世纪发展最快的朝阳产业之一,它已成为许多国家和地区经济发展的支柱产业,文化产业的发展也已成为全球经济新的增长点。我国把发展文化产业提升到国家重点战略的高度，旨在完善文化产业政策，支持文化产业发展，增强我国文化产业的整体实力和竞争力。本专业是教育部为适应我国社会发展需求设置的新型专业。

▶ 新高考选考科目指引：
本专业没有必须选考科目要求。

▶ 培养目标：
本专业培养适应文化产业快速发展需要，具备较深厚的文化理论功底和丰富的人文知识，具有人文素质、创新意识、广阔视野、先进理念和社会责任，熟练掌握文化行政管理和文化企业经营专业知识、文化政策和法律知识，能够在文化管理机关、文化企事业单位、新闻出版机构、艺术产业机构、文化媒体等机构从事创意、经纪、管理、教育等工作的复合型人才。

▶ 培养要求：
本专业学生主要学习文化产业管理及相关学科的基本理论和基本知识，接受文化理论、产业管理、文化创新方面的基本训练，掌握分析和解决文化产业管理相关问题的基本能力。

▶ 主干学科：
工商管理、中国语言文学、设计学。

▶ 主要课程：
文化产业管理概论、文化产业经济学、中国文化史、文化资源概论、公共事业管理、大众传媒管理、演艺娱乐经营管理、动漫与数字产业经营管理、影视产业经营管理、文化经纪理论与实务、文化产业政策与法规、现代服务业管理、文化商务英语等。

▶ 顶尖院校：
中央财经大学、中国传媒大学、天津音乐学院和西安建筑科技大学。

▶ 就业方向：
毕业生可以从事文化资源与文化创意产业管理方面的理论研究工作，又能在文化宣传系统、文化管理部门和文化创意产业各个行业工作，亦可到政府文化管理机构、文化传媒机构、新闻出版机构(广播、影视业、报业、出版业、音像制品等)、文化创意产业园、主题公园、旅游景区、房地产公司、大型社区、大型商场、影视文化公司、广告公司、设计制作公司、节目制作公司、娱乐公司、文化策划咨询公司、会展公司、演出公司、动漫制作公司、网络与游戏设计制作公司等企事业单位从事文化经营管理、文化艺术管理、文化市场营销、企业文化建设、文化市场运作、文化项目策划、文化创意经纪、文化贸易、文化产业咨询、国际文化交流与传播等工作或自主从事文化创意工作。

▶ 未来可从事职业岗位：
平面设计师、文案策划、投资经理、招商经理、销售代表、销售经理等。

▶ 职业薪酬：
文化产业管理专业相关职位薪酬(月薪)：按工作经验统计，其中应届生约5000元，1~3年约10000元，3~5年约18000元。

▶ 就业热门行业：
影视/媒体/艺术/文化传播、公关/市场推广/会展、金融/投资/证券、互联网/电子商务、广告、房地产、教育/培训、咨询、人力资源等。

▶ 就业热门城市：
北京、上海、广州、深圳、南京、武汉、苏州、郑州、成都和杭州等。

📖 120211T 劳动关系

劳动关系专业是市场经济下的一个理论性和实用性都非常强的专业。发达国家的劳动关系专业是一个具有重要的社会影响和社会功能的专业。这一专业对于国家层面的劳动政策的制定以及企业层面的劳动关系的操作管理，都有着直接的作用。劳动关系专业在发达国家已经是一个成熟的学科，在我国则是一个刚刚起步不久的新学科。

▶ 新高考选考科目指引：
本专业没有必须选考科目要求。

▶ 培养目标：
本专业培养适应中国社会转型和社会发展需要，具备劳动关系方面的理论、知识和能力，掌握协调处理劳动关系事务的现代组织手段和科学技术方法，能够在企事业单位、政府部门、各级工会组织、研究机构以及非政府组织中从事劳动关系处理实务以及理论政策研究，并富有创新精神的应用型、复合型专门人才。

▶ 主要课程：
劳动关系学、中外劳工历史与现状、集体谈判制度、职工民主管理与社会参与、劳动争议处理制度、劳动政策、劳动心理学、社会保障概论、职业安全卫生、管理学原理、劳动经济学、统计学原理、社会学概论、劳动社会学、劳动法学、工会法、组织行为学、经济法概论、社会调查统计方法、比较劳动关系、危机管理。

▶ 顶尖院校：
中国人民大学和中南财经政法大学。

▶ 未来可从事职业岗位：
人力资源专员、人力资源主管、人事助理、人力资源经理、人事行政主管、招聘专员等。

▶ 就业热门行业：
人力资源、教育/培训/咨询、贸易/进出口、互联网/电子商务、金融/投资/证券、财会、新能源、房地产、计算机软件、电子技术/半导体/集成电路、建筑/建材/工程等。

▶ 就业热门城市：
上海、北京、广州、深圳、武汉、成都、杭州、厦门、南京和西安等。

120212T 体育经济与管理

新高考选考科目指引：
本专业没有必须选考科目要求。

培养目标：
本专业培养熟悉现代经济学的基本理论与体育理论，掌握现代经济分析的基本方法，能在经济、体育和文教等部门从事体育市场经济分析、体育事业规划、体育经济管理、体育俱乐部经营以及体育经济学教学与科研的高级专门人才。

培养要求：
本专业学生主要学习体育经济与管理的基础知识，受到相应学科的技能训练，具有从事竞技体育活动和群众性体育活动的经营开发、组织管理和咨询指导等方面工作的综合能力。

主要课程：
体育产业概论、体育企业战略管理、体育产业经济学、管理学原理、微观经济学、宏观经济学、运营管理、会计学原理、公司财务管理、营销学、管理信息系统、体育场馆管理、体育赛事的经营与管理、俱乐部管理、体育经纪人、体育赞助和体育风险管理等。

顶尖院校：
北京体育大学和上海体育学院。

就业方向：
毕业生可到国家各级体育行政部门、各项商业体育赛事组织部门、各类体育咨询公司、各大型体育产品公司、各类健身俱乐部、各类体育经纪人公司、各类体育企业、各职业体育俱乐部、各健身俱乐部、各体育中介公司、各运动项目管理中心、各体育事业单位和高等院校工作。

未来可从事职业岗位：
团队经理、高级计划运营主任、编辑、记者、管理培训师、外贸主管、销售代表、国际贸易销售、网络销售、销售工程师、工程预算员、法务主管、供应链金融项目总经理助理、高级项目经理、CEO助理等。

就业热门行业：
娱乐/休闲/体育、房地产、教育/培训、金融/投资/证券、互联网/电子商务、咨询、人力资源、财会、电子技术/半导体/集成电路、贸易/进出口、公关/市场推广/会展、中介服务等。

就业热门城市：
广州、北京、深圳、上海、武汉、南京、成都、济南、长沙和厦门等。

专家提醒
由于该专业具有体育学科的特征，报考本专业的考生应具有较高的体育素养和一定的体育特长。运动能力达到运动员三级及以上者优先录取。考生在报考时，应将身高、体重和体育特长等在特长栏中如实填报。

120213T 财务会计教育

新高考选考科目指引：
本专业没有必须选考科目要求。

培养目标：
本专业培养具有较高的业务素质、扎实的专业理论基础、较强的会计实务操作技能，善于实施素质教育的教育师资及本行业应用型专业人才。

主要课程：
财政学、金融学、中级财务会计学、成本会计学、管理会计、财务管理、审计学、电算化会计、基础会计、经济法、西方经济学等。

顶尖院校：
广西大学。

就业方向：
毕业生能在涉外经济贸易部门、外资企业及政府机构从事会计业务、管理、调研和宣传策划工作，能在相关教育部门从事财务方面的教育工作。

未来可从事职业岗位：
出纳员、财务会计、成本会计、总账会计、财务经理、财务总监、财务主管、招聘主管等。

就业热门行业：
人力资源、财会、房地产、金融/投资/证券、教育/培训、互联网/电子商务、咨询、建筑/建材/工程、汽车及零配件、快速消费品等。

就业热门城市：
上海、北京、深圳、广州、武汉、成都、厦门、南京、杭州和重庆等。

120214T 市场营销教育

新高考选考科目指引：
本专业没有必须选考科目要求。

培养目标：
本专业培养具备经济、管理、法律、市场营销等方面的知识和能力，具有一定创新精神，能担任职业教育市场营销类课程教学、科研方面的工作以及能在企事业单位、政府部门从事市场营销与管理的高级应用型人才。

主要课程：
经济学、管理学、市场理论与政策、市场营销学、市场调研与预测、市场信息管理、计算机原理与应用等。

顶尖院校：
中国人民大学、清华大学、上海交通大学和中山大学。

就业方向：
毕业生能在中高等职业学校及企事业单位、政府部门从事教学、营销管理等方面的工作。

➤未来可从事职业岗位：

销售代表、客户经理、市场营销专员、区域销售经理、市场经理、市场主管、销售总监、市场总监、销售主管、课程顾问等。

➤职业薪酬：

市场营销教育专业相关职位薪酬(月薪)：按工作经验统计，其中1~3年约4000元，3~5年约8000元。

➤就业热门行业：

金融/投资/证券、教育/培训、新能源、互联网/电子商务、咨询、人力资源、财会、计算机软件、影视/媒体/艺术/文化传播、公关/市场推广/会展、电子技术/半导体/集成电路、快速消费品等。

➤就业热门城市：

北京、上海、广州、深圳、武汉、成都、杭州、南京、西安和郑州等。

120215T 零售业管理

零售业管理专业主要培养能够在零售企业从事经营管理工作的应用型专业人才。零售业管理包括商品管理(商品价格及出售管理、商品库存管理、商品损耗管理)、人员管理(员工组织架构组成、规章制度管理)及财务管理。

➤新高考选考科目指引：

本专业没有必须选考科目要求。

➤培养目标：

本专业培养具有社会责任、实践能力、创新创业精神，掌握现代零售业经营管理理论，熟悉零售企业实务、运营特点和管理模式，具有较好的零售分析与管理能力、国际视野与跨文化交流能力的应用型、复合型的零售精英人才。

➤培养要求：

该专业学生主要学习市场营销及工商管理方面的基本理论和基本知识，受到营销方法与技巧方面的基本训练，具有分析和解决零售业管理问题的基本能力。

➤主要课程：

商务沟通、会计、经济原理、行业道德、管理理论与实践、商业信息系统、产品品牌管理、零售企业管理、零售战略管理、采购行为规范、市场营销、商务金融。

➤首批开设院校：

上海商学院等。

➤就业方向：

毕业生可到各类实体零售企业总部、区域门店、线上零售企业及配送中心从事管理工作，或从事其他商业或服务业的相关管理工作。

120216T 创业管理

创业管理不同于传统管理，它主要研究企业管理层的创业行为，研究企业管理层如何延续注入创业精神和创新活力，增强企业的战略管理柔性和竞争优势。

➤新高考选考科目指引：

本专业没有必须选考科目要求。

➤培养目标：

本专业致力于培养具备新思想、洞见力、领导力、使命感的新经济企业管理者、创服机构经营者、家族企业接班人、新一代创业者。

➤首批开设院校：

宁波财经学院。

➤就业方向：

本专业毕业生可作为新经济企业的经营管理人才、创服机构的经营管理人才、家族企业接班人、新一代创业者。

120217TK 海关稽查

海关稽查专业主要培养适应新时代中国特色社会主义发展需要，德、智、体、美、劳全面发展，具有正确的政治意识和坚定的爱国情怀，系统掌握海关稽查的基本理论和方法，熟悉国内外海关稽查技术标准与法规，熟练掌握海关稽查专业技能，了解海关稽查的国际动态和国内现代化海关发展的前沿知识，具备较强的海关稽查风险分析与防控能力，毕业后能在海关等国家机关和国内外审计中介机构等从事海关稽查工作，通晓海关稽查业务的应用型、复合型、涉外型的高素质专门人才。

➤首批开设院校：

上海海关学院。

1203 农业经济管理类

120301 农林经济管理

农林经济管理专业的研究领域涉及如何配置涉农领域稀缺的自然与经济资源、如何利用国内外市场、如何对农业实行保护政策、如何实施农业可持续发展战略等。在我国基本解决绝对贫困问题以后，农业的市场问题变得更加重要，在全社会重视"三农"的大背景下，许多亟待解决的"三农"问题急需本专业人才，所以，农林经济管理专业有着广阔的发展空间。

➤新高考选考科目指引：

本专业没有必须选考科目要求。

➤培养目标：

本专业培养德、智、体、美、劳全面发展，掌握系统的经济学和管理学基础理论知识和相关农林业科学知识，具备农林经济管理基本理论、方法和技能，能在各级政府部门、农林牧渔业相关企业、教学与科研单位从事经营管理、市场营销、金融财会和政策研究等经济管理工作的应用型、复合型人才。

▶ **培养要求：**

本专业学生主要学习经济学和管理学的基本理论和基本知识，接受农林经济分析、经营决策、组织策划、调查研究等方面的基本训练，掌握从事农林经济管理、市场营销、金融财务和政策研究工作的基本能力。

▶ **主干学科：**

经济学、管理学、农业经济管理。

▶ **主要课程：**

微观经济学、宏观经济学、管理学原理、统计学、农(林牧渔,下同)业经济学、涉农企业管理学、农业政策学、农产品贸易或营销学、农业资源与环境经济学、农业概论。

▶ **顶尖院校：**

浙江大学、中国人民大学、中国农业大学和华中农业大学。

▶ **就业方向：**

毕业生可在国家各级农林业管理机关、相关的政府部门、事业单位、农林企业从事综合经济管理、农村经济活动分析、生产经营决策、农业政策管理等工作，或在科研和教学单位从事相关领域的教学和科研工作。

▶ **就业热门行业：**

农/林/牧/渔、建筑/建材/工程、房地产、互联网/电子商务、广告、教育/培训、咨询、人力资源、财会等。

▶ **就业热门城市：**

武汉、北京、合肥、杭州、广州、上海、南京、南宁、宁波和岳阳等。

专家提醒

农业是国民经济的基础，进入新世纪以后，国家对农业的重视程度显著加强。加上该专业定位于培养高级复合型人才，毕业生综合素质和综合能力强，得到了许多用人单位的广泛好评，就业前景良好。

📖 120302 农村区域发展

▶ **新高考选考科目指引：**

本专业没有必须选考科目要求。

▶ **培养目标：**

本专业培养德、智、体、美、劳全面发展，具有经济学、管理学、社会学等与发展问题相关学科的基础理论知识和相关农业科学知识，掌握农村区域发展基本理论、方法和技能，能在各级政府部门、各类相关企业、教学与科研单位从事规划设计、经营管理、推广咨询、教学研究等工作的复合型人才。

▶ **培养要求：**

本专业学生主要学习经济学、管理学和社会学等与发展问题相关学科的基本理论和基本知识，接受发展规划、项目管理、推广沟通、调查研究等方面的基本训练，掌握从事规划设计、经营管理、推广咨询、教学研究等工作的基本能力。

▶ **主干学科：**

经济学、管理学、农业经济管理。

▶ **主要课程：**

经济学原理、管理学原理、农业经济学、发展经济学、农村社会学、农村发展规划、农业推广学、自然资源与环境管理、农村发展研究方法、农业概论。

▶ **顶尖院校：**

中国农业大学和福建农林大学。

▶ **就业方向：**

毕业生可在国家各级农林业管理机关、相关的政府部门、农林企业、农民专业合作社、供销合作社、信用合作社等从事综合经济管理、农村经济活动分析、生产经营决策、农业政策管理以及乡村管理等工作，或在科研和教学单位从事相关领域的教学和科研工作。

▶ **职业薪酬：**

农村区域发展专业相关职位薪酬(月薪)：按工作经验统计，3~5年约5000元。

▶ **就业热门行业：**

环保、家具/家电/玩具/礼品、新能源、互联网/电子商务、贸易/进出口、快速消费品、房地产、金融/投资/证券、批发/零售、建筑/建材/工程等。

▶ **就业热门城市：**

成都、武汉、广州、北京、昆明、宁波、南宁、合肥、南京和西安等。

专家提醒

新形势下，我国正在成为对世界市场具有重要影响的一个农产品贸易大国。贸易增长的趋势显示，我国农业正在分享经济全球化的巨大利益，其整个实施过程还有很多困难和阻力，迫切需要大量的相关专业人才投身其中。

📖 120303TK 乡村治理

▶ **培养目标：**

本专业培养掌握扎实的农业科学、经济管理、乡村规划、乡村组织、社会发展等相关的知识，熟悉乡村振兴方针政策、法律法规和乡土文化，拥有良好组织协调、团队协作、沟通交流和创新创业能力，能够为相关政府部门和非营利组织提供乡村治理解决方案，引领乡村振兴发展的交叉复合型高级专门人才。

▶ **首批开设院校：**

海南大学。

▶ **就业方向：**

本专业毕业生可在党政机关、企事业单位、社会团体等涉农部门从事乡村治理、乡村规划、乡村社会管理等工作。

1204 公共管理类

120401 公共事业管理

公共事业管理专业属于公共管理学科，是面向应届高中生招生的本科专业之一。要了解公共事业管理专业，必须弄清楚公共管理与工商管理、公共事业管理与行政管理的区别。公共管理和工商管理同属管理学类的一级学科，公共管理是指公共事业组织依法对社会公共事务的管理，它提供的是公共产品，追求的是社会公共利益的公平分配；工商管理是以私人企业为管理对象，以提供私人产品，获得利益最大化为目的的管理。所提供产品性质的不同是两个学科的本质区别。

公共事业管理和行政管理专业同是隶属于公共管理一级学科的两个专业，行政管理主要是指政府的管理，而公共事业管理主要是指公共事业组织的管理，它是把以社会公益为目的的非营利性组织作为研究对象，主要覆盖教育、文化、卫生、体育、社会保障、基础设施等领域，甚至涉及群众组织、社会团体、志愿性公益性组织以及部分中介机构和委托代理机构。

新高考选考科目指引：
本专业没有必须选考科目要求。

培养目标：
本专业培养具有一定马克思主义理论素养和现代公共精神，具备现代公共管理理论、技术与方法等方面知识以及应用这些知识的能力，能在文化、体育、卫生、环保、社会保障、公用行业等公共事业单位、行政管理部门、非政府组织等公共部门从事业务管理和综合管理工作的复合型人才。

培养要求：
本专业学生主要学习公共管理方面的基本理论和基本知识，接受公共管理技术与方法等的培养和训练，掌握各项公共事业管理的基本知识，能够胜任各级公共管理组织中的管理工作，具有领导、协调、组织和决策方面的基本能力。

主干学科：
公共管理。

主要课程：
政治学原理、管理学原理（公共管理学）、法学概论（公共事业管理法律制度）、公共经济学、公共事业管理概论、公共政策学、公共组织财务管理、城市公用事业管理理论与实践、非政府组织管理、公共工程项目管理等。

顶尖院校：
北京师范大学、中国政法大学、南京医科大学、中国人民大学和华中科技大学。

就业方向：
学生毕业后可在文教、卫生、体育、环保、社会保障等公共事业单位、各级行政管理部门从事管理等工作，也可在大专院校、科研机构从事教学或研究工作。

未来可从事职业岗位：
人事专员、人力资源专员、行政专员、区域经理、行政助理、招聘专员、呼叫中心座席专员、国际贸易销售、销售总监、咨询师、办公室主任、项目经理、外事主任、公共事业部经理、政策调研员等。

就业热门行业：
房地产、互联网/电子商务、物业管理/商业中心、医疗/护理/卫生、金融/投资/证券、咨询、人力资源、财会、建筑/建材/工程等。

就业热门城市：
北京、上海、广州、深圳、武汉、杭州、长沙、厦门、福州和南京等。

120402 行政管理

行政管理是指国家行政机关依法对国家和社会公共事务进行管理。中国加入世界贸易组织后，国家行政管理也面临着新的形势，这为现代行政管理的学习和科研提供了新的发展机遇和广阔的空间。

新高考选考科目指引：
本专业没有必须选考科目要求。

培养目标：
本专业培养具有一定马克思主义理论素养和现代公共精神，掌握行政管理领域的基础理论知识和专业技能，能在党政机关、企事业单位、社会团体从事管理工作以及科研工作的复合型人才。

培养要求：
本专业学生应系统学习马克思列宁主义、毛泽东思想、中国特色社会主义理论体系，掌握行政管理学、政治学、经济学、法学等基础理论和专业知识，具有逻辑思维能力、领导决策能力、组织协调能力、沟通交流能力、语言表达与写作能力，掌握社会调查分析、现代信息技术和管理操作技术等基本技能。

主干学科：
公共管理、政治学。

主要课程：
政治学原理、管理学原理、公共管理学（行政管理学）、法学概论（宪法与行政法）、公共经济学（政府经济学）、公共政策学、行政组织学、公共部门人力资源管理等。

顶尖院校：
中山大学、中国人民大学。

就业方向：
毕业生可在各级各类党政军机关、人民团体、社会中介组织[管理岗位（或管理人才储备）]、人事与教育培训部门、行政监察部门、综合办公部门、事务管理部门、机构编制部门、宣传与公共关系部门、咨询服务部门以及有关高等教育单位与科研机构工作。
▶ **未来可从事职业岗位：**
行政前台、行政专员助理、行政专员、行政主管、总经理助理、人事专员、行政经理、行政文员、总裁助理等。
▶ **就业热门行业：**
金融/投资/证券、房地产、建筑/建材/工程、贸易/进出口、教育/培训/院校、互联网/电子商务、新能源、计算机软件、电子技术/半导体/集成电路等。
▶ **就业热门城市：**
上海、北京、深圳、广州、武汉、杭州、成都、西安、南京和东莞等。

📖 120403 劳动与社会保障

劳动与社会保障学科是公共管理学科下的二级学科，它是一门新兴学科，也是一门交叉学科，学科内容涉及经济学、管理学、社会学、人口学等学科知识，学科发展需要更多的相关学科知识支撑；劳动与社会保障专业同时也是一门应用性较强的专业，要求学生能掌握劳动与社会保障的基本理论、基本政策和基本制度，能服务于劳动就业领域、社会保障领域、人力资源领域，专业建设需要更多的实践实习环节作支撑。

▶ **新高考选考科目指引：**
本专业没有必须选考科目要求。
▶ **培养目标：**
本专业培养德、智、体、美、劳全面发展，通晓中外劳动与社会保障理论与实务，专业基础知识扎实，业务知识面宽，能从事劳动就业、人力资源管理、社会保障与商业性保险运作与管理工作，并具有理论研究能力和教学能力的复合型人才。
▶ **培养要求：**
本专业学生要掌握经济学、管理学、法学和社会学的基本理论、基本知识、基本技能和研究方法，在劳动与社会保障的相关领域有较宽的知识面，了解本学科及相关学科的发展动态；具有较强的理论研究能力与实际应用能力，了解有关劳动与社会保障的法律法规、制度、方针与政策；能够胜任各级各类组织中的劳动与社会保障业务及其管理工作，具有领导、协调、组织和决策的基本能力。
▶ **主干学科：**
公共管理、金融学。
▶ **主要课程：**
管理学原理(公共管理学)、公共经济学(劳动经济学)、社会保障概论、公共政策学、风险管理、劳动法与社会保障法、社会保险学、社会福利与社会救助、公共部门人力资源管理、社会保障基金管理等。
▶ **顶尖院校：**
武汉大学、中国人民大学和南京大学。

▶ **就业方向：**
毕业生适合在政府机关从事劳动与社会保障、民政、公共事业管理、政策研究等方面的工作；适合在高等院校和科研单位从事劳动与社会保障、社会学、管理学等方面的教学和研究工作；适合在金融保险业从事保险经营、基金管理方面的管理和研究工作；适合在大中型企业从事劳动与社会保障和人事管理工作。
▶ **未来可从事职业岗位：**
招聘专员、人事行政专员、人力资源专员、人力资源经理、人力资源主管、人事行政主管等。
▶ **职业薪酬：**
劳动与社会保障专业相关职位薪酬(月薪)：按工作经验统计，其中1~3年约8000元。
▶ **就业热门行业：**
金融/投资/证券、教育/培训、房地产、互联网/电子商务、新能源、计算机软件、咨询、人力资源、财会、贸易/进出口、快速消费品、电子技术/半导体/集成电路等。
▶ **就业热门城市：**
上海、北京、广州、深圳、武汉、杭州、西安、厦门、南京和成都等。

📖 120404 土地资源管理

土地资源总量有限，但随着人类社会经济的发展，人类对土地资源的需求不断增加，因此有关土地资源的开发、利用、保护及管理等方面的研究日益重要。同时，随着我国市场经济体制的不断完善和城乡土地使用制度改革的逐步深入，土地作为资产在投资领域乃至房地产开发过程中，如何充分发挥市场机制配置资源的作用，促进有限的土地资源合理有效利用，均需要从产权管理、资本运作和法律制度等方面进行深入研究。加之近年来"三农"问题日益突出，土地资源是农村的最大资源，合理有效地利用农村土地，实现农村土地的财产权利，是促进农业、农村发展和农民增收的关键。因此，土地资源管理专业在城市土地开发和农村土地利用管理领域具有广阔的前景。

▶ **新高考选考科目指引：**
本专业没有必须选考科目要求。
▶ **培养目标：**
本专业培养掌握现代管理学、经济学及土地资源管理学的基本理论和基本知识，接受土地调查与规划、土地政策分析、地籍管理、房地产估价等基本技能训练，具有"测、绘、规、估、表、籍"和计算机应用等实践能力，能适应新时期国土、城建、农业、房地产以及相关领域工作和研究需要的复合型人才。
▶ **培养要求：**
本专业学生主要学习土地资源管理方面的基本理论和基本知识，接受土地规划、测量、计算机、地籍管理、不动产估价等的培养和训练，具有宽厚的人文社会科学和自然科学的基本知识，能够胜任土地利用与管理工作，具有独立从事土地资源管理方面的教学、研究和管理的基本能力。

▶▶ **主干学科：**

公共管理。

▶▶ **主要课程：**

管理学原理、法学概论（土地法学）、土地经济学（资源经济学）、土地管理学（土地行政管理学）、国土资源概论（土地资源学）、土地信息系统（地理信息系统）、土地利用规划学、地籍管理、测量学、土地利用工程等。

▶▶ **顶尖院校：**

南京农业大学和中国矿业大学。

▶▶ **就业方向：**

学生毕业后可去各级国土资源管理部门、建设和规划行政管理部门、房地产开发企业以及各类地价评估、土地开发整理、土地规划、信息咨询、土地登记代理等机构和有关科研教学机构工作。

近些年代表性的就业单位有自然资源部及其下属事业单位、各级国土资源局、土地管理部门相关事业单位、高等院校、房地产开发公司及经纪代理公司等。

▶▶ **未来可从事职业岗位：**

土地开发工程师、土地规划师、土地评估项目经理、测绘工程师、房地产估价师、项目拓展员、技术支持工程师、估价师助理、投资拓展经理、项目经理、投资主管、高级数据分析员、GIS数据分析员、遥感工程师等。

▶▶ **职业薪酬：**

土地资源管理专业相关职位薪酬（月薪）：按工作经验统计，其中应届生约7000元，3～5年约9000元。

▶▶ **就业热门行业：**

房地产、建筑/建材/工程、咨询、人力资源、财会、计算机软件、金融/投资/证券、广告、中介服务、互联网/电子商务等。

▶▶ **就业热门城市：**

北京、广州、武汉、深圳、上海、成都、南京、济南、杭州和合肥等。

专 家 提 醒

土地资源与生态环境是人类生存和发展的基础，保护耕地是我国的基本国策之一。我国实施建设资源节约型社会的战略，对土地资源管理类人才的需求量大。学生毕业后可考取土地估价师、土地工程师、房地产估价师、资产评估师等职业资格，为就业、创业提供支撑条件。

📖 120405 城市管理

城市管理是指城市管理者通过分析、运用和控制影响城市发展的内部和外部因素，为实现城市复合型生态系统的平衡和可持续发展目标，而进行的经济、行政、社会、法律等系统的管理行为。城市管理所追求的是经济、社会、环境综合效益的最大化和城市的可持续发展。

▶▶ **新高考选考科目指引：**

本专业没有必须选考科目要求。

▶▶ **培养目标：**

本专业培养具有现代城市管理理念与思维，掌握现代城市管理理论、技术与方法，能在城市建设和管理部门、城市管理政策及法规研究部门、城镇基层社会管理部门、城市社会团体综合部门、市政市容管理企事业单位等从事科研、教学以及具体管理工作的复合型人才。

▶▶ **培养要求：**

本专业学生主要学习现代城市管理科学的基本理论和基本知识，接受现代先进城市管理方法、管理人员素质和基本能力的培养和训练，具有城市公共事务管理的思维与能力，掌握现代城市管理技术与方法，能从事城市管理部门的工作，具有规划、协调、组织和决策的基本能力。

▶▶ **主干学科：**

公共管理。

▶▶ **主要课程：**

管理学原理、经济学原理、政治学原理、行政学、城市管理学、法学概论、公共政策学、城市经济学、城市社会学、城市规划管理、城市数字化管理等。

▶▶ **顶尖院校：**

南开大学和苏州大学。

▶▶ **就业方向：**

毕业生可从事行政管理、市政工程和基础设施建设、社会保障、土地资源管理、社会医学与卫生事业管理、教育经济与管理、文化事业管理、人事与人力资源管理、科技政策与管理、企业与服务业管理等工作，亦可根据个人志趣继续深造，报考硕士及博士研究生。

▶▶ **未来可从事职业岗位：**

城市运营总监、信息采集员、Java工程师、标识设计师、标识工程项目经理、管理培训生、软件工程师、城市管理人员、城市经理、联勤工作人员外勤岗、高级技术经理、城市管理检查项目经理、微信编辑专员等。

▶▶ **职业薪酬：**

城市管理专业相关职位薪酬（月薪）：按工作经验统计，其中应届生约4000元，1～3年约6000元，3～5年约13000元。

▶▶ **就业热门行业：**

金融/投资/证券、人力资源、财会、环保、互联网/电子商务、计算机软件、新能源、咨询、计算机技术支持（系统、数据维护）等。

▶▶ **就业热门城市：**

北京、深圳、成都、上海、广州、杭州、武汉、重庆、东莞和厦门等。

120406TK 海关管理

新高考选考科目指引：
本专业没有必须选考科目要求。

培养目标：
本专业培养适应社会主义现代化建设需要,德、智、体、美、劳全面发展,具有广泛的科学文化知识和良好的科学精神和人文素质;了解公共管理理论的前沿和发展动态;熟悉海关管理相关领域的方针、政策和法规;系统掌握海关管理的基础知识、基本理论和基本技能;富有创新精神,视野开阔,能适应现代化、智能型海关发展要求的复合型高素质专业人才。

培养要求：
本专业学生主要学习管理学、经济学和法学的基本理论和基础知识,接受海关业务知识和管理方法的基本训练,具有分析和解决现代海关业务和管理问题的基本能力;能够熟练掌握英语,具有较强的语言表达能力和计算机综合应用能力。

主要课程：
管理学原理、政治学原理、公共管理学、组织行为学、海关管理学、运筹管理、人力资源开发与管理、经济学、行政法与行政诉讼法、海关法、海关监管、关税理论与制度、海关统计、海关缉私、海关风险管理、世界海关制度等。

顶尖院校：
上海海关学院。

就业方向：
毕业生可在海关等国家机关、企事业单位、社会团体等管理部门从事行政管理、人事管理、外事管理、文秘、决策咨询、政策研究和其他相关工作。

未来可从事职业岗位：
外贸业务员、报关员、单证员、外贸贸易专员助理、外贸贸易经理、外贸贸易主管、外贸会计、财务经理、物流经理等。

职业薪酬：
海关管理专业相关职位薪酬(月薪):按工作经验统计,其中1~3年约5000元,3~5年约9000元,5~10年约11000元。

就业热门行业：
贸易/进出口、交通/运输/物流、互联网/电子商务、电子技术/半导体/集成电路、机械/设备/重工、计算机软件、咨询、人力资源、财会、快速消费品等。

就业热门城市：
深圳、上海、北京、广州、杭州、东莞、厦门、苏州、武汉和宁波等。

120407T 交通管理

新高考选考科目指引：
本专业没有必须选考科目要求。

培养目标：
本专业培养定位在航运及港口管理方向,主要培养具有深厚的航运港口及管理专业基础知识,精通航运港口管理相关理论和业务,熟悉行业发展前沿问题,具有创新能力和团队精神的高级航运管理人才。

培养要求：
本专业学生在掌握管理学、计算机、法律等基本原理的基础上,进一步学习航运管理、航运业务及相关法规、多式联运、供应链管理等专业课程,通晓国际航运管理及国际贸易实务,了解航运运作规律和发展趋势的研判方法,接受企业管理方法与技巧的基本训练,参加社会实践和企业实践。

主要课程：
管理学基础、微观经济学、系统工程、航海概论、物流基础、国际贸易、统计学、财务管理、市场营销学、交通工程学、运筹学、经贸地理、班轮运输实务与法律、租船运输业务、海商法、航运行政管理与法规、运输经济学、港口经济学、航运经济学、运输商务管理、运输代理业务、外贸运输保险、航运金融衍生品及风险管理、国际航运政策、国际集装箱运输、水运交通运输发展战略、港口装卸工艺、港口管理、港口规划、航运管理和国际多式联运等。

顶尖院校：
上海海事大学和大连海事大学。

就业方向：
毕业生能从事水上运输行业管理、航运企业生产调度指挥、船舶运行组织安排、运输生产作业计划编制、航运市场预测和分析、航运企业业务管理和经营管理、港口生产组织和工艺设计、船舶代理、国际货运代理、运输保险经营管理等工作。

职业薪酬：
交通管理专业相关职位薪酬(月薪):按工作经验统计,其中1~3年约6000元,3~5年约10000元,5~10年约15000元。

就业热门行业：
交通/运输/物流、建筑/建材/工程、房地产、物业管理/商业中心、互联网/电子商务、计算机软件、电子技术/半导体/集成电路、新能源、金融/投资/证券、快速消费品等。

就业热门城市：
上海、北京、广州、深圳、武汉、厦门、成都、杭州、南京和重庆等。

120408T 海事管理

新高考选考科目指引：
本专业没有必须选考科目要求。

培养目标：
本专业培养掌握海事管理理论与技术、航运业务和海事法律,熟悉海事管理、涉外运输业务与海商法律事务的专门人才。

培养要求：
本专业学生接受航海技术训练，要求具有航海知识和技能，熟悉安全和管理科学知识、海事管理理论、技术和海事法律，具有管理、法律和航海等复合型知识结构；英语基础扎实，计算机应用能力强；具有较强的语言表达和写作能力。

主要课程：
微机原理与应用、航海学、船舶结构与设备、船舶操纵、航海仪器、船舶货运、海商法、避碰技术与法律、海上交通工程、船舶安全监督管理、船舶交通管理系统、船舶防污染管理、海上危险品安全运输、专业英语等。

顶尖院校：
大连海事大学。

就业方向：
毕业生可到造船厂、船舶主机厂及其他与轮机工程有关的企事业单位和海军有关部门，从事与航海相关的技术研发或具体操作工作。

未来可从事职业岗位：
海务管理人员、海运经理、航运海事业务管理、海外客户经理、海事和油品检验师、船舶调度员等。

就业热门行业：
交通/运输/物流、石油/化工/矿产/地质、贸易/进出口、咨询、人力资源、财会、新能源、计算机软件等。

就业热门城市：
上海、深圳、北京、广州、厦门、武汉、苏州、南京、大连和成都等。

120409T 公共关系学

新高考选考科目指引：
本专业没有必须选考科目要求。

培养目标：
本专业培养德、智、体、美、劳全面发展，适应21世纪经济和社会发展需要，系统掌握公共关系学、传播学、管理学、经济学理论知识和业务技能，能在党政机关、企事业单位、社会团体从事公共关系管理工作以及教学科研工作的高级专门人才。

主干学科：
公共关系学、管理学、传播学。

主要课程：
社会学、传播学、公共关系策划、公共关系实务、经济学、领导科学、广告学原理、市场营销学等。

顶尖院校：
华东师范大学、中国传媒大学和上海外国语大学。

就业方向：
本专业毕业生适合在政府机关、企事业单位、社会团体等单位从事公共关系管理、策划宣传、关系协调、媒体传播、广告营销、文秘等工作。

未来可从事职业岗位：
市场专员、酒店总经理、店长助理、销售经理、总裁助理、总经理助理、董事长助理、客服经理、董事长秘书、总经理秘书、办公室主任等。

就业热门行业：
金融/投资/证券、建筑/建材/工程、酒店/旅游、教育/培训/院校、互联网/电子商务、房地产、电子技术/半导体/集成电路、广告等。

就业热门城市：
北京、上海、深圳、广州、武汉、杭州、成都、南京、厦门和重庆等。

120410T 健康服务与管理

新高考选考科目指引：
本专业没有必须选考科目要求。

培养目标：
本专业培养德、智、体、美、劳全面发展，掌握现代公共管理理论、健康服务与管理理论，具备公共意识、公共责任及良好的科学素质、人文素养、创新精神，能够从事健康检测、分析、评估等健康服务工作，能够胜任健康管理公司、健康保险机构、健康体检中心、养老服务机构、医疗机构、社区卫生服务机构等机构的健康管理工作的复合型专业人才。

核心课程：
管理学、卫生法规、公共经济学、公共事业管理概论、卫生政策学、卫生事业管理学、非政府组织管理、健康管理学、慢性病管理、社区健康管理等。

就业方向：
学生毕业后主要在医疗机构、疾病预防控制机构、社区卫生服务机构、健康管理公司、健康保险公司、医药企业、健康体检中心、疗养机构、康体中心、养老服务机构等从事健康服务与管理、培训、策划等工作。

首批开设院校：
天津中医药大学、山西医科大学、陕西中医药大学、内蒙古医科大学、东北大学、中国药科大学、浙江中医药大学、甘肃中医药大学、新疆医科大学等。

120411T 海警后勤管理

新高考选考科目指引：
本专业没有必须选考科目要求。

培养目标：
本专业培养德、智、体、美、劳全面发展，系统掌握海警后勤管理专业的基本理论和专业知识，熟悉后勤各专业流程（主要是财务管理、军需战勤、装备营房、车辆管理），掌握后勤各种办公和操作软件的使用技能，懂技术、会管理、能执勤的"一专多能"型后勤管理干部。
>>> **主要课程**：
高等数学、大学英语、基础会计、财务管理、审计、财务与金融、预算会计、经济法、军事经济法、舰艇给养、后勤现代管理、后勤参谋业务、后勤工作概论、建筑构造与识图、工程建设与房地产管理、装备管理(枪械、车辆管理)、汽车驾驶技术培训等系列课程。
>>> **首批开设院校**：
公安海警学院等。
>>> **就业方向**：
毕业生经过部队岗位见习锻炼，可到部队担任后勤业务助理员、司务长等职务。

120412T 医疗产品管理
医疗产品管理专业是技术与法规并重的专业,定位于培养有医疗产品研究、开发技术基础的管理人才。
>>> **新高考选考科目指引**：
本专业没有必须选考科目要求。
>>> **培养目标**：
该专业培养德、智、体、美、劳全面发展,掌握医疗产品管理相关理论知识、技能,具有良好的职业道德和创新精神的高素质复合型人才。
>>> **培养要求**：
本专业学生需要具备医学、工学、管理学、法学的理论基础及良好的职业道德和创新精神,掌握医疗产品管理的知识和技能。
>>> **主要课程**：
公共基础课:大学计算机基础、大学英语、高等数学、线性代数、概率论与数理统计、大学生就业指导、大学生心理健康教育、沟通与演讲、体育、创造与改变、思维创新与开发、创新创业及素质教育实践等课程,思想政治理论课程按国家规定开设。
专业基础课:基础医学、医疗产品运营管理、医疗法律法规、C语言程序设计、管理统计学、医疗产品生产管理、医疗器械注册管理、医疗产品质量管理、医疗数据挖掘导论、医疗大数据分析、医疗信息化平台应用、健康服务与管理等。
专业课:医疗器械生产管理、体外诊断试剂管理、医疗器械临床评价、无源医疗器械检测与评价、有源医疗器械检测与评价、医疗器械上市后管理、医疗器械监管事务、医疗产品监管原理、国际医疗器械监管、医疗器械风险管理等。
>>> **就业方向**：
该专业毕业生可在医疗产品管理部门与机构、医疗产品生产经营等企业从事医疗产品审评注册、临床评价、质量体系管理、法规事务执行等工作。

120413T 医疗保险
>>> **新高考选考科目指引**：
本专业没有必须选考科目要求。
>>> **培养目标**：
本专业旨在培养具有比较扎实的管理学、保险学、医学方面的基础知识、基本理论、基本技能,掌握当代医疗保险理论和方法,具备创新意识和实践能力,能在商业保险机构从事医疗查勘,医疗审批及核保、理赔等保险业务的管理工作,在社会保险机构从事保险基金运作与管理、保险监管等工作,在各级医院的医疗保险部门从事医保管理及科学研究工作的复合型人才。
>>> **首批开设院校**：
锦州医科大学。

120414T 养老服务管理
>>> **新高考选考科目指引**：
本专业没有必须选考科目要求。
>>> **主要课程**：
管理学、社会学概论、老年社会工作、公共政策、法学概论、养老机构经营与管理、人力资源管理、综合护理实训、老年人体结构与功能、企业战略管理、中医基础。
>>> **首批开设院校**：
山东女子学院。

120415TK 海关检验检疫安全
>>> **新高考选考科目指引**：
本专业没有必须选考科目要求。
>>> **培养目标**：
本专业培养适应新时代中国特色社会主义发展需要,德、智、体、美、劳全面发展,具有正确的政治意识和坚定的爱国情怀,系统掌握海关检验检疫安全的基本理论和方法,熟悉国内外主要的海关检验检疫技术标准与法规,有针对性地掌握检验检疫专业技能,了解海关检验检疫的国际规则和新海关发展的前沿知识,具备较强的海关检验检疫安全风险防控能力以及应对口岸突发公共卫生事件的应急管理能力,具有较强的信息技术素养和国际视野,能够在海关等政府部门及其他各类组织中从事检验检疫安全管理相关工作的应用型、复合型、涉外型的高素质海关专业人才。
>>> **首批开设院校**：
上海海关学院。
>>> **就业方向**：
毕业生可在海关等政府部门、大型企业、科研院所等单位从事与本专业相关的行政管理、技术服务和应用研究等工作。

120416TK 海外安全管理
海外安全管理专业是为服务国家新一轮高水平对外开放、"一带一路"建设和中国企业走出去等国家发展战略需要,在全国率先开设的本科专业。本专业主要培养符合国家海外利益保护需要,具备风险管理、应急处置和安全体系建设能力,能够从事海外安全管理工作,具有法治意识、国际视野和创新精神的德、智、体、美、劳全面发展的高素质应用型专业人才。

新高考选考科目指引：
本专业没有必须选考科目要求。

首批开设院校：
中国人民警察大学。

120417T 自然资源登记与管理

本专业以培养不动产与自然资源登记迫切需求的专业人才为宗旨，面向国家和行业需求，聚焦于为自然资源有效监管和严格保护、国家生态安全、资源安全、权属调查与管理等工作提供有力的地籍支持与保障。

新高考选考科目指引：
本专业没有必须选考科目要求。

培养目标：
本专业培养具备资源、环境、管理、信息等方面的基础知识，掌握包括不动产在内的自然资源产权界定、地籍调查、产权登记、多维地籍信息化等方面基本理论与技术方法，能够在不动产测绘、地籍调查以及自然资源确权登记与管理等领域执业的品德优良、基础厚实、知识广博、专业精深、全面发展的高级专业人才。

首批开设院校：
中国地质大学(北京)。

120418T 慈善管理

慈善管理专业旨在培养具有坚实的慈善品质、先进的慈善理念、突出的专业能力和远大的慈善事业抱负，面向我国现代慈善事业转型升级的应用型、复合型卓越慈善管理人才。在慈善品质方面，强调具有强烈的社会责任感，勇于担当、坚守底线、乐于奉献；在专业才干方面，强调具有国际化的视野，通晓慈善事业管理的专业知识，具备敏锐的社会问题洞察能力、较强的慈善项目设计及执行能力、较高的慈善组织管理与沟通能力；在慈善抱负方面，强调具有慈善情怀和矢志不渝的崇高理想。

首批开设院校：
浙江工商大学和山东工商学院。

就业方向：
本专业培养的学生能够在慈善机构、慈善企业、政府部门、慈善国际组织等从事慈善项目管理、资金筹集、公关传播和行政管理等工作。

120419TK 航空安防管理

培养目标：
本专业旨在培养符合国家及民航业对高素质空防安全领域的人才需求，熟悉航空安全安保法规与标准，能够运用民航空防关键领域的专业知识在危机场景下预判空防安全态势，有效预防和制止人为的危害空防安全行为，具备应急处置实战技能、国际化视野和创新能力的高素质复合型管理人才。

首批开设院校：
中国民航大学。

就业方向：
本专业毕业生可在民航空防安全行政监察管理、航空安保运行管理、空防安全事件应急处置等领域从事航空安防工作。

120420TK 无障碍管理

培养目标：
本专业紧密结合当前社会发展需求与国家战略重点进行人才培养的规划，融合建筑学、计算机学、管理学相关专业特色，为社会培养具有无障碍理念以及公共精神、博爱情怀的高素质、复合型、应用型专门管理人才。

首批开设院校：
南京特殊教育师范学院。

就业方向：
本专业毕业生可在无障碍环境建设相关政府部门、企事业单位、社会组织从事无障碍业务管理和综合管理工作。

1205 图书情报与档案管理类

120501 图书馆学

图书馆学是研究图书馆的发生发展、组织管理以及图书馆工作规律的科学。其目的是总结图书馆工作和图书馆事业的实践经验，建立科学的图书馆学的理论体系，以推动图书馆事业的发展，提高图书馆在人类社会进步中的地位和作用。图书馆学是一门正在发展中的学科，随着科学技术的迅速发展，现代化、电子化、数字化、网络化成为图书馆学的发展趋势，这一变化冲击着图书馆学的建设，对图书馆学人才提出了新的要求，也为图书馆学人才提供了一展身手的用武之地。

新高考选考科目指引：
本专业没有必须选考科目要求。

培养目标：
本专业培养具备系统的图书馆学基础理论知识和必备的相关学科知识，拥有熟练地运用现代化技术手段搜集、整理和开发利用文献信息的能力，能在图书情报机构、政府部门、金融机构、数据产品开发机构、出版发行机构和各类企事业单位的信息部门从事信息服务与管理工作的应用型、复合型专门人才。

培养要求：
本专业学生要求学习图书馆学与信息管理的基本理论和基本知识，接受文献学、目录学、信息学、传播学、管理学等方面的基本训练，具备扎实的外语和计算机应用能力，掌握文献信息搜集、组织、检索、分析研究、开发利用等技能。

▶▶▶ **主干学科：**

管理学、文献学与传播学、计算机科学与技术。

▶▶▶ **主要课程：**

图书馆学基础、文献目录学、信息资源建设、信息组织、信息检索、信息服务、信息分析、图书馆管理、数字图书馆等。

▶▶▶ **顶尖院校：**

武汉大学和中山大学。

▶▶▶ **就业方向：**

毕业生可在国家图书馆、大学图书馆、各省(市、自治区)公共图书馆、国家和地方的信息化管理与规划部门、政府机关和事业单位信息中心、大型企业信息部门从事信息资源的处理、开发、利用与管理工作，也可在高等院校和科研院所从事教学与科研工作。

▶▶▶ **未来可从事职业岗位：**

图书管理员、图书数据编目员、图书馆专业人员、图书馆工作人员、读者服务中心管理人员、图书资料管理人员、档案管理员等。

▶▶▶ **就业热门行业：**

教育/培训/院校、互联网/电子商务、计算机软件、咨询、人力资源、财会、贸易/进出口、金融/投资/证券、公关/市场推广/会展等。

▶▶▶ **就业热门城市：**

深圳、西安、上海、北京、广州、武汉、东莞、成都、苏州和合肥等。

专 家 提 醒

图书馆学的毕业生就业在社会整体就业形势不佳的情况下，短时间内难以出现好转。但随着社会的发展，图书馆事业将越来越受到人们的重视。图书馆事业的发展必将对毕业生就业的实质性需求产生一定的影响。

📖 120502 档案学

档案学就是探索档案、档案工作的发展规律，研究档案信息资源管理、开发的理论、原则与方法的学科。中国很早就建立了档案馆，然而，从近代才开始对档案进行系统地研究。机关档案工作改革后，国内出版了几部档案学专著，为中国的档案学发展奠定了基础。

▶▶▶ **新高考选考科目指引：**

本专业没有必须选考科目要求。

▶▶▶ **培养目标：**

本专业培养具备系统的档案学基础理论知识，掌握现代管理知识、先进信息技术和档案管理专业技能，能在各级各类档案局、档案馆、党政军机关、企事业单位的档案部门、信息部门、文秘部门从事档案管理、文件管理、信息管理、综合管理工作的应用型人才。

▶▶▶ **培养要求：**

本专业学生主要学习信息管理科学，特别是文件档案管理的基本理论和基本知识，接受管理学、历史学、信息科学与技术方面的基本训练，能胜任文件处理与管理、档案与档案事业管理、档案信息资源开发利用、档案文献信息保护、信息获取与鉴别、信息组织与分析、文件档案系统设计与运行维护的工作，具备基本的政策分析、制度建设、管理决策、监督控制、质量管理、效能改进、管理体系建设与运行维护能力。

▶▶▶ **主干学科：**

档案学基础理论、档案管理方法与技术。

▶▶▶ **主要课程：**

档案学概论、档案管理学、科技档案管理学(或企业档案管理、专门档案管理)、档案保护技术学、档案信息资源开发利用(含档案文献编纂学)、文书学、电子文件管理、中外档案事业史。

▶▶▶ **顶尖院校：**

中国人民大学、苏州大学和武汉大学。

▶▶▶ **就业方向：**

学生毕业后可以在国家及各省市档案管理部门、政府机关相关部门、大型企业特别是合资类与外向型企业等的档案管理部门从事管理工作。

▶▶▶ **未来可从事职业岗位：**

图书馆专业人员、人事及档案管理员、档案数字化专员、人事专员、行政专员助理、招聘专员、资料员、合同管理员、仓库管理员等。

▶▶▶ **职业薪酬：**

档案学专业相关职位薪酬(月薪)：按工作经验统计，其中1～3年约5000元。

▶▶▶ **就业热门行业：**

教育/培训/院校、金融/投资/证券、建筑/建材/工程、房地产、贸易/进出口、互联网/电子商务、计算机软件、制药/生物工程等。

▶▶▶ **就业热门城市：**

北京、上海、深圳、广州、武汉、杭州、成都、厦门、南京和西安等。

专 家 提 醒

档案专业的低就业率使很多档案专业的学生转到金融、英语或计算机管理等相对热门的专业。档案专业也开展了一些与该专业无直系关系的课程弥补自身的缺陷，如文书学、秘书学等，让学生在就业时有更多选择。

📖 120503 信息资源管理

从信息资源管理形成与发展的国内外历史看，信息资源管理主要是20世纪70年代诞生于美国工商管理和公共管理领域中的一个重要理论，目前国外形成了记录管理学派、信息系统学派和信息管理学派三个不同流派。在我国，信息资源管理的研究始于20世纪80年代末，由图书情报学领域的学者最先开启。我国的图书情报学界对信息资源管理研究的涉入更深,因而图书情报学方面的色彩也更为明显。在我国的信息资源管理研究领域,图书情报学占据着主导的地位。

新高考选考科目指引:

本专业没有必须选考科目要求。

培养目标:

本专业培养具备系统的信息资源管理理论知识,掌握现代管理知识、先进信息技术和信息资源管理专业技能,能在党政军机关、人民团体以及工商企业、金融机构、学校、科研院所等单位的信息中心、网络管理中心、研发与服务中心,或数据管理企业、司法系统电子取证机构、各类信息资源开发和咨询服务机构、各种类型的大中型计算机网站数据资源管理部门、国家各级信息化与信息产业行政管理机构等单位从事数据管理、网络系统资源管理、信息资源系统规划建设与维护、信息资源产业与行业管理等方面工作的应用型人才。

培养要求:

本专业学生主要学习信息资源管理专业的基本理论和基本知识,接受管理学、信息科学与技术方面的基本训练,能胜任数据管理、网络系统资源管理、信息系统规划建设与维护的工作,具备基本的政策分析、制度建设、信息系统建设与维护、技术应用、质量管理、管理体系建设的能力。

主干学科:

信息资源管理基础理论、信息资源管理应用理论与方法。

主要课程:

信息资源管理基础、信息资源组织的理论与方法、信息检索原理与应用、数据分析与挖掘技术应用、数据库系统管理、数据存储技术、数据信息维护与恢复迁移技术、计算机网络资源系统设计与运行维护、计算机网络资源管理、数据中心的运行维护、数据信息风险控制与安全管理、信息资源产业、信息资源政策与法规、CIO制度等。

顶尖院校:

浙江大学。

就业方向:

毕业生可到政府机关信息处理部门、企事业单位信息处理部门从事传统传媒采编、大型网站内容编辑、电子政务信息架构、图书情报档案管理等工作。

对口政府单位:各级政府信息中心、各级政府信息化工作办公室、各级政府电子政务办公室、各级政府档案局。

对口企业部门:电信企业、信息类企业、各类型企业的战略与情报部,如金融证券企业、各类出版发行企业。

对口公用事业部门:各类型科技情报所、各类型公共信息服务机构,如政务文件服务中心、大学图书馆、房地产档案馆等。

未来可从事职业岗位:

招聘专员、人力资源专员、人力资源经理、人力资源总监、人力资源主管、招聘主管、绩效专员、培训师、业务拓展专员、设备维养工程师、社保主办等。

职业薪酬:

信息资源管理专业相关职位薪酬(月薪):按工作经验统计,其中应届生约5000元,1~3年约11000元,3~5年约12000元,5~10年约23000元。

就业热门行业:

金融/投资/证券、互联网/电子商务、房地产、计算机软件、咨询、人力资源、财会、贸易/进出口、建筑/建材/工程、教育/培训/院校等。

就业热门城市:

北京、上海、深圳、广州、武汉、杭州、成都、西安、南京和厦门等。

专 家 提 醒

信息资源管理是一类正在兴起、发展的职业,包括信息资源的生产、传播、加工、服务、管理等工作岗位,是对信息化进程具有重要影响的一种职业。学生就业机构包括:(1)专业信息机构(图书馆、档案馆、信息中心等);(2)遍布于社会各个方面的政府机关、企事业单位(党政军群、各行各业);(3)社会化专业机构,如专营信息组织、开发、保管的公司等。目前,全国对信息资源管理人才的需求旺盛,供不应求。凡是具有一定规模的单位,都需要专业化的信息资源管理人员,每个地区、每个行业都需要,因此需求量很大,需求面很广。

1206 物流管理与工程类

120601 物流管理

在国际上,物流产业被认为是国民经济发展的动脉和基础产业,其发展水平成为衡量一个国家现代化程度和综合国力的重要标志之一,被喻为促进经济发展的"加速器",物流产业作为我国国民经济中的一个新兴产业部门,已成为21世纪的重要产业和国民经济新的增长点。目前,从中央到地方以及许多市场意识敏锐的企业,已把物流作为提高市场竞争力和提升企业核心竞争力的重要手段,把现代物流理念、先进的物流技术和现代物流模式引入国家、地方经济建设和企业经营和管理之中。物流专业人才已被列为我国12类紧缺人才之一。

新高考选考科目指引:

本专业没有必须选考科目要求。

培养目标:

本专业培养具有系统的经济学、管理学基础理论,掌握现代物流与供应链系统分析、设计、运营、管理的基本理论、方法与技术,熟悉企业生产经营活动中的物流运作,能在企业、科研院所及政府部门从事供应链设计与管理、物流系统优化及运营管理等方面工作的复合型、应用型人才。
培养要求：
本专业学生主要学习经济学类、工商管理类、物流管理与工程类、管理科学与工程类等相关学科的基本理论和基本知识及物流管理专业的专业知识，接受供应链设计与管理、物流系统优化与运营等方面的基本训练，掌握供应链优化、物流系统设计、物流运营方面的基本能力。
主干学科：
物流管理与工程、管理科学与工程、工商管理、交通运输。
主要课程：
物流学、供应链管理、物流系统分析与设计、物流工程、物流信息管理、国际物流、仓储运输管理、物流经济学、采购管理、物流设施与设备。
顶尖院校：
南开大学、对外经济贸易大学和华中科技大学。
就业方向：
毕业生就业的主要去向是物流业、运输业、制造业、零售业等行业的各类企业、管理咨询公司以及政府管理部门等，可以从事采购管理、仓储管理、物流系统规划、物流运作等相关工作，也可继续攻读管理学或经济学学科的硕士。
未来可从事职业岗位：
仓库管理员、仓库主管、店长、物流专员助理、物流专员、物流经理、采购经理、采购主管、销售助理、销售经理等。
就业热门行业：
交通/运输/物流、互联网/电子商务、贸易/进出口、新能源、快速消费品、电子技术/半导体/集成电路、计算机软件、批发/零售、汽车及零配件等。
就业热门城市：
上海、深圳、广州、北京、武汉、杭州、成都、东莞、南京和厦门等。

📖 120602 物流工程

物流工程是以物流系统为研究对象，研究物流系统的规划设计与资源优化配置、物流运作过程的计划与控制以及物流工程的系统管理。现代物流是一门新兴的综合性边缘学科。本工程领域硕士教育为政府行政管理部门、物流企业、生产企业或其他企业培养掌握物流设施应用、系统规划设计与评价以及物流运作管理的先进技术与方法，并具有独立担负物流技术和运作管理工作能力的高级人才。物流工程是管理与技术的交叉学科，它与交通运输工程、管理科学与工程、工业工程、计算机技术、机械工程、环境工程、建筑与土木工程等领域密切相关。
新高考选考科目指引：
本专业必须选择物理学科。
培养目标：
本专业培养具有系统的管理学、工学基础理论，掌握物流工程项目策划、预测、设计和实施，物流装备设计与运用以及物流系统运作与管理等基础知识与基本技能，能在企业、科研院所及政府部门从事物流系统设计、决策、管理、运营以及物流工程领域教学和科研等工作的复合型、应用型人才。
培养要求：
本专业学生主要学习物流管理与工程类、管理科学与工程类等相关学科的基本理论和基本知识及物流工程专业的专业知识，接受物流工程项目策划与设计、物流装备设计与运用等方面的基本训练，掌握物流工程项目设计、物流装备设计与运用、物流系统运作与管理方面的基本能力。
主干学科：
物流管理与工程、管理科学与工程、交通运输、机械、电子信息。
主要课程：
物流工程、供应链管理、物流自动化技术、现代物流装备、物流信息技术、物流系统规划与设计、物流系统仿真。
顶尖院校：
天津大学和北京邮电大学。
就业方向：
毕业生可在各类物流企业、工商企业的物流管理部门，各级物流行政管理部门，交通运输企事业单位，物流系统规划与设计部门，商业、流通业管理部门，物流设备研发、销售企业，科研院所、大专院校工作。
未来可从事职业岗位：
仓库系统运维工程师、物流场地规划主管、生产计划工程师、工厂规划工程师、资深项目管理工程师、客服经理、工艺/制程工程师、物流经理、大数据平台工程师、高级软件开发工程师、IE工程师、采购工程师、采购经理、包装工程师、项目经理等。
职业薪酬：
物流工程专业相关职位薪酬（月薪）：按工作经验统计，其中1~3年约7000元，3~5年约10000元，5~10年约13000元，10年以上约20000元。
就业热门行业：
交通/运输/物流、互联网/电子商务、汽车及零配件、新能源、计算机软件、电子技术/半导体/集成电路、机械/设备/重工、仪器仪表/工业自动化、计算机技术支持(系统、数据维护)等。
就业热门城市：
上海、深圳、北京、广州、武汉、杭州、南京、成都、东莞和苏州等。

📖 120603T 采购管理

新高考选考科目指引：
本专业没有必须选考科目要求。

培养目标：
采购管理专业是在工商管理学科的基础上，培养具有坚定正确的政治方向，系统掌握采购与供应链管理的理论和方法，能够从事企业采购与供应链管理以及政府采购管理工作，具有国际化运作能力的、高素质复合型专业人才。

主要课程：
采购供应管理导论、供应战略、供应商管理、报价与谈判、采购合同管理、企业物流管理、采购绩效管理、供应链管理、国际贸易理论与实务、库存管理、国际商法、电子商务、政府采购理论与实务等。

顶尖院校：
北京物资大学。

就业方向：
学生毕业后适宜在各种类型的工商企业、政府采购管理部门以及行业管理部门从事相应的采购供应管理工作。

未来可从事职业岗位：
采购助理、采购专员、采购经理、采购主管、采购工程师、行政助理、行政专员、行政主管等。

就业热门行业：
互联网/电子商务、新能源、贸易/进出口、电子技术/半导体/集成电路、建筑/建材/工程、房地产、计算机软件、机械/设备/重工、汽车及零配件等。

就业热门城市：
上海、深圳、北京、广州、杭州、武汉、成都、东莞、厦门和南京等。

120604T 供应链管理

新高考选考科目指引：
本专业没有必须选考科目要求。

培养目标：
本专业培养拥有宽厚的商业知识，具备国际视野和领导潜力，擅长科学决策，能够创造性解决问题的供应链管理人才。

培养要求：
本专业学生要求掌握供应链管理的前沿理论和定量分析方法，具备国际交流与沟通能力，具有批判性思维，遵循商业伦理，具有高度的责任心和使命感。

核心课程：
计量经济学、企业战略管理、组织行为学、消费者行为、运筹学、运营管理、供应链管理、供应链金融、绿色供应链管理、国际物流管理、供应链建模与优化、采购管理、运输与配送管理、仓储管理与库存控制、ERP实验、物联网技术与应用等。

首批开设院校：
中央财经大学等。

就业方向：
毕业生主要就职于大型金融机构、中央所属国有企业、跨国公司、管理咨询等机构从事物流与供应链管理、供应链金融管理等工作。

1207 工业工程类

120701 工业工程

工业工程在20世纪初诞生于美国，是国际上高等工程教育的主要专业之一。本专业是我国为满足国家经济发展和加入WTO对人才的迫切需要而建立的。该学科主要以生产过程为研究对象，以提高劳动生产率、保证质量和降低成本为目标，特别注重研究人的因素，充分发挥投入资源的作用。近年来，物流工程、虚拟制造、企业资源计划（ERP）、人力资源管理等成为该领域的热点。工业工程专业培养的学生具有经济、管理和系统工程的理论与方法，同时具备扎实的专业工程技术，是从事工业工程和管理的高级专业技术人才和管理人才。

新高考选考科目指引：
本专业必须选择物理学科。

培养目标：
本专业培养具有扎实的自然科学、社会科学、工业工程技术基础，并掌握经济与管理的知识与方法，能够从事工业工程类的教学、科研和运营管理与实践的高级复合型人才。

培养要求：
本专业学生主要学习经济学、管理学、系统工程学、运筹学、统计学以及一门（或多门）较宽泛的工业工程技术知识，能够在企业、公共组织等多种产业部门从事生产及运营管理的工作，具有进行系统分析、规划、设计、管控、质量管理和评价及标准化等方面的基本能力。

主干学科：
工业工程、管理科学与工程、物流管理与工程。

主要课程：
运筹学、统计学、经济学、管理学、系统工程学、管理信息系统、基础工业工程、物流工程、人因工程、生产管理、标准化工程、质量管理工程。

顶尖院校：
清华大学、北京航空航天大学和华中科技大学。

就业方向：
毕业生主要面向合资企业、国有、民营企业从事工业工程的规划、设计、分析等工作。

未来可从事职业岗位：
电气工程师、IE工程师、结构工程师、机械工程师、软件工程师、工艺工程师、工业工程师、工业设计工程师、机械设计工程师、硬件工程师、销售工程师、销售经理等。

就业热门行业：
机械/设备/重工、仪器仪表/工业自动化、新能源、建筑/

建材/工程、电子技术/半导体/集成电路、汽车及零配件、计算机软件、环保、互联网/电子商务等。
>>> 就业热门城市：
深圳、上海、北京、广州、武汉、东莞、苏州、杭州、南京和成都等。

📖 120702T 标准化工程

>>> 新高考选考科目指引：
本专业必须选择物理学科。
>>> 培养目标：
本专业致力于培养适应社会主义现代化建设需要，德、智、体、美、劳全面发展，掌握管理学科基本理论、基本方法以及标准化基础知识和基本技能，具备一定的管理沟通、协同合作和组织实施能力，能够从事有关标准化工程项目的决策和全过程管理的标准化高级专门人才。
>>> 主要课程：
管理学、标准化基础、应用统计学、误差理论与数据处理、质量管理与质量认证、现代质量工程方法、标准化技术、标准化与知识产权、企业标准化管理与实务、标准化工程实践。
>>> 顶尖院校：
中国计量学院。
>>> 就业方向：
毕业生能胜任国家和各省（地市县）的各级业务部门、标准化管理与监督机构、各企事业单位的相关标准化管理、咨询服务、项目研发、系统建设等工作。
>>> 未来可从事职业岗位：
标准化工程师、电气工程师、机械工程师、电气技术员、IE工程师、工艺工程师、硬件工程师、结构工程师、WEB前端开发工程师、NET开发工程师、项目经理等。
>>> 职业薪酬：
标准化工程专业相关职位薪酬（月薪）：按工作经验统计，其中应届生约5000元，1~3年约7000元，3~5年约9000元，5~10年约10000元。
>>> 就业热门行业：
机械/设备/重工、建筑/建材/工程、电子技术/半导体/集成电路、计算机软件、新能源、互联网/电子商务、房地产、汽车及零配件、仪器仪表/工业自动化等。
>>> 就业热门城市：
上海、深圳、北京、广州、杭州、武汉、东莞、苏州、成都和南京等。

📖 120703T 质量管理工程

>>> 新高考选考科目指引：
本专业必须选择物理学科。

>>> 培养目标：
本专业致力于培养适应社会主义现代化建设需要，德、智、体、美、劳全面发展，掌握管理学科基本理论、基本方法以及质量管理工程的基础知识和基本技能，具备一定的管理沟通、协同合作和组织实施能力，能够从事有关质量管理工程项目的决策和全过程管理的高级专门人才。
>>> 培养要求：
本专业学生主要学习质量管理工程方面的基本知识和基本理论，受到专业技能的训练，具有从事有关质量管理工程项目的决策和管理的基本能力。
>>> 主要课程：
工程力学、质量工程导论、机械设计与机械制造基础、电路与电子技术、标准化工程和检测技术等。
>>> 顶尖院校：
中国计量学院。
>>> 就业方向：
学生毕业后可在企事业单位、政府部门等从事产品质量工程系统分析、规划、设计、控制工作，以及运用所学的知识解决实际产品质量工程技术和管理问题的相关工作，也可到高校、科研院所从事教学及科研等工作。
>>> 未来可从事职业岗位：
质量工程师、品质工程师、室内外装潢设计师、体系工程师、QE工程师、质量管理工程师、测试工程师、品质主管、软件测试工程师、项目经理等。
>>> 就业热门行业：
建筑/建材/工程、电子技术/半导体/集成电路、汽车及零配件、房地产、新能源、机械/设备/重工、家居/室内设计/装潢、计算机软件、互联网/电子商务等。
>>> 就业热门城市：
上海、深圳、北京、广州、武汉、杭州、东莞、苏州、成都和南京等。

1208 电子商务类

📖 120801 电子商务

电子商务是一门集经济管理以及计算机科学为一体的新兴交叉学科。随着全球经济一体化程度的加快以及我国加入WTO后国内市场与国际市场的接轨，各行各业都需要一大批精通现代经贸理论与实务，熟悉网上商家和消费者，把握现代市场规律，熟练掌握和运用互联网等信息技术从事商务活动的人才，本专业具有非常广阔的发展前景。
>>> 新高考选考科目指引：
本专业若授予工学学位，则必须选择物理学科。

培养目标：
本专业培养具备管理、经济、法律、计算机、电子商务等方面知识，具备人文精神、科学素养和诚信品质，能在企事业单位从事网站网页设计、网站建设维护、企业商品和服务的营销策划、客户关系管理、电子商务项目管理、电子商务活动的策划与运作等工作的应用型、复合型人才。

培养要求：
本专业学生主要学习计算机和工商管理方面的基本理论和基本知识，接受电子商务系统工程的开发、应用与管理方面的基本训练，掌握分析和解决电子商务问题的基本能力。

主干学科：
工商管理、计算机、经济学。

主要课程：
市场营销学、电子商务概论、网络营销基础与实践、电子商务营销写作实务、电子商务管理实务、ERP与客户关系管理、电子商务网站建设等。

顶尖院校：
对外经济贸易大学和暨南大学。

就业方向：
毕业生可在IT企业从事电子商务系统的分析、设计、开发与实施等工作；也可到各类企业从事电子商务系统的规划、实施、管理与维护工作或电子商务业务策划、客服、网络营销、物流管理等工作；也可在政府机关职能部门负责电子政务的规划、推广、实施、业务培训和信息咨询工作或电子商务的研究和咨询服务等工作。

未来可从事职业岗位：
电子商务专员、外贸业务员、网络推广专员、淘宝客服、文案策划、电商运营经理、电商运营总监、销售代表、产品经理等。

职业薪酬：
电子商务专业相关职位薪酬（月薪）：按工作经验统计，其中应届生约5000元，1~3年约6000元，3~5年约7000元，5~10年约15000元。

就业热门行业：
互联网/电子商务、贸易/进出口、新能源、计算机软件、电子技术/半导体/集成电路、快速消费品、服装/纺织/皮革、批发/零售、金融/投资/证券等。

就业热门城市：
深圳、广州、上海、北京、杭州、武汉、厦门、成都、东莞和郑州等。

专家提醒
在信息社会网络时代的今天，由于互联网以其惊人的速度在发展，社会生产方式、企业经营方式和人们的思维方式、生活方式等都在发生根本性变革。电子商务已成为企业的一种生存方式，B2B、B2C、C2C等电子商务方式已逐渐普及到社会、企业和家庭，网络购物、网络直销已成为时髦词语。电子商务必然会深入到社会的每一个角落，延伸到社会的众多领域。电子商务的快速发展，使整个社会对电子商务人才的需求日益迫切，电子商务作为信息经济中最活跃的组成部分，有着广阔的发展前景。

120802T 电子商务及法律

电子商务是建立在计算机网络基础上的极具变革性的商业运营模式。随着Internet的发展，Internet已成为全世界规模最大、信息资源最丰富的计算机网络。Internet本身具有的开放性、全球性、虚拟性、自由性的特点，也成为电子商务的内在特征。电子商务的本身属性决定了它必然会冲击原有的法律体系，出现一系列新的法律问题。假若没有一个成熟的、统一的法律系统来仲裁电子商务的各种纠纷，人们对电子商务就会望而却步。世界各国多年的立法实践经验成果相当丰富，我们应充分借鉴和吸收成功经验，服务于中国的电子商务立法。

新高考选考科目指引：
本专业若授予工学学位，则必须选择物理学科。

培养目标：
本专业是面向信息行业、宽口径的交叉学科。该专业根据现代信息社会需求，培养既具有扎实的经济与管理理论基础，又具备现代信息科学技术的方法与手段，能在较宽泛的领域从事电子商务运作与管理、开展商务活动的高素质复合型人才。

培养要求：
本专业学生主要学习电子商务及法律方面的基础理论，同时学习金融运营管理、企业管理及相关法律课程。

主干学科：
信息管理与信息系统、管理学、工商管理与法律。

主要课程：
数理基础课程、英语、电路系列课程、计算机系列课程、电子商务法、企业管理理论、金融运营管理、物流与供应链管理、隐私与数据保护法、信息安全的技术与法律等。

顶尖院校：
北京邮电大学。

就业方向：
该专业毕业生能在政府管理部门、特许经营企事业单位、特许经营国际组织、学术机构、相关媒体、相关专业中介机构从事电子商务技术的运作与管理工作或开展电子商务及法律的宣传、咨询研究等工作。

未来可从事职业岗位：
外贸业务员、外贸专员、会计、财务经理、财务主管、人事专员、人事主管、人力资源主管、法务经理、法务专员、销售代表、电话销售员。

>>> **就业热门行业：**

互联网/电子商务、贸易/进出口、计算机软件、房地产、电子技术/半导体/集成电路、计算机技术支持（系统、数据维护）、金融/投资/证券、建筑/建材/工程等。

>>> **就业热门城市：**

深圳、广州、上海、北京、南京、杭州、成都、武汉、长春和济南等。

120803T 跨境电子商务

>>> **新高考选考科目指引：**

本专业若授予工学学位，则必须选择物理学科。

>>> **培养目标：**

本专业培养德、智、体、美、劳全面发展，具有良好的职业道德和人文素养，掌握跨境电子商务领域相关专业理论知识，具备跨境电子商务网络营销、活动策划、平台运营等能力，能从事跨境电子商务平台运营及数据分析、视觉营销、网络客服等工作的高素质技能型人才。

>>> **就业方向：**

该专业毕业生主要在跨境电子商务应用企业从事跨境电子商务平台运营、视觉营销、网络营销与活动策划、客户服务、国际物流与供应链管理、国际市场推广等工作。

1209 旅游管理类

120901K 旅游管理

旅游是近年来的热门消费项目，也是发展速度快、带动作用强的新兴产业，具有广阔的发展前景。我国旅游业发展水平虽然已经较高，但仍难以满足海内外游客数目不断增长的需求。要满足这种日益增长的旅游消费需求，需要大量培养专门的旅游管理人才。

>>> **新高考选考科目指引：**

本专业没有必须选考科目要求。

>>> **培养目标：**

本专业培养适应现代旅游业发展需要，具备较高的现代管理理论素养和系统的旅游管理专业知识，具有人文素质、国际视野、创新意识、创业精神、实践能力和社会责任，能在各类旅游相关企事业单位以及教育和研究机构等从事经营、管理、策划、咨询、服务等工作的应用型、复合型人才。

>>> **培养要求：**

本专业学生主要学习旅游管理方面的基本理论和基本知识，接受旅游经营管理方面的基本训练，掌握分析和解决旅游管理问题的基本能力。

>>> **主干学科：**

经济学、工商管理。

>>> **主要课程：**

旅游学概论、旅游经济学、旅游规划与开发、旅游市场营销、旅游心理学、酒店管理概论、旅行社管理、旅游财务管理、现代服务业管理、旅游商务英语等。

>>> **顶尖院校：**

中山大学和山东大学。

>>> **就业方向：**

学生毕业后能在各级旅游和城市建设管理规划部门、旅游企业（涉外旅游企业、国际旅游企业）从事业务经营及管理工作；能在旅游研究、园林风景规划设计、项目管理及投融资部门等从事旅游资源开发、策划、论证与规划工作。

>>> **未来可从事职业岗位：**

旅游顾问、旅游产品采购经理、客户服务专员、大客户专员、办公室助理、信息维护专员、培训助理、销售代表、主办会计、市场营销专员、销售顾问、销售助理、销售经理、网络销售等。

>>> **就业热门行业：**

互联网/电子商务、教育/培训/院校、金融/投资/证券、房地产、贸易/进出口、计算机软件、咨询、人力资源、财会、保险等。

>>> **就业热门城市：**

广州、深圳、武汉、上海、北京、成都、南京、郑州、杭州和西安等。

专家提醒

旅游产业是欣欣向荣的产业，因此旅游管理专业也是朝阳专业，随着旅游管理体系的逐渐完善，旅游管理专业的前景非常光明。

本专业为国家控制布点的专业。

120902 酒店管理

酒店管理是全球十大热门行业之一，高级酒店管理人才在全球一直都是很紧缺的。

目前，全世界酒店行业在不断扩充，对人才的需求也在不断增加，每年都需要大量的国际化酒店管理人才。

>>> **新高考选考科目指引：**

本专业没有必须选考科目要求。

>>> **培养目标：**

本专业培养适应星级酒店发展需要，具备较高的管理理论素养和扎实的酒店管理专业知识，具有人文素质、国际视野、领导艺术、创新意识、创业精神和社会责任，熟悉现代星级酒店经营管理方法和手段，能够在高级酒店、高级住宿业机构、高级餐饮业机构、教育科研机构等从事酒店管理、接待服务及教学研究工作的应用型、复合型专业人才。

>>> **培养要求：**

本专业学生主要学习现代酒店经营与管理的基本理论和

基础知识,接受现代星级酒店服务与管理标准化职业素养方面的基本训练,掌握专业管理理论知识和酒店经营管理的基本能力。

主干学科:
管理学、经济学。

主要课程:
旅游学概论、酒店管理概论、酒店前厅与客房管理、酒店餐饮管理、酒店财务管理、酒店人力资源管理、酒店品牌建设与管理、现代服务业管理、酒店商务英语、酒店公关礼仪等。

顶尖院校:
天津商业大学、北京联合大学和湖南师范大学。

就业方向:
学生毕业后可从事以下工作:各类酒店、饭店、宾馆的前厅接待和客房服务工作;各类旅游公司、旅游管理部门的管理工作;各类酒店、饭店、宾馆楼层管理,大堂管理、咨询、会展等工作;各类酒店、饭店、宾馆的商务部门的业务洽谈、对外联络服务工作;各类酒店、饭店、宾馆的商务部门的市场调查、情报搜集、信息服务等工作。

未来可从事职业岗位:
前台接待、行政前台、店长助理、店长、酒店经理、销售代表、销售经理、行政助理、项目经理、客服主管等。

职业薪酬:
酒店管理专业相关职位薪酬(月薪):按工作经验统计,其中应届生约4000元,1~3年约6000元,3~5年约8000元,5~10年约12000元,10年以上约26000元。

就业热门行业:
酒店/旅游、房地产、互联网/电子商务、餐饮业、金融/投资/证券、物业管理/商业中心、建筑/建材/工程、贸易/进出口等。

就业热门城市:
上海、北京、广州、深圳、武汉、成都、杭州、厦门、南京和南宁等。

120903 会展经济与管理

作为21世纪的朝阳产业、低碳产业,会展产业是各级政府大力扶持和发展的重点产业。会展经济与管理专业是集经济管理、文化创意、营销实务、策划文案于一体的综合型专业。

新高考选考科目指引:
本专业没有必须选考科目要求。

培养目标:
本专业培养适应会展业健康发展需要,具有经济管理、文化创意、营销实务、策划文案等知识基础,具有会展组织与策划专业功底,较强的文案写作能力和较为扎实的外语基础,具有人文素质、广阔视野、创新意识、先进理念和社会责任,掌握会展业策划、设计、运营、管理、评估的基本能力,能在展览公司、会议公司、会展场馆、会展服务公司、参展企业、节庆礼仪公司、赛事策划与组织公司、会展物流公司、广告公司、旅行社、宾馆饭店、政府部门和行业协会从事与会展相关的策划设计、营销公关、运营管理、预算评估等工作的应用型人才。

培养要求:
本专业学生主要学习会展策划、组织与运营管理方面的基本理论和基本知识,接受会展管理知识与技巧的基本训练,掌握国内外会展组织、策划实务的基本能力。

主干学科:
工商管理、设计学。

主要课程:
会展概论、会展管理学、会展市场营销、会展项目策划与管理、节庆活动策划与管理、展示空间与设计、会展场馆经营与管理、会展财务管理、会展信息管理、现代服务业管理、会展商务英语等。

顶尖院校:
中山大学和南开大学。

就业方向:
学生毕业后可到各类会展企业、会展机构、大中型企业的会议和参展部门、政府会展管理部门和旅游企业的会展节事部门等从事会展与节事策划和管理工作,也可到会展服务与管理公司、政府及各类文化与公共管理部门、休闲与运动组织机构或企业从事管理工作。

未来可从事职业岗位:
会务策划、文案策划、企业策划师、风控专员、大客户经理、总经理助理、业务部门经理、会展销售顾问、设计部经理、高级计划运营主任、项目总监、网络销售、项目发展专员、预算员、管理培训员、理财顾问等。

就业热门行业:
公关/市场推广/会展、金融/投资/证券、互联网/电子商务、广告、房地产、咨询、人力资源、财会、酒店/旅游、建筑/建材/工程、外包服务等。

就业热门城市:
上海、深圳、北京、广州、武汉、郑州、成都、杭州、南京和厦门等。

专家提醒

会展业是一个极富发展潜力的新兴行业。随着会展经济的日益繁荣,我国的会展业面临快速发展的历史机遇,而我国目前会展专业人才的短缺严重制约了会展业的快速健康发展,因此培养具有一定理论功底和熟悉会展行业的专业人才是我国会展业的当务之急。

120904T 旅游管理与服务教育

新高考选考科目指引：

本专业没有必须选考科目要求。

培养目标：

本专业培养德、智、体、美、劳全面发展，适应21世纪社会经济发展和社会主义现代化建设需要，具有现代管理理论和旅游管理专业知识，掌握当代旅游企业经营管理的基本技能，能在各级旅游行政管理部门、旅游企事业单位从事旅游管理及旅游市场开发、导游以及旅游专业教育等方面工作的高级复合型、应用型专门人才。

主要课程：

旅游英语、旅游学概论、管理学原理、旅游资源学、经济学原理、旅行社经营管理、饭店管理、旅游市场营销、旅游规划与开发、旅游管理信息系统、旅游公共关系、导游业务、教育学、心理学、旅游教学论、旅游管理服务综合实习。

顶尖院校：

海南大学、云南师范大学、宁波大学和兰州城市学院。

就业方向：

学生毕业后可在旅行社、大中型饭店从事经营管理等工作；或在涉外旅游酒店从事饭店管理、酒店销售等工作；或在国际会议服务公司及会展公司从事会议、会展管理等工作；也可在大中专院校从事相关教学工作。

未来可从事职业岗位：

咨询热线/呼叫中心服务人员、电话销售、客户经理、销售代表、销售经理、销售主管、管理专员、课程顾问、教育咨询师、销售顾问等。

就业热门行业：

教育/培训/院校、互联网/电子商务、咨询、人力资源、中介服务、保险、金融/投资/证券、财会、房地产、计算机软件、广告等。

就业热门城市：

广州、深圳、上海、北京、武汉、郑州、南京、成都、厦门和西安等。

13 艺术学

艺术学通常意义上是指研究艺术整体的科学,即艺术学是指系统性地研究关于艺术的各种问题的科学。进一步讲,艺术学是研究艺术实践、艺术现象和艺术规律的专门学问,它是具有理论性和学术性的有系统知识的人文科学。

1301 艺术学理论类

130101 艺术史论

新高考选考科目指引:
本专业没有必须选考科目要求。

培养目标:
本专业培养具备中外艺术史与艺术理论等方面的基本知识,能在各级文化部门、美术馆、博物馆,以及报纸杂志、广播电视、出版机构、文化公司等单位工作的复合型人才,其中相当数量的毕业生将通过研究生学习之后,进入高等院校、职业学院和中学担任艺术课程教师。

培养要求:
本专业学生主要学习中外艺术学理论和中外艺术史方面的基本理论和基本知识,较为全面地熟悉各个艺术门类的基本知识,具有艺术鉴赏与艺术批评方面的基本能力。

主干学科:
艺术学理论、中国艺术史、外国艺术史。

主要课程:
艺术学原理、艺术文化学、艺术心理学、艺术教育学、艺术传播学、中国艺术学、西方艺术学、中国艺术史、亚洲艺术史、西方艺术史。

顶尖院校:
清华大学、四川美术学院和中央美术学院。

未来可从事职业岗位:
编辑、记者、美术老师、艺术教育指导师、美术馆学术部助理、少儿创意美术老师、陶艺老师等。

就业热门行业:
教育/培训/院校、影视/媒体/艺术/文化传播、公关/市场推广/会展、广告、咨询、人力资源、互联网/电子商务等。

就业热门城市:
上海、北京、深圳、武汉、广州、成都、重庆、合肥、大连和杭州等。

130102T 艺术管理

艺术管理专业是以现代管理观念与管理理论为依托,以综合培养、全面开发的教学理念,通过大量与艺术管理相关的艺术生产、艺术市场营销、艺术经纪、知识产权、文化法规、公关、广告等课程,让学生全面了解各种艺术门类的规律及特征,以文化市场需要为根据所设计的新型专业。

新高考选考科目指引:
本专业没有必须选考科目要求。

培养目标:
本专业为广播影视行业培养具有良好的影视艺术创作基础和较高的经营管理能力的影视节目制片人,同时也为其他媒体机构培养从事媒体管理、策划、组织、协调、项目运作、观众研究等方面工作的专业人才。

培养要求:
该专业学生主要学习传播学、经济学、现代管理科学和计算机应用等方面的基本理论和基本知识,接受一般管理方法、管理人员基本素质和基本能力的培养和训练,掌握现代管理理论、技术和方法,熟悉广播电视节目制作业务,具有从事广播电视节目管理、制片管理及其他媒体管理的基本能力。

主要课程:
管理学原理、管理心理学、人力资源开发与管理、经济学、公共关系、传播学、会计学原理、财务管理、管理信息系统、电视节目制作、电视剧创作、电视导演艺术、管理系统工程、应用统计与受众调查、媒体管理、电视节目制片管理等。

首批开设院校:
中央美术学院、上海戏剧学院等。

就业方向:
毕业生可到电视台、电视剧制作中心、各影视节目制作公司等单位从事管理、策划、组织、协调、项目运作、观众研究等方面的工作。

130103T 非物质文化遗产保护

本专业旨在让学生通过四年的学习,掌握非物质文化遗产保护专业的基本理论和较丰富的艺术学理论、文化人类学、民俗学等方面知识,通过参与民间音乐艺术的表演、调查与保护、文化遗产管理实践体验,具有一定的非物质文化遗产保护、非物质文化遗产传承能力,毕业后可从事非物质文化遗产品种,特别是民间音乐品种的鉴定、评估、研究、转化、开发等实践性、管理性工作的专门人才。

新高考选考科目指引:
本专业没有必须选考科目要求。

首批开设院校:
西安音乐学院。

1302 音乐与舞蹈学类

130201 音乐表演

音乐表演是音乐的一种再创作活动。通过乐器的演奏、人声的歌唱以及包括指挥在内的多种艺术手段,将乐曲用具体可感的音响表现出来,传达给听众,以发挥其社会功能。它是音乐创作与音乐欣赏的中介,是音乐活动中不可缺少的环节。指挥家、演奏家、歌唱家等通过自己的艺术实践,对乐曲作出不同的解释和表现,从而给听众以不同的影响和感受。

对于听众来说,表演不但是欣赏、理解音乐内容与形式的必要手段,而且可以从不同表演的比较中欣赏、鉴别、认识由于表演者对乐曲的不同解释而被强调的音乐的某些侧面;同时不同的演奏风格、表演流派以及表现技巧的提高,促进了听众对音乐的欣赏和理解。

新高考选考科目指引:
本专业没有必须选考科目要求。

培养目标:
本专业培养具备音乐表演(演唱、演奏)等方面的知识和能力,能在专业文艺表演团体、文化馆站、中小学从事音乐表演、教学的应用型人才。

培养要求:
本专业学生按声乐演唱、键盘、民族乐器、管弦乐器演奏以及指挥等不同专业方向,主要学习与音乐表演相关的基本理论和基本知识,接受音乐表演专业方面的基本训练,掌握其相应专业方向所规定的在音乐表演方面的基本能力。

主干学科:
音乐与舞蹈学。

主要课程:
按不同专业方向,分别为声乐演唱、键盘、民族乐器、管弦乐器演奏、指挥,以及重唱、合唱或重奏、合奏;钢琴、乐理、视唱练耳;中西音乐史、中国传统音乐理论、论文写作、和声、复调、曲式。

顶尖院校:
中国音乐学院、上海音乐学院和中央音乐学院。

就业方向:
毕业生可到电视台、歌舞剧院(团)、电视剧制作中心、宣传部门、文教事业单位从事演唱、创作和音乐制作等工作,也可以在高等院校从事教学科研工作。

未来可从事职业岗位:
音乐教师、早期教育指导师、舞蹈老师、茶艺师、钢琴教师等。

就业热门行业:
教育/培训/院校、影视/媒体/艺术/文化传播、公关/市场推广/会展、广告、互联网/电子商务、咨询、人力资源、娱乐/休闲/体育等。

就业热门城市:
北京、上海、深圳、广州、武汉、成都、南宁、厦门、苏州和重庆等。

130202 音乐学

新高考选考科目指引:
本专业没有必须选考科目要求。

培养目标:
本专业培养具备音乐学等方面的基本知识,以及初步对音乐进行理论分析、研究的能力,能在文化馆站、中小学、社会音乐团体、科研单位和出版、广播影视部门从事中外音乐史、中外民族音乐理论、音乐美学、音乐教育理论的教学、研究、编辑、评论等工作的复合型、创新型人才。

培养要求:
本专业学生主要学习音乐学和作曲技术方面的基本理论和基本知识,接受对音乐事项进行独立分析、研究及写作、讲授、评论等方面的基本训练,并掌握相应的基本能力。

主干学科:
艺术学理论、音乐与舞蹈学。

主要课程:
中西音乐史、中国传统音乐理论、世界民族音乐、音乐美学、论文写作;和声、复调、曲式、配器;钢琴、视唱练耳等。

顶尖院校:
中央音乐学院、福建师范大学、上海音乐学院、南京艺术学院和星海音乐学院。

就业方向:
毕业生可以选择继续深造或者到艺术研究单位、文化机关等从事研究、编辑和管理等方面的工作,也可以到专业院校从事教学研究工作,或者到社会文艺团体、出版广播、影视部门进行有关的作曲、编辑等实践指导工作。

▶▶▶ 未来可从事职业岗位：
小学音乐教师、初中音乐教师、高中音乐教师、早教老师、钢琴老师、茶艺师等。

▶▶▶ 就业热门行业：
教育/培训/院校、互联网/电子商务、影视/媒体/艺术/文化传播、公关/市场推广/会展、广告、咨询、人力资源等。

▶▶▶ 就业热门城市：
北京、上海、深圳、广州、武汉、杭州、成都、厦门、南京和西安等。

专家提醒

如果大家对音乐感兴趣，并有志于这方面的学习与研究，可以在大学阶段对音乐学进行专门的学习。音乐学专业要求考生具有一定的音乐素养，了解音乐的基本知识，如中外音乐史的常识、音乐欣赏常识等，最好能够熟习一两种乐器的演奏，这对日后的专业学习大有裨益。音乐学属于人文学科，考生最好在政治、历史、艺术、美学等方面有一定的基础。另外，由于目前音乐学的发展已经与许多自然科学发生了交叉，如声学、物理学、统计学等，对自然学科的学习也不可忽视。

📖 130203 作曲与作曲技术理论

作曲是音乐表演的基础和灵魂，同时作曲也是一件辛苦的工作，该专业的学生不仅学习作曲技术与作曲技术理论方面的基本理论和基础知识，而且要掌握各种音乐体裁的作曲技巧，并能够熟练地把握和声、复调、曲式、配器（俗称四大件）的专业知识和技能。

▶▶▶ 新高考选考科目指引：
本专业没有必须选考科目要求。

▶▶▶ 培养目标：
本专业培养具备作曲方面的知识和能力，能在文艺单位、文化馆站、中小学，以及出版和广播影视部门从事音乐创作、教学、研究、编辑等工作的复合型、创新型人才。

▶▶▶ 培养要求：
本专业学生主要学习作曲与作曲技术方面的基本理论和基本知识，接受作曲方面的基本训练，并掌握相应的基本能力。

▶▶▶ 主干学科：
音乐与舞蹈、戏剧与影视。

▶▶▶ 主要课程：
作曲写作和声、曲式、复调、配器等作曲技术理论；中西音乐史、中国传统音乐理论、论文写作；钢琴、乐理、视唱练耳。

▶▶▶ 顶尖院校：
上海音乐学院和中央音乐学院。

▶▶▶ 就业热门行业：
影视/媒体/艺术/文化传播、教育/培训/院校、公关/市场推广/会展、互联网/电子商务、广告、计算机软件、批发/零售、网络游戏等。

▶▶▶ 就业热门城市：
北京、上海、广州、深圳、杭州、武汉、青岛、厦门、重庆和福州等。

📖 130204 舞蹈表演

▶▶▶ 新高考选考科目指引：
本专业没有必须选考科目要求。

▶▶▶ 培养目标：
本专业培养具备舞蹈表演方面的知识和能力，能在专业文艺表演团体、文化馆站、中小学从事舞蹈表演和教学的应用型人才。

▶▶▶ 培养要求：
本专业学生按芭蕾舞、中国古典舞、民族民间舞、现代舞、拉丁舞等不同专业方向，主要学习与规定专业方向舞蹈表演相关的基本理论和基本知识，接受舞蹈表演专业方面的基本训练，掌握其相应专业方向所规定的在舞蹈表演方面的基本能力。

▶▶▶ 主干学科：
音乐与舞蹈学。

▶▶▶ 核心课程：
规定专业方向舞蹈的基本功训练、剧目排练、教学法、动作分析与编舞、表演实践等。

▶▶▶ 顶尖院校：
北京舞蹈学院、沈阳体育学院和武汉体育学院。

▶▶▶ 未来可从事职业岗位：
舞蹈老师、舞蹈演员、网络主播、早期教育指导师、幼儿园教师等。

▶▶▶ 就业热门行业：
教育/培训/院校、影视/媒体/艺术/文化传播、公关/市场推广/会展、广告、互联网/电子商务、娱乐/休闲/体育、咨询、酒店/旅游等。

▶▶▶ 就业热门城市：
北京、深圳、上海、广州、武汉、西安、南宁、郑州、厦门和成都等。

📖 130205 舞蹈学

舞蹈学是对舞蹈艺术作全面、系统、历史研究的一门学科。舞蹈学包括舞蹈理论、舞蹈历史和舞蹈鉴赏三个主要部分。

▶▶▶ 新高考选考科目指引：
本专业没有必须选考科目要求。

培养目标：
本专业培养具备舞蹈学等方面的基本知识，以及初步对舞蹈进行理论分析、研究的能力，能在文化馆站、中小学、社会舞蹈团体、科研单位、出版、广播影视部门，从事中外舞蹈史、中外民间舞蹈理论、舞蹈美学、舞蹈教育理论的教学、研究、编辑、评论等工作的复合型、创新型人才。

培养要求：
本专业学生主要学习舞蹈历史和理论的基本知识，接受一定舞蹈专业技能的基本训练，掌握舞蹈研究的基本方法和能力。

主干学科：
音乐与舞蹈学。

主要课程：
舞蹈概论、中国舞蹈史、欧美芭蕾舞史、欧美现代舞史、中外传统舞蹈文化、舞蹈鉴赏与批评、舞蹈教育学、舞蹈心理学、舞蹈训练学、舞蹈基础训练等。

顶尖院校：
四川音乐学院。

未来可从事职业岗位：
舞蹈老师、早教老师、幼儿教师、娱乐主播、网络主播、舞蹈演员、教学主管、亲子教师等。

就业热门行业：
教育/培训/院校、影视/媒体/艺术/文化传播、公关/市场推广/会展、广告、互联网/电子商务、娱乐/休闲/体育、咨询、人力资源等。

就业热门城市：
北京、深圳、上海、厦门、武汉、广州、郑州、杭州、合肥和南宁等。

专家提醒
舞蹈和我们的生活有着非常密切的联系。舞蹈艺术团的编导必须有创新的思维，能创作出吸引观众的作品，而电视台的舞蹈编导则需要既有编导能力，又懂得电视的人才，这就要求学生必须在学好该专业知识的同时，还要努力学习其他与之相关的知识。

舞蹈学比较重视培养舞蹈理论与实际相结合的人才，这种既有较好理论基础，又兼有多种专业技能的舞蹈人才，在社会上比较受欢迎。一些影视媒体近年来也需要舞蹈学系毕业，既懂舞蹈又有理论知识的人才。未来的竞争是激烈的，职业发展的要求使舞蹈专业的毕业生必须认识到自身的素质要不断地提高，使自己成为一个全面发展的人才。

130206 舞蹈编导

舞蹈编导是舞蹈（舞剧）作品创作、排练和演出过程中的组织者和领导者。其专业特点是编和导的紧密结合和高度统一。舞蹈艺术在表现手段上的特殊性是通过舞蹈动作来表达人物的思想感情和情节内容，塑造典型形象。在舞蹈创作中，创作者从深入生活捕捉舞蹈形象、创造和组织舞蹈语言、编排设计，到将其艺术构思通过排练最终由演员体现于舞台之上，是一个不可分割的完整的艺术创作过程。因此，在舞蹈作品的创作过程中，编和导也是紧密相连不可分割的。

新高考选考科目指引：
本专业没有必须选考科目要求。

培养目标：
本专业培养具备舞蹈编导方面的知识和能力，能在文艺单位、文化馆站、中小学、出版、广播影视部门，从事舞蹈和舞剧编创、教学、研究、编辑等工作的复合型、创新型人才。

培养要求：
本专业学生主要学习舞蹈编导的基本理论和基本知识，接受舞蹈、舞剧编排与表演的基本训练，掌握舞蹈编导的基本能力。

主干学科：
音乐与舞蹈学。

主要课程：
舞蹈编导基础理论与技法，单、双、三人舞编导，群舞编导，导演与排练，选材结构理论课，曲式分析，舞美与灯光设计，舞蹈作品赏析。

顶尖院校：
内蒙古大学和西南民族大学。

就业方向：
该专业毕业生可以到专业表演团体、艺术团、学校、科研单位、演艺机构等单位工作。

未来可从事职业岗位：
舞蹈老师、舞蹈编导、舞蹈产品研究员、形体老师、幼儿园各类兴趣班教师、舞蹈演员/歌手、中国舞教师、舞蹈编导老师、编导/摄像/剪辑师等。

就业热门行业：
教育/培训/院校、公关/市场推广/会展、影视/媒体/艺术/文化传播、广告、互联网/电子商务、娱乐/休闲/体育、酒店/旅游、咨询等。

就业热门城市：
北京、东莞、上海、西安、莆田、广州、厦门、深圳、临汾和郑州等。

专家提醒
现在舞蹈编导专业学生的主要就业行业是各舞蹈艺术团、电视台等，目前的需求量较大。首先，在当前这个文化高度发展的社会，政府重视精神文明建设，文艺演出和艺术设计取得了很大发展，这就要求有大量的编导去完成这些工作。其次，国内文化市场的不景气，也需要有好的编导去输入新鲜的血液，这就要求作为一名编导必须把自己的所长发挥出来，舞蹈艺术团需要的编导必须有创新的思维，能创作出吸引观众的作品，而电视台则需要既有编导能力，又懂得电视的人才，这就要求该专业的学生必须在学习好本专业知识的同时，还要努力学习其他与之相关的知识。

130207T 舞蹈教育

舞蹈教育专业是文化教育大类下的一个专业。舞蹈教育是保存、传授舞蹈技艺和舞蹈理论，促进舞蹈艺术的繁荣发展，普及舞蹈文化的重要手段。

新高考选考科目指引：

本专业没有必须选考科目要求。

培养目标：

本专业培养能从事中外舞蹈教育工作的高级专门人才。

主要课程：

教育学、心理学、舞蹈教学法、文学与写作、艺术概论、舞蹈概论、中国舞蹈史、外国舞蹈史、音乐曲式学、人体解剖学、中国民族舞蹈、编舞技法、芭蕾舞、中国古典舞、现代舞、教学剧目等。

开办院校：

乐山师范学院、河北省艺术职业学院。

就业方向：

本专业毕业生可到全国各地的中高等艺术院校、专业文艺团体从事舞蹈教学工作，也可在艺术团体、文化单位从事舞蹈表演、编导、研究工作。

130208TK 航空服务艺术与管理

航空服务艺术与管理专业是2019年我国高校设置的本科专业，是为适应民航强国战略，满足我国航空业快速发展的人才需求而设立的本科专业。该专业以航空服务学、艺术学、管理学为学科基础，同时兼备管理和艺术两类专业的培养属性，要求学生在学习艺术学、管理学和航空服务学理论的基础上，接受综合素质培养和航空专业技能训练，提升学生的航空服务艺术、综合管理艺术和可持续发展能力。

新高考选考科目指引：

本专业没有必须选考科目要求。

培养目标：

本专业培养适应社会经济发展、符合民航强国战略需求，具有坚定的政治信念、高尚的职业道德、良好的人文素养、扎实的基础理论和专业知识、较强的管理技巧和服务技能、熟练的文化和语言交际能力，能够在国内外航空业和企事业单位从事航空服务和管理的高级管理应用型、技术技能型人才。

主要课程：

民航概论、民航法律法规、民航商务运营管理、民航客舱安全管理、民航客舱服务与管理、民航客舱设备操作与管理、民航服务礼仪、民航服务英语等。

就业方向：

本专业毕业生可到国内和国际航空公司担任民航乘务员、民航安全员，或从事机场安检、值机、VIP服务、航空票务、邮轮海乘、高铁乘务等工作，也可到企事业单位从事管理、文秘等工作，亦可从事旅游等相关工作。

首批开设院校：

中国民航大学、中国民用航空飞行学院、郑州航空工业管理学院、沈阳航空航天大学、长春师范大学、南昌航空大学、山东师范大学、西北民族大学、西南民族大学、北方民族大学、大连民族大学、北京城市学院、山西师范大学、山西工商学院、内蒙古师范大学、内蒙古民族大学、贵州民族大学、云南师范大学等。

130209T 流行音乐

新高考选考科目指引：

本专业没有必须选考科目要求。

培养目标：

本专业培养德、智、体、美、劳全面发展，具有良好的职业道德和人文素养，掌握现代流行音乐表演的基础知识和基本技能，具有较强的现代流行音乐舞台表演能力，能从事现代流行音乐表演与编创等工作的高素质技术技能型人才。

就业方向：

该专业毕业生可在文艺团体、艺术院校、电视台、文化公司等单位从事流行音乐的演奏、教学和研究工作。

130210T 音乐治疗

1940年，音乐治疗在美国卡萨斯大学正式成为一门学科，经过半个多世纪的发展，音乐治疗已成为一门成熟完整的边缘学科，已经确立的临床治疗方法多达上百种，并形成了众多的理论流派。

新高考选考科目指引：

本专业没有必须选考科目要求。

培养目标：

本专业培养德、智、体、美、劳全面发展，适应社会进步和音乐治疗事业发展需要，掌握音乐学、心理学、音乐治疗学、医学等学科基本理论与技术，能在综合性医院、特殊教育学校、大中小学、精神病或心理医院等单位，从事基础音乐临床治疗、音乐治疗与健康指导及特殊音乐教育工作的具有市场竞争力的复合型人才。

主干学科：

音乐学、心理学、医学。

核心课程：

中西方音乐史、基础和声、音乐心理学、普通心理学、音乐治疗学基础、接受式音乐治疗、再创造式音乐治疗、即兴式音乐治疗、音乐治疗临床应用。

首批开设院校：

中央音乐学院、上海音乐学院、四川音乐学院、江西中医学院。

130211T 流行舞蹈

新高考选考科目指引：
本专业没有必须选考科目要求。

培养目标：
本专业通过多样化教学体系、系统化训练、平台化实践，帮助学生深入了解流行舞蹈表演艺术的创作过程，培养具有大艺术视野的流行舞蹈表演和创作方面的"明日之星"。

主要课程：
公关礼仪常规、办公职员技能、礼仪体态、主持人基本常识、节目策划、表导演常识、语言艺术、演讲与口才、文秘写作、心理学与艺术、钢琴基础、流行歌曲表演、社交舞、舞蹈形体、爵士舞、歌舞编排、中东舞、街舞、现代舞、国际标准舞、瑜伽等。

未来可从事的职业岗位：
本专业毕业生可到文化娱乐影视演出公司签约艺员，或到各类文艺表演单位做电视舞蹈编导，也可到艺术院校、文化宫、中小学和大中型健身中心做舞蹈教师等。

130212T 音乐教育

音乐教育专业是一个与音乐的教与学相关的研究专业，学校的专业名称大多为Music Education。它涉及许多学习领域，包括心理技能领域、认知领域、情感领域。

新高考选考科目指引：
本专业没有必须选考科目要求。

首批开设院校：
中国音乐学院。

1303 戏剧与影视学类

130301 表演

表演是综合运用各种表现手段，在舞台、银幕上塑造典型人物形象的一门艺术。表演贯穿于多门艺术类学科之中，比如戏剧学中有戏剧表演，舞蹈学中有舞蹈表演，电影电视艺术中也有电影电视表演。

新高考选考科目指引：
本专业没有必须选考科目要求。

培养目标：
本专业培养具备戏剧、戏曲舞台表演或影视表演方面的知识和能力，能在相关专业文艺表演团体、文化馆站和中小学从事戏剧、戏曲和影视表演、教学的应用型、创新型人才。

培养要求：
本专业学生按戏剧、戏曲、音乐剧及影视表演的不同专业方向，主要学习相关专业方向的表演艺术等方面的基本理论和基础知识，接受表演艺术方面基本素质和基本能力的培养和训练，掌握和具备独立完成不同人物形象创造和戏剧表演（含音乐剧）、戏曲表演及影视表演等方面的基本技巧与基本能力。

主干学科：
戏剧与影视学。

主要课程：
戏剧影视表演专业方向包括戏剧影视表演基础训练、台词训练、声乐训练、形体训练、话剧（含音乐剧）多幕剧排练、影视镜头表演、语言发声与歌唱、音乐剧演唱、舞蹈训练、视唱练耳训练、戏剧概论、戏剧史、戏剧表演基础理论、电影发展简史、经典戏剧（含音乐剧）影视戏曲作品赏析；戏曲表演专业方向包括戏曲折子戏训练、戏曲大戏排练、基本功、把子功、武功、视唱练耳及曲牌、中国戏曲史、角色创造。

顶尖院校：
中国戏曲学院和上海戏剧学院。

未来可从事职业岗位：
舞蹈演员、舞蹈老师、表演老师、动画师、节目主持人、网络主播、茶艺师、幼儿园教师、早教老师等。

就业热门行业：
教育/培训/院校、影视/媒体/艺术/文化传播、公关/市场推广/会展、广告、互联网/电子商务、娱乐/休闲/体育、咨询等。

就业热门城市：
北京、上海、广州、深圳、西安、武汉、成都、杭州、郑州和厦门等。

专家提醒

表演专业毕业生的工作多是演员，只是有影视剧演员和舞台剧演员之分。当然，也有很多演员既能演舞台剧，也能演影视剧。

近年来，随着我国影视业的繁荣和舞台剧的复兴，各种单位对演员的需求量也有所增加，新人有更多的机会尝试。虽然表演专业的毕业生面临的就业竞争十分激烈，但是对于那些演技出色、形象合适的演员来说，找到一份合适的工作，甚至成为著名影星都是有机会的。表演专业的毕业生还可以拓宽自己的就业渠道，向一些与影视有关的其他行当发展。

130302 戏剧学

戏剧是人类历史上最早的表演艺术之一，是以表演艺术为中心的文学、音乐、舞蹈等方面的综合。在我国，戏剧一般是戏曲、话剧、歌剧的总称。戏剧的基本要素是矛盾冲突，通过演员和布景再现现实生活的矛盾冲突，使观众有身临其境之感，激起观众强烈的情感反应，达到教育和审美的目的。作为一门理论性学科，戏剧学是对一切戏剧艺术和戏剧文化现象的科学研究的总称。戏剧起源、戏剧艺术的本质、戏剧的发展演变规律、东西方戏剧形态的比较研究、戏剧的传播与接受、戏剧与其他艺术门类的关系等都在戏剧学的研究范围之内。

>>> **新高考选考科目指引：**

本专业没有必须选考科目要求。

>>> **培养目标：**

本专业培养具备戏剧学等方面的基本知识，以及初步对戏剧创作与戏剧史论进行理论分析、研究的能力，能在文化馆站、中小学、社会戏剧团体、科研单位、出版、广播影视部门从事中外戏剧史、中外戏剧音乐理论、戏剧美学、戏剧教育理论的教学、研究、编辑、评论等工作的复合型、创新型人才，并为进一步深造打下基础。

>>> **培养要求：**

本专业学生主要学习中外戏剧史、戏剧史论写作、中外戏剧学史、戏剧创作与演出理论、戏剧美学、戏剧研究方法论、戏剧作品鉴赏与研究等方面的基本知识和基础理论，接受戏剧小品、独幕剧和多幕剧写作以及戏剧影视编导与评论等方面的基本训练，掌握戏剧影视史论研究、戏剧评论写作和戏剧影视文学创作的基本能力。

>>> **主干学科：**

戏剧与影视学、艺术学理论、戏剧戏曲学。

>>> **主要课程：**

戏剧理论、戏剧评论、戏剧美学、中国话剧史、中国戏曲史、外国戏剧史、阅读与鉴赏、戏剧概论、编剧概论、艺术概论、电影视听原理、中外影视作品分析、戏剧理论写作、论文写作、外国戏剧名著选读、中国戏曲名著选读、中国话剧名著选读、外国戏剧理论与批评、中国戏曲理论导读、戏剧研究方法论、社会调查与研究。

>>> **顶尖院校：**

中央戏剧学院。

>>> **未来可从事职业岗位：**

文案策划、编剧、剧情策划、执行策划、舞蹈老师、音乐教师等。

>>> **就业热门行业：**

影视/媒体/艺术/文化传播、教育/培训/院校、公关/市场推广/会展、广告、互联网/电子商务、网络游戏等。

>>> **就业热门城市：**

北京、上海、深圳、广州、武汉、杭州、成都、厦门、南京和潍坊等。

专 家 提 醒

戏剧学是我国传统而历史悠久的一门学科。在文化艺术日趋繁荣的今天，戏剧学又焕发出新的光彩。该专业毕业的学生主要在剧院(团)、电视台、电影厂以及文化管理部门从事理论研究、编审与文化管理工作，工作环境比较宽松且充满了人文气息。

130303 电影学

电影学是把电影作为社会文化现象、艺术现象以及大众传播媒介加以研究的科学。在中国，电影学还是一门新兴学科，对它的界定和研究范围众说不一。一般认为电影学是艺术学的一个分支，其范畴包括电影发展过程、电影审美特性、电影创作规律、电影作品分类及其社会作用与美学效应等。电影学在国际上作为一门独立学科出现于20世纪40年代后期，随着电影艺术日益成熟而逐渐兴起。在其发展过程中既与社会学、历史学、心理学等产生联系，又与美学以及艺术学其他分支相互影响。20世纪50—60年代以来，随着跨学科研究的日渐开拓，电影研究与其他学科研究的相互结合更趋密切，出现了一些新的分科，如电影美学、电影哲学、电影诗学、电影心理学、电影社会学和电影符号学等。

>>> **新高考选考科目指引：**

本专业没有必须选考科目要求。

>>> **培养目标：**

本专业培养具备电影学等方面的基本知识，以及初步对电影创作的基本技能、运作模式及电影史论进行理论分析、研究的能力，能在文化馆站、中小学、电影及相关学科领域从事创意策划、创作、研究、教学、管理等方面工作的复合型、创新型人才，并为进一步深造打下基础。

>>> **培养要求：**

本专业学生要掌握电影理论与专业实践两个层面的知识体系：在理论层面，要掌握电影基础原理及批评方法，注重借鉴和学习艺术学理论、戏剧与影视学等学科的基本知识体系；在实践层面，接受电影及相关技能的基本训练，掌握电影创意、制作、管理等方面的基本应用能力。

>>> **主干学科：**

戏剧与影视学、艺术学理论。

>>> **核心课程：**

电影概论、电影理论与批评方法、中国电影史、世界电影史、经典影视作品分析、影视编剧、影视剪辑、影视导演、影视摄影(摄像)、影视声音、影视传媒应用写作、影视制片管理、影视市场营销。

>>> **顶尖院校：**

北京电影学院和中国传媒大学。

>>> **就业方向：**

业务能力比较强的毕业生，可以到影视公司、广告公司或者文化传播公司，从事策划、编剧、灯光师、录音师、场记、导演和摄像等工作。当然，毕业生也可以自己创业或者是选择做独立艺术家。也可以到新闻出版机构、相关国家机关和行政单位、企业、公司宣传部门工作，新闻出版机构包括报社、杂志社和出版社，国家机关主要是指国家广播电视总局、中影公司、地方广电集团(局)以及文联等单位，这些都是不错的部门，进入这些机构一般都需要参加国家或地方的公务员考试。

大企业、大公司的宣传部门（主要是媒体宣传岗位）也是不错的选择，要进这些部门，最好有一定的实习经历，而且企业很看重实干能力，强调从业人员的动手能力和写作能力。

▶ **未来可从事职业岗位：**

影视后期调色师、摄影师、摄像师、编剧、影视责编、演艺经理、课程顾问等。

▶ **就业热门行业：**

影视/媒体/艺术/文化传播、公关/市场推广/会展、广告、教育/培训/院校、互联网/电子商务、娱乐/休闲/体育、咨询、人力资源、网络游戏等。

▶ **就业热门城市：**

北京、深圳、上海、杭州、广州、苏州、宁波、南京、成都和西安等。

130304 戏剧影视文学

戏剧影视文学是指由作者创作的供拍摄及表演用的文学剧本。这个专业属于中文类/艺术类学科，以研究电影/舞台剧（包括话剧、小品等）/电视剧的文学剧本创作为核心。

▶ **新高考选考科目指引：**

本专业没有必须选考科目要求。

▶ **培养目标：**

本专业培养掌握戏剧、戏曲舞台和影视创作基本理论，具备剧本创作和编导技巧的能力，能在文化馆站、中小学、戏剧戏曲和影视相关学科领域从事创意策划、创作、研究、教学等方面工作的复合型、创新型人才，并为进一步深造打下基础。

▶ **培养要求：**

本专业学生主要学习中文剧本写作，基本掌握文学与影视、戏剧及影视学的基本理论、知识和从事编剧、剧目编导的基本应用能力，接受影视、话剧与戏曲艺术创意和剧本写作方面的系统训练，了解不同剧本的文体特征，具有话剧剧本、戏曲剧本或电影、电视剧剧本的写作能力。

▶ **主干学科：**

戏剧影视学、中国语言文学。

▶ **主要课程：**

中国戏剧史、外国戏剧史、电影发展史、戏剧学概论、戏曲概论、中国文学、外国文学、中国古代汉语、基础写作、编剧概论、中外经典剧作导读、话剧影视剧本写作、戏曲文学剧本写作等。

▶ **顶尖院校：**

中央戏剧学院、上海戏剧学院和中国传媒大学。

▶ **就业方向：**

该专业毕业生能在剧院（团）或电视台、电影厂、编辑部等部门从事文学创作、编辑和理论研究工作，以及在国家机关、文教事业单位从事相关工作。

▶ **未来可从事职业岗位：**

影视编剧、影视策划、电视节目编导、真人秀节目编剧、影视责编、策划专员、戏剧影视专业教师、文案策划、新媒体文案、文学编辑等。

▶ **就业热门行业：**

影视/媒体/艺术/文化传播、广告、公关/市场推广/会展、教育/培训/院校、互联网/电子商务、文字媒体/出版、网络游戏等。

▶ **就业热门城市：**

北京、上海、武汉、深圳、广州、杭州、济南、南京、成都和西安等。

130305 广播电视编导

广播电视编导是为了适应广播电视媒体的发展而设立的一个比较新的专业。广播电视编导涵盖的范围很广，既不同于普通纸媒的编辑，又不同于电影电视剧的导演工作。一台精彩的文艺晚会或者一个精致的新闻专题片，除了摄像、记者等前期工作人员的工作外，编导的工作始终贯穿于整个节目的制作过程中。

▶ **新高考选考科目指引：**

本专业没有必须选考科目要求。

▶ **培养目标：**

本专业培养具备广播电视节目编导、策划、创作、制作等方面的专业理论知识与技能，较高的政治水平、理论修养和艺术鉴赏能力，能够在广播电视新闻机构及其他传媒、企事业单位从事广播电视节目策划、创作、编辑、制作、撰稿、音响设计、宣传、管理等工作的复合型、创新型人才。

▶ **培养要求：**

本专业学生主要了解新闻传播学、艺术学以及各艺术门类的发展史和艺术创作规律，掌握广播电视创作规律，了解广播电视制作技术，接受广播电视节目创作的创意、制作训练，具备独立创作的能力。

▶ **主干学科：**

新闻传播学、戏剧与影视学、音乐与舞蹈学。

▶ **主要课程：**

广播电视传播概论、广播电视编导、广播电视栏目与频道策划、影像语言、电视画面编辑、非线性编辑制作技术、广播电视采访、广播电视写作、现场报道、中外电视比较、纪录片创作、DV创作训练、文化传播、文艺理论、艺术学概论系列、电视节目导播、广播文艺节目编导、广播剧、电视晚会编导、广播电视音乐节目编导。

▶ **顶尖院校：**

中国传媒大学和北京大学。

▶ **未来可从事职业岗位：**

影视编导、视频编辑、影视策划、文案策划、编导助理等。

▶ **就业热门行业：**

影视/媒体/艺术/文化传播、广告、互联网/电子商务、公关/市场推广/会展、教育/培训/院校、贸易/进出口等。

▶ 就业热门城市：

北京、上海、深圳、广州、杭州、南京、成都、济南、西安和重庆等。

130306 戏剧影视导演

戏剧影视导演是影视艺术创作的灵魂与核心，是创作团队中的统帅，担负着举足轻重的责任与职能，在影视创作日益商业化、专业化的今天，对导演的艺术素养和文化底蕴也提出了更高的要求。本专业旨在挖掘具备一定素质、潜质与能力的学生，通过对其在故事建构、影像造型、声音处理、表演控制及后期制作等方面的训练，培养通晓视听语言、掌握导演工作技能，具备一定想象力、创造力、执行力，能独立从事电影、电视剧、纪录片编导工作的复合型专门优质人才。

▶ 新高考选考科目指引：

本专业没有必须选考科目要求。

▶ 培养目标：

本专业培养具备戏剧影视导演方面的知识和能力，能在文艺单位、文化馆站、中小学，以及戏剧影视相关部门从事戏剧影视导演、教学、研究、编辑等工作的复合型、创新型人才，并为进一步深造打下基础。

▶ 培养要求：

本专业学生主要学习戏剧学、电影学和戏剧影视导演方面的基本理论和基本知识，接受戏剧影视导演的职业技能训练，具有独立承担导演工作的全方位能力。

▶ 主干学科：

艺术学、文学、戏剧戏曲学。

▶ 核心课程：

表演基础训练、导演元素练习、导演片段练习、多幕剧创作、编剧理论与技巧、影视导演基础。

▶ 顶尖院校：

中央戏剧学院和上海戏剧学院。

▶ 未来可从事职业岗位：

影视编剧、影视编导、影视编导授课讲师、时尚服装电商、影视策划制作、剧本策划、剧本统筹、真人秀节目编剧、区域市场专员等。

▶ 就业热门行业：

影视/媒体/艺术/文化传播、教育/培训/院校、广告、公关/市场推广/会展、互联网/电子商务、媒体/出版、通信/电信/网络设备、咨询、人力资源等。

▶ 就业热门城市：

北京、武汉、上海、广州、成都、杭州、深圳、厦门、苏州和南京等。

130307 戏剧影视美术设计

一台晚会或歌舞剧独具匠心的舞台背景，古装、时装影视剧中的服装造型以及化妆艺术都与美术设计的工作分不开。随着话剧、电影、电视剧的兴起，无论在技术操作上还是在艺术品位上，作品对舞台布置、道具设置、化妆造型等都有了更高的要求。戏剧影视美术设计专业也就应运而生。

戏剧影视美术设计专业即平常所说的舞台美术设计专业，主要培养从事戏剧、戏曲等舞台艺术的美术设计人才，包括灯光设计、服装与化妆设计以及舞台布景等。

事物的美丽需要装饰来展现，美的戏剧影视则需要通过戏剧影视美术设计来展现。戏剧影视美术设计能将平淡无奇的东西变得让人喜闻乐见，能将设计者的创作意识体现于作品中。

▶ 新高考选考科目指引：

本专业没有必须选考科目要求。

▶ 培养目标：

本专业培养具备戏剧影视美术设计等多学科交叉方面的基本理论和基础知识，以及戏剧影视美术设计能力，能在戏剧与影视等学科领域从事舞台美术的创作设计、舞台技术制作与应用等方面工作的复合型、创新型的人才。

▶ 培养要求：

本专业分为舞台设计、舞台灯光设计、舞台绘景技术、舞台服装设计、舞台化装设计、舞台技术制作等专业方向，学生主要学习与专业方向相关的基本理论和基础知识，以及电脑美术设计、计算机科学、美术史学、戏剧与影视学、艺术学、音乐学等方面的知识，接受与专业方向相关的戏剧与影视舞台美术设计、技术制作方面的基本训练，掌握舞台美术设计、技术制作及相关领域创意设计等方面的基本能力。

▶ 主干学科：

戏剧与影视学、设计学、美术学、计算机。

▶ 主要课程：

舞台设计、舞台灯光设计、舞台灯光技术、舞台绘景、舞台绘景技术、舞台服装设计、舞台服装技术、舞台化装设计、舞台化装技术、舞台技术、电脑美术设计。

▶ 顶尖院校：

中央戏剧学院。

▶ 未来可从事职业岗位：

场景原画设计师、动画场景设计师、美术设计师、资深平面设计师、广告创意设计师、版权运营专员、戏剧影视美术设计专业教师、视频主任等。

▶ 就业热门行业：

影视/媒体/艺术/文化传播、互联网/电子商务、公关/市场推广/会展、家居/室内设计/装潢、教育/培训/院校、物业管理/商业中心等。

▶ 就业热门城市：

上海、杭州、北京、大连、深圳和石家庄等。

130308 录音艺术

录音艺术专业，比较直观的、便于让人们理解的概念是：

把自然界中存在的和人们为了某种需要创造的音响记录下来。本专业对声音记录及处理的质量要求很高,人们日常听到的CD、电视声、广播声,等等,都是由本专业人员经过一系列漫长的过程,对声音进行记录、混合等处理后,再由人们需要使用的各种电器的扬声器(如CD机、电视机、音箱、耳机,等等)播放出来。最后播放出来的效果,也是声音的最佳效果。一般记录的声音质量高于CD的声音质量(CD则是录制后的压缩格式)。

由于电影、电视、歌唱等艺术形式都离不开录音,而且更多地使用高科技设备,使这个领域对录音艺术的专业人才需求也在不断地增大。

新高考选考科目指引:
本专业没有必须选考科目要求。

培养目标:
本专业主要培养具备声音艺术与录音技术等多学科交叉方面的基本理论知识,能在影视与戏剧等学科领域从事声音艺术创意设计与录音技术制作应用等方面工作的复合型、创新型的人才。

培养要求:
本专业学生主要学习声学、电学、计算机科学,以及艺术学、音乐学、影视与戏剧学、声音史学等方面的基本理论和知识,接受影视与戏剧声音艺术创意与录音技术制作方面的基本训练,掌握声音艺术创意与录音技术制作等方面的基本应用能力。

主干学科:
戏剧与影视学、音乐与舞蹈学、设计学。

主要课程:
影视声音发展简史、影视录音设备基础、录音声学、数字视音频技术、影视录音工艺、影视声音设计原理、影视录音制作技巧、影视声音剪辑基础、影视音乐创作基础、影视作品声音分析。

顶尖院校:
西安电子科技大学、中国传媒大学和北京电影学院。

未来可从事职业岗位:
录音师、录音编导、乐器培训老师、导演、电视节目制片、设计人员、课程顾问、技术型销售、动画项目经理、音乐教师等。

就业热门行业:
影视/媒体/艺术、文化传播、广告、公关/市场推广/会展、互联网/电子商务、教育/培训/院校、餐饮业、电子技术/半导体/集成电路等。

就业热门城市:
北京、上海、杭州、深圳、金华、广州、成都、天津、武汉和湖州等。

130309 播音与主持艺术

新高考选考科目指引:
本专业没有必须选考科目要求。

培养目标:
本专业培养具备中国语言文学、新闻传播学、戏剧与影视学等多学科知识与能力,能在广播电视等传媒机构和其他相关单位从事播音主持及新闻传播等工作的应用型、复合型人才。

培养要求:
本专业学生主要学习中国语言文学、新闻传播学、中国播音学,以及艺术学、戏剧与影视学等方面的基本理论知识,接受普通话发音、播音发声、有声语言表达、广播电视节目和栏目播音主持创作等方面的基本训练,掌握有声语言艺术创作和播音主持的基本能力。

主干学科:
中国语言文学、新闻传播学、戏剧与影视学。

主要课程:
播音主持艺术导论、普通话语音与播音发声、播音创作基础、广播节目播音主持、电视节目播音主持、语言学概论、新闻学、传播学概论。

顶尖院校:
中国传媒大学和山西传媒学院。

中国传媒大学

播音与主持艺术分为英语节目主持方向和非英语节目主持方向,是中国传媒大学的传统优势学科,而外语播音则更是强中之强,不少优秀的学生都进入了中央人民广播电台和各省级电台、电视台进行外语播音。

就业方向:
毕业生可以在广播电视系统及其他影视部门从事普通话新闻播音、专题播音、节目主持工作,还可以去电影制片厂、电视台影视剧制作机构从事电影、电视剧的配音工作。播音与主持艺术专业的毕业生也是播音教学与研究工作的高级专门人才的主要来源。

未来可从事职业岗位:
网络主播、播音主持教师、传媒专业讲师、礼仪迎宾主持人、婚礼顾问、演讲主持教师、播音与主持艺术老师、视频客服、时尚视频达人、演员、歌手、黄金艺术销售讲师等。

就业热门行业:
教育/培训/院校、广告、公关/市场推广/会展、影视/媒体/艺术/文化传播、互联网/电子商务、娱乐/休闲/体育、咨询、人力资源等。

就业热门城市:
广州、北京、上海、杭州、深圳、新乡、西安、长沙、成都和郑州等。

130310 动画

动画,中国早期将之称为美术片,国际上通称为动画片,英文称为 Animation。它是一种综合艺术门类,是工业社会人类寻求精神解脱的产物。它是集合了绘画、漫画、电影、数字媒体、摄影、音乐、文学等众多艺术门类于一身的艺术表现形式,早期仅有低龄儿童观赏,但随着时代的发展和人们对精神生活的追求,现已被不同年龄层次的人接受与喜爱。它是一门幻想艺术,更容易直观表现和抒发人们的感情,可以把现实不可能看到的转为现实,扩展了人类的想象力和创造力。它把人、物的表情、动作、变化等分段画成许多幅画,再用摄影机连续拍摄而成。

广义而言,把一些原先不活动的东西,经过影片的制作与放映,变成会活动的影像,即为动画。动画的中文叫法应该说是源自日本。第二次世界大战前后,日本称线条描绘的漫画作品为动画。

▶▶▶ **新高考选考科目指引:**

本专业没有必须选考科目要求。

▶▶▶ **培养目标:**

本专业培养具备动画创作的基础知识和基本技能,能在影视与动画制作团体、动画应用机构、动画传播企事业单位从事动画策划、动画创作、动画推广、动画应用,以及在各级各类学校从事动画教学与研究工作的应用型、创新型人才。

▶▶▶ **培养要求:**

本专业学生主要学习动画的历史与现状,了解动画创作与传播的基本流程,掌握动画创作的基本原理和基本技能,为更好地从事动画事业构建稳固的基础知识结构。

▶▶▶ **主干学科:**

电影学、戏剧学、美术学、设计学、艺术学理论。

▶▶▶ **主要课程:**

中外动画史、动画概论、动画造型基础、影视原理、动画原理、计算机多媒体技术、摄影基础、动画策划、动画剧本写作、动画软件基础、角色设计、场景设计、动画视听语言、分镜头剧本设计、动画后期合成、动画项目推广、动画周边产品。

▶▶▶ **顶尖院校:**

吉林动画学院。

▶▶▶ **就业方向:**

毕业生主要在广播电视部门、影视制作公司、动画公司、企事业宣传策划部门、广告公司、音像出版机构、学校、网络公司、游戏软件公司、多媒体公司等单位从事动画设计、推广以及教学科研等工作。

▶▶▶ **未来可从事职业岗位:**

平面设计师、UI 设计师、网页设计制作、网站美工、Flash 动画师、后期制作师等。

▶▶▶ **就业热门行业:**

互联网/电子商务、计算机软件、新能源、影视/媒体/艺术/文化传播、广告、公关/市场推广/会展、网络游戏、计算机技术支持(系统、数据维护)、教育/培训/院校等。

▶▶▶ **就业热门城市:**

上海、北京、深圳、广州、武汉、杭州、成都、厦门、南京和西安等。

📖 130311T 影视摄影与制作

▶▶▶ **新高考选考科目指引:**

本专业没有必须选考科目要求。

▶▶▶ **培养目标:**

本专业培养能够适应影视业发展需要,德、智、体、美、劳全面发展,全面地掌握电影制作基本理论和基本技能的导演、摄影等方向的电影制作人才。

▶▶▶ **培养要求:**

本专业学生主要学习影视摄影与制作的相关基础理论知识,受到相应学科技能的基本训练,具有从事摄影、影视编导、广告设计等的基本能力。

▶▶▶ **主要课程:**

图形图像基础、数字暗房、摄影基础、创意摄影、广告摄影、广告设计、婚纱化妆与造型、婚纱套版与设计、影视前期拍摄基础、影视后期编辑、影视片制作、影视后期包装、婚庆活动策划等。

▶▶▶ **顶尖院校:**

中国传媒大学、山西传媒学院、浙江传媒学院和北京电影学院。

▶▶▶ **就业方向:**

本专业的就业前景较好,毕业生的主要就业方向为婚纱影楼、形象设计公司、图片社、广告摄影公司、广告设计公司以及电视台、影视广告公司、传媒制作公司等。

▶▶▶ **未来可从事职业岗位:**

摄像师、摄影师、视频编辑、影视后期制作师、平面设计师、视频剪辑师等。

▶▶▶ **就业热门行业:**

影视/媒体/艺术/文化传播、广告、互联网/电子商务、公关/市场推广/会展、教育/培训/院校、文字媒体/出版、计算机软件、娱乐/休闲/体育等。

▶▶▶ **就业热门城市:**

北京、广州、深圳、上海、武汉、杭州、南京、厦门、成都和天津等。

📖 130312T 影视技术

▶▶▶ **新高考选考科目指引:**

本专业没有必须选考科目要求。

▶▶▶ **培养目标:**

本专业为各类电视台、电视制作公司及其他企事业单位的电视制作部门培养影视方面的复合型、多功能人才。

▶▶▶ **主要课程:**

影视剪辑技术、影视声音、摄影构图、数字制作技术导演艺术、音乐作品欣赏、美术作品欣赏、中外电影史等。
▶核心课程：
影视技术导论、短片制作、数字视频技术、数字摄影技术、3D与特种电影制作、数字特效制作、电影制作技术流程、电影虚拟化制作等。
▶首批开设院校：
上海大学、吉林师范大学、华中师范大学、武汉传媒学院等。
▶就业方向：
该专业毕业生可到各种影视制作单位从事影视制作、音响工程、录音、电子媒体制作、特技处理、影视设备应用开发等方面的工作。

130313T 戏剧教育
▶新高考选考科目指引：
本专业没有必须选考科目要求。
▶培养目标：
本专业培养具有较高文化艺术修养，掌握戏剧创作理论与技能，能够在大中小学从事戏剧教育工作，并具备组织戏剧表演活动潜质的复合型专门人才。
▶主要课程：
表导演课、舞台语言技巧、舞台形体技巧、音乐基础与声乐演唱、舞台美术基础、教育心理学、戏曲基础、人物造型、戏剧鉴赏、编剧基础等。
▶首批开设院校：
中央戏剧学院。

130314TK 曲艺
曲艺作为一门表演艺术，是用口语说唱来叙述故事、塑造人物、表达思想感情并反映社会生活的。正如戏曲艺术的本质特点是以歌舞演故事，曲艺艺术的本质特征是以口语说唱故事。这是曲艺有别于其他艺术门类的本质属性。因为其主要的艺术手段是口语说唱，所以曲艺的艺术形式相对比较简单，由一人或几人说演；或者由一人或几人演唱，辅以小型乐队（往往是三五件乐器）伴奏。又因为是以口头语言进行说唱，所以其表演方式是以第三人称的叙述为主，民间以第一人称的模拟代言。这样，在舞台表演上便体现出"一人多角""跳出跳入""一人一台大戏"的特点。
▶首批开设院校：
中央戏剧学院和辽宁科技大学。

130315TK 音乐剧
音乐剧是一种现代的舞台综合艺术形式，其以叙事为主的戏剧表演，结合优美通俗的人声歌唱和多样化的舞蹈形体动作，同时融合服饰、布景、灯光等舞台艺术的辅助，形成整体舞台效果。构成音乐剧最重要的三大要素是戏剧、音乐和舞蹈。其所选取的题材往往具有广泛的大众审美基础，与政治背景、时代风尚紧密结合，从而迎合观众的心理。
▶首批开设院校：
中央戏剧学院。

1304 美术学类

"美术"这一名词最初见于欧洲17世纪，正式出现于18世纪中叶。近代日本以汉字意译，五四运动前后传入我国，开始普遍应用，也称"造型艺术"。美术一般指占据一定空间、具有可视形象以供欣赏的艺术。包括绘画、雕塑、工艺美术、建筑艺术等，在中国还包括书法和篆刻艺术，是表现作者思想感情的一种社会意识形式，同时也是一种生产形式。20世纪90年代初，中国的高等美术教育和美术研究机构中原有的"美术史及美术理论"专业被陆续改称美术学，20世纪90年代中期，国家有关部门又将美术学定为艺术学一级学科下属的与音乐学、戏剧学等并列的一个二级学科。从那时起，美术学正式作为一个二级学科在中国诞生，并得到迅速发展。美术学作为艺术学科的一个分支，涵盖了视觉造型创作与美术史论研究的广泛领域，是艺术学领域的支柱学科之一，在我国文化事业的建设和发展中起着不可或缺的作用。

130401 美术学
▶新高考选考科目指引：
本专业没有必须选考科目要求。
▶培养目标：
本专业培养具备坚实的科学文化和艺术理论知识，具有美术史研究、美术评论、美术教育、当代视觉文化策划与管理、文化遗产研究与管理等方面的能力，能从事美术教育、美术研究、文博艺术管理、视觉文化活动策划、新闻出版等方面工作的应用型人才。
▶主干学科：
美术学、艺术学理论。
▶主要课程：
中国美术通史、外国美术通史、中国近现代艺术思潮、西方近现代艺术思潮、艺术概论、美学概论、中国画论、西方画论、美术评论与写作、博物馆学概论、艺术管理学。
▶顶尖院校：
中央美术学院和中国美术学院。
▶就业方向：
学生毕业后可到高校、博物馆、出版社、报社、电视台、拍卖行、文物收藏机构、文化与教育等单位以及各种文化艺术传媒策划公司工作。

▶▶ 未来可从事职业岗位：

平面设计师、UI 设计师、网页设计制作、淘宝美工、美术指导、视觉设计师等。

▶▶ 就业热门行业：

互联网/电子商务、新能源、广告、计算机软件、影视/媒体/艺术/文化传播、教育/培训/院校、公关/市场推广/会展、网络游戏、家居/室内设计/装潢等。

▶▶ 就业热门城市：

上海、北京、广州、深圳、杭州、武汉、成都、厦门、南京和西安等。

专 家 提 醒

近年来，为了适应社会需要，各美术院校相继增设了不少新专业和专业方向，如装饰艺术、首饰设计、家具设计、多媒体艺术、数码艺术设计等。由于专业较新，了解的人比较少，报考的时候相对竞争也会小一些，因此被录取的希望就比较大。考生可根据个人喜好以及未来的从业方向，选择适合自己的专业报考，不要盲目报考。

📖 130402 绘画

绘画是一种在二维的平面上以手工方式临摹自然的艺术。

（1）作画。用笔等工具，墨、颜料等材料，在纸、纺织物、墙壁等表面上画图或做其他可视的形象。

（2）绘出图或画。绘画是一种在二维的平面上以手工方式临摹自然的艺术，在中世纪的欧洲，常把绘画称作猴子的艺术，因为如同猴子喜欢模仿人类活动一样，绘画也是模仿场景。在20世纪以前，绘画模仿得越真实，技术越高超，但进入20世纪，随着摄影技术的出现和发展，绘画开始转向表现画家主观自我的方向，看到一幅画，鉴赏家有时已经说不清画的是什么，但一定能说出是谁画的。每个画家开始发展自己独特的风格。不同的画家，风格不同，也有不同的价值。20世纪初，有些画家的风格因评画者不能接受而被冷落甚至贬低，这就是为什么有些画家画得很好而并不出名或甚至被冻死、饿死的缘故。

▶▶ 新高考选考科目指引：

本专业没有必须选考科目要求。

▶▶ 培养目标：

本专业培养具备坚实的科学文化和艺术理论知识，具有绘画创作、教学的能力，能在专业艺术领域和各类学校从事绘画创作或教学、研究工作的应用型人才。

▶▶ 培养要求：

本专业学生根据所选定的油画、版画、壁画、水彩画等不同的专业方向，在能力结构上，要求具有该专业方向较扎实的绘画基本功，掌握该专业方向必要的理论知识和较全面的专业素质。同时，学校应根据学生的不同特点，发掘和培养学生的创新能力，引导和发展学生在绘画创作方面的潜能，使学生具有较高的艺术修养和从事本专业创作、教学和研究工作的能力。

▶▶ 主干学科：

美术学、艺术学理论。

▶▶ 主要课程：

素描、速写、解剖与透视、色彩基础理论、色彩（静物）、社会实践（风景、采风）、所选定专业方面的绘画（人物、人体）、绘画材料、创作、中国美术史、西方美术史。

▶▶ 顶尖院校：

中国美术学院和四川美术学院。

▶▶ 就业方向：

绘画专业的就业领域包括画廊、个人创作及执教等。画廊业是随我国的改革开放由海外引进的一种艺术经营方式，目前在大中城市已比较普及，对绘画人才有较大需求，根据近年来的就业状况，画廊已成为许多绘画专业学生就业的重要领域。画廊与画家的合作，不仅使本行业得到了发展，而且画廊能为画家提供创作的资金支持，使其能够创作出更多更好的艺术作品。

▶▶ 未来可从事职业岗位：

平面设计师、插画师、UI设计师、美术老师、原画师、美工、设计助理、服装设计师等。

▶▶ 就业热门行业：

互联网/电子商务、教育/培训/院校、影视/媒体/艺术/文化传播、广告、计算机软件、公关/市场推广/会展、网络游戏、服装/纺织/皮革、家居/室内设计/装潢等。

▶▶ 就业热门城市：

北京、上海、深圳、广州、杭州、武汉、成都、南京、厦门和西安等。

专 家 提 醒

当前绘画教学依然是传统的方法，有人曾提出要改变这一现状，但社会上对于绘画的评判标准则是以写实的眼光来判断，公众的审美标准需要长期去改变，所以绘画基础掌握的状况以及创新的能力已成为画廊及一些公司对毕业生考察的重要方面，事关毕业生的就业情况，艺术市场总有一种低投入高回报的现象，画家的名声与收入有着很大关联，适应市场是毕业生的第一要务。绘画专业的学生将最终投身于艺术市场，因此有必要对我国的艺术市场做详细的了解。

📖 130403 雕塑

▶▶ 新高考选考科目指引：

本专业没有必须选考科目要求。

▶▶ 培养目标：

本专业培养具备坚实的科学文化和艺术理论知识，具备立体造型能力,以及应用泥土、木、石、陶、金属、综合材料等进行具象及抽象造型的能力;能在公共环境雕塑专业领域从事专业创作、教学和研究工作的应用型人才。

▶ **培养要求**:

本专业学生在能力结构要求上,应掌握立体造型的基本理论知识,掌握并应用在三维空间中进行造型设计创作的技术与基本方法,具有运用泥土及硬质材料进行圆雕、浮雕、装置造型创作设计的基本能力;具备一定的雕塑理论研究和理论写作能力,并具有较为敏锐的创新能力。同时,学校应根据学生的个性特点,发掘和培养学生的创新能力,引导和发展学生在本专业理论研究和创作等方面的潜能,使之具有较高的艺术修养和从事本专业创作、教学和研究工作的能力。

▶ **主干学科**:

美术学、艺术学理论。

▶ **主要课程**:

泥塑、素描、解剖、透视、创作、陶艺、金属锻造、中外古代雕刻临摹、木雕、石雕、城市雕塑工程、城市雕塑设计。

▶ **顶尖院校**:

景德镇陶瓷学院和中央美术学院。

▶ **就业方向**:

毕业生适合在各级市政规划局、建筑公司、装饰公司、设计公司、雕塑设计院及其他企事业单位从事雕塑设计、壁画设计、装饰品设计及相关的教育、管理等工作。

▶ **未来可从事职业岗位**:

雕塑设计师、软装设计师、油泥模型师、雕塑师、次时代3D美术设计师、软装设计总监、美术老师等。

▶ **就业热门行业**:

家居/室内设计/装潢、建筑/建材/工程、影视/媒体/艺术/文化传播、广告、教育/培训/院校、新能源、互联网/电子商务、公关/市场推广/会展、房地产、家具/家电/玩具/礼品等。

▶ **就业热门城市**:

上海、北京、深圳、杭州、广州、成都、厦门、武汉、西安和南京等。

📖 130404 摄影

摄影基本上是应用科学、想象与设计、专业技巧和组织能力构成的混合体。实际上,摄影所涵盖的范围很广,包括电视摄影、电影摄影、电视剧摄影、图片摄影、戏曲摄影、戏剧摄影等。

摄影是指使用某种专门设备进行影像记录的过程,一般人们使用机械照相机或者数码相机进行摄影。有时摄影也被称为照相,也就是通过物体所反射的光线使感光介质曝光的过程。有人说过一句精辟的语言:摄影家的能力是把日常生活中稍纵即逝的平凡事物转化为不朽的视觉图像。

▶ **新高考选考科目指引**:

本专业没有必须选考科目要求。

▶ **培养目标**:

本专业培养具备坚实的科学文化和艺术理论知识,具备广告、图片摄影摄像能力,能在新闻媒体、广告策划、文化宣传、音像出版等部门从事摄影艺术创作、教学和研究工作的应用型人才。

▶ **培养要求**:

本专业学生主要学习艺术学、文学、美学、电影、电视、新闻、广告等方面的基础理论和基本知识,接受广告制作、图片摄影、影视拍摄等方面的基本训练,在系统学习专业摄影知识和摄影艺术基础理论的基础上,熟练掌握各类摄影创作的基本技能。

▶ **主干学科**:

美术学、设计学、艺术学理论。

▶ **主要课程**:

美术基础、美术欣赏、照明技术、摄影技术与技巧、摄影构图、特技摄影、非线性编辑、摄影造型、广告摄影、视觉传达。

▶ **顶尖院校**:

吉林动画学院。

▶ **就业方向**:

摄影专业的毕业生主要就职于广告业、出版业、报刊业、电视台、时尚业、影楼、企事业宣传机构和科研档案机构,从事专业摄影摄像、图片设计、读物编辑等工作,也可以自主创业。

▶ **未来可从事职业岗位**:

摄影助理、摄影师、摄像师、平面设计师、淘宝美工、文案策划、网店美工、化妆师、美工设计等。

▶ **就业热门行业**:

互联网/电子商务、影视/媒体/艺术/文化传播、广告、公关/市场推广/会展、贸易/进出口、电子技术/半导体/集成电路、服装/纺织/皮革、计算机软件、教育/培训/院校等。

▶ **就业热门城市**:

北京、深圳、广州、上海、杭州、武汉、厦门、成都、南京和东莞等。

专 家 提 醒

摄影专业的学生在学习中要善于发现新的题材去拍摄,养成一种良好的职业习惯,这些都将对自己的就业及今后的发展起到重要作用。

学生在就业前还应对当前的摄影行业有正确的认识,找出哪里是最适合自己投身的市场,通过对市场和自己的了解去择业,尽量不要一味地追求热门或追求个性化。

📖 130405T 书法学

书法是一种高雅的文化形式,是中国传统文化的典雅代表。书法作为一种高层次的视觉艺术，其事实本身就表明了中国对于世界艺术的独特贡献。与中国绘画相比，书法的审美标准是先行成熟的，可以说，中国书法艺术几乎是潜在地决定了中国绘画的发展道路。中国书法与世界任何艺术的书写材料不同，这恰恰是中国书画所独有的现象。书法作为中国文化的核心，日益受到教育部门的重视，随着国学的兴盛、艺术学专业的不断完善，书法学专业也随之升温。各个高校也纷纷增开书法学专业，招生规模逐年扩大，选择通过学习书法进入理想的高校也成了优选捷径，特别是一些有书法基础的考生，文化课成绩也不错，他们经过一段时间的书法专业课训练，进入高校的道路就进一步拓宽了。目前，我国的书法学专业已经形成从专科、本科到硕士、博士、博士后一整套完善的教学体系，并不断趋于成熟，一批知名大学更是引人注目地开设了书法学专业。高校书法学专业正以蓬勃的发展趋势越来越受到考生的青睐。

新高考选考科目指引：
本专业没有必须选考科目要求。

培养目标：
本专业培养德、智、体、美、劳全面发展，掌握书法的基本理论、基本知识和基本技能，能够在各级、各类学校进行书法教学、研究的人员，以及在文化、新闻出版等相关单位工作的高级专门人才。

主要课程：
篆书、隶书、楷书、篆刻、行草、古代汉语、中国书法史、创作实践和毕业论文、书画鉴定概论。

顶尖院校：
西安交通大学。

就业方向：
网络时代的逐步深入，使书法正从实用走向纯艺术，书法佳作、珍品已开始走进百姓家的收藏室。与此同时，教育部要求各级各类学校开设书法课程，书法市场在日益扩大，可见书法人才的发展空间广阔。毕业生可以到书法艺术专业团体或研究机构从事书法创作和理论研究工作，还可以到出版社、报刊社、电视台、设计单位从事美术编辑、设计、刊物创办、书刊出版和相关的书法艺术节目主持工作。可以在大中专院校、中小学从事书法教学工作。随着中小学陆续开设书法课，师资缺口相当大，而大学为满足中小学师资，必然增加书法专业招生人数，据统计，按照现有大学培养中小学书法教师的规模，需十几年才能完成，那么，在今后几年，书法专业的毕业生会相当紧俏。本专业毕业生适宜到文化部门（包括文化馆、文联、博物馆、艺术馆、拍卖公司等）、新闻媒体等单位从事书法鉴定、创作、编辑和评论、广告策划、管理等工作，以及与书法艺术相关的综合性应用工作等，也可以到青少年宫、群艺馆、民办培训机构从事书法培训工作，还可以到一些企事业单位，协助单位进行文化建设工作。还有一些毕业生选择出国任教和自主创业开设工作室、书画廊或培训班等。

130406T 中国画

新高考选考科目指引：
本专业没有必须选考科目要求。

培养目标：
本专业培养能在文化艺术部门、学校及有关单位从事中国画人物、山水、花鸟、书法篆刻的创作、教学、研究和其他美术工作，具有较强适应能力的德才兼备的高级专门人才。

培养要求：
本专业学生应具有较扎实的马克思主义的基础理论；能执行我国社会主义的文艺方针、政策；具有本专业的基础理论、基础知识，能较熟练地掌握中国画人物、山水、花鸟、书法篆刻的传统技法；了解中国画的历史传统和造型规律、艺术手法；具有较高的艺术修养，独立完成创作和教学的能力；有一定的实际工作能力和初步的科研能力；在掌握外语工具方面，应具有较强的阅读本专业书刊的能力。

主要课程：
中外美术史、艺术概论、美学概论、素描、色彩、速写、中国古典诗词、中国画论、透视、解剖、人物画、山水画、花鸟画、书法篆刻、创作等。

顶尖院校：
西安美术学院和中国美术学院。

就业方向：
毕业生适宜在美术创作部门从事国画创作工作，在各级美术院校从事教学工作，在各级艺术馆、文化馆（站）从事美术创作或美术普及工作，在出版社和报纸杂志社从事美术编辑工作，也可在有关部门、厂矿企业从事有关宣传工作。

未来可从事职业岗位：
全职国画老师、美术绘画专业教师、中国画收藏研究以及网络销售推广人员、书画业务经理、少儿美术老师、字画经纪人、中国画画师、全职美术老师等。

就业热门行业：
教育/培训/院校、公关/市场推广/会展、影视/媒体/艺术/文化传播、广告、学术/科研、互联网/电子商务、咨询、人力资源、奢侈品/收藏品/工艺品/珠宝等。

就业热门城市：
北京、上海、郑州、杭州、南京、武汉、苏州、厦门、深圳和合肥等。

130407TK 实验艺术

新高考选考科目指引：
本专业没有必须选考科目要求。

>>> 培养目标：

本专业培养具备艺术创作与研究的专业素质，能独立思考与自主学习，且知识体系全面的艺术从业者；同时培养能与艺术生态接轨的艺术家及相关专业人才。

>>> 主要课程：

艺术学、设计学、素描、绘画、雕塑、色彩场景、美术设计。

>>> 首批开设院校：

中国传媒大学、中央美术学院。

130408TK 跨媒体艺术

跨媒体艺术专业的建立旨在适应当前以人工智能为特征的新一轮科技革命，形成立体多样、融合发展的现代跨媒体艺术教育体系。该专业以媒体传播为主，涵盖当代艺术创作、艺术品经营、艺术展览、视觉产品研发等领域。目前，该专业分为跨媒体艺术创作和跨媒体空间展演两个方向。

>>> 新高考选考科目指引：

本专业没有必须选考科目要求。

>>> 培养要求：

本专业学生需具备美术基础、创新意识、互联网思维，同时要具有较高的艺术素养和文学素养。

>>> 主要课程：

社会基础、媒介基础、影像创作中的分工和协作、媒体素描、三维动画、社会性互动、活动影像基础、日常生活艺术、自由创作、影像的跨媒体实践。

>>> 首批开设院校：

中国美术学院、浙江传媒学院、中国传媒大学。

130409T 文物保护与修复

>>> 新高考选考科目指引：

本专业没有必须选考科目要求。

>>> 培养目标：

本专业培养适应社会主义现代化建设需要，德、智、体、美、劳全面发展，具有良好的职业道德和较高的艺术修养，具备广博而坚实的文物保护与修复、文物考古的基本理论，具有良好的人文素养，富有创新精神和实践能力的高素质技能型人才。

>>> 主要课程：

油画保护与修复、陶瓷保护与修复、纸本保护与修复、陶瓷鉴赏与保护、文物修复基础、文物摄影与绘图、新石器时代考古、博物馆学、中国陶瓷史、文化遗产保护与开发等。

>>> 首批开设院校：

上海视觉艺术学院等。

>>> 就业方向：

毕业生一是到政府文物行政管理部门、文物考古研究机构、各类博物馆和陈列展览单位、文物艺术品经营单位和拍卖行、旅游部门、新闻出版和教育单位工作；二是到国家旅游行政管理部门、文物管理部门从事文物管理工作；三是到各类旅游景点、博物馆担任文物导游或从事文物保护工作。

130410T 漫画

漫画是绘画艺术的一个种类，是用简单而夸张的手法来描绘生活或时事的图画。漫画专业旨在培养适应当前及未来社会发展需要的动画编剧及原创动漫策划人才。

>>> 新高考选考科目指引：

本专业没有必须选考科目要求。

>>> 培养目标：

本专业采用数字技术与传统动画相结合的培养方式，培养系统掌握电脑动画制作技巧、动画创作理论、电影学理论，有较强的制片能力、创新能力，能够掌握新技术和动画前期制作技术，同时具备较高修养的复合型艺术人才。

>>> 主干课程：

电影基础学、漫画制作技能、漫画创作实践理论和动画专业基础知识。

>>> 核心课程：

漫画概论、漫画脚本、四格漫画、插画、漫画创作。

>>> 特色课程：

传统文化、感恩教育、素质拓展。

>>> 首批开设院校：

北京电影学院、吉林动画学院等。

>>> 就业方向：

本专业毕业生可以从事插画及故事版创作、3D及4D动画制作、建筑及环境模拟、3D电影视觉效果制作、动画设定、工业产品设计等工作。

130411T 纤维艺术

纤维艺术立足于当代文化的立场和问题意识，将材料、人、观念、科技作为一个整体，探讨作品和世界的对应和诠释关系，在表达创作者的人文关怀和批判立场的同时，寻求材料艺术性的升华。这种升华，伴随21世纪飞速发展的科技和物质材料，形成了一个富有时代精神特质和未来视角的新的艺术物种。

本专业旨在培养掌握纤维艺术专业知识，具有纤维艺术专业素质的专门人才。

>>> 新高考选考科目指引：

本专业没有必须选考科目要求。

>>> 首批开设院校：

中国美术学院。

130412TK 科技艺术

科技艺术专业不仅是一门具有丰富的艺术冲击力和感染

力的探索性艺术学科，而且是一门艺术创作与科技创新深度结合的交叉学科，非常注重逻辑思维能力和跨领域创新能力培养，因此科技艺术专业需要学习媒体艺术、互动艺术、人工智能与数据艺术、新材料运用艺术、生物艺术等多个方面的专业知识。

▶▶ **首批开设院校：**

中央美术学院。

130413TK 美术教育

美术教育专业以培养德、智、体、美、劳全面发展，系统地掌握美术学基本理论、基本知识和基本技能，能够在高等和中等学校进行美术教学和研究的教师、研究人员和其他教育工作者。

▶▶ **首批开设院校：**

广州美术学院和四川美术学院。

1305 设计学类

130501 艺术设计学

艺术设计，就是把艺术的形式美感应用于与日常生活紧密相关的设计中，使之不但具有审美功能，还具有实用功能。也就是说，艺术设计首先是为人服务的，是人类社会发展过程中物质功能与精神功能的完美结合，是现代化社会发展进程中的必然产物。艺术设计学是一门独立的艺术学科，它的研究内容和服务对象有别于传统的艺术门类。同时艺术设计也是一门综合性极强的学科，它涉及社会、文化、经济、市场、科技等诸多方面的因素，其审美标准也随着这诸多因素的变化而改变。艺术设计，实际上是设计者自身综合素质的体现。艺术设计学是一门新兴学科，在中国发展态势强劲。

▶▶ **新高考选考科目指引：**

本专业没有必须选考科目要求。

▶▶ **培养目标：**

本专业培养具备中外艺术设计及其应用、传播的历史知识，以及掌握全球艺术设计潮流及其应用和传播技巧，并进行思考、分析、研究和解决相关问题的能力，能在相关机构、院校及出版单位或以个人从业身份开展专业研究、教学及传播工作的复合型创新型人才，并为其在艺术设计及相关理论研究领域的进一步发展奠定一定的基础。

▶▶ **培养要求：**

本专业学生主要学习一般艺术设计基本理论，以及设计通史、专业史、相关学科的学术史等专业基础知识，接受结合专题进行研究并以文字加以清晰表述的基本训练，掌握从事相关专业的研究、教学、编辑与市场推广的能力。

▶▶ **主干学科：**

艺术学、传播学、社会学、经济学、管理学。

▶▶ **主要课程：**

设计概论、世界设计史、中国古代设计文献选讲、中国造物文化史、中国现代设计史、艺术考古与文化遗产、展览馆与博物馆、设计管理基础、专业写作基础。

▶▶ **顶尖院校：**

南京艺术学院和中央美术学院。

▶▶ **就业方向：**

艺术设计的就业面较广，当前无论是室内设计还是景观设计，均需要大量的艺术设计人才。本专业涵盖从过去的室内设计发展到今天的室外设计、广场设计、园林设计、街道设计、景观设计、城市道路桥梁设计等全方位、多范围的设计领域。现代人们的生活水平和公共场所消费档次都提高了，设计也由过去偏重于硬件设施环境的设计转变为今天重视人的生理、行为、心理环境创造等更广泛和更深意义的理解，除了美观外，还要有艺术性、欣赏性、创造联想性等。这是近年来的一个新兴行业。本专业毕业生就业，只要涉及环境艺术类都可胜任，如建筑装饰设计、室内外效果图设计、园林景观设计、环境工程改造等，并且待遇较为丰厚。

▶▶ **未来可从事职业岗位：**

平面设计师、UI设计师、室内设计师、软装设计师、美工、设计师助理、园艺园林景观设计师、空间设计师等。

▶▶ **就业热门行业：**

家居/室内设计/装潢、互联网/电子商务、广告、建筑/建材/工程、房地产、影视/媒体/艺术/文化传播、公关/市场推广/会展、计算机软件、服装/纺织/皮革等。

▶▶ **就业热门城市：**

上海、北京、深圳、广州、武汉、杭州、成都、南京、厦门和西安等。

130502 视觉传达设计

视觉传达设计专业在我国起步较晚，然而发展速度却很快。尤其是近几年，随着我国经济的飞速发展，给我国营造了巨大的经济市场，同时也给设计艺术领域带来了无限的商机。各艺术院校纷纷在原有设计学科的基础之上增加新专业，以西安动画技师学院、山东工艺美术学院等为代表的一系列专业艺术院校也纷纷设立视觉传达设计专业，大量扩招学生。传统的视觉传达设计专业已不能满足新形势下的市场需要，有关院校要及时研究和调整本专业的专业建设和发展方向，进一步明确本专业的培养目标、完善课程建设和教学模式、加强教学硬件和软件建设等，为社会培养更多更好的新型视觉传达设计人才。

▶▶ **新高考选考科目指引：**

本专业没有必须选考科目要求。

▶▶ 培养目标：

本专业培养具有国际设计文化视野、中国设计文化特色、适合于创新时代需求，集传统平面（印刷）媒体技术和现代数字媒体技术，在专业设计领域、企业、传播机构、大企业市场部门、中等院校、研究单位从事视觉传播方面的设计、教学、研究和管理工作的应用型创意人才。

▶▶ 培养要求：

本专业学生要求具有为国学习的思想和为社会服务的理念，了解本专业相关的法律法规，具有较为系统的视觉传播专业理论和专业知识。在设计创新、语言、文字表达能力、社会交流沟通能力等方面得到全面锻炼，并符合国家考级的外语水平。

▶▶ 主干学科：

艺术学、设计学、传播学、美学、心理学。

▶▶ 主要课程：

中外设计艺术史、艺术概论、大众传播学、广告学、美学、消费心理学、公共关系学、装饰与图案、图形创意、文字与版式、平面（印刷）设计与印刷制作、展示与陈设、数字媒体设计与制作、企业形象、品牌形象策划等。

▶▶ 顶尖院校：

清华大学和西安交通大学。

▶▶ 就业方向：

学生毕业后可从事广告业务、商业美术、展示空间设计、网页制作和多媒体技术等工作，亦可在报社、电视、广播、网络等大型广告传媒单位或中介机构从事广告市场调研、广告策划等工作。

▶▶ 未来可从事职业岗位：

平面设计师、UI设计师、美工、视觉设计师、交互设计师、淘宝美工、网页设计师、美术指导、橱窗软装设计师、品牌视觉设计师、家装业务顾问、包装设计师、空间设计师等。

▶▶ 就业热门行业：

广告、新能源、公关/市场推广/会展、影视/媒体/艺术/文化传播、互联网/电子商务、计算机软件、电子技术/半导体/集成电路、服装/纺织/皮革、家居/室内设计/装潢等。

▶▶ 就业热门城市：

上海、北京、深圳、广州、杭州、厦门、武汉、成都、西安和南京等。

📖 130503 环境设计

环境设计是一种新兴的艺术设计门类，包含的学科相当广泛，主要由建筑设计、室内设计、公共艺术设计、景观设计等内容组成。在内容上几乎包含了除平面和广告艺术设计之外的其他所有的艺术设计，环境设计以建筑学为基础，有其独特的侧重点。与建筑学相比，环境设计更注重建筑的室内外环境艺术气氛的营造；与城市规划设计相比，环境设计则更注重规划细节的落实与完善；与园林设计相比，则更注重局部与整体的关系。

▶▶ 新高考选考科目指引：

本专业没有必须选考科目要求。

▶▶ 培养目标：

本专业培养适应我国社会主义经济建设的发展需要，掌握专业基础理论、相关学科领域理论知识与专业技能，并具有创新能力和设计实践能力，能在高等艺术学校从事环境设计或教学、研究工作，在艺术环境设计机构从事公共建筑室内设计、居住空间设计、城市环境景观与社区环境景观设计、园林设计，并具备项目策划与经营管理、教学与科研工作能力的高素质环境艺术应用型和研究型人才。

▶▶ 主干学科：

建筑及环境设计方法学、人机工程学、材料学。

▶▶ 主要课程：

建筑设计史、建筑设计方法学、室内空间设计、室内外设计效果图表现技法、人机工程学、制图、建筑模型制作与工艺、建筑及环境设计调研方法、中外工艺美术史、设计学（美学、心理学、公关关系学）、造型基础、构成（平面、色彩、立体构成）、世界建筑及环境设计发展史等相关课程等。

▶▶ 顶尖院校：

温州大学和湖北美术学院。

▶▶ 就业方向：

学生毕业后可在各级政府规划部门、房地产开发公司、建筑设计院、装潢公司、建筑规划设计院等企事业单位从事室内外环境设计、创作、规划、管理工作，并能从事本专业教学和管理等方面的工作，就业率较高，社会需求广泛。

▶▶ 未来可从事职业岗位：

室内设计师、家装设计师、空间设计师、主案设计师、园艺园林景观设计师、设计部经理、总建筑师、工程部经理、项目经理等。

▶▶ 就业热门行业：

家居/室内设计/装潢、建筑/建材/工程、房地产、广告、互联网/电子商务、新能源、计算机软件、影视/媒体/艺术/文化传播、教育/培训/院校、家具/家电/玩具/礼品等。

▶▶ 就业热门城市：

上海、北京、广州、深圳、武汉、杭州、成都、南宁、南京和苏州等。

📖 130504 产品设计

产品设计专业重点研究物质、精神生活形态与产品的关系，将产品的原创性、前瞻性和市场营销作为一个整体来研究，培养学生的创造性思维和全程设计的能力。重视产品使用上的审美要求以及产品本身所具有的文化内涵。

产品设计是以人的合理需求为中心，通过有效的载体（包括物质材料),对产品造型、结构、功能等方面进行创造性的综合性设计,并需符合生产和传播的要求。

>>> **新高考选考科目指引:**
本专业没有必须选考科目要求。

>>> **培养目标:**
本专业培养具有"厚基础、宽口径、重能力""知识、能力、素质"协调发展,具有扎实的工业设计基础理论知识及产品造型能力、良好的职业技能和职业素质,能在企事业单位、专业设计部门、教学科研单位从事以产品创新为重点的设计、管理、科研或教学工作,也能从事与产品设计相关的视觉传达设计、信息设计、环境设施设计或展示设计工作的应用型研究型人才。

>>> **主干学科:**
产品设计方法学、人机工程学、材料与工艺学。

>>> **主要课程:**
工业设计史、产品设计方法学、产品设计效果图表现技法、人机工程学、制图、模型制作与工艺、产品调研方法、产品设计报告书制作、数字化产品设计及产品设计相关软件的基础理论知识以及基本方法、中外工艺美术史、设计学(美学、心理学、公关关系学)、造型基础、构成(平面、色彩、立体构成)、世界工业设计发展史等相关课程等。

>>> **顶尖院校:**
湖南大学和南京林业大学。

>>> **就业方向:**
毕业生可进入专业设计公司、企事业单位从事新产品开发、产品造型设计、设计管理、企业形象策划与设计等工作。涉及的行业有电子信息高新技术产业、玩具业、汽车设计制造业、家具设计制造业、建筑装饰业、展览展示业、广告和影视业等。

>>> **未来可从事职业岗位:**
结构工程师、UI设计师、机械工程师、硬件工程师、电气工程师、电子工程师、IT运营工程师、机构设计助理工程师、VR产品经理、产品体验设计师、视觉设计师、儿童APP策划编辑、建筑师、产品专员、高级产品经理、产品总监等。

>>> **就业热门行业:**
互联网/电子商务、新能源、计算机软件、电子技术/半导体/集成电路、金融/投资/证券、贸易/进出口、机械/设备/重工、服装/纺织/皮革、汽车及零配件等。

>>> **就业热门城市:**
北京、上海、深圳、广州、杭州、武汉、成都、东莞、南京和厦门等。

专 家 提 醒

在科学技术成熟的今天,单纯依靠技术已经无法赢得市场竞争。工业设计在提升产品品质、增加产品附加值等方面发挥着重要作用,成为提升企业核心竞争力的有效手段。

大量国内企业在转向自主创新型模式的过程中,存在对工业产品设计人才的巨大需求。

130505 服装与服饰设计

>>> **新高考选考科目指引:**
本专业没有必须选考科目要求。

>>> **培养目标:**
本专业培养具有服装与服饰设计策划和时装研究能力,具有较强的设计创造能力和动手制作能力,具有较强的市场设计意识和市场竞争能力,掌握服装企业、服装市场的基本运作知识,把握时尚潮流并进行流行预测的基本方法,能在服装艺术设计领域与应用研究型领域及艺术设计机构从事设计、研究、教学、管理等方面工作的高级专门人才。

>>> **培养要求:**
本专业学生应掌握服装与服饰设计的基本理论、基本专业知识和基本专业技能,理解服装与服饰设计的概念,掌握设计方法,通晓从灵感到表现、从绘画到造型的全过程。

同时,本专业人才培养规格一般还应具备以下要求:

1. 在素质结构方面,要求具有良好的政治素质、思想素质、道德品质,具备法治意识、诚信意识和团体合作意识;在文化素质上要求具有较好的人文学科知识和艺术修养;具有现代意识、人际交往意识;要求身心健康。

2. 在知识结构方面,要求除掌握艺术设计的基本理论、基本知识和专业能力外,同时还应具有一定的外语、计算机及信息技术应用、文献检索、论文写作等方面的工具性知识,以及艺术、历史、心理学等方面的人文社会科学知识。

>>> **主干学科:**
艺术学、设计学、美学、人体工程学、心理学。

>>> **核心课程:**
中国工艺美术史、服装设计方法、服装画技法、面料纹样设计、面料塑形、服饰配件设计、服装结构设计、服装工艺与制作、立体裁剪、中西方服装史等。

>>> **顶尖院校:**
江南大学。

>>> **就业方向:**
本专业毕业生就业面较广,毕业生可以在服装设计与生产、服装贸易等领域从事服装设计、品牌策划、产品研发、客户服务及生产管理与营销、服装模特与造型、服装表演与展示的组织、策划与编导、资源管理、镜前动静态造型展示等方面工作;也可以在广告、媒体杂志及相关机构从事服装广告策划、平面设计、美术编辑、时装摄影、人物造型设计等工作;还可以在学校及科研单位从事教学与科研工作。

>>> **未来可从事职业岗位:**
服装设计师、陈列师、平面设计师、设计助理、设计总

监等。
> **就业热门行业：**
服装/纺织/皮革、互联网/电子商务、贸易/进出口、批发/零售、计算机软件、广告、新能源、影视/媒体/艺术/文化传播等。
> **就业热门城市：**
广州、上海、杭州、深圳、北京、厦门、东莞、武汉、成都和南京等。

130506 公共艺术

> **新高考选考科目指引：**
本专业没有必须选考科目要求。

> **培养目标：**
本专业培养理论与实践相结合、有创意能力，能在室内外公共空间中进行艺术创造与视觉设计，以满足相应的城市环境美化与人文关怀需求的专门艺术设计人才。毕业生可到各级市政规划局、交通部门、建筑和规划部门、各类设计院所、专业设计机构等政府部门和企事业单位从事创作、设计、研究、教学及艺术工程管理等工作。

> **培养要求：**
本专业学生主要通过艺术造型能力与视觉设计能力的训练，掌握现代城市的公共景观、公共场所等领域空间造型规律，学习与培养艺术工程、艺术化设施、陈设艺术品等设计、制作及施工能力。本专业要求学生分别对公共艺术理论知识、实践知识进行学习和研究。

> **主干学科：**
艺术学、设计学、材料学、美学、心理学。

> **主要课程：**
空间形态与视觉传达设计基础、装饰基础、材料与工艺、公共景观与展示设计基础、公共设施设计、环境雕塑造型、壁画与浮雕、数码图形处理等。

> **顶尖院校：**
中国美术学院、西安美术学院和南京艺术学院。

> **就业方向：**
学生毕业后可到独立艺术工作室、画廊、景观或园林设计部门、高等艺术设计院校、公共传媒及艺术设计机构、城市雕塑景观设计单位等机构工作。

> **未来可从事职业岗位：**
公共艺术设计师、雕塑设计师、室内设计师、施工图设计师、效果图设计师、方案设计师等。

> **就业热门行业：**
建筑/建材/工程、广告、房地产、家居/室内设计/装潢、互联网/电子商务、影视/媒体/艺术/文化传播、教育/培训/院校、公关/市场推广/会展、酒店/旅游、金融/投资/证券等。

> **就业热门城市：**
上海、北京、深圳、广州、武汉、成都、杭州、南京、厦门和西安等。

130507 工艺美术

工艺美术是指美化生活用品和生活环境的造型艺术，是制造出来的艺术。它的突出特点是物质生产与美的创造性相结合，以实用为主要目的，并具有审美特性，为造型艺术之一。也指以美术技巧制成的各种有实用功能并有欣赏价值的工艺品，通常具有双重性质：既是物质产品，又是具有不同程度审美性的精神产品。

工艺美术是因人们的实际生活要求而产生的，与人们的日常生活有极密切的关系。我国工艺美术的历史悠久，是我国文化宝库中一颗璀璨的明珠，在国际上素负盛名。工艺美术起源于人类开始制造工具的时代。工艺美术大多是劳动人民直接创造的，同人们的物质生活和精神生活密切相关。它的产生，常因历史时期、地理环境、经济条件、文化技术水平、民族风尚和审美观点不同而表现出不同的风格特色。随着时代的发展，工艺美术已不局限于手工艺，而是与机器工业，甚至于大工业相结合，把实用品艺术化，或艺术品实用化。

> **新高考选考科目指引：**
本专业没有必须选考科目要求。

> **培养目标：**
本专业培养将手工艺传统理论与实践相结合、有创意能力，能在文化艺术部门、传统工艺加工领域、设计公司、学校等企事业部门从事各种传统与现代工艺美术品设计制作以及相关教学与研究、设计管理工作的德、智、体、美、劳全面发展的高级专门人才。

> **培养要求：**
本专业学生主要根据传统工艺（如烧造、煅冶、染织、编扎、雕刻、木工、髹饰工艺等富有地方和民族特色，能反映中国古典文化精神的传统工艺美术主要门类如陶瓷、玻璃、漆艺、染织、雕刻、金属工艺等）的不同专业方向，学习相关专业方向的基本理论和基本知识，接受专业方向所规定的各方面的基本训练，掌握专业方向领域内进行设计制作的基本能力，掌握相关专业必要的工艺技能，了解材料性能及加工工艺等知识，具有实际动手操作能力，为今后的设计制作打下坚实的基础。

> **主干学科：**
设计学、美学、心理学。

> **核心课程：**
按不同专业方向，分别有陶瓷工艺、玻璃工艺、漆器工艺、染织工艺、雕刻工艺、金属工艺等基础知识和基本方法；中外工艺美术史、设计学（美学、心理学、公关关系学）、图案、构成（平面、色彩、立体构成）、中国传统文化修养相关课程等。

顶尖院校：
清华大学和山东工艺美术学院。

就业方向：
毕业生可以进入工艺美术系统和企事业单位从事工艺美术创作、设计工作。在工艺制品企业、与工艺美术相关的行业、工艺美术设计工作室从事艺术设计与制作工作；在建筑装饰、城市景观设计公司等相关艺术设计公司从事室内、室外装潢设计与制作、商业展示空间设计与制作等工作；还可以从事与工艺美术设计相关的电子商务、宣传、销售、网站与网页设计与制作等工作。

未来可从事职业岗位：
室内设计师、室外装潢设计师、平面设计师、软装设计师、家装设计师、美工、首席设计师、设计助理等。

就业热门行业：
家居/室内设计/装潢、建筑/建材/工程、广告、互联网/电子商务、公关/市场推广/会展、家具/家电/玩具/礼品、服装/纺织/皮革、影视/媒体/艺术/文化传播、贸易/进出口等。

就业热门城市：
上海、深圳、北京、广州、杭州、厦门、成都、苏州、福州和南京等。

130508 数字媒体艺术

随着世界文化产业的发展，创意产业紧紧依赖数字媒体并结合文化资源，以新的姿态迅猛发展。在发达国家，创意产业已在国民经济中占有重要地位，而数字媒体在创意产业中突显了其作用。以IT技术和CG技术为核心的数字媒体像是创意产业的"新引擎"，极大地推动了创意产业的发展，其范围涉及影视制作、动画创作、广告制作、多媒体开发与信息服务、游戏研发、建筑设计、工业设计、服装设计、人工智能、系统仿真、图像分析、虚拟现实等领域，并涵盖科技、艺术、文化、教育、营销、经营管理等诸多层面。在国内，教育部重点高校中也纷纷设立了数字媒体艺术和数字媒体技术相关专业。用来培养高素质的数字文化创意产业人才。

新高考选考科目指引：
本专业没有必须选考科目要求。

培养目标：
本专业培养掌握信息与通信领域的基础理论与方法，具备数字媒体制作、传输与处理的专业知识和技能，并具有一定的艺术修养，能综合运用所学知识与技能分析和解决实际问题，能在计算机技术、网络技术和数字通信技术领域，传统的广播、电视、电影领域，以及电脑动画、虚拟现实等新一代的数字传播媒体领域，专业设计机构、企业、传播机构、院校、研究单位从事数字媒体方面的设计、教学、研究和管理工作的复合型应用型人才。

培养要求：
本专业学生在学习数理、英语、计算机等基础课程的同时，还需具有良好的科学素养和美术修养，既懂技术又懂艺术，能利用计算机等新的媒体设计工具进行艺术作品的设计和创作，能综合运用计算机技术、通信技术、数字信号处理技术进行数字媒体设计。

同时，本专业人才培养规格一般还有以下要求：

1. 在素质结构方面，要求具有良好的政治素质、思想素质、道德品质，以及法治意识、诚信意识、团体合作意识；在文化素质上具有较好的中国传统文化素养、文学艺术修养，并具有现代意识、人际交往意识；身心健康。

2. 在知识结构方面，要求除具备本专业确定的学科基础知识和专业能力外，同时还应具有一定的外语、计算机及信息技术应用、文献检索、论文写作等方面的工具性知识；以及文学艺术、历史、哲学、政治思想道德、心理学等方面的人文社会科学知识。

主干学科：
计算机学、传播学、艺术设计学、多媒体技术学。

主要课程：
计算机技术基础、通信技术基础、数字信号处理技术、计算机网络、数字图像处理、网页设计、多媒体信息处理与传输、流媒体技术、动画原理与网络游戏设计、视频特技与非线性编辑、虚拟现实、艺术设计概论、设计美学等。

顶尖院校：
上海大学。

就业方向：
毕业生可在网络媒体、游戏动漫、手机移动通信、数字娱乐、数字景观设计、广告设计、新闻出版、影视制作和教育科研等跟文化创意产业相关的行业从事有关数字媒体内容设计、制作和研发工作。

未来可从事职业岗位：
平面设计师、视觉设计师、UI设计师、创意设计师、动画设计师、建筑室内设计师、传媒艺术学院专业教师、广告设计与制作教师、助理商务编辑、影视广告后期制作、网页设计/制作、影视后期总监、艺术作品集辅导老师、淘宝视觉设计主管、建筑效果图学员、空间设计师、网络推广专员、网络营销师、客服专员/助理、客服经理助理等。

就业热门行业：
互联网/电子商务、影视/媒体/艺术/文化传播、广告、新能源、计算机软件、公关/市场推广/会展、教育/培训/院校、咨询、人力资源、财会、家居/室内设计/装潢等。

就业热门城市：
北京、上海、广州、深圳、杭州、武汉、合肥、西安、南京和厦门等。

130509T 艺术与科技

艺术与科技专业是2012教育部颁布的高校本科专业目录的特设专业，该专业主要培养具有现代会展设计知识与创新能力、艺术设计学教学和研究等方面的知识和能力,能在艺术设计教育、研究、设计、出版和文博等企事业单位从事艺术设计学教学、研究、编辑等方面工作的专门人才。

▶ **新高考选考科目指引:**
本专业没有必须选考科目要求。

▶ **培养目标:**
艺术与科技专业培养德、智、体、美、劳全面发展的、适应现代会展经济产业发展需要的、具有现代会展设计知识与创新能力的优秀人才。

更为具体地讲,本专业培养具备展示、交互媒体方面的理论知识,有较高审美和艺术修养,能熟练掌握展示、交互设计及互动媒体制作技术,具有较强的创新能力和实践能力。能在展示展览公司、互动多媒体开发公司、网络科技公司、手机移动平台内容开发公司等从事展示空间概念设计、展示多媒体设计、移动互联网软件开发、应用游戏设计开发、网络动画设计制作、UI设计制作与团队项目管理工作,以及在艺术与科技相关教育行业从事教育、研究工作的应用型高级专门人才。

▶ **培养要求:**
本专业要求学生系统掌握艺术与科技基本理论、基本知识和基本技能,具有进行会展设计、组织策划等基本能力。

▶ **主干学科:**
艺术学、工学、文学。

▶ **主要课程:**
素描、色彩、三大构成、装饰基础、透视学、工程与制图、展示设计、环境设施设计、展示空间表现技法、电脑设计软件应用、广告设计、印刷制稿与工艺、展示模型设计与制作、展示道具设计与制作、人体工程学、材料与预算、国画、书法、会展概论、会展广告及传媒、会展法规、大型活动组织与管理。

▶ **顶尖院校:**
上海音乐学院和山东工艺美术学院。

▶ **就业去向:**
艺术与科技专业毕业生可在会展建设企业、各类会展场馆、会展服务行业以及各类企事业单位的会展部、市场营销部门从事会展设计、组织策划、项目实施、教学和科研等工作。

▶ **未来可从事职业岗位:**
平面设计师、视觉设计师、文案策划、动画3D设计、3D渲染师、3D动作特效师、游戏次世代模型贴图、建造师、专职美术教师、家居设计师、效果图设计师、艺术设计总监、销售经理等。

▶ **就业热门行业:**
教育/培训/院校、互联网/电子商务、新能源、广告/影视/媒体/艺术/文化传播、金融/投资/证券、公关/市场推广/会展、房地产、咨询、人力资源、财会等。

▶ **就业热门城市:**
广州、深圳、北京、上海、杭州、成都、西安、武汉、南京和长沙等。

📖 130510TK 陶瓷艺术设计

陶瓷艺术设计是有别于陶瓷艺术(陶艺)的另外一门学科,是工业设计的一个分支学科。本专业要求设计师除了要有工业设计师的基本技能外,还要对陶瓷材料的运用有充分的了解。本专业研究的主要内容包括日用陶瓷(茶具、餐具)设计、卫生洁具设计、建筑陶瓷设计、艺术瓷设计等。

▶ **新高考选考科目指引:**
本专业没有必须选考科目要求。

▶ **主要课程:**
中外陶瓷史、陶瓷造型基础、装饰基础、陶瓷材料工艺学、陶瓷工艺及设备、陶瓷日用品设计、陶瓷艺术品设计、陶瓷壁饰设计等。

▶ **就业方向:**
本专业毕业生可到陶瓷工艺美术研究部门、陶瓷工厂从事陶瓷艺术品设计、研究工作,或到各级艺术院校从事本专业教学工作。

📖 130511T 新媒体艺术

新媒体艺术是一种以光学媒介和电子媒介为基本语言的新艺术学科门类,它建立在数字技术的核心基础上,也称数码艺术。新媒体艺术的范畴具有与时俱进的确定性,眼下它主要是指那些利用录像、计算机、网络、数字技术等最新科技作为创作媒介的艺术品。新媒体艺术已经在不经意中深入到当代艺术的各个领域中去了。

▶ **新高考选考科目指引:**
本专业没有必须选考科目要求。

▶ **培养目标:**
本专业培养掌握新媒体技术和艺术理论基础,掌握新媒体艺术和技术的相关原理、知识和技能,具备一定的艺术修养,具备前期艺术创意与设计、中期拍摄与制作、后期数字合成和新媒体运营管理的能力,能在互联网新媒体、移动APP、虚拟现实艺术等领域解决创意策划、开发设计等实际问题的复合型人才。

▶ **主要课程:**
数字摄影、非线性编辑、影视特效与后期合成、三维模型制作、网页设计基础、新媒体动画基础及技术、虚拟现实技术及应用、新媒体交互设计。

▶ **就业方向:**
该专业毕业生可在新媒体门户企业、互联网短视频企业、网络电视台、传统媒体集团、广告公司、数字出版机构,以及政府、高校等单位从事新媒体创意策划、设计、运营与管理等工作,具有广阔的职业发展前景。

130512T 包装设计

新高考选考科目指引：
本专业没有必须选考科目要求。

培养目标：
本专业培养具备较强的包装造型设计、包装结构设计、包装视觉传达要素设计、包装材料分析等实践技能，能在企业、教育、文化、科研等部门从事包装的设计、管理、教学、研究等工作的应用型高级专业人才。

主要课程：
包装工程概论、包装材料学、包装工艺学、包装结构设计、包装机械、包装测试、包装运输、包装印刷、包装容器结构设计与制造、包装装潢设计、高分子物理与化学、有机化学、无机化学、物流工程、工程力学、理论力学、材料力学、电子电工学、机械设计基础等。

首批开设院校：
湖南工业大学等。

就业方向：
毕业生可到流通企业、包装企业、包装科研机构、设计公司及其他企业单位的包装部门从事相关工作。

130513TK 珠宝首饰设计与工艺

珠宝首饰设计与工艺专业培养具有扎实的宝石学和珠宝首饰设计基础理论，掌握高精端珠宝首饰制作工艺的复合型高级珠宝首饰设计人才(如个性化珠宝艺术家)。

首批开设院校：
桂林理工大学。

就业方向：
本专业毕业生主要从事珠宝首饰设计、珠宝首饰高级定制、珠宝首饰企业管理、珠宝首饰设计的教学科研等工作。